히틀러 국가
Der Staat Hitlers

DER STAAT HITLERS. Grundlegung und Entwicklung seiner inneren Verfassung
Martin Broszat

Copyright © 1969 by Deutscher Taschenbuch Verlag GmbH & Co. KG, München / Germany
Korean Translation Copyright © 2011 by Moonji Publishing Co., Ltd.
All Rights Reserved.

This Korean edition was published by arrangement with Deutscher Taschenbuch Verlag GmbH & Co. KG through MOMO Agency, Seoul.

* 이 책의 한국어판 저작권은 모모 에이전시를 통해 Deutscher Taschenbuch Verlag GmbH & Co. KG와 독점 계약한 ㈜문학과지성사에 있습니다. 저작권법에 의해 보호받는 저작물이므로 무단 전재 및 복제를 금합니다.

현대의 지성 137

히틀러국가
Der Staat Hitlers
나치 정치혁명의
이념과 현실

마르틴 브로샤트 지음 | 김학이 옮김

문학과지성사
2011

지은이 **마르틴 브로샤트** Martin Broszat(1926~1989)
독일 라이프치히에서 태어나 쾰른 대학에서 수학하고, 테오도어 쉬더Th. Schieder의 지도 아래
『빌헬름 시대 독일의 반유대주의 운동Die antisemitische Bewegung im Wilhelminischen Deutschland』으로 박사학위를 받았다. 짧은 교사 생활 이후 1955년 서독 건국과 나치즘 연구에 집중하기 위해 뮌헨에 세워진 독일 현대사연구소Institut für Zeitgeschichte의 연구원이 되었고, 1960년에는 같은 연구소에서 발간하는 『현대사 계간지Vierteljahrshefte für Zeitgeschichte』의 편집진에 합류했다. 1963년부터 1965년까지 당시 프랑크푸르트에서 열리고 있던 아우슈비츠 재판에서 전문가 증인으로 활동했다. 1972년에 소장직을 맡아 1989년 사망할 때까지 독일 현대사연구소를 이끌었다.
지은 책으로『나치즘: 세계관, 강령, 현실 1919~1945』『나치의 폴란드 정책』『나치 지지자들의 사회적 동기와 총통 숭배』『나치 시대의 바이에른』『나치 집권: 나치당의 부상과 바이마르 공화국의 파괴』등 다수가 있다.

옮긴이 **김학이**
한국외국어대학교 독어과를 졸업한 뒤 서울대학교 서양사학과에서 석사학위를, 독일 보쿰 대학에서 역사학 박사학위를 받았다. 박사학위 논문인 『대공황기 대기업과 경제정책 1931~1933』은 독일 베를린의 둥케르 운트 훔블로트 출판사의 "사회경제서" 총서에 포함되어 출간되었다. 주요 논문으로 「바이마르 말기의 기업가와 정치」「나치즘과 근대화」「홀로코스트와 근대성」「홀로코스트 학살자들의 양심」 등이, 옮긴 책으로 『나치스 민족공동체와 노동계급』『나치 시대의 일상사』『홀로코스트, 유럽 유대인의 파괴』 등이 있다. 현재 동아대학교 사학과 교수로 재직 중이다.

현대의 지성 137
히틀러국가
—나치 정치혁명의 이념과 현실

제1판 제1쇄_2011년 5월 30일
제1판 제3쇄_2022년 9월 26일

지은이_마르틴 브로샤트
옮긴이_김학이
펴낸이_이광호
펴낸곳_㈜**문학과지성사**
등록번호_제1993-000098호
주소_04034 서울 마포구 잔다리로7길 18(서교동 377-20)
전화_02)338-7224
팩스_02)323-4180(편집) 02)338-7221(영업)
전자우편_moonji@moonji.com
홈페이지_www.moonji.com

ISBN 978-89-320-2210-9

〈 이 책은 동아대학교 교내 번역과제로 선정되어 동아대학교 번역총서 제113호로 출간되었음. 〉

서언

나는 이 책에서 의식적으로 나치즘과 제3제국의 '내부' 역사에 집중했다. 외교 및 군사적인 사건과 형세는 가끔 언급하는 정도로 그쳤다. 나치 시대의 외교사와 군사사는 이 책과 함께 『데테파우 20세기 세계사 dtv-Weltgeschichte des 20. Jahrhunderts』 총서에 속해 있는 헤르만 그라믈과 로타어 그루흐만의 책에 자세하게 서술되어 있다. 히틀러 정권의 전사前史에 대해서는, 이 책과 겹치는 부분도 있지만 헬무트 하이버의 책을 읽으면 될 것이다.

나는 사건을 기술하려 하지 않았다. 나는 나치 체제의 헌정 및 구조의 역사를 서술하고자 했다. 따라서 인물과 사건의 전개, 그리고 중요한 결정과 규정의 내용과 영향은 구체적으로 기술하기보다 전제하거나 간단히 언급하는 데 그쳤다. 나는 '무엇'이 아니라 '어떻게'를 우선시했다. 나치 시대에 대한 최근의 전문적인 연구들은 히틀러 정권의 성격과 발전 및 작동 방식과 관련하여, 기존의 연구에 사용되어온 단순한 개념들을 비판해왔다. 그동안 다양한 정치학자들이 전체주의라는 포괄적 개념(카를 프리드리히 등)을 이용하거나 "지배기술"이라는 매우 기괴한 개념을 동원하여, 나치즘을 단일체적인 거대한 권력 시스템, 혹은 마키아벨리즘적으로 체계화된 슈퍼 국가로 상정해왔다. 그와 달리 최근의 전문적인 연구들은 하나같이 나치 권력 행사의 무체계성, 즉흥성, 비통일성을 증명하고 있다(이 측면은 연구 대상과의 시간적 근접성 때문에 종종 과도하게 강조되기도 한다). 우리는 비합리적인 충동적 전복 의지와 아나키스트적 행동주의가 나치 체제의 구성적이고 항구적인 계기契機라는 연구들로부터, 그렇기 때문에 나치의 지배 '형태'를 하나의 공통분모로 축약하는 것은 물론, 이론적으로 기술하는 것 역시 아예 불가능하다는 판단으로 나아갈 수도 있다. 그러나 나치즘에 대한 역사학의 대결이 카오스적인 세부 연구에 익사해버리지 않기 위해서는, 나치 체제의 근본 구조를 이론적으로 포착하려는 노력이 필수적이다.

이 책을 이끌어가는 줄기가 정치 조직, 권력 행사, 권력 배분의 형태 및 변화와 관련된 이론적 관심과, 그로부터 도출된 체계적인 문제 제기인 것만은 아니다. 사건사는 보통 정치적 비중과 효과에 따라 역사적 대상의 경중을 엄격히 규정한다. 그와 달리 정치적 헌정체제와 권력구조는 "거대한" 대상 외에 "사소한" 대상에서도 읽어낼 수 있는 법이다. 그리고 한 체제의 성격과 그 체제의 변화에 대한 일반적인 언급의 증거 능력은 그 언급의 구체화 가능성에 달려 있다. 구조적 관련성에 대한 추상적 언급은 구체성에 의해 예시되고 검증되어야 하는 것이다. 그 때문에 나는 이 책의 장章들의 주제와 범위를 어느 정도 자의적으로 선택하고 결정했다(그래서 이 책은 보충을 필요로 하고, 또한 보충 요구를 받아들일 여지도 있다). 게다가 이런저런 구체적인 대상의 선택에는 처음으로 발견한 사료를 제시하고자 하는 나의 욕심도 작용했다. 그래서 이 책은 근본적인 중요성을 갖는 구조 문제를 주변적인 사례로 가시화하기도 했고, 거꾸로 중요하기는 하지만 지식과 기록이 쌓여 있는 영역, 예컨대 군대와 나치즘에 대한 저항 같은 문제는 그저 간단하게 훑기만 했다.

나의 연구에서 보물창고 역할을 한 것은 제국총리실 문서였다. 그 사료는 제국 부처들의 작업 방식과 그들이 생산하거나 이용한 자료는 물론, 히틀러의 영향력과 통치 스타일, 지역적·정당정치적·국가 외부 세력들의 역할, 체제의 다양한 인물들과 기관들 사이의 갈등을 반영하고 있다. 그 방대한 사료를 열람하고 복사하도록 허락해준 코블렌츠 연방기록원에 특별한 감사를 표한다.

나는 내 책을 이 총서의 한 권으로 발간하는 한, 원사료를 연구하려는 학문적인 욕심과 개설적인 정보를 제공해야 한다는 정당한 요구 사이에서 타협을 해야 한다는 것을 잘 알고 있었다. 그러나 그 타협이 언제나 성공적이었던 것은 아니다. 나는 또한 책의 분량이라는 한계에도 묶여 있었다. 그러나 무엇보다도 주제와 자료가 나의 능력과 나의 지구력에 가하는 한계, 정신을 자극하기도 마비시키기도 하는 그 한계가 나를 속박했다.

1969년 4월 뮌헨에서
마르틴 브로샤트

| 차례 |

서언 5

제1장 | 히틀러의 집권 11
1. 나치와 보수 우파의 동맹 11
2. 군대, 관리, 이익집단 26

제2장 | 집권 이전의 히틀러 운동 37
1. 세계관, 선전, 카리스마적 지도자 37
2. 나치당의 사회적, 조직적, 개인적 프로필 57
3. 나치당의 조직, 직책, 인물 76

제3장 | 정치권력의 독점(1933) 94
1. 1933년 2월 95
2. 의사당 화재 사건과 대통령 긴급명령 112
3. 1933년 3월 5일 선거 120
4. 수권법 124
5. 정당의 종말 134

제4장 | 주의 제국 통합과 새로운 분권주의 147
1. 주 권력의 장악 147
2. 프로이센 도감독과 제국주총감 158
3. 제국개혁의 중단 171
4. "대독일제국"과 병합 지역 182

제5장 | 사회권력의 장악 194

1. 경제적 배경 194
2. 노동정책 202
3. 상업정책과 수공업정책 232
4. 대기업정책 244
5. 농업정책 256

제6장 | 제3제국 초기의 당과 국가 272

1. 1933년 봄 나치 혁명의 성공과 한계 275
2. 나치 당원의 규모 282
3. 히틀러, 나치당, 돌격대 285
4. "아래로부터의 혁명"의 종결 289
5. 돌격대의 거세 300
6. 혁명적 외교의 실패 308
7. 나치와 개신교 320

제7장 | 공무원과 행정 340

제8장 | 지도자권력 367

1. 프리츠 토트 370
2. 제국노동봉사단 374
3. 히틀러청소년단 376
4. 친위경찰 379
5. 헤르만 괴링 389
6. 협의제 내각의 종식 392
7. 지도자와 정부 396
8. 정부 입법에 관한 법 403

제9장 | 1938년 이후의 지도자절대주의와 다중지배 407

1. 군대 408
2. 외무부 410
3. 4개년계획 416
4. 전쟁경제 421
5. 전쟁 426
6. 제국방어위원회 428
7. 슈페어와 괴벨스 434
8. 참모실 436
9. 마르틴 보어만 439
10. 지도자비밀명령 443
11. 학살 446

제10장 | 사법 451

제11장 | 결어 475

옮긴이 해설 497
미주 514
찾아보기 533

제1장
히틀러의 집권

1. 나치와 보수 우파의 동맹

 바이마르공화국 초기 몇 년은 베르사유 조약 체결로부터 루르 점령 및 인플레이션에 이르기까지 위기로 점철되어 있었다. 그 위기들을 배경으로 하여 나치당은 비록 바이에른과 남부 독일에 국한되기는 하였지만 일정한 정치적 성공을 거두었다. 그러나 성공적인 초기 역사는 1923년 11월 9일에 벌어진 히틀러의 쿠데타 시도 및 그 실패로 끝났다. 1925년 초에 당은 재건되었지만, 바이마르공화국이 상대적으로 안정되었던 기간에 나치당은 무의미한 수준으로 추락했다. 1925년에서 1928년에 이르는 시기에 당 조직이 서부와 북부 및 동부 독일로 확대되었지만, 정치적으로 히틀러 운동은 거의 아무런 성공도 거두지 못했다. 당원 수가 크게 요동쳤고 정치적 기지基地도 정체되었다. 1925년에 선거와 의회를 통하여 합법적으로 집권하겠다는 목표를 수립하기는 했지만, 나치당이 주와 제국 차원의 선거에서 거둔 성과는 빈약하기 짝이 없었다(1928년 제국의회 선거에서 나치당은 2.6퍼센트를 얻었다). 나치당 역사의 세번째 국면은 경제위기와 국가위기가 교차하던 1929/30년에 비로소 찾아왔다. 그때 갑자기, 수년간 극우 군소 정당의 처지에서 벗어날 수 없었던 나치당이 전국적인 대중운동이자 통합운동으로 급부상하였고, 그 후 3년 안에 부르주아 중도 정당과 우익 정당의 유권자 75퍼센트를 흡수했다. 1932년 7월 선거에서 나치당은 37.4퍼센트의 득표율을 기록할 수 있었다.

부르주아 정당들의 쇠퇴 1928~1932

제국의회 선거	사회주의 정당 (사민당과 공산당)	나치당	중앙당	부르주아 정당
1928. 5. 20.	40.5%	2.6%	15.1%	41.8%
1930. 9. 14.	37.6%	18.3%	14.8%	29.3%
1932. 7. 31.	36.2%	37.4%	15.7%	10.7%

나치당이 거둔 성공의 이면은 바이마르공화국의 수난이었다. 혹은, 공화국이 겪던 수난의 이면은 나치당의 성공이었다. 정당의 성공과 공화국의 위기가 그처럼 밀접하게 연관된 정당은 없었다. 공산당조차 그렇지 않았다. 보다 정확하게 표현하자면, 나치당의 성공과 실패는 본질적으로 부르주아 중도파와 보수 우익의 정치사회 세력이 나치당에 동조하고 그로 넘어가거나 동맹을 맺으려는 의지에 달려 있었다. 1929/30년 이후 대중이 갑자기 나치당으로 몰려간 현상은, 바이마르공화국 시기에 정당과 정당 사이에서 벌어진 그 어떤 입당 파동도 필적할 수 없는 규모였다. 나치당의 부상은 거의 전적으로 종전의 무당파無

黨派 유권자들과 중간신분Mittelstand* 유권자 대중의 동원 덕분이었다. 이데올로기적으로 결합된 가톨릭중앙당 지지자나 사회주의 정당 지지자들과 달리, 그 대중은 부르주아 이익정당들에게서 견고한 정치적 고향을 발견하지 못했던 사람들이다. 이는 그들의 나치당 지지가 민주적인 정당정치 '내부'에서 발생한 정치적 격변이 아니었음을 가리킨다. 그것은 오히려 그때까지 민주적 결정 과정에 불참하고 있거나 마지못해서 참여하고 있던 사람들이 움직이고 결집함으로써, 민주적 정당정치의 틀이 깨지게 되었음을 뜻한다.

 나치당은 그러한 변화를 혼자 힘으로 이끌어낼 수 없었다. 1923년 뮌헨의 쿠데타에서 그랬듯이, 나치는 정부, 행정, 군대, 교회, 경제, 정치에 자리 잡고 있던 유력한 부르주아 세력과 보수 세력들로부터 보호 혹은 적어도 우호적인 묵인을 필요로 했다. 나치당은 위기 국면에 쉽게 동원될 수 있는, 단호하게 행동하라는 외침, 안되면 강제 수단을 동원해서라도 상황을 정리하라는 외침을 먹고 살던 정당이었다. 그런 면에서 보면 나치당은 혁명적인 세력이라기보다 기생적인 세력이었다고 할 것이다. 나치당은 권위적인 질서로 국가와 사회를 복고復古시키고자 하는 세력에게 대중을 끌어들일 수 있는 선동적인 힘이었고, 동시에 사회주의와 공산주의에 대한 전투적이고 인민적인plebiszitär 반대 세력이었다. 1923년 이전 바이에른에서 나치당이 부각되었을 때와

---

* (옮긴이) Mittelstand는 당대 현실에서 중간계급middle class이 아니라 하위 중간계급lower middle class을 가리킨다. 그러나 19세기 후반 이후 독일에서 그들을 중간 '신분Stand'이라고 표현하고 그 표현이 나치 시대에 들어와서도 지속적으로 사용된 것 자체가, 하위 중간계급을 '신분'이란 용어를 이용하여 격상시킴으로써 포섭하려는 당대 지배층의 의지를 나타낸다. 따라서 중간신분이라고 번역해야 그 개념의 역사성이 드러난다.

1929/30년 이후 제국Reich* 차원의 상황 모두 그랬다.

평의회공화국**의 전복과 카프Kapp 쿠데타*** 이후 뮌헨에 수립된 반동적인 정권은 초기 나치당이 자라나기에 이상적인 토양이었다. 반혁명적인 자유군단 정신으로 충만했던 바이에른 군지도부가 1919년 여름부터 애국주의적이고 원민중적인**** 단체들과 반사회주의적인 주민치안대 및 그 후계 조직들에게 적극적으로 제공했던 지원은 나치당과 나치 돌격대의 성장에도 결정적으로 중요했다. 나치당을 지원해준 막강한 후견자들 중에는 추후 나치 돌격대 참모장이 되는 정력적인 바이

---

* (옮긴이) Reich라는 단어는 다양한 뜻을 갖는다. 그것은 황제의 권력 영역인 '제국'을 뜻하기도 하지만, 그저 '나라'를 뜻하기도 한다. 그래서 Königsreich(왕국)라는 표현이 가능한 것이다. 행정적으로 Reich는 '중앙'을 뜻한다. 나치 시대에 Reich는 대부분 '중앙' 행정을 뜻했지만, 가끔 제국을 뜻하기도 했다. 나치가 자기들의 체제를 "제3제국"이라고 칭한 것은, 황제정과 무관한 제국주의적 충동에 3이라는 기독교적 신비의 수를 결합한 것이다. 이 책에서는 혼동을 피하기 위하여 Reich를 대부분 '제국'으로 옮겼으며, 맥락에 따라 '중앙'으로 옮기기도 했다.
** (옮긴이) 1918년 11월 혁명의 물결 속에서 바이에른에서도 비텔스바흐 가문의 군주정이 폐지되고 "자유국"이 선언되었다. 그러나 정치 상황은 불안정하여 평의회 체제를 요구하는 극좌파, 공화국을 거부하는 극우파, 자유주의 공화국을 지지하는 중도파가 대립하고 있었다. 평의회공화국은 1919년 3월에 수립되었으나 1919년 5월에 우익 자유군단과 정규군에 의하여 무력으로 진압되었다.
*** (옮긴이) 1919년 3월 12일부터 15일까지 바이마르공화국에 반대하여 발생한 군대의 정치권력 탈취 시도. 베르사유 조약에 따라 독일 정부는 독일 육군을 10만 명으로 감축하려 하였는데, 이에 항명하는 베를린 주둔군 사령관 뤼트비츠가 보수당 정치가 카프와 공모하여, 해산하도록 예정되어 있던 군대와 이미 해산되어 자유군단으로 조직되어 있는 군인들을 동원하여 중앙권력을 강탈하려 하였다. 정부는 베를린을 탈출하였고, 정규군 역시 진압을 거부하였으나, 노동자들의 총파업과 공무원들의 수동적 저항으로 진압되었다. 카프 쿠데타는 여러 가지 반향을 일으켰는데, 루르 지역의 광부들은 사회화를 위하여 광산을 점거하고 무장 봉기에 나섰던 반면, 바이에른에서는 반동적인 정권이 수립되었다.
**** (옮긴이) '원민중'은 völkisch의 번역어다. 그것은 역사에 앞서되 미래에 완성될 힘으로서의 민중을 뜻했다. 이는 영어로 옮길 수도 없는 단어여서 영문에서도 기껏해야 folkish로 옮긴다. Volk 역시 맥락에 따라 주권을 보유한 인민을 뜻하기도 하고 원민중을 뜻하기도 했다.

에른군 참모부 장교 에른스트 룀, 1920/21년에 구스타프 폰 카어 휘하의 "질서블록"이 바이에른의 정권을 장악하면서 권좌에 오른 바이에른 경찰의 우두머리 에른스트 푀너와 뮌헨 경찰의 수장 한스 폰 자이서 등이 있었다. 그들은 나치당이 정치적이고 전투적으로 활동하는 데 필요한 물적·인적 전제조건들을 조성해주었다. 바이에른 최고위층의 그러한 후원이 없었더라면, 사회적으로 무無에서 출발해야 했던 히틀러가 바이에른의 보헤미아적인 클럽들과 살롱, "뮌헨 협회" 소속의 애국적 단체들과 인물들(시인 디트리히 에카르트, 출판업자인 브루크만, 피아노 회사 벡스타인, 대학 교수 카를 하우스호퍼)로부터 정치 선동의 신동으로 대접받고, 당시의 나치당에 치명적으로 중요했던 인맥과 지원을 얻을 수 없었을 것이다.

그렇듯 지역 명사들 및 권부와 엮인 덕분에 히틀러 운동은 1922/23년에 지지자들의 수적 열세에도 불구하고, 전국 차원의 권위적 독재체제를 목표로 하던 반민주 세력의 선발대로 부상했다. 1923년 11월 9일에 히틀러는 쿠데타를 통하여, 스스로도 헌법적 금지선을 넘어버린 바이에른 총감 폰 카어와 바이에른 주둔군 사령관 폰 로소프로 하여금 제국정부에 대한 단호한 투쟁을 선언하도록 유도하려고 했다. 히틀러가 쿠데타라는 형식을 빌려서 바이에른 실권자들을 국가 전복으로 나아가도록 시도했다는 사실 자체가 이미, 나치 단독으로는 혁명적인 권력 장악을 일궈낼 능력이 없었음을 보여준다. 1932년에도 마찬가지였다. 1923/24년과 1932/33년 모두 국가와 사회에 자리 잡고 있던 명망 있는 세력들의 결정적인 지원 없이 나치는 아무것도 할 수 없었다. 그런 면에서 보면, 히틀러가 1923년 11월 8일 밤에 기만 작전으로 이끌어낸 히틀러-카어-루덴도르프-푀너-자이서 정권과 1933년 1월 30일에 실제로 출현한 히틀러-힌덴부르크-파펜-후겐베르크-젤테 정권 사이에는 차이가 없었던 셈이다.

1923년 이전의 바이에른에서처럼 1929/30년 이후의 중앙 차원에서도, 나치당은 바이마르공화국에 반反하는 민족보수적인 진영의 후견 덕분에 비로소 과격주의 분파라는 정치적 황무지에서 벗어날 수 있었다. 나치가 대공황으로 인하여 폭증한 불만족한 사람들의 집수처集水處로 부상한 것이다. 여기서 대공황이 시작되기도 전인 1929년 여름에 민족인민당DNVP의 신임 총재 알프레트 후겐베르크가 조직한 "민족저항"이 특히 중요한 역할을 했다. 민족저항은 영Young 배상안 반대 국민청원을 성사시키기 위한 조직이었다. 1931년 10월에 결성되는 하르츠부르크 전선*의 예비 조직이기도 했던 민족저항에서 히틀러는 민족주의 우익을 대표하는 명망가인 후겐베르크와 철모단 의장의 파트너로서, 그것도 배상금이라는 독일 정치의 핵심 문제에서 적극적인 역할을 떠맡았다.

몇 달 넘게 진행된 캠페인은 나치당에게 비단 후겐베르크의 언론 콘체른으로부터 무료로 선전 효과를 얻어낼 수 있었다는 것만을 뜻하지 않았다. 그때까지 나치당에는 실패한 쿠데타주의자들의 불법 정당이라는 오명이 따라다녔는데, 민족저항에 참여함으로써 이제 점잖고 신뢰할 만한 정당으로 대접받게 되었던 것이다. 게다가 당은 그때 제국은행 총재 샤흐트와 같은 부유한 후원자들을 얻었다. 샤흐트는 영 안

---

* (옮긴이) 브뤼닝 정부에 반대하던 독일민족인민당, 나치당, 철모단, 제국지주동맹, 범게르만 연맹이 1931년 10월 11일 바트하르츠부르크에서 투쟁전선을 결성하고 브뤼닝 정부의 퇴진을 요구한 것을 가리킨다. 참가자들은 곧 분열하지만, 1933년 1월 30일에 나치당과 연립하여 히틀러 정부를 구성하게 된다.

Young Plan에 반대하여 제국은행 총재직을 사퇴하고 민족저항 진영에 가담했다. 당시 바이마르 정부가 효과적이고 적절하게 대처하지 못한 그 캠페인에서 나치당은, 반동적이고 보수적인 파트너들과의 경쟁에 그들의 무기인 월등한 선동 능력을 투입하였다. 그리고 그 덕분에 비로소 히틀러 운동은 1920년대 후반의 정치적 정체 상태로부터 벗어날 수 있었다. 나치 운동이 대학생 학생회 선거는 물론 시의회와 주의회 선거에서 사상 처음으로 주목할 만한 성공을 거두었던 것이다. 대공황 (실업자 수는 1929/30년 겨울에 비로소 크게 증가한다)의 그 정치적 예고편에서 나치당은 스스로를 새로운 저항 세력으로 내세웠고, 공황이 닥쳐오자 나치당이 민족저항에서 얻어냈던 위신과 흡인력이 드디어 위력을 발휘하였으며, 공황이 지속되고 심화되는 한 거의 자동으로 성공에 성공을 가져다주었다.

그러나 공화국의 마지막 국면에서 비록 히틀러 운동이 위협적으로 성장하고 있기는 하지만, 그에 결연하게 맞선다면 뭔가 이루어낼 수 있다는 점이 드러나기도 했다. 예컨대 1930/31년에 브뤼닝 정부와 사민당 휘하의 프로이센 정부는 나치당의 급성장과 파괴적인 선동에 경악하여, 히틀러 운동의 확대를 막기 위한 대대적인 정치적·행정적 조치를 취했다.* 공화국은 본질적으로 투표용지의 무게 때문에 붕괴된

---

* 프로이센 내무부장관 제베링은 1930년 7월 5일에 프로이센 공무원들이 나치 조직에서 활동하는 것을 금지하였고, 사민당 소속의 베를린 경찰청장 그르제진스키는 1931년 2월에 나치 돌격대 베를린 분소를 폐쇄시켰다. 중앙정부 역시 1931년 3월 28일에 폭력적인 정치 소요를 금지하는 대통령 긴급명령을 공포했다. 가톨릭중앙당 당수 카스와 주교들이 1931년 1월과 2월에 나치에 반대하는 입장을 공개적으로 표명한 것과 제국기수단 흑적황이 그 시점에 활동을 재개한 것 역시, 프로이센 정부와 중앙정부 및 그 배후 세력들이 가동시킨 반反나치 활동의 일환이었다.

것이 아니다. 나치당의 득표는 극성기에조차 절대 다수에 한참 모자랐다. 공화국은 무엇보다도 히틀러와 담합하고 동맹하려는 의지가 정부 내부로 확산되고, 농업 및 상공업 이익단체들에서도 갈수록 큰 호응을 얻었기 때문에 붕괴되었다. 그 결정적인 정치적 시험대는 브뤼닝 정부가 1932년 4월 13일의 명령으로 돌격대를 금지한 조치였다. 그러나 그 시험은 나치의 승리로 끝났다. 군부(슐라이허)가 막대한 영향력을 행사하여 내무장관 그뢰너를 사퇴시키고, 이어서 브뤼닝 정부마저 와해시키더니, 1932년 여름에 결국 돌격대 금지 명령을 해제한 것이다. 군부는 미심쩍어하면서도 히틀러의 사병들에게서 군사적인 잠재력을 보았고, 또한 그들과의 공공연한 대결을 피하고자 했다.

브뤼닝의 뒤를 이은 반동적인 파펜 정부는 민주주의의 또 다른 보루를 제거했다. 파펜 내각은 사민당이 이끌고 있던 프로이센의 과도 관리정부를 위로부터의 쿠데타를 통하여 제거했고, 이어서 사민당을 대표하던 프로이센 행정의 수뇌부와 공무원들을 숙청해버렸다.* 파펜의 쿠데타는 나치 집권 이후에 단행된 일체화**의 예고편이기도 했다. 권력정치의 마지막 장章은 힌덴부르크 대통령이 바이마르공화국의 마지막 총리 슐라이허에게 군대에 의존하는 비상정부의 수반 자리를 주지 않은 것, 다시 말해서 군부 독재를 거부한 것이었다. 당시로서는 군부

---

* (옮긴이) 1932년 4월의 프로이센 주의회 선거에서 연립정당인 사민당과 중앙당과 민주당은 소수파로 전락했다. 그러나 내각을 구성할 수 있는 새로운 다수 세력이 창출되지 않았기에 기존 내각이 관리정부Geschäftsführende Regierung 역할을 하고 있었다. 파펜은 그 정부의 총리와 장관들을 해임하고 브란덴부르크에 비상사태를 선포하여 베를린 경찰을 군부대에 종속시켰다.

** (옮긴이) 일체화는 제3제국 당대에 쓰이던 용어인 Gleichschaltung의 번역어로서, 정치·경제·사회·문화의 모든 영역에서 나치당 하부 기관이 아닌 조직들을 나치 조직에 통폐합시키는 일을 가리켰다.

독재야말로 히틀러가 파펜이 주선한 '민족저항' 내각의 총리에 위촉되는 것을 막을 수 있는 유일한 길이었다. 그때 농공업 이익단체들이 결정적인 역할을 수행했다. 히틀러를 권좌에 올리는 데 결정적이었던 것은 그들이 나치당에게 건넨 돈 봉투보다 바로 그 후견이었다.

1924년부터 1928년까지 나치당이 지리멸렬했던 중요한 원인 역시, 히틀러가 유죄판결을 받고 나치당이 각 주州에서 금지당하거나 연설을 금지당함에 따라, 과거의 후견 관계가 거의 완전히 단절되었기 때문이었다. 나치당이 이데올로기와 선전 모두에서 보다 분명하게 좌파로 선회하고 일시적으로나마 친민중적이고 반유대주의적이기보다 민족혁명적인 면모를 드러냈던 그 기간 동안만, 오직 그때만, 나치당은 정치권 바깥에서 진짜 찬바람을 맞으면서 서 있었다. 바이마르공화국 전체에 걸쳐서 사회적인 위기의 분위기가 부재한 유일한 국면이었던 그 시기에, 자기 자신에게만 의존해야 하는 한 나치당이 정치적 국외자의 신세에서 벗어날 수 없다는 점이 분명하게 드러났다.

바이마르공화국이 안정적으로 작동하기 위해서는 부르주아 중도 정당들과 사민당이 연립정부를 수립할 의지와 능력을 갖추고 있어야 했다. 사민당은 1918/19년에 신생 민주주의 공화국의 지휘권을 넘겨받은 정당이었고, 그때부터 1932년 여름까지 독일의 가장 강력한 정당이요 공화국의 가장 신뢰할 수 있는 버팀목으로 남아 있었다. 따라서 공화국의 약화는 그 바이마르 연립의 권력 손실과 일치했다. 바이마르공화국이 1919년부터 1923년까지의 격심한 위기, 특히 우익의 국가전복 기도(카프 쿠데타, 흑색 국방군의 퀴스트린 쿠데타*)를 끝내 극복할 수

---

* (옮긴이) 흑색 국방군은 베르사유 조약으로 독일 정규군 규모가 10만 명으로 제한된 뒤 독일

있었던 것은 무엇보다도, 의회주의 공화국을 방어하겠다는 부르주아 중도 정당들과 사민당의 공통 의지와 공조 덕분이었다. 그것의 법적 표현이 1922년의 공화국보호법이다. 그리고 바로 그 분위기 때문에 1923년에 육군 총사령관 폰 제크트 장군이 감히 군부 독재로 나아가지 못했다. 그때 제크트는 좌익과 우익의 공화국 적대 세력을 제압하기 위한 비상사태법에 따라 독재적 전권을 부여받은 상태였고, 좌익과 우익 모두 제크트가 독재 체제를 기도할 것이라고 예상하고 있었다.

그때 독일민족주의** 우익이 민주주의 세력에게 공개적으로 도전하는 것을 꺼린 것은 특히 극좌 혁명이 현실적으로 가능했던 탓이기도 했다. 극좌 혁명을 막기 위해서는 사민당의 존재가 필수 불가결했던 것이다. 사민당의 에베르트 대통령과 그뢰너 국방장관의 동맹은 그렇게 사회적·정치적으로 사회주의 혁명에 대한 공동의 방어 동맹으로 작동했다. 그 동맹은 국가와 사회의 보수 세력들과 군부의 힘을 온존시켰지만, 다른 한편으로는 좌파 혁명의 가능성이 존재하는 한 보수 세력을 사민당에 묶어두는 효과를 발휘하기도 했다. 상황은 1923년 이후에 달라졌다. 그때 모스크바는 독일 공산주의자들의 혁명 노선을 중단시켰다. 득표율이 9퍼센트에서 13퍼센트 사이를 오가던 독일공산당은 여전히 강력하기는 했지만 예측 가능하고 지속적이며 안정적인 정치적

　정규군의 직간접 지원을 받던 자유군단을 뜻한다. 그중 가장 중요한 부대인 브루크너 자유군단은, 독일 정부가 1923년 9월 말에 루르 점령에 대한 수동적 저항을 중단하자 중앙정부를 전복시키기 위한 예비 단계로서 퀴스트린 주둔군을 접수하려고 했다. 그 사건이 퀴스트린 쿠데타다.

** (옮긴이) '독일민족적deutschnational'이란 범게르만연맹의 연속선상에 있는 우익 정치사회 세력을 지칭하던 용어로, 정당 지형에서는 독일민족인민당Deutschnationale Volkspartei을 가리켰다. 그들은 비스마르크 체제와 같이 권위적인 정치질서로 복귀하고자 했을 뿐, 나치처럼 대중적이지도 전복적이지도 않았다.

인수因數가 되었다. 공산당은 불안하기는 하지만 첨예한 전복의 위험성은 없는 정당이 되었던 것이다. 그렇듯 좌익으로부터의 직접적인 위협이 종식되고 때맞추어 경제가 안정되었다. 이는 우선 당장은 공화국에 유리하게 작용했다. 그러나 그것은 공화국의 장기적인 안정에는 도움이 되지 않았다. 번영과 혁명에 대한 공포의 소멸은 오히려 민주주의에 대한 중간신분과 상층의 동의를 약화시키고 전통적인 정치적·사회적 태도를 복고시켰다. 강력하게 진행된 대기업과 대자본으로의 집중화 경향도 그런 현상을 크게 부추겼다.

그렇게 1920년대 중반에 들어 상황이 변화하자, 노동조합과 기업의 투쟁이 격화되고 부르주아 중도 정당들과 사민당의 화해 분위기가 냉각되었다(1928년 루르 철강 분규*). 1923년 11월부터 1928년 6월까지 사민당이 연방 차원에서 내각에 진입하지 못한 것은 바로 그 때문이었다. 정치적 의지 형성이 눈에 띄게 우익으로 이동하였던 것이다. 이는 1925년 대통령 선거에서 힌덴부르크 장군이 당선된 것으로도 표현되었다. 경제적으로 번영했던 그 시기에 의회주의의 부정적 측면과 왜곡현상도 두드러지게 나타났다. 중앙정부의 교체가 잦았고, 당 지도부와 원내 의원단이 내각을 조종함에 따라 정부가 약화되었으며, 이익집단의 정치 간섭이 과도하게 나타나서 국가의 권위가 손상되었다. 그리하여 공황이 본격화되기도 전에 이미, 정당국가의 시대가 끝났다는 신념이 부르주아들 사이에 널리 확산되었다. 그에 따라 1928년 5월 선거에

---

* (옮긴이) 라인-베스트팔렌 철강 기업가들이 1928년 12월 초에 공장 폐쇄를 단행하여 철강 노동자 24만 명을 한 달 동안 작업장에서 배제시킨 사건이다. 이 사건은 바이마르공화국이 보장한 노동자의 공동결정권을 기업가들이 본격적으로 공격하기 시작했음을 보여주는 사건으로 평가된다.

서 그때까지 정국을 주도하던 정당들(민주당, 인민당, 중앙당, 민족인민당)의 총 득표율이 10퍼센트가량 감소했다. 특히 민족인민당 지지자들은, 군주제적이고 반민주적인 그 정당의 몇몇 지도자들이 정부에 참여함으로써 공화국에 대한 당의 원칙적인 봉쇄 노선을 포기한 것에 분노했다(민족인민당의 득표율은 20퍼센트에서 14퍼센트로 감소했다).

 1928년 5월 선거로 그렇듯 정당의 파편화 현상이 크게 강화됨에 따라, 종전의 정부 정책, 특히 슈트레제만*의 외교노선을 지속하기 위해서는 부르주아 중도 정당들과 사민당이 다시 한 번 연립내각을 구성하는 것 외에 다른 방법이 없었다. 그러나 선거에 의해 촉발되고 국가정치적 이성 理性으로 보아 수용되어야 했던 그 상황은, 사민당의 오른쪽에 위치한 정당들과 군부와 고위 관리들과 이익집단들의 자의식과는 상반되는 것이었다. 게다가 그 세력들은 1924년 이전 시기에 비해 훨씬 강화된 상태였다. 역설적인 상황이었다. 우익 집단들의 자의식과 권력이 대단히 강화되었음에도 불구하고 정작 1928년 선거에서 승리한 정당은 사민당이었던 것이다. 따라서 국가정치적 이성에 따라 우익 정당과 사민당이 대연립내각을 구성하기는 했으나, 우익 정당이 안게 된 부담은 오히려 컸다. 게다가 민족인민당은 1928년 선거에서의 패배로 인하여 신임 당수 후겐베르크의 지휘하에서 새 정부에 대하여 강력

---

* (옮긴이) 구스타프 슈트레제만은 독일인민당 소속 정치가로, 1924년에 총리를 지냈고 그 후에는 외무장관으로서 독일 외교를 주도한 바이마르공화국의 대표적인 자유주의 정치가다. 그의 외교노선은 독일의 외교적 고립을 해소하는 방식을 통하여 평화적으로 베르사유 조약을 수정하는 데 있었다. 루르 점령을 실질적으로 종결시킨 1924년의 도스 배상안, 프랑스 및 벨기에와 화해한 1925년의 로카르노 조약, 1926년 독일의 국제연맹 가입, 그의 사후 시점인 1930년 6월에 이루어진 프랑스 군대의 라인 지방 철수 모두가 그의 업적이다. 그는 1929년에 지병으로 사망했는데, 그의 부재 자체가 공화국 몰락의 한 요인이기도 하다.

한 대결 노선을 취했다. 나머지 우익 정당들은 사민당과 연립을 해야 했지만 지도적인 역할을 사민당에게 넘겨주어야 했고, 이는 수많은 정책 문제와 이익 갈등에서 대연립내각에 대한 불쾌감을 증대시켰다.

그리고 그 불쾌감의 정도만큼 의회를 통해서 정부를 구성하는 체제를 비민주적인 체제로 변경시키려는 노력도 경주되었다. 가톨릭중앙당은 1928/29년에 신임 총재인 고위 성직자 카스의 휘하에서 두드러지게 우경화했으며, 지주들의 "녹색전선"* 대표들과 중공업 기업가들 역시 1929년에 대연립정부에 대하여 불만을 노골적으로 터뜨렸다. 이런 상황에서 1929년 10월에 슈트레제만이 사망했다. 대연립내각의 가장 통합적인 인물이 사라진 것이다. 1929/30년 겨울에 인민당의 기업가 계열과 사민당의 노조 계열이 사회정책 문제에 대한 이견을 좁히지 못하자, 군대의 정치 대표(슐라이허와 그뢰너)가 나서서 사민당을 배제하고 우익 중도 정당들로만 구성되는 권위적인 '힌덴부르크 내각'을 추진했다. 그 결정적인 순간에 사민당 안에서도 이익정치적인 비타협 노선이 국가정치적인 타협 노선에 대하여 승리를 거두었다. 이 역시 사민당원인 헤르만 뮐러 총리가 이끌던 마지막 의회주의 정부가 붕괴되고 사민당이 정부 구성 책임으로부터 물러나는 데 크게 기여했다.

그러나 대통령내각인 브뤼닝 정부가 출현한 것이, 오직 좌우의 타협을 막던 국가정치적 사실관계의 압력 때문이었던 것만은 아니다. 오히려 브뤼닝 소수 내각을 만든 사람들은 긴급명령을 발동할 수 있는 대통령의 비상대권(헌법 48조)을, 사민당원 총리 휘하의 내각이 아니라 오직 우익 중도 정당들의 내각에만 부여하자는 데 합의한 상태였다. 사

---

* (옮긴이) 제국지주동맹을 비롯하여 대부분의 농업 및 농민 단체들이 1929년에 결성한 조직.

민당을 배제한 채 통치하라는 정명正名 때문에 1930년 여름에 브뤼닝이 사민당의 재정적자 해소책을 수용하지 않았던 것이다. 브뤼닝이 수용했다면 그 제안은 인민당의 반대에도 불구하고 의회를 통과했을 것이다. 브뤼닝이 의식적으로 그 길을 외면함에 따라 의회 해산이 불가피해졌고, 뒤이어 실시된 1930년 9월 선거에서 나치당이 눈부신 승리를 거두었다. 그리고 대통령 긴급명령에 대한 의존도가 높아지면서 힌덴부르크 대통령과 그 배후의 우익에 대한 브뤼닝의 종속이 더욱 강화되었다. 브뤼닝 정부가 1931년 가을에 더욱 우경화되자(중앙당 '좌파' 장관인 비르트와 슈테거발트가 사임하고 국방부장관 그뢰너가 내무부장관을 겸직하게 되었다), 브뤼닝이 추진하던 재정정책은 그 정치적 중립성을 더욱 의심받게 되었다. 1932년 초에 그뢰너와 브뤼닝이 실각하자, 대통령내각과 사민당 간의 수동적인 용인容忍* 동맹도 종말을 고했다. 사민당에게 간접적인 영향력이나마 행사하도록 해주고 의회에서 극우와 극좌가 파괴적인 정치를 펼치는 것을 봉쇄하던 그 동맹이 붕괴된 것이다.

  1930년부터 1932년까지 여타의 민족저항 세력들과 마찬가지로, 나치당은 무엇보다도 가톨릭중앙당 및 우익 정당들과 사민당 사이에 여전히 작동하고 있던 연립과 용인의 동맹을 파괴하려 했다. 그 목표는 1932년 초까지는 달성할 수 없었다. 1931년 초에 나치당과 민족인민당과 철모단이 프로이센 정부(사민당, 민주당, 중앙당)를 붕괴시키기 위하여 인민청원 운동을 전개했지만 실패했다. 그러나 몇몇 주에서는

---

* (옮긴이) 용인Tolerierung이란 정부가 소수파 내각임에도 불구하고 의회가 불신임안을 제출하지 않거나 통과시키지 않음으로써, 그 정부를 유지시키는 것을 가리킨다.

그 전략이 성공했다. 1930년 1월에 튀링겐 정부가, 1930년 가을에는 브라운슈바이크 정부가, 그리고 1932년에는 안할트, 올덴부르크, 메클렌부르크의 연립정부들이 무너진 것이다. 그곳의 새로운 주정부들은 본질적으로 민족인민당 및 부르주아 정당들과 나치당의 동맹에 의하여 수립되었다. 그 동맹에는 1930년 3월의 대연립내각의 붕괴에서 표출되었던 것과 비슷한 동기가 깔려 있었다. 중도 정당의 오른쪽에 서 있던 정당들은 나치당과의 동맹을 사민당이 이끄는 정부보다 몇 배 더 선호했다. 부르주아 정당들은 그 때문에 결국은 나치당으로 넘어가게 되고, 유권자들로부터도 그에 걸맞은 대접을 받게 된다. 따라서 우리는 그 동맹을 본질적으로 제3제국의 첫번째 정치행위로 볼 수도 있다. 나치당은 그렇게 공산당뿐만 아니라 사민당을 끊임없이 악마화함으로써 부르주아지들에게서 호의적인 반응을 얻고 또 사민당을 고립시켰다.

이 과정에서 일어난 결정적인 사건이 프로이센에 대한 파펜의 쿠데타(1932년 7월 20일)였다. 그로써 파펜은 공화주의 정부와 행정부가 신뢰할 수 있던 가장 중요한 권력 영역을 제거했다. 그러나 사민당 지도부는 파펜의 폭력에 대하여 파펜과 똑같은 방법으로 대응하지 않으려 했다. 그들은 형식적으로 항의하고 국가법원Staatsgerichtshof*에 제소하는 것으로 그쳤다. 그런 한에서 그들 역시 권력 상실에 책임이 없지 않다. 사민당이 파펜의 중앙정부에 대하여 적극적으로 저항했다고 해서 과연 실효가 있었을 것인가 하는 현실성 문제를 떠나서, 사민당 지도부가 프로이센이라는 공화국의 보루를 싸우지도 않고 넘겨준 것은, 그때까지 온존되고 있었던 사민당의 저항 의지와 저항력을 결정적으로

---

* (옮긴이) 국가법원은 바이마르공화국의 헌법재판소다.

마비시켰다.

 1930년 9월 선거에 동원된 사민당의 방어 조직, 특히 1931년에 흑적황 제국기수단과 독일 노동조합총연맹이 주도적으로 조직한 "강철전선"은 부르주아 정당들과 달리 가투와 공공 집회에서 나치 돌격대 및 히틀러청소년단과 대결하고, 또한 그렇게 사민당이 예나 지금이나 안정된 정치적 세력이라는 것을 유권자들에게 과시하기 위한 조직이었다. 따라서 나치 돌격대의 증오가 공산당의 "붉은 전사 동맹" 못지않게 제국기수단을 향했던 것은 우연이 아니다. 정치와 선거가 길거리에서 미리 결정되고 있던 1932년의 현실에서, 파펜의 프로이센 쿠데타에 직면하여 전투적인 사민당 세력이 싸우지도 않고 물러난 것의 부정적 의미는 아무리 강조해도 지나치지 않다. 그러나 사민당 지도자들이 적극적인 저항의 성공 가능성을 낮게 평가했던 것만큼은 옳았다. 1930년 이후 사민당은 그 어떤 세력으로부터도 지원을 기대할 수 없을 정도로 고립된 상태였다. 사민당의 무력화는 오래전부터 준비되어왔고, 또한 그 덕분에 히틀러는 결국 집권 동맹을 성사시킬 수 있었다. 그리고 그 동맹의 가담 세력이 합의한 것은 좌파를 폭력적으로 제거하는 것이었다. 나치당과 민족보수 진영의 가장 반동적인 세력의 연립 형성과 민주적 좌파의 제거(공산당은 물론이고)는 그렇듯 서로를 조건으로 하고 있었다.

2. 군대, 관리, 이익집단

 피상적으로야 바이마르공화국이 '급조'된 것으로 보이지만, 공화국에는 애초부터 관헌국가적 헌정 요소가 내재되어 있었다. 특히 관료제와 군대의 민주화는 전혀, 혹은 기껏해야 부분적으로밖에 이루어지지 않은 상태였다. 군 지도부, 특히 육군 총사령관이 법적으로 제국국방장관의 지휘에 따른다는 원칙은 카프 쿠데타까지는 명확했다. 그러나 그 원칙은 제크트의 국방부 개혁과 함께 사라졌다. 제크트는 대통령에게 부여되어 있던 헌법적인 군 통수권 외에 최고위 "명령권Kommandogewalt"이라는 것을 고안하여 대통령이 군 지휘부에 직접 행사하도록 했다. 그렇게 하여 그는 육군 총사령관(해군 총사령관도 역시)을 사실상 대통령에게 직속시키고 군 예산 및 행정에 대한 국방부장관의 통제권도 약화시켰다. 이어서 제크트가 육군 총사령관직에서 물러나고(1926년) 그뢰너가 국방부장관에 임명된(1928년) 뒤에, 군대는 국방부 안에 군대의 정치적 입장을 대변하는 기구를 설치했다. 국방부 정무국이 그것이었는데, 국장으로 임명된 슐라이허 소장은 "옛 전우들"을 통하여 총리실(예를 들어 총리실 국장 플랑크)과 대통령실(힌덴부르크 대통령의 아들 오스카 폰 힌덴부르크)에 연결되었고, 따라서 국방부를 벗어나는 일반적인 정치 문제에 대하여 막대한 영향력을 행사했다.

  비록 독일군 장교들 대부분이 그뢰너와 슐라이허 같은 "정치적 장군들"을 "이성적 공화주의자"로 간주하면서 사시 눈을 뜨고 지켜보았고 그 두 사람 모두 다른 군인들보다 나치당에 비판적이었지만, 그들은 모두 군대와 대통령의 권력을 강화하는 방향으로 의식적으로 노력했다. 제2제정에서 독일군의 원수를 지냈던 사람이 공화국의 대통령 자리에 앉아 있는 한, 정부체제가 대통령내각으로 전환한 것(1930년 3월)은 군대에 좋은 일이었다. 실제로 슐라이허는 첫번째 대통령내각의 탄생을 막후에서 조종했다. 변화된 상황이 어떠하였는지는 1930년 가을에 국방장관 그뢰너가 독일군 장교들에게 한 연설에서 잘 나타난다. "이제 독일 정치의 모든 근본적인 조치에 군대의 발언이 결정적인 영향력을 행사하게 되었습니다."¹ 브뤼닝 정부의 그 엄격했던 긴축 재정에서도 군대 예산은 성역이었다. 군의 지위는 그토록 특수했다. 재무차관 한스 셰퍼가 1931년 11월에 자인했듯이, 예산 협상에서 독일은 "이미 군부독재" 국가였다.²

군부는 성장하던 히틀러 운동과 돌격대에 불신감과 거부감을 가졌다. 1930년 9월/10월에 독일군 장교 세 명이 나치당 당원임이 입증되어 체포되고 연이어 제국법원에서 국가전복음모죄로 재판을 받았다. 이 일은 군대가 나치에게 아래로부터 접수되지는 않을까 하는 심각한 우려를 낳았다. 이는 젊은 장교들이 과거 군대에 복무했던 돌격대 지도부와 연결되어 있었던 사정을 고려할 때 근거 없는 것이 아니었다. 그러나 곧 사정이 달라졌다. 히틀러가 1930년 9월 25일에 라이프치히 재판에서 국가전복 의도를 공개적으로 부인하고(합법 선서) 1931년 초에 슐라이허와 룀이 처음으로 접촉한 이후, 군부는 나치에게 보다 관대하고 우호적인 태도를 갖게 되었다. 게다가 돌격대 규모가 커갈수록 그들의 쓸모도 커갔다. 1931/32년에 군대는 돌격대를 동부 독일, 특히 독일 육군이 보기에 폴란드가 재차 기습해올 가능성이 있던 동프로이센의 국경 작전에 투입할 수 있으리라고 판단했다. 게다가 제네바 군축협상이 독일에게 다른 나라와 똑같은 수준의 재무장을 허락해줄지도 모른다고 기대하던 군부에게, 돌격대는 즉시 투입할 수 있는 예비 병력이었다. 그렇듯이 국가 내부에서 독일군의 영향력이 강화되는 만큼 육군 규모와 무장 수준을 강화하려는 군부의 결의는 확고해졌고, 그만큼 히틀러에 대한 호감도 높아졌다. 히틀러는 독일 민족의 재무장을 지치지 않고 주장하고 있었기 때문이다.

　군대의 태도 변화는 그뢰너의 1932년 1월 29일 직무명령에서도 잘 드러난다. 그때까지 금지해왔던 나치 당원의 군 입대를 허용한 것이다. 내무장관까지 겸하고 있던 그뢰너는 그러나 프로이센을 비롯한 여러 주들의 압력 때문에 돌격대의 활동을 금지했다. 그러자 슐라이허가 그뢰너에 대한 지지를 거두고 육군 총사령관(폰 하머슈타인)과의 합의하에 힌덴부르크 대통령에게 돌격대 금지 조치에 대한 반대 의견을 표명했다. 힌덴부르크의 신임을 상실한 그뢰너는 퇴임했고, 막후에서 슐라이허가 성립시킨 파펜 정부는 돌격대를 금지한 그뢰너의 조치를 철회했다. 그와 동시에 슐라이허는 나치를 입각시켜 나치에게 정부에 대한 책임을 지우려 했다. 그는 히틀러 운동을 기존의 정부 틀 내로 끌어들여 순치하려고 했던 것이다. 그러나 그것은 실패했다. 히틀러가 부총리 자리를 거부하고 총리직을 비타협적으로 요구하였던 것이다. 그러자 슐라이허는 전면에 나서기로 결심했다. 파펜을 물러나게 하고 총리직에 오른 슐라이허는 나치 중앙당 조직국장 그레고어 슈트라서와 협상에 나섰다. 슈트라서 휘하의 타협적 나치들을 정부에 참여시키고 나치를 분열시키려 한 것이었으나, 이 역시 실패했다.

　이 때문에 슐라이허는 결국 히틀러가 가장 혐오하는 정적이 되었다. 실제로 나치당 지도부는 히틀러가 총리에 임명되던 1933년 1월 30일 당일에도, 슐라이허가 히틀러 정부를 막기 위하여 마지막 순간에 군대를 동원하여 쿠데타를 감행하지 않을까 심각하게 우려했다. 그러나 히틀러에게는, 슐라이허로부터 국방장관직을 넘겨받고 총리 히틀러에 대한 독일군의 충성을 보장해줄 블롬베르크 장군과 라이헤나우 대령(국방부 정무국장에 임명된다)이 있었다. 총리에 임명된 뒤에 히틀러 역시 지난 몇 년 동안 공고화되어온 군부의 특수 지위를 인정했다. 나치의 제3제국에서도 군대는 국가 안의 국가였고, 행정부의 다른 모든 기관보다 성공적으로 나치당의 영향력으로부터 자신을 지켜낼 수 있었다.

군대 외에 관헌국가적 전통의 또 다른 기둥은 직업공무원, 특히 내무행정과 중앙 부처 관리들이었다. 그들의 위치와 영향력도 대통령정부에서 강화되었다. 출신과 교육에서 이미 군주제적·관헌국가적 사고방식에 물들어 있던 중앙과 주의 직업공무원들은 대부분 스스로를 "국가의 종복"으로 간주했다. 그러나 그 개념은 공무원들을 국가질서의 보호자 및 대표자로 간주하는 것이기도 했다. 공무원들의 그러한 자기 인식은 바이마르공화국의 정당국가와 합치될 수 없었다. 관리들은 국가를 정당국가보다 더 높은 목표를 지향하는 권력 및 질서로 간주했고, 정당정치를 혐오했다. 정당정치가 한편으로는 이익집단과 결부되어 있었고, 다른 한편으로는 다양한 정치사회 세력의 광장으로 기능하는 의회민주주의의 핵심 요소이기 때문이었다. 그들은 헌법선서를 했지만, 그 선서가 공화국에 대한 명백한 충성을 요구한 것도 아니었고, 선서를 하면서도 그들은 그것이 공화국이라는 국가 형식을 수호하는 것이 아니라 (보다 높은) 국가 자체에 대한 봉사를 맹세하는 것이라고 생각했다. 군주정이 몰락한 뒤에 그들은 당대의 지배적인 부르주아적인 공법 이론에 상응하여, 초시간적이고 초개인적인 민족과 민족적인 권력국가 그리고 초정당적인 민족공동체를 국가 본연의 목표로 간주했다. 그런 그들에게 정당은 국가 본연의 목표를 해칠 수도 있는 제도였다.

따라서 그들이 표방하던 정당정치적 중립성은 민주주의에 대한 완강한 부인否認을 함축하고 있었다. 그 중립성은 권위적이고 엘리트적인 관치官治 이념과 긴밀히 결합되어 있었던 것이다. 그러므로 그들은 정당국가의 극복을 목표로 선포한 민족주의 우익의 이데올로기와 선전에 대단히 긍정적이었다. 그러나 다른 한편으로 독일 전통, 특히 프로이센 전통의 상속자로서 '추상적인' 국가 개념과 '사실적인' 직무 관념과 특수 신분적 직업공무원관에 매몰되어 있던 그들은, 나치의 과격한 선동 형식을 부정적으로 바라보았다. 나치가 정부에 반反하여 '길거리'를 동원하고, 국가권력에 반하여 사적인 정당권력을 맞세우고 있었기 때문이다. 상당수의 유권자들이 보수적인 우익 정당들로부터 등을 돌린 바이마르공화국 말기에도, 고급 공무원들, 특히 베를린의 중앙 부처 공무원들은 대부분 나치당이 아니라 민족인민당이나 인민당, 혹은 민족보수당(트레비라누스) 같은 보수 우익 정당과 가까웠다.

그러나 젊은 관리들에게서는 "국가의 종복"이라는 낡은 신분제적 개념이 갈수록 힘을 잃었다. 그 개념에 내포된 봉건적이고 관헌국가적인 기원, 그와 결부된 전통적인 사회적 위신이 (군대 장교와 마찬가지로) 공무원들의 부실한 경제적 상황과 어울리지 않았고, 젊은 세대의 세계관과 합치되지도 않았기 때문이다. 게다가 공무원들의 열악한 물질적인 상황은 브뤼닝의 긴축 및 공무원 감축 정책으로 인하여 배가되었다. 브뤼닝은 당면한 재정위기를 초당적이고 권위적인 방식으로 돌파하려 하였기에, 그 무엇보다도 공무원들에게 의존하였다. 그래서 중앙 부처 공무원들의 영향력은 크게 강화되었지만, 영향력과 더불어 그들에게 강요된 물질적 희생은 공무원들을 정치적으로 과격화시켰다. 그리하여 1930/31년 이후 공무원들 중에 나치당을 지지하는 사람이 굉장히 많았다. 수년간 사민당이 지배한 주정부들에서도 국가행정, 특히 경찰 내부에 나치의 구호가 수용되었다. 경찰 특유의 업무 때문에 정치사회적인 질서 이데올로기가 강할 수밖에 없었기 때문이다.

정부가 대통령 긴급명령에 의존하는 대통령내각으로 이행한 것은, 헌정적인 권력 중심이 국가행정으로 넘어갔음을 의미했다. 입법권은 이제 의회가 아니라 중앙 부처 공무원들이 행사하게 되었고, 그에 따라 공무원들의 권력과 영향력이 더욱 강화되었다. 의회민주주의로부터 멀어지는 정도만큼 공화국은 권위적인 공무원국가로 변화해갔다. 1930년 가을 이후 제국의회는 드물게 열렸고, 열려도 일련의 긴급명령을 통과시키기 위해서였다. 그 때문에 이미 1931년 초에 민족저항 정당들(나치당과 민족인민당)이 제국의회를 박차고 나가버렸고, 그로 인하여 의회주의에 대한 신뢰는 더욱 추락했으며, 입법부와 행정부의 분리라는 헌정 원칙은 더욱 형해形骸화되었다.

이는 다시금 공무원 집단의 권위적이고 위계적인 관점을 강화시켰고, 그것은 그것대로 관헌국가적인 행정명령 정부(그리고 정부에 대한 통제 불가능성)를 강화시켰다. 그리고 그 정부는 불가피하지 않은 조치조차 긴급명령으로 처리하였고, 이는 헌법 48조의 의미를 바꾸어놓았다. 일시적인 예외로 간주되던 것이 지속적으로 작동하는 새로운 국가적 실천 형태가 된 것이다. 대통령내각 체제는 그렇게 추후 히틀러가 긴요하게 사용하게 되는 행위를 제도화시켰다. 히틀러는 국가질서와 법질서를 전복하기 위한 모든 근본 조치에서 대통령 긴급명령을 이용하게 된다. 긴급명령이 없었으면 나치의 권력 장악은 가능하지 않았을지도 모른다.

긴급명령 체제는 대통령의 지위와 권력을 헌법 규정을 훨씬 초과하여 확대하는 것으로 그치지 않았다. 그 체제는 대통령궁에 드나들던 이익집단들의 영향력도 강화했다. 예컨대 브뤼닝은 부채 경감을 도와달라는 동부 독일 대지주 융커들의 요구에 부응하여 수백만 마르크를 쏟아부었다. 그러나 그 돈으로도 구조 변동과 지리적 입지 때문에 구조적인 어려움에 빠진 대지주들을 구해낼 수는 없었다. 제국지주동맹으로 결집한 그 지주들은 1931년에 이미 브뤼닝에 대한 단호한 적대노선을 취했고, 힌덴부르크의 공감을 얻었다. 그 스스로가 동프로이센 노이데크의 지주였던 힌덴부르크는 처지가 같은 동지들의 호소에 매우 열려 있었다.

브뤼닝 내각과 단기간 존속했던 슐라이허 내각에 등을 돌리기는 기업가들도 마찬가지였다. 기업가들은 브뤼닝 정부가 긴축 정책과 긴급명령을 통하여 임금과 사회복지비를 실제보다 더 많이 삭감해주기를 원했다. 그러나 더 주목해야 할 것은, 경제위기와 함께 한편으로는 기업과 은행의 집중화 물결이 닥쳐오고, 다른 한편으로는 대기업에 대한 국가의 개입이 더욱 강화되었으며, 그로 인하여 자유주의적이고 자본주의적인 민간경제가 침식되었다는 점이다. 콘체른을 추진하던 것으로부터 콘체른을 결성하라는 압력을 국가로부터 받는 것으로 입장이 바뀐 기업가들은 극심한 혼돈에 빠졌고, 급기야 브뤼닝과 슐라이허가 국가사회주의와 국가자본주의를 추진하고 있다고 비난했다. 파펜의 집권과 함께 대기업의 분위기는 바뀌었다. 파펜은 여론의 압력 속에서 1932년 초에 국가 주도의 적극적 일자리 창출 정책을 개시했다. 대기업도 그에게 호의적인 반응을 보였다. 파펜은 노동자를 추가적으로 고용하는 기업에 세금공제 방식으로 특별 여신을 제공했고, 평균 이상의 노동자를 고용하는 기업에는 임금을 단체협약 임금의 절반 수준으로 낮출 수 있도록 해주었다. 그래서 노동조합은 파펜이 "노동자를 희생시켜" 경제를 부양하려 한다고 비판했다.[3]

그러나 농업 이익집단들이 총괄되어 있던 "녹색전선"이 이미 1931/

32년에 나치의 농업정책 선동에 넘어간 것과는 달리, 기업가들은 히틀러의 적극적인 구애(특히 1932년 1월 뒤셀도르프 기업가클럽에서의 연설)에도 불구하고 1932년 초까지만 해도 나치당을 회의적으로 바라보고 있었다. 물론 샤흐트와 튀센을 비롯한 일련의 은행가와 기업인들은 보란 듯이 나치 편에 서긴 했다. 그러나 그들은 다수를 대표하지 못했다. 그렇지만 1932년 1월의 전국경제인연합회 회람이 보여주듯[4] 경제계는 브뤼닝의 경제정책으로부터 등을 돌렸고 대지주 및 군부와 함께 브뤼닝의 실각에 일정한 역할을 수행했다. 그로부터 1년 뒤 슐라이허가 파펜의 고용 프로그램에 담겨 있던 임금 삭감 항목을 철회하고 노동조합으로부터 정치적 지지를 얻으려고 시도하자, 지도적인 기업가들은 더 이상 주저하지 않고 힌덴부르크 대통령에게 슐라이허 내각에 대한 단호한 반대 입장과 히틀러 내각에 대한 지지 의사를 표명했다.

대통령정부 체제는 이익집단의 영향력을 의회주의보다 더 능숙하게 은폐하는 체제이지만, 이익집단의 영향력은 그만큼 강력하게 작동하는 체제이다. 대통령에 대한 통제 불가능성 때문에 공화국이 어떤 상태에 도달하였는지는, 애초에 힌덴부르크의 각별한 신임을 얻고 있었던 브뤼닝과 슐라이허가 그토록 돌연하게 해임된 데서도 잘 드러난다. 브뤼닝을 파멸시킨 것은 의회가 아니었다. 제국의회는 오히려 1932년 4월에도 브뤼닝에게 신임을 표명했다. 브뤼닝 정부와 국가의 운명을 결정한 사람들은 자신이 마치 왕이기라도 한 듯이 처신한 늙은 대통령과 군주제 시절의 궁정 측신側臣이라도 되는 양 대통령을 좌지우지하던 인사들과 이익집단들이었다. 브뤼닝 정부 초기에만 해도 대통령내각 체제가 공화국을 정화하기 위한 신뢰할 만한 초당적인 노력으로 간주될 수도 있었지만, 그 체제는 어느덧 공공성res publica이 아닌 막강한 특수 이익의 대변자로 전락했다.

브뤼닝이 경제위기의 와중에 의회주의와 정당민주주의를 구원하려 했는지는 의심스럽다. 다만 그가 공화제적 법치국가를 생존시키려 했고, 효과적인 사실적·관료제적 행정명령 체제를 통하여 적절한 재정정책을 펼치려 했던 것만은 분명하다. 그리고 그의 구상이 애초부터 불가능했던 것도 아니다. 그러나 그는 실패했다. 정책적 성공은 인민대중의 성마른 기대에 형편없이 미달했다. 게다가 과격한 정파들은 정부에 대한 신뢰를 체계적으로 무너뜨리기 위하여 할 수 있는 바를 모두 다했다. 경제의 자기 치유력에 대한 믿음에서 출발한 브뤼닝의 긴축 재정정책은 경제에 파멸적인 영향을 끼쳤고, 그것은 또한 정부를 견지할 사회 세력의 부재라는 브뤼닝 정치의 취약점을 더욱 노골화했다. 게다가 브뤼닝, 파펜, 슐라이허가 이끈 대통령내각들은 국민들과 떨어진 측신 정부의 면모를 지니고 있었다. 정부의 '전문가' 장관들에게는 그들의 목표를 여론에 효과적으로 홍보하고 국민을 이해시킬 능력이 결여되어 있었던 것이다. 그와 정반대로 히틀러 운동은 국민의 감정과 원한을 부추기는 데 비상하게 유능했다. 그처럼 대통령내각들이 스스로 국민 여론으로부터 멀어지자, 힌덴부르크의 속내도 변해갔다. 특히 파펜 정부가 약해질 대로 약해진 민족인민당 외에 제국의회 내에 도대체 의지할 만한 세력이 없는 상태에서 좌초했던 1932년 말, 힌덴부르크는 누가 총리가 되건 중도 정당 오른쪽에 있는 정당들(그 시점에서는 특히 나치당)의 지지를 받지 않는 한 대통령 전권이나 장기적인 통치권을 부여하지 않기로 마음먹었다.

그리하여 나치당을 정부에 포함시키라는 복고 반동 세력들의 요구는 갈수록 커갔고, 그만큼 그들은 안일했다. 사실 사민당은 말할 나위도 없고 가톨릭중앙당과도 동맹할 능력도 의지도 없던 그들에게, 인민적 기반을 공급해줄 세력은 히틀러 대중운동밖에 없었다. 그러던 터에 히틀러의 모 아니면 도 전략(이 전략은 슐라이허와 슈트라서 접촉 및 당 자금의 고갈과 맞물리면서 나치당을 심각하게 동요시켰다) 때문에 나치당의 득표율이 1932년 11월 선거에서 기존의 37퍼센트에서 32퍼센트로 감소하자, 나치당과 동맹을 맺을 시기가 무르익은 듯이 보였다. 1933년 1월, 그때까지 "보헤미아 출신의 상병" 히틀러의 총리 지명을 한사코 거부했던 힌덴부르크도, 만일 히틀러를 파펜, 민족인민당 우파, 기존의 내각에 근무하던 보수적인 전문 장관들이 둘러싼다면 히틀러 정부를 출범시킬 만하다고 생각하기에 이르렀다.

제2장

집권 이전의 히틀러 운동

1. 세계관, 선전, 카리스마적 지도자

나치 운동의 외적·조직적 형식과 리더십은 본질적으로 내적 형식에 의해 규정되었다. 그 내적 형식은 세계관, 선전, 지도력 사이의 관계에서 드러난다. 나치 이데올로기의 핵심은 민족주의적, 범게르만적, 원민중적·반유대주의적, 반마르크스주의적, 반자유주의적 이념들이다. 그 이념들은 이런저런 형태로 조합되어 이미 1914년 이전에 유포되었지만, 유독해진 것은 1차 대전과 패전과 혁명을 겪은 뒤였다. 존립 첫 국면(1923년까지)의 나치당 역시, 종전終戰 이후 독일의 거의 모든 지역에서 솟아난 수많은 원민중적인 정치집단 중 하나였다.

모든 원민중주의 정치운동에 공통적인 유토피아적 공식은 '독일적인 것'의 갱신이야말로 민족 부활의 전제라는 것이다. 그러나 그 공식은 다양한 방식으로 해석되었다. 그리고 수많은 독일인들에게 막대한 영향을 미친 원민중주의 운동은 종파sect나 다름없는 결사 및 단체들로 분열되어 있었다. 아돌프 히틀러는 1914년 이전에 이미 합스부르크의 빈에서 원민중주의적·반유대주의적 세계관과 접촉했다. 그 세계관은 합스부르크 다민족국가의 현실로 인하여 정작 독일보다 빈에서 강력했다. 전쟁 전에 그 세계관과 접촉했던 히틀러는 전쟁이 끝나고 뮌헨으로 돌아왔다. 평의회공화국이 분쇄된 직후의 뮌헨 분위기는, 원민중적·반유대주의적 "세계 인식"이 진리라는 점과 이제는 그 인식으로부터 정치적 결론을 도출해야 한다는 것을 입증해주는 듯이 보였다. 그러나 1919년 9월 나치당에 입당한 히틀러는 당의 추동력이자 지도자로서, 당이 그 세계관에 지나치게 교조적으로 고착되는 것을 막았다. 추후에도 나치당은 그 세계관의 그 어떤 판본에도 고착되지 않는 정당으로 남는다. 따라서 지도적인 나치의 이데올로기적 발언과 문건은 당에서 항상 개인적인 견해나 특수한 판본에 불과한 것이었고, 그들과 다르기도 하고 모순되는 견해를 주장하는 당원도 많았다.

나치당이 히틀러 운동으로 발전할수록, 원민중적 세계관과 기획 중에서 나치당의 절대적인 지도자인 히틀러가 신봉하는 내용들이 절대화되어갔다. 그리하여 나치 세계관은 민족생물학적·인종주의적 민족주의의 몇 가지 내용으로 고착되었다. 히틀러의 연설과 문건에는 이른 시기부터 유사 학문적으로 양식화된 광적이고 판에 박힌 반유대주의가 두드러진다. 그는 "유대적인 것"이 민족의 힘과 독특성을 파괴하는 세균이라고 주장했고, 유대인을 구체적인 동시에 형이상학적인 보편적 적敵으로 선언했다. 아울러 영원한 "종의 투쟁"의 "자연법칙"과 그로부터 도출된 "강자의 권리"는 진리였다.

조숙한 선동가였던 히틀러는 동시에 본능적으로, 지적인 통찰이 아니라 정열적인 감정과 원한과 선망에 기반한 원민중주의적 세계관은 본성상 이론적으로 체계화될 수 없다는 점을 통찰하고 있었다. 그는 또한 구체적이고 개별적인 사안에 대해서는 침묵하고 자신의 근본적인 의도, 즉 민족의 전면적인 활성화에 대한 소망과 의지만을 표명할 때 가장 큰 효과를 발휘할 수 있다는 점도 잘 알고 있었다. 마르크스주의자와 유대인 등을 적으로 선포하고 그들에 대하여 투쟁하는 것은 그 적들을 공격하는 것 외에, 투쟁하는 인간 내부의 인간적 양심을 무력화시키고 투쟁심을 강화하는 것이기도 했다. 인종주의 이론은 또한 민족적 자의식을 강화하는 한편, 사회적 문제점들을 민족의 적들의 음모 탓으로 돌렸다. 동유럽에 거대한 생활공간을 창출한다는 목표 역시 종말론적인 말세 의식, 즉 그곳이야말로 독일 민족을 모든 경제적·물질적 난관으로부터 구원해주는, 새로운 원민중적 권력 기반과 영웅적인 주인 인종의 존립 기반이라는 유토피아적 의식이었다. 그러한 세계관적인 근본 의지가 설파되고 수용될수록, 처음에는 그저 주장하기만 했던 것을 현실에서 실현하겠다는 의식과 의지가 형성되었다. 이데올로기적 토대가 그토록 부실하였기 때문에 자신의 구상과 의도가 옳다는 것을 확인해주는 것은 성공 그 자체였다. 따라서 나치당은 처음부터 세계관과 선전, 신념과 행동이 교환 가능한 것이되, 양자를 매개하는 고리가 히틀러이고 성공이 운동의 근본 추동력인 정당이었다. 나치즘은 객관적 관계가 아니라 주관적 의식을 변형함으로써 세계를 변화시키려는 시도요, 독일의 세계적 지위와 위대함의 객관적인 조건이 부재한 것을 민족의식과 민족 에너지의 활성화와 원초화에 의하여 감추려던 극단적 시도였다.

히틀러의 목표는 처음부터 나치당을 토론만 하는 수많은 원민중주의 단체들로부터 분리시켜 새로운 스타일의 역동적인 투쟁운동으로 변화시키는 것이었다. 나치당은 추후에도 원민중적 세계관 정당으로 남아 있게 된다. 그러나 히틀러의 힘에 빠져드는 정도만큼 나치당에서 중요해진 것은 이데올로기와 강령에 대한 논의가 아니라, 원민중적인 '사고'의 배후에 자리 잡고 있는 감정과 의지를 분출시키는 것이었다. 히틀러가 "독일 민족사회주의 노동자당"이라는 나치 당명에서 투쟁적인 "노동자당"과 민족주의적인 "사회주의"라는 외피를 기꺼워한 것도 그 때문이었다. 그래서 나치가 적으로 선언한 마르크스주의 운동의 여러 요소들이 나치당에 수용되었다. 나치당은 사민당에서 "동지"라는 호칭, 당 깃발의 붉은 색깔, 갈고리십자가 완장, 플래카드를 가져왔고, 사회주의자들의 노래에서 노랫말을 따왔으며, (특히 괴벨스가 이끌던 베를린 지구당이) 공산당의 조직 기법(길거리와 기업별로 세포 조직을 두는 것)을 모방했다.

여타의 파쇼 운동과 마찬가지로 나치당도 원민중적인 선동과 준군사적인 투쟁 조직을 결합시킨 운동이었다. 1920년 초에 나치는 민족주의 자유군단과 투쟁 단체의 장교들의 도움을 받아서 "돌격대Sturmabteilung"를 조직했다. 돌격대는 바이에른의 극우 투쟁 조직 중에서 가장 활동적이고 가장 강력한 조직으로 성장했다. 1923년에 대원이 약 3000명에 달했다. 돌격대 덕분에 물리적 폭력의 행사와 위협이 나치 권력 투쟁의 항구적인 수단이 되었다. 또한 돌격대 덕분에 히틀러 운동은 1922년 가을에 벌써 ― 이탈리아 파쇼 행동대의 투쟁을 전범으로 삼아 ― 도발적인 시위행진을 시작할 수 있었다(그 첫번째 예는 1922년 10월 14/15일에 코부르크에서 열린 "독일의 날" 행진이었다). 물론 그때마다 돌격대는 공산당 당원들과 가투를 벌였다. 나치당에 "전선戰線 정신"을 주입한 것도 돌격대였고, 나치당이 선동과 세계관만으로는 불충분한 경우 정치적 테러로 힘을 과시하는 수단도 돌격대였다. 돌격대의 행진과 집회 덕분에 나치당은 "질서 세력"을 자임할 수 있었고, 돌격대의 부대 깃발 증정식과 악대樂隊 덕분에 나치당은 군사적인 힘으로 등장할 수 있었다. 이는 사격 축제와 행진곡을 좋아하던 독일인들의 심성에 맞춘 것이기도 했다.

여타의 투쟁 단체들과 마찬가지로 돌격대에서도 예비역 장교가 지배적인 지위를 점하였고, 군사 훈련과 군사적 조직이 압도적인 중요성을 차지했다. 그러나 돌격대가 나치당 조직이었으니만큼, 당을 위한 선전 활동도 그에 못지않게 중요했다. 실상 군사적 단체와 정당의 선동대라는 두 가지 성격을 하나로 결합시킨 것이야말로 돌격대를 여타의 우익 준군사 조직들과 차별화시키는 점이었다. 그런 단체들은 1923년 이후에 해체되거나 다소 비정치적인 퇴역군인 단체(예컨대 철모단)로 전락했다.

그렇듯 나치당은 군사적인 것과 정치적인 것을 결합시킨 덕분에, 그리고 그에 따른 선동 방식 덕분에(베를린의 경우에서처럼 1925년 이후의 나치 지구당 창설에서 지역 돌격대는 당 조직보다 중요한 역할을 했다) 1924년에서 1928년 사이의 안정기 바이마르공화국에서 살아남을 수 있었고, 또한 여타의 원민중주의 정당들(특히 독일 원민중자유당)과 극우 군사 단체 지지자들을 접수할 수 있었다. 비록 안정기 바이마르공화국에서 나치당은 정치적으로 미미한 존재였지만, 바로 그 시기에 나치당은 극우 원민중주의 집단들의 유일한 상속자로 발전했다. 그리하여 대공황의 내습과 더불어 대중이 과격화되기 시작하자, 극우 진영에서 나치만이 기성 질서에 대한 유일한 대안으로 부각될 수 있었다.

1920년대 후반기에 나치당 내부에서는 사회혁명적인 주장들, 때로는 심지어 민족볼셰비즘적인 주장들까지 제기되었다. 그러나 그런 주장들은 이데올로기적인 확신 때문에 제기되었던 것이 아니다. 그것들은 나치당과 돌격대 내부의 역동적인 요소들에서 비롯되었다. 그들 대부분은 고등학생과 대학생, 혹은 실직 상태의 젊은 퇴역군인들과 자유군단 투사들이었고, 나치 운동에서 가장 행동주의적인 부류였으며, 사회적·정치적인 역동적 이동성의 인수였다. 1922년에서 1925년 사이에 나치당과 반쯤은 동맹하고 반쯤은 경쟁하던 민중자유당의 구성원들과 지지자들은, (추후 "하르츠부르크 전선"에서 민족인민당과 철모단이 그러하듯) 나치 당원들보다 훨씬 나이 든 세대와 부르주아 및 귀족 명사들을 대표했다. 많은 지역에서 양자의 관계는 늙은 어른과 거침없는 젊은이의 관계였다. 나치 당원들은 여타의 원민중주의 단체와 민족인민주의 지도자들은 반동이고 자신들은 민족혁명가요 사회주의자라고 생각했다. 나치당의 독특한 투쟁 방식 역시 원민중적·민족적 청년들에게 매력적이었다. 그러나 운동이 아니라 협회 조직에 고착되어 있던 대개 나이 든 "의식意識 원민중주의자들"과 엘리트주의적인 독일민족주의자들은 나치의 투쟁 방식을 보면서, 나치는 "프롤레타리아적인" "길거리 무뢰한"이며 "대중"이라고 역겨워했다.

이 시기 나치당에서 사회혁명적 경향이 두드러지게 된 것은, 당이 도시적이고 공업적인 북서부 독일로 팽창한 것과도 관련이 있다. 북서부는 사회주의적으로 조직된 노동자들의 지역이었다(나치당은 1929/30년까지 농업 지역에 거의 진출하지 못했다). 그레고어 슈트라서는 그 지역에서 동생 오토 슈트라서 및 젊은 괴벨스(그리고 추후 여러 지역에서 지구당 위원장직을 맡게 되는 카를 카우프만, 에리히 코흐, 요제프 테르보펜, 프란츠 폰 페퍼)의 지원을 받아가면서 1925년 가을에 나치당 "북서부 연합"을 결성했다. 그들은 나치당 이데올로그인 고트프리트 페더가 1920년 1월 24일에 "금리노예제의 철폐"라는 구호하에 작성한 당 강령(25개조)보다 훨씬 진지하고 풍부한 민족적 사회주의 판본을 제시하였다.

우리는 나치당 강령에 들어 있는 "무노동·무노고 수입의 철폐," "토지 이자"와 "토지 투기"의 철폐, "비열한 범죄자와 매점자"의 "사형"을 "금융자본"에 대한 진부한 소시민적 항의의 표현들로 평가할 수 있다. 백화점을 도시기업으로 전환시키거나 도시정부에 임대하도록 하자는 것과, "이미 사회화된 기업의 국유화"(12조), 종업원의 대기업 이윤 참여(13조), "민족적 필요"에 부응하는 토지개혁(17조) 역시 집단적이고 반자본주의적인 맛이 풍기기는 하지만, 사회주의적인 강령이라기보다는 중간신분적인 개혁 열망이다. 그와 달리 나치당의 북서부 지역 지구당 위원장들은 1925/26년에 귀족 제후들의 재산을 몰수하자는 공산당의 제안을 지지했다. 슈트라서와 괴벨스는 심지어 소련과의 반자본주의 동맹을 열렬히 주장했다. 그때의 나치즘은 민족 우파의 부르주아적이고 보수적인 부류와 합치될 수 없는 운동이었다.

그러나 중요한 것은, 슈트라서 등이 1926년 2월 14일에 밤베르크에서 열린 나치당 지도자대회에서 25개조 강령을 공식적으로 수정하고자 했을 때, 히틀러가 이를 단호하게 거부하면서 추후 그 어떤 강령 논의도 금지한다고 선언했다는 사실, 그리고 나치당 좌파가 아무 말도 하지 못하고 히틀러의 금지에 순응했다는 사실이다. 그들의 복종은 나치당의 강령이 당에서 얼마나 구속력이 없는 것이었는지를 나타내준다. 그 후에도 나치당에 사회혁명적인 흐름은 존속했다. 예컨대 베를린 지구당 위원장 괴벨스는 계속해서 사회혁명적인 파토스를 능숙하게 이용했다. 그러나 밤베르크 대회는 특정한 정치적 요구와 히틀러 중에서 하나를 선택해야 한다면, 지구당 위원장들 다수가 강령이 아니라 히틀러를 선택한다는 것을 보여주었다. 게다가 슈트라서 강령이 25개조 강령에 대한 분명한 대안이었던 것도 아니다. 강조점이 다르기는 했지만(보다 많은 반자본주의, 보다 적은 반유대주의), 그것 역시 원민중주의 세계관의 근본 지향에 고착되어 있었다. 어떤 면에서는 히틀러의 민족적 사회주의를 슈트라서의 원민중적·신분국가적 혼합보다 일관된 것으로 평가할 수도 있다. 히틀러의 민족사회주의는 강령이 아니라 선전에, 다시 말해서 사회적인 불만을 민족적 동력으로 변환시켜 그것을 내부의 민중의 적과 대외적 팽창으로 투입하는 것에 맞춰져 있었기 때문이다.

  나치 민족사회주의의 사회주의 부분과 마찬가지로 여타의 이데올로기적·선전주의적 라이트모티프들 역시, 기존의 사회질서와 국가질서와 전통에 대한, 절반은 반동적이고 절반은 혁명적인 독특한 잡종이었다. 앞에서 우리는 나치 운동의 성격이 기생적이었다고 평가한 바 있다. 그 평가는 여기서도 확인된다. 나치의 세계관은 미래의 유토피아이되, 과거를 바라보는 유토피아였다. 그 세계관은 과거에 대한 낭만화된 상像과 상투어들, 전사戰士적이고 영웅적이며 가부장적이고 절대주의적인 시대와 사회질서 및 국가질서로부터 빌려온 것들이다. 그러나 동시에 그것은 대중적이고 아방가르드적인 것으로 변형되고, 전체주의적인totalitär 민족주의 투쟁 개념들로 변환된 세계관이었다. 그렇게 하여 귀족적인 영주가 원민중적인 "피의 귀족" 및 "주인 인종"이 되었고, "신의 은총"에서 유래한 제후諸侯가 인민적인 민중 지도자가 되었으며, 굴종적인 예종이 적극적인 민족적 "추종"으로 되었다.

나치의 새로운 공식公式들은 관헌국가와 공업사회의 공존이라는 빌헬름 시대*의 근본 모순을 해결하는 동시에 전前민주적인 질서의 "건강한" 모습으로 복귀시켜주는 듯이 보였다. 이러한 이중성은 나치의 모든 구호를 관통하고 있었다. 나치의 공식들은 원민중의 비밀스런 힘과 "피와 흙"과 "혈연의 유산"에 의해 규정되는 전前사회적인 자연성과 "가족 같은" 공동체를 주장했지만, 그 주장은 생물학적이고 과학적인 공작인homo faber의 대중조작 기술, 즉 단종 수술과 안락사와 유대인 절멸에 의한 "정화 작업"과 이주와 인종 선택과 민족의 등급화에 따른 "인구 재구성" 작업으로 곧장 전환될 수 있었다.

나치의 대외정책 강령도 마찬가지였다. 1차 대전 이전 빌헬름 시대의 독일은 팽창적인 산업자본주의와 호엔촐레른 군국주의 군주정의 팽창 동력과 신분제적이고 권위적인 엘리트들의 지배 이념에 추동되어 과격한 대외정책을 추구했다. 히틀러와 나치의 대외정책 프로그램도 전쟁 이전 외교정책의 연속이었다. 그러나 나치당으로 표현되고 나치당을 통하여 가장 강력하게 조직되고 활성화된 광적인 민족주의는 구체제의 엘리트적이고 관헌국가적인 전제를 파괴하는 것이기도 했다. 빌헬름 시대의 제국주의적이고 범게르만주의적인 관점이 1차 대전과 혁명을 겪은 뒤에도 유효하기 위해서는, 그것이 인민적으로 전환되고 역동화되어야 했으며, 과거의 애국주의가 원민중적 전체주의로 변환되어야 했다. 그곳에는 과거의 관헌국가와 귀족적 혹은 대부르주아적 명

---

* (옮긴이) 역사가들은 빌헬름 2세가 비스마르크를 퇴임시키고 정치를 주도하였던, 1890년부터 1918년까지의 시기를 빌헬름 시대로 칭한다. 많은 역사가들은 1차 대전 이후의 독일사를 규정하게 되는 여러 요소들이 빌헬름 시대에 두드러지게 나타났다고 평가한다.

사정치와 그 가치들이 들어설 자리가 없었다.

1차 대전은 민족공동체적인 "성城 안의 평화"*가 민족국가의 에너지를 얼마나 동원할 수 있는지를 보여주었고, 민족주의의 전면적 동원이 사회적 차이에 대한 의식마저 없애버린다는 것을 역사상 최초로 보여주었다. 이 경험은 나치즘에게 근본적인 의미를 지녔다. 역사의 수레바퀴를 1914년의 출발점으로 되돌리되, 전쟁 의식과 총체적인 동원을 이미 평화 시에 조직하는 것, 바로 그것이 히틀러의 대외정책 프로그램이었다. 여기서도 카리스마적 지도자 내지 고수鼓手**가 할 수 있는 것은 이데올로기적 내용이 할 수 있는 것보다 많았다.

막스 베버가 "전통에 얽매인 시대의 혁명적 힘"이라고 규정한 카리스마적 지도력 덕분에, 히틀러는 강고한 전통주의적 정치관을 보유하고 있던 중간신분에서 많은 지지자들을 발견했다. 카리스마적 지도자가 그들에게 발휘하는 호소력은 불안정했던 기존의 국가적·정치적 질서가 1차 대전과 그 후에 벌어진 전복적 사건들로 인하여 무너지는 정도만큼 강화되었다. 범게르만연맹의 민족우익 반대파들은 1차 대전 이전에 이미 빌헬름 2세의 취약한 황제정이 카리스마적인 민중지도자 정치로 교체되기를 열망했고 또 예언했다. 민중을 "혁신하고" 이끌어갈 카리스마적 지도자에 대한 민족심리적인 열망이 그렇듯 이미 자리 잡

---

* (옮긴이) 1차 대전이 발발하자 빌헬름 2세는 신분과 계급과 종파를 뛰어넘는 민족적인 통합과 협력을 호소했고, 가톨릭중앙당과 사민당 및 노동조합은 그에 호응했다. 예컨대 사민당은 정부의 전쟁 채권 발행안이 의회를 통과하도록 협력하였고, 노동조합 역시 파업을 자제했다. 이를 통칭하여 "성 안의 평화"라고 부른다. 그와 똑같은 호소와 실천은 프랑스에도 나타났는데, 프랑스의 경우 "신성동맹"이라 부른다.

** (옮긴이) 전국적인 정치가로 발돋움하기 이전 시기에 히틀러는 우익 지식인들의 모임을 찾아가, 그들의 사상적인 지도력을 인정하면서 자신은 그들의 고수가 될 용의가 있다고 말한 것으로 전해진다.

고 있었기 때문에, 히틀러는 그 역할을 맡기만 하면 되었다. 그러나 상황이 그랬다고 하더라도 히틀러가 그 역할을 그토록 설득력 있고 성공적으로 수행할 수 있었던 것은, 그의 뛰어난 선전 능력 덕분이었다. 히틀러의 암시력, 그의 후광과 카리스마는 그의 연설 능력에 극단적으로 의존하고 있었다. 연설은 문자 그대로 히틀러 정치 경력의 '토대'였다.

나치당의 역사 초기에 이미 히틀러의 연설은 일종의 인민 엔터테인먼트였다. 사람들은 히틀러의 연설을 "즐겼다." 그것은 마치 환호할 자세가 되어 있는 팬들이 스포츠 이벤트에 열광하는 것과 비슷했다. 그가 있는 곳에는 뭔가 "일이 벌어지고" 있었다. 그곳에서는 무엇인가가 가차 없이 "청산되고" 있었다. 그러나 다른 한편으로 히틀러가 만일 청중에게 자신이 "신성한 진정성"을 갖고 있다는 인상을 전달하지 못했더라면, 그가 내뿜던 공격성은 특별한 효과를 발휘하지 못했을 것이다. 냉소적인 비웃음으로 적당히 버무린 민중적인 선동과 정치적 메시아의 축제적 제스처를 결합시킨 것이야말로, 한편으로는 헤르만 에서와 율리우스 슈트라이허 같은 거칠기 짝이 없는 선동가들, 다른 한편으로는 효과적이지만 별반 신뢰가 가지 않던 요제프 괴벨스 같은 지적인 변설가들과 히틀러를 구별시켜주는 것이었다. 단순하지만 바라는 것은 많은 청자들에게 호소력을 발휘한 것은 바로 그 결합이었다. 그런 면에서 히틀러에 버금가는 사람은 나치당에 한 명도 없었다.

연설의 힘에 대한 의식, 말하는 템포와 높낮이의 조절, '피아노'에서 '포르티시모'로의 강약 전환, 분위기를 절절한 수준으로 끌어올리기 위한 의도적인 준비(악대의 연주 속에 이루어지는 깃발 행진, 행사장을 입추의 여지 없이 가득 메운 사람들을 의도적으로 기다리게 하고 약간 늦게 등장하기 등)에서는 능란하기 짝이 없었지만, 히틀러가 분위기를 띄울 수 있고 그의 연설이 힘을 발휘하기 위해서는, 그에게 기꺼이 박수를 칠 준비가 되어 있는 청중들이 이미 존재해야 했다. 히틀러는 연설에서 언제나 시작할 때는 느리게 말하면서 청중에게 서서히 다가가서는 연설하는 자기 자신과 듣는 사람 모두에게 "불을 지핀" 뒤에, 박수 치는 청중의 환호에 스스로도 뜨거워지고 달아올랐다. 이 사실은 그가 얼마나 청중의 환호하려는 마음 자세에 의존하고 있었는지를 보여준다. 그래서 히틀러는 정치적으로 비교적 조용했던 (그리고 그 때문에 히틀러에게는 어려웠던) 시기인 1925년에서 1928년 사이의 기간에는 연설을 거부하거나 하더라도 이따금씩, 그것도 머뭇거리면서 연단 위에 섰다. 연설의 힘을 확신할 수 없었기 때문이다.

히틀러에게는 청중들이 무의식적으로 원하고 느끼는 것을 결연한 말로 표현하고 축성하는 능력이 있었다. 그는 사람들이 마음속으로 생각만 하던 것을 말로 표현하고, 사람들이 품고 있기는 하지만 주저하던 선망과 편견을 강화함으로써, 사람들에게 자기 확인의 깊은 만족감과 새로운 진리와 확실성에 참여하고 있다는 느낌을 심어주었다. 그런 종류의 연설을 하는 사람은 섬세한 정신적인 구별 능력이 있거나 자신 안으로 침잠하는 성숙한 개인이 아니다. 그런 연설이 필요로 하는 사람은 (여타의 파쇼적 혹은 비합리적인 대중운동이나 각성운동 지도자들이 그렇듯) 자기 시대의 위기의식과 공황 심리에 의해 스스로가 관통당한 사람, 그리하여 시대의 위기의식을 본능적으로 식별하는 사람, 그 위기의식을 부채질하는 선동가의 역할에서 그동안 뼈아프게 부재했던 자기 존재의 고유한 사명감과 실존적 충만감을 발견해내는 사람이다.

그런 유의 지도자는 혼자 힘으로, 혹은 비범한 자기 자신의 개인적인 능력 덕분에 위대한 역사적 역할을 떠맡게 되는 것이 아니다. 히틀러 개인의 전기에서는 그의 특별함을 설명해줄 수 있는 그 어떤 것도 발견할 수 없다. 정신적으로나 개인적으로나 진부하기 짝이 없던 히틀러가 정치 무대에서 그토록 갑작스럽게 부상한 것 역시, 그런 지도자는 특정한 위기의식과 집단 심리의 흐름 속에서만 자라날 수 있다는 점을 확인해준다. 독일 민족주의의 광범한 병리 현상과 함께하면서, 그리고 자신의 존재 전체를 던져서 그 병리를 말로 표현하고 행동으로 옮기면서 히틀러가 발휘하던 그 비상한 열정이 그를 "지도자"로 만들었다. 기괴한 별종 인간을 민중의 가슴을 울리는 선동가로 만든 것은 바로 그 위기였다. 정치적 교사敎師로서 히틀러는 레닌에게 한참 못 미치는 인물이다. 그는 교사라기보다 촉매제였다. 새로운 것을 덧붙이지 못하지만, 현실에 분명히 존재하는 긴장과 위기의식에 불을 댕기는 화염이요, 그것이 활활 타오르도록 해주는 연료로서, 그에게는 가공할 만한 일이 시작되도록 하는 능력이 있었다. 그의 역사적 역할은 개개인의 정치적 노이로제를 집단적인 노이로제로 변환시키고, 사회에 가득한 흥분 상태를 개개인의 집착과 역동성의 기제와 행동으로 변환시키는 데 있었다. 따라서 히틀러의 지도력은 역설적으로 해석될 수 있다. 한편으로 그는 실제적인 위기의식의 익명적인 대표자에 불과했다. 그러나 다른 한편 당대에 편재했던 흥분은 통합적 인물인 그를 통해서만 정치적 돌파구를 찾을 수 있었다.

우리는 현재 연설가로서의 히틀러를 기술하고 있다. 그러나 연설가로서의 히틀러는 나치당 당수 및 정부 수반으로서 그가 수행한 역할도 상당 부분 설명해준다. 나치당 당수와 정부 총리로서의 업무에서도 히틀러의 연설 능력, 즉 수하들과 대화 상대자들(당직자, 장관, 독일 주재 외교관들)에게 자신을 각인시키고 설득하는 그의 비상한 능력은 중요했다. 히틀러에 대한 당대의 상이한 관찰들이 한결같이 지적하는 것은, 연기와 왜곡에서 달인의 경지에 오른 그의 모습과 대화 상대에 따라 거리낌 없이 표변하는 대화술이다. 그것은 청자의 심리를 탐지해내어 건드린다는 면에서 선동 기술과 어느 정도 같은 것이다.

나치당 초기에 히틀러가 당권을 장악할 때도 그의 우월한 연설 능력과 선동 능력이 결정적이었다. 그 작은 나치당이 익명적 존재에서 벗어나 뮌헨의 대중 집회에 당당히 등장하고 당원 수가 괄목하게 증가하며, 정치적으로나 사회적으로 영향력이 있는 인물들과 후원자들을 얻게 된 것은 오로지 사람을 끌어당기는 자석 같은 히틀러의 존재 덕분이었다. 나치당이 1919년 11월에서 1920년 11월 사이에 개최한 46번의 집회에서 히틀러는 모두 31번이나 주역으로 등단했다.[1] 1921년 말에 히틀러가 당내 반대파의 저항에 최후통첩을 하면서 전권을 보유한 당 위원장이 된 것도, 히틀러가 나치당의 선전 엔진이자 추진력이었고 그렇게 당에 불가결한 존재였기 때문이다. 히틀러가 당권을 장악함으로써 나치당 역사에서 집단 지도체제의 시대는 영원히 끝났다. 얼마 지나지 않아 나치당 제1위원장은 "지도자"가 되었고, 나치당은 "히틀러 운동"으로 변했다.

1930년대 초에 나치당은 포괄적인 민족저항 통합운동으로 발전하고, 돌격대의 규모 역시 크게 증가한다(1932년 말에 나치당 당원은 약 80만 명, 돌격대 대원은 약 50만 명이었다). 거대한 대중 정치운동으로 발전한 시기에도 나치당의 광적인 투쟁 단체로서의 면모는 변치 않았다. 1929/30년 이후 당원 수가 폭발적으로 증가하고 정치 일반이 과격화된 가운데 치러진 선거에서 거듭 승리하였던 그때 나치당은 더 많은 정치 테러와 더 큰 폭력성을 보여주었다.

나치에 의해 살해된 사람들, 그리고 거꾸로 피살되어 "명예록"에 오른 나치 "순교자들"은 수백 명에 달했다.* 히틀러 스스로가 나치당의 정치적 범죄 행위를 지지했다. 1932년에 돌격대원 다섯 명이 오버슐레지엔의 포템파에서 한 공산주의자 노동자를 야수적으로 살해했다가,** 그해 8월 9일의 정치 테러에 대한 대통령 긴급명령에 의거하여 사형을 선고받았다(그들은 1933년에 사면된다). 히틀러는 재판 당일인 1932년 8월 22일에 그들에게 "무한한 지지"를 선언하는 전보를 보냈다. 그 전보는 공개되었다. 아마도 히틀러는 공산주의자를 죽이는 것이 감정적으로 격렬해진 부르주아들을 경악에 빠뜨리는 것이 아니라, 오히려 그들에게 내밀한 만족감을 주리라는 것을 알고 있었을 것이다. 정치적 극단주의자들 간의 투쟁에서 정치 범죄가 급증한 것은, 선거와 선거전이 너무도 자주 닥쳐왔기 때문이기도 했다(1932년 한 해에만 다섯 번의 대형 선거전이 펼쳐졌다. 1932년 3월과 4월의 대통령 선거 및 결선 투표, 4월 24일에 프로이센 등지에서 치러진 주 선거, 7월 31일과 11월 6일의 제국의회 선거). 1년 내내 벌어진 1932년의 선거전에서 나치당은 그들

---

* 이에 대한 믿을 만한 통계는 아직 없다. 볼츠가 편집한 『나치당 역사 자료』라는 책에 들어 있는 「운동의 피살자 명예록」에 따르면 그 수는 1929년에 11명, 1930년에 17명, 1931년에 43명, 1932년에 87명이었다. 프로이센 내무부가 1932년 11월 23일에 집계한 바에 따르면 1932년 7월 31일 제국의회 선거 전 열흘 동안 정치 폭력 때문에 프로이센에서만 24명이 사망하고 285명이 상해를 당했으며, 폭탄 투척도 10여 건 발생했다. Deutsches Zentralarchiv Merseburg, Rep. 77, tit. 4043, Nr. 126.

** (옮긴이) 포템파 살인은 집권 직전 나치가 자행했던 폭력 사태 중 여론으로부터 가장 큰 주목을 받은 사건이다. 오버슐레지엔의 포템파 마을에서 1932년 8월 9일 밤에 돌격대 정복을 입은 다섯 명의 나치가 노동조합 활동가를 그의 어머니가 지켜보는 가운데 때려죽였다. 살인자들이 재판을 받고 있는 동안 히틀러는 공개적으로 그들에게 위로 편지를 보냈고, 이에 따라 당대 보수 세력과 히틀러의 연정 협상이 중단되었다. 법원은 사형을 선고했지만, 법무장관 귀르트너의 제안에 따라 힌덴부르크 대통령은 무기징역으로 감형했고, 히틀러는 집권 직후인 1933년 2월에 살인자들을 석방하도록 했다.

만의 장점을 찬란하게 발휘할 수 있었다. "나치는 비할 바 없는 열정으로 선거전에 뛰어들어 그때까지 독일에 나타난 그 어떤 선동 작업도 능가하는 활동을 펼쳤던 것이다."[2]

 기술적인 측면에서도 나치당은 종전의 모든 것을 넘어섰다. 히틀러는 신속한 선전 활동을 벌이기 위하여 정치인 중 처음으로 비행기를 이용했다. 1932년 4월의 선거전에서 그는 두 차례의 "독일 비행"을 통하여 1주일 동안 총 46개 도시에서 연설했고, 1932년 7월에는 2주일 동안 진행된 세번째 "독일 비행"으로 50개 도시의 대중 집회에 등장했다. 그러자 히틀러에게 긍정적인 언론만이 아니라 부정적인 언론조차 히틀러의 유세를 센세이셔널하게 보도했다. 수십만 명을 유세장에 끌어들인 그 비행 유세는 히틀러를 독일 정치의 가장 역동적인 인물로 부각시켰다. 그리고 그것은 지난 수년간 히틀러가 다듬어왔던 집회 기술을 100퍼센트 발휘하는 조건이기도 했다. 똑같은 제복을 입고 도열한 지역 나치들이 결연한 추종자라는 감각적인 틀을 만들고, 깃발과 행진곡과 준비 연설이 분위기를 한껏 고조시키면, 히틀러가 그 누구도 범접할 수 없는 '지도자'로 등장했다. 그것은 히틀러가 자신의 선동 능력을 펼칠 수 있는 이상적인 무대였다.

 '히틀러 신화'가 압도적으로 된 시기는 나치당이 대중운동으로 성장한 바로 그때였다. 그 국면에 치러진 선거전에서 히틀러는 거대한 청중에게 자신의 존재를 각인시킬 수 있었다. 이제야 비로소 히틀러가 나치당을 넘어서는 광대한 인민 대중과 직접 만날 수 있게 되었다. 이는 히틀러의 당내 지위에 피드백 효과를 가져왔다. 히틀러의 후광은 더욱 빛났고, 종전의 정치적 동지애가 소멸되고 지도자비잔틴주의와 지도자절대주의가 강화되었다. 이는 괴벨스가 베를린에서 시작한 인사법이자 투쟁 구호인 "하일 히틀러"가 1929/30년 이후 나치당에 일반화된 것으로 표현되었다.

나치가 민족 우파의 통합 정당으로 발돋움하고 선거에서도 부르주아 및 농민 대중 외에 경제위기에 타격받은 공업 노동자들(특히 실업자들과 사무직 근로자들)을 겨냥하면서, 선전 활동도 강조점을 달리하게 되었다. 이는 나치 연구에서 자주 간과되는 점인데, 히틀러의 선거 유세와 나치 기관지 『민족의 파수꾼』에서 나치 세계관의 원민중적이고 반유대주의적인 요소가 뚜렷하게 축소되고 바이마르공화국과 마르크스주의 정당들에 대한 비난이 전면에 등장한 것이다. 나치는 바이마르공화국을 독일을 착취하고 노예화하려는 서방 세력의 허수아비 사기꾼 체제로 격하시켰고, 마르크스주의 정당들을 명예살인하다시피 비난했다.

따라서 알프레트 로젠베르크가 원민중적이고 인종주의적인 나치 형이상학을 『20세기의 신화』라는 저서에서 장대하게 펼쳐 보였으나, 히틀러는 그 책을 달가워하지 않았다. 1930년이라는 '잘못된 시기'에 발간되었기에 그 책은 교회와 가톨릭중앙당에 나치즘을 반反기독교적인 근본주의 정당으로 낙인찍게 할 수 있었다. 바이마르공화국의 마지막 몇 년간 나치는 자신들이 기독교를 긍정적으로 받아들인다고 열심히 주장했다. 마르크스주의 정당을 비판할 때도 나치는 그들의 무신론을 강조하기도 했다. 주州 차원에서도(여기서 쟁점은 주로 교육 및 문화정책 문제였다) 나치당은 사민당에 대항하여 연립내각을 구성하자고 가톨릭중앙당과 민족인민당 및 부르주아 중도 정당들을 자극했다. 이는 나치가 종전까지 무시해왔던 특정한 유권자들을 겨냥하게 된 것과도 관련된다. 그 국면에서 나치는 선전을 개신교 지역인 북부와 동부의 농업지대에 집중시켰다. 이는 영 배상안 반대 투쟁에서 나타났듯이,

그 평원 지대의 비정치적인 농민 대중이 나치의 선전을 대단히 우호적으로 받아들였기 때문이다.

나치당은 1930년 3월 초에 "유대적인 경제자유주의"에 반대하는 농민 우호적인 농업계획을 발표했다. 나치당 농업국을 맡고 있던 원민중적 농업 이데올로그 발터 다레는 그때, 농촌에 농업 대표위원 네트워크를 구축함으로써 나치당 조직과 견줄 수 있는 "농업기구" 조직망을 만들고자 했다. 사실 나치당은 북부와 동부 독일의 농업 지역에서 다른 지역보다 빨리 발판을 구축했다. 그 지역에서 나치당은 종전까지 농촌을 지배하던 민족인민당과 농민인민당의 최대 라이벌로 떠올랐다. 이는 대공황에 앞서 발생한 농업위기로 인하여 소농, 소작농, 농업 노동자들이 전통적인 보수적 투표 행태와 결별했기 때문인데, 그 양상은 슐레스비히-홀슈타인에서 처음으로 표출되었다. 1928년과 1930년 선거에서 '농민 반역'의 중심지가 된 그 지역에서 민족인민당의 득표율은 23퍼센트에서 6.1퍼센트로 추락한 반면에, 나치당의 득표율은 4퍼센트에서 27퍼센트로 급증했다. 농촌과 농민의 과격화가 좌파 정부가 아니라 나치당에게 이득이 되었던 것이다. 그래서 보수적이고 독일민족적인 대지주들은 나치당의 성공을 자신들의 이해관계와 합치되는 것으로 간주했다. 그들은 농민들이 나치당을 지지하는 것을, 사회주의 정당을 지지하는 것보다 '작은 악'으로 간주했던 것이다. 게다가 나치당은 강령에 적시된 토지개혁을 진지하게 내세우지 않았다. 다른 분야에서와 마찬가지로 농업 분야에서도 나치당은 1929/30년 이후에 의식적으로 보수적인 태도를 취했던 것이다. 그러나 대량 실업에 직면한 대도시에서는 나치당은 아무렇지도 않게 민족적 '사회주의'를 내세웠다.

선거에서 나치당을 찍은 사람들은 (이해관계 때문이라기보다 심리적인 이유에서) 마르크스주의 정당을 거부하는 사람들과, 압도적으로 비정치적이고 그저 민족주의적이기만 한 사람들, 다시 말해서 나치 세계관을 의식적으로 지지해서가 아니라 히틀러 운동이야말로 변화의 가장 강력한 힘이라고 여긴 사람들이었다. 그들은 나치당의 특징적인 면모들, 즉 사회적·정치적 관계에 대한 합리적 분석의 부재와 강령의 모호성과 다의성을 문제점으로 여기지 않았다. 그런 특징들은 정반대로 유연성과 개방성으로 비쳤다. 각 집단은 히틀러 운동이 자신의 바람을 실현시켜줄 것이고 자기 뜻대로 움직일 것이라고 생각했다. 나치당은 모든 지역적·정치적·사회적 이해관계의 동시 대표자가 되는 '마법'을 부렸고, 나치는 모든 사람에게 그들 모두가 옳다고 말해주었다. 나치 대오가 바트하르츠부르크에서 대자본가 알프레트 후겐베르크 곁에서 함께 시위를 벌이던 시각에, 나치당 기업세포는 후겐베르크를 혐오스러운 반동으로 맹공했다. 그리고 그들 모두가 나치당에 표를 주었다. 제국공업연맹 소속의 기업가, 제국지주동맹 위원장 칼크로이트, 호엔촐레른 황태자, 육군 장성이 나치당을 찍은 그 시각에, 반자본주의적인 아나키스트 노동자, 대학생, 지식인도 그 당에 투표했다. 그것은 당대의 비판적 관찰자들에게도 어안이 벙벙한 현상이었다. 그들은 나치의 그러한 성공을 전면적이고 성공적인 위장 전술로 진단했다.

그러나 나치당(혹은 공산당)으로 쇄도한 사람은 대공황으로부터 심각한 타격을 받은 사람이라는 일반적 해석은 부분적으로 수정되어야 한다. 경제적 상황은 정치적인 과격화로 직결되지 않았다. 경제 상황은 심리적인 우회로를 거쳐 정치와 접속되었다. 예컨대 중간신분과 소시민 계층이 입은 경제적 손실의 정도는 그들이 나치당에 경도된 정도와 일치하지 않았다. 나치당이 최대의 성공을 거둔 곳은 실업 노동자들과 사무직 근로자들이 집중되어 있던 대도시가 아니었다. 나치당이 가장 성공한 곳은 농촌과 소도시였다. 여전히 전통적인 질서가 지배하는 그곳은, 개별적인 파산이 곧바로 지역 전체에 알려지고 연이어 심리적 공황 상태에 빠져드는 곳이었다. 그리고 그 충격은, 대량 실업이 발생하더라도 익명의 개인들의 운명에 별반 관심이 없는 대도시보다 컸다. 극단적인 정치적 해법에 대한 요구는 종종 사람들에게 닥쳐온 고통 그 자체가 아니라, 그 고통의 가시화에서 비롯된다. 농촌 마을이나 소도시가 바로 그랬다. "실업자들이 여기저기 게으르게 널려 있는 모습"과 범죄의 증가, 청결과 규율과 질서가 공공연히 위협받는 듯이 보이는 현상들은, 강한 자기 확신을 보유한 수많은 농촌 및 소도시 부르주아들 눈에 "볼셰비즘적 상태"로 보였다. 그 때문에 그들은 정치질서의 완벽한 회복을 약속하고 "문화 및 풍속의 타락"에 대항하여 예의 바른 문화와 건강한 민족공동체를 수립하겠다고 외치는 나치당으로 기울었다.

흥미롭게도 나치 선전과 정치 강령의 내적 이질성은 나치당의 분열로 이어지지 않았다. 그 이질성 때문에 어느 정도 힘 있는 분파들이 형성되지도 않았다. 이는 궁극적으로 나치즘이 이데올로기적이고 강령적인 운동이 아니라 카리스마적인 운동이었다는 점을 확인해준다. 나치당은 히틀러 개인이 나치의 세계관을 체현하기에 그가 없으면 정치적 통합력이 모조리 소실되는 운동이었던 것이다. 히틀러는 그가 없어도 유사한 의미와 힘을 발휘할 수 있던 이념의 대표자가 아니었다. 나치의 추상적이고 유토피아적이며 모호한 세계관은 오직 히틀러라는 매개에 의해서만 비로소 현실성과 구체성을 확보할 수 있었다. 그 때문에 나치당 내부에서 나치 세계관을 내세우는 반反히틀러 세력이 형성되는 것은 원천적으로 불가능했다. 그럼에도 불구하고 히틀러에 저항했던 사람들, 예컨대 오토 슈트라서와 그의 지적인 추종자들은, 감정과 원한과 꿈의 뒤범벅인 나치 세계관을 구체적이고 사실적인 행위와 관련되는, 그런 한에서 "세심한 숙고의 결과물"인 (따라서 그 자체로 전능한 지도자를 허락하지 않는) 이데올로기와 혼동한 사람들이다. 히틀러에게 저항한 나치는 나치 운동의 카리스마적인 근본 성격을 통찰하지 못한 사람들인 것이다. 1933년 이전과 이후 나치당의 다양한 산하 기구 당료들의 공통적인 특징은, 그들이 — 아무리 자주 서로 격렬하게 싸운다고 해도 — 히틀러에 반反하기는커녕 나치 세계관과 강령에 대한 자신의 해석에 히틀러를 끌어들이려 했다는 점, 즉 히틀러를 올바른 '이념'의 전달자로 인정했다는 점이다. 다시 말해서 히틀러는 나치의 세계관 위에 존재하는 인물이었다.

2. 나치당의 사회적, 조직적, 개인적 프로필

1935년에 발간된 나치당 공식 통계에 따르면 나치당 당원 수는 1930년 9월 14일에 12만 9000명이던 것이 1933년 1월 30일에 이르러 84만 9000명으로 증가했고, 나치당 지역기초Ortsgruppen는 1928년에 1378개였으나 1932년에 1만 1845개로 증가했다.[3] 여성들은 나치당의 득표에서는 무시할 수 없는 역할을 했지만, 여성 당원은 전체 당원의 5퍼센트에 불과했다. 이는 남성동맹이라는 나치당의 투쟁적 성격에서 비롯된 것이기도 하다. 그 때문에 청년 당원의 비율은 그만큼 높았다. 1930년에서 1933년 사이에 당에 입당한 당원들의 43퍼센트가 18세에서 30세 사이였고, 30세에서 40세 사이는 27퍼센트를 차지했다. 나치당은 부르주아 정당은 물론 사민당과 비교해보아도 대단히 '젊은 정당'이었다. 작센의 오샤츠-그리마 선거구의 경우 1931년 초 사민당 당원 중 18세에서 30세 사이가 19.3퍼센트였는 데 반하여 나치당은 61.3퍼센트였다. 각급 의회에서도 나치당 의원은 압도적으로 젊었다(공산당도 마찬가지였다). 1930년 9월 14일 선거로 구성된 제국의회에서 사민당 의원의 10퍼센트만이 40세 이하였는데, 나치당과 공산당 의원의 경우 그 비율은 무려 60퍼센트에 달했다.[4]

나치당의 사회적 프로필은 1930년 이전이나 이후나 별반 달라지지 않았다. 이는 생업에 종사하고 있는 당원(전체 당원의 90퍼센트[*])의 직업 분포를 전체 독일인들의 직업 분포와 비교해보면 분명해진다.[**] 이는 또한 나치 당원이 각 직업집단에서 차지하는 비율을 검토해보면 더욱 뚜렷하게 나타난다(도표의 제4열).

이 도표에서 우선 눈에 띄는 것은 나치 당원의 사회적 성분이 다양했다는 점이다. 흡사 국민정당과도 같은 구조다. 그러나 중간신분 내지 소시민의 비율이 비교적 높았다는 것도 분명하다. 사무직 근로자, 수공업자, 상인, 공무원, 자유 전문직 출신의 나치 당원은 그 직업집단이 독일인 생업 인구 전체에서 차지하는 비율보다 거의 두 배나 많았다. 농민이 정당정치에 참여하는 정도가 통상적으로 도시민보다 약하다는

---

[*] 나치당의 1935년 공식 통계에 따르면 금리소득 및 연금 생활자가 1.7퍼센트, 가정주부가 4퍼센트, 대학생과 중등학생이 1.2퍼센트, 무직 당원이 5.2퍼센트를 차지했다.
[**] 이 통계는 나치당 공식 통계에 들어 있는 수치(*Parteistatistik*, Bd. 1, p. 70)와, 독일 정부가 1925년에 실시한 인구 및 직업 센서스의 결과(*Statistisches Jahrbuch des Deutschen Reiches*)를 비교하여 얻은 것이다.

1933년 이전 나치당 당원의 사회적 구조
(생업에 종사하고 있던 독일인과 나치 당원의 사회적·직업적 분류)

생업자	독일 전체		1930년 9월 선거 이전 나치 당원		9월 선거에서 집권 사이 기간 나치 당원		전체 생업자 중 나치 당원
		백분율		백분율		백분율	백분율
노동자	14,443,000	45.1	34,000	28.1	233,000	33.5	1.9
자영업자							
a) 농림업	2,203,000	6.7	17,100	14.1	90,000	13.4	4.9
b) 공업과 수공업	1,785,000	5.5	11,000	9.1	56,000	8.4	3.9
c) 상업과 교통	1,193,000	3.7	9,900	8.2	49,000	7.5	4.9
d) 자유직	477,000	1.5	3,600	3.0	20,000	3.0	4.9
공무원							
a) 교사	334,000	1.0	2,000	1.7	11,000	1.7	4.0
b) 기타	1,050,000	3.3	8,000	6.6	36,000	5.5	
사무직 근로자	5,087,000	15.9	31,000	25.6	148,000	22.1	3.4
보조가족노동자 (대부분 여성)	5,437,000	17.3	4,400	3.6	27,000	4.9	0.6
합계	32,009,000	100	121,000	100	670,000	100	2.5

점을 고려하면, 나치 당원 중에서 농민이 많은 것도 이례적이라고 할 것이다. 노동자가 전체 인구에서 차지하는 비율과 비교해보면, 나치당에서 노동자는 분명히 적게 대표되고 있었다. 그러나 당원 중에서 노동자의 비율이 1930년 이전에 28퍼센트였고, 1933년에는 무려 33.5퍼센트를 차지했던 것도 사실이다. 노동자 당원을 보다 심층적으로 분석하는 일은 자료가 부실한 관계로 무척 어렵지만, 1933년 이전에 나치당에 입당한 노동자 27만 명 중에서 실업자가 12만 명 내지 15만 명이었다는 점은 적시할 수 있다.* 나치 노동자 당원의 지리적 분포도 주목

할 만하다. 대기업이 많고 노동자들이 흔히 노동조합으로 조직되어 있던 공업 지역(라인란트, 베스트팔렌, 베를린, 오버슐레지엔)에서는 나치 당원 노동자가 전체 노동자에서 차지하는 비율이 겨우 1.5퍼센트에 불과하여 평균을 크게 밑돌았다. 그와 달리 중소기업이 우세한 지역(작센, 튀링겐, 바덴)에서 그 비율은 평균을 훌쩍 넘어 2퍼센트 내지 3퍼센트였다.[5]

우리가 만일 나치당에 표를 준 유권자들의 직업 분포를 정확하게 계산해낸다면, 나치당의 사회적 프로필은 보다 뚜렷하게 하위 중간계급으로 이동할 것이다. 소농민과 소작농의 압도적인 다수(1925년에 5헥타르 이하의 전답을 소유한 농민은 전체 농민의 75퍼센트에 달했고, 그들이 소유한 농경지는 전체 농토의 1/6에 불과했다!)가 1932년 선거에서 나치당을 선택했다는 것은 증명된 사실이다.[6] 사무직 근로자, 연금 생활자, 금리 생활자, 소상인, 수공업자 등, 경제적으로는 종종 프롤레타리아나 마찬가지였지만 중간신분에 속한다고 느끼고 있고, 따라서 공황으로부터 심각한 심리적 타격을 받은 사람들도 비슷했다.

나치당 지도자들과 당직자들의 사회적 성분 분석은 당원에 대한 분석 못지않게 중요한 작업이다. 관련 자료가 너무도 드물어서 제한적인 평가만 가능하지만 몇 가지 중요한 촌평은 가능하다. 나치당이 권력과 정치적 녹봉을 기대할 수 없던 초기 10년 동안 기회주의적인 입당자는

---

* 1935년의 나치당 공식 통계에 따르면 1933년 1월 30일 이전에 나치당에 입당한 당원들 중에서 1935년 1월 1일에도 실직 상태에 있는 사람은 6만 명이었다. 바로 그 시기에 독일의 실업자 수가 600만 명에서 260만 명으로 감소한 사실과, 1933년 이후의 신규 고용에서 나치 당원들이 우선적으로 채용되었던 점을 고려하면, 1932년에 실업 상태에 있던 나치 당원은 6만 명의 두 배 내지 세 배였을 것이라는 추론이 가능하다.

아주 드물었다. 기회주의는 1930년 이후에, 특히 집권 직후의 몇 달 동안 대규모로 나타난 현상이다. 나치당 초기의 활동가들, 돌격대 지휘관들, 지역의 당 지도자들, 당 연설가들과 지구당 위원장들은 나치즘을 신봉해서, 혹은 나치당의 활동 그 자체가 좋아서 입당한 사람들이다.

그 두 가지, 즉 나치 세계관에 대한 믿음과 행동주의는 물론 엄격하게 구분되지 않았다. 나치당이 극단적인 투쟁 정당 내지 선동 정당이었던, 그리하여 종종 거의 불법적인 수준에서 활동해야 했던 시기에는, 이례적인 활동을 펼칠 수 있는 사람만이 지도자와 당직자가 될 수 있었다. 물론 돌격대와 나치당 정치기구의 지도자가 갖추어야 할 덕목은 서로 달랐다. 돌격대에서는 주로 젊은 자원 입대자(그중 일부는 대학생), 장교, 자유군단 대원 출신의 남성동맹*의 리더들, 열혈 활동가들, 조직가들이 지도자로 부각되었다. 남성동맹의 종종 냉소적이고 허무주의적이기도 한 감성을 품고 있던, 발터 슈테네스, 에드문트 하이네스, 헬도르프 백작, 만프레트 폰 킬링거, 아우구스트 슈나이트후버, 프라이헤르 폰 에버슈타인 남작 같은 자기의식이 강한 돌격대 지도자들은 "여성적인" 히틀러의 선동을 달가워하지 않았다. 돌격대에는 귀족 출신 지도자들이 드물지 않았다. 그러나 나치당 지구당 위원장 중에는 귀족 출신이 거의 없었다.

---

* (옮긴이) 남성동맹 Männerbund은 세기 전환기에 출현한 청소년 단체와 대학생 조직, 1차 대전 이후 출현한 자유군단과 민병대 및 파쇼 투쟁 단체를 통칭하던 용어다. 남성동맹은 여성을 배제한 남성들만의 조직이되, 결사의 목적을 특정한 이해관계의 관철이 아니라 국가와 민족과 문명의 갱생에 두고, 그 목적의 실현 방식은 특정한 담론의 관철에서가 아니라 활동 그 자체에서 찾았다. 여기서 '동맹'은 단순한 결사가 아니라 영혼의 결합을 함축하고 있었고, 따라서 조직의 성격은 표면적으로는 위계적인 경우에도 본질적으로 평등적이었다.

말과 글을 통한 선동이 주 업무인 당 정치기구에서 장교 내지 용병 지도자 유형은 주역이 되기에 적절치 않았다. 1933년 이전 나치당 지구당 위원장들은 돌격대와 친위대 지휘관들만큼 젊지 않았다. 그들은 거의 모두가 1890년에서 1900년 사이에 출생한 인물들로서, 1914년 이전에 성인이 되었고 초등교육 이상의 학력(실업학교, 상업학교, 교육대학, 대학)을 지닌 자들이었으며, 1차 대전에 참전하기 전에 본격적인 직업 활동을 벌인 적이 없는 사람들이었다. 1918년 이후에 전역한 장교들이 돌격대에는 무척 많았지만, 나치당 지구당 위원장들 중에는 아주 드물었다(프리드리히 빌헬름 뢰퍼, 알프레트 마이어, 오토 텔쇼). 지구당 위원장들의 직업은 대체로 두 가지였다. 첫째는 전직 교사나 발령 대기 교사(요제프 뷔르켈, 아르투어 딘터, 파울 힝클러, 루돌프 요르단, 프란츠 마이어호퍼, 베른하르트 루스트, 한스 솀, 구스타프 시몬, 율리우스 슈트라이허, 요제프 바그너, 로베르트 바그너)였고, 두번째는 초등교육 이상을 수학한 영업직 사원이나 상업 종사자(알베르트 포르스터, 요제프 그로에, 테오 하비히트, 하인리히 로제, 마르틴 무치만, 프리츠 라인하르트, 카를 뢰버, 요제프 테르보펜)였다. 가족, 직업, 교육에서 순수 프롤레타리아트 출신은 나치 지구당 위원장 중에 단 한 명도 없다. 그들의 특징은 오히려 중고등교육(대학 입학 자격시험 합격자가 다수였다)을 이수했으며 직업 활동과 대학교육이 전쟁으로 중단되었다는 사실이다. 요제프 괴벨스와 로베르트 라이처럼 대학교육을 완료한 사람은 예외였고, 대체로 학업을 중단한 사람들이었다. 종전 이후 그들 대부분은 대학이나 직업 활동으로 복귀하지 않고 상당 기간 동안 자유군단이나 국경수비 단체에서 활동하거나, 직업 활동으로 복귀하려 했으나 실패했다. 따라서 나치당에서 조직 및 지휘 역할을 담당한 자들은 전쟁 및 전후의 사회적 조건 때문에 정상적인 부르주아적·직업적 삶으로부터 분리된 사람들이었다고 말할 수 있을 것이다.

나치당과 돌격대의 성장은 지역의 나치당과 돌격대 지도자들의 이니셔티브에 의하여 아래로부터 상향식으로 이루어졌다. 1923년 이전 시기의 바이에른과 남부 독일에서 그랬고, 1925년 이후 서부, 북부, 중부, 동부 독일에서는 더욱 그랬다. 나치당 지역 조직을 새로 설립하거나 지구 수준에서 자기 힘으로 지도자의 입지를 굳힌 자들은 통상적으로 지역기초 지도자나 지구당 위원장으로 추인되었다. 그들의 지위는 당 지도부나 히틀러의 승인을 받아야 했지만, 승인은 대부분 형식에 불과했다. 추인은 거의 자동적으로 이루어졌다. 1925년 이후 나치당의 구조가 분권적이고 원심력적이었던 것은 히틀러가 출소 이후에 연설을 금지당하여 주州에 따라 1927년까지 공적인 활동을 할 수 없었기 때문이기도 했다. 게다가 히틀러는, 추후 국가 지배에서도 그랬지만 이때 벌써, 자신의 활동과 경쟁자와의 대결을 통하여 스스로를 관철시키는 인물이 나치 운동에 가장 적합한 인물이라고 믿었다. 그리고 히틀러는 (수많은 이상주의 지지자들에게는 경악스럽게도) 부정한 행위와 밀고와 부패에 무한정 너그러웠다. 1928년까지는 지역기초 지도자가 당원들에 의해 선출되는 일이 드물지 않았다. 히틀러는 1929년에야 그런 민주적인 절차를 공식적으로 금지했다.

1928/29년의 일부 지방선거에서 나치당의 성공에 결정적으로 기여한 공격적인 선동 및 투쟁 방식, 괴벨스의 1925/26년 일기에 잘 기록되어 있는 나치 활동가 개개인의 지칠 줄 모르는 유세 활동, 시위와 행진에 대한 돌격대의 열정 등 모든 것이 지역 조직과 지도자들의 자발성과 아이디어를 필요로 했고 또한 고무했다. 히틀러 운동은 초기 10년

동안 지역 지도자들의 공작 능력에 생사가 걸려 있었다. 1926/27년 이후 괴벨스가 이끄는 베를린 지구당이 성공을 거둔 것이 좋은 예다. 거꾸로 지역 지도자의 실패 혹은 내부 갈등 때문에 지구 조직이 마비되면, 당원들의 탈당 사태가 뒤따르고 이어서 지역 조직 전체가 붕괴되는 일도 심심치 않았다. 나치당 초기 10년간 입당과 탈당, 지역 소조직의 결성과 해체가 이례적으로 잦았던 것은 바로 그 때문이다.

그리 빛나는 성공의 시기가 아니었던 그 10년 동안, 추후 나치당의 최고위 직책들과 지구당 위원장직을 맡게 되는 "구舊투사" 지도층이 형성되었다. 이들 나치당 지역 "주권자"들은 히틀러와 뮌헨 중앙당에 대한 그 모든 종속적 지위에도 불구하고, 자신만의 비교적 강력한 대중적·조직적 기반(지역 명사들 및 후원자들과 함께)을 보유하고 있었고, 따라서 상당한 자율적 공간을 확보했다. 이들 구투사들에게 나치의 지도자원칙이란 상부에 대한 엄격한 위계적 종속을 뜻하지 않았다. 그들의 자의식은 1933년 이전 그들의 히틀러 숭배가 부분적일 정도로 각별했다. 활동 경력이 오래된 강인한 그들은 독자적으로 활동하는 지도자 역할을 포기할 의사가 없었다. 따라서 나치당이 1930년 이후 대중정당으로 성장하고 그에 걸맞은 조직화가 필요하게 되었을 때, 당을 관료적이고 위계적으로 조직하는 것은 지극히 난망한, 심지어 불가능한 일이기까지 했다.

1933년 집권 이후에도 이는 심각한 문제였다. 1930년 이후 지구당 차원에서 나치당을 대표하던 자들은 투쟁기 출신이었고, 따라서 대중정당에 부합하는 인물이 아니었다. 그들이 1933년 이후 전체주의적 지배가 요구하던 과제에 부적합했다는 것은 말할 나위조차 없다. 그럼에도 불구하고 히틀러국가는 제3제국의 후기까지도 그들과 함께 갔다.

히틀러는 마지막 순간까지도 구투사들의 막강한 지위에 손대기를 꺼렸다. 오히려 전쟁 발발 이후 히틀러는 점령 지역을 지배하는 최고의 방법이 야심만만하고 단호한 "두목"을 투입하는 것이라고 믿었다. 그래서 지구당 위원장 일부는 전쟁 중에 과거보다 몇 배나 큰 권력을 누렸다(뷔르켈, 테르보펜, 코흐, 로제, 포르스터). 그들은 나치 중앙당은 물론 힘러의 친위경찰조차 통제할 수 없었다. 그런 그들이 점령 지역에서 권력을 행사하는 모습(이에 대한 극단적인 예는 1941년 이후 제국직할령 우크라이나를 지배했던 에리히 코흐*다)은 흡사 초기 투쟁기의 나치당을 방불케 했다. 차이는 투쟁 대상이 내부의 적으로부터 외부의 적으로 바뀌었다는 것 하나뿐이었다.

돌격대 지도자들은 지구당 위원장들보다 한층 더 독립적이었다. 1925년에 나치당을 재건한 히틀러는 돌격대에게 더 이상 독립적인 투쟁 단체의 지위를 허용하지 않기로 결정했다. 그가 1925년에 돌격대장 에른스트 룀과 결별한 것은 바로 그 때문이었다. 룀이 사퇴한 뒤에 돌격대를 맡은 프란츠 페퍼 폰 잘로몬(지구당 위원장 출신)은 돌격대를 나치당 정치기구에 종속시키기 위해 혼신의 힘을 기울였다(잘로몬은 그 때문에 돌격대 대원들의 나치당 입당을 의무화했다). 그는 일련의 대장명령을 통하여, 돌격대는 무엇보다도 당의 투쟁 조직이요, 따라서 "무기 없는 정치적 투쟁"을 벌여야 한다고 거듭해서 강조했다. 히틀러 운동의 집회 방식에 부합되는 그러한 규율화는 그러나 돌격대의 항구

---

* (옮긴이) 에리히 코흐는 나치당 동프로이센 지구당 위원장으로, 소련전 이후 제국직할령 우크라이나의 행정 수반을 지냈다. 그는 우크라이나의 농산품을 무자비하게 징발하여 독일에 보내는 한편, 우크라이나인은 열등하여 중등교육과 고등교육을 받을 자격이 없다는 이유로 다수의 중등학교와 대학을 폐지하기까지 했다.

적인 혁명주의와 대립되었다.

이는 돌격대 전체 조직에 위계질서를 부과할 필요성과 기층 부대에 퍼져 있던 남성동맹적 성격 사이의 모순이기도 했다. 돌격대의 기층 부대에서는 여전히 자유군단 시절로 거슬러 올라가는 소두목 중심의 남성동맹적인 동지 관계가 지배하고 있었다. 1933년 이후에 집권 이전 투쟁기의 돌격대 활동을 회고하는 책이 상당히 많이 발간되었는데, 그런 회고록에는 불량배 특유의 언어, 망나니 심성,[7] 격투 패거리 짓기, 무기, 대도시의 돌격대 클럽과 "주점" 등이 골고루 들어 있다. 당시 돌격대는 깡패의 도덕으로 무장한 범죄자들과 별반 차이가 없었다. 잘로몬의 개혁에도 불구하고 돌격대와 나치당 정치기구의 긴장은 해소되지 않았다. 나치당이 정치의 우위를 주장했지만, 돌격대는 타격 능력을 보유한 자신들이야말로 히틀러 운동의 본원적인 "투쟁 부대"임을 내세웠다. 돌격대 대원은 말을 할 게 아니라 싸워야 한다는 구호는 당과 돌격대 사이에 존재하던 정신의 차이를 보여준다.

그 차이는 1930년 이후 나치당이 양적으로 성장하고 그에 따라 전술을 변경함에 따라 더욱 커졌다. 그리고 그것은 돌격대가 조직 차원에서 독립화하는 경향으로도 나타났다. 히틀러가 나치 운동의 합법성을 대외적으로 천명하고 주정부와 도시정부에서 나치당이 부르주아 정당 및 독일민족주의자들과 협력함으로써 우경화한 듯한 모습이 연출되었음에도 불구하고, 돌격대는 실직자들의 가입 러시 속에서 오히려 좌경화했다. 돌격대의 프롤레타리아적인 면모는 특히 대도시에서 크게 강화되었다. 돌격대는 나치당 고위 인사들을 종종 사익私益 챙기기에 급급한 모리배들로 비난했다. 이는 중앙과 주와 도시의 의원직 자리와 세비가 돌격대 지도부에게 너무 적게 할당되었고, 재정 지원에서도 당이 돌격대를 서자 취급했기 때문이기도 했다. 1930년 9월에 발터 슈테네스(전역 대위)가 이끄는 베를린 돌격대와 괴벨스가 이끄는 나치 베를린 지구당이 격렬하게 싸웠고, 그 싸움은 히틀러가 직접 개입해서야 끝났다. 같은 시점에 잘로몬이 사퇴하자, 히틀러는 돌격대 대장직을 직접 맡았다. 돌격대에 대한 히틀러 개인의 지배력을 강화하기 위해서였다. 히틀러는 1930년 10월부터 돌격대의 모든 지도급 인사들에게 나치당 총재이자 돌격대 대장인 자기 개인에 대한 절대적인 충성을 맹세하도록 했다. 그러나 그러한 조치도 별반 효과가 없었다. 돌격대에 대한 지휘와 명령이 현실적으로 돌격대 참모장(1931년 초부터 다시 에른스트 룀이 맡았다)에 의해 행사되었기 때문이다. 게다가 돌격대 조직의 확대와 독립화가 결정적 국면에 접어든 시점은 바로 그때였다.

나치당은 선거전을 중시하였기 때문에 지구당 역시 제국의회 선거구와 합치되도록 35개로 조직했고(1928년 이후), 당 기구 역시 지구별로 편성했다. 돌격대 역시 지구 단위로 편성되어 있었다. 그러나 1931년에 룀은 지구보다 높은 차원에 오스트리아를 포함하여 10개의 장군지구Gruppenführer를 창설했다. 이는 당연히 나치당의 지리적 편제와 일치되지 않았다. 게다가 복수의 지구 돌격대에 대한 명령권을 보유한 돌격대 장군들은 오직 룀과 히틀러에게만 책임을 졌다. 같은 시기에 부분적으로는 대원 수의 폭발적 증가 때문에 돌격대에서 군사적 원칙이 더욱 강조되었다. 돌격대 지도부는 1929년에 돌격대 예비군(40세가 넘는 대원들의 돌격대)을 창설하여 젊은 대원들의 정규 돌격대와 분리시키고, 주 업무는 정규 대원들에게 맡겼다. 1930년에는 기동 돌격대, 기마 돌격대, 비행 돌격대, 해양 돌격대, 통신 돌격대, 건설 돌격대, 의료 돌격대와 같은 일련의 특수 부대들을 창설했다. 참고로, 나치 자동차부대NSAK라는 것도 있었는데, 이 조직은 1931년 4월 20일에 나치 운전자부대NSKK로 개칭되어 기동 돌격대의 예비대 역할을 하다가 1934년 룀 숙청 이후 기동 돌격대와 통합된 뒤에 돌격대에서 분리되어 나치당 하위 단체로 통합되었다(부대장은 아돌프 휜라인이었다).

돌격대는 자체 교육기관도 설치했고(1931년 6월에 뮌헨에서 개교한 돌격대 제국지도자학교), 돌격대 병기창, 돌격대 식당, 돌격대 호스텔, 돌격대 봉사대(일종의 모금 조직)도 조직했다. 이런 것들은 특히 대도시의 실직자 대원들에게 대단히 중요했다. 1929년에는 돌격대 활동이 가져오는 신체적 상해를 어느 정도만이라도 관리할 목적으로 돌격대 보험이 만들어졌고, 이 기관은 1930년에 "나치당 보험금고"로 확대되었다. 대원들이 정기적인 보험료를 납부하면(대원들은 의무적으로 매월 30페니히를 납부했다) 금고는 나치당 활동 중에 발생한 사망, 부상, 불구화에 대하여 일시불 혹은 정기적으로 보상금을 지불했다. 보험금고는 빠르게 성장하여 나치당의 주요 사업이 되었고, 금고 책임자인 마르틴 보어만은 나치당의 재정 관련 거물로 성장한다.

1931년 4월에 룀이 발터 슈테네스를 파면하자 베를린 돌격대가 봉기했다. 이때 친위대가 처음으로 나치당 내부 치안기관 역할을 수행했다. 쿠르트 달뤼게가 지휘하는 베를린 친위대가 베를린 돌격대의 반란을 진압한 것이다. 친위대의 선구 조직은 히틀러가 1922/23년에 측근 경호원들(울리히 그라프, 크리스티안 베버 등)을 중심으로 창설한 히틀러 개인 경호부대 "히틀러 타격대Stoßtrupp Hitler"였다. 대원 수는 50여 명이었다. 히틀러가 그 이른 시기에 그런 기구를 조직한 것은, 돌격대 지도부 일부가 나치당에 입당하지도 않은 예비역 장교들이어서 돌격대를 완전히 믿을 수 없었기 때문이다. 1923년 11월 8, 9일에 뮌헨에서 쿠데타를 일으켰을 때에도 히틀러는 "타격대"의 선두에서 걸어갔고, 출옥한 히틀러가 1925년 봄에 경호대를 재건했을 때에도 주축은 과거의 타격대 대원들이었다. 그 직후 타격대를 모델로 하여 각 지역에 십인대+人隊가 조직되었다. 나치 지도자들을 경호하고 나치 행사를 방어하기 위한 이 조직은 1925년 늦여름부터 "친위대Schutzstaffel"로 불렸다. 그들은 히틀러 타격대가 그랬던 것처럼 독자적인 표식을 보유했다(해골이 그려진 검은 스키모자와 검은 테를 두른 갈고리십자가 완장).

잘로몬이 돌격대를 개혁한 뒤 친위대는 당분간 확대되지 않았다. 지도부가 자주 교체되는 가운데(슈레크, 베르히톨트, 하이덴) 대원 수도 1928년까지 수백 명 수준에 머물렀고, 잘로몬은 심지어 친위대장을 돌격대 참모장의 명령권 아래 종속시켰다. 친위대는 힘러가 대장에 임명된(1929년 1월 6일) 뒤에야 비로소 힘을 불리기 시작했다. 규모도 1929년 말까지 1000여 명으로 증가했다. 예종적이지만 끔찍하게 성실하고 집요했던 힘러는 원민중적인 농업 이데올로기와 인종 이론과 피와 흙의 이데올로기를 골수에 새기고 있던 자였다. 힘러는 무엇보다도 친위대의 에토스를 충성스런 경호원으로부터 엘리트 기사단으로 고양시키고자 했다. 힘러는 우선 친위대에 엄격한 가입 기준과 행동 규범을 부과했다. 돌격대가 1929/30년 이후 대원 수의 폭발적인 증가로 인하여 프롤레타리아트적인 성격을 보유한 갈색의 대중 군대로 변모해간 그 시점에, '검은색' 친위대는 당 엘리트의 역할을 떠맡은 것이다. 그 역할은 예비역 장교와 정상 궤도에서 일탈한 학자와 귀족들에게 매력적으로 보였다.

친위대가 1931년 4월에 베를린 돌격대의 봉기를 진압하자, 히틀러는 친위대에 구호를 하사했다. "친위대 대원이여, 그대의 명예는 충성이다." 그 후 그것은 친위대의 기본법이 되었다. 친위대는 이제 공식적으로 나치당 내 경찰 업무를 맡았다. 친위대 제국 지도부는 여전히 돌격대 참모장의 명령권에 속해 있었지만(1934년까지) 그것은 명목에 불과했다. 친위대 지휘관에 대한 임명권을 친위대장이 보유한 것이다. 그보다 더 중요한 변화는 친위대의 관할이 확대되었다는 사실이다. 고위 나치당 지도자와 히틀러 행사를 경호하는 업무 외에(추후에 조직되는 "아돌프 히틀러 경호대"는 여기서 비롯된 것이다) 정보 업무가 추가된 것이다. 1931년 8월부터 해군 정보장교 출신인 라인하르트 하이드리히가 친위대 내부에 정보기관(보안국SD)을 구축하기 시작했다. 보안국은 당의 다른 정보기관들과 경쟁해야 했다. 적에 대한 첩보 업무를 담당하는 비밀 정보기관이 돌격대와 여러 나치 지구당에 조직되어 있었던 것이다.

    그러나 돌격대 정보기관의 활동이 다양한 종류의 밀고와 누설 때문에 세간에 알려지고, 특히 1932년 봄 프로이센 경찰의 압수 수색 이후 그 조직이 제 기능을 수행할 수 없게 되자, 친위대는 그해 여름부터 나치당의 정보 업무를 독점하게 되었다. 사실 그 직전 시기인 1932년 1월에 이미 친위대는 뮌헨의 나치 중앙당의 보안을 책임지라는 명령을 받았다. 보안국의 정보 독점은 친위대를 나치당 엘리트로 키우려던 힘러에게 커다란 힘이 되었다. 힘러는 친위대의 엘리트적 성격을 강화하기 위하여 1932년 1월에 또 다른 기관을 설치했다. 친위대 본부에 설치된 인종국(추후의 "인종이주국")이 그것이다. 힘러는 인종국장에 발터 다레를 임명했다. 다레는 1930년 6월에 나치당 지도부에 가담한 농업정책 전문가로서 힘러와 원민중적·인종주의적인 피와 흙의 이데올로기를 공유하고 있었다. 인종국장 임명은 다레가 자천해서 이루어졌다. 어쨌거나 친위대가 추후 인종정책과 이주정책을 독점하게 된 것은 여기서 비롯된다.

나치당이 대중운동으로 성장함에 따라 당 조직도 크게 변화했다. 1930년 이후 나치당이 득표에 집중하는 전략을 채택한 것이 나치당에 아무런 흔적을 남기지 않을 수는 없었던 것이다. 그리고 상이한 이해관계를 갖고 있는 집단들에게 구미에 맞는 말을 해주는 나치의 기회주의적인 전술은 나치당을 복수의 다양한 이해관계들의 집합체로 만들어 놓았다. 나치당에 산하 단체는 많았다. 그중 하나인 "히틀러청소년단 Hitler-Jugend"은 "대독일청소년단"에서 발전해 나온 것으로 1926년에 공식적으로 결성되었다. 히틀러청소년단은 친위대와 마찬가지로 돌격대 참모장의 명령권에 종속되었다(히틀러청소년단의 설립자이자 단장은 쿠르트 그루버였는데, 단장직은 1931년에 나치 대학생연맹 총재 발두어 폰 쉬라흐에게 넘어갔다).

1929/30년부터 직업적·경제사회적 집단들을 조직적·이데올로기적으로 결집시킨 새로운 단체들이 결성되었다. 이미 1928년 10월에 "나치 독일법률가동맹BNSDJ"이 최초의 나치 직업집단 조직으로 출현했다. 이 단체(1936년 5월 이후 나치 법수호자동맹NSRB으로 개명)의 설립자는 정치 재판에서 히틀러의 변호인으로 활동하던 뮌헨의 변호사 한스 프랑크였다. 법률가동맹은 원민중적·민족사회주의적인 "사법개혁"을 선전하기 위하여 1931년부터 『독일법』이라는 월간지를 발간했다. 1929년에는 알프레트 로젠베르크가 이끄는 "독일문화 투쟁동맹" "나치 독일의사동맹"(1932년부터 게르하르트 바그너가 총재직을 맡았다) "나치 교사동맹NSLB"이 조직되었다. 바이에른 오스트마르크 지구당 위원장 한스 솀이 이끌던 나치 교사동맹은 1929년 8월부터 『나치 교사신문』을

발간했다.

아무래도 더 중요했던 것은 농민과 노동자의 조직화였다. 나치당이 농민과 지주들을 중요시했다는 사실은, 농민의 조직화가 통상적인 직업집단의 조직화와는 다른 방법으로 이루어진 것에서도 나타난다. 다레가 건설한 나치당 "농업정책기구"는 나치당의 산하 단체가 아니었다. 그것은 독자적인 지역기초, 군 조직, 지구 조직을 갖추고, 조직의 각 층위마다 농업 전문위원과 농민 대표가 배치된 나치당 정치기구PO의 일부였다. 농업정책기구가 그렇게 조직되었기 때문에 나치당은 농촌 지역에서 농민 정당으로 보였다. 게다가 1931년 9월 이후 다레는 『나치 농촌포스트』라는 주간 신문을 발간했고, 나치 지구당이 발간하는 다른 신문에 농업 관련 간지間紙를 첨부하도록 했다. 농민들에게 그렇듯 집요한 선동전을 펼친 것은 농민 유권자를 얻기 위해서만이 아니었다. 그들은 애초부터 지주동맹과 농업회의소 같은 기존의 농업 단체에 침투하여 궁극적으로 그 단체들을 접수하려 했다.

1931년에 히틀러와 다레가 "지주동맹으로 들어가라"는 명령을 하달한 뒤, 나치 농업정책기구는 기독교 민족농민인민당 및 민족인민당과 치열한 대결을 벌였고, 놀라울 정도로 신속한 성공을 거두었다. 칼크로이트가 이끌던 지주동맹은 1931년 말에 나치 농업정책기구 부위원장인 베르너 빌리켄스를 지주동맹 이사회에 선임하도록 했다. 그리고 1931년 말에 실시된 각지의 농업회의소 선거에서 나치 후보들은 새로운 의석의 1/3 이상을 차지했다. 지주동맹은 결국 1932년 초에 나치당에 대한 지지를 공식 천명했다. 그때 벌어진 대통령 선거 결선투표에서 그 단체가 힌덴부르크가 아닌 히틀러를 지지했던 것이다. 1932/33년에 농업 단체들이 힌덴부르크에게 슐라이허를 버리고 히틀러를 총리로 지명하라고 아우성칠 때, 지주동맹은 선두에 서 있었다. 1933년 1월 30일 이전에 이미 나치는 그 어느 사회 부문보다도 농민 단체와 농업 자치 기구에 깊숙이 침투해 있었다.

같은 시기에 나치는 공업 노동자들 사이에도 기반을 마련하는 데 성공했다. 노동자들은 "나치 기업세포NSBO"로 조직되었다. 1925/26년 이후 북서부 독일의 나치 좌파는 민족적 사회주의에 대한 논의의 틀 속에서 마르크스주의적인 노동조합은 결단코 거부하면서도 노동조합 그 자체는 긍정했다. 그들은 노동조합을 미래의 반反자본주의적·신분적 사회질서의 한 요소로 간주한 것이다. 1926년 이후 나치 전당대회에서는 나치만의 노동조합 설립 여부를 두고 치열한 논쟁이 벌어졌다. 히틀러는 그 구상을 거부했다. 그러나 나치당이 커지고 노동자 당원 역시 증가함에 따라 그 구상은 살아남았다. 나치는 우선 나치 당원인 대기업 노동자들부터 조직했다. 그리하여 1927/28년에 베를린의 크노르-브렘제, 지멘스, 보르지히, 아에게, 베를린 교통의 노동자들이 기업별로 조직되었다. 그 후 그것은 루르 지방과 작센 등지에서 모방되었다. 나치 기업 조직에 가입한 노동자들은 주로 프롤레타리아적·마르크스주의적 노동조합을 거부하던 장인 노동자, 숙련 노동자, 사무직 근로자였다. 반마르크스주의는 그렇듯 나치 기업세포의 구성적 계기였다. 그러나 대공황과 대량 실업이 사회적 갈등을 강화하고 수많은 파업운동을 낳자 나치의 노동자 조직도 반자본주의적이고 사회주의적인 방향으로 기울게 된다.

나치 노동자 조직이 대폭 확대되는 계기는 베를린에서 마련되었다. 나치 베를린 지구당에서 조직을 맡고 있던 젊고 유능한 라인홀트 무초프가 1928년에 지구당 안에 "노동자문제 비서실"을 설치했고, 괴벨스는 무초프를 향후 건설할 나치 노동자 조직의 책임자로 임명했다. 나치 베를린 지구당은 독일공산당을 모범으로 삼아 당 조직을 가街와 거점Stützpunkt을 중심으로 구축하여 독일의 모든 지구당의 모델이 되었는데, 그것을 주도한 무초프가 노동자의 조직화에서도 공산당의 붉은 노동조합을 모방한 것이다. 그는 노동자들을 산업별이 아닌 기업별로 조직했고, 활동에서도 노동조합으로서의 기능보다 정치 선전을 지향했다. 목표는 물론 사민당 계열의 자유노조의 지배적 지위를 깨뜨리는 것이었다. 무초프의 실험은 나치 중앙당 조직국장 그레고어 슈트라서의 지원을 받았다. 그리고 기업세포가 어느 정도 성공을 거두자 노동조합에 반대하던 히틀러도 결국 기업세포를 나치당의 공식 기구로 인정할 수밖에 없었다. 1931년 초 기업평의회* 선거가 예정되어 있는 데다가 나치 노동자 조직들이 선거에 독자적으로 출마하기를 원했다. 그렇듯 사태 정리가 시급해지자, 1931년 1월에 베를린 모델에 입각하여 뮌헨의 중앙당에 "제국기업세포과RBA"가 설치되고 "나치 기업세포"가 나치당의 공식 노동자 조직으로 승인되었다. 무초프는 1931년 3월부터 『노동자Arbeitertum. 나치 기업세포의 이론과 실천』이란 기관지를 매월 두 번씩 발간했다.

나치 기업세포 회원은 1931년 말까지 3만 9000명, 1932년 중반까지 10만 명으로 증가했다. 활동이 가장 활발했던 곳은 베를린이었다. 그곳에서 괴벨스는 1932년에 "모든 작업장에 나치 세포를 조직"한다는

---

* (옮긴이) 기업평의회는 바이마르공화국이 노동자의 공동결정권을 보장하기 위하여 기업 내부에 설치한 노동자 및 사무직 근로자 조직으로서, 초기업적인 노동 문제를 전담하던 노동조합이 담당하지 못하는 기업 내부의 문제에서 노동자와 사무직 근로자의 이해관계를 대변했다. 기업평의회는 특히 경영진의 회계장부를 열람할 권리를 보유했다.

목표로 "기업 안으로!" 캠페인을 대대적으로 벌였고, "기업 마르크스주의"에 대한 단호한 투쟁을 선포했다.[8] "민족적 사회주의"의 이 새로운 물결의 가장 확고한 대표자는 그레고어 슈트라서였다. 그는 1932년 5월 10일에 제국의회 연설에서 공황에 타격을 받거나 쫓기고 있는 대중들 가슴에 "반자본주의적 선망"이 가득하다고 선언했다.

"기업 내의 돌격대"를 자임하던 기업세포는, 1933년까지 수백만 명의 조합원이 소속되었던 자유노조와 비교해볼 때 주변적인 존재에 불과했다. 그러나 나치당 내부에서 기업세포는 상당한 힘을 가지고 특별한 활동을 펼쳤다. 기업세포는 노동자의 파업권을 원칙적으로 인정했고, 1932년에는 지역과 지방 차원에서 여러 파업에 참여했으며, 베를린 교통주식회사 파업에서처럼(1932년 11월 3일부터 8일까지) 경우에 따라 공산주의자들과 협력하기도 했다. 이때 벌써 공산주의 조합원들이 나치 기업세포의 왕성한 활동에 이끌려 기업세포로 넘어오는 일도 있었고, 기업세포의 기관지 『노동자』는 "반동"과 "자본주의"에 대한 공격적인 비난을 퍼부었다. 1931/32년에 부르주아와 독일민족주의 진영에서 나치당의 "사회주의적 경향"에 대한 우려가 확산된 것은 바로 그 때문이었다. 히틀러 집권 직전인 1932년 12월에는 기업세포를 모델로 하여 나치 "영업중간신분 투쟁동맹"이 결성되었다. 아드리안 폰 렌텔른이 이끌던 그 단체는 나치당 조직의 사회정치적 다양성을 한층 강화시켰다.

돌격대, 친위대, 히틀러청소년단의 특수한 지위와 기타 새로운 나치당 조직들은 나치 운동 전체에 대한 히틀러의 개인적인 지도력이 정치적으로 결코 도전받을 수 없었다는 점을 분명하게 보여준다. 그러나 그것은 동시에 히틀러의 개인적인 지도력이 나치당의 제도적이고 관료제적인 통일성을 보장하지 않았다는 점도 분명히 해준다. 나치즘은 초기부터 나치당 총재로서의 히틀러의 '직책'이 아니라 히틀러 '개인'에 기반하는 운동이었다. 그리고 그것에서 비롯된 구조들(후견제, 패거리, 측근들)은 합리적인 관료제적 행정 및 조직의 원리와 크게 어긋나는 것이었다.

3. 나치당의 조직, 직책, 인물

히틀러가 당권을 장악하자 나치당 뮌헨 본부의 당무가 히틀러 측근들에게 넘어갔다. 히틀러의 군대 시절 상사였던 막스 아만은 나치당 총무(추후 나치당 소유의 에어 출판사 사장), 예비군 중위 출신 프란츠 크사버 슈바르츠는 재무 담당자(추후 나치당 재무국장), 필리프 보울러는 나치당 기관지『민족의 파수꾼』의 영업이사(추후에 나치당 사무국장이 되고 1934년에는 "지도자비서실" 실장이 된다), "나의 지도자"에 열광하던 대학생 루돌프 헤스는 히틀러의 개인비서가 되었다. 이들은 히틀러에게 자발적으로 복종하는 인물들이었고, 사무적인 일에 만족하는 사람들이었다. 물론 추후 당이 성장함에 따라 그들의 비중도 계속해서 커지지만, 정치적 영향력이 크고 야심만만한 지구당 위원장들과 돌격대 지휘관들에 비하여 그들과 히틀러의 관계는 안정적이었다.

히틀러는 나치당 사무국의 충성과 양심적인 업무 처리에 크게 의존했다. 히틀러가 정기적인 당무에 신경을 쓰지 않는 데다가 당의 공식 기관 이외에 자신의 개인 측근들에게 의존하였기 때문이다. 히틀러 주변의 문화는 보헤미아적인 세계와 외인부대 스타일이 혼합된 기묘한 문화였다. 방랑벽이 있던 히틀러는 예술 애호가들, "푸치" 한프슈텡글이나 사진사 하인리히 호프만 같은 재담꾼들, 쿠르트 뤼데케같이 국내외의 '상류 세계'에 출입하던 사기꾼들과 기꺼이 교류했다. 그는 또한 부호들의 살롱에서 여성들의 아첨하는 말을 달콤하게 즐겼고, 빠른 자동차를 몰고 시골로 내달리거나 베르히테스가덴에 있는 바헨펠트 가문의 별장으로 잠수하곤 했다. 오스트리아적이고 남유럽적인 투쟁동맹의 리더 스타일을 버리지 않았던 히틀러는 나치당에 자기 개인을 보좌하는 부관과 경호원과 운전사를 요구했고(1945년까지 히틀러의 부관으로 일한 율리우스 샤우프를 포함하여 그들 대부분은 남동부 독일 및 오스트리아 사람 특유의 무미건조한 성격을 가진 사람들이었다), 별도로 사적인 격투 부대도 두었다. 그리하여 나치 중앙당 당직자들은 절반은 사적이고 절반은 정치적인 히틀러의 개인 참모들과 경쟁해야 했다. 히틀러의 그러한 사적인 리더십은 나치당 지도부의 조직에도 막대한 영향을 끼쳤다.

 1926년 6월 30일에 뮌헨 행정법원에 제출된 나치당 당규에 따르면, 히틀러는 유일한 당 총재로서 위원회와 위원장회의 결정에 구애받지 않고 당을 이끌 수 있었다. 당규는 총재가 당원대회에 책임을 지도록 하였지만, 그것은 말뿐이었다. 중앙당에는 여섯 개의 위원회(선전, 조직, 재무, 청소년, 돌격대, 조사중재위원회. 각 위원회에는 한 명의 위원장과 여러 명의 부위원장들이 있었다)가 조직되어 있었고, 위원회는 협의제의 원칙에 의해 운영되도록 규정되어 있었으나, 그것 역시 허상이었다. 위원회의 권능은 히틀러가 임명하는 국장들에게 넘어갔고, 조사중재위원회(1934년 1월 1일에 나치당 법원으로 승격된다)만이 외형상 협의체로 남았다.

나치 중앙당의 당무를 책임지던 국장들은 히틀러로부터 지도자원칙을 위임받았다는 가정하에 움직였다. 이는 현실에서 당의 지휘권이 수직적·개인적으로 파편화되는 동시에 국장 개개인에게 집중되었음을 뜻한다. 그레고어 슈트라서가 선전국장의 권한(1925년부터 1928년까지)과 조직국장의 권한(1928년부터 1932년까지)을, 그리고 괴벨스가 선전국장의 권한(1929년 이후)을 빈번히 중앙당이 있는 뮌헨이 아니라 베를린에서 행사한 것은 바로 그 때문이었다. 나치당 최고 기관들 사이의 연결은 지역적으로도 제도적으로도 보장되어 있지 않았다. 그것은 오직 히틀러에 대한 사적인 관계에 의해서 보장되었다. 따라서 나치 중앙당 리더십에 일관성은 없었다. 비일관성이야말로 협의제적인 회의 절차와 결의 과정이 삭제되어 있던 나치당 지도부의 구조적 특징이었다. 협의제적인 회의체로서의 지도부는 이론으로만 존재했던 것이다. 당원 명부와 재무는 언제나 뮌헨에서 관리되었고, 따라서 관료제적 당 운영의 중추였다. 그러나 그 두 가지를 제외한 당무에서 나치당 국장들은 사람에 따라 크기도 작기도 하며, 공적이기도 하고 사적이기도 한 권력을 각각 자기 나름대로 행사했고, 그들 사이의 조율은 해결 불능의 문제로 남았다.

결정적이었던 것은 당직이 아니라 히틀러에 대한 복종이었다. 나치당에 특징적인 점은, 직책 수행의 규칙과 규정에 대한 업무상의 준수를 의미하는 "의무수행" 개념이, 사적인(궁극적으로는 맹목적인) 복종으로서의 "충성" 개념의 하위에 있었다는 것이다. 당 거물들 개개인의 지도자절대주의 역시 그러한 구조에서 비롯되었다. 히틀러에 대한 충성이 확고한 이상, 그리고 히틀러 스스로가 달리 결정하지 않는 이상, 그들은 이니셔티브를 발휘할 수 있었고, 자기가 할 수 있는 모든 것을 마음껏 할 수 있었다. 그들에게 당 명령과 당 내규는 걸림돌이 아니었다. 나치 운동은 그렇듯 사적인 관계들의 혼합, 그것도 당 조직의 매 단계마다 비슷한 형태의 후견인과 패거리가 자리 잡고, 위계적으로 조직되어 규칙에 따라 움직이는 관료제적 기구의 직책이 아니라 사적인 관계(후견, 경쟁, 투쟁)가 훨씬 중요한 그런 혼합이었다. 나치당에서 절차가 그렇게 부차적이었기 때문에, 나치당(추후 히틀러국가의 지배체제)의 본래적이고 결정적인 '헌법적' 사실은 어떤 사람이 선발되고 그가 다른 사람들과 어떤 관계를 맺느냐는 것이었다.

물론 나치당이 대중정당으로 성장하면서 얼마간의 관료제적 조직화는 불가피했다. 그러나 관료화는 지구당 차원에서 가장 미약했다. 오래전부터 터를 잡고 있었던 지구당 위원장들의 개인적인 세력과 지구력이 막대하였기 때문이다. 당원 수와 주민 수가 제각각이었던 지구Gau의 지리적 구분은 1928년 10월에 임시로 그어진 이후 그대로 유지되었다. 1931/32년에 지구는 그대로 둔 채, 군Kreis이라는 중간 단위가 균일하게 조직되었다. 군은 총 850개였고, 국가의 하부 행정단위(프로이센의 군, 바이에른의 지구, 작센의 군수관할, 뷔르템베르크의 상위청, 군 조직에서 면제된 도시)와 일치하도록 편성되었다. 1932년에 군 하위 단위들이 조직되었다. 그때 군은 지역기초Ortgruppe(당원 수가 최대 500명)로, 지역기초는 몇 개의 "기지Stützpunkt"로, 기지는 다시금 몇 개의 도로를 담당하는 블록Block으로 나누어졌다. 나치당은 중앙 집중화와 지역에 대한 감시를 위하여 1932년 여름에 두 명의 제국감찰관을 임명했다. 제국감찰관은 중앙당 조직국 소속이었고 휘하에 주州감찰관을 두었다. 제1제국감찰관은 1920년대 초에 수차례의 암살 행각을 주도하여 이름을 떨친 전역 대위 파울 슐츠였고, 제2제국감찰관은 뮌헨의 중앙당에서 일하기 위하여 1931년에 라인란트 지구당 위원장직을 포기한 로베르트 라이였다.

그러나 감찰관을 통하여 지방의 나치를 중앙에 종속시키려는 시도에는 심각한 문제점이 있었다. 주감찰관에 임명된 인물들이 그동안 나치 운동에 크게 공헌한 지구당 위원장들(루스트, 로제, 뢰퍼, 괴벨스, 브뤼크너, 무치만, 슈프렝거, 하케, 라이, 오스트리아 담당에는 테오도어 하비히트)이었던 것이다. 그리고 그들은 자신의 관할 지구에는 파견되지 않았기에 해당 지역 지구당 위원장들은 그들을 거추장스러운 감시자 내지 경쟁자로 받아들였다. 업무 규정도 감찰관에게 불리했다. 군지도자의 해임은 중앙당 조직국장의 승인을 필요로 했고, 지구당 위원장은 히틀러에 의해서만 해임될 수 있었다. 여기서 다시 한 번 드러나는 것은 전능한 히틀러와 지구당 위원장들 사이에 강력한 당 중앙이 존재하지 않았다는 점이다. 나치 중앙당은 1931년 히틀러의 건축가 트로스트가 뮌헨 쾨니히스플라츠 인근의 바를로프 궁을 개축하여 만든 "브라운 하우스"의 거창한 위용에 걸맞지 않았다.

당 재정이라는 극히 중요한 부문에서만큼은 중앙의 통제가 확립되었다. 그리고 관료제적인 균질적인 업무 처리 방식이 재정에서만큼은 당 전체에 관철되었다. 중앙당 재무국장 슈바르츠는 히틀러의 1931년 9월 16일 명령에 의거하여 당의 모든 재정과 재산 문제를 관장하고 대표할 권리를 확보했다. 슈바르츠는 회계관을 임명하여 지구당과 나치당 산하 단체의 재무를 감독할 수 있었고, 그 모든 단체에 통일적인 회계를 지시할 수 있었으며, 당비와 회비를 정기적으로 납부하도록 채근할 수 있었고, 지구당 재무 담당자들을 교육시킴으로써 재무를 관료제적으로 치밀하게 처리하도록 독려할 수 있었다. 그러나 1930년에서 1933년까지 슈바르츠가 지구당에 회람토록 한 명령들을 검토해보면, 정확하고 통일적인 재무 처리라는 슈바르츠의 목표가 결코 실현되지 못했다는 점이 드러난다. 슈바르츠가 지구당과 산하 단체들이 재무를 자의적으로 처리하고 있다고 지속적으로 불평하고 있었던 것이다. 그는 지구당 위원장들과 지구당 재무 담당자가 지구당의 돈을 착복하거나 중앙당으로 이체시켜야 하는 돈을 지역기초나 지구에서 써버리고 있으며, 나치당 산하 기관이 중앙의 뜻과 어긋나는 모금 운동을 벌이거나, 히틀러의 개인 허락을 받았다고 주장하면서 특정 사업을 벌이거나 자산을 다른 곳으로 이전시켰다고 비판했다. 슈바르츠는 1933년 1월 27일의 재무 보고서에 34개 지구당 중에서 11개만이 중앙당 당비를 얼마간 제때에 납부하고 있을 뿐 나머지 지구당은 모두 "3개월 이상 연체된 상태"라고 기록했다.

특수 분야인 언론도 문제가 심각했다. 나치 중앙당은 일차적으로 중앙 기관지인 『민족의 파수꾼』과 1926년 이후 히틀러의 정치적 촌평을 곁들여 발행하던 주간週刊 『삽화로 보는 파수꾼』의 판매 부수를 늘리고, 그렇게 당의 중앙 언론기관에 견고한 재정적 토대를 마련하려고 했다.* 그러나 1929/30년부터 지구당 출판사들이 나치 지역 신문을 발간하기 시작했다. 준비가 부족하여 대부분 빚을 내서 창간한 신문들이었다. 그리하여 1932년에는 모두 59개의 일간지가 지구당 기관지, 혹은 중앙당의 승인을 받은 나치 신문으로 간행되었다. 그런데 그 모든

---

* 『민족의 파수꾼』은 1929년에 1만 8000부, 1932년에 약 12만 부가 판매되었다. 1930년에 오토 슈트라서가 나치당을 떠나자 베를린의 캄프 출판사가 더 이상 나치당에 속하지 않게 되었고, 슈트라서가 발간하던 북부 독일과 중부 독일의 나치 신문인 『민족적 사회주의자』도 더 이상 간행되지 않았다. 그 후 『민족의 파수꾼』은 뮌헨 외에 베를린에서도 발간되었다.

신문의 총 부수가 78만 부에 불과했다.⁹ 여기에서 1933년까지만 해도 나치가 독일 언론에서 차지하던 지분은 지극히 미미했다는 사실이 드러난다. 나치 언론은 변두리에 처박힌 아주 초라한 존재였던 것이다. 뮌헨 중앙당의 에어 출판사는 막스 아만이 탁월한 경영 수완을 발휘하면서 1930년에서 1933년 사이에 아주 근대적이고 경쟁력 있는 대기업으로 발전하기 시작했고, 도서 제작에서도 편집의 질에 가치를 두기 시작했다. 그러나 지구당 신문은 조잡하기 짝이 없었다.* 만일 1932년에 나치의 지역 신문만으로 나치당을 평가했다면, 나치당은 통일적인 거대 조직이 아니라 고만고만한 작은 지방 조직들의 총합으로 보였을 것이다.

막스 아만은 에어 출판사의 경제력을 이용하여 지구당 출판사들의 독립성을 깨뜨리고 중앙 언론을 강화하고자 했다. 그러나 그는 성공하지 못했다. 이는 1931년에 설치된 나치당 홍보국을 이끌던 오토 디트리히도 마찬가지였다. 디트리히는 에센의 범게르만적이고 독일민족주의적인 신문 『민족일보』의 편집장 출신으로, 나치 언론의 보도에 통일성을 부여하기 위하여 1932년에 『민족사회주의 통신NSK』을 창설했다. 그러나 그 역시 실패했다. 한 가지 덧붙이자면, 디트리히는 히틀러에게 직속된 "나치당 제국홍보국장Leiter der Reichspressestelle der NSDAP"이었고 아만은 나치 중앙당 "언론국장Amtsleiter für die Presse"이었다. 그 두 사람과 두 직책이 나치당에 공존하였다는 사실 자체가 나치당의 구

---

* 에어 출판사는 나치당의 정규 신문과 나치 잡지는 물론 당 산하 기관이나 가맹한 단체의 간행물들을 출판했다. 그중에는 반유대주의 풍자지인 『쐐기풀』 『민족사회주의 농촌신문』 『월간 민족사회주의』(모두 1930년 이후)와 나치당 제국조직국장이 발간하던 월간지 『우리의 의지와 노선』(1931년 이후) 『돌격대원』 『노동자』 『독일적인 법』(세 개 모두 1932년 이후) 등이 있었다.

조와 작동을 전형적으로 보여준다. 당직의 구분이 그처럼 모호했기 때문에 이중 작업은 불가피했고, 이는 향후 엄청난 관할권 다툼을 유발한다.

나치 중앙당의 다른 부문도 마찬가지였다. 중앙당의 최고 기관은 독일 협회법에 입각하여 구성된 최고회의Vorstand였다. 최고회의는 "민족사회주의 독일 노동자협회Nationalsozialistischer Deutscher Arbeiterverein e. V." 의장Vorsitzender 히틀러와 재무 책임자 슈바르츠, 서기 필러, 이 세 사람만으로 구성되었다. 최고회의 아래에는 국, 과, 계로 위계화된 당 기구가 있었다. 그것은 나치의 정치와 정책을 정하는 중앙 기구이면서 동시에 히틀러에게 부속된 참모 기관이기도 했다. 그러나 중앙 기구로서의 기능과 참모 기관으로서의 기능은 분명하게 구분되지 않았다. 히틀러의 개인 참모에는 오직 히틀러의 개인비서인 루돌프 헤스, 헤스를 보좌하는 비서실의 실장 알베르트 보어만(마르틴 보어만의 동생), 히틀러의 부관 빌헬름 브뤼크너, 히틀러의 개인 홍보 담당자인 오토 디트리히만이 속했다. 국을 이끄는 국장Amtsleiter들은 중앙 기구의 기능만을 수행했다. 1926년의 당규에 따라 국장에는 재무국장(슈바르츠), 조직국장(슈트라서), 선전국장(괴벨스), 조사국장(부흐), 사무국장(보울러), 돌격대 대장(룀), 제국 청소년지도자(폰 쉬라흐)가 있었고, 1932년에는 법무국장(한스 프랑크)과 경제와 고용창출을 담당하는 선전2국 국장(프리츠 라인하르트)과 언론국장(막스 아만)이 추가되었다.

그들 중에서 부속 단체를 이끄는 인물들(돌격대장 룀과 히틀러청소년단장 쉬라흐)은 당내에서 뭔가 도모하고자 하면 지구당 위원장들의 협조를 얻어야 했다. 그리고 지구와 군의 법무 담당자와 언론 및 선전 담당자는 그곳의 수장(지구당 위원장, 경우에 따라 군지도자)의 명령권에 종속되어 있었기 때문에, 중앙당의 업무 지시를 지구당 위원장 내지 군지도자를 통해서만 받았다. 중앙당의 선전국장, 언론국장, 법무국장은 독자적인 명령을 내릴 수 있는 수직적인 하위 행정기관을 보유하고 있지 못하였던 것이다. 따라서 그들의 지위는 실무 당직자Referent나 마찬가지였다. 1929/30년에 중앙당 제2조직국과 제국의회 나치당 의원단에 설치된 전문위원들도 비슷했다. 그들은 각종 정치적 사안에 대하여 당 지도부와 의원단에게 정보를 제공하고 보좌하는 한편, 나치당의 개혁안과 선전 내용을 입안하고 작성하는 역할을 맡았다. 전문위원 중에는 중앙당 국장을 넘어서는 정치적 지위를 확보한 예외적인 인물들도 있었다. 농업정책기구를 이끈 발터 다레가 그랬고, 기업세포과課를 지휘하던 발터 슈만과 라인홀트 무초프도 그랬다.

그레고어 슈트라서는 1932년 7월 15일에 "나치당 정치기구 업무 규정"을 제정하고 그에 따라 중앙당을 재조직했다. 이는 개별적인 국, 과, 전문위원실의 실제 비중에 걸맞게 중앙 기구를 재조정하고, 그 조직들 사이의 협력 관계를 체계화하기 위한 시도였다. 이제 당의 모든 국이 조직국장에게 종속되었다. 독립을 유지한 직책은 재무국장, 사무국장, 조사국장, 돌격대장, 청소년단장, 출판국장이었다. 선전국장도 독립성을 유지했다. 1927년 이후 조직국장 슈트라서를 대단히 경원하던 선전국장 괴벨스는, 수도 베를린의 지구당 위원장 직위와 개인적인 선전 능력 덕분에 선전국을 히틀러에게 직속시키는 데 성공했던 것이다. 제1제국감찰과 제2제국감찰은 조직국 제1부Hauptabteilung와 제2부로 격상되었다. 다레의 농업정책기구와 슈만의 기업세포는 그들의 현실 권력에 맞게 독립적인 제5부와 제6부로 승격했고, 다양한 경제 전문가들은 제4부로 합쳐졌으며, 기타의 모든 국과 전문위원들은 제3부로 편성되었다.

제3부에는 내무, 법무, 기초단체, 공무원, 인민교육, 전쟁희생자지원, 여성, 보건, 재외독일인, 기술, 언론, 해양 등 모두 12개의 다양한 과Abteilung들이 모여 있었다. 그러나 제3부의 편제는 서류상으로만 존재했다. 각 과는 상호 조율되지 않은 채 완전히 독립적으로 움직이고 있었던 것이다. 과장과 직원들이 뮌헨에 상주하지 않는 과도 적지 않았다. 재외독일인과가 좋은 예다. 그 과는 중앙당이 1931년에 남미에 사는 독일인들과 외국에 체류 중인 독일인들이 만든 몇몇 나치당 지역기초Ortsgruppe와 접촉하기 위하여 설치한 과였다. 슈트라서는 과장에 나치 함부르크 지구당 조직 담당자이자 제국의회 의원인 한스 닐란트를 앉혔는데, 제국의회 나치 의원단에서도 재외독일인 문제를 담당하던 닐란트는 중앙당 업무를 뮌헨이 아닌 함부르크에서 처리했다. 그 과는 향후 에른스트 빌헬름 볼레가 이끄는 나치당 해외기구Auslandsorganisation로 발전하게 된다. 그러나 재외독일인 문제는 나치당의 다른 기구들도 담당하고 있었다. 지구당과 주감찰로 조직되어 있던 단치히와 오스트리아의 나치 기구와 스위스와 이탈리아에 거주하는 독일인 나치들과의 접촉만큼은 슈트라서의 조직국이 직접 담당했다. 반면에 동유럽의 독일인들은 제5부(농업정책기구)의 특수 조직인 "동부 농업 Gruppe Ostland"(수장은 카를 모츠)이 담당했다. 괴벨스도 선전국에 재외독일인 문제를 담당하는 정보과를 설치해두고 있었다.

제3부에 소속된 공무원정책과는 헤센 지구당 위원장인 야코프 슈프렝거가 이끌었고, 헤센의 주도인 프랑크푸르트에 자리 잡았다. 슈프렝거는 중급 체신 관리 출신으로 1929년부터 프랑크푸르트 시의회 의원으로 활동하였고, 헤센 나치 공무원 단체를 결성하였으며, 1932년에는

프랑크푸르트에서 『민족사회주의 공무원 신문』을 발간했다. 그는 1930년부터 나치당 공무원정책 전문가로 인정받았으나, 1932년 여름에 한 유명 인사가 경쟁자로 부각되었다. 후겐베르크의 측근이었던 한스 푼트너가 1932년 6월에 "민족 정부가 제국과 프로이센에서 취해야 할 행정정책"이라는 정책안을 나치당의 지도적인 인물들에게 발송한 것이다. 푼트너는 나치 집권과 함께 제국내무장관 빌헬름 프리크에 의해 내무차관으로 발탁되어 히틀러 정부의 공무원정책에 막대한 영향력을 행사하게 된다. 제3부 도시정책과를 맡은 카를 필러의 지위는 비교적 공고했다. 도시 행정부 직원 경력도 있고 오랫동안 뮌헨 시의원으로 활동했던 그는 1933년에 뮌헨 시장 겸 전독일시협의회 의장이 되었다. 풍부한 시정 경험과 지식을 보유한 필러는 1927년에 나치당 최고회의 서기가 되었다.

전쟁희생자지원과는 슈트라우빙의 시의원 한스 오버린트오버가 맡았다. 전쟁에 참전하여 중상을 당하기도 했던 그는 바이에른 구투사 출신으로 선거전에서 연사로 나서기도 했고, 1930년부터 제국의회 의원을 지냈다. 그는 1932년에 『조국의 감사』지紙를 창간했고, 이 저널을 기반으로 하여 1933년 나치당에 "나치 전쟁희생자회"라는 특수 단체가 결성되었다. 이 단체는 다양한 다른 전쟁희생자 단체들을 오버린트오버 휘하에 통합하게 된다. 기술과는 1932년에 설치되어 프리츠 토트가 이끌었다. 토트는 도로건설 전문가로서 추후 히틀러의 아우토반을 건설하게 되는 인물인데, 나치당에는 1931년에 입당하였고, 그때부터 돌격대 지도부에도 속했다. 그가 이끌던 기술과는 1933년에 "나치 독일 기술동맹"으로 확대된다. 보건과는 "나치 의사동맹"의 이니셔티브로 설치된 부서였다. 그러나 보건과 과장인 뮌헨의 의사 게르하르트 바그너에게도 경쟁자들이 등장했다. 예를 들어서 친위대 인종이주청 소속의 반드스베크 공공보건의醫 아르투어 귀트는 1933년 5월에 프리크의 천거로 제국내무부에서 유전인종 문제를 담당하게 된다(귀트는 1934년에 내무부 보건과 전체를 이끌게 된다).

여성과 역시 기존의 당 조직에서 발전한 부서다. 1931년 10월에 엘스베트 찬더가 기존의 "독일 여성단"을 "나치 부녀회"로 재조직했고, 이 단체가 중앙당 여성과로 편입된 것이다. 보다 중요하고 보다 문제적이었던 과는 헬무트 니콜라이가 맡은 내무과였다. 니콜라이는 수년 전부터 공법의 "생법칙적" 혁신을 위한 일련의 논설을 발표해온 인물로, 1931년에는 나치당 활동 때문에 프로이센 행정부(오펠른 지구감독)에서 해임되기도 했다(1932년 4월에는 프로이센 주의회 의원이 되었다). 니콜라이는 기존의 법체계를 거부하고 원민중적 법 이론을 신봉하였음에도 불구하고─ 프리크와 함께 ─미래의 나치 국가가 명료한 법적 질서에 입각하여 건설되어야 한다고 믿었다. 그래서 그는 늦든 빠르든 히틀러와 충돌할 수밖에 없었다.

내무만큼이나 중요했던 인민교육Volksbildung은 바이에른 주의회 나치 의원단 총무인 루돌프 부트만이 맡았다. 명목상의 수장은 그였지만 나치당에는 문화정책 전문가를 자처하는 자들이 많았다. 나치 교사동맹 의장으로서 1933년에 바이에른 문화부장관에 발탁된 한스 솀(그는 1935년 3월에 사고로 사망한다), 하노버 지구당 위원장으로서 1933년에 프로이센 문화부장관이 되는 베른하르트 루스트, "민족사회주의적인 기독교"를 내세우면서 민족개신교의 대표를 자임하던 프로이센 주의회 의원 한스 케를(그는 1933년에 프로이센 법무부장관, 1935년에 제국교회부장관이 된다), 『20세기의 신화』를 통하여 반기독교적인 나치 신화를 내세우던 알프레트 로젠베르크(한스 케를과 루돌프 부트만은 로젠베르크의 이념을 거부했다)가 그런 자들이었다. 종류가 전혀 다른 인물도 있었다. 자유군단에 투신했던 젊은 지식인 작가 한스 힝켈(베를린)은 1930년 이전에는 오토 슈트라서의 측근으로 캄프 출판사에서 수많은 잡지의 편집을 맡았던 인물인데, 1930년부터는 제국의회 의원으로 활동하는 동시에 베를린 지구당에서 홍보를 담당했다. 그는 "독일 문화 투쟁동맹" 지도부에도 속했다. 나치 문화정책은 이때 이미 로젠베르크파, 루스트파, 케를파, 괴벨스파로 분열되기 시작했다.

국방과는 예비역 대위인 콘스탄틴 히에를과 자유군단장 출신인 예비역 육군 소장 프란츠 폰 에프가 이끌다가 1932년에 돌격대 참모부에 통합되었다. 그러나 히에를은 돌격대로 가지 않고 중앙당에 남아서 노동봉사 문제를 담당했다. 노동봉사는 군대와도 연결되고 실업 문제와도 맞물려 있었기 때문에, 1930년부터 나치당이 심혈을 기울이던 부문이었다.

수많은 경제정책 보좌관과 자칭 "전문가"들이 우글대던 조직국 제4부도 문제였다. 명목상의 수장은 전직 대위 오토 바게너였다. 바게너는 "발트 해 외인부대" 참모장교로 활동하다가 돌격대와 인연을 맺은 인물로서, 1920년대에 카를스루에에서 중소기업(재봉틀 공장 사장)을 경영한 이력 덕분에 1930년부터 히틀러의 경제 및 회계 문제 보좌관으로 활동했다(1930년 가을에는 잠깐 돌격대 참모장을 맡기도 했다). 바게너는 노동조합에 결단코 적대적이었고, 경제와 권위적인 국가를 "유기적으로" 결합시킨 신분국가적 질서를 구상하고 있었다. 1930년 이후에 선전 가치를 거의 모두 상실한 고트프리트 페더에 비해 바게너가 덜 교조적이었지만, 페더보다 나은 것도 그다지 없었다. 나치당에 더 유용했던 인물은 조세 및 재무 전문가인 프리츠 라인하르트였다. 오버바이에른 지구당 위원장으로 2년간(1928년에서 1930년까지) 활동했던 그는 1930년에 제국의회 의원이 되어 제국의회 예산위원회에서 활동하였고, 그때부터 나치당 경제정책 전문가로 부각되었다(그는 나치당 연설 자료집을 발간하기도 했고, 나치당 연설학교 교장직도 맡았다).

1931년 이후에는 베른하르트 쾰러, 발터 풍크, 테오도어 아드리안 폰 렌텔른도 경제정책 전문가 그룹에 끼어들었다. 쾰러는 대학에서 경제학을 전공한 인물로서 1919/20년에 이미 디트리히 에카르트 및 고트프리트 페더와 가까웠고, 1920년에 잠깐 동안 『민족의 파수꾼』 편집국장으로 활동하기도 했다. 그는 1930년에 바게너의 추천으로 우익에 가깝던 『베를린 증권일보』 경제부 부장 발터 풍크와 함께 나치당 조직국 제4부의 경제정책 전문위원이 되었다. 쾰러는 선전과 이론에서 무엇보다도 고용창출 정책에 집중했다(1932년 7월 선거에서 나치당이 발표한 "고용창출을 위한 긴급정책"은 아마 그가 작성했을 것이다). 우파적인 경제정책을 옹호하던 풍크는 나치당 경제정책 통신의 편집을 맡았다. "영업중간신분 투쟁동맹"을 이끌던 폰 렌텔른은 풍크와 달리 중간신분적인 경제정책과 사회정책을 주장했다. 그들 외에 1931년에 젊은 막스 프라우엔도르퍼가 신분제국가를 담당하는 특별 전문위원으로 발탁되었다.

그러나 히틀러는 나치당 조직국 제4부의 인적 구성과 역할 분담에 조금도 관심을 기울이지 않았다. 그는 제4부가 개발한 경제정책안에도 아무런 구속력을 부여하지 않았다. 이는 그가 제4부가 제도화되고 겨우 두 달밖에 지나지 않은 시점인 1932년 9월 22일에 "모든 경제 문제의 최상위 기관"으로 나치당 "제국경제평의회"를 설치한 것에서 드러난다. 평의회는 조직국장, 기업세포 의장(제6부), 농업정책기구 의장

(제5부), 기타 히틀러가 임명하는 "개인들"로 구성되었고, 제1의장에는 페더가, 제2의장에는 풍크가 임명되었다.[10] 히틀러는 조직국 제4부를 존치시켰지만 경제평의회가 마련한 정책노선을 준수하도록 했다. 히틀러가 어떤 동기에서 그런 조치를 취했는지는 모르지만, 그 조치는 나치의 경제정책에 아무런 영향을 미치지 않았다. 다만 경제정책에 대한 관할권이 그처럼 배분되고 재배분됨에 따라 나치당의 경제 전문가들은 서로를 제약하게 된 반면, 히틀러는 경제정책에서 모든 가능성을 열어둘 수 있었다.

사실 히틀러가 의존하던 경제 전문가들은 따로 있었다. 뮌헨-휠리겔스크로이트에서 전자화학 공장을 경영하던 인물로서 1923년부터 히틀러와 나치당을 후원한 알베르트 피에취(1933년부터 뮌헨 상공회의소 의장), 알리안츠 보험 대표이사 쿠르트 슈미트(1933/34년에 제국경제장관), 바이에른 에버스바흐에서 사진화학 공장을 경영하던 인물로 히틀러와 연합화학IG Farben 콘체른을 연결시키기도 하고 나치를 지지하는 "기업가 모임Freundeskreis"도 만들어낸 빌헬름 케플러 등이 그들이다. 히틀러는 1932년 5월 18일에 "카이저호프" 호텔에서 열린 "기업가 모임"에서 나치가 집권하면 노조를 제거하겠다고 약속했다. 그들 외에도 히틀러가 개인적인 소개로 알게 된 기업가(프리츠 튀센)도 있었고, 특히 1930년부터 괴링이 베를린에서 맺어준 유명 경제인들(샤흐트, 폰 슈타우스 등)도 있었다.

그런 개인적인 인연으로 만난 사람들이 제시한 경제정책과 비밀 약속들을 나치당의 공식 발표와 비교해보면 상당한 차이가 식별된다. 당의 공식 문건은 이론과 선전 모두에서 민족적 사회주의와 반자본주의에 상당한 비중을 둔 반면, 비밀스런 접촉과 문건에는 그런 면모들이 완전히 부인되지는 않지만 대단히 약화되어 나타난다. 나치당 조직국 제4부에서 활동하던 사회주의 내지 사회개혁적 분파는 미래의 연정聯政 파트너들에게 심각한 우려감을 자아내고 있었지만, 그들 스스로는 무척 괴로웠다. 나치당 조직국 제4부의 지위가 너무나 취약하기 때문이었다. 나치 중앙당 경제부의 그 초라한 몰골은, 합리적인 관료제적 조직화라는 관점에서 나치당이 얼마나 즉흥적이고 비효율적으로 구조화되어 있었는지를 적나라하게 보여준다. 그 주된 원인은 중앙당 경제부에 소속된 당직자 개개인의 인격적·정치적 역량이 부족했던 점과 계획성을 무시하던 나치즘의 성격에서 찾을 수 있을 것이다. 그러나 그러한 사정에서 일정한 논리가 식별된다. 나치 중앙당은 거대 정당을 움직이고 조율하는 데 없어서는 안 될 최소 수준의 통제력만을 보유하고 있었다. 따라서 중앙당 수뇌부에 권력이 집중될 가능성은 극미했다. 반면에 당의 통합력을 보장해주는 히틀러의 존재는 그만큼 불가결했다.

이 논리는 1932년 12월에 히틀러가 그레고어 슈트라서와 결별한 이후 더욱 뚜렷하게 나타났다. 실상 슈트라서는 1932년 여름에 중앙당 조직을 개편한 뒤 포괄적인 통제권을 보유한, 일종의 총서기가 될 수 있던 유일한 인물이었다. 그래서 히틀러는 슈트라서가 당직에서 사퇴하자마자, 슈트라서가 결합시켜놓았던 중앙당의 정치 지휘부와 조직 지휘부를 분리시켜버렸다. 히틀러가 슈트라서 후임에 로베르트 라이를 임명하면서 조직국장의 권한을 조직에 한정시킨 것이다. 라이의 권력은 그가 보유한 나치당 조직국장 직책이 아니라, 슈트라서로부터 물려받은 기업세포 감독 자리에서 비롯되었다. 히틀러는 발터 다레의 농업정책기구를 부에서 국으로 격상시켰고, "중앙정치위원회"라는 기구를 신설하여 남아 있는 모든 정치적 지휘권(제3부와 제4부에 대한 지휘권)

을 맡겼다. 그리고 그 기구의 의장에 슈트라서에 버금가는 인물이 아니라 자신의 개인비서인 루돌프 헤스를 임명했다. 헤스는 당내에 아무런 세력도 없었을 뿐만 아니라 스스로를 언제나 히틀러의 개인비서로 인식하던 인물이었다. 모든 것을 차치하더라도 그런 취약한 인물에게 정치위원회 의장 자리를 맡겼다는 것은, 히틀러가 당 기구의 정점에 권력의지를 갖고 있는 거물이 아니라 아주 범상한 인물, 특히 히틀러 개인에게 절대적으로 충성하는 실무자를 앉히려 했다는 것을 분명하게 보여준다. 헤스는 나치 중앙당의 정치 리더라기보다 총무였다. 그에 따라 중앙당의 권력 공백은 더욱 커지고 산하 단체와 지역 당 기구의 원심력은 강화된 반면에, 히틀러가 총애하거나 선호하는 자들이 영향력을 행사할 가능성은 커졌다.

 이는 헤르만 괴링의 부상浮上에서 특징적으로 나타난다. 슈트라서가 물러난 이후 괴링은 의문의 여지가 없는 히틀러 다음의 권력자로 간주되었다. 따라서 괴링이야말로 슈트라서 사태의 최대 수혜자라고 할 것이다. 괴링은 1923년에 돌격대 참모장으로 잠깐 일한 뒤 수년 동안 스웨덴에 체류하다 귀국하여, 1928년에 나치당 제국의회 의원이 되었고 (의원직은 그러나 당직이 아니다) 1930년 9월 선거 이후에는 나치당 제국의회 의원단 부총무가 되었다. 그러나 그보다는 그가 보유하고 있던 상류층 인맥과 그다지 교조적이지 않은 태도와 교류 방식 덕분에 그는 베를린에서 히틀러의 개인 ─ 결정적인 것은 바로 이 점이다 ─ 측근이자 정치 대리인이 되었다. 1930/31년 이후 그는 히틀러에게 정치가와 정당인과 영향력 있는 공직자들을 연결시켜주었고, 1931년 5월에는 히틀러의 특사 자격으로 무솔리니와 바티칸을 방문했다. 바티칸에서 그는 ─ 독일 주교들의 볼멘 설명에 따르면 ─ 교황이 나치즘에 대하여 호의적인 태도를 갖도록 하는 데 성공했다. 1931년 10월에 그는 힌덴부르크 대통령이 히틀러를 접견하도록 주선했고, 1932년 여름에는 제국의회 의장으로 선출되어 더 큰 주목을 받았다. 정치적·외교적 수완은 분명 뛰어나지만 야심만큼이나 허영심도 컸던 그 정치적 도박꾼이 나치가 집권할 경우 막대한 권력을 장악하리라는 데는 의문의 여지가 없었다. 괴링이 그런 경력을 쌓은 것은 오직 히틀러의 개인적 후견과 그가 (나치당이 아니라) 히틀러에게 제공한 서비스 덕분이었다. 괴링의 이력은 총리에 임명된 뒤 히틀러가 통치에 적용하게 될 사적인 지배와 사적인 권력 위임의 원칙과 수단을 미리 보여준 것이라고 하겠다.

제3장

정치권력의 독점(1933)

히틀러는 집권한 뒤 반년 만에 정당국가를 파괴하고 나치 대중운동을 제외한 모든 정치 세력을 제거했다. 이 일은 파펜이 1932년에 프로이센 정부에 대한 위로부터의 쿠데타를 통하여 독일의 정치권력을 우익으로 이동시키는 동시에 의회주의와 정당들을 거세하지 않았더라면 그토록 쉽게 이루어지지 못했을 것이다.

1933년 1월 30일에 연립내각을 구성한 히틀러와 그의 보수적인 독일민족주의 파트너들이 합의한 목표가 있었다. 그들은 의회주의를 말살하고 항구적인 권위적 정부를 수립하며, 공산주의자는 결단코, 사민당은 가능한 한, 폭력을 동원해서라도 정치 무대에서 제거하기로 했다. 이는 1933년 2월 1일의 정부 성명서에서 분명하게 표현되었다. 스스로를 "민족 궐기" 내각이라고 칭한 히틀러 내각은 라디오 성명에서 독일이 폐허에 놓이게 된 책임이 "마르크스주의 정당들"에 있음을 분명히 하면서 국민들에게 "4년의 시간"을 달라고 호소했다. 히틀러가 연립 파트너들에 대해서 자신을 얼마나 강력하게 주장할 수 있느냐는 문제는, 새 정부가 본질적으로 권위적인 대통령내각에 머무느냐, 아니면 히틀러가 원하던 대로 선거를 한 번 더 치름으로써 정부 내 나치의 비중을 강화할 수 있느냐에 달려 있었다.

1. 1933년 2월

히틀러의 연정 파트너들은 좌파를 폭력적으로 제거하면 중도 정당 및 우익 정당에 대한 나치 운동의 우위가 더욱 강화되고, 그로써 그들 자신의 몰락을 앞당기리라는 점을 통찰하지 못하고 있었다. 1933년 이전에 이루어진 좌파에 대한 공격적인 정치 투쟁과 사민당의 정치적 거세는 집권 이후 이루어진 공공 생활의 파쇼화의 전제조건으로 작동했다. 새로운 "민족 정부"는 파펜의 쿠데타를 기반으로 하여 좌파 정당을 억압하였던 것이다. 그러나 좌파 정당의 억압에 동원된 국가권력은 곧이어 나머지 정당들을 공격하는 결정적인 권력정치적, 제도적, 예외법적 도구가 되었다. 나치당의 정치적 독점은 그렇게 수립되었다. 이는 연속적인 두 단계로 진행되었다. 첫번째 단계는 새 정부가 일치하여 좌파 척결에 나섰던 1933년 2월, 3월, 4월이고, 두번째 단계는 나치당과 그동안 나치에 의해 장악된 권력기관들이 부르주아 정당과 독일민족주의 파트너들에게 정치적 독자성을 포기하도록 강요한 1933년 늦봄이다.

1930년 가을 이후 세 개의 바이마르 내각이 그랬듯이, 히틀러 정부도 의회 다수가 아니라 대통령의 긴급명령권에 의존하는 대통령내각이었다. "민족 정부"는 대통령이 자신들에게 새로운 결정적 행위를 수행하도록 위임했다고 선언했지만,[1] 실상 힌덴부르크는 히틀러 내각과 과거 정부의 연속성을 가급적 단단하게 유지하려 했다. 이는 독일민족주의적인 태도를 지닌 전문 관료들(외무장관 폰 노이라트, 재무장관 슈베린 폰 크로지크, 법무장관 귀르트너, 교통체신장관 폰 엘츠-뤼베나흐)을 유임시키고 철모단 단장 젤테를 노동부장관에 임명하는 한편, 부총리 파펜과 후겐베르크에게 강력한 권능을 제공함으로써 히틀러에 대한 균형추 역할을 하도록 한 데서 드러난다. 히틀러는 자신을 제외하고는 새 정부에 단 두 명의 나치(내무장관 프리크, 프로이센 내무장관 겸 항공담당 제국위원 괴링)가 입각하는 것으로 만족했다. 그러한 히틀러의 "겸손"에 파펜과 후겐베르크는 흡족해했지만, 히틀러는 연정 파트너들의 의구심에도 불구하고 괴링을 프로이센 내무장관에 임명함으로써 프로이센 경찰에 대한 지휘권을 장악할 수 있었다. 후겐베르크에게는 괴링의 권한에 반대할 이유가 많았지만, 그 역시 경제부와 농업부(동부 독일 지원 제국위원 포함) 두 개 부처를 얻어 "경제독재자"의 자리를 차지하게 되자 반대 의사를 철회했다. 농업부와 경제부는 후겐베르크의 야심에 부합하는 부처였다. 게다가 1933년 2월 4일에는 그에게 프로이센의 경제부, 농업부, 노동부까지 추가되었다.

파펜이 제국정부 부총리직 외에 프로이센 총감 직함까지 얻어서 명목상으로 괴링의 상급 기관이 된 것 역시 위안이었다. 특히 총리 히틀러가 대통령을 면담할 때 부총리 파펜이 항상 동석하기로 합의한 점 역시, 혹시 있을지도 모르는 히틀러의 단독 행동을 막아주는 듯이 보였다. 마지막으로 그들은 헌법적으로 대통령의 통수권에 종속된 독일군이 새 체제가 나치 단독 지배로 돌변하는 것을 저지할 것이라고 믿었다. 또한 슐라이허와 브레도브 자리에 임명된 블롬베르크 국방장관과 폰 라이헤나우 국방부 정무국장이 대부분의 군 고위자들보다 나치에 우호적이었지만, 블롬베르크는 1933년 2월 1일에 발표한 성명에서 독일군을 "국가의 초당적인 권력 수단"으로 유지할 "확고한 의지"를 가지고 있다고 선언했다.

차관급 인사에서도 나치의 영향력은 제한적이었다. 총리실 실장과 내무부차관에는 각각 경험이 풍부한 공무원인 하인리히 라머스(그때까지 내무부과장)와 한스 푼트너가 임명되었다. 그들은 나치 운동에 호감을 갖고 있기는 했지만 나치당 당직자는 아니었다. 차관급 관리들 중에서 히틀러 측근에 속하는 인물은 제국홍보실장 발터 풍크 한 명뿐이었다. 히틀러는 내심 다른 부처의 차관직에도 나치를 임명하고 싶었으나, 연정 파트너들을 의식하여 포기했다. 히틀러는 그 뜻을 정치 상황이 완전히 달라진 1933년 3월과 4월에 실천하게 된다(재무차관 프리츠 라인하르트, 노동차관 콘스탄틴 히에를). 나치는 다른 주요 부처에도 침투하지 못했다. 외무부차관 빌헬름 폰 뷜로브는 유임되었고, 무려 1924년부터 법무차관으로 근무해온 슐레겔베르거 역시 마찬가지였으며, 후겐베르크는 경제부와 농업부차관에 유명한 독일민족주의자들을 임명했다. 범게르만연맹 회원인 방Bang과 제국토지연맹 이사 폰 로어-데민이 경제부차관과 노동부차관이 되었던 것이다.

따라서 나치를 "포위"하려는 전략은 전체적으로 성공한 듯이 보였다. 이를 가장 확고하게 믿은 사람은 히틀러 내각의 경망스러운 킹메이커 프란츠 폰 파펜이었다. 히틀러 내각에 참여하는 것에 반대하는 목소리는 오히려, 나치당과의 동맹에서 나쁜 경험을 한 바 있던 철모단(뒤스터베르크)과 민족인민당(클라이스트-슈멘친, 오버포렌 등)에서 나왔다. 흥미로운 점은 또한, 공산당 지도부 전체와 사민당과 가톨릭중앙당 지도부의 대부분은 1933년 1월 30일의 승자는 히틀러가 아니라 독일민족주의자들이며, 히틀러는 그 반동들의 "포로"라고 생각했다는 사실이다. 공산주의자들과 사민주의자들이 그렇게 오판을 한 데는, 파시즘은 독점자본주의의 꼭두각시에 불과하다는 교조적 판단이 결정적인 역할을 했다. 그 두 당은 또한 그 교조적 입장 때문에 히틀러 집권 직후에 우선 기다려보자는 태도를 가졌고, 그 후의 망명 국면에서도 자본주의·파시즘은 그 내적 모순 때문에 붕괴할 것이라고 예언했다.

가톨릭중앙당은 히틀러 내각에 불만스러워했다. 그러나 그 이유는 무엇보다도 힌덴부르크 대통령이 새로운 민족 정부가 폭넓은 다수의 지지를 받기를 원하고 있고 그 소망은 중앙당의 참여 없이는 성취될 수 없음에도 불구하고, 자당이 연정 협상에서 철저히 배제되었기 때문이었다. 실제로 중앙당의 참여는 힌덴부르크에 대한 배려 차원에서 여전히 열려 있었다. 그러나 히틀러와 후겐베르크는 새 정부에 중앙당이 참여하면 "의지 형성의 통일성"이 위협받을 것이라는 데 의견을 같이 했다.[2] 따라서 집권 다음 날인 1933년 1월 31일에 히틀러가 중앙당 당수 카스 추기경과 중앙당 원내총무 루트비히 페를리티우스와 협상한 것은 순전히 대외용이었다. 협상에서 카스와 페를리티우스는 중앙당이 근본적인 헌법적 물음에 대한 히틀러의 답변을 들은 뒤에야 새 정부를 용인하거나 경우에 따라 수권법에 동의할 수도 있다고 강조했다. 회의를 마치자마자 내각과 대통령을 찾아간 히틀러는 그런 조건은 "받아들일 수 없으며," 따라서 내각을 중앙당까지 확대하는 것은 불가능해졌고, 그러므로 의회에 다수 세력을 창출하기 위해서는 새로운 방법이 모색되어야 한다고 선언했다.

이미 1933년 1월 30일에, 그것도 내각 선서를 하기도 전에 히틀러는 제국의회를 해산하고 새로운 선거를 실시하자고 주장했다. 그러나 후겐베르크가 강력하게 반발했다. 결국 결정은 힌덴부르크에게 맡겨졌다. 히틀러는 새로운 선거를 나치의 권력 지분을 늘리고 나치의 권력을 확대할 수 있는 결정적인 전제조건으로 생각했다. 히틀러는 나치당이 새로운 선거에서 집권당으로서 행정부의 지원을 받을 수 있는 데다가, 처음으로 힌덴부르크의 후광까지 얻을 것이기 때문에 크게 승리하리라고 예상했다. 히틀러는 그 선거는 연립정부에서 진정한 강자가 누구인지 보여줄 것이고, 정부 여당들이 모두 합하여 50퍼센트 이상을 득표할 것이며, 그렇게 되면 대통령에 대한 의존도가 크게 줄어들 것이라고 생각했다.

의회 해산과 새로운 선거는 실제로 독일민족주의자들의 히틀러 "길들이기 전략"을 좌초시켰다. 책임은 히틀러의 연정 파트너들 자신에게 있었다. 그들은 1933년 1월 31일의 각의에서 의회를 해산하고 선거를 실시하자는 히틀러의 요구에 강력하게 반대하지 못하고 제각각의 주장을 펼친 끝에 양보했다. 그러자 히틀러는 바로 그날 힌덴부르크의 동의를 얻어냈다. 후겐베르크가 새로운 선거를 치르기보다 공산당을 금지함으로써 정부 여당이 원내 다수를 형성하는 것이 낫다고 말하자, 히틀러는 합법성에 헌신하는 총리 모습을 연출하면서, 그런 성급한 조치를 취하면 공산당이 봉기할 것이고, 그러면 군대가 곤란한 상황에 빠지게 될 것이라고 경고했다. 파펜은 수권법부터 통과시키자고 제안했지만(당시 상황에서 수권법은 정부가 중앙당에게 헌정적인 보장을 해주어야만 수용될 가능성이 있었다), 다른 장관들이 그의 주장에 힘을 실어주지 않았다. 히틀러가 파트너들을 안심시키기 위하여 새로운 선거 이후에도 내각의 인적 구성은 전혀 변하지 않을 것이라고 엄숙하게 선언하자, 파펜이 반사적인 발언으로 히틀러를 도왔다. 새 선거는 결단코 마지막 선거가 되어야 한다고 그는 외쳤다. 히틀러의 파트너들은 그렇게 ― 선거 이후에 정부를 구성하는 헌법적 절차를 거꾸로 돌려서 ― 새로운 선거를 기성 정부에 대한, 다시 말해서 히틀러 총리에 대한 박수 추인으로 전락시켰다.

1933년 2월 1일의 대통령 긴급명령은 의회를 해산하고 3월 5일을 선거일로 공포했다. 그렇게 히틀러는 나치 단독 지배를 위한 첫번째 관문을 무사히 통과했다. 그러나 걸림돌이 모두 제거된 것은 아니었다. 제국의회 인민대표권 보호위원회는 의회의 해산 여부와 무관하게 존속하는 기관이었는데, 위원회 의장인 사민당 의원 파울 뢰베가 선거의 자유를 보장하기 위한 사민당의 제안을 검토한다는 명목으로 위원회를 2월 7일에 소집했다. 위원회가 개회되면 볼썽사나운 일이 연출될 수도 있었다. 위원회가 총리나 장관을 부를 권리를 갖고 있었기 때문이다. 나치는 테러와 보이콧으로 대응했다. 나치 법률가 한스 프랑크가 이끄는 나치 위원회 위원들이 뢰베에게 계속해서 항의하고 소란을 피움으로써 개회를 막았던 것이다. 뢰베가 제국의회 의장 괴링에게 항의한 뒤 1주일 후에 위원회를 재소집하자 똑같은 양상이 더욱 폭력적인 형태로 연출되었다. 중앙당과 사민당과 공산당은 재차 강력히 항의했지만 위원회를 한 번 더 소집하는 일은 포기했다. 이는 그 후 널리 확산되는 '체념' 현상의 전형적인 예다.

히틀러 내각은 1933년 2월 4일에 "독일 인민을 보호하기 위한" 대통령 긴급명령을 공포했다. 국가가 선거에서 정부 여당에게 가장 유리한 방식으로 개입할 수 있도록 하기 위한 명령이었다. 공산당의 1933년 1

월 31일 총파업 선언을 핑계로 만들어진 그 "책상서랍 긴급명령"은 실상 이미 전임 정권에서 입안되어 있었다. 그 명령은 "국가기관, 시설, 부처, 고위 공무원을 비방하거나 모욕하는," 혹은 "국가의 극히 중요한 이익을 위태롭게 하는" "명백히 잘못된 보도"를 하는 신문과 집회를 금지할 수 있도록 했다. 그렇듯 넓디넓은 규정은 적대적인 정당의 입을 틀어막는 포괄적인 무기로 작동할 수 있었다. 그러면서도 그 명령은 제국법원에 제소할 수 있는 길은 열어두었다. "반국가행위로 의심되는" 경우에 해당자를 구금할 수 있도록 한 22조 역시 법적으로 이의 신청을 할 수 있도록 허용했다. 유효 기간도 최대 3개월이었다.

명령의 실행 주체는 물론 경찰과 내무행정이었다. 따라서 문제는 누가 그것들을 장악하느냐는 것이었다. 몇몇 작은 주에는 이미 나치 정부가 들어서 있었다. 그리고 1932년 7월 20일의 파펜 쿠데타로 인하여 제국정부가 프로이센을 직접 관장할 수 있게 되고 괴링이 프로이센 내무부를 맡은 것이 얼마나 중요한 것인지가 이제야 비로소 드러났다. 국가의 권력 수단이 나치의 뜻에 따라 작동하도록 하는 전제 조건이 그렇듯 선거 전에 이미 마련되어 있었던 것이다.

1932년 여름에 이미 파펜은 프로이센을 제국에 통합시킴으로써 양자의 관계를 권위적인 형태로 재조직하려고 시도했다. 그러나 국가법원이 1932년 10월 25일에 타협적 판결을 내림에 따라 그 시도는 부분적으로만 성공했다. 그리하여 프로이센의 적법한 정부는 형식적으로 파펜이 축출한 브라운-제베링 내각이었고, 제국상원과 프로이센 상원에서 프로이센 정부를 대표하는 사람들은 실제로 그들이었다. 그러므로 제국정부로부터 프로이센 정부를 위탁받은 관리정부, 즉 총리 파펜과 내무장관 괴링과 경제장관 후겐베르크 외에 재무장관 포피츠(1933

년 2월 4일부터 나치당 하노버 지구당 위원장)와 문화장관 베른하르트 루스트가 프로이센 의회와 상원으로부터 불신임을 받을 수도 있었다. 프로이센 의회에서는 나치당과 민족인민당이 다수를 점하고 있지 못했다. 그리하여 프로이센 관리정부는 1933년 2월 5일에 프로이센 도의회, 군의회, 시의회 등 모든 자치단체 의회를 해산하고, 1933년 3월 12일에 새 선거를 실시하도록 했다.[3] 지방선거를 간소화하고 일원화하려는 동기도 개재되어 있었지만 그 명령의 실제 목적은 프로이센 상원의 인적 구성을 변경하는 데 있었다. 이 조치에 대하여 헌법소원이 제기될 가능성(실제로 하노버가 국가법원에 헌법소원을 했다)도 있었으나,[4] 새 정부는 더 이상 변경할 수 없는 현실이 만들어질 때까지 법원 심리를 오래 끌면 된다고 판단했다.

새 정부는 프로이센 의회의 해산도 추진했다. 1933년 2월 4일 프로이센 의회 나치 의원단이 주의회의 자체 해산을 신청했던 것이다. 그러나 그 제안은 프로이센 의회를 통과하지 못했다. 프로이센 의회 해산권은 주의회 외에 3인위원회에도 있었다. 실제로 나치당 소속의 프로이센 의회 의장이자 3인위원회 위원인 케를이 의회 해산을 요청했다. 그러나 그 시도는 나머지 두 명의 위원인 프로이센 총리 오토 브라운과 프로이센 상원 의장 콘라트 아데나워의 반대로 실패했다.

그러자 파펜이 히틀러와 협의한 끝에 "프로이센 정부 업무를 정상화하기 위한" 대통령 긴급명령을 1933년 2월 6일에 공포하여, 브라운 정부에게 아직도 남아 있는 권리들(제국상원 대표권 포함)을 관리정부로 이전시켜버렸다. 아데나워가 3인위원회에서 항의했지만, 같은 날 파펜과 케를은 프로이센 의회를 해산하고 3월 5일에 선거를 치르도록 했다. 이는 실상 국가법원의 판결에 역행하는 또 한 번의 쿠데타였다. 브라운 정부는 이번에도 국가법원에 제소했다. 그러나 제국정부는 제소에 대한 답변서 제출을 의도적으로 지연시킴으로써 심리가 수차례나 연기되도록 유도했고, 이는 사안 자체를 실종시켰다. 1933년 3월 5일에 실시된 선거로 프로이센에 새로운 의회가 들어섰기 때문이다.*

프로이센 사태는 1933년 1월 30일 이후 히틀러 정부가 권력을 집중하기 위해 사용한 가장 중요한 수단이 대통령의 긴급명령권이었다는 점을 보여준다. 그리고 그 상황을 가장 잘 이용한 사람은 괴링이었다. 괴링의 개입에 의하여 프로이센 행정부, 즉 독일에서 가장 중요한 주정부가 부분적으로는 1933년 2월에 이미 나치의 직접적인 영향하에 놓이게 되었고, 동시에 새 정부의 막강한 권력 수단으로 작동하였다. 1932년 7월 20일 파펜의 프로이센 공격 직후, 괴링의 선임자인 프란츠 브라흐트는 수많은 공화파 정치 관리들을 해임했다(그들 가운데 다수는 사민당 당원이었다). 이제 괴링이 아직도 고위직에 남아 있던 사민당 당원은 물론 중앙당과 국가당 소속의 고위 관리들을 다수 해임했고, 그렇게 프로이센 관료제의 인적 구성을 대대적으로 변화시켰다.**

1933년 2월 한 달 동안에만 프로이센의 대도시에서 경찰서장 14명

---

* 이 과정에서 히틀러가 1933년 2월 11일에 제국법원장 붐케를 접견한 것이 어떤 역할을 했는가는 불분명하다. 그러나 분명한 사실은, 국가법원이 브라운 정부의 제소에 대해 답할 기한을 연기해달라는 히틀러 정부의 요청은 받아들이는 한편, 프로이센 주의회 선거 이전에 심리를 시작하라는 브라운의 요청에 대해서는 국가법원장이 1933년 2월 24일에 "쟁점상의 어려움" 때문에 3월 5일 이전에는 결정을 내릴 수 없다고 답했다는 것이다. *Frankfurter Zeitung* (1933년 2월 12일, 18일, 25일).

** 프란츠 브라흐트는 1932년 말까지 도감독Oberpräsident 5명, 지구감독Regierungspräsident 8명, 부지구감독 3명, 군수Landrat 70명, 경찰서장 11명, 프로이센 정부부처 공무원 69명을 해고했다. Wolfgang Runge, *Politik und Beamtentum im Parteienstaat*(Stuttgart, 1965), p. 237 ff.

과 다수의 지구감독, 부지구감독, 군수들이 강제 퇴임했다. 그중에는 가톨릭중앙당 소속의 뮌스터 도감독인 그로노프스키도 포함되어 있었다. 괴링은 공무원법의 관련 규정 때문에, 그리고 연정 파트너들도 배려해야 했기에, 빈자리의 일부만을 나치로 채웠다. 그리하여 예컨대 도르트문트와 하노버 경찰서장에는 나치 돌격대 장군인 셰프만과 루체가 임명되었지만, 대부분의 공직은 파펜 시절의 공직자 개편 작업에서와 마찬가지로 보수적이고 독일민족적인 전문 관리, 보수적인 귀족 지주, 전역 장교, 기업 경영인 등에게 돌아갔다. 그들은 추후에도 쉽사리 해임할 수 없는 존재들이었고, 따라서 나치가 프로이센 내무행정에 침투하는 것을 막는 방벽 역할을 하게 된다.

어쨌거나 베스트팔렌 도감독 자리는 베스트팔렌 철모단과 녹색전선의 투사였던 페르디난트 폰 뤼닝크 남작에게 돌아갔고, 베를린 경찰서장 자리도 그 자리를 원하던 젊은 돌격대 장군 헬도르프 백작(그는 1933년 3월에 포츠담 경찰서장에 임명되었다가 1935년 7월이 되어서야 베를린 경찰서장이 되었다)이 아니라 전역 제독인 폰 레베초프에게 돌아갔다. 레베초프는 바이마르 정치 무대에 애국주의 단체의 리더로 등장하여, 1932년에 나치당 제국의회 의원이 된 인물이다. 그러나 그에게는 나치당 내부에 권력 기반이 없었기 때문에 독일민족주의자들이 보기에 헬도르프보다 받아들일 만했다. 레베초프는 취임하자마자 베를린 경찰 제1과(정치경찰)에서 공화파를 숙청해버렸다. 추후 "비밀국가경찰(게슈타포)"로 불리면서 일반 경찰로부터 독립하게 되는 정치경찰(제1과) 과장직은 딜스에게 돌아갔다. 프로이센 내무부에 근무하던 딜스는 파펜이 프로이센 쿠데타를 감행하였을 때 독일민족주의자들과 나치의 하수인 역할을 맡아 상사인 제베링과 아베크에 반하여 움직였던 인물이다.

프로이센 내무부의 인사 개편 작업도 비슷했다. 가장 중요한 인사人事는 나치에 비판적이던 프로이센 경찰청 정치국장 에리히 클라우제너(그는 가톨릭교도들의 공직 진출을 독려하던 "행동 가톨릭" 운동의 지도자로 알려진 인물이다)가 루트비히 그라우에르트로 교체된 일이었다. 그라우에르트는 그때까지 북서부 독일 제철산업 경영자협회 총무로 일하면서 오랫동안 괴링과 민족인민당 지도부 모두와 가깝게 지내온 인물이다. 그에 반하여 베를린 친위대 장군 쿠르트 달뤼게는 당분간 프로이센 내무부 "특무위원"이라는 명예직에 머물렀다. 그러나 그는 그 하찮은 직책을 이용하여 1933년 2월과 3월의 프로이센 경찰 인사 숙청에서 중요한 역할을 담당했고, 그해 4월에 그라우에르트가 내무차관에 임명되자 정치국장 자리를 승계했다. 제한된 예산과 공무원법에서 비롯된 방해물을 "특무위원"이라는 명예직을 이용하여 우회하는 전략은 다른 부처에서도 이용되고 있었다. 그래서 『프랑크푸르터 차이퉁』은 1933년 2월 9일에 달뤼게의 활동과 관련하여, "명예 특무위원이라는 길"을 통하여 행정권이 "공무원의 의무"를 모르는 "사적인 개인들"에게 넘어가고 있다고 비판했다.

1933년 2월에 이루어진 프로이센 내무부와 경찰의 인사 작업으로, 선거전이 정부 여당에게 유리하고 여타의 정치 세력, 특히 좌파 정당들에게 불리하게 전개될 현실적인 기반이 마련되었다. 괴링은 도감독과 지구감독들에게 보낸, 종전의 내무장관들과는 판이하게 다른 격렬한 어조의 직무명령에서 새 정부가 공무원들에게 어떤 태도를 기대하는지 분명하게 밝혔다. 특히 경찰에게 보낸 1933년 2월 17일의 명령에서 괴링은 "국가의 보존에 가장 중요한 세력들이 대표되어 있는" "민족주의 단체들"(친위대, 돌격대, 철모단)에게 "최대한 화합적 태도를 견지"하라고 주문했다. 그는 "민족적인 선전은 모든 힘을 다해 돕고" "반국가적인 단체들의 준동에 대해서는 가장 강력한 수단으로 대응할 것이며," "필요한 경우에는 가차 없이 총기를 사용"해도 된다고 강조했다. 그 프로이센 내무장관은 "발사 명령의 후과後果"까지 부연했다. "자신의 임무를 수행하다가 총기를 사용하게 된 경찰관은 발포의 결과가 무엇이든 나 자신이 책임질 것이고, 반대로 그릇된 배려감에 이끌린 경찰관은 인사에서 불이익을 각오해야 할 것이다."[5]

괴링의 명령은 즉각 효과를 발휘했다. 좌파 정당은 프로이센에서 수많은 선거 유세와 기자회견을 금지당했다. 프로이센 이외에도 연립정당들이 다수를 장악하고 있던 튀링겐, 브라운슈바이크, 올덴부르크에서 2월 초에 공산당의 옥외 집회가 전면적으로 금지되었다. 베를린 경찰은 1933년 2월 4일의 대통령 긴급명령이 효력을 발생하기 이전에 공산당 기관지 『적기赤旗』를 처음으로 압수하였고 사민당 기관지 『전진』의 인쇄를 3일 동안 금지했다. 선거전이 격렬하게 진행되던 1933년 2월 10일과 11일 프로이센에서 좌파 신문에 대한 더욱 포괄적인 방해 공작이 벌어졌다. 그로부터 가장 격심한 타격을 입은 당은 공산당이었다. 베를린 경찰은 2월 2일과 2월 23일에 공산당 본부 건물인 카를 리프크네히트 하우스와 여러 지구당 사무실을 수색하고 자료를 압수했다. 이 시기에 이미 공산당은 사실상 불법 정당 취급을 받고 있었다.

사민당에 대한 압박도 강했다. 2월 중순에 프로이센에서 발간되던 『전진』이 1주일 동안 금지되었고, 10여 개의 지역 사민당 신문들도 비슷한 상황에 처해졌다. 사민당을 지지하는 청년 단체인 국기대의 기관지와 자유노조의 기관지는 물론 오토 슈트라서가 발간하던 『흑색전선』

과 가톨릭중앙당 신문들도 같은 취급을 받았다. 다만 중앙당 기관지 『게르마니아』만큼은 금지된 직후, 전직 총리 빌헬름 마르크스가 괴링을 찾아가 사적으로 부탁한 끝에 허가를 받았다. 2월 19일에 베를린 경찰은 사회주의 문화동맹의 집회도 막았다. 그날 좌파 지식인들과 예술가들의 주도로 베를린 크롤로퍼 홀에서 "자유 발언" 대회가 개최되었는데, 강연 직후(그 자리에서 전직 프로이센 문화부장관 그리메가 나치즘에 반대하고 휴머니즘과 민주주의와 사회주의에 대한 신뢰를 인상적으로 개진한 토마스 만의 원고를 읽었다) 토론이 개시되자마자 베를린 경찰이 무신론적 발언은 안 된다면서(!) 집회를 중단시켰다.

그 과정에서 괴링이 도를 넘어서서 행동했다는 점이 드러났다. 프로이센 내무부는 사민당 신문을 금지하면서 해당 신문이 정부를 모함했다거나 "반역적인" 선언을 했다는 이유를 제시했다. 그러나 제국법원은 곧바로 제출된 사민당의 금지 취소 신청을 대부분 받아들였고, 며칠 안에 신문이 다시 발간되기 시작했다. 2월 후반기에 프로이센 경찰이 수많은 신문과 집회를 금지했다가 제국법원이 취소시킨 일은, 프로이센 정부가 적법하지 않게 업무를 처리하고 있다는 점을 만천하에 드러냈고, 따라서 정치적으로 나치당에게 반드시 도움이 되지 않았다. 그러나 효과가 없었던 것은 결코 아니다. 좌파 정당은 나치당을 강하게 비판하면 금지될 수 있다는 점을 고려하지 않을 수 없었고, 이는 신문과 출판사의 선전 활동을 위축시켰다. 그리하여 『프랑크푸르터 차이퉁』과 『도이체 알게마이네 차이퉁』 같은 유명한 자유주의 및 공화주의 신문들은 새 정부를 비판할 때마다 신중한 표현을 골랐고, 이는 간접적으로나마 나치 지도부를 존중할 만한 대상으로 격상시키는 효과를 낳았다.

1933년 2월 12일에 작센 아이스레벤에서 나치 돌격대가 공산당 본부 건물을 파괴했다. 그러자 괴링은 프로이센 경찰에게 나치 돌격대와 친위대가 적의 집회를 중단시키거나 폭력을 행사할 경우, 경찰 공고에서 나치를 언급하지 않거나 사건 자체를 얼버무리거나 은폐하라고 지시했다.[6] 1933년 2월 22일 크레펠트에서 돌격대원들이 가톨릭중앙당의 전직 재무장관 슈테거발트를 두들겨 팼다. 그러자 괴링은 프로이센 경찰에게 그런 일이 발생하더라도 방관하라고 지시했다. 2월 23일 가톨릭중앙당 지도부가 대통령과 부총리에게 "이 믿을 수 없는 상태를 종식시켜달라"고 호소했다. 그러자 히틀러와 괴링은 나치당에게 규율을 지키고 적을 "도발"하지 말라고 지시했다.

당시에는 별로 주목을 받지 못했지만 정치적으로나 제도적으로 심각한 결과를 낳은 것은 경찰 내부에서만 유통된 괴링의 1933년 2월 22일의 명령이다. 괴링은 프로이센 경찰에게 "격화하고 있는 급진 좌파, 특히 공산주의자들의 소요"에 맞서기 위하여 "보조경찰"로부터 지원을 받으라고 지시했다. 보조경찰에 동원된 자들은 거의 모두 "민족주의 단체"(돌격대, 친위대, 철모단) 소속이었는데, 그들은 자기 유니폼에 "보조경찰"이란 글자가 새겨진 흰색 완장만을 두른 채 좌파를 공격했다. 괴링의 명령에는 보조경찰대가 지구감독의 허가를 얻은 뒤에만 출동할 수 있으며 정규 경찰장교의 지휘하에 투입되어야 한다고 적혀 있었지만, 현실은 달랐다.[7]

파펜과 후겐베르크가 새로운 선거를 꺼렸던 것은 무엇보다도 나치 대중 조직의 우위 때문이었다. 파펜은 나치 대중 조직에 어느 정도만이라도 맞서기 위하여 기존의 민족인민당과 철모단에 중도 정치 세력을 가담시킨 기독교·민족적인 통일전선을 구성하고자 했다. 그러나 이 구상은 후겐베르크의 비타협적 태도에 부딪혀 실패했다. 그들이 만든 "흑백적 투쟁전선"은 명목상으로는 후겐베르크, 젤테, 파펜 세 사람의 공동 지도력에 속했지만, 현실에서는 민족인민당 하나에만 의존하는 단체였다. 따라서 중도로 이동하지 못한 투쟁전선은 선거전에서 나치와 별반 차이가 없는 입장을 나타냈고, 유권자들은 그들을 나치의 대안이기는커녕 소심한 판본의 나치 선전으로 간주했다.

파펜과 후겐베르크를 비롯한 보수적인 장관들은 여전히 히틀러와의 파트너적 협력 가능성을 믿고 있었다. 그들이 그런 망상을 떨치지 못했던 데는, 히틀러가 집권 직후 몇 주일 동안 총리 업무를 수행하면서 총리의 가이드라인 제시권을 대단히 제한적으로 사용했고, 첨예한 대결을 회피했으며, 다른 장관들이 반대할 경우 프리크와 괴링의 제안을 때로는 슬그머니 철회시켰던 것이 중요한 역할을 했다. 예컨대 1933년 2월 16일에 열린 각의에서 내무장관 프리크가 신문 금지 명령이 제국법원에 의해 계속해서 취소되고 있는 현실을 돌파하기 위하여, 1933년 2월 4일의 대통령 긴급명령에 보충 조항을 추가하여 제국법원에 제소하는 길을 봉쇄하자고 제안했다. 이에 후겐베르크가 반대하자, 틀림없이 프리크에게 사전에 동의했을 히틀러가 후겐베르크의 의견을 받아들였다. 내각회의가 끝난 뒤에 후겐베르크는 자신이 처음으로 제안한 일련의 경제정책 조치와 법안(부채농가 보호법, 곡물 보조금 등 일방적으로 농업에 유리한 조치들)에 히틀러가 아무런 이의를 제기하지 않았다고 아주 흡족해했다.

이 시기에 히틀러는 경제, 재정, 사회, 고용 분야의 긴급 사안들을 선거 전략에 입각하여 처리했다. 후겐베르크의 친농업적인 정책은 농민들 사이에 정권에 대한 우호적인 분위기를 조성하는 것이어서 히틀러의 선거 전략과도 맞았다. 나치당은 노동자보다는 농민에게 더 큰 기대를 걸 수 있었기 때문이다. 그러나 히틀러는 후겐베르크와 반대로 어느 한 가지 경제정책 노선에 고착되지 않으려 했다. 히틀러는 2월 8일의 각의에서도 "선거전에서 정부의 경제계획에 대하여 그 어떤 정확한 언급도 삼가라"고 주문했다. "정부 여당은 1800만 내지 1900만 표를 얻어야 합니다. 그 많은 유권자들의 지지를 받을 수 있는 경제계획은 세계 어디에도 없습니다." 1933년 2월 20일 재계 인사들과 만난 자리에서도 히틀러는 구체적인 경제계획에 대해서는 아무런 언급도 하지 않았다. 단지 그는 자신은 강자의 권리에 대한 생물학적인 "법칙"을 "기업가 개인"에게 적용할 것이고, 권위적인 국가는 그런 개인을 존중하지만 민주주의는 약자와 비독립적인 대중을 보호하는 체제라고만 말했다. 그 속에 담겨 있는 교조적인 발상에도 불구하고 이 얼마나 교묘한 홍보인가! 실제로 히틀러의 인사말이 끝나자마자 괴링과 샤흐트는 그 자리에 참석한 기업인들(크루프, 연합철강의 대표이사 푀글러, 연합화학의 폰 슈니츨러 등)에게 돈을 요구하여 나치당 후원금 수백만 마르크를 모금했다.[8]

그 파격적인 액수는 히틀러의 집권과 함께 나치에게 얼마나 유리한 물질적·기술적 조건이 조성되었는지 분명하게 보여주는 예다. 비록 히틀러는 각의에서 정부 여당의 선거전에 정부 예산을 투입하자는 프리크의 제안을 재무장관 슈베린-크로지크와 함께 반대하기는 했지만, 다른 차원에서는 선거에서 정부 여당이 갖는 모든 이점을 거리낌 없이 이용했다. 예컨대 프리크는 "독일 국민에게 고함"이라는 히틀러의 2월 1일 라디오 연설문을 학교 등 공공기관을 통해 배포하도록 했다.[9] 대성공이었다. 연설의 핵심은 치욕과 굴종의 14년의 시간이 지난 지금 드디어 민족 부흥의 위대한 순간이 왔다는 것이었다. 히틀러는 앞선 "체제"를 암울한 검은색으로 색칠하고 1933년 1월 30일의 "역사적 전환점"을 그만큼 찬란한 순간으로 묘사했다. 과거 괴벨스의 선전기구는 힌덴부르크를 더할 수 없이 극단적인 언어로 비난했다. 그러나 이날 히틀러는 자신에게 조각을 위촉한 "대원수" 힌덴부르크의 결정을 극진한 존경의 언어로 찬양했다. 히틀러의 연설은 전능한 신에게 올리는 겸허한 기원으로 끝난다. 나치의 적들은 히틀러의 연설이 내용도 없고 표현도 모호하다고 비난했지만, 연설의 효과는 전혀 줄어들지 않았다. 나치는 맹목적인 믿음의 신전을 건설하는 데 그 누구보다 우월했다. 정치적으로 성숙한 사람에게는 공허하게만 느껴지던 그 언어들은 다른 수백만 명을 만족시켰고, 또한 환호케 했다. 그래서 프리크는 1933년 2월 19일에 드레스덴에서 열린 선거 유세에서 외칠 수 있었다. "우리에게는 프로그램이 없다고 비난하는 사람들에게 나는 이렇게 말하겠습니다: 히틀러라는 이름이 프로그램이다. 여러분! 결정적인 것은 의지와 행동력입니다."[10]

　게다가 나치는 집권과 더불어 그런 종류의 여론 조작에 아주 효과적인 매체를 장악하게 되었다. 바로 라디오였다. 당시 독일의 방송법은 제국정부에 "제국방송사"에 대한 지배적인 지위를 부여했다. 제국방송사가 나머지 지방 방송사들을 통제하고 있었기 때문에, 정치권력이 방송에 대한 전일적인 지배체제를 구축하는 것은 전혀 어려운 일이 아니었다. 사실 바이마르공화국에서도 방송을 정치적인 목적에 이용한 정부들이 있었다. 그러나 방송의 잠재력을 기술적으로 완벽하게 이용한 것은 히틀러와 괴벨스가 처음이었다. 물론 라디오는 후겐베르크와 파펜과 젤테에게도 도움이 되었다. 그러나 가장 큰 수혜자는 히틀러였다.

히틀러는 자신의 모든 중요한 선거 연설이 모든 라디오 채널을 통하여 방송되도록 했다. 그때 괴벨스가 자신의 장기長技를 여실히 발휘했고, 이는 그에게 선전장관이라는 미래를 약속해주었다. 괴벨스는 1933년 2월 10일 베를린 스포츠궁전 히틀러 유세 때 처음으로 리포터 자격으로 방송에 나타났다. 괴벨스는 나치당 선전국장으로서 히틀러의 선거 유세를 개시하였고, 리포터 자격으로 유세장의 분위기를 유권자들의 집안으로 "전달했다." 이틀 뒤 『프랑크푸르터 차이퉁』은 히틀러의 리포터로 나선 괴벨스에 대해 다음과 같이 썼다. "그날 괴벨스 씨는 타고난 최상급을 선보였다. 매혹── 유일무이── 긴장 속의 열광── 긴장 속의 불같은 열광── 인간 무리가 하나가 되다── 인간 무리가 구분할 수 없는 하나가 되다."

베를린 정부가 히틀러의 2월 1일 연설을 방송하라고 지시했을 때 나치가 장악하지 못한 주에서 반대 움직임이 나타나기도 했다. 예컨대 히틀러가 2월 15일 밤에 슈투트가르트 슈타트할레에서 연설을 했을 때, 누군가가 선거 유세장으로부터 전신소까지 설치해놓은 방송 케이블 선을 잘라버렸고, 그 때문에 중계가 갑자기 중단되었다. 격분한 히틀러는 체신부장관에게 감독 책임이 있는 체신 공무원을 해고하라고 지시했고, 2월 16일의 각의에서 "자신은 슈투트가르트 사건과 같은 일이 한 번 더 발생하는 것을 용납할 수 없다"고 선언했다.

2. 의사당 화재 사건과 대통령 긴급명령

1933년 2월 27일 한때 네덜란드 공산당 당원이었던 판 데어 루베가 제국의회 건물에 불을 질렀다. 그러자 나치 지도부는 3월 5일 선거일까지는 정적들에 대한 위협을 신중하게 점증시켜가되, 과격하고 떠들썩한 작전은 펼치지 않는다는 원래의 정제된 전술을 포기했다. 불타는 의사당을 바라본 히틀러, 괴링, 괴벨스, 프리크는 그것이 실제로 공산주의자들의 전면적인 봉기의 신호탄이라고 믿었던 것 같다. 그러나 1933년 1월 30일 이후 독일공산당의 태도는 압도적으로 방어적이었다. 게다가 그때까지 압수된 자료에서 봉기 음모를 지시해주는 것은 하나도 발견되지 않았다. 실제로 봉기를 했다고 해도 성공할 가능성은 거의 없었다. 그럼에도 불구하고 나치 지도부가 공산주의자들의 봉기가 시작되었다고 믿은 것은, 그들이 공산주의자들의 음모라는 이데올로기적인 환상을 끊임없이 그려온 끝에 자기 환상에 스스로 넘어간 것으로 보인다. 물론 화재의 규모와 그 시점의 심리적·정치적 상황은 조직화된 정치적 작전이 개시되었다는 판단을 촉발시킬 만했다. 대부분의 관찰자들과 평자들은 초범인 판 데어 루베가 그런 일을 단독으로 저지를 수 있으리라고 생각할 수 없었다.

방화 직후에는 원칙적으로 배제할 수 없었던 공산주의자들의 계획적인 봉기 '가능성'이 그날 밤에 발표된 괴링과 괴벨스의 첫번째 성명에서 이미 '사실'로 제시되었다. 의식적인 왜곡은 바로 그때 시작되었다. 그 후 며칠간의 공식 발표와 성명에서도 공산당 봉기설은 반복되었고, 그 어떤 증거도 없었음에도 불구하고 사민당이 함께 계획을 꾸몄거나 적어도 봉기 계획을 사전에 인지하고 있었을지 모른다는 의심이 표출되었다. 방화 이틀 뒤인 1933년 3월 1일에 이미 『프랑크푸르터 차이퉁』은 정부가 "개별적인 테러 행위의 가능성을 고려하지 않고 있다"고 평가했다. 그리고 그 후의 심문과 수사 결과 공산주의자들의 조직적인 음모 가능성이 크게 감소했음에도 불구하고, 나치 지도부는 원래의 설명을 고수했다. 이는 반파시스트들의 정반대 주장과 선전에도 힘을 실어주었다. 사건 직후 파리로 망명한 빌리 뮌첸베르크*는 코민테른과의 긴밀한 협의 끝에 나치가 방화범이라고 주장했다. 뮌첸베르크의 역선전은 엄청난 성공을 거두었다. 1945년 이후의 역사학조차 오랫동안 나치 방화설을 지지하였다. 판 데어 루베의 단독 범행이 더 이상 부인될 수 없는 사실로 확립된 것은 최근의 일이다.[11]

그러나 나치 지도부는 공산당이 방화범이고 사민당에게도 책임이 있다는 주장을 수정할 수 없었다. 나치의 주장은 말로 그치지 않았기 때문이다. 나치는 그 주장을 근거로 하여 추후 막대한 결과를 몰고 올 예외적이고 폭력적인 명령과 조치를 이미 도입했다. 괴링은 화재가 발생한 2월 27/28일 밤에 이미 공산당 의원들과 상급 당직자들을 체포하고 중앙당 건물 및 모든 사무실과 지역 연락소를 폐쇄하였으며, 공산당 신문을 무기한 금지하고 프로이센 사민당의 출판사들을 2주일 동안 금지하라고 지시했다. 다음 날 히틀러 정부는 "인민과 국가를 보호하기 위한" 대통령 긴급명령을 서둘러 공포했다. 이 명령은 "공산당의 반국가 폭력 행위를 막기 위하여" 예외상태를 선포했다. 그러나 그 긴급명령은 의사당 화재라는 단초는 물론이고 공산당의 위협에 대한 방어라는 목표도 넘어서는 막대한 의미를 지녔다. 그것은 나치 권력 장악**의

---

* (옮긴이) 바이마르공화국의 저명한 언론인이자 영화제작자. 1924년부터 1933년까지 공산당 중앙위원회 위원이자 국회의원이었던 그는 후겐베르크 언론 그룹 다음으로 큰 언론 그룹을 보유한, 가장 영향력이 큰 공산당 당원 중 한 명이었다.
** (옮긴이) 이 책의 저자인 브로샤트가 사용하는 '나치의 권력 장악' 개념은 히틀러의 총리 임명을 의미하지 않는다. 그것은 오히려 총리 임명 시점에 시작되어 1934년 6월 30일의 룀 쿠

결정적 계기였다.

1933년 2월 28일 그들은 프로이센 내무부에서 예비 회의를 가진 뒤, 제국내무장관의 주도로 긴급명령을 급조하여 내각에서 간단히 논의한 뒤 힌덴부르크 대통령의 서명을 받아냈다. 의사당 화재 긴급명령은 법의 변화와 권한의 부여에 대한 명료한 법적 정의定義를 포기하고, 기존의 기본권과 헌법적 권리들을 포괄적으로 무효화했다. 이는 미봉적인 즉흥성이 어떻게 자의적인 경찰국가를 수립시켰는가에 대한 나치 시대 최초의, 아마도 나치의 모든 조치들을 능가하는 가장 중요한 예다. 히틀러가 2월 28일의 각의에서 분명하게 제시했듯이 긴급명령의 목표는 "공산당과의 가차 없는 대결"이었다. 그 목표는 연정 파트너들도 공유하고 있었다. 다만 그들은 선거를 치른 뒤에야 본격적으로 공산당을 공격하려 했다. 그렇지만 의사당 화재가 이상적인 조건을 마련해주자 선거 이전에 투쟁에 돌입한 것이다. 긴급명령은 단 한 조(긴급명령 제1조)만으로 바이마르 헌법 48조의 대통령 긴급명령권에 입각하여 유보할 수 있는 모든 기본권들(인신의 자유, 자유로운 의사 표현의 권리, 출판의 자유, 결사의 자유, 집회의 자유, 편지와 우편과 전화의 불가침성, 재산과 주택의 헌법적 보호)을 무기한 유보시켰다. 그 외에 긴급명령 제2조는 "주州에서 공공의 안전과 질서의 수립에 필요한 조치가 취해지지 않고 있는 경우" 제국정부에게 "주 최고 기관의 권리를 잠정적으로 행사"하도록 했다.[12]

긴급명령 제4조와 6조는 정부 각료에 대한 암살, 공공건물에 대한

데타에서 끝나는 나치당 및 히틀러의 권력 독점을 가리킨다. 브로샤트와 비슷한 시기에 나치 집권 초기를 연구했던 카를 디트리히 브라허도 이 개념을 브로샤트처럼 사용했다.

방화, 격렬한 소요에 대하여 무거운 처벌(사형 혹은 징역형)을 부과하도록 규정했다. 그러나 그 규정을 어떻게 구체화하느냐는 실천의 문제에는 중앙정부를 개입시키지 않았다. 그들은 제국내무장관으로 하여금 시행령을 공포하도록 하는 대신 주 당국에 실천을 맡겼다. 따라서 주체는 주정부 혹은 주내무장관이었다. 그 때문에 예를 들어 프로이센의 괴링은 긴급명령을 대단히 넓게 해석할 수 있었다. 그리하여 나치가 장악하지 못하고 있던 주는 공산당 신문의 금지, 공산당 당원집회 및 대중집회의 금지, 공산당 당 사무소의 폐쇄, 유명 공산당 당직자와 의원들의 체포에 머문 반면에, 프로이센 경찰은 유명하든 그렇지 않든 공산당 당직자들을 마구잡이로 체포했다. 그래서 프로이센에서만 며칠 만에 약 1000명의 공산당 당직자들이 체포되었다. 프로이센의 지구 Regierungsbezirk 총 34개 중에서 24개 지구(베를린을 제외하고도!)의 경찰서장들은 1933년 3월 15일까지 7784명을 체포했다고 보고했다(이 중 95퍼센트는 공산주의자).[13] 프로이센 전체에서 그 수는 아마 1만 명을 넘었을 것이다.

 독일공산당은 오래전부터 당이 금지될 경우를 대비해왔다. 그럼에도 불구하고 그들은 나치의 공격으로 막대한 타격을 입었다. 체포된 당원들은 대부분 공산당의 관료제적·중앙집중적 구조로 인해 당 중앙의 지시를 기다리는 데 길들여져 있어서 독자적으로 도피하지 않았던 중급 당직자들이었다. 그러나 프로이센 정치경찰이 공산당의 비밀 대피소 일부를 알고 있었기 때문에 유명한 공산당 지도자도 몇 명 체포되었다. 공산당 당수 에른스트 텔만과 그의 측근들은 3월 3일에 베를린에서 체포되었다. 빌리 뮌첸베르크, 알렉산더 아부슈, 빌헬름 피크 등의 공산당 지도자들과 중앙위원회 위원들은 해외로 망명하는 데 성공했다. 발터 울브리히트를 포함하여 일부 인사들은 1933년 여름부터 가을까지 독일 내에서 숨어 있었다. 지하로 숨어든 공산당 조직 책임자였던 존 쉐어는 1933년 가을에 체포되어 1934년 2월 2일에 살해되었다. 이때 체포된 유명한 좌파 지식인 내지 문인들로는 에리히 뮈잠, 루트비히 렌, 에곤 에르빈 키슈, 카를 폰 오시에츠키, 베른하르트 루빈슈타인, 펠릭스 할레 교수, 평화주의자인 레만-루스벨트 등이 있었다.

 1933년 3월 2일 내각회의에서 외무장관 노이라트는 외국 언론의 비판이 격렬하니 비판의 근거를 없애기 위하여 "사민당에 대한 조치"만이라도 완화하거나 해제하자고 제안했다. 그러나 괴링이 강력하게 반대했다. 사민당을 강력하게 제재해야 오히려 "목전의 선거"에서 "나치당에 유리하다"는 것이었다. 히틀러와 괴링은 좌파 정당들에 대하여 강경한 태도를 취하는 것이 비정치적이면서도 민족적인 종류의 유권자들에게 긍정적인 인상을 주리라는 점을 알고 있었던 것 같다. 그렇게 행동하면 강력한 지도력에 대한 그들의 선망을 충족시킬 수 있었기 때문이다. 괴벨스는 선거일인 3월 5일을 "민족 각성의 날"로 선포해놓고 있었다. 괴링과 히틀러는 또한 정치적 좌파를 협박하고 조직적으로 차별하면, 사태 전개에 불안감을 느낀 겁 많은 유권자들이 굴종하게 되리라고 생각했던 것 같다. 그리고 나치 지도부는 외국 언론의 비판에 대하여 더욱 공격적으로 대응하는 습성을 갖고 있었다. 괴링은 1933년 3월 2일에 공개적으로 이렇게 선언했다. "본인의 과제는 공산주의의 페스트를 근절하는 데 있습니다. 그래서 저는 이제 전면적인 공격으로 넘어갑니다. …… 공산주의자들은 48시간 만에 2000명의 사기꾼들이 철창에 갇히리라고는 상상도 못했을 겁니다. …… 그리고 의사당이 불에 타지 않았어도 저는 어차피 공산주의를 박멸하고 있었을 겁니다. 방화범을 오늘 당장 교수대에 목매단다고 해도 저나 히틀러는 그것을 비밀에 부치지 않는 사람들입니다."[14]

괴링은 긴급명령을 시행하기 위한 직무명령을 3월 3일에 프로이센 경찰에게 하달했는데, 이 역시 공격의 강도를 가일층 높이는 내용이었다.[15] 괴링은 헌법적 기본권 외에 "긴급명령의 목표에 부합하고 필요한 한, 경찰의 업무 활동을 제한하는 모든 법적 제약들," 특히 1931년 6월 1일의 프로이센 경찰행정령의 규정들이 "적용되지 않는다"고 강조했다.* 그리고 괴링의 명령은 "국가를 위협하는 공산주의자들의 폭력 행위"라는 긴급명령의 문구를 대단히 포괄적으로 해석했다. "긴급명령의 목적과 목표에 따르면 명령이 허용한 조치를 취해야 할 대상은 우선적으로는 공산주의자이지만, 공산주의자와 협력하는 자, 직접적이든 간접적이든 공산주의자의 범죄적인 목표를 지원하거나 촉진하는 자들도 마찬가지다. 과실을 방지하기 위하여 나는 다음과 같이 지시하는 바이다. 공산당과 아나키스트당 혹은 사민당 이외의 조직에 속한 자와 기구에 대해서 1933년 2월 28일의 인민과 국가를 보호하기 위한 긴급명령을 적용하는 것은, 공산주의자들의 공격을 막아내는 데 필요한 경우로 제한한다." 괴링은 "공산주의자, 아나키스트, 사민주의자"를 경계하고 금지할 한 묶음으로 분류한 반면, "부르주아적인" 정적에 대해서는 공산주의자들의 노력을 직간접으로 지원했다는 특별한 증거가 있어야만 긴급명령을 적용하라고 지시한 것이다. 그러나 이러한 유보조

---

* 프로이센 경찰행정령 41조는, 공공의 안전을 해치는 것을 제거하기 위한 경찰 조치는 "위험성이 임박한 개별적인 경우"에 한하여 유효하며, 조치를 취하는 경우에도 "당사자와 일반인들에 대한 침해를 최소화할 수 있는 수단을 선택해야 한다"고 규정하고 있었는데, 괴링은 바로 그 규정을 명시적으로 무효화했다.

차 몇 달 뒤에 철회되었다. "반국가 악담을 격퇴하기 위한" 1933년 6월 22일의 명령에서 괴링은 프로이센 경찰에게 "민족 정부가 채택한 조치에 대하여 불만족을 야기할" 만한 발언을 "마르크스주의적 선동"으로 간주하고 그에 따라 처리하라고 지시했다.¹⁶

의사당 화재 긴급명령의 해석과 실행이 예기치 못할 정도로 확대될 조짐이 그렇게나 빨리 가시화되고 있었음에도 불구하고, 연정 파트너들은 예외상태가 향후 어떻게 전개될지 예상하지 못했던 것 같다. 의사당 화재 사건 직후에 경찰이 체포한 사람은 공산주의자들이 압도적이었다. 이는 바이마르공화국 시절의 예외상태와 크게 다르지 않았다. 바이마르공화국 초기에도 에베르트와 바이마르 내각들은 예외상태를 선포한 뒤에 군대와 경찰에게 스파르타쿠스단 단원들과 공산주의자들을 예방구금하도록 했다. 그리고 히틀러의 안심시키는 발언 역시 법의 공백 상태가 일시적인 현상이라는 인상을 심어주었다. 히틀러는 예컨대 3월 2일에 개인의 자유를 말소시킨 상태가 지속될 것이냐는 『데일리 익스프레스』지紙의 영국인 특파원의 질문에 답했다: "아닙니다! 공산주의의 위험이 제거되면 정상적인 질서로 복귀할 겁니다."¹⁷

돌격대원들과 친위대원들로 구성된 보조경찰은 1933년 후반기와 1934년 초(바이에른)에 해산되었다. 그러나 체제의 적들이 수감되어 있던 수용소는 돌격대 및 친위대의 관할로 남아 있었다(친위대는 1934년 6월 30일 이후). 돌격대와 친위대가 정규적인 국가행정과 법원의 통제를 받지 않고 국가권력의 일부를 침탈하였던 것이다. 그들의 주된 수단은 의사당 화재 긴급명령에 근거한 예방구금*이었다. 예방구금은

---

* (옮긴이) 예방구금은 정식 재판을 거치지 않은 채 구금하는 경찰 조치이다. 이 조치는 바이마

정규 사법과 법치국가적 통제의 외부에 있는 경찰국가의 주권적 폭력과 자유박탈형(법원의 수사구금 혹은 감옥형과는 별도)만을 의미하지 않았다. 그것은 나치당, 정확하게 말하자면 친위대의 국가 외부적(사적) 폭력의 항구적인 수단이었다. 의사당 화재 긴급명령의 이 엄청난 결과는 1933년 3월 초에는 예측할 수 없기도 했고, 또한 반드시 그렇게 진행될 수밖에 없었던 것도 아니다. 의사당 화재 긴급명령으로 마련된 예외상태를 혁명적이고 테러적으로 무절제하게 악용한 때는 3월 5일 선거 결과 독일 인민이 나치의 테러적 권력을 추인하는 듯이 보인 뒤였다.

3. 1933년 3월 5일 선거

예외상태라는 조건하에서 치러졌지만, 그 한계에도 불구하고 최후의 민주적 선거였던 이 선거에서 정부 여당은 목표를 달성했다. 히틀러 정부가 아슬아슬하게나마 과반을 획득한 것이다. 나치당과 "흑백적 투쟁전선"은 총 51.8퍼센트를 득표했다. 나치당의 득표율은 43.9퍼센트였다. 나치당은 선거전에서 엄청난 이점을 누렸고 적대적인 정당들을 폭력적으로 억압하거나 방해했음에도 불구하고, 단독으로 과반을 얻지는 못했다. 그러나 3월 선거는 그에 부여된 결정적인 역할을 해냈다. 새 정부는 인민적인 정당성을 획득했고, 그로써 의회민주주의를 권위

르공화국 시기에도 이미 행해졌으나, 나치 집권 이후 바이마르 시기와 달리 일시적이 아니라 항구화되었고, 해당 인물을 유치장이 아닌 수용소에 수감했다.

적인 체제로 대체하기 위한 도덕적 근거를 확보했다.

선거에서 눈에 뜨이는 점은, 투표율이 88퍼센트를 넘어서 바이마르 시대의 모든 투표율을 추월했던 1932년 7월 선거보다 5퍼센트포인트 높았다는 사실이다. 이는 그 선거의 인민적 성격을 보여주는 것이기도 한데, 그 직전의 선거였던 1932년 11월 선거(투표율 80퍼센트)에 불참했던 350만 명이 이번 선거에는 참여했다. 히틀러에게 처음으로 표를 준 550만 명(나치당 투표자는 1932년 11월 6일 선거에서 1170만 명이었고, 1933년 3월 5일 선거에서 1720만 명이었다) 가운데 적어도 절반은 그때까지 어느 선거에도 참여하지 않았던 사람들이다. 그들이 나치당에 표를 준 것은 나치당보다는 나치당 총재이자 제국정부 총리인 히틀러의 개인적 흡인력 때문이었던 것 같다. 적어도 당대의 관찰자들은 하나같이 그렇게 평가했다. 나머지 절반이 어디서 왔는지는 여타 정당의 득표율을 보면 알 수 있다. 민족인민당("흑백적 투쟁전선")과 중앙당은 각각 11월 선거보다 약 20만 표를 더 얻었다. 사민당과 국가당은 경미한 손실을 겪었다(7만 표). 인민당과 군소 중간신분 정당들과 농민 정당들은 총 85만 표를, 11월 선거에서 590만 표를 얻었던 공산당은 110만 표 이상을 잃었다.

공산당이 잃어버린 표는 대부분 나치당으로 간 것으로 보인다. 여기서 좌우 극단주의 간의 내적 친화성이 확인된다. 다만 나치당으로 넘어간 공산당 유권자들은 이데올로기적 확신이 없던 불안정한 지지자들로서, 공황기에 처음으로 공산당에 끌렸다가 공산당이 불법 정당 취급을 받게 되자 공산당보다 더 성공적인 과격 정당인 나치당에 표를 주었을 것이다. 그리고 그런 사람들 중 적어도 일부는 의사당 화재 사건 이후에 벌어진 나치 폭력으로부터 영향을 받았을 것이다. 위로부터의 테러와 욕설이 투표에 영향을 줄 수 있다는 점은 1주일 뒤(1933년 3월 12일)에 치러진 프로이센 주의회 선거에서도 확인된다. 프로이센 이외의 주에서 사민당, 중앙당, 국가당, 인민당을 주정부에서 몰아낸 폭력의 한 주일이 지난 뒤 치러진 그 선거에서, 3월 5일에는 그럭저럭 버텼던 사민당과 중앙당과 국가당이 상당한 손실을 보았고, 공산당은 참혹한 패배를 당했다. 나치당은 44.1퍼센트, 흑백적 투쟁전선은 8.8퍼센트를 얻었다.

3월 5일 선거가 나치당에게 중요한 승리였던 이유는 또한, 그때까지 나치당이 평균 이하의 득표율을 기록했던 바이에른과 뷔르템베르크에서 전국 평균에 근접한 결과를 얻었기 때문이다(바이에른 43.1퍼센트, 뷔르템베르크 42퍼센트). 바로 그곳이 11월 선거에 비해 나치당 득표율이 가장 크게 증가한 지역이었다. 나치당의 득표는 전국 평균 11퍼센트포인트 증가한 데 비하여, 그동안 바이에른 인민당의 독무대였던 니더바이에른과 오버바이에른-슈바벤에서 각각 20.7퍼센트포인트와 16.3퍼센트포인트 증가했다. 뷔르템베르크 선거구에서도 13.8퍼센트포인트 증가했다. 특히 농촌 지역의 투표율이 높았고, 이는 나치에 유리하게 작용했다. 예를 들어 헤센의 농촌 지역 투표율은 무려 95퍼센트였다. 이제 나치당은 남부 독일에서, 가톨릭 정당의 압도적인 지위에 적대적이었으나 분열되어 있던 세력들 및 사람들의 집수集水 정당이 되었다. 그로써 베를린의 히틀러 정부에 대하여 주州의 주권을 보존하고자 하던 바이에른과 뷔르템베르크 주정부들이 심각한 상황에 처했다. 그들은 죽지는 않았지만 크게 약화되었다.

나치당의 지역별 득표율(1933년 3월 5일 선거)(단위는 %)[18]

동프로이센	56.5	포츠담 I	44.4
포메른	56.3	드레스덴-바우첸	43.6
프랑크푸르트/오더	55.2	오펠른	43.2
하노버 동부	54.3	뷔르템베르크	42.0
리그니츠	54.0	베저-엠스	41.4
슐레스비히-홀슈타인	53.2	오버바이에른-슈바벤	40.9
브레슬라우	50.2	라이프치히	40.0
켐니츠-츠비카우	50.0	니더바이에른	39.2
헤센-나사우	49.4	함부르크	38.9
하노버 남부-브라운슈바이크	48.7	코블렌츠-트리어	38.4
메클렌부르크	48.0	포츠담 II	38.2
헤센-다름슈타트	47.4	뒤셀도르프 동부	37.4
마크데부르크	47.3	뒤셀도르프 서부	35.2
튀링겐	47.2	뒤셀도르프 북부	34.9
팔츠	46.5	베스트팔렌 남부	33.8
메르제부르크	46.4	베를린	31.3
프랑켄	45.7	쾰른-아헨	30.1
바덴	45.4	전국 평균	43.9

 위 통계는 나치당이 이번에도 북부와 동부 독일의 농촌 지역에서 높은 득표율을 기록한 가운데 일곱 개 선거구에서는 과반을 넘었음을 보여준다. 그에 비하여 중부 독일의 도시 지역과 공업 지역 그리고 서부 독일의 가톨릭 지역에서는 30퍼센트에서 40퍼센트 사이에 머물렀다. 어쨌거나 나치당은 과반을 얻지 못하였고, 따라서 단독으로 정부를 구성할 수 없었다. 그러나 그것이 이제 나치 지도부의 목표가 되었다. 위에서 조종하고 합법화하였지만 아래로부터의 테러와 압력에 의해서 비

로소 가능했던 '나치 혁명'이 선거 직후 본격적이고 전격적으로 개시된 것이다. 히틀러가 짐짓 겸손하게 "민족 혁명"이란 표현을 사용하던 시기는 벌써 과거가 되었다. 나치 언론의 논평에서 선거 결과는 오직 나치당의 승리요 혁명적 결정으로 표현되었다. 1933년 3월 7일의 내각회의에서도 히틀러는 자신은 선거를 "혁명"으로 간주한다고 선언했다. 독일민족주의 파트너들에 대한 배려는 눈에 띄게 사라졌고, 주인연하는 명령조의 어투가 등장했다. 제국의회와 프로이센 의회의 공산당 의석들이 경찰의 체포 작전 때문에 공석이 되자, 나치당은 연정 파트너 없이도 두 의회에서 절대 다수를 점했다. 공산당 의원은 체포하되 공산당을 공식적으로 금지하지는 않은 채 비례대표를 허용한 전술은 그렇게 득이 되었다. 이는 특히 수권법을 통과시킬 때 그랬다.

4. 수권법

3월 5일 선거의 결과는 1주일 만에 이루어진 첫번째 일체화Gleichschaltung 조치의 출발점이 되었다. 그 짧은 기간 동안 나치는 그동안 장악하지 못했던 주들을 중앙권력에 복속시켰다. 베를린의 히틀러 정부에 대한 연방주의적 평형추는 의사당 화재 긴급명령에도 불구하고 중앙정부의 명령만으로 간단하게 제거할 수 있는 것이 아니었다. 이를 위해서는 나치 운동이 아래로부터 가하는 압박이 결정적으로 필요했다. 그리하여 1933년 3월에 테러적·혁명적 운동이 가동하기 시작했다. 이 운동은 곧 1933년 1월 30일에 나치당에게 부과된 한계를 돌파하였고, 길거리에서 나치의 단독 지배를 수립했으며, 이어서 여론의

장을 장악했다. 그 지배가 형식적으로 합법화된 것은 그 후였다.

돌격대원들과 친위대원들은 이제는 프로이센 이외의 주에서도 허용된 보조경찰 권한을 이용하여 시청, 신문사 편집국, 노조 사무실, 소비조합, 세무서, 은행, 법원 등을 점거하였고, 그곳에 있는 물건들을 압수하였으며, 그곳에 근무하고 있던 "믿을 수 없는" 인물과 유대인들을 내쫓거나 체포했다. 선거 직후의 정치적 분위기의 변화, 길거리 테러, 그리고 나치 단체들의 강압적인 요구가 맞물리면서 강제 퇴임과 관리管理 위원의 임명 물결이 거의 모든 기관에 밀어닥쳤다. 프로이센에서는 이미 선거 1주일 전에 의사당 화재 긴급명령이 창출해놓은 예외상태하에서, 돌격대와 친위대 대원들로 구성된 보조경찰이 공산주의자 등의 정적들을 사냥하고 고위 경찰직을 비롯한 수많은 직책의 인사를 강요했다. 이제 그 일이 전국적인 현상이 되었다. 나치당의 수많은 지역 투쟁 단체의 리더들은 흔히 경찰직을 차지하였고, 이는 경찰권력의 "질서 임무"를 왜곡하여 나치당의 테러 수단으로 변질시켰다.

전국 어디에서나 비슷한 장면이 반복되었다. 전투경찰과 치안경찰은 "마르크스주의" 고위 당직자들을 체포할 때, 의사당 화재 긴급명령과 시행령들의 자구字句에 다만 얼마간이라도 충실하게 행동하고 법적 절차를 지키려 노력하였다. 그리고 그들은 개별적인 조치들이 질서정연하게 집행되고 그에 대하여 관료제적으로 보고하는 것을 중요시했다. 그와 달리 돌격대와 친위대 보조경찰들은 긴급명령을 모든 종류의 "정적政敵 투쟁"과 테러를 허용해주는 백지위임으로 간주했다. "보조경찰"이 형식적으로 정규 경찰, 즉 국가의 통제와 경찰 직무명령의 구속성 아래 놓인다는 법적 원칙은 지켜지지 않았다. 나치 반대자로 알려진 사람은 어떤 정치 진영에 속하든 상관없이 공개적으로 모욕당하고 학

대당하고 체포되었다. 돌격대는 베를린에서 백화점과 유대인 상점을 보이콧했고, 브레슬라우에서는 유대인 판사와 검사의 즉각적인 사퇴를 강요했으며, 쾨니히스베르크에서는 감옥에서 나치 형사범들을 빼냈다. 2월 28일, 아니 3월 5일까지도 나치의 행태에 대하여 자세하고 비판적으로 보도하던 독일의 거대 독립 신문들은 폐간과 보이콧의 위험을 의식하여 분명한 보도와 논평을 삼갔다.

베를린 정치경찰의 수장이었던 루돌프 딜스는 전후戰後에 1933년 3월에 벌어진 돌격대와 친위대의 "권력 장악"을 생생하고 자세하게 회고하게 된다.[19] 예방구금만 있었던 것이 아니다. 예방구금은 그나마 경찰의 통제하에 진행되었다(경찰은 예방구금 조치를 기록해놓았고, 그 덕분에 우리는 예방구금의 규모를 문서로 확인할 수 있다. 프로이센에서 1933년 3월과 4월에 체포된 예방구금자들은 약 2만 5000명에 달했다).[20] 관료제적 통제에서 벗어난, 대략적인 수치조차 계산할 수 없는 체포도 숱하게 벌어졌다. 돌격대와 친위대는 그런 사람들을 돌격대 숙소나 지하 헛간 혹은 "비정규wild" 수용소로 끌고 갔다.

히틀러의 연정 파트너들은 증가하는 돌격대의 테러와 그로 인한 법적 불확실성에 대하여 심각하게 우려했다. 그러나 히틀러는 그들의 불만을 짜증스러워했고 인정하지도 않았다. 히틀러는 특히 민족인민당 부총재 폰 빈터펠트가 독일민족주의 언론에 게재한 3월 10일의 공개서한에서, 그에게 "프리드리히 대왕 시절부터 프로이센이 갖고 있던 법치국가의 불가침성"을 보존해달라고 간청한 것에 격분했다.[21]

파펜 역시 3월 19일에 히틀러에게 전화를 걸어서 돌격대가 외국인을 공격한 일들을 문제 삼았다. 다음 날 히틀러는 무례하기 짝이 없는 답장을 보냈다. 자신은 "민족의 궐기를 멈추려는 계획적인 선전이 진행

중인" 듯한 인상을 받고 있다. 실제로 벌어진 "유감스러운" 과잉 행위는 11월의 범죄자들의 "반역," 그리고 나치당이 바이마르공화국에서 받았던 탄압과는 비교할 수 없을 정도로 약소하다. 자신은 "오히려" 돌격대원들과 친위대원들의 "전례 없는 규율에 감동"했으며, "만일 이 역사적인 순간에 부르주아적인 세계의 유약함과 비겁함에 쫓긴 나머지 철권이 아닌 부드러운 손으로 사태에 접근한다면 역사가 우리를 평가할 날이 올" 것이다. "그 누구도" 자신을 "마르크스주의를 파괴하고 근절하려는 사명으로부터 떼어놓지 못할 것"이고, 따라서 "추후에는 이런 문제를 거론하지 말 것을 진심으로" 부탁한다. 히틀러가 사본을 의도적으로 대통령과 국방장관에게도 보낸 그 편지는 파펜의 요구에 대한 분명한 거부이자 협박이었다.[22] 그 편지는 또한 앞으로도 "마르크스주의의 파괴"가 헌법과 법질서를 전복시키기 위한 판에 박힌 정당화가 될 것임을 보여주는 것이기도 했다.

그러나 히틀러는 정치적 테러만으로는 부족하고, 체제에 대한 열광이 반드시 필요하다는 점을 통찰하고 있었다. 그래서 그는 3월 5일 선거 이후 열린 첫번째 내각회의에서 "인민계몽선전부"를 신설하겠다고 밝혔다. "어떤 정치적 이완 현상도 나타나서는 안 됩니다." 3월 5일에 나치당이 얻은 최초 투표자들이 사생활로 물러나는 일도 막아야 하고, 지금까지 중앙당과 바이에른 인민당에 투표해온 유권자들도 이제는 "정복"해야 한다. 그 외에도, 앞으로 정부가 취할 필요한 조치들을 적절한 방식으로 선전해야 한다. 따라서 3월 11일 내각은 후겐베르크와 몇몇 보수적인 장관들의 이의에도 불구하고 선전부를 설치하기로 결정했다. 선전장관에는 괴벨스가 임명되었고, 그로써 내각에 나치 장관이 한 명 더 늘었다. 3월 15일 히틀러는 각의에서 "경제정책이 효과를 내는 데는 시간이 걸리기 때문에 이제는 인민의 활동 전체를 순수히 정치적인 것에 묶어놓을 필요가 있다"고 말했다.[23]

히틀러의 그 말이 무엇을 뜻하는지는 1933년 3월 21일에 드러났다. 그날 정부는 포츠담의 수비대교회에서 새로 선출된 제국의회를 개원했다. 개원식은 위대한 민족 축제로 연출되었고, 이는 축제형 집회의 거대한 선전 효과를 정확하게 이해하고 있던 히틀러와 괴벨스의 집권 첫 번째 작품이었다. 돌격대와 친위대의 테러, 수천 명에 달하는 예방구금자, 그리고 다하우, 오라니엔부르크, 베를린의 콜룸비아하우스, 작센부르크, 슈테틴의 불칸 조선소, 브레슬라우의 뒤르고이, 엠슬란트의 파펜부르크 등에 세워진 수용소들과는 아무 관련이 없기라도 한 양, 나치 지도부는 젊고 독실하고 이상주의적인 동시에 프로이센과 독일의 위대한 역사적 전통과 완전히 하나가 된 팀으로 포츠담 교회에 등장했다.

총리 히틀러는 힌덴부르크 원수 앞에서 영광인 듯 고개를 숙였고, 돌격대와 친위대는 정규군 옆에서 질서정연하게 행진했으며, 교회는 신구新舊가 화해하고 독일의 정치가 바이마르로부터 포츠담으로 되돌아온 것을 축복했다.* 사진과 방송과 신문, 잡지로 연일 보도된 "포츠담의 날"의 "광채"는 수용소와 유대인 보이콧과는 또 다른, 결코 과소평가할 수 없는 나치식 정치다. 일부 독일인들은 뒷날에도 깨닫지 못하지만, 완전히 달라 보이는 그 두 가지는 결코 모순이 아니다. 그 두 가지는 똑같은 원천에서 나온 것이다. 그것은 바로 꿈의 세계를 진부한 과거로 치장하려는 성향, 현실을 심리적으로 억압하려는 성향이다.

---

* (옮긴이) 포츠담은 프로이센의 프리드리히 대왕의 여름 궁전인 상수시Sanssouci 궁전이 위치한 곳으로서, 프로이센과 호엔촐레른 왕가를 상징하는 장소다.

"음흉하고" "해체적인" 마르크스주의적·유대적·지적 영향력에 대한 증오심은 바로 그 성향에서 탄생한 것이다.

현실 정치에서 "포츠담의 날" 행사는 1933년 3월 23일로 예정된 수권법 통과를 위한 여론 작업이었다. 나치 지도부는 3월 21일에 포츠담에서 개원한 제국의회가 수행할 일은 4년 기한의 수권법을 통과시키는 것 하나뿐이라는 점을 결코 숨기지 않았다. 수권법은 "인민과 제국의 난제들을 타개하기 위하여" 위헌적인 내용까지 포함하는 법적 조치를 취할 독자적인(즉, 그때까지처럼 대통령의 긴급명령권에 의존하지 않는) 권한을 제국정부에 부여하는 법이었다. 사실 나치당을 제외하고는 정당들의 자율적 공간과 활동 가능성은 이미 크게 위축된 상태였다. 3월 5일 선거 결과가 그 정당들의 정치적 비중을 크게 약화시킨 데다가, 의사당 화재 긴급명령과 주州 일체화 작전에서 기층 나치의 테러가 폭발하였기 때문이다. 공산당은 이미 3월 중순에 지하로 숨어야 했다. 사민당 언론과 사민당 당 기구는 의사당 화재 긴급명령에 입각한 금지 조치(이에 대해서는 제국법원에 이의를 신청할 수 없었다)의 물결 때문에 절름발이가 되었다. 주와 도시정부의 사민당 관리들은 대부분 3월 후반에 해고되었고, 중앙당과 부르주아 정당 출신의 공직자들도 고위직에서만큼은 밀려났다.

1933년 1월 30일에 연립정부에 참여하지 못한 정당들은 따라서 수권법 이전에 이미 권력 지분을 상실한 상태였다. 나치 집권 직후인 2월에 사민당(그리고 국기대)과 노동조합은 나치에게 헌법을 위반할 명분을 주지 않기 위해 나치 운동에 대한 조직화된 투쟁을 포기했다. 그러나 3월이면 벌써 그런 투쟁이 성공할 가능성 자체가 아예 소멸했다. 그리하여 독립과 저항 의지가 눈에 띄게 감퇴했다. 부르주아 정당의 수많은 당원들과 지지자들은 나치 운동의 역동성과 최면적 암시력에 현혹되는 동시에 나치의 테러적·혁명적 조치에 위축되어, 승리를 구가하는 나치당에 합류하기 시작했다. 나치당은 그 "3월의 전사자"들을 무제한 받아들였다. 그 기회주의적 적응의 물결에는 사민당과 노동조합도 참여했다. 수많은 국기대 대원들이 철모단에 가입했고, 노조총연맹ADGB 지도부는 3월 20일의 성명에서 노동조합은 각종 조직과 시설들을 새로운 국가로 이월시키기 위하여 사민당과의 정치적 결속을 해소하고 히틀러 정부와 "충성스럽게" 협조할 자세가 되어 있다고 선언했다.

그렇듯 3월에 이미 자신감의 상실과 조직의 해체가 중소 부르주아 정당들은 물론, 부분적으로는 중앙당까지 강타하고 있었다. 상황은 히틀러가 수권법을 통과시키기에 아주 유리했다. 수권법은 이미 자유로운 결정의 문제가 아니었다. 예컨대 인민당 당원들이 수권법에 대한 저항을 촉구하기는커녕 압도적으로 나치 운동과의 타협을 겨냥하고 있는 상황에서, 그것을 잘 알고 있는 그 작은 인민당 의원단이 어떻게 확고한 저항 의지를 다질 수 있겠는가. 게다가 나치 지도부는 수권법 통과에 필요한 2/3 의석이 확보되지 않을 경우, 폭력을 동원해서라도 독재적인 전권全權을 강탈하기로 결심한 상태였다.

나치당 소속이 아닌 의원들도 이를 잘 알고 있었다. 실상 돌격대와 친위대는 3월 23일에 제국의회가 열릴 크롤 오페라하우스를 미리 봉쇄함으로써, 2/3 의석이 확보되지 않을 경우 어떤 일이 벌어질 것인지를 만천하에 과시했다. 이런 상황에서 표결은 형식적인 요식행위였다. 그러나 그 형식은 합법성이라는 외양을 원하던 나치 지도부에게는 대단히 중요했다. 그리고 비록 3월 5일 선거에서 선출된 공산당 의원 81명이 체포되거나 지하로 숨어버렸기에 단 한 명의 공산당 의원도 오페라 하우스에 나타나지 못했고, 사민당 의원 몇 명도 예방구금 상태에 놓여 있었지만, 그래도 2/3에는 거의 40석이 모자랐다. 3월 선거에서 모두 합해 겨우 7석밖에 확보하지 못한 인민당과 국가당은 어차피 표결에 영향을 미칠 수가 없었다. 따라서 결정적인 것은 중앙당(74석)과 바이에른 인민당(18석)의 태도였다.

나치 지도부는 사민당의 동의를 얻기 위한 가시적인 노력을 기울이지 않았다. 실상 그들은 사민당의 지지에는 관심조차 없었던 것 같다. 그럴수록 중앙당의 지지가 필요했다. 실제로 나치는 중앙당 의원단의 압도적인 다수로부터 동의를 얻어냈다. 이때 결정적인 역할을 한 것은 중앙당의 정치적 기반인 가톨릭교회의 태도였다. 3월 5일 선거에서 나치가 승리를 거둔 이후 가톨릭 대중과 몇몇 주교, 특히 뮌헨 교구의 파울하버 추기경은 히틀러당과 선린 관계를 구축하기를 원했다. 그들은 심지어 나치가 "잘못된 가르침"에 입각하고 있다고 비판하던 종전의 입장을 수정하고자 했다.²⁴ 히틀러는 1933년 3월 7일 내각회의에서, 중앙당과 바이에른 인민당 지지자들은 "성직자들이 그 당들을 버릴 때 비로소 정복할 수 있다"고 설명한 바 있다.²⁵

그 후 히틀러 정부는 성직자들을 압박하는 동시에 정부가 가톨릭교회를 긍정한다는 입장을 천명했다(파펜은 3월 18일에 베르트람 추기경을 방문했다). 3월 20일과 22일에 히틀러와 프리크가 중앙당의 카스와 슈테거발트와 하켈스베르거를 만났을 때, 중심적인 의제는 헌정 문제보다 교회정책이었다. 중앙당 총재 카스 자신이 헌정보다는 교회정책에 관심을 보였다. 그 자리에서 히틀러는 바티칸이 바이에른, 바덴, 프로이센과 맺은 정교협약과 가톨릭 미션스쿨을 보존하겠다고 약속했다.

그러나 정작 3월 23일의 의회 연설에서 히틀러는 그에 대한 명확한 약속을 피했다. 다만 그는 매우 강한 언어로 새 정부가 기독교와 교회를 높이 평가하며("민족 정부는 기독교 종파들을 독일 인민의 가장 중요한 인수因數로 간주합니다") 바티칸과 좋은 관계를 유지하고자 한다고 강조했다. 그 연설은 실상 가톨릭교회를 겨냥한 것이었다.

수권법이 통과되고 며칠 뒤 가톨릭교회는 풀다에서 열린 독일주교회의의 성명서를 통하여 가톨릭교회의 입장을 의심의 여지가 없도록 분명하게 표명했다. 주교회의는 1933년 3월 28일의 성명서에서 과거 나치 운동에 대하여 경고하고 협력을 금지했던 입장을 뒤집어, 가톨릭은 새로운 나라에 긍정적으로 협력할 용의가 있다고 선언했다.²⁶ 히틀러 역시 헌정 문제에 대한 중앙당의 의구심을 희석시키려고 했다. 그는 향후 수권법에 입각하여 제정되는 법률에 대하여 중앙당위원회에 통보하고 중앙당위원회의 의견을 듣겠다고 약속했다.* 히틀러는 또한 중앙당 출신 공무원들을 해고할 계획이 없으며, 사법의 독립성, 직업공무원의 독립성, 주의 존립을 보장하겠다고 약속했다.

수권법 법안에는 헌정 문제와 관련하여, 정부의 입법권이 대통령의 권한을 손상시키지 않을 것이고 제국의회와 제국상원의 존립을 보장한다는 내용만이 담겨 있었다. 의회에서 수권법의 수용을 설득한 3월 23일의 연설에서도 히틀러는 여러 가지 약속을 지극히 일반적으로 언급했을 뿐, 그것을 구체화하거나 서면으로 확인하는 일은 피했다. 그 구

---

* 중앙당위원회는 향후 아무런 역할을 수행하지 못하게 된다. 위원회가 소집된 일도 1933년 4월 초에 딱 한 번 있었던 것 같다. 수권법이 효력을 발생하던 첫번째 날인 3월 24일에 이미 히틀러는 각의에서, 자신은 중앙당위원회가 정부의 결정에 영향력을 행사하는 것을 결코 용납하지 않을 것이며, 중앙당위원회는 오직 내각의 결정에 의해서만 소집될 것이라고 선언했다.

체적인 서면 보장을 히틀러는 1933년 3월 22일 중앙당과의 협상에서 약속했던 것으로 보인다. 히틀러의 3월 23일 의회 연설은 그토록 모호했다. 그러나 그 연설은 대단히 능란한 것이었다. 중앙당 의원단은 히틀러 연설 이후 수권법에 동의했다. 작지만 의미 있는 일부 중앙당 의원들(브뤼닝, 볼츠, 슈테거발트)은 법의 남용을 막아주는 명확한 규정이 부재하기 때문에 수권법이 위험하고 부당하다고 비판했다. 그러나 그들은 소수였다. 국가당에서도 테오도어 호이스와 전직 재무장관 디트리히가 수권법을 거부하자고 주장했지만 의원 다수는 찬성 쪽이었다.

연설을 마치면서 히틀러는 제국정부는 "질서정연한 발전과 이에 입각한 화합의 가능성"을 여러 정당에 제안하는 바이지만, "저항의 선언"에 대해서는 "그만큼 단호하게" 대응할 것이라고 선언했다. "의원 여러분. 여러분은 이제 평화냐 전쟁이냐를 결정하시는 겁니다!" 중앙당과 부르주아 정당은 "평화"를 선택했다. 사민당 의원단은 그렇게 믿을 수 없는 평화와 전쟁의 제안은 어차피 자신들과 무관하다는 냉정한 인식 속에서 법안에 반대표를 던졌다. 오토 벨스는 사민당을 대표하는 연설로써 독일 의회주의의 가장 우울한 그날, 불굴의 기념비를 남겼다. 수권법의 시한은 추후 완전한 망상으로 드러났다. 수권법의 효력이 정지하는 1937년 4월 1일에 그 법은 간단하게 4년 더 연장되었다.* 그러나 그때 그 사실에 주목하는 사람은 없었다. 독일의 헌법 현실이 그만큼 변했던 것이다.

---

* 1937년 1월 30일 인민과 제국의 난관을 극복하기 위한 법을 연장하기 위한 법(*RGBl*. I, p. 105). 수권법은 1939년 1월 30일에 제국의회에서 의결된 법에 의해 다시 연장되고(*RGBl*. I, p. 95), 1943년 5월 10일에는 지도자명령에 의해 무기한 연장된다(*RGBl*. I, p. 295).

제3장 정치권력의 독점(1933) 133

5. 정당의 종말

　제국의회가 스스로 입법권을 포기한 것은 정당들이 존립 이유를 상실했다는 것을 의미했다. 1933년 3월 31일에는 주정부도 입법권을 부여받았다. 주의회의 입법권은 물론 정지되었다.* 정당의 종말은 곧 현실로 나타났다. 나치는 나치답게 종말의 시간표를 정당별로 달리 짰고, 강압과 폭력 역시 서로 다른 비율로 투입했다. 나치가 가장 빨리 가장 가혹하게 파괴한 정당은 두 마르크스주의 정당이었다. 부르주아 정당들은 아주 온건하게, 그것도 자체적으로 해산하도록 했다. 민족인민당과 철모단도 무사하지 못했지만, 나치는 그 연정 '파트너들'에게 가장 많은 양보를 했다.

　공산당과 공산당 산하 조직들은 이미 1933년 2월 28일의 긴급명령에 의하여, 그리고 공산당 당직자와 언론 및 여타의 공식 기구들은 경찰의 일괄적인 강제 조치에 의하여 불구가 된 상태였다. 3월 31일의 첫번째 주州일체화법은 주의회, 도의회, 시의회를 새로 구성할 때 공산당 의원 의석을 회수하도록 규정했는데, 이는 공산당을 더 이상 정당으로 인정하지 않는다는 뜻이었다. 히틀러 정부는 공산당을 공식적으로 금지하려 하지 않았다. 내각에서 히틀러는 공산당원 모두를 추방할 수 없기에 공산당을 공식 금지하는 것은 의미가 없다고 설명했다. 이는 아마도 바이마르 헌법과 기존의 법에 의거하여 공산당을 항구적

---

* 나치 주정부들은 이를 근거로 하여 곧 주 차원의 수권법 법안을 상정했고, 이는 사민당의 반대 속에서 통과되었다. 그 일은 4월 29일 바이에른에서, 5월 18일 프로이센에서, 5월 23일 작센에서, 6월 8일 뷔르템베르크에서, 6월 9일 바덴에서 발생했다.

으로 금지하려 할 경우 법적 상황이 그리 분명하지도 않은 데다가, 나치 스스로가 파괴한 헌법에 의거하여 공산당의 "반국가행위"를 입증하는 것도 난감한 일이기 때문이었던 것 같다. 공산당을 제거하는 데 쓰인 법적 형태로 표현된 유일한 조치는 1933년 5월 26일에 공포된 "공산주의자 재산 환수법"이었다. 그 법은 나치가 2월 말 이후 공산당 및 산하 조직들의 재산을 강탈했던 것을 사후적으로 합법화하면서 주州를 그 재산의 관리 주체로 지정했다.

사민당 및 공화주의 투쟁 단체로서 나치가 무척 증오하던 "국기대"도 마찬가지였다. 국기대의 시설과 산하 단체는 프로이센에서 1933년 2월과 3월 초에 경찰의 강제 조치에 의하여 불구화되었다. 그러나 공식적으로 금지되지는 않았다. 튀링겐, 바이에른, 작센에서는 3월 5일 직후에 공식적으로 금지되었다. 같은 시점에 브라운슈바이크와 안할트 등지에서는 경찰이 국기대를 난폭하게 공격했고, 4월에는 국기대의 각 지방 단체가 스스로 해산했다. 국기대 의장 카를 횔터만은 경찰 체포를 피해 5월 2일에 런던으로 망명했고, 한동안은 독일에서 불법 활동을 벌이던 단체들과의 접촉을 유지했다. 그러나 히틀러 정부는 국기대를 중앙 차원에서 일괄적으로 금지하지 않았다. 포메른과 같은 지역에서 국기대 사무실은 5월 초에 폐쇄되었다.[27]

사민당의 경우 체포되지 않은 지도부와 당 기구는 1933년 6월 22일까지 합법적으로 활동할 수 있었다. 물론 3월에 시작된 파괴 및 붕괴(탈당과 지역 세포 조직의 폐쇄) 과정은 4월에 가속화되었다. 그리고 노동총연맹이 나치 체제에 접근을 시도했음에도 불구하고 1933년 5월 2일에 자유노조 건물과 사무실이 돌격대와 나치 기업세포 대원들에 의하여 전격적으로 점거된 이후, 사민당은 그와 비슷한 전면적인 탄압을 예상해야 했다. 나치 언론은 사민당이 수권법을 거부한 이후 사민당, 사민당의 "외국 배후 세력," "반국가 활동"을 강한 어조로 비난했기 때문이다. 게다가 공산주의자들의 체포 작전 이후 사민당 당직자들과 노조 조합원들도 대규모로 체포되었다.

그래서 1933년 5월 초에 사민당 기관지 『전진』의 편집국장 프리드리히 슈탐퍼를 포함하여 몇 명의 사민당 지도부가 프라하로 망명했다. 당 지도부 전체가 망명할 경우를 대비하여 이를 준비하기 위해서였다. 그 후 사민당 지도부는 지도부 전체가 해외로 망명하여 그곳에서 자유로운 선전 활동을 벌이면서 국내의 불법 활동을 지원할 것이냐, 아니면 활동의 여지가 갈수록 좁아지고 있지만 그래도 국내에 남아서 합법적 활동의 마지막 가능성만이라도 보존하고, 그렇게 나치의 일체화 작업에 제동을 걸 것이냐는 문제로 양분되었다. 논쟁의 계기는 히틀러가 1933년 5월 17일로 예정해놓은 제국의회 참석 문제였다. 히틀러는 제국의회가 국제 평화와 독일의 국제적 평등에 대한 자신의 연설을 결의안의 형태로 뒷받침해주기를 원했다. 그로써 그는 나치 테러로 인하여 바닥으로 추락한 독일의 위신을 회복하고 외국의 여론을 진정시킴으로써, 당시 제네바에서 열리고 있던 군축회담과 여타 국제 협상에서 독일이 보다 개선된 입지를 확보하기를 원했다.

내무장관 프리크가 제국의회 원로위원회에 출석하여 사민당에게 정부 결의안에 반대하지 말라고 강력하게 경고했다. 그러자 사민당 의원단 다수는 의회에도 참석하고 결의안에도 반대표를 던지지 않기로 입장을 정리했다. 그들의 대표자는 파울 뢰베였다. 그러나 사민당 당 지도부는 오토 벨스를 중심으로 의원단의 입장에 대하여 반대 의사를 밝힌 뒤 망명길에 올랐다. 그 후 벌어진 프라하 사민당과 베를린 사민당의 분열은 나치 정부에게 '합법적인' 사민당 국내 조직을 공격할 핑계가 되었다. 1933년 6월 18일에 『새로운 전진』 창간호가 프라하에서 발간되자, 나치 정부는 6월 22일에 프라하 망명 사민당의 활동을 근거로 하여 사민당의 국내 활동을 전면적으로 금지했다. 1933년 6월 23일에 공포된 괴링의 명령은 다음과 같았다. "독일사회민주당은 그들이 지난 며칠과 몇 주 동안에 벌인 활동에 따라 국가와 인민에 적대적인 조직으로 판단된다. 따라서 나는 다음과 같이 명령한다. 인민의 대의기관과 기초단체의 대의기관에 속하는 모든 독일사회민주당 당원의 의원직 행사를 즉각 금지한다. …… 독일사회민주당에 소속된 노동자는 1933년 4월 4일의 기업 대표와 경제 결사에 대한 법률 제2조에 규정된 반국가 행위자로 간주한다. …… 독일사회민주당과 그 당의 보조단체 및 대리단체의 재산은 1933년 2월 28일의 인민과 국가를 보호하기 위한 명령에 따라 경찰이 압수한다. ……"[28]

사민당의 금지 조치는 군소 부르주아 정당들에도 영향을 주었다. 3월 5일 선거에서 사민당과 연합공천을 했던 국가당(과거의 독일민주당)은 6월 22일 프로이센 주의회 의석을 회수당했다. 6월 28일 국가당은 자체 해산을 결정했다. 다음 날(6월 29일) 인민당 총재 에두아르트 딩겔다이가 몇 주 전부터 당원 다수가 요구했던 대로 당을 해체했다. 국가당과 인민당은 실상 정치적 의미를 상실한 지 오랜 정당이었다. 1933년 5월과 6월에 나치당이 대결해야 했던 당은 "동맹 동지"인 민족인민당이었다.

3월 5일 선거에서 나치당이 승리하자, 히틀러는 후겐베르크를 특별히 배려하던(이는 내각회의 회의록에 잘 나타나 있다) 종전의 태도를 바꾸어 주인 어투를 사용하기 시작했다. 민족인민당과 철모단 내부에서는 나치당과 나치 단체들의 힘에 압도되어 당 조직과 정당정치적 독자성을 포기하고 히틀러 운동에 참여하자는 목소리가 높아졌다. 민족인민당 의원단도 마찬가지였다. 후겐베르크가 수권법을 제한하는 법안을 민족인민당 의원과 중앙당 의원을 통하여 발의하도록 하려고 하자 민족인민당 의원단이 반대한 것이다. 수권법이 공포된 이후 민족인민당은 투쟁환環 등의 특별 조직을 통하여 자당이 나치당과 동급임을 과시하는 동시에 법치국가적 질서를 재건하기 위해 움직였다. 나치는 이를 강하게 공격했다. 나치는 민족인민당과 철모단에 대하여 마르크스주의 정당 당원들이 두 당에 대규모로 입당하여 계급투쟁을 획책하고 있다고 비난했다. 1933년 3월 29일 베를린 경찰이 민족인민당 의원단 의장 에른스트 오버포렌의 사무실을 압수수색하여 오버포렌이 반나치 저항 활동을 벌였다는 자료를 찾아냈다. 그는 사퇴할 수밖에 없었고, 이는 양당의 관계가 크게 악화되었다는 첫번째 징후였다.*

  철모단의 상황은 더욱 심각했다. 1933년 3월 말에 브라운슈바이크에서 철모단과 나치당이 첨예하게 대립했다. 그러자 친나치적인 젤테파와 반나치적인 뒤스터베르크파 사이의 대립이 심화되었고, 젤테는 1933년 4월 26일에 나치당에 입당하면서 철모단에 대한 명령권을 히틀러에게 상납했다. 그로부터 민족인민당은 막대한 타격을 받았다. 수많은 철모단 단원들이 동시에 민족인민당 당원이었기 때문이다. 1933년 5월 초 민족인민당 지도부는 당명을 "독일민족전선DNF"으로 변경했다. 이는 그들이 나치당보다도 분명하게 정당국가로부터 결별한 정

---

* 그 사건과 5월 7일 오버포렌의 미스터리한 자살 사건이 어떻게 연관되는지는 불분명하다. 오버포렌은 총상을 입은 채 시체로 발견되었는데, 총상은 오버포렌 스스로가 자신을 쏘아서 생긴 것이 아니었다.

당이며, "민족 운동"에서도 나치당과 동급이라는 점을 대외적으로 천명하기 위해서였다. 그러나 기층 당원들의 탈당 및 나치당 입당은 더욱 증가했고, 유명한 제국의회 의원들(마르틴 슈판, 에두아르트 슈타틀러 등)마저 나치당으로 넘어갔다.

1933년 5월 들어 민족인민당에 대한 나치의 공격이 강화되었고, 투쟁환 단원들이 체포되기 시작했다. 나치 경찰서장들은 6월 중순에 급기야 의사당 화재 긴급명령에 입각하여(!) 민족인민당 행동대들을 공식적으로 금지했다. 6월 21일에는 히틀러 스스로가 "독일민족전선"에 대한 총공격에 나섰다. 주정부들에게 "민족전선"의 행동대들을 해체하라고 지시한 것이다. 이는 후겐베르크가 히틀러 정부에서 맞이한 고립의 원인이자 결과였다. 1933년 4월과 5월에 후겐베르크는 나치 중간신분 단체들, 특히 나치당 농업정책기구 의장 발터 다레 휘하로 통폐합된 농업 단체들로부터 집중적인 공격을 받았다. 6월에 그는 런던 세계경제회의에서 독일 정부의 입장과 무관하게 독단적으로 행동했을 뿐만 아니라 참가국들에게 외교적인 결례를 범했다. 그로 인하여 후겐베르크는 내각에서 다른 장관들에게 약점을 잡혔고, 히틀러는 그 상황을 교묘하게 이용했다.*

후겐베르크는 6월 23일 각의에서도 부적절하게 처신했다. 이제는 히틀러만이 아니라 다른 장관들, 특히 외무장관 노이라트가 후겐베르크

---

* 후겐베르크는 6월 16일에 세계경제회의에서 공황 극복을 위한 제안서를 제출했다. 그 문서에서 후겐베르크는 독일 경제를 회복시키기 위하여 아프리카의 구舊독일 식민지를 독일에 귀속시키고 새로운 식민지까지 추가해야 한다고 주장했다. 그것은 범게르만연맹의 상투적인 주장이었는데, 후겐베르크는 사전에 이에 대하여 내각에서 논의하지 않았고 히틀러에게 통고하지도 않았다. 다른 장관들은 후겐베르크의 이 같은 행동을 외교적 결례이자 월권 행위라고 비판했다.

의 적敵이 되었다. 5월에만 해도 후겐베르크는 내각에 자신이 없으면 정부 구성과 수권법 통과의 정치적 전제가 소멸되는 것이고, 따라서 힌덴부르크가 용납하지 않으리라고 믿었다. 그러나 그가 기다리던 힌덴부르크의 지원은 오지 않았다. 6월 26일 후겐베르크는 사퇴했고, 이는 민족인민당의 종말을 의미했다.

6월 21일에 이미 철모단 의장 젤테는 민족인민당 행동대에 대한 나치의 공격에 압도되어, 철모단 대원들이 나치당을 제외한 다른 정당 당원이 되는 것을 금지하는 협약을 히틀러와 맺었다. 6월 27일에는 민족인민당 중앙위원회가 "독일민족전선"을 해체한다는 협약을 히틀러와 맺었다.[29] 협약은 민족인민당 당원들이 "민족 독일의 완전한 동급 투사로 인정받으며, 그들을 그 어떤 협박과 멸시로부터도 보호한다"고 천명했다. 그 대가로 히틀러는 체포된 민족인민당 당원들을 즉각 석방하고 민족인민당 소속의 제국의회와 주의회 및 시의회 의원들을 나치당 의원단과 중앙위원회에 받아들이겠다고 약속했다. 이 약속이 예외 없이 지켜진 것은 아니었지만, 그 적지 않은 양보는 독립을 상실한 철모단과 민족인민당 당원들에 대한 위로였다.

수권법에 대한 중앙당의 동의가 히틀러가 교회에 이러저러한 약속을 건네서 '매수'한 결과였던 것처럼, 중앙당의 불명예스러운 종말도 1933년 4월에 로마에서 열린 정교협약 협상의 결과였다. 나치 정부와 바티칸은 1933년 7월 20일에 정교협약을 공식적으로 체결했다. 사실 3월 28일에 풀다 주교회의가 나치 정부에 대한 충성을 선언한 이래 새로운 국가에 대한 가톨릭의 입장을 대표하고 히틀러의 일차적 협상 파트너로 움직인 사람은 중앙당 지도자들이 아니었다. 그들은 파울하버 추기경(뮌헨), 베르트람 추기경(브레슬라우), 그뢰버 대주교(프라이부르크), 베르닝 주교(오스나브뤼크) 같은 고위 성직자들이었다. 그들은 교황 피우스 11세와 교황청 총리대신 파첼리와 마찬가지로, 가톨릭 학교를 비롯한 각종 가톨릭 사회단체들의 존립을 절대적으로 우선시했다. 그들에게 가톨릭교회의 정치 조직, 즉 중앙당은 부차적이었다. 중앙당의 성직자 총재 카스조차 1933년 4월 초에 로마로 가서 파펜이 주도하던 정교협약 협상에 참여했다. 당 총재가 당을 버린 이 상황은 중앙당의 절망적인 처지를 상징적으로 보여준다. 일부 인사들은 "민족사회주의 배에 승선하는" 동시에 하인리히 브뤼닝에게 중앙당을 맡겨 그 독립성을 보존하려 했지만, 나치는 이를 단호히 거부했다. 바티칸과 독일의 가톨릭 성직자들 역시 지지하지 않았다. 사태가 그렇게 전개되자, 3월 5일 선거까지 놀랄 만한 결속력과 득표율을 보여주던 "중앙당의 탑Zentrumsturm"이 무너져 내리기 시작했다. 1933년 초만 해도 20만 당원을 확보하고 있던 중앙당에 탈당 러시가 일어났고, 이념과 언어에서 체제에 적응하는 움직임이 가시화되었다.

1933년 5월과 6월 초 히틀러는 중앙당 당의장 브뤼닝에게 연정 참여를 제안했다. 성가시게 구는 후겐베르크를 견제하는 동시에 중앙당을 훼손시키려는 의도에서 비롯된 것으로 보이는 이 시도에 대하여, 브뤼닝은 불신과 회피로 대응했다. 나치는 6월 중순 이후 중앙당에게 해체하라고 노골적으로 요구했다. 그와 동시에 나치는 중앙당 및 바이에른 인민당 당원들을 체포하고 여전히 안정을 유지하던 가톨릭 청소년 단체인 "빈트호르스트 연맹"의 활동을 행정적으로 방해하며 기독교 노동조합의 해체를 강요하는 등 압력을 강화했다. 게다가 바티칸은 정교협약 32조를 통하여 독일 가톨릭 성직자들의 정치 참여를 금지했다. 바티칸이 그처럼 히틀러의 요구를 승인하자 중앙당에는 더 이상 미래가 없었다. 그 조항은 실상 가톨릭 성직자만이 아니라 가톨릭교회의 정치 참여 자체를 인정하지 않는 것이었기 때문이다. 정교협약 협상이 마지막 국면에 접어든 6월 말, 정교협약을 성사시키기 위하여 중앙당을 버리자는 생각이 가톨릭 성직자들 사이에서 대세가 되었다.[30] 결국 중앙당은 7월 5일, 정교협약 3일 전에 절망과 회한 속에서 독일 정당 중 마지막으로 자체 해산을 결정했다. 바이에른 인민당은 힘러의 바이에른 정치경찰이 당에 마지막 타격을 가하기 위하여 당직자 2000명을 체포하는 작전에 돌입하자 7월 4일에 해체했다.[31]

바티칸과의 정교협약은 히틀러 정부가 최초로 맺은 국제법적 조약이다. 협약은 히틀러국가를 대외적으로 존중할 만한 존재로 만들어주는 동시에 히틀러에 대한 독일 가톨릭교회의 열광적인 찬사를 불러왔다. 그로써 협약은 독일인들 속에 깊이 뿌리내린 가톨릭이라는 막강한 잠재적인 반대 세력을, 집권 직후의 불안정한 국면에서 최소한 중립화시킨 효과를 거두었다. 히틀러 스스로 내각에서 설명했듯이, "중앙당의 해체"는 정교협약의 결과물이었다. 히틀러는 "바티칸이 성직자들에게 정당정치에서 떠나라고 명령함으로써," 중앙당의 최후가 "정교협약의 체결에 의하여 비로소 최종적으로" 봉인되었다고 말했다.[32]

내무장관 프리크와 나치 쿠어마르크 지구당 위원장 쿠베가 진행한 해체 협상의 마지막 국면에서 중앙당은 민족인민당과 비슷한 양보를 요구했다. 그러나 나치 지도부는 모호하게 답했다. 그들은 중앙당이 해산하면 당원들이 모욕을 당하는 일을 피할 수 있을 것이라고만 말했다(실제로 중앙당 해체 며칠 전에 체포되었던 중앙당과 바이에른 인민당 당직자들은 7월에 석방되었다). 제국의회, 주의회, 시의회에서 나치 의원단의 객원 의원이 되고자 하는 경우에도 나치는 그 요구를 가급적 수용할 생각이었다. 그러나 민족인민당과는 달리 히틀러와 프리크는 중앙당 의원들을 일괄적으로 나치당에 받아들이려 하지 않았다. 나치당 내부에서 그에 대한 반발이 강했기 때문이다. 그래서 중앙당 의원들은 나치당 입당을 포기하고 "무소속" 의원이 되거나 의원직을 사퇴했다. 카스와 바티칸의 태도에 실망한 브뤼닝은 해외로 망명함으로써 체포를 면했다. 그와 달리 베르닝 주교는 정교협약 협상에 공헌한 점을 인정받아 1933년 7월 11일에 프로이센 상원 의원에 임명되었다.

중앙당이 해체되고 9일이 지난 1933년 7월 14일, 제국정부는 "정당 창당 금지법"을 공포하여 나치당을 독일의 유일한 합법 정당으로 선언했다. 그리고 여타 정당의 "조직적인 결속"을 "유지"하려 하거나 "새로운 정당을 창당하려는" 모든 시도를 형법에 어긋나는 행위로 규정했다(3년 이하의 감옥형이나 징역형). 같은 날 발표된 "인민과 국가에 적대적인 재산의 환수"에 관한 법은 사민당과 공산당 이외에도 "마르크스주의적인 혹은 인민과 국가에 반하는 여타의 시도를 위해 사용되는" 재산을 몰수하도록 했다. 이 극단적으로 모호한 법 조항을 구체적으로 적용할 권한은 제국내무장관에게 있었다. 같은 날에 공포된 또 다른 법은 정치적 망명자나 유대인 망명자의 시민권을 박탈하고 그들의 재산을 몰수하도록 했다.

그렇게 하여 완벽한 일당국가가 출현했다. 나치당이 절대적인 정당 정치적 독점을 확보한 것이다. 이제 합법적인 정치적 의사 형성은 오로지 나치당 내부에서만 가능하게 되었고, 히틀러는 나치당 외에 정부와 국가에서도 절대적 지위를 보유하게 되었다. 그리하여 나치 일당국가는 곧 지도자국가Führerstaat였다. 따라서 내무장관 프리크가 1933년 7월 20일에 공무원들에게 히틀러 인사법을 "일반적인 인사법"으로 사용하라고 지시한 것은 차라리 논리적인 일이다. 프리크는 그 이유를 "독일에서 정당국가가 극복되고 독일제국의 모든 행정이 아돌프 히틀러 총리의 지도권에 귀속되었기 때문"이라고 설명했다.[33] 1933년 5월 17일 제국의회 총회에서 처음으로 표명된 계획, 즉 의회주의를 국민투표와 만장일치 결의안으로 대체하겠다는 구상은 1933년 7월 14일에 공포된 "국민투표에 관한 법"으로 구체화되었다. 그 후 개별적인 법률을 수권법 규정대로 정부 입법을 통해서 공포하지 않고 제국의회에서 통과시키거나 특정한 정부 조치를 국민투표에 부치는 것은, 독재 정부와 인민 다수 간의 인민적 합의를 대내외에 과시하는 수단으로 발전한다.

그 수단을 사용할 첫번째 기회는 히틀러가 1933년 10월 14일에 "독일 국민에게 고함"이란 연설을 통해 독일의 국제연맹 탈퇴를 선언했을 때 찾아왔다. 그 조치가 당시의 국제 관계에 비추어볼 때 대단히 위험했으므로, 국내적인 신임투표로 대응하는 것이 바람직해 보였다. 게다가 나치 정부는 그 조치를 독일에게 평등권이 거부된 데 대한 항의로 선언했다. 따라서 국민투표는 그때까지 히틀러에게 표를 주지 않고 있던 국민들을 히틀러 정부에 대한 신임으로 이끌 최적의 기회가 되었다.

1933년 11월 12일에 새로운 제국의회 의원 선거와 함께 치러진 그 국민투표는, 인민적 합의를 신임의 형태로 도출해내는 제3제국 정치 방식의 첫번째 연출이었다.* 충성의 서약을 하라는 대대적인 선전 공세에 직면한 국민들에게는 복수의 의원 후보 중에서 한 명을 선택할 기회가 제공되지 않았다. 그들에게는 미리 마련된 단일 리스트가 제시되

---

* 국민투표 투표지에 적혀 있던 질문은 다음과 같았다. "너, 독일의 남자, 너, 독일의 여자여. 너는 너의 정부의 이 정책을 승인하며, 그것을 너 자신의 견해와 너 자신의 의지의 표현으로 기꺼이 선언하는가?"

었다(그 리스트는 특징적이게도 나치당 리스트가 아니라 "지도자 리스트"로 선언되었다). 선거의 비밀이 보장되지 않을 것이며 선거에 불참하면 어떤 위해가 가해질지 모른다는 불안도 한몫하여, 유권자의 95퍼센트가 국제연맹 탈퇴에 "찬성" 표를 던졌고, 92퍼센트가 리스트에 동의했다.* 히틀러는 처음으로 "압도적인" 승리를 거두었고, 이를 근거로 하여 자신을 "전 인민의" 지도자로 선언했다. 국민투표와 제국의회 선거를 동시에 진행한 데는 민족인민당과 중앙당 출신의 객원 의원들을 떼어버리려는 의도도 결부되어 있었다. 새로운 '박수 의회'는 진정한 체제의 대표자들로만 구성되어야 했던 것이다. 물론 나치는 그 범주를 구투사를 훨씬 넘어서까지 확대하여 국가와 사회의 새로운 인물들을 추가했다. 나치당은 당원 수가 300만 명으로 증가한 상태였다. 1933년 이전부터 나치당 당원이었던 자들은 그중 일부에 불과했다.

민주주의의 기준에서 보면 새로운 제국의회는 소극笑劇에 불과했다. 그러나 제국의회는 히틀러가 연설을 하기도 하고 중요한 선언을 반포하기도 하는 포럼 역할을 했다. 제국의회는 또한 가끔씩 입법권을 행사하기도 했다. 의회는 수권법으로 담보할 수 없는 위헌적인 내용의 법률에 합법적인 외관을 부여하거나, 특정한 법규를 (위로부터의 명령에 따라) 시급하게 처리하는 아주 유용한 도구였다. 히틀러는 특히 특정한 법률을 보수적인 중앙 부처 공무원들과 그들의 규범적인 입법화 방식에 맡겨둘 수 없다고 판단할 경우 제국의회를 이용했다. 제국의회가 위헌적인 법률을 통과시킨 예는 1934년 1월 30일에 내무장관의 제안에 따라 "제국개혁"에 관한 법을 의회가 수용한 일이다. 주의 주권을

---

* 나치는 선거 불참자들에게 실제로 보복을 가했다.

제국에 이월시킨 그 법은 실상 "개선된 수권법"이었고, 제국정부는 그 법을 근거로 하여 단순한 정부 입법에 의해 제국상원을 폐지했다. 제국의회가 중앙 부처 공무원을 피하는 우회로 역할을 한 예는 1935년의 "뉘른베르크 혈통보호법"이다. 이 법은 정상적인 공무원 입법의 느린 경로를 견디지 못한 히틀러가 당시 뉘른베르크에서 개원한 제국의회에 통과시키도록 했던 법이다.

제4장
주의 제국 통합과 새로운 분권주의

1. 주 권력의 장악

이론적으로만 보면 독재 수립의 최대 걸림돌은 헌법에 보장되어 있던 주州의 독립성, 그리고 제국의회와 동급의 입법기관인 제국상원이었다. 그러나 제국정부가 프로이센 행정부를 위탁 관리하게 된 1932년 7월 20일에 연방주의의 주춧돌은 이미 훼손되었다. 파펜의 쿠데타 이후 제국정부와 프로이센 정부는 제2제정에서처럼 결합되었고, 그로써 보수주의와 개신교가 지배하는 비스마르크적·빌헬름적 전통이 다시 출현했다. 그렇듯 프로이센의 독립성이 폭력적으로 해체된 뒤에 나치가 집권하자, 프로이센 행정부가 온전히 괴링에게 장악되었다. 파펜이 프로이센 정부 부처를 담당하는 제국위원을 임명한 것 역시, 프로이센 이외의 주들을 제국에 복속시킬 때 모델 역할을 했다. 그 이전에도 나치 정부가 수립되어 있던 작은 주들이 몇몇 있기는 했지만(나치 지구당 위원장 프리츠 자우켈의 튀링겐, 디트리히 클라게스의 브라운슈바이크, 지구당 위원장 카를 뢰버의 올덴부르크, 나치 법률가 알프레트 프라이베르크의 안할트), 프로이센의 복속이 갖는 의미는 다른 주들과 비교할 수 없을 만큼 컸다.

 1933년 2월 6일의 긴급명령으로 프로이센에 대한 제국의 쿠데타가 한 번 더 시행되었다. 그 명령은 프로이센의 관리管理정부가 제국상원에 프로이센 대표를 파견할 수 있도록 했다. 그러자 나머지 주들이 공포에 사로잡혔다. 헌법적 원칙은 정반대였다. 국가법원은 1932년 10월 25일에 "제국위원은 제국의 기관으로서 제국의 권력에 종속된다. 제국위원은 따라서 제국상원에서 주를 대표할 수 없다"고 판시했던 것이다. 1933년 2월 16일 제국상원은 헌정 문제를 논의했다. 상원 의원의 다수는 남부 독일의 요청을 받아들였다. 그들은 상원이 프로이센 관리정부의 대표자들이 자의적으로 파견되었다는 점을 인지하며 그들의 정당성 문제는 국가법원이 판결을 내릴 때까지 유보한다고 선언했다. 프로이센의 도道들, 특히 서부 지역이 그 선언에 동조했다. 더 나아가서 그들은 브라운 정부가 불법적으로 실각되었다고 주장했다. 이는 제국정부의 위신에 직격탄이었다. 그러자 히틀러와 괴링과 프리크는 프로이센의 과거 정부에 대한 적개심을 더욱 불태웠다. 잘못은 국가법원에 제소한 구정부가 했다는 것이다. 나치는 브라운과 제베링을 공격하다 못해 그들이 공금을 횡령했다고 비난하기까지 했다. 파펜이 보기에도 나치의 음해가 지나쳤는지, 2월 18일에 그는 브라운과 제베링의 "인격적 진실성"을 믿는다는 성명서를 발표했다.

 그 상황에서 상원과 지방정부들에 나치와 대결하려는 에너지와 결의가 부족했다는 사실은 통탄스러운 일이다. 만일 상원 의원 다수가 국가법원의 판결로 만족하지 않고 일부 상원 의원들이 제안한 대로, 관리정부가 파견한 상원 의원의 정당성을 자체적으로 판정하여 부인하기로 결정했더라면, 제국정부가 받는 압박감은 훨씬 더 컸을 것이다. 그 대신 그들은 회의를 가능한 한 연기하기로 결정했다. 합법성 뒤로 몸을 숨긴 이 행위는 정치적인 자멸 행위였다. 내무장관 프리크도 각의에서 그렇게 평가했다. 나치가 장악하지 못한 주들의 합동 작전에서 취약 지대는 인민당 대표가 주요 부처 장관직을 수행하고 있던 바덴과 작센이었다. 작센의 임시 총리 시에크(인민당)는 상원이 상원 의원의 정당성을 검사할 권리가 없다고 주장함으로써 주의 독립성에 치명타를 안겼다.

3월 5일 선거 이전에 이미 지역의 나치들이 사민당, 중앙당, 인민당, 국가당이 참여하고 있던 주정부들을 강하게 압박했다. 1933년 2월 초 남부 독일과 헤센, 작센, 함부르크, 브레멘, 뤼베크에서도 주의회의 나치 의원단이 주의회를 해산하고 새로운 선거를 실시하라고 요구했다. 그 요구는 그 모든 곳에서 거부되었으나 다수의 주정부, 특히 바이에른, 뷔르템베르크, 헤센, 작센, 함부르크의 주정부가 주의회 다수의 지지를 받지 못하는 소수 정부라는 사실이 나치의 공격 지점이 되었다. 나치는 제국정부가 그곳에 위탁 관리정부를 구성해야 된다고 주장하기도 했고, 특정 고위 공직자의 퇴직과 특정 신문의 금지를 요구하기도 했으며, 그런 요구를 제국총리나 제국내무장관에게 진정하기도 했다. 헤센의 나치는 사민당 주내무장관 로이슈너가 1933년 2월 4일의 대통령 긴급명령을 위반했다고 격렬하게 공격하기도 했다.

1933년 1월 30일 이후 히틀러와 프리크는 자기들이 "제국의 연방적 국가 구조에 대한 이해"를 갖고 있다고 강조하고, 주와 제국상원의 권리를 침해하지 않을 것이라고 천명했다. 그러나 선거전에서 지방 나치의 공격이 심해지면서 제국정부와 주 사이에 긴장이 고조되었다. 헤센의 사민당 장관들 외에도 중앙당 소속의 뷔르템베르크 통령 볼츠와 바이에른 총리 헬트(바이에른 인민당)가 그 지역 나치에게 결연하게 맞서면서 주의 주권이 손상될 경우에 대하여 경고하고 나섰다. 사실 종전의 선거에서 뷔르템베르크와 바이에른의 나치는 평균 이하의 득표에 그쳤다. 흥미로운 점은 나치가 지배하지 못하던 주정부들이 2월 4일의 긴급명령을 프로이센보다 훨씬 유보적으로 사용했고, 특정한 신문과 조직을 금지하라는 제국정부의 직접적인 요구도 가끔 거부했다는 사실이다.*

물론 나치에게 정치적 보험을 들기라도 하려는 듯, 히틀러 정부의 요구를 고분고분 수용한 주도 있었다. 예컨대 부르주아 정당만으로 구성된 바덴 정부는 좌파 신문을 금지하는 데 두드러지게 열심이었고, 나치 바덴 지구당으로부터 격렬한 비난을 받던 내무부 경찰과장(바르크)을 해고하기도 했다.[1] 이런 사태는 히틀러와 프리크에게 주의 일체화 작업을 감행해볼 만하다는 인상을 심어주기에 충분했다. 1933년 2월 말, 제국 위탁 관리정부가 설치될지도 모른다는 징후들이 빈발했다. 슈투트가르트에서는 나치당 소속의 뷔르템베르크 주의회 의장 메르겐탈러가 "반항적인 (주의) 통령"을 조치해야 한다고 공공연하게 말했다. 제국내무장관 프리크는 2월 23일 바이에른과 관련하여, 분리주의 운동(당시 바이에른의 왕정주의자들은 인기 있던 황태자 루프레히트를 바

---

* 예컨대 바이에른 정부는 1933년 2월 20일에 『뮌헨 신보』를 금지하라는 중앙정부의 요청을 거부했다. *Frankfurter Zeitung*(1933년 2월 21일) ; BA: R 43 II/482.

이에른 왕에 옹립함으로써 비텔스바흐 왕정을 복고시키려고 노력하고 있었다. 이들은 바이에른 인민당의 지지를 받았다)을 가차 없이 처벌할 것이라고 경고했다.[2] 괴링은 2월 27일의 제국정부 각의에서 늦어도 3월 6일에 "함부르크 경찰을 제국내무부에 귀속시킬 전권"을 요구할 것이라고 예고했다. "함부르크 공산당이 완전히 자유롭게 움직이고 있다"는 것이 괴링이 제시한 이유였다.[3]

이미 그때 나치는 선거 직후에 주를 공격한다는 분명한 계획을 수립했던 것 같다. 게다가 1933년 2월 28일의 의사당 화재 긴급명령으로 제국은 지방정부에 경찰 담당 특무위원을 파견할 권리를 확보했다. 그러나 주정부들은 제국정부가 특무위원을 파견할 핑계를 주지 않기 위하여 필사적으로 노력하고 있었다. 따라서 아래로부터 나치당이 압력을 가해야만 중앙정부가 개입할 만한 상황이 조성될 수 있었다. 그리하여 나치당 총재 히틀러가 제국총리 히틀러의 조력자로 나섰다. 나치당이 움직이면 제국내무장관이 당의 "자발적인" 그 행동을 근거로 주를 공격했다. 아래로부터의 혁명적 압력과 그에 의해 가능해진 위로부터의 개입을 통하여 1933년 3월 5일에서 3월 9일 사이의 그 짧은 기간 동안 제국정부는 함부르크, 브레멘, 뤼베크, 샤움부르크-리페, 헤센, 바덴, 뷔르템베르크, 작센, 바이에른에 경찰권을 보유한 제국위원을 파견했고, 이어서 나치 정부를 수립시켰다.

주 권력의 일체화 작업은 프로이센 모델에 따라 언제나 행정권의 중핵인 경찰을 장악하는 것으로 시작되었다. 그 작업이 가장 빨리 진행된 함부르크가 전형적인 경우였다. 제국내무장관 프리크가 사민당 신문『함부르크의 메아리』를 2주일간 금지하라고 요구했다. 함부르크 시정부는 감히 그 요구를 거부하지 못했다. 그러자 1933년 3월 3일에 경찰장관 쉰펠더를 포함하여 사민당 소속의 시장관 세 명이 사퇴하였고, 하루 뒤에 그동안 함부르크 민주주의에 막대한 공헌을 했던 카를 페터젠(국가당) 시장이 사퇴했다. 페터젠은 당시 와병 중이었다. 그러자 함부르크 나치당이 약화된 시정부를 더욱 압박했다. 그들은 특히 경찰지휘권을 나치에게 넘기라고 요구했다. 제국내무장관 프리크 역시 3월 4일에 함부르크의 베를린 대표부에게 똑같은 내용의 "권고"를 했다. 그러나 함부르크 시정부는 사민당 소속의 경찰감을 사직시켰을 뿐, 더 이상의 요구에는 응하지 않았다.

그러자 나치당 소속의 함부르크 경찰관들이 직접 행동에 돌입했다. 그들은 3월 5일에 경찰 건물과 막사에 불법적으로 나치당 당기를 게양했다. 이는 권력의지를 상징적으로 표현한 행동에 불과했지만, 그 덕분에 함부르크 나치의 위신이 급상승했다. 그러나 시정부는 다수의 충성스러운 경찰관들에게 갈고리십자가 깃발을 내리라는 분명한 지시를 하달하지 않았다. 그러자 함부르크 나치 지구당으로부터 실시간으로 연락을 받고 있던 프리크가 시정부의 우유부단함과 불안감을 단호하게 이용했다. 프리크는 시정부가 공공의 안전을 더 이상 보장하지 못한다는 이유와 1933년 2월 28일 대통령 긴급명령을 근거로 하여, 함부르크 나치 돌격대장인 전직 경찰 대위 알프레트 리히터를, 함부르크 경찰을 담당하는 제국경찰위원에 임명했다.[4]

다음 날(3월 6일) 브레멘에서도 비슷한 경로를 거쳐 경찰이 나치에게 장악되었다. 다만 이곳에서는 평판이 좋고 유능한 당원이 없다고 판단한 나치당 브레멘 군(郡)지도자의 추천으로, 나치 구투사가 아니라 1931년에 나치당에 입당한 브레멘 노동사무소 소장 리하르트 마르케르트가 제국경찰위원에 임명되었다.[5] 이곳에서도 나치는 시청 주변의 시위 금지 지역에서 대중 집회를 개최함으로써 나치당의 위신을 드높였다. 이곳 시정부 또한 나치당 깃발 게양에 단호하게 대처하지 못했고(이 때문에 빌헬름 카이젠을 비롯한 사민당 소속의 시장관들이 사퇴했다), 나치의 도전에 그렇게 무기력한 태도를 보임으로써 시정부의 권위를 떨어뜨렸다. 같은 날 뤼베크 시정부는 나치의 요구를 수용하여 나치 지구당 감찰관 발터 슈뢰더에게 경찰권력을 위임했다. 그러나 제국내무장관 프리크는 닷새 뒤에 경찰을 담당하는 별도의 제국경찰위원(뤼베크 경제회의소 총무 프리드리히 횔처)을 임명했다.

함부르크의 운명은 3월 5일 선거 전에 이미 결정되었지만, 다른 주에서 격변은 선거 직후 전격적으로 닥쳐왔다. 모든 곳에서 나치 지지자들의 대중 집회, 혹은 주도州都의 중심부와 공공건물 앞에서 벌어진 돌격대와 친위대의 집회와 행진이 나치가 주 권력을 장악하는 배경이자 수단으로 작용했다. 나치 지도부에 의해 위로부터 조절된 그 집회들은 승리한 혁명의 의식儀式으로 선포되었다. 함부르크에서 처음으로 나타났고 이어서 브레멘에서도 그랬듯이, 민족인민당의 흑적황 깃발과 나치 갈고리십자가를 시청을 비롯한 공공건물에 게양하는 것은 위신의 문제인 동시에, 경찰과의 충돌을 도발하거나 유발하는 수단이었다. 깃발은 '혁명'을 실제로 행한다기보다 연극적으로 연기하는 것에 불과한 것이었지만, 그것은 나치가 심리를 얼마나 교묘하게 이용하였는지를 한 번 더 보여준다. 나치는 갈고리십자가를 게양함으로써, 겉으로는 그저 자신들이 3월 5일 선거에서 승리를 거머쥐었다는 사실을 공적인 상징 차원에서 승인받으려 하는 것처럼 행동했다. 그러나 공적 상징이 교체되는 것에 승복하는 순간, 주정부 스스로가 인민의 압도적인 여론에 반反하는 부당한 정권이라는 것을 상징적으로 자인하는 꼴이 되었다. 그 순간, 인민의 압력을 조직한 자들은 정당해지고 합헌적인 관리 정부는 부당한 존재로 추락했다.

권력이 폭력적이고 혁명적으로 장악되는 동시에 기존의 정부가 장송葬送의 노래 한마디 없이 불명예스럽게 실각하는 모습은, 3월 6일에 헤센에서도 되풀이되었다. 그날 헤센의 돌격대와 친위대 대원들이 무장 보조경찰대를 구성하여 주도主都 다름슈타트 시내를 휩쓸고 다녔다. 경찰이 그들과 동행한 것으로 보아, 그날 돌격대의 작전은 정규 경찰의 용인을 받았던 것으로 보인다. 나치 행동대와 정규 경찰이 함께 움직이자, 나치가 이미 새로운 '치안 주체'로 받아들여지고 인정되었다는 인상이 심어졌다. 돌격대와 친위대는 공공건물에 나치 당기를 게양했고, 나치 헤센 지구당은 경찰권을 인수하기 위하여 주내무부를 점거했다. 프리크는 헤센 내무부를 나치에게 넘기라는 명령을 이미 하달하였으나, 그 명령은 아직 다름슈타트에 도착하지 않은 상황이었다. 그래서 경찰이 나치 행동대를 막아섰다. 그러나 돌격대는 출동한 경찰에게 폭력을 가하고 경찰관들로부터 무기를 빼앗았다. 그들은 또한 3월 6일에서 7일로 넘어가는 날 밤에 헤센 주총리 아델룽과 내무장관 로이슈너를 자택에 연금했고, 외부와 연락을 취하지 못하도록 전화선을 끊어 버렸다. 그러는 사이 프리크가 임명한 제국위원 하인리히 뮐러가 헤센 내무부를 장악했고, 이어서 친위대원인 베르너 베스트를 제국경찰위원에 임명했다. 뮐러는 나치 헤센 지구당 위원장 슈프렝거의 측근으로서 헤센 주의회에서 나치당의 내무정책을 전담하고 있었고,[6] 젊은 베스트는 헤센 주의회 의원이자 나치 지구당의 법률 전문위원이었다.[7]

위에서 서술한 세 개의 한자Hansa도시와 헤센의 경우, 사민당이 정부에 참여하고 있었기 때문에 의사당 화재 긴급명령에 의거하여 "마르크스주의"를 배제하기 위해 경찰권력을 나치에게 넘긴다는 핑계가 제시될 수 있었다. 그러나 이틀 뒤인 3월 8일에는 사민당이 주정부에 참여하고 있지 않던 바덴, 뷔르템베르크, 작센에도 제국위원이 임명되었다. 그곳에서는 나치의 압력과 위협이 더욱더 무조건적이었고, 나치의 권력의지도 더욱 적나라했다. 나라 전체에서 나치의 혁명적 역동성이 분출되고 있었기 때문이다. 그리하여 그곳의 제국위원에 임명된 자들은 더 이상 나치 주의회 의원단 소속의 행정 전문가나 경찰 문제 전문가가 아니었다. 나치 지구당과 돌격대의 수뇌들, 구체적으로 바덴의 나치 지구당 위원장 로베르트 바그너, 뷔르템베르크의 돌격대 장군 디트리히 폰 야고프, 작센의 돌격대 장군 만프레트 폰 킬링거가 전문 영역과 전혀 무관하게 제국위원에 임명되었다.

　가장 극적인 경우는 바이에른이었다. 3월 8일 바이에른 총리 헬트는 힌덴부르크 대통령으로부터 바이에른에 제국위원을 파견할 계획이 없다는 확약을 받았다. 그러나 3월 9일에 뮌헨에서도 돌격대가 행진했고, 시청을 비롯한 곳곳의 공공건물에 갈고리십자가가 내걸렸다. 그러나 나치 행동대의 공갈에 굴하지 않기로 결정한 바이에른 정부는 보란 듯이 경찰을 동원했다. 제국국방부는 군대는 "국내 갈등"에 간섭하지 않을 것이라고 바이에른 정부에 통고했다. 그럼에도 불구하고 바이에른 정부는 자유군단 대장 출신이자 나치 중앙당 국방정책국 국장 프란츠 크사버 폰 에프를 바이에른을 총책임 지는 제국위원에 임명하라는 요구를 거부했다. 에프는 당시 바이에른 지구당 위원장 아돌프 바그너와 에른스트 룀 및 하인리히 힘러의 지지를 받고 있었다. 3월 9일 저녁에 제국내무장관 프리크가 에프를 바이에른 제국위원에 임명했지만, 바이에른 정부는 그 조치가 주의 주권을 침해하는 것이라고 항의했다.

주에 제국위원을 파견하는 것은 명백한 헌법 위반이었다. 그것은 1933년 2월 28일의 대통령 긴급명령으로도 정당화될 수 없었다. 프리크는 "소요가 발생할 위험성이 높을 때"라는 긴급명령의 조건을 제시했지만, 그때 그 소요는 "국가를 위협하는 공산주의자들의 폭력 행위"여야 했다. 현실에서 대중 행진, 폭력, 협박을 일삼은 것은 거의 언제나 나치당 조직이나 단체였다. 나치는 그러나 그런 불법 행위를 하는 것으로 끝나지 않았다. 주에 나치 경찰위원이 임명되면 거의 모든 주는 의회를 소집하거나 의회를 해산하고 새로운 선거를 실시하여 합헌적인 절차에 따라 우익 정부가 수립되도록 허용하려 했다. 이는 헌법적으로 그럴 필요성이 전혀 없음에도 불구하고 그들이 나치가 원하던 주 권력의 일체화에 호응하겠다는 뜻이었다. 그러나 나치에게 그 과정은 너무 지루하고 불확실했다.

나치의 집권이 합헌적으로 이루어진 곳은 함부르크, 뷔르템베르크, 헤센 세 곳뿐이었다. 그곳 의회에서는 3월 8일 및 3월 13일에 공산당 의석이 회수되고 사민당이 보란 듯이 기권한 가운데, 나치당과 민족인민당 의원들이 다수를 이루어서 새로운 정부를 구성했다. 그 과정을 거쳐서 함부르크에서는 부르주아에게 수용 가능한 인물이던 카우프만이 통령이 되었고, 1932년에 나치당에 입당한 조선업 기업가 카를 빈첸트 크로그만이 주총리가 되었다. 헤센에서는 1차 대전 이전에 원민중주의 운동에 투신했던 나치당 주의회 의장인 페르디난트 베르너가 통령과 문화부장관을 겸했고, 하인리히 뮐러가 내무장관과 법무장관과 재무장관을 겸직했다. 뷔르템베르크에서는 지구당 위원장 빌헬름 무르가 통령, 내무부, 경제부를 장악했고, 그의 나치당 경쟁자인 주의회 의장 크리스티안 메르겐탈러는 문화장관과 법무장관을 겸했으며, 볼츠 정부 시절부터 재무부를 맡고 있던 알프레트 델링거는 유임되었다.

다른 모든 주에서는 나치 경찰위원이 합헌적인 정부 구성을 막고 개별 부처에 나치 특무위원을 앉힌 뒤에, (요구가 수용되지 않을 경우 공공의 안전과 질서를 보장할 수 없다는 속 보이는 협박을 가함으로써) 광기 어린 태도로 주정부를 축출했다. 브레멘과 바덴과 작센에서는 제국위원(마르케르트, 바그너, 킬링거)이 나치 주정부를 구성하고 이끌었다. 바이에른에서 에프는 경찰권만이 아니라 주에 대한 제국정부의 감독권 자체를 위임받았다. 에프는 모든 행정 영역에 제국위원들이 파견되는 데 동의함으로써 주정부를 빈껍데기로 만들어버렸다. 결국 3월 16일 바이에른의 헬트 정부가 사퇴했다. 그러자 에프는 린다우 시장이자 바이에른 주의회 의원인 루트비히 지베르트를 주총리 겸 재무장관에 임명했다. 그러나 바이에른에서의 실권은 히틀러의 오랜 동지들로서 나치 "운동의 수도"인 뮌헨에 자리 잡고 있던 자의식이 강한 나치당 거물들이 잡았다. 뮌헨 지구당 위원장 아돌프 바그너(내무장관), 한스 프랑크(법무장관), 오버프랑켄 지구당 위원장 한스 솀(문화부장관)이 그들이다. 그러나 추후 막대한 의미를 갖게 되는 인사人事가 1933년 3월 9일에서 10일로 넘어가는 밤에 이루어졌다. 돌격대 참모장 에른스트 룀이 바이에른 국가특무위원에 임명되고 친위대장 하인리히 힘러가 바이에른 경찰을 장악한 것이다. 힘러는 즉각 친위대 대령 라인하르트 하이드리히에게 바이에른 정치경찰을 맡겼다.

그처럼 룀과 힘러, 그리고 다수의 나치 지구당 위원장들과 돌격대 지휘관들이 공직을 차지한 것을 보면, 프로이센 이외의 지역에서 3월 5일 직후에 이루어진 일체화 작업은 그에 앞선 2월에 프로이센에서 벌어진 일체화와는 비교가 안 될 정도로 나치당과 나치 행동대의 수뇌들에 의한, 그리고 그들의 권력을 위한 작업이었음이 드러난다. 독일민족주의 파트너들에 대한 고려는 찾아볼 수 없었다. 나치는 프로이센에서도 "당의 권력 장악"을 뒤늦게나마 추진했다. 3월 둘째 주 이후 프로이센의 수많은 돌격대와 친위대 보스들이 경찰 간부직을 자기 몫으로 챙긴 것이다.*

2. 프로이센 도감독과 제국주총감

파펜과 독일민족주의자들은 프로이센의 도감독Oberpräsident 자리에 나치 지구당 위원장들과 돌격대 장군들이 임명되는 것을 막을 수 없었다.[8] 이미 1933년 3월 말까지 브란덴부르크 도감독에 브란덴부르크-오스마르크 지구당 위원장 빌헬름 쿠베(1936년 이후에는 에밀 슈튀르크), 슐레스비히-홀슈타인 도감독에 그 지역 지구당 위원장 하인리히 로제, 슐레지엔 도감독에 그 지역 지구당 위원장 헬무트 브뤼크너(1934년에는 남베스트팔렌 지구당 위원장 요제프 바그너), 하노버 도감독에 돌격대 장군 빅토르 루체가 각각 임명되었다. 이러한 경향은 그 후에도 계속되어, 동프로이센의 도감독에 그 지역 지구당 위원장 에리히 코흐, 작센(마크데부르크) 도감독에 돌격대 대장 쿠르트 폰 울리히,

---

* 예컨대 브레슬라우의 돌격대 장군 에드문트 하이네스, 에르푸르트의 돌격대 장군 폰 피히테, 포츠담의 돌격대 장군 폰 헬도르프, 코블렌츠의 돌격대 장군 베터, 한때 전국 돌격대 대장을 맡았던 카셀의 폰 페퍼, 뒤셀도르프의 친위대 장군 바이첼, 에센의 친위대 대령 체호, 마크데부르크의 돌격대 장군 슈라그뮐러 등이 그랬다.

포메른 도감독에 1934년 그 지역 지구당 위원장으로 부임한 프란츠 슈베데가 임명되었다.

프로이센의 서부 독일 영토에서는 사정이 달랐다. 그곳의 도감독에는 나치당에서 당직을 맡고 있지 않거나, 당직자라고 하더라도 비중이 별로 없고 경력과 신분에서 오히려 민족인민당 명사로 분류될 수 있는 자들이 임명되었다. 헤센-나사우(카셀)의 도감독에는 나치에 우호적이었던 호엔촐레른의 황태자 아우구스트 빌헬름("아우비")의 중재로 나치당에 입당한 필리프 폰 헤센 공작이 임명되었다. 라인란트 도감독(코블렌츠)에는 헤르만 폰 뤼닝크 남작이 임명되었는데, 그는 이미 1933년 2월에 베스트팔렌(뮌스터) 도감독에 임명된 친형 페르디난트 폰 뤼닝크와 마찬가지로 바이마르공화국에 대한 반감에서 1920년대 초에 공직에서 물러나 민족저항 운동과 녹색전선의 라인란트 대표로 활동하던 인물이다(그는 1935년에 나치당 에센 지구당 위원장 요제프 테르보펜으로 교체된다).

괴링은 1933년 3월 17일의 "프로이센 내무행정을 개혁하기 위한 명령"을 통하여[9] 도감독의 행정 업무는 줄이면서 정치적 지위는 프로이센 국가를 도에서 대표하는 정치적 기관으로 격상시켰다. 프로이센 국가와 도시 및 군 사이에 있는 중간 기관인 지구감독Regierungspräsident은 프로이센 내무부에 직속되어 있었다. 따라서 도감독은 지구감독에게 직접적인 업무 명령을 행사할 수 없었다. 그러나 괴링은 3월 17일의 명령에, 긴급한 상황에서는 도감독이 지구감독에게 직접적인 명령을 내릴 수 있고, "도감독의 판단이 각별히 중요하므로" 지구감독이 도감독의 의견을 무시해서는 안 된다고 명시했다.[10] 게다가 도감독과 지구당 위원장을 겸하는, 다시 말해서 당직과 공직을 겸직하고 있던 인물들의 '소망'은 지구감독들이 충족시켜야 했다.*

프로이센에는 나치 지구당과 도Provinz가 지리적으로 불일치하는 경우가 특히 많았다(프로이센 도는 12개였고, 나치 지구당은 그 두 배였다). 그래서 그곳의 나치 지구당 위원장들 중 다수는 공직을 차지하지 못했다. 그리하여 프로이센에는 행정과 당이 서로 적대하고, 지구당 위원장(그리고 돌격대와 친위대의 고위직 인물)이 스스로를 지구감독의 '감시자'로 이해하는 경우가 적지 않았다. 프로이센 내무장관(괴링)은 이러한 상황에 대처하기 위하여 1933년 5월 29일에 "도감독과 지구감독의 나치당 지구당 위원장들과의 협력"에 대한 명령을 하달했다.[11] 명령은 주 행정이 "나치 운동, 즉 해당 지역 지구당 위원장들과 항상적으로 접촉해야 하며," "중요한 조치를 취하기에 앞서" 그들과 "논의해야 하고," 특히 인사 문제에서는 지구당 위원장의 의견을 들어야 한다고 명문화했다. 괴링은 또한 나치당을 제외한 모든 정당이 해체된 직후인 1933년 7월 8일에 "프로이센 상원에 관한 법"을 공포하여[12] 종전에 도의회가 파견하던 상원 의원직을 임명직으로 바꾸고, 프로이센의 나치 지구당 위원장 전원을 상원 의원에 임명했다. 이는 지구당 위원장들의

---

* (옮긴이) 도Provinz는 프로이센만의 지방자치체인 동시에 내무행정 단위로서 지리와 인구의 규모에서는 프로이센 이외 지역의 주Land에 해당된다. 이는 프로이센이 역사적으로 브란덴부르크와 동프로이센에서 출발하여 독일 지역의 독립 국가들을 병합하면서 성장하였고, 그 과정에서 병합된 지역을 도로 편입시킨 탓이었다. 1871년에 독일이 통일되었을 때 프로이센은 형식적으로 바이에른 등의 다른 국가들과 동급으로 독일제국의 주가 되었고, 따라서 그 이전에 프로이센에 병합된 다른 지역은 주가 아니라 도가 되었던 것이다. 지방자치체로서의 도에는 도의회와 도정부가 자리 잡았지만, 프로이센 주는 하부 행정 단위로서의 도에 도감독Oberpräsident을 파견하여 감독하도록 했다. 프로이센에서 도가 주 하위의 단위이긴 했으나 그 기능은 문화와 보건에 국한되었고, 나머지 행정은 시와 군에 집중되었는데, 지구감독Regierungspräsident은 바로 시와 군을 감독하기 위하여 프로이센 주내무부가 파견한 관리였다.

국가정치적인 지도력과 대표성을 부각시킨 조치였지만, 프로이센 수권법으로 상원의 입법권과 행정권은 이미 소멸된 뒤였으므로 상원 의원의 정치적 의미는 전무했다. 따라서 그것은 도감독 자리를 차지하지 못한 지구당 위원장들을 위로하는 정도의 성격밖에 갖지 못했다.* 다른 한편으로 지구당 위원장이 도감독을 겸하는 경우에는 명실상부한 지방권력이 창출되어 중앙의 프로이센 정부에 맞설 수 있었다. 이는 종종 프로이센 행정의 통일성에 걸림돌로 작용했다.

주 권력의 일체화 작업도 비슷한 결과를 낳았다. 나치가 주 권력을 장악하면서 권력욕이 가득한 지구당 위원장들이 통령, 주총리, 장관이 되었고, 이는 정당정치의 일체화라는 덮개 아래 주정부 및 주정부 기관들의 독립성에 새로운 힘을 불어넣었다. 이러한 결과는 통일적인 독재 체제라는 관점과 어긋날 뿐만 아니라, 나치당 강령에 명시된 제국 중앙권력의 강화에도 배치되는 것이었다. 게다가 1933년 3월 선거 직후에는 아직 수권법이 통과되지도 않았고, 가톨릭중앙당이 독일의 연방 구조를 보존한다는 것을 조건으로 수권법에 동의하겠다고 천명한 만큼, 히틀러가 주의 독자성을 단칼에 없앨 수 있는 상황도 아니었다. 따라서 3월 선거 직후에는 아직도 주의 헌법적 주권과 제도적 독자성이 유지되고 있었다. 3월 24일에 효력을 발생하기 시작한 수권법도 제국상원을 존치하였기 때문에 연방 구조가 유지되리라는 기대는 오히려

---

* 이는 뒤셀도르프의 플로리안, 쾰른-아헨의 그로헤, 코블렌츠-트리어의 지몬, 동하노버의 텔쇼, 헤센-카셀의 바인리히, 할레-메르제부르크의 요르단 등 독일 서부와 중부의 프로이센 도에 위치한 지구당 위원장들이 그랬다. 다른 프로이센 지역 나치 지구당 위원장들, 예컨대 북베스트팔렌의 마이어, 마크데부르크의 뢰퍼는 1933년 5/6월에 이웃한 비非프로이센 지역의 제국주총감이 되었다.

강화되었다.

1933년 3월 31일의 제1차 일체화법은 주정부에 주의회와 무관하게 법을 공포하고(이 역시 위헌적인 내용) 주 행정을 개편할 권리를 부여했다.[13] 그 법이 공포되기도 전에 뷔르템부르크 같은 주에서는 이미, 새로 들어선 나치 정부가 주의회로 하여금 수권법을 통과시키도록 했다. 이로써 주의회의 존립 이유가 소멸되었지만 주의회는 여전히 존속되었다(이는 일체화법 8일 전에 발표된 주의 독립성을 유지하겠다는 히틀러의 약속을 형식적으로 지키는 것이기도 했다). 일체화법은 또한 주의회의 의석이 3월 5일 제국의회 선거에서의 정당 득표율에 따라 배분되도록 했고, 의석수를 줄이는 동시에 공산당 의석을 법적으로 무효화했다. 그 법은 시의회 또한 동일한 방식으로 구성되도록 했다. 그 덕분에 정부 여당은 독일에 존재하는 모든 의회에서 절대 다수를 확보했다.*

며칠 뒤인 1933년 4월 7일 제국정부는 "주와 제국을 일체화하기 위한 두번째 법"을 공포했다. 그 법으로 제국주총감Reichsstatthalter이란 직책이 설치되었다. 이는 제국과 주의 정치적 일체화를 넘어 양자 사이의 헌법적 관계를 결정적으로 변화시키고 주의 주권을 더욱 약화시키는 조치였다. 제국주총감직은 3월 29일 각의에서 히틀러가 제국과 주의 관계를 정리하라고 재촉함에 따라 서둘러 마련된 제도였다. 내각 회의 직후에 파펜을 의장으로 하고 내무장관 프리크, 행정 문제에 능통한 프로이센 재무장관 포피츠, 그리고 쾰른의 공법 전문가 카를 슈미트가 위원으로 참여하는 위원회가 구성되었다. 위원회의 임무는 히

---

* 1933년 4월 7일의 제2차 일체화법은 주정부의 수장과 구성원에 대한 주의회의 "불신임"을 "불허한다"고 선언했다.

틀러의 "권고"에 "법적 형태를 부여하는 것"이었다.[14] 그렇게 하여 중앙과 지방의 관계를 개편하는 중대 사안이 단 며칠 만에 결정되었다. 이로써 주 권력의 내부 문제가 완전히 정리되지도 않은 상태에서, 그리고 주의 경계선을 조정하고 중앙과 지방 행정을 통일하며 프로이센의 특수 지위를 재조정하는 등의 문제가 포괄적이고 상관적으로 해결되지도 않은 상태에서, 추후에 실시할 제국개혁의 중핵이 미리 결정되어버렸다.

그 시점은 나치 이외의 정파가 주 권력에서 사실상 배제되어 주정부를 공격할 필요가 없었던 때였다. 따라서 제국주총감을 설치한 데는 주 권력을 장악하는 것 이외에 다른 목적이 개재되어 있었을 것이다. 제국주총감(히틀러는 3월 29일 각의에서 "통령"이라고 표현했다)의 지위 및 기능은 세 가지였다. 제국주총감은 주의회가 인민의 대표 기관으로서의 지위를 상실한 뒤에 주의 주권을 대표하는 존재였고, 조각組閣을 위촉하고 공무원을 임명하며 사면권을 행사하는 주의 대통령인 동시에, 제국총리의 제안으로 제국대통령에 의해 임명되어 "제국총리가 제시한 정책"이 주에서 제대로 시행되는지 감시하는 제국 "감독관"이었다. 히틀러는 당과 돌격대 수장들이 지방에서 권력을 장악함에 따라 국가와 당에 대한 자신의 입지가 흔들릴 것을 염려하여, 주가 지방권력의 거점이 되는 것을 막으려 했던 것으로 보인다. 따라서 제2차 일체화법은 돌격대와 나치당 혁명을 억제하려는 히틀러와 중앙정부의 노력으로 평가할 수 있다.

실제로 히틀러와 프리크는 그 후 몇 달간 제국주총감이나 제국주총감회의(1933년 5월 26일, 7월 6일, 9월 28일에 열렸다)를 이용하여 나치당 혁명에 제동을 걸려고 했다. 또 다른 징후는 바이에른과 뮌헨, 즉 나치당, 돌격대, 그리고 친위대의 수도이자, 3월 9일의 "권력 장악" 과정에서 혁명의 성격을 만천하에 드러낸 그 지역에 1933년 4월 10일, 다시 말해서 제2차 일체화법이 공포된 지 3일 만에 제국주총감이 임명되었다는 사실이다. 다른 주에서 주총감은 5월, 심지어 그보다 늦은 시점에 임명되었다. 게다가 바이에른 제국주총감에 임명된 에프는 제국주총감들 중에서 나치당 지구당 위원장이나 돌격대 장군이 아닌 유일한 인물이었다. 히틀러가 제국주총감법을 도입한 일차적인 목표는 바이에른에서 출발하여 베를린으로 몰려올지도 모르는 나치당 혁명을 억제하는 데 있었는지도 모른다.

제국주총감 제도가 그처럼 포괄적이고 통일적인 제국개혁이 아니라 그저 당면한 문제 해결에 바쳐진 것이라는 점은, 프로이센에 대한 특수 규정에서도 드러난다. 프로이센의 제국주총감을 제국총리인 히틀러가 겸하기로 한 것이다. 이로써 프로이센 제국위원으로서의 파펜의 지위는 소멸되었다. 이는 3월 5일 제국의회 선거와 동시에 실시된 프로이센 주의회 선거 이후 선거 결과에 따라 새로운 정부가 구성되기도 전에 이루어진 일이다. 프로이센의 새 정부는 실제로 제2차 일체화법이 공포되고 사흘이 지난 4월 10일에 파펜이 아니라 괴링을 총리로 하여 구성되었고(괴링은 내무장관을 겸했다), 히틀러는 자신이 보유한 프로이센 제국주총감의 권리를 괴링에게 맡김으로써 그 기이한 행정적 모순을 해결했다. 결과적으로 일체화법은 괴링이 프로이센에서 갖던 지위를 공고화시키는 동시에 제국정부 내각에서 파펜이 점하는 지위를 약화시켰다. 또한 종전의 나치당 소속의 프로이센 주의회 의장 한스 케를이 프로이센 법무장관에 임명됨으로써(1933년 4월 21일), 프로이센 정부에서 나치가 아닌 사람은 제국경제장관을 겸직하고 있던 경제부장관 후겐베르크와 재무부장관 포피츠밖에 없게 되었다.

　괴링이 제국주총감의 권한을 제국총리를 대신하여 행사함에 따라, 제국주총감 제도는 프로이센에서 제국정부와 프로이센 주정부를 결합시킨 비스마르크적 체제의 복고라고 할 수도 있다. 파펜의 1932년 쿠데타는 바로 그것을 의도했다. 그런 면에서 보면 괴링의 복잡한 지위는 프로이센의 압도적 지위를 이용하여 제국정부의 권력과 권위를 세우려는, 중앙권력과 지방권력의 통일과 균형이라는 목표에 장애물로 작용했던 구舊정치의 답습이었던 셈이다. 제2차 일체화법이 지리적 통일, 특히 작은 주들을 통합한다는 목표에 기여한 부분은 주민 수가 200만 명 미만인 여러 주에 한 명의 제국주총감을 임명할 수 있다는 조항 하나뿐이었다. 그러나 그것조차 제국주총감 제도에 정치적으로 접근할 뿐 주의 지리적 재편성은 추진하지 않고 그저 관망만 하는 이상, 긍정적인 효과를 낳을 수는 없었다.

　1933년 5월/6월에 임명된 10명의 제국주총감(바이에른의 에프 제외) 중 여섯 명이 규모가 비교적 큰 여섯 개의 주(작센, 뷔르템베르크, 바덴, 헤센, 튀링겐, 함부르크)에 한 명씩 임명되었다. 복수의 주에 한 명의 제국주총감이 임명된 경우는 리페-데트몰트와 리페-샤움부르크, 브레멘과 올덴부르크, 브라운슈바이크와 안할트, 두 개의 메클렌부르크(메클렌부르크-슈베린과 메클렌부르크-슈트렐리츠)와 뤼베크였다. 따라서 압도적인 프로이센을 제외하더라도 주의 규모는 편차가 여전히 컸다. 바이에른과 작센의 인구가 각각 700만과 500만이었는 데 반하여, 리페의 주민 수는 통합된 뒤에도 25만 명에 불과했다.

　그러나 새로운 기관의 실질적인 권력정치적·헌정적 기능은 제국주총감 인선에 달려 있었다. 제2차 일체화법은 제국주총감의 주요 임무가 제국정부의 정책을 주에서 관철시키는 데 있다고 규정해놓았다. 그런데 기이하게도 히틀러는 주총감에 주로 나치당 지구당 위원장들을 임명했다(바이에른은 예외).¹⁵ 그들은 자신의 정당정치적 권력 기반을 다름 아닌 주에 두고 있는 자들이 아닌가. 그들이 스스로를 일차적으로 자기 지역의 지도자요 대표자로 느끼리라는 점은 능히 짐작할 수 있는 일이다. 그런데도 왜 그랬을까? 히틀러에게는 달리 길이 없었던 것으로 보인다. 나치당 수뇌들이 장악한 주정부에 자신의 의지를 관철시킬 수 있는 자들은 나치 지구당 위원장들밖에 없었기 때문이다. 앞서 설명한 대로, 나치당에는 지구당의 상부에 강력한 집단 지도부가 없었다. 따라서 주 권력을 장악하면서 행정권력과 정당권력을 한 손에 꿰찬 자들을 제압할 만한 기관과 인물이 중앙당에는 없었다.

그러므로 제국주총감에 주로 지구당 위원장들을 임명한 것은, 1932년에 나치당 주감찰관Landesinspekteur들을 임명할 때 적용했던 원칙에 따른 것이라고 평가할 수 있을 것이다. 그 원칙이란 지구당의 규모가 크거나 행동력이 뛰어난 지구당 위원장을 제국주총감에 임명하는 것이었다. 그러나 이는 위험이 적지 않은 전략이었다. 그들 역시 당권력과 행정권력을 한 손에 장악하게 되었기에, 한편으로는 히틀러의 제국정책을 주에서 용이하게 관철시킬 수도 있지만, 다른 한편으로는 주에 새로운 분권적 권력 기반을 구축할 수도 있는 노릇이었기 때문이다. 첨언하자면, 주총감이나 프로이센 도감독에 임명된 지구당 위원장들의 절반가량은 바로 1932년에 나치당 주감찰관에 임명되었던 자들이다.

그리하여 제국주총감에 작센에서는 지구당 위원장 마르틴 무치만이, 헤센에서는 지구당 위원장 야코프 슈프렝거가, 함부르크에서는 지구당 위원장 카를 카우프만이, 브라운슈바이크와 작센-안할트에서는 나치

마크데부르크-안할트 지구당 위원장 프리드리히 빌헬름 뢰퍼*가, 메클렌부르크**와 뤼베크에서는 나치 메클렌부르크 지구당 위원장 프리드리히 힐데브란트가, 리페와 사움부르크-리페에서는 나치 북베스트팔렌 지구당 위원장 알프레트 마이어가 임명되었다.

1932년이나 1933년 3월에 이미 주총리직을 확보한 나치 지구당 위원장들은 향후 제국개혁이 실시되면 주총리의 정치적 의미가 크게 약화될 것이라고 판단하여 제국주총감직을 선택했다. 뷔르템베르크의 빌헬름 무르(주총리직은 크리스티안 메르겐탈러에게 돌아갔다), 바덴의 로베르트 바그너(주총리는 발터 쾰러), 튀링겐의 프리츠 자우켈(주총리는 빌헬름 마르슐러), 올덴부르크와 브레멘의 카를 뢰버(주총리는 게오르크 요엘)가 그랬다.

그러나 제국주총감 제도는 주 권력의 이원화Dualismus를 낳았다. 실상 권력은 단순히 이원화되었다기보다 상호 경쟁하는 기관들로 파편화되었다. 다시 말해서 제국주총감과 주총리의 대립 구도 뒤에 과거 나치 운동의 내부 대립이 자리했던 것이다. 제국주총감과 주총리의 대립은 곧 나치 지구당 위원장과 부위원장의 대립(올덴부르크와 브레멘의 뢰버와 요엘)이나 지구당 위원장과 나치 주의회 의장의 대립(뷔르템베르크의 무르와 메르겐탈러), 혹은 지구당 위원장과 돌격대 대장의 대립(작센의 무치만과 킬링거)이었다.

바이에른도 마찬가지였다. 이곳에서도 주가 제국과 일체화되고 제국

---

* 1935년 10월 23일에 뢰퍼가 사망하자 후임에는 나치 할레-메르제부르크 지구당 위원장 루돌프 요르단이 임명되었다.
** 메클렌부르크-슈트렐리츠와 메클렌부르크-슈베린은 1933년 12월 15일에 하나의 주로 통합되었다.

주총감이 임명되었어도 구래舊來의 권력 경쟁은 극복되지 않았다. 바이에른의 나치 지구당은 모두 여섯 개였는데, 바이에른 주장관직을 차지한 지구당 위원장은 오버바이에른의 아돌프 바그너와 바이에른 오스트마르크의 한스 솀 두 명뿐이었다. 나머지 네 명, 즉 미텔프랑켄의 율리우스 슈트라이허, 운터프랑켄의 오토 헬무트, 슈바벤의 카를 발, 라인팔츠의 요제프 뷔르켈은 집권 초기에 공직을 확보하지 못했다. 1934년 여름에 헬무트와 발은 자기 지역의 지구감독에 임명되었지만, 자의식이 강한 슈트라이허와 뷔르켈은 지구감독 자리가 너무 하찮은 자리라며 거부하고 국가기관을 무시하거나 압박하는 독단적인 움직임으로 일관했다. 그 두 사람은 바이에른 내무장관인 바그너(오버바이에른의 지구당 위원장)를 자신들과 동급으로 간주했고, 나치당에 권력 기반이 없던 제국주총감 에프와 에프가 임명한 주총리 지베르트는 우습게 여겼다.

뷔르켈은 오히려 라인팔츠를 바이에른으로부터 독립시키려는 분리주의적 충동을 드러냈고, 추후 자르Saar 통합을 위한 제국위원에 임명되자 라인팔츠와 자르 지방을 하나로 묶으려는 "베스트마르크" 이데올로기를 내세우게 된다. 이는 국경 이데올로기이기도 한데, 이러한 종류의 특수 의식은 바이에른 오스트마르크 지구당과 동프로이센 지구당에서도 나타났다. 그 지역의 지구당 위원장들은 지구당 명의로 기업과 농장을 운영하거나, 지역 경제인들에게 그 사업에 힘을 보태라고 닦달하고, 그들의 도움을 받아서 국가의 외부에 자기만의 권력 영역을 만들어냈다.

바이에른에 본부를 두고 있던 돌격대 참모장과 친위대 대장은 바이에른 국가(바이에른 정부나 제국주총감 모두)에 대하여 더욱 독단적으로 행동했다. 바이에른 국가특무위원으로 임명된 룀은 그 직책을 처음부터 바이에른 국가의 외부에 위치한 전면적인 혁명적 통제관직으로 이해했다. 물론 그 수단은 돌격대였다. 룀은 1933년 3월 중반 이후 바이에른의 지구청과 군청에 돌격대 특무위원을 파견하여 특무위원 네트워크를 구축했다. 그들은 국가 외부의 통제 기관이었지만, 국가행정 곁에 존재하면서 국가행정과 번번이 갈등을 벌이다가 1934년 6월 30일의 돌격대 숙청과 더불어 비로소 소멸된다. 친위대는 힘러가 바이에른 정치경찰을 장악하면서 정치경찰이라는 특수한 권력 영역에 진입했다. 정치경찰이라는 지위는 경찰이 주내무장관의 명령권에 종속된다는 형식적 위계에 전혀 상응하지 않았고, 제국주총감과의 거리는 더욱 멀었다.

1933년 6월 13일 에프는 "정부(그리고 제국주총감)에 대한 (돌격대와 친위대와 경찰의) 직접적인 공격이 진행 중"이라고 확언했다. 1934년 초까지도 그는 "당을 통해서, 혹은 당 관계를 이용하여 뒤에서 조종하고 땅 밑에 갱도를 파는 일"에 대하여 쓰디쓰게 불평했다. "슈트라이허는 수시로 베를린으로 가서 바라는 바를 (히틀러로부터) 얻어온다. 어느 당원은 바그너를 개입시키고, 또 다른 당원은 돌격대 참모장을 찾으며, 어떤 당원은 경찰 사령관(힘러)에게 달려간다."[16] 65세의 에프(지베르트는 그와 동갑)는 당에 권력 기반이 없었다.* 나치 중앙당 국장이라는 에프의 형식적으로 높은 지위는 아무런 힘이 되지 못했다. 그 지위는 특히 룀에게 전혀 통하지 않았다. 룀은 돌격대 참모장으로 에

---

* 이 때문에 에프는 1933년 6월 13일에 자신이 주총감의 직책을 효율적으로 수행하기 위해 필수적이라면서 "돌격대나 친위대 등 당 조직에 대한 명령권"을 요구했으나 얻지 못했다. Epp-Material, IfZ: MA-1236.

프와 마찬가지로 중앙당 국장이었기 때문이다.

그러나 한 사람이 제국주총감과 지구당 위원장을 겸할 경우 그것은 대단한 권력이었다. 특히 공무원 임명권과 해임권을 보유한 제국주총감은 1933년 4월 7일에 공포된 직업공무원 재건법을 주와 시에서 시행하는 책임을 졌다. 히틀러는 1934년 3월 22일에 열린 제국주총감 회의에서 그들을 "제국의 부왕副王"으로 칭했다. 그리고 그는 주총감이 할 수 있는 모든 것을 해야만 한다고 덧붙였다.[17] 이는 히틀러 특유의 행동 지침이었지만 제국내무장관에게는 악몽이었다. 그것은 정연한 국가행정이 요구하는 것과는 정반대였기 때문이다. 그러나 히틀러의 발언은 현실에서 실제로 일어나고 있는 것을 말로 옮긴 것에 불과했다. 권력의 주장과 확대는 자기중심적이었다. 성패는 제국주총감 개개인의 능력, 자기만의 권력 기반, 특히 히틀러에 대한 접근성, 그리고 자신의 지위를 중앙권력의 집행기관으로 이해하느냐, 혹은 자기 영역에서 전권을 보유한 히틀러의 절대적인 대리인으로 이해하느냐에 달려 있었다.

돌격대, 친위대, 나치당, 나치 기업세포, 여타의 나치 행동 조직과 산하 단체의 혁명적 압력이 다른 정당들을 축출하는 데 소용이 되던 시기에 히틀러는 나치 "혁명쟁이들Revoluzzer"에 대한 비판을 삼갔고, 국가의 권위와 법질서를 재건할 필요성도 아주 조심스럽게 부분적으로만 표명했다. 그러나 7월에 정치권력의 독점 작업이 완료되자 그는 돌변했다. 히틀러는 나치 혁명의 종결을 선언했다. 그는 이제는 국가와 사회의 변혁이 점진적이고 통일적이면서, 위에서 규제하는 방식으로 이루어져야 한다고 경고했다. 나치당은 이제 투쟁 과업이 아니라 교육 과업을 수행해야 한다는 것이었다. 히틀러의 노선은 실제로 변한 듯이 보였다. 히틀러는 이제 국가의 중앙권력과 권위를 강화하고 관철시키려는 베를린 장관들의 노력을 지지했다. 제국과 주의 관계도 그에 따라 변화할 것처럼 보였다.

3. 제국개혁의 중단

1933년 11월 12일에 개원한 새로운 제국의회는 1934년 1월 30일에 제국내무장관 프리크와 내무부의 헌법 및 행정 전문가인 헬무트 니콜라이가 제출한 "제국재건법"을 통과시켰다. 법은 간결하고 분명하게 선언했다. "주州의 인민대표 기능은 소멸한다. 주의 주권은 제국으로 이양된다. 주정부는 제국정부에 종속된다. 제국주총감은 제국내무장관의 업무 감시를 받는다."* 히틀러의 입법이 언제나 그렇지만, 제국재건법 역시 헌법적 의미는 막대한데 법조문은 간단했다. 이 법은 본질적으로 법규를 제정한 것이라기보다 정치적 의지를 선언한 것이었다. 실제로 프리크는 라디오 방송에서 제국재건법이 어떤 결과를 낳아야 하는지 역설했다. "수 세기의 꿈이 실현되었습니다. 독일은 더 이상 취약한 연방국가가 아닙니다. 독일은 이제 강력한 민족 통일국가입니다." 그러나 너무 일렀다. 그 법은 연방주의적 헌법질서를 제거한 것이었을 뿐, 나라를 "중앙화"하겠다는 의지를 실현할 구체적인 방법은 여전히 모호하기만 했다. 그렇다고 현실이 변하지 않았다는 뜻은 결코

---

* 1934년 2월 2일의 제1차 시행령은, 추후 주의 법률은 담당 제국장관의 동의를 필요로 하고, 주의 공무원들은 제국 업무에 투입될 수 있다고만 규정해놓았다.

아니다. 법의 효과는 이미 가시화되고 있었다. 주의 주권이 제거되면서 몇몇 고권高權들, 예컨대 정치적 "숙정"의 시기에 적지 않은 의미를 갖는 사면권 같은 권리들이 제국정부로 넘어갔다. 게다가 그 법은 제국주총감을 명명백백하게 제국내무장관의 감독하에 두었다. 이로써 제국주총감Reichsstatthalter은 히틀러의 "대리인Statthalter"이기를 비로소 멈추었다.

그 즉시 분란이 일어났다. 카를 슈미트와 니콜라이는 제국정부가 주정부와 주총감의 상급자임을 강조한 반면 주정부들, 예컨대 제국주총감이자 나치 프랑크푸르트 지구당 위원장인 슈프렝거는 그 주장을 거부했다.[18] 나치당의 혁명적 요구와 야심이 공적 질서와 경제 활동에 제약을 가하던 그 시점에, 히틀러는 나치 지방권력을 중앙정부에 묶어놓자는 입장을 원칙적으로 지지했지만 이를 구투사들에게 명명백백하게 말하지 않으려 했다. 히틀러는 1934년 3월 22일의 제국주총감 회의에서, 경제 상황으로 인하여 나치당 지방 기구의 개입과 독자 노선을 허용할 수 없게 되었고, "인민의 힘을 결집하여 강력하게 펼치기 위해서는" 나라가 "통일적인 행정을 갖춘 통일적인 제국"으로 개편되어야 한다고 말했다.[19] 그러나 그는 주총감 개개인은 "자신의 능력에서 자신의 역할을 도출해낼 수 있다"고 강조함으로써 주총감들을 위로하는 한편, 프리크가 중앙권력의 우위를 강화하는 것을 막았다.[20]

따라서 제국내무장관과 주총감의 관계는 여전히 모호했다. 브라운슈바이크와 안할트의 주총감 뢰퍼가 총리실장 라머스에게 "제국주총감은 과거의 지위를 유지하는 것인가, 아니면 제국내무부에 종속된 기관이 된 것인가"를 묻는 공문을 보냈다. 만일 전자라면 제국내무장관이나 그의 위탁을 받은 내무부 공직자가 제국주총감을 하급자처럼 대하면

안 될 것이다. 그(뢰퍼)의 생각으로는 "앞으로 공무원들이 지도자의 뜻을 어기고 제국주총감의 지위를 약화시키기 위해 전력을 다할 것"이다. 그러나 지도자는 주총감들에게 "여러분은 여러분이 그 지위를 가지고 행하는 바로 그것이 될 것입니다"라고 선언하지 않았던가.[21]

그로부터 한 달 반 뒤 주총감 자우켈은 한 발 더 나아갔다. 내무장관이든 아니든 누가 되었든, 제국장관은 주의 입법에 대하여 명령할 수 없다. 제국정부와 제국주총감의 의견이 엇갈릴 경우 지도자의 입장을 들어야 한다. 그 직후인 1934년 6월 4일 프리크는 제국총리실에 다음과 같은 공문을 보냈다. "제국총리, 그리고 총리를 보좌하면서 총리와 함께 제국정부를 구성하는 제국장관들이 제국을 통일적으로 이끌어야 된다는 생각을 고수한다면, 제국장관과 주총감 사이의 견해 차이를 총리의 결정에 의해 해결하도록 하는 것은 불가능한 일입니다. 특정 영역에서 제국정부를 대표하는 제국장관의 결정이 제국주총감에 의해 받아들여져야 하기 때문에, 입법의 영역에서 주총감이 제국장관의 결정에 대하여 중재를 요청하는 방안이 마련되면 안 됩니다."[22]

헌법질서가 중앙집권에 입각해 있고 제국장관이 헌법질서를 실무에 적용할 책임이 있다는 원칙에서 보면, 프리크의 입장은 논리적이고 일관적이다. 그러나 그 입장이 당직과 공직의 일체화에서 비롯된 주총감·지구당 위원장의 현실 권력과 히틀러가 내각에서 갖는 절대적인 지도자권력을 도외시하는 한, 그것은 가설적인 것일 뿐이었다. 그래서 히틀러는 라머스를 통해 프리크에게 다음과 같이 답변해주었다. "제국총리께서도 통상적인 경우(!)에는 주 입법의 적법성과 합목적성에 대하여 제국장관과 제국주총감의 이견을 총리의 판단에 따라 결정하는 것이 불가능하다고 생각하십니다. 총리께서는 그러나 정치적으로 특별한 의미를 갖는 문제는 예외가 되어야 한다고 판단하고 계십니다. 총리께서는 그런 문제에 대한 결정은 지도자로서의 총리의 지위와 관련된다고 생각하십니다."

히틀러의 유보적 입장은 헌정 문제 일반에 대한 히틀러의 태도와 일치한다. '정치적으로 중요한' 사안에 대해서는 히틀러 자신과 나치당이 결정권을 행사한다는 것이다. 물론 '무엇'이 정치적으로 중요한 것이냐는 해석의 문제다. 그러나 주의 특수 권력에 대하여 중앙 부처가 우위에 서야 한다는 헌정憲政 주무 장관의 입장을 히틀러가 약화시킨 것만은 분명하다. 제국재무장관 슈베린-크로지크가 추후 말하게 되듯이, 그 "지구의 제후들" 다수가 "앞선 시기의 주총리들보다 훨씬 더 완고한 연방주의자들"이었다.[23] 그들은 나치당 경력과 당직 덕분에 히틀러에 대한 접근이 용이했고, 그렇게 히틀러를 움직일 수 있었다. 그들은 나치당 연줄이 없던 중앙 부처 장관들보다 쉽게 히틀러를 만났다. 스스로가 "구투사"였던 프리크조차 추후 그 상황에 통탄하게 된다.

그러나 주총감들의 실제 비중은 1934년 이후 대체로 약화된 것이 사실이다. 이는 아주 단순하게, 갈수록 많은 입법 및 행정 문제가 중앙 부처 소관으로 넘어갔기 때문이기도 했다. "중앙화"가 가장 적시에 그리고 가장 일관되게 관철된 영역은 사법이었다. "법무를 제국으로 이월하기 위한" 첫번째 법이 1934년 2월 16일에 제정되었다.[24] 종전까지 입법 부처로만 머물던 제국법무부가 프로이센 법무부와 합해졌다. 그리고 법무부는 독일의 모든 법원과 법원 관리들에 대한 최고의 행정권을 장악했다. 게다가 1935년 4월 1일부터 주법무부와 법무기관들은 제국법무장관에 종속된 약 30개의 고등지방법원행정으로 통합되었다.

사법개혁은 제3제국의 정치 현실에 역행하는 결과를 가져왔다. 사법

개혁은 권위적인 통일국가의 비중을 강화하였고, 이는 나치당의 영향력이 약화된다는 것을 의미했다. 실제로 사법개혁으로 말미암아, 주를 일체화할 때 주법무장관직을 차지했던 나치들, 예컨대 프로이센의 케를, 히틀러의 변호사였던 바이에른의 한스 프랑크, 작센의 오토 게오르크 티라크 등이 장관직을 상실했다. 그에 못지않게 중요했던 것은, 지방의 법원들이 제국법무부에 종속되자 지방의 법원장들이 나치 지구당의 영향력으로부터 벗어나게 되었다는 사실이다. 게다가 법무장관은 나치가 아닌 독일민족주의자 귀르트너였고, 그는 1941년에 사망할 때까지 그 자리를 보전했다. 그리하여 예컨대 사면권은 히틀러가 국가수반으로서(힌덴부르크 사망 이후 1934년 8월 2일부터) 그 권리를 행사하지 않는 이상 귀르트너에게 속했다.[25] 제국법무부는 실제로 사면권을 종전의 주총감들보다 훨씬 공정하게 사용했다. 그러나 장기적으로 더욱 심각한 또 다른 양상이 나타났다. 사법의 중앙화는 사법의 권위적인 성격을 강화하는 한편, 나치 체제에 대한 사법의 적응도 추동했다. 정부 혹은 나치 체제의 대표자들이 정치 범죄를 범하거나 유도할 경우 검찰은 왕왕 (상부의 지시에 따라) 수사와 기소를 포기했던 것이다.

1933년 4월에 제국정부에 새로 설치된 부처인 제국선전부는 의식적으로 중앙화를 추진했다. 선전부는 주와 도에 선전국을 설치하고 이를 나치 지구당 선전과課 인력으로 채웠다. 그 기관은 1937년에 공식적으로 제국 부처 수행 기관으로 인정받았다. 그렇게 지방에 하급 기관을 거느리게 된 선전부는 1933년 가을에 제국문화원을 설치하고 그 안에 개별 분과(연극, 음악, 미술, 영화, 문학)를 두었다.[26] 그로써 선전부는 한편으로는 방송과 언론에 대한 통일적인 통제와 관리를 구축하였고, 다른 한편으로는 문화교육부와 내무부를 제치고 예술과 문화정책 전체

에 대한 통제권을 장악했다.[27]

선전부 외에 새로 설치된 부처나 제국기관 역시 기존의 '고전적인' 부처들을 약화시키는 동시에 제국의 행정력과 통제력을 강화시켰다. 1933년 11월 30일에 설치된 "도로총국," 1935년 7월 6일에 신설된 제국교회부(이는 내무부 교회과를 희생시켰다), 1935년 6월 26일에 설치된 제국공간질서국(두 기구의 수장은 한스 케를), 농업부의 임업국과 사냥 분과를 떼어내어 1934년 7월에 만든 제국삼림청과 제국사냥청(두 기구의 수장은 헤르만 괴링)이 바로 그런 기구들이었다.[28] 재무, 경제, 노동, 문화 행정에서도 제국의 비중은 갈수록 높아졌다. 다만 그곳의 중앙화는 법무의 경우처럼 체계적이고 거침없이 진행되지 않고, 실용적인 즉흥적 조치들의 총합으로 이루어졌다. 따라서 중앙과 지방의 관계는 여전히 혼란스러웠다.

그런 종류의 개별적이고 부분적인 해법은 중앙과 지방행정의 관계를 체계적으로 개혁하기보다는 근본적인 개혁을 오히려 방해했다. 이는 1934/35년에 진행된 프로이센 부처와 제국 부처의 통합에서 잘 드러난다. 그때 양 정부의 내무, 경제, 농업, 노동 행정이 통합되었는데(그리하여 프로이센만을 담당하던 부처로는 오직 프로이센 재무부 하나만 남았다), 그중에서 의미가 가장 막중했던 것은 내무행정의 통합이었다. 프리크는 "제국내무장관 겸 프로이센 내무장관"이 됨으로써 비로소 강력한 중앙행정의 수장이 될 수 있었는데, 여기서 유의할 점은 프로이센과 제국 부처의 통합은 제국 부처의 "프로이센화"를 뜻했다는 것이다. 수백 명의 프로이센 부처 공무원들이 제국으로 쏟아져 들어간 것만으로도 그런 효과가 발휘되었다. 그들의 존재는 제국정부, 특히 프리크의 제국내무부에 개신교적, 프로이센-보수주의적 면모를 강화했다. 이 과정이 완전히 새로운 것은 아니었다. 파펜의 쿠데타 이후 프로이센에 설치되었던 제국위원들의 관리정부가 그 시발점이었기 때문이다.

프리크가 괴링과 손을 잡고 추진한 제국 부처와 프로이센 부처의 통합은 원래 포괄적인 제국개혁의 첫 단계로 기획되었다. 최종 목표는 제국을 균질적인 제국도(혹은 제국관구)로 나누고, 기존의 제국행정의 지방기관과 도의 자치행정을 통합하며, 프로이센의 도감독과 비非프로이센 지역의 제국주총감 간의 차이를 없애는 동시에 주정부를 폐지하는 데 있었다. 1934년 11월 27일의 도감독법이 프로이센 도감독들에게 (제국주총감과 같은) 제국정부의 대표 기능을 부여한 것은 바로 그 목표를 겨냥한 조치였다. 제국내무부가 1934년 말에 작성한 제국주총감법도 그 목표를 위해 마련되었다. 그 법안은 제국주총감이 제국행정의 지방기관을 책임지게 하는 동시에 주총감을 제국정부에 보다 분명하게 종속시켰다. 히틀러는 처음에 법안의 근본 취지에 동의한다고 말했지만, 곧이어 심각한 의구심을 표명했다. 결국 1935년 1월 30일에 원래의 취지를 크게 희석시킨 "제2차 제국주총감법"이 공포되었다. 하지만 주총감과 주총리를 연결시킬 가능성을 열어놓기는 하였으나 그것을 법규화하지는 않았다.

그 법에 입각하여 주의 권력 지형이 바뀐 곳은 두 곳뿐이었다. 헤센에서는 권력 욕망이 대단했던 제국주총감이자 나치 지구당 위원장인 슈프렝거가 당내 입지가 취약했던 주총리 베르너를 축출하고 그 자리에 자기 수하를 앉혔다. 작센에서는 돌격대 참모장 룀의 동지였던 주총리 킬링거가 룀 쿠데타 이후에 나치 지구당 위원장이자 제국주총감인 무치만에게 항복했다. 무치만은 1935년 초에 주총리직을 차지했다. 뷔르템베르크, 바덴, 튀링겐의 경우에는 히틀러가 프리크의 압박 속에서 1935년 5월에 제국주총감들의 총리직 통합 신청에 서명을 하긴 했다. 그러나 히틀러는 실행을 계속해서 연기했고, 결국 없었던 일이 되어버렸다. 히틀러는 1935년 3월에 이미 추후에는 "문서의 형태로든 발언의 형태로든, 제국개혁, 특히 (제국의 지리적) 개편에 대한 일체의 공적 토론을 금지한다"고 선언했다.[29] 이는 그동안 나치 지구당 위원장들의 공적 公敵으로 떠오른 프리크의 수하 니콜라이를 겨냥한 발언이었다. 나치 지구당 위원장들은 니콜라이가 마련한 제국개혁안이 실현되면, 그동안 꿰찬 공직이나 고권의 일부를 잃게 될지 모른다고 두려워하고 있었던 것이다. 니콜라이는 결국 1935년에 제국내무부 헌법과를 떠나야 했다. 후임자는 1933년에 프로이센 문화교육부에서 루스트와 한판 붙은 나치 법률가 빌헬름 슈투카르트였다.

프리크가 제도적으로 변화시킬 수 있었던 행정구조는 기초단체, 즉 도시행정뿐이었다. 프로이센 정부는 1933년 12월 15일에 새로운 기초단체법을 공포했고, 그로부터 1년이 지난 1935년 1월 30일에 프리크는 이 기초단체법을 독일 전역에 관철시키는 데 성공했다. 이제 시장과 시의회는 선출되지 않고 감독기관(감독기관은 기초단체의 크기에 따라 지구감독, 제국주총감, 제국내무장관이었다)이 나치당 "추천위원"(통상적으로 나치당 군지도자)의 추천을 받아서 임명했다. 감독기관과 나치당 추천위원의 의견이 두 번 엇갈릴 경우, 결정권은 감독기관에게 있었다. 이 법은 기초단체에 지도자원칙을 도입함으로써 지방자치를 파괴하는 것이었는데, 그 구체적인 내용은 프리크의 발상을 전형적으로 보여준다. 나치당은 행정 수장을 임명할 때 일정한 권한을 행사할 수 있지만, 명료한 법적 기반이 마련되어야 하고, 최종적인 결정권은 감독기관, 결국 제국내무부가 가져야 한다는 것이다.

프리크의 제국개혁 구상 중에서 추후 실현된 것이 하나 더 있다. 1937년 1월 26일에 공포된 "독일공무원법"이 그것이다. 법안은 이미 1935년에 마련되었지만 개혁 의지가 없었던 히틀러가 결정을 미루다가 그때서야 공포한 것이다. 제국개혁의 다른 부분들, 특히 주의 크기를 지리적으로 재조정하는 것, 그리고 지방 행정기관을 통일화하고 단순화하며 지방의 자치와 제국내무부에 대한 종속의 영역과 정도를 명확하게 규정하는 것은 실현되지 못했다. 제국개혁 문제에 대한 괴링 측 전문가인 프리드리히 그람슈(프로이센 총리실)는 추후, 1935년에 "대략 분명해진 것"은 "히틀러가 문서로 고정된 체계적인 제국개혁을 결코 원하지 않는다"는 점이었다고 회고했다.[30]

히틀러가 제국개혁을 저어한 데는 여러 가지 이유가 있었다. 나치당의 이론적인 준비 작업도 부족했고, 당에서 전반적인 지지를 받는 노선이 확정되지도 않았다. 당내 개혁안들, 예컨대 지구당 위원장 아돌프 바그너, 카를 뢰버, 프리츠 자우켈의 개혁안 사이에는 편차가 컸고, 취약한 중앙당은 합의를 도출해낼 수도 없었다. 추후 브라운슈바이크와 프로이센의 지리적 경계를 약간 변경하려 했을 때에도 제국주총감, 도감독, 지구감독 자리를 꿰찬 나치 지구당 위원장들이 자신의 직책과 영향력을 보존하는 데 집착하여 그 어떤 변화에도 반대했다.[31]* 나치 지구당 위원장들이 1933/34년에는 이 문제를 놓고 서로를 공격하고 있었기 때문에, 그 국면에는 괴링과 프리크의 지지를 얻으면 프로이센과 제국의 중앙 부처 공무원들의 개혁 구상이 현실화될 여지가 있었다. 제

---

* 1933년 9월 28일의 제국주총감 회의에서 총재대리실 실장 마르틴 보어만은 히틀러의 이름으로, 제국개혁은 당내 갈등을 유발하므로 공개적으로 논의하는 것을 금지한다고 선언했다.

국 부처와 프로이센 부처를 통합하는 데 성공한 것도 그 덕분이었다. 그리고 비非프로이센 지역의 제국주총감들이나 주장관들, 예컨대 바이에른 내무장관 바그너가 1934년 6월 23일에 프리크에게 장문의 편지를 보내서 중앙권력에 반하는 개혁을 요구했을 때에도, 히틀러는 그들의 편이 되어주지 않았다.* 자신의 권위를 드높여야 하는 상황이었기에 히틀러는 나치당, 구체적으로 지구당 위원장들과 돌격대 장군들의 지방권력을 달가워하지 않았던 것이다.

그러나 1934년 중반이 되면서 상황은 달라져 있었다. 1934년 6월 말에 돌격대 지도부가 제압됨으로써 나치의 혁명 충동과 야심이 크게 위축되었고, 힌덴부르크의 사망(1934년 8월 2일) 직후 대통령직을 인수한 히틀러의 지위가 더욱 공고해졌기 때문이다. 이제 히틀러는 종전의 반대 방향으로 움직였다. 그는 국가행정의 권위적이고 보수적인 요소, 즉 베를린의 제국 부처 공무원들이 강화되는 것을 달가워하지 않았다. 그는 1934년 9월 7일 나치당 뉘른베르크 전당대회에서 나치당의 정치 리더 20만 명에게 외쳤다. "국가가 우리에게 명령하는 것이 아니

---

* 바그너는 제국개혁의 현실을 비판했다. 들쭉날쭉하고 즉흥적인 긴급조치들 때문에 "오늘날의 나치 국가에 의회주의 국가 시절보다 훨씬 더 많은 장관들이 존재합니다." 장관들 외에 제국주총감도 생겼는데 그것은 "과거에는 아예 존재하지도 않던" 직책이다. 따라서 "그 많은 제국주총감과 주총리와 장관직을 가급적 빨리 없애고 주장관들을 제국의 외청外廳으로 만들어야" 한다. 그렇지만 제국 부처와 프로이센 부처를 통합함으로써 "그동안 결여되어 있었던 하급 기관"을 제국 중앙 부처에 마련해준 것은 지극히 우려스러운 일이다. 그로 인하여 "프로이센화의 망령"이 되살아났기 때문이다. 바그너는 당시의 법률관계를 비판하면서 프리크를 직접 겨냥했다. "오늘날의 법 상황에 따르면 제국주총감은 제국내무장관인 당신의 하급 기관입니다. 아돌프 히틀러는 프로이센 제국주총감이고요. 히틀러는 자신의 권리를 프로이센 주총리에게 양도했습니다. 프리크 당신은 프로이센 내무장관입니다. 요컨대 법적으로 아돌프 히틀러와 프로이센 주총리가 제국내무장관인 당신의 하급 기관입니다. 그러나 당신은 동시에 프로이센 내무장관이기 때문에 프로이센 주총리와 제국내무장관인 당신 자신에게 종속됩니다. 나는 법률가도 아니고 역사가도 아니지만, 이런 구조는 존재한 적이 없다고 생각합니다." BA: R 43II/495.

라, 우리가 국가에게 명령한다! 국가가 우리를 만든 것이 아니다. 우리가 우리의 국가를 만든다."³² 히틀러의 공식("'우리'가 명령한다")이 그 시점부터 나치당의 구호가 된 "'당'이 명령한다"와 문자 그대로 똑같은 것은 아니었지만(프리크와 라머스를 비롯한 수많은 제국정부 대표들은 히틀러 연설을 그렇게 해석하는 것에 대해 단호하게 반대했다), 히틀러의 뜻만큼은 명백했다. 히틀러는 1934년 11월 1일의 제국주총감 회의에서 더욱 분명하게 표현했다. "오늘날 국가 공무원들 중에는 수동적인 저항으로 전략을 변경한, 복지부동하고 있거나 숨어 있는 적 수만 명이 있습니다." 나치 운동이 그들을 대신할 유능한 인물들을 길러내어 "진정으로 우리와 함께하는 관료제가 생기기까지는" 10여 년이 걸릴 것이다.³³

1934년 여름 이후 히틀러는 제국개혁이 중앙 부처 공무원들의 권력을 강화시킬 것이라고 판단했다. 게다가 그람슈의 회고가 분명하게 보여주듯, 히틀러는 헌법관계가 절대적으로 필요한 정도로만 확정되고 법제화되기를 바랐다. 헌법구조가 법제적으로 고정되면, 추후 필요에 따라 그 구조를 변경하거나 그 자신이 자의적으로 움직일 여지가 위축될 것이기 때문이었다. 제국개혁이 중단됨에 따라 1933년에서 1935년에 이르는 시기에 만들어진 임시 상태가 그대로 굳어졌다. 제국주총감과 주총리의 병존, 나치당 지구와 도와 주와 제국주총감 지구의 중첩, 다양한 "종류"의 제국주총감들(지구당 위원장을 겸하는 주총감과 그렇지 못한 주총감, 주총리를 겸하는 주총감과 그렇지 못한 주총감)의 존재가 방치되었던 것이다.

나치당과 결합된 지방의 특수 권력과 제국 중앙권력의 관계, 즉 제국정부와 도감독, 제국주총감과 주장관 사이의 관계는 1935년부터

1938년까지 어중간한 상태에 놓여 있었다. 현실의 권력은 그때그때의 권력투쟁의 결과와 각 개인의 능력에 의해 결정되었다. 군수軍需나 자급경제가 이슈가 될 때는 샤흐트 같은 정력적인 제국장관들이 주와 도의 정당권력에 승리를 거두었다. 경우에 따라 기이한 전선이 형성되기도 했다. 예컨대 일부 나치 지구당 위원장들은 나치인 발터 다레의 독선적인 농업정책에 제동을 걸기 위해 "프리메이슨"인 샤흐트를 지지했다. 그러자 지구의 독립적인 왕을 자처하던 도감독이나 제국주총감들이 굴복해야 하는 경우도 많았다. 예컨대 동프로이센 도감독 코흐는 1938년에 제국재무장관이 동프로이센에 파견한 고등세무소장들을 인정하지 않다가, 총재대리가 압력을 가하자 더 이상 버티지 못했다. 제국내무장관도 대체로 자신의 뜻을 관철시킬 수 있었다(경찰의 경우에는 불가능했다). 그러나 공직과 당직을 겸하던 야심만만한 지구당 위원장들과 그들의 참모들(나치당 군지도자들은 군수에 대하여 정당정치적인 반대 세력 내지 통제 기관으로 활동했다)은 중앙정부의 효율성을 저해하는 지속적인 교란 요소였다.

4. "대독일제국"과 병합 지역

중앙의 힘은 제3제국 후반기, 특히 전쟁 중에 여러 측면에서 강화되었다. 이는 노동 문제에서 잘 나타난다. 1936년부터 여러 공업 분야에서 노동력이 부족해짐에 따라 인력을 중앙 집중적으로 관리할 필요성이 증가하였고, 이에 따라 독일 전역에 위치한 지방의 노동사무소들이 1938년에 중앙의 통제에 종속되었다. 노동행정의 중앙화는 전쟁 중에 더욱 강화되었다. 외국인 노동자의 동원과 배치 업무까지 추가되었기 때문이다. 경제행정도 마찬가지였다. 1939년 이전에 국가가 직접 관리하고 배분한 재화는 산업원료에 국한되어 있었다. 그러나 전쟁 발발 이후 중앙의 통제는 식료품과 소비재로 확대되었고, 이로 인하여 제국의 경제 부처와 4개년계획청이 통제하는 경제행정사무소와 식량행정사무소들이 거대한 관료기구로 탈바꿈하였다. 새로이 중앙화되어 나타난 분야인 군수軍需행정은 말할 나위도 없었다. 독일 전체가 방위지구로 나누어지고 지구마다 군수감독관(독일군 총참모부 소속)이 파견되었으며, 1942년에는 군수부(장관 슈페어)가 군수위원회를 조직하고 각 지구에 담당관을 임명했다. 전시 상황에서 비롯된 특수 기관도 나타났다. 예컨대 항공부(장관 괴링)가 1935년에 창설한 방공防空대는 1942년 이후 연합군의 폭격이 크게 증가하면서 비로소 권한과 조직이 확대되었다.

특수 행정이 증가하는 것은 나치 체제의 특징이다. 여기에 전쟁으로 인하여 특수 조직이 더욱 증가하다 보니, 국가행정 전체를 개관하고 조정하며 하나의 단위로 조직하는 것은 지난한 일이 되었다. 제국개혁 내지 행정개혁의 주창자들, 특히 제국내무장관 프리크(개전과 동시에 "제국행정 전권위원"에 임명되었다)는 최고위 제국 부처들과 제국주총감 및 도감독들에 대항하여 행정 전체를 통일적으로 조직하고 관리해야 한다고 주장해왔고, 이는 개전 이후에도 마찬가지였다. 그러나 그의 주장은 전쟁 중에 우후죽순처럼 설치된 각종 전문기관과 특수기관들에 묻혀버렸다. 전쟁이 발발한 바로 그날(1939년 9월 1일) 제국정부는 대독일* 전체를 18개의 방위지구로 나누고 모든 지구에 제국방위위

---

* (옮긴이) 대독일은 1938년 3월 독일군의 오스트리아 진군 이후, 기존의 독일 영토에 오스트리

원을 임명했다. 방위위원은 대부분 제국주총감과 도감독(뮌헨 방어위원은 뮌헨의 실력자인 지구당 위원장이자 바이에른 내무장관인 아돌프 바그너)이었다. 정부의 의도는 막강한 지방권력자들을 민간 분야의 통수권자로 만드는 동시에, 그들이 방위지구의 군사령관들과 협조하도록 만드는 것이었다. 그러나 방위지구는 지구당 및 행정 단위와 지리적으로 달랐다. 따라서 기존의 공직과 당직의 불일치에 새로운 불일치가 추가되었고, 이는 수많은 추가적인 갈등을 낳았다.

1942년, 즉 독일이 총력전 체제로 이행하면서 국가와 당의 모든 힘을 결집하려 한 그해에 비로소 방위위원들의 위상이 높아졌다. 제국정부는 1942년 11월 16일의 명령으로 방위지구를 나치 지구당과 일치되도록 개편하고, 모든 지구당 위원장들을 공직(제국주총감이든 도감독이든)을 맡고 있건 아니건 방위위원에 임명했다. 그러나 이 조치는 지구당 위원장들의 권력을 더더욱 강화하는 결과를 빚었다. 그때 새로 설치된 경제행정사무소와 군수위원회 등의 지리는 통상적으로 방위지구와 일치했다. 반면에 1942년 11월 16일의 명령은 전쟁 관련 부처들(예컨대 군수장관)의 방위위원에 대한 명령권을 강화시켰다. 그러나 이 조치는 부처장들의 명령권을 개별적으로 강화한 것이어서 제국내무장관의 조정 능력을 더욱 약화시키는 결과를 가져왔다.

문제의 핵심은 제국개혁의 실패에 있었다. 그 때문에 정부는 특수한 상황에 즉흥적으로 대응할 수밖에 없었고, 이는 즉흥에 즉흥이 겹치도록 만들었다. 전시 행정은 가면 갈수록 그날그날의 필요성에 맞추어 이루어졌고, 법적인 행정질서의 규범으로부터 그만큼 멀어졌다. 방위

아까지 합한 영토의 공식 명칭이다.

위원을 겸하던 지구당 위원장들의 강력한 특수 권력은 전쟁 말에 종종 독자적이고 자기도취적인 양상을 띠어갔고, 그로 인하여 더욱 복잡해진 행정적 덤불 속에서 제 길을 찾기란 진정 어려웠다. 나치 체제에 특징적인 이러한 면모는, 1938년에 독일에 병합된 지역에 권력자로 파견된 자들과 베를린 중앙의 관계에서 더욱 두드러지게 나타난다.

그 조짐은 이미 자르 합병에서 가시화되었다. 1935년 1월 13일의 주민투표로 독일에 통합된 그 지역은 이웃한 라인팔츠 지구당 위원장 뷔르켈의 관할이 되었다. 뷔르켈이 주민투표 독일 측 위원으로 그 지역에서 지도적인 정치 활동을 펼친 인물이기는 했지만, 그를 자를란트 제국위원에 임명하여 그 지역을 제국정부에 직속시킨 것은 추후 실행할 제국개혁을 대비한 조치였을 것이다(1935년 1월 30일의 "자르 지역의 임시 행정"에 대한 법률에는 "제국주로 편입될 때까지"라고 명문화되어 있었다).[34] 1937년 초에 프로이센의 슐레스비히-홀슈타인 영토 일부를 인접한 도시국가 함부르크에 편입시켜서 "대함부르크 주州"를 만들고 제국주총감(지구당 위원장 카를 카우프만)을 임명한 것도 같은 맥락이었을 것이다.[35] 그러나 현실은 달랐다. 자르를 위임받은 뷔르켈은 자신의 과제가 그 지역 행정을 독일보다 훨씬 더 나치즘에 충실하게 이끄는 데 있다고 믿었던 것 같다. 그래서 그는 제국 중앙 부처와 수많은 갈등을 빚었다. 그러나 히틀러와 그의 나치당 총재대리는 계속해서 뷔르켈을 지지했다.[36] 히틀러가 추후 유사한 업무에 뷔르켈을 연달아 기용한 것은, 그가 자르에서 중앙 부처 공무원들에게 그토록 자신만만하게 대응했기 때문이었던 것 같다. 뷔르켈은 1938년에 "오스트리아 재통일 제국위원"(1940년까지)에 임명되었고, 1941년에는 로렌 민간행정의 수반(1944년까지)이 되었다.

제4장 주의 제국 통합과 새로운 분권주의 185

오스트리아에서 뷔르켈이 맡은 역할은 종전의 제국주총감과 전혀 달랐다. 뷔르켈이 제국위원에 임명된 때는 독일-오스트리아의 통일을 묻는 국민투표가 시행된(1938년 4월 20일) 뒤였고, 그 근거는 1938년 4월 23일에 공포된 지도자명령이었다. 그러나 그전에 이미 아르투어 자이스-인크바르트와 빌헬름 케플러(빈에서 비밀 임무를 수행했다)가 오스트리아 "합병"에 대한 공적을 인정받아 각각 오스트리아 제국주총감과 경제 특무위원에 임명되었다. 그렇듯 제국주총감이 이미 임명되었음에도 불구하고 히틀러가 뷔르켈에게 오스트리아의 '정치적' 통합을 맡긴 것은, 베를린의 중앙 부처 관리들에 의지하여 주(州)를 일체화했던 1933/34년과 달리 이제 권력의지에 충만한 나치당 구투사에 의존하기로 했다는 것을 처음으로 명백하게 드러낸 것이다.

1938년 4월 말 제국내무장관 프리크가 히틀러에게 뷔르켈에 대한 자신의 명령권을 확인해달라고 긴급히 요청하자, 히틀러는 뷔르켈이 자신(히틀러)에게 "직할되어 있다"고 답했다.[37] 1938년 5월 중반 프리크는 "오스트리아 행정은 제국위원의 의견이 다르다는 이유로 자신의 요구에 따르지 않는다"고 토로했다.[38] 프리크가 히틀러에게 직접 편지를 보내고 개인적으로 면담도 했지만(1938년 5월 23일) 소용없는 일이었다. 히틀러는 뷔르켈의 지위를 재차 확인해주었고, 뷔르켈은 히틀러에게 "이제는 관할권의 제약에서 벗어나 (오스트리아) 건설 작업을 계속할 수 있게 되었다"는 감사의 편지를 썼다.[39] 그 후 뷔르켈(그리고 뷔르켈에 의해 통제되던 제국주총감 자이스-인크바르트)과 제국 중앙 부처들이 (1933년 4월 7일의) 직업공무원 재건법에 따른 공무원 숙청을 놓고 갈등을 벌였을 때, 뷔르켈은 해당 공무원들이 제국 중앙 부처에 이의를 제기하는 것을 금지하면서, 이는 나치당 총재대리실장과 히틀러도 분명하게 동의한 일이라고 밝혔다.⁴⁰ 게다가 히틀러에게 "직속되어 있는" 뷔르켈이 제국 중앙 부처와 오스트리아 행정 간의 모든 통신이 자신을 거쳐야 한다고 요구하자, 오스트리아의 행정적 통합을 주도할 권리를 보유하고 있던 제국내무부는 그 권리를 제국총리 히틀러를 보좌하는 제국총리실에 넘기느라 분주히 움직여야 했다.⁴¹

뷔르켈의 어투 역시 자르 통합 때(1934/35년)보다 훨씬 오만했다. 그는 1938년 6월 18일에 제국내무장관에게 보낸 편지에 다음과 같이 썼다. "여기에서 아직도 활동하고 있는 제국 부처 공무원들을 즉각 소환하십시오. 긴급한 필요성 때문에 소환할 수 없는 나머지 공무원들은 제국주총감 소속으로 변경하십시오. 그러나 그런 경우에도 본인은 그들에게 특수한 지위 — 예컨대 본인을 우회하여 제국정부에 직보하는 것 — 가 부여되는 것은 엄금하는 바입니다. 그리고 본인은 제국 부처들이 오스트리아 행정에 특무관을 파견하는 것을 더 이상 용인하지 않겠습니다. …… 이미 파견된 특무관들의 경우에도 본인은 그들이 주정부에 지시를 하거나, 주정부가 특정한 조치를 취하기 전에 특무관들에게 동의를 요청하는 것을 결코 허용하지 않겠습니다. 추후 그런 권한을 보유한 관리들이 나타날 경우 즉각 해임할 것입니다."⁴²

자이스-인크바르트와 뷔르켈은 심지어 제국내무장관과 협의도 하지 않은 채, "긴급 지시"를 통하여 과거 오스트리아 주의 지리적 경계를 바꾸어버렸다. 프리크는 격렬하게 항의했으나 어쩔 도리가 없었다.⁴³

프리크와 뷔르켈의 격렬한 관할권 투쟁은 그러나 전조前兆에 불과했다. 개전 이후 독일에 통합되거나 병합된 지역에 파견된 새로운 특수 권력들은 중앙 부처들과 더욱 심각한 갈등을 벌이게 되고, 그때 히틀러에 "직속된" 지위(이는 외부의 통제로부터 자유롭다는 것을 의미했다), 혹은 히틀러가 하달한 "특별 임무"는 예외 없이 제국의 법적·행정적 통일성을 파괴하게 된다.

뷔르켈이 빈을 관장하는 동안 나치당은 오스트리아에 확고한 권력기반을 갖추게 되었다. 뷔르켈의 직무는 1940년 4월에 끝났는데, 그때 오스트리아는 일곱 개의 제국지구Reichsgau로 편성되었고, 각 지구는 제국주총감 겸 나치 지구당 위원장의 관할이 되었다. 이로써 제국지구는 행정 지리와 나치당의 고권高權 지리를 처음으로 일치시킨 개념이 되었고, 제국주총감은 1938년 이후의 대함부르크에서 그랬듯이 별도의 주정부가 없는 지구의 행정 수반이 되었다. 이 새로운 "제국지구"(제국행정기관이자 나치 지구당-자치행정법인) 모델은 1939년에 주데텐란트(지구당 위원장 콘라트 헨라인)에 적용되었고, 1939년 10월 7일에는 독일에 병합된 서부 폴란드 지역(지구당 위원장 포르스터가 관할하는 제국지구 단치히-서프로이센, 지구당 위원장 그라이저가 관할하는 제국지구 바르테란트)에 적용되었다. 다만 서부 폴란드 지역의 일부(카토비체, 치에하누프)는 프로이센의 행정지구Regierungsbezirk로 편입되어 그곳의 도감독 겸 지구당 위원장의 관할이 되었다. 이는 제국개혁의 구상을 부분적으로나마 실천한 것이지만 '구舊독일'에는 아무런 영향을 주지 못했다. 그곳에는 여전히 지구당 위원장, 제국주총감, 주총리가 시대착오적으로 병존하고 있었고, 각자의 지리적 경계는 엇갈리고 있었다. 게다가 제국에 직속되는 "제국지구"를 설치함으로써 제국행정의 일관성이 확보되었던 것도 아니다. 제국지구에 주총감으로 임명된 자들은 오히려 히틀러 개인에게 직속되었다. 독일이 "대독일제국"으로 확대되면서 히틀러국가의 법적·행정적 단일성은 더욱더 파훼되었던 것이다.

히틀러가 오스트리아에 전권을 보유한 제국위원을 파견하면서 겨냥했던 것은 정치적 숙청과 나치화에서 최고의 효율성을 발휘하는 것이었다. 그러나 오스트리아처럼 독일인 주민들을 나치화하는 것이 아니라, 독일인이 다수자가 아닌 지역을 총으로 정복하고 독일화화려 했을 때, 그곳에 파견된 제국위원의 전권은 거의 무한대로 확대되어야 했다. 정복 지역을 신속히 독일에 병합(서부 폴란드 지역)하거나, 그곳에 조기에 민간행정을 설치한 것(폴란드에 설치된 총독부, 알자스-로렌의 민간행정, 제국직할령 네덜란드, 유고슬라비아를 대체한 운터슈타이어마르크와 카르니올라, 발트 해 지역과 벨라루스에 설치된 제국직할령 오스트란트와 제국직할령 우크라이나)은 전투가 끝나자마자 가급적 빨리 정상적인 행정관계로 복귀하기 위해서가 아니었다. 그 목적은 예외 없이, 히틀러의 눈에 정치적·세계관적인 목표를 실현하기에 베를린의 행정관리들만큼이나 부적절한 군정軍政을 나치, 즉 행정의 규칙성과 적법성에 관심이 적을 뿐만 아니라, 그러면 그럴수록 과거 나치 운동의 투쟁 스타일로 가차 없이 게르만화와 나치화를 추진하는 인물들로 대체하는 데 있었다.

이는 1939/40년에 포괄적인 인종적 "대청소"의 실험 장소가 된 서부 폴란드 지역에서 특히 두드러지게 나타났다. 히틀러가 그 지역을 즉각 독일에 공식적으로 편입하기로 결정했기 때문이다. 그러나 폭력적인 탈폴란드화 및 탈유대화 조치들은 독일 지역의 민간행정에 유효하던 법적·행정적 규범들과 충돌했다. 서부 폴란드 지역에서의 갈등은 우선 행정관들(시장, 군수, 지구감독)의 임명을 놓고 벌어졌다. 그리고 그 갈등은 오스트리아의 경우와 비교할 수 없을 정도로 격렬했다. 히틀러, 그리고 그가 병합된 지역에 임명한 전권위원들, 특히 지구당 위원장인 코흐, 포르스터, 그라이저는 일반 행정 관리들로는 게르만화를 신속하게 관철시킬 수 없다고 생각했다. 그리하여 그들은 행정 경험이 전무한 나치 당직자들을 고위 행정직에 대규모로 투입했다. 그들은 제국내무부가 파견한 관리들을 간단하게 집으로 돌려보내기도 했다. 그곳의 제국주총감들과 제국내무장관 사이의 쟁점은 궁극적으로, 경제 등의 이유에서 반드시 필요한 행정적·법적 관계의 통일성과 히틀러가 부과한 특수 임무를 합치시키는 문제였다. 1939년 12월 프리크는 주인 행세를 좋아하는 나치 당직자들을 투입하다 보면 결국 "보편적인 내무 행정이 붕괴하고 특수 행정이 증식한 끝에 국가기구가 원자화되고 마는" 결과를 낳을 수밖에 없다고 토로했다.[44]

그 자신이 나치이기도 한 프리크의 불평은 자기 부처의 관할권과 권위 때문으로 치부한다고 하더라도, 병합된 폴란드 지역의 사정은 지배의 내용과 형식이 대단히 밀접하게 연관된다는 점을 보여준다. 군정을 갑자기 중단시킨 1939년 10월과 최소한의 정규적인 민간행정이 작동하기 시작한 1940년 초 사이의 기간에, 서부 폴란드 지역은 법과 규칙의 공백 상태가 지배했다. 폴란드인과 유대인의 대량 학살은 부분적으로는 바로 그러한 탈법 상태에서 발생한 것이기도 했다. 학살은 친위경찰 특수 부대와 재외혈통독일인 자위대에 의하여, 부분적으로는 그 지역 나치 당직자들의 주도로 실시되었다. 그 지역이 공식적으로는 독일에 병합되었지만 부분적으로는 여전히 행정적인 예외상태에 처해 있었기 때문에, 독일보다 훨씬 심한 정도로 정규 행정 곁에 특수 권력이 나타나고 증식했다. 우선 당장 "고위 친위경찰 지휘관들"이 그곳에 일반 행정과 나치당 행정과는 별도로 독자적인 영토적 지배권을 확립했다. 친위경찰과 마찬가지로 동부 지역에 나타난 새로운 기관들은 명목상 특수 국가기관이었다. 그러나 친위경찰이 그렇듯, 실제로는 나치당 거물에 의해 지배되던 그 기관들은 나치 운동의 구조, 행동, 지도자원칙에 입각하여 움직였다. 그런 기관들이 설치된 것은 그곳에 "원민중적인" 특수 정책을 관철시키기 위해서였다. 그러나 그 기관들은 일반적인 행정 업무에도 막대한 영향력을 행사했다. 1939년 10월 7일에 "독일인종공고화 제국위원"에 임명된 하인리히 힘러의 기관들이 그랬다. 이는 뒤에서 다시 설명할 것이다.

이 과정에서 두드러지는 점은 또한, 개전 이전에는 국가행정과 공무원정책과 입법에서 별 영향력이 없었던 총재대리실이 특별한 권한을 부여받았다는 사실이다. 예컨대 히틀러는 1940년 말/1941년 초에 하달한 비밀명령을 통하여, 제국지구 바르테란트에서 제국교회부장관의 모든 관할권을 박탈하며, 교회법 문제는 추후 제국주총감(지구당 위원장 그라이저)이 총재대리실(제국정부 총리실이 아니다)과 협의하여 독일과는 다른 방식으로 처리하라고 지시했다. 그리하여 총재대리실장 보어만이 추동하고 제국주총감 그라이저가 발동한 1941년 9월 13일의 명령은 바르테란트의 교회를 사적인 협회로 강등해버렸다. 교회법이라는 대단히 중요한 영역에서 제국의 법 대신에 특수법이 적용된 것이다. 1940년 8월 1일에 이미 제국총리실 관리 한 명이 이에 관한 심각한 우려를 비망록에 적어놓았다. "제국법이 적용되는 지역에 특수한 법이 도입되느냐 하는 문제는 …… 동부 지역 제국주총감들에게 대단히 우호적인 태도를 지녀야 한다는 점과 제국의 통일성 문제에서 그들이 갖는 다대한 중요성을 고려하여 극도로 유의해야 할 것이다."[45]

그라이저를 비롯한 동부의 제국주총감들(혹은 도감독들)은 자신의 "모범 지구"에 대하여 자부심을 가졌다. 그들은 자신의 관할 지역이 구제국과 다르며, 독일보다 완전한 형태의 나치 지배라고 여겼다. 그러나 그곳에서 실제로 발생한 것은 히틀러국가의 헌법구조의 변화였다. 그라이저는 1941년 9월 29일에 제국내무장관에게 다음과 같이 썼다. "지도자께서 제국지구 바르테란트를 구축하라고 내게 부여한 위임은 제국 부처에 의해 거부되거나 제한될 수 있는, 그런 한정적인 것이 아닙니다. 그것은 완전하고 총체적인 정치적·원민중적 위탁입니다."[46]

총체적인 지배권에 대한 주장은 그러나 나치당과 나치당 산하 기관들을 애초부터 지배하고 있던 "운동법칙"에 따라, 지구 지도자가 추진하는 특정한 정책과 행정이 독일보다 심하게 지구 지도자 개인, 그의 개인적인 역량과 야망, 그가 국가와 나치당의 권력 집단과 맺고 있던 관계, 특히 히틀러와의 관계에 의존한다는 것을 의미했다. 그런 한에서 동부 지구의 나치 권력자들은 (권위적인 질서국가보다는) 히틀러 운동의 구조를 반영하는 존재였다(독일이 점령한 소련 지역에 설치된 제국 직할령에서는 그보다 더했다). 게르만화와 같은 나치 정치의 근본 문제에서조차 서로 합치될 수 없는 모순이 불거지고 실천된 것은 그 때문이었다. 1939년까지 단치히 시장을 지내느라 나치당에 기반이 없던 아르투어 그라이저는 힘러와 보어만에 의존하면서 그 두 사람이 표방하던 교조적인 인종정책과 세계관정책을 모방했던 반면에, 히틀러에게 직접 접근할 수 있었던 포르스터와 코흐는 힘러와 친위대에 주눅 들지 않고 자의적으로 움직였다. 힘러가 지구의 왕인 그 두 사람과 항구적으로 대립한 것, 그리고 힘러가 중앙 부처와 갈등한 것은 모두, 히틀러국가의 전형적인 모습이다. 그 갈등은 국가와 나치당 사이의 갈등만이 아니었다. 그것은 관료제적 지도자지배와 사적인 지도자지배 사이의 대립이기도 했다. 그라이저, 코흐, 포르스터 등이 자기 권역에서 주장하던 총제적인 지배는 비국가상태 Anarchie라는 대가를 치르고서야 관철될 수 있었다.

그럴수록 히틀러국가의 "작동"에서 중요한 것은, 전통적인 보수적 관리들의 지지를 받으면서 프리크가 대표하던 권위적 질서국가라는 나치 국가의 판본이 분권적인 나치 권력자들의 독자적인 의지와 특수 조직들의 예외적 지배를 막을 수는 없었지만, 그 예외상태 곁에서 행정국가의 질서를 유지함으로써, 특수 권력에 의해 초래된 법적 진공 상태가 나치 체제를 파탄으로 몰아갈 정도는 되지 않도록 했다는 점이다. 중앙집권적 국가와 분권적 지배의 그러한 '병존'이야말로 (법적 통일성과 예외법의 공존과 마찬가지로) 히틀러국가의 본질이다. 이는 제국정부, 보다 구체적으로 제국총리실의 고위 관리들이, 다시 말해서 히틀러(그리고 그로부터 전권을 부여받은 지역의 나치 제후들)와 제국정부의 중개자를 자임하면서 서로 반대 방향으로 달려가는 양극 사이에 서 있던 그들이, 전쟁이 터지자 중앙정부와 특수 지배의 관계를 정리하는 것을 포기하고 양자가 견딜 만한 정도로 타협할 것을 촉구하기에 이른 것에서도 드러난다. 1941년 10월 8일, 제국내무장관 프리크와 제국주총감 그라이저 사이에 "격한 형태"로 오간 갈등(쟁점은 지구감독에 대한 명령권 문제였다)에 대하여 제국총리실은 다음과 같이 평가했다. "이 문제를 근원적으로 해결하기 위해서는 제국개혁을 기다려야 한다. 지금 할 일은 적절한 타협을 발견하는 것뿐이다."[47]

제5장

사회권력의 장악

1. 경제적 배경

　1933년 여름까지 나치 지도부에게 중요했던 것은 정책적 결정이 아니라 권력의 장악이었다. 그때 나치는 제국, 주, 도시의 행정을 접수하고 포괄적인 행정 전권을 장악하기 위하여 방해가 되는 헌법적 제약과 정치적 대항 세력을 제거하는 데 전력을 기울였다. 집권 이전에 이미 여러 면에서 손상된 바이마르공화국 헌법질서의 본질적 요소들을 제거하는 그 작업에서, 나치 운동은 극한의 집중력과 파괴력을 발휘했다. 포괄적인 비상명령이 발동된 가운데 위에서는 나치가 이끄는 제국정부와 주정부들이 나치 운동에 전권을 부여하고, 아래에서는 나치의 당과 투쟁 단체들이 테러로 호응하면서 서로가 서로를 거의 완벽하게 보완해주었다. 독재적인 국가권력과 인민적인 세계관 운동이 그렇게 결합되자 전체주의적인 경향이 나타났다. 그 경향은 사회적 삶의 '전前정치적인 영역'으로 확대되었고, 그곳에 자리한 비우호적인 세력들을 국가의 규제와 정당정치적 일체화에 종속시키려고 했다. 나라 전체의 힘들을 가능한 한 완벽하게 접수하기 위해서였다.

전前정치적인 영역에 대한 권력의 전체주의적 팽창은 1933년 3월의 아래로부터의 혁명과 함께 시작되었다. 그러나 경제적·직업적 이익집단, 언론, 교육, 문화를 일체화하기 위한 근본 결정을 내리고 법을 제정하고 조직과 기구를 설치하는 작업은, 정치권력의 장악이 마무리되고 난 뒤에 본격화되었다. 그 작업은 1934년 여름에 끝나지만 일체화에 필요한 모든 일이 그때 마무리되었던 것은 아니다.

나치 "혁명"은 기존의 헌정질서를 파괴하는 데서 대단한 일관성을 보였다. 그러나 새로운 질서를 건설하고 조직하는 데서는 그 일관성이 부재했다. 오히려 이데올로기적으로나 구조적으로나 애초부터 다층적이고 원심력적이던 나치 운동은 집권 직후 몇 달 동안 더욱 파편화되었다. 아주 기본적인 문제점이 있었다. 그 국면에 일단의 나치당 기관들과 지도자들이 국가와 사회에서 권력을 장악하고 권위를 주장할 수 있었지만, 또 다른 나치는 이제 막 자신의 지분을 챙기려던 순간이었고, 이를 위해 혁명을 더욱 밀고 나가려고 했다. 따라서 1933년 7월에 정립된 나치당의 정치 독점은 권력의 통일적인 행사라는 의미에서의 독점이 아니었다. 부분적으로는 위로부터, 부분적으로는 아래로부터 추동된 예외법적 상황하에서 나치 지구당과 다양한 나치 지역 기구들은 기존의 행정적·헌정적 관계들을 파괴하고 경제·직업·문화 기구들을 일체화시켰다. 그러나 그것은 권력기관이 '창궐'하는 형태로 진행되었고, 그 결과 정당권력, 국가권력, 사회권력이 여러 가지 방식으로 결합된 다양한 중간 형태들과 인물들이 나타났다. 게다가 관할권의 경계가 명료하게 설정되지 않았기 때문에 규율과 충성의 관계들이 적대적으로 대립하는 경우도 많았다.

  이 경향은 1933년 1월 30일 이후에 벌어진 기회주의적인 '적응'의 물결로 한층 강화되었다. 보수적인 독일민족주의 세력이 나치당으로 쇄도하고 사회주의 혹은 공산주의 노동자들이 돌격대와 기업세포로 몰려가면서, 나치 체제와 나치 운동에는 과거보다 더 많은 동기와 이해관계들이 틈입했다. 나치 당원과 지도자들 일부는 집권이 형식적 합법성의 틀 속에서 커다란 마찰 없이 이루어진 것을 환영했다. 그들은 그것이 자신들이 원하던 권위적인 질서국가의 기준에 부합하여 진행되었다고 생각했다. 그러나 나치당의 또 다른 일부는 기존 "체제"를 총체적으로 파괴하고 바꿔야 한다는 당위가 구세력의 기회주의적인 적응에 의하여 좌절되었다고 평가했다. 그들은 제2의 혁명이 필요하다고 생각했다. 따라서 전前정치적인 영역을 나치즘으로 일체화시키는 일은 한편으로는 사회를 장악함으로써 국가권력을 전체주의화하는 것이었지만, 다른 한편으로는 나치당과 국가권력의 이원성Dualismus을 가일층 강화하는 것이기도 했다. 나치당과 국가 모두 이익집단과 직업집단을 통제하려 했다. 그 과정은 유의해서 살펴볼 필요가 있다. 일체화 작업의 연대기, 형식, 강도를 사회집단별로 검토해보면, 나치가 각 집단에게 어떤 비중과 자율성을 부여했는지 드러날 것이다.

  일체화의 '방식'을 결정한 것은 해당 집단의 사회적인 권력관계와 이해관계였다. 그러나 그 측면을 잠시 접어두면, 몇 주 동안의 정치 투쟁 이후 히틀러와 그의 수하들에게 가장 중요했던 것은 경제위기를 극복함으로써 새 정권의 실무 능력과 변혁 의지를 보여주는 것이었음을 알 수 있다. 히틀러 개인으로서도 공황에 고통받고 있는 대중의 물질적 상황을 가시적으로 개선해야만 위신을 세울 수 있었다. 경제는 다른 차원에서도 중요했다. 경제적으로 성공해야, 특히 실업을 극복해야만 히틀러의 인민적 권력 기반이 강화되고, 그래야만 나치 혁명이 미흡하다고 불평하는 당내 세력들을 침묵시킬 수 있었다.

혁명의 종결이 선언되기 전인 1933년 봄(혁명 종결은 1933년 여름에 선언된다), 이미 그때 히틀러는 경제만큼은 권력 투쟁에서 제외시키려고 노력했다. 그가 1933년 3월 17일에 얄마르 샤흐트를 제국은행 총재에 임명한 것은, 권위적인 질서국가와 법적 확실성을 중요시하던 경제계 인사들을 안심시키려 하였기 때문이다. 그 중요한 자리에 나치 당원이 아니라 샤흐트를 임명함으로써 히틀러는 실제로 국내외 경제계의 신뢰를 확보하고, 고트프리트 페더 등 나치 "이론가들"이 은행정책과 화폐정책에서 '이상한' 실험을 할지도 모른다는 세간의 우려를 불식시킬 수 있었다. 그러나 다른 한편으로 "궁정 프리메이슨"이라는 비아냥을 듣던 샤흐트에게 제국은행을 맡긴 것은, 후겐베르크에게 경제장관 자리를 양보하고 나서 들었던 비판과 비슷한 당내 저항을 유발했다.*

후겐베르크가 경제부를 맡고 있던 1933년 6월까지 나치는 독자적인 고용정책을 실시하지 않았다. 나치 정부는 슐라이허 내각이 마련해놓은 "긴급계획"을 실행하는 것에 그쳤다. 그러나 그것만으로도 6억 마르크에 달하는 정부 자금이 경제(주로 농업용 관개와 주택 및 도로 건설)에 투입되었다.** 경제위기는 1932/33년 겨울에 약간 누그러지는

---

* 총리실장 라머스는 히틀러의 지시로 1933년 3월 22일에 베를린 나치당에 공문을 보내 샤흐트에 대한 당의 비판을 히틀러의 이름으로 금지한다고 통고했다. BA: R 43 II/233.
** 긴급계획은 물론이고 1933년 2월에 나치 정부가 결정한 라인하르트 계획마저 군수 생산에 도움이 되도록 해야 한다는 히틀러의 선언을 제대로 실현하지 못했다. 국방부장관 블룸베르크

기미를 보였고, 히틀러 집권 이전에 파펜과 슐라이허가 경기 진작과 고용 증가를 위해 실시했던 조치들이 이제야 긍정적인 효과를 발휘하기 시작했다. 그러나 실업자 수는 계절실업의 영향이 없는 1933년 7월에도 여전히 450만 명 선을 유지하고 있었다. 경제 문제에 대한 확신이 없던 히틀러와 나치 지도자들은 비교적 오랫동안 망설인 끝에, 그리고 1933년 6월 1일에 지도적인 기업가들과 협의한 뒤에야 "실업 감소를 위한" 추가적 조치들(이른바 라인하르트 계획)을 발표했다.[1]

라인하르트 계획은 총 10억 마르크에 달하는 고용채권을 발행하여 공공 건설(고속도로, 일반 도로, 수로, 공공건물, 공공서비스 시설)과 민간 건설(교외 주택단지, 주택 재개발)을 지원하고, 국내산 기계나 공구를 구입한 농업, 수공업, 공업 업체에 조세 감면의 혜택을 준다는 것으로, 실업을 적극적이고 가급적 빠르게 극복하겠다는 결연한 의지의 표현이었다. 그러나 그 구체적인 규정을 들여다보면 이데올로기적·정당 정치적 계산(결혼융자금 제도를 통하여 여성 노동자를 사퇴시킨다거나, 실업자 중에서 돌격대와 친위대 대원을 우선적으로 채용하도록 한 것)이 개입된 데다가 생산에 대한 합리적인 자극보다는 실업자 수의 감소(단축노동을 장려한다거나 육체노동을 선호한 것)를 겨냥하고 있는 내용이 적지 않았다.

그래서 기업가들은 대부분 회의적으로 반응했다. 그들은 특히 공공사업을 발주함으로써 고용을 창출한다는 기본 구상을 국가사회주의적 혹은 국가자본주의적 경향으로 평가했다. 히틀러가 1933년 6월 29일

는 1933년 초에 독일군이 군수물자 구입에 5000만 마르크 이상을 지출할 수 없다고 말했다. Dieter Petzina, "Hauptprobleme der deutschen Wirtschaftspolitik 1932~1933," *VJHZ*, 15. Jg. 1967, H. 1.

에 후겐베르크의 후임 경제부장관에 임명한 알리안츠 보험의 대표이사 쿠르트 슈미트조차(슈미트는 나치 당원이었지만 기업가인 그를 경제장관에 임명한 것은 경제계를 안심시키기 위해서였다) 라인하르트 계획의 여러 측면을 비판적으로 바라보았다.* 슈미트는 라인하르트 계획과 동시에 개시된 나치당의 고용창출 활동에 대해서도 비판적이었다.** 그러나 히틀러가 1933년 5월 1일에 공식 선언한 고속도로 건설 프로젝트는 성격이 달랐다. 히틀러는 5월 29일에 베를린에서 경제계 대표들에게 그 사업에 대하여 한 번 더 강조했다. 라인하르트 계획 예산으로 1933년 가을에 건설되기 시작한 고속도로²는 고용창출(그리고 군사전략적 목적) 외에 자동차 생산과 도로 교통의 강화를 목표로 했다. 나치 정부는 같은 동기에서 신차에 대한 세금도 낮춰주었다.³

히틀러 정부의 고용정책은 1933년 후반에 가시적인 성과를 나타내기 시작했다. 그리고 히틀러를 비롯한 제국정부 장관들이 여러 가지 선언과 구체적인 조치를 통하여 정부가 사회정책적·경제정책적 '실험'을 거부한다는 것을 의심할 여지 없이 분명히 했다. 경제계, 특히 중공업은 그제야 비로소 새 정부의 경제정책을 지지하기 시작했다. 그

---

* 슈미트는 1933년 7월 13일에 지도적인 경제계 인사들의 모임에서 다음과 같이 발언했다. "지도자께서는 경제계의 머리 없이 가능한 것은 없으며, 경제를 사회화하려는 시도는 모두 인간에 부딪쳐 실패할 수밖에 없다고 거듭 말씀하셨습니다." 나치 지도부는 우리 경제에 "가급적 빨리" "최대치의" 예측 가능성이 창출되어야 하며 법적 확실성과 경제적 예측 가능성이 부재한 상태에서는 "상인의 결정이 최악의 상태에 놓이게 된다"는 점을 잘 알고 있다는 것이었다. Schulthess, *Europäischer Geschichtskalender*, 1933.
** 1933년 8월 13일 슈미트는 쾰른에서 행한 연설에서 공적인 고용창출이 경기 회복의 불쏘시개가 될 수 있으나, "독일인들이여, 일자리를 줘라!"와 같은 구호를 외치고 개별 기업에 압력을 가하거나 개입하는 것, 그리고 나치 지구당이 자기 지구에서는 실업이 극복되었다고 발표하는 것(이는 특히 동프로이센 지구당 위원장 에리히 코흐에 해당되는 발언이다)으로는 실업을 진정으로 극복할 수 없다고 강조했다.

후 추진된 군수정책과 자급적 경제정책Autarkie에서 혜택을 받은 산업 분야는 석탄, 화학, 건설업이었다. 어쨌거나 공업 생산을 본격적으로 활성화하고 실업을 극복한 것은 1934년에 샤흐트의 메포Mefo어음으로 개시된 군수정책* 덕분이었다(실업자 수는 1934년에 여전히 300만 명이었다).**

나치 지도부가 1933년 여름부터 실업을 극복하기 위하여 펼친 선전 활동과 모금 운동(히틀러는 1933년 8월 31일에 뉘른베르크 나치당 전당 대회에서 실업 극복을 당의 가장 중요한 과제로 선언했다. 그리고 많은 기업가들이 모금 운동을 압력으로 받아들였다), 그리고 1933/34년 겨울이 시작되기 전에 벌인 실업자와 빈곤층을 돕자는 캠페인은 두 가지 효과를 낳았다.*** 그 운동은 우선 나치당의 투쟁을 정치권력의 장으로부터 국가 운영의 장으로 옮겨놓았다. 그리고 실제 모금액이 별로 크지도 않았고 새로운 일자리를 창출했다는 나치당의 선전이 실물 경제를 반영하지 않는 것이었음에도 불구하고, 그 운동은 많은 국민들에게 민족 공동체적 연대에 대한 의식을 강화했고, 새 정부가 경제위기를 극복하

---

* (옮긴이) 나치 정부가 자본이 부족한 상황에서도 고용창출과 군수 생산을 가능하게 하기 위해 만든 금융 전략으로, 국가의 주문을 받은 사기업이 발행한 어음을 중앙은행이 재할인할 수 있도록 메포 회사가 인수해주는 체제이다.
** 국방비가 공공투자에서 차지하는 몫은 1932년에 25퍼센트, 1933년에 23퍼센트, 1934년에 49퍼센트, 1935년에 56퍼센트, 1936년에 68퍼센트, 1937년에 70퍼센트, 1938년에 74퍼센트였다. 군수에 투입된 투자액 절대치를 비교해도 1934년이 전환점이었음이 드러난다. 그것은 1933년에 7억 2000만 마르크, 1934년에 33억 마르크, 1935년에 51억 5000만 마르크, 1936년에 90억 마르크, 1937년에 108억 5000만 마르크, 1938년에 155억 마르크였다. 1938년에 군수 지출은 국민소득의 약 19퍼센트에 달했다.
*** 제국선전부가 1933년 9월 13일에 개최한 "겨울의 배고픔과 추위 극복 지원 운동" 개막식 행사에서 히틀러가 한 연설은 다음과 같이 끝난다. "프롤레타리아트의 국제적 연대를 분쇄한 우리는 그 자리에 독일 민족의 살아 있는 민족적 연대를 구축해야 합니다." Max Domarus, *Hitler, Reden und Proklamationen 1932~1945*(München, 1965), p. 300 f.

기 위하여 전력을 다하고 있다는 믿음을 심어주었다. 게다가 암시의 결과이든 조작의 결과이든, 국민들이 그러한 생각을 갖게 된 것은 경제적으로도 긍정적인 효과를 발휘했다. 히틀러는 그것을 정확하게 꿰뚫고 있었다. 그리고 국민들의 그러한 생각은 나치 체제가 가난한 사람들의 물질적 상황을 개선하고 실직자들을 재취업시키는 데 혼신의 힘을 다하고 있던 바로 그 시기에, 노동자들의 사회적 자율성과 자유의 권리들이 파괴되었다는 사실을 은폐하거나 보상해주는 효과도 낳았다.

집권 초기 2년 동안 히틀러 정부는 실업률을 낮추기는 했지만 실업 문제를 극복한 것은 아니었다. 실업 이외의 경제지표들도 여전히 부정적이었다. 특히 외환은 고질적으로 부족했다. 독일에 독재적이고 테러적인 정권이 들어선 뒤 외국인들이 독일 상품의 구입을 꺼리게 된 것도 외환위기를 부채질했다. 정부가 농업과 원료산업을 보호하기 위하여 농업 제품과 원자재에 부과하던 수입 관세를 인상하고 점차 자급경제로 이행한 것도 외환위기를 격화시켰다. 그 때문에 샤흐트는 1933년 6월에 외국 채권에 대한 이자 지급을 부분적으로 정지하고,[4] 마르크화 청산계좌를 설치하여 외국인들로 하여금 수출입 차액만큼의 상품을 독일에서 구입하도록 했다. 이 일방적인 조치가 외국인들을 자극한 데다가, 무역 상대국들(네덜란드와 스위스)과 개별적인 신용조약을 체결한 것도 채권자들을 국가별로 차별적으로 대우한다는 인상을 주었다. 이 모든 것이 독일의 신용에 손상을 입혔다.[5] 그것의 악영향은 정치적인 적들과 유대인에 대한 탄압이 끼친 영향 못지않았다. 게다가 청산계좌를 설치하면 독일 상품의 수출이 증가할 것이라는 기대는 충족되지 못했다. 그 조치는 거꾸로 서구 주요 무역국과의 교역량을 감소시켰다.

외환위기에 직면하여 제국은행은 외환관리 규정들을 더욱 강화했다.[6] 그리고 제국은행은 1933년 12월 18일에 외국인 채권자들에 대한 이자 지급을 더욱 줄이겠다고 선언하고 외환관리청을 설치했다.[7] 독일은 그만큼 자급경제에 다가섰고, 독일 경제는 그만큼 세계 경제로부터 분리되었으며, 이는 수출 의존적인 경제 분야(경공업, 소비재산업, 전기산업, 조선산업 등)에 부정적인 영향을 주었다. 히틀러국가가 집권 초기에 거대 사회집단들에게 취한 조치들은 이와 같은 경제 상황을 염두에 두고 파악되어야 한다.

2. 노동정책

독일의 각 도시, 예컨대 드레스덴, 베를린, 뮌헨의 돌격대와 친위대 대원들은 1933년 3월 하반기에 이미 노동조합 사무실들을 장악하고 그 일부를 나치 기업세포의 통제하에 두었다. 특히 심하게 공격당했던 독일노동총동맹의 총재 테오도어 라이파르트는 1933년 3월 10일에 대통령에게 편지를 보내서 노동조합의 법적 안전을 재건해달라고 요청하기까지 했다.* 그러나 노동조합에 대한 나치당의 태도는 그때까지 여전히 모호했다. 일반적인 예상은 나치가 노동조합을 정치적·이데올로기

---

* 1933년 4월 5일에 노동총동맹이 힌덴부르크에게 보낸 편지에는 노총의 관리들과 시설들에 가해진 각종 공격 행위에 대한 보고서 등 많은 자료들이 첨부되어 있다. 예를 들어서 1933년 3월 25일에 돌격대와 친위대와 경찰은 약 40여 개의 대소 도시에서 노총의 행정 건물과 사무실을 점거했고, 그 후 며칠 동안에도 노조 시설과 재산을 점거하거나 압류했다. 그로 인하여 해당 지역 노총은 마비 상태였다. 노동조합의 전임 관리들은 "가공할 만한 테러"를 겪었다. 체포된 사람은 "수백 명"에 달했다. BA: R 43 II/531.

적으로 일체화하고 "숙정"을 감행하겠지만, 조합의 각종 시설은 건드리지 않으리라는 것이었다. 그런 기대를 품고 있던 노동조합은 주로 민족주의 계열의 노동조합과 기독교 노동조합 그리고 사무직 노동조합이었다.* 그러나 노동총동맹 지도부 역시 새 정권에 "긍정적으로 협력"하고 정치성을 포기한다고 선언하면 조직만큼은 유지할 수 있으리라 기대하고 있었다.**

설령 나치가 노동조합을 폭력적으로 궤멸시키지 않은 채 나치 기업세포를 강화하기로 노선을 정했다고 해도, 노동자들이 기업세포를 지지하게 되었을지는 의문스럽다. 당시 노동자들과 사무직 근로자들은 여타의 사회집단들과 달리 1933년 3월에도 여전히 압도적으로 나치로부터 거리를 두고 있었다. 1933년 3월에 치러진 기업평의회 선거가 이를 보여준다. 나치당이 집권당인 데다가 좌파에게 표를 던지더라도 무효 처리될 것이라는 우려가 지배적이었고, 그래서 수많은 노동자들이 선거에 불참하였음에도 불구하고 나치 기업세포는 25퍼센트를 얻는 데 그쳤다. 이는 1932년의 득표율(4퍼센트)보다는 높았지만 다수에는 한참 모자라는 수치였다. 그레고어 슈트라서의 후임으로 나치당 조직국을 넘겨받은 로베르트 라이와 히틀러는 그 선거 결과를 보고 기업평의

---

* 예를 들어 독일민족 상업조합DHV의 1933년 2월 1일 편지와 민족주의 노동직업조합 의장의 3월 15일과 4월 20일 편지, 그리고 기독교 노동조합총연맹의 1933년 4월 21일 편지를 보라. BA: R 43 II/531.
** 노동총동맹의 그러한 태도를 입증해주는 증거는 프로이센 주정부가 베를린 시장실에 파견한 국가위원 리페르트가 제국총리실에 보낸 1933년 4월 12일 편지다. 리페르트는 노동총동맹 지도부가 "긍정적으로 협력"할 의사를 갖고 있다면서 총리실장에게 테오도어 라이파르트를 만나는 것이 어떻겠냐고 제안했다. 그러나 총리실장은 히틀러와 논의한 뒤에 이를 거부했다. 아마도 히틀러는 그때 이미 노동조합을 폭력적으로 제거하기로 결심했던 것 같다. BA: R 43 II/531.

제5장 사회권력의 장악 203

회가 반反나치 기관이 되리라고 우려했던 것 같다. 어쨌거나 제국정부는 1933년 4월 4일에 "기업의 대표자와 경제 단체에 관한 법"을 공포하여 기업평의회 선거를 반년 동안 금지했다. 그 법은 또한 사용자가 "반국가 활동 혐의가 있는" 피고용인을 언제라도 해고할 수 있도록 하고, 그에 대해서는 노동법상의 이의 신청을 불가능하도록 만들었다. 그것은 또한 이미 해고된 평의회 위원의 후임자를 주州의 최상위 행정기관이 임명하도록 했다.[8] 이로써 기업 내부의 공동결정권과 노동조합의 기반이 제거되었다.

그 직후 "독일의 노동을 보호하기 위한 행동위원회"가 비밀리에 조직되었고, 라이와 무초프가 노동조합에 대한 결정적 타격을 준비했다. 그러나 특징적이게도 나치는 괴벨스가 거장다운 솜씨로 연출한 대규모 선전 행사부터 했다. 노동자에 우호적이었던 그 선전전은 국제 노동운동의 축일인 5월 1일에 절정에 달했다. 나치는 독일 역사상 처음으로 그날을 법적 공휴일("민족 노동의 날")로 선포했다.[9] 1933년 3월 21일에 연출된 "포츠담의 날"이 프로이센과 나치즘의 조화를 맹세하는 것이었다면, 이날 새 정부는 나치 독일을 민족공동체적인 노동자 국가로 내세우면서 "모든 신분의 창조적인 노동자들"에게 헌정하는 대중 축제를 연출했다.

베를린 템펠호프 광장에 운집한 약 100만 명의 참가자들 앞에서 연단에 오른 히틀러는 신분적 특권이 판치고 육체노동이 경시당하는 풍조를 비판했다. 그리고 그는 "형제 사이에 싸움"을 붙이는 "마르크스주의"를 "범죄"로 몰아세웠다. 새로운 독일에는 계급과 신분 간의 적대적인 대립이 없어야 한다. 민족사회주의는 인민을 하나로 모으고, "신분들"이 서로를 알고 존중하도록 이끌 것이다. 히틀러는 민족 선지자의 제스처를 쓰면서, 노동의 힘과 인민의 땀이 민족 최대의 자본이라고 찬양했다. 그 자본을 버려서는 안 된다. 국민 모두가 고용창출에 혼신의 힘을 기울여 일자리 걱정이 없어지도록 해야 한다. 그러나 히틀러는 젊은 세대를 위한 사회적 학교로서 노동봉사단을 조직한다고 선포했을 뿐 노동자들의 사회적 권리에 대해서는 구체적인 언급을 삼갔다.

노동절 행사에서 나치는 사회적 평화를 실현하고 물질적 고통을 없애겠다는 의지를 대대적으로 선전함으로써 독일인들에게 신뢰감을 주는 데 성공했다. 그리고 바로 그다음 날(1933년 5월 2일) 나치는 오래 전부터 준비해온 "마르크스주의" 노동조합에 대한 공격을 개시했다. 이 일은 대중의 주목도 받지 않고 노조의 저항에 부딪히지도 않은 채 신속하게 진행되었다. 법적 근거는 전무했다. 나치는 그만큼 치밀했다. 5월 2일 오전 10시 독일 전역에서 돌격대와 친위대 보조경찰이 지역의 유명 나치 혹은 나치 기업세포 관리들의 휘하에서 자유노조의 건물, 사무실, 은행, 신문사로 달려가 노조의 재산과 시설을 모조리 점거하고 압수했다. 노동총동맹 의장 라이파르트와 그라스만 같은 노조 지도자들은 체포되었고, 노조 직원들은 나치 기업세포 감독위원 밑에서 계속 일해도 좋다는 말을 들었다. 회유였다.[10]

그날 로베르트 라이는 독일의 모든 노동조합을 "독일노동전선"으로 통합한다고 선언했다. 그 후 며칠 안에 자유주의적인 "히르슈-둥커 노동조합"과 "독일민족주의 사무직연합" 같은 노동조합들이 "독일 노동을 보호하기 위한 행동위원회"에 가담했다. 기독교 노조에만 정교협약 협상과 자르 지역의 상황 때문에 얼마간 특수한 지위가 허용되었지만, 그들 역시 6월 말에 독일노동전선에 통합된다. 자유노조에 대한 공격은 베를린 검찰이 "라이파르트와 동지들"에 대한 수사에 필요하다는 이유로 발부한 영장에 의해 사후적으로 합법화되었다. 그 후 몇날 몇 주 동안 나치 언론은 "노조꾼들"이 "노동자 푼돈"을 횡령한 증거를 발견했다고 대대적으로 보도했다. 그러나 "라이파르트와 동지들"에 대한 재판은 열리지 않았다. 따라서 독일노동전선이 노조 재산을 압류한 것은 나치 체제가 끝나는 날까지 불법이었고, 여기서 비롯된 재산권 문제는 노동전선에게 두고두고 골칫거리로 남게 된다.

1933년 5월 10일 히틀러는 나치당과 정부 요인 전체를 참여시킨 가운데 베를린에서 "독일노동전선 제1차 총회"를 개최했다. 새로운 통일 노동조직이 공식 출범한 것이다. 나치가 일체화시킨 노동조합들은 "독일노동총연맹"(총재는 나치 기업세포 의장 발터 슈만)과 "독일사무직총연맹"(총재는 나치 중간신분 운동 출신인 단치히 지구당 위원장 알베르트 포르스터)에 통합되어 노동전선의 일부가 되었다. 그 두 단체는 '신분적인' 전체 조직의 첫번째와 두번째 "기둥"으로 기획되었고, 나치는 세번째 기둥으로 사용자 단체를, 네번째 기둥으로 소상공인 단체를 추가할 예정이었다. 그러나 노동전선의 무게중심은 직능과 업종에 따라 세분된 14개의 노동자 단체와 9개의 사무직 단체에 있었다. 노동전선의 최상위 조직은 11개의 국으로 편제된 "독일노동전선 중앙위원회"였고, 총재는 로베르트 라이였다. 지역적으로 노동전선은 13개의 지구(지구마다 노동전선 지구의장이 임명되었다)로 편성되었고, 지구 조직은 다시금 군과 지역기초로 나뉘었다. 나치당과 노동전선의 관계에 대한 법적·제도적 규정은 마련되지 않았다. 다만 노동전선 총재인 로베르트 라이가 나치당 조직국장이었고, 노동전선의 거의 모든 주요 직책이 나치 중앙당 기관인 기업세포 지도자들에게 돌아갔다. 따라서 노동전선

지도부는 나치 당원이 독차지한 셈이었으나, 나치당과 노동전선의 제도적 관계는 간접적이었다.

노동전선의 구성은 실상 노동조합 조직의 전형적인 원칙을 따른 것이었다. 이는 업무 능력 때문에 과거의 노조 직원들을 계속해서 고용해야 했기 때문에 어쩔 수 없는 일이었다. 그것은 조합원들의 대량 이탈을 막기 위해서도 불가피했다. 구노동조합과의 연속성은 또한, 바이마르공화국에서도 이루지 못한 노동운동의 꿈인 통일 노조의 건설이 노동전선으로 실현된 것이라는 인상을 주기 위해서도 필요했다. 노동전선은 "노동공회Arbeitskonvent"를 설치하기도 했다. 노동자 단체 지도자들로 구성된 이 기구는 노동전선의 사회정책과 노동정책을 감시하는 기구로서, 비록 실제로는 자문 기능에 머물렀고 또한 추후 소리 소문도 없이 사라지게 되지만, 나치의 지도자원칙에 위배되는 조직이었다. 어떻게 보면 노동전선은 노동자의 이해관계를 대변하는 막강한 기구가 될 수도 있었다. 특히 수많은 나치 기업세포 지도자들은 사회혁명적 구상을 여전히 고수하고 있었다. 그러나 노동전선에서 더욱 강했던 쪽은 정반대 세력이었다. 그들은 노동전선이 나치의 깃발 아래 전통적인 노동조합의 권리를 행사하고 국가의 경제정책과 사회정책에 막대한 영향력을 발휘하는 상황을 그 어떤 경우에도 막고자 했다.

1933년 5월 전반기만 해도 나치 기업세포는 사용자들의 "탐욕"을 비판한 라이의 훈령에 힘입어,* 기업 경영에 다양한 방식으로 개입했다. 그러자 샤흐트와 유력 기업인들과 경제 관료들은 히틀러로 하여금 기

---

* 1933년 5월 15일에 기업세포 기관지 『노동자Arbeitertum』에 게재된 총재 훈령에서 라이는 노동조합의 해체를 이용하여 "단체협약을 해지하고 탐욕을 채우려 하는" 사용자 진영의 "무책임한 부류들"에게 경고했다.

업 경영에 대한 나치당의 간섭을 금지하는 명령을 수차례나 하달하도록 했다. 5월 15일에만 해도 라이는 일체화된 개별 노동자 단체들에게 단체협상과 단체협약을 금지하면서, 단체협상은 "이제부터 오직 독일의 노동을 보호하기 위한 행동위원회가 중앙 차원에서 지도한다"고 지시했다.[11] 그러나 4일 뒤인 5월 19일에 "노동신탁위원"에 대한 법이 공포되었다.[12] 이 법은 노동전선의 야심을 꺾고, 노동전선과 기업세포가 사회정책의 가장 중요한 영역인 단체협상에서 과거 노동조합이 행사하던 기능을 수행할 것이라는 기대를 물거품으로 만들었다. 또한 이 법은 "사회조직의 신질서가 수립될 때까지" 활동할 임시 기구인 신탁위원이(제2조) 노동자 단체와 사용자 단체를 대신하여 고용협약의 조건을 "법적으로" 마련한다고 규정했다. 신탁위원이 국가의 강제 조정관인지, 완전하고 배타적인 협약권을 보유한 것인지는 모호했으며 논란도 있었다. 어쨌거나 신탁위원은 항구적인 기관으로 발전하게 된다.

신탁위원제의 도입으로 단체협상과 관련된 노동자와 사용자의 자율성이 제거되고 자유로운 사회적 파트너십의 자리에 국가의 강제가 들어설 길이 열렸다. 1933년 6월에 히틀러는 주정부와 제국정부의 추천을 받아 제국노동신탁위원 13명(지리적으로 노동전선 13개 지구와 일치하던 그들의 업무 영역은 과거 국가 중재위원과 동일했다. 다만 과거에 중재위원은 노사의 합의에 따라 임명되었다)을 임명했다.* 그들은 사회적

---

* 볼프 통신사WTB는 1933년 6월 15일에 노동신탁위원들의 이력과 경력을 보도했다. 그들 대부분은 노동법 전문가들이었고, 기업, 상공회의소, 혹은 노동 및 경제행정 출신이었으며, 일부는 중재위원으로 활동한 경력이 있었다. 나치당 당원은 극소수였고, 대부분은 독일민족주의 우파에 가까웠다. 사회정책관 역시 마찬가지였다. 클라인(베스트팔렌 담당)과 뮐처(노르트마르크 담당) 두 사람은 오트마어 슈판과 신분국가적인 이상을 공유하던 인물이었다. *Der Spannkreis*, IfZ: Dc 15.15, p. 7 f.

출신으로 보나 그간의 활동으로 보나, 노동자들의 이해관계나 기업세포의 사회적 구상보다는 경제계와 경제행정의 관점에 가까웠다.*

경제 단체와 신탁위원 간의 갈등은 거의 없었다.** 경제계는 새로운 기구와 인사 人事를 거의 한목소리로 환영했다. 그러나 기업세포가 상당히 좌파 성향을 보였던 베스트팔렌과 오버슐레지엔에서는 신탁위원과 기업세포 대표들 간에 격렬한 충돌이 벌어지기도 했다. 예컨대 슐레지엔의 노동전선 사회정책국장과 석공연맹 의장이 1933년 11월 7일에 베를린 제국총리실을 방문하여 그 지역 신탁위원 나겔을 해임하라고 요구했다. 나겔은 경쟁력이 떨어지는 어느 슐레지엔 광산업체의 임금을 하향 조절했다가 기업세포와 노동자 단체의 불신을 사고 있었다. 총리실에 나타난 그들은 나겔을 즉각 해임하지 않으면, "신탁위원의 태도에서 비롯된 노동자들의 나쁜 분위기가 다음 선거(1933년 11월 12일)에서 나치당의 참담한 패배로 나타날 것"이라고 위협했다.[13] 그들은

---

* (옮긴이) 신분제국가는 자유주의적 자본주의에서 발생하는 노사 간의 계급 갈등을, 노사를 모두 포함하는 직능별 조직의 건설과 그 조직들 간의 타협을 통하여 해결하려는 구상으로서, 1차 대전 이후 유럽 각국의 좌우 정파들에게서 각별한 지지를 받았다. 이탈리아 파쇼당은 집권 후에 그 구상을 제도화했다. 신분제국가론에는 정치적으로 다양한 판본이 있었는데, 오트마어 슈판은 권위적이고 가톨릭주의적인 신분제국가를 주장했다. 빈 대학 경제학 교수로 재직하던 슈판은 1935년 이후 나치로부터 공격을 받았고, 1938년 독일군의 오스트리아 진군 이후 교수직을 박탈당했다.
** 그중 일부 사건은 신탁위원 개인에 대한 정치적 적대감과, 차별을 받고 있다고 느끼던 특정 경제 부문의 이해관계가 결합하면서 벌어졌다. 예컨대 작센의 소상공업 단체들이 작센의 신탁위원 호폐를 해임하라고 요구하자, 작센의 나치 지구당 위원장이자 제국주총감인 무치만이 (작센 주총리 폰 킬링거와 정반대로) 그들을 지지하고 나섰다. 무치만은 호페가 임명될 때 자신의 의견이 청취되지 않았다고 불만스러워하고 있었다. 무치만은 1933년 8월 30일에 킬링거에게 보낸 편지에서 "본인이 동의하지 않았음에도 불구하고 임명된" 호페를 해임하라고 요구했다. 킬링거는 제국노동장관과 힘을 합하여 무치만의 요구를 뿌리쳤다. 1934년 3월이 되어서야, 작센의 일에 어려움을 느껴서 스스로 퇴임한 호페의 자리에 작센의 중소기업과 가까운 기업세포 관리 슈틸러가 임명되었다. BA: R 43 II/532.

나겔이 단체협약 문제에서 "노동자 및 사용자 단체의 의견을 듣지 않았다"고 비판했다.

그러나 총리실은 완강했고, 제국노동부는 신탁위원들에게 "이제는 과거의 중재 패턴에서 벗어나 임금 문제에 사용자와 노동자 단체들을 직접 개입시키지 말고 가능한 한 전문가들을 이용"하라고 지시했다. 노동부는 설명했다: 히틀러의 경제 보좌관인 케플러 동지도 같은 의견이다. 노동전선 총재 라이도 노동전선이 "임금 협상을 주도한다"는 발언을 하지 않았다. 기업세포도 순수하게 정치적인 과업만을 수행해야 한다.[14] 사실 슐레지엔의 사용자 단체들은 사전에 제국노동부장관에게 기업세포가 나겔에게 불리한 "분위기"를 "조성"하고 있다고 통고했다. "나겔 박사가 우리의 입장에 완전히 상응하게 기업가와 노동자 및 사무직 근로자 간의 조화로운 협력 관계를 정립하는 것을" 기업세포가 "파괴"하려 한다는 것이었다. 슐레지엔의 47개 경제 단체의 대표들은 "독일의 정치 상황 전체를 고려하여" 슐레지엔 경제가 "심각하게 동요되는 일은 어떤 상황에서도 막아야 하며, 그 불가결한 전제 조건은 신탁위원의 권위가 …… 굳건한 것"이라고 썼다.[15]

이와 같은 사건에서 흔하게 벌어지는 풍경은 기업세포에게 마르크스주의적 경향을 갖고 있다고 몰아붙이는 것이다. 슐레지엔의 신탁위원인 나겔도 그렇게 행동했다.* 게다가 나겔 사태는 기업세포의 처신에

---

* Nagel an den Reichsarbeitsminister vom 14. 11. 1933(BA: R 43 II/532). 나겔은 이미 1933년 8월 5일에 노동부를 개인적으로 방문하여 기업세포를 비판했고, 이를 보충하기 위하여 1933년 8월 7일 몇 쪽에 달하는 서면 보고서를 제출했다: 나치 기업세포에 마르크스주의적이고 전투적인 부류들이 틈입한 결과, "단체협상에서 기업세포가 순수한 임금투쟁의 입장을 내세우는 동시에 사용자들을 적대적인 방향으로 몰아세우고 있다. …… 기업세포가 경제에 대한 간섭을 반복하는 이유는 바로 그 순전한 투쟁 정신 때문이다." 자신의 지구에서는

서 수많은 약점이 노출되었고, 그 때문에 기업세포의 위신이 추락했다는 점을 보여준다.** 어차피 경제위기에서는 노동자들의 사회정치적인 요구보다 기업가와 경제인들의 의견에 무게가 실리게 마련이다. 게다가 노조마저 파괴되어 노련한 노조 지도부가 노동자의 이해를 정연하고 능란하게(그런 한에서 설득력 있게) 대표하던 연속성이 깨져버린 상황이었다. 그들의 자리를 차지한 기업세포 출신의 거친 "룸펜 프롤레타리아트들"은 노동자들을 적절하게 대표할 능력이 없었다. 게다가 소시민 출신으로 나치 집권 이후 막강한 관직이나 당직을 차지한 나치 거물들, 자신의 인격과 능력에 대한 세간의 의구심을 씻고 전문적인 능력을 입증하여 기성의 위계질서에 진입하고자 하던 그 나치들도 1933년 여름과 가을에 "혁명질을 하는" 기업세포(돌격대와 마찬가지로)를 강하게 비판했다. 이는 물론 기업가 측을 강화하고 기업세포와 노동전선을 고립시키는 데 직간접으로 기여했다.***

베스트팔렌 공업 지역에서도 1933년에 노동신탁위원(클라인) 및 그가 임명한 특무위원(후트마허)과 노동전선 및 기업세포 대표들 사이에 심각한 갈등이 벌어졌다. 그때 신탁위원 측은 심지어 경찰을 부르겠다

다음과 같은 사단이 벌어졌다: 오버휘테-글라이비츠에서의 하극상, 호엔촐레른 광구에서의 파업, 프림케나우 헨리에텐 광산주 경영에 대한 간섭, 프라이발다우 토건에서의 의도적인 "태업 및 기계 마비," 자신이 새로운 노동조건을 결정하자마자 한 벽돌 공장에서 불거진 파업 협박, 개별 노동자들이 해고된 뒤 여러 기업에서 나타난 파업 위협.

** 슐레지엔의 기업세포는 나겔을 몰아내지 못했다. 그러나 추후 나겔은 스스로 물러났고, 그 자리에 윙스트가 임명되었다.

*** 나치 튀링겐 지구당 위원장 자우켈은 1933년 6월 10일에 제국주총감 자격으로 작성한 첫번째 활동 보고서에서, 기업세포가 경제에 간섭하는 일 때문에 나치당의 정치적 권위가 번번이 손상되고 있다고 썼다. 기업세포에 많은 실직자들이 가입하여 그 덕택에 일자리를 확보한 데 반하여, 돌격대와 친위대 소속의 실직자들은 여전히 무직인 경우가 많다. "돌격대와 친위대 내부에서 기업세포에 적대적인 분위기가 강해지는 것"은 이 때문이다(BA: R 43 II/1382).

고 협박하기까지 했는데, 노동전선 측은 물러서지 않았다. 이 흥미로운 사건은 후트마허가 작성한 1934년 3월의 보고서에 상세하게 기록되어 있다.[16] 클라인과 후트마허는 나치 뒤셀도르프 지구당에서 오트마어 슈판의 신분국가 이념을 열성적으로 추종하고 있었다. 그들은 1933년 4월에 조직되어 프리츠 튀센이 재정을 담당하고 슈판의 제자 파울 카렌브로크가 이끌고 있던 "신분제연구소"와도 긴밀한 관계를 맺었다. 후트마허는 1933년 초에 나치 지구당 정치국장 자격으로 뒤셀도르프 상공회의소를 감독했고, 9개월 동안 노동신탁위원 특무위원으로 활동했다. 1934년 3월의 보고서는 그 활동을 기록한 것이다. 후트마허는 이렇게 썼다: 나는 기업세포 대표들과의 수많은 협상에서 그들이 "경악할 정도의 순수한 계급투쟁 정신에 사로잡혀 있는 것"을 발견했다. 내가 기업세포 대표와 기업평의회 의장(나치 노동자)에게 "게슈타포"를 부르겠다고 위협한 일도 "빈번"했다. 나는 "노동자들의 계급투쟁 정신이 경제를 질식시킬 위험이 있다"고 판단하였기에 "압도적으로 기업가 편을 들었다." 그리고 나와 신탁위원 클라인은 "모든 노동자는 스스로를 경제의 군인으로 간주해야 한다"고 거듭해서 설교했다.

후트마허의 보고서는 신탁위원들의 활동이 어떠하였는지를 적나라하게 보여준다. 후트마허만큼 '정력적으로' 개입하지 않았던 신탁위원들도 기업세포와 노동자 단체 및 기업평의회가 기업가들에게 가한 강한 압력(임금 인상이나 실직자 고용)은 순치시키는 반면에, 기업가들에게는 예외적인 경우에만 압력을 행사했다.* 그런 한에서 신탁위원들은

---

* 라인란트 신탁위원 빌헬름 뵈르거가 그런 예외적 존재였다. 기업세포 주州 책임자였던 뵈르거는 기업세포의 기관지인 『노동자』가 긍정적으로 평가한 유일한 신탁위원이었다. 전후戰後

명백히 사용자 편이었다. 이렇듯 사회적인 이해관계의 대립은 빈번히 나치 권력기구들 사이의 갈등으로 나타나기도 했다. 고용창출 정책에 대한 평가도 마찬가지였다. 1933년 늦여름에 기업가들과 경제부장관 슈미트가 "인위적인 고용창출"을 거듭해서 비판하자, 기업세포는 그런 비판은 "노동권"을 부인하는 전형적인 자본주의적 발언이라고 공박했고,[17] 적어도 이 점에서만큼은 (단체협상 문제와는 다르게) 히틀러도 동의했다.

노동신탁위원 제도는 나치 노동정책의 방향을 고정시킨 근본적인 결정이었다. 이미 1933년 하반기에 노동전선과 기업세포의 '탈노조화'가 강화되었다. 히틀러로부터 지시를 받았던 듯, 1933년 10월에 라이는 1933년 11월 12일의 국민투표를 겨냥한 노동전선의 선전전을 기업 내에서 개시했는데, 그 내용은 기업 내부의 노동 평화를 강조하고 사용자에 대한 노동자의 "추종" 정신을 설파하는 것이었다.** 1933년 9월 초 라이가 노동전선 법안을 제출했다. 라이는 노동전선에 분명한 법적 근거(공공법인)를 부여하고, 재산권 문제에서나 정치적으로나 노동전

에 뵈르거는 1933년에 자신은 기업세포 의장 슈만과 함께 헤스를 설득하여 기업세포가 라이에게 넘어가는 것을 막으려 했고, 1934년에는 라이와 심각한 갈등을 벌였다고 회고했다. 그는 『노동자』에 "우리는 돈더미의 신탁위원이 아니라 노동의 신탁위원이다"라는 글을 쓰기도 했다. *Arbeitertum*, 15. 7. 1933, p. 9; IfZ: ZS 834.

** 라이는 베를린 지멘스 노동자들에게 행한 연설에서 다음과 같이 말했다. "우리는 모두 노동의 군인입니다. 한 사람은 명령하고 나머지 사람들은 복종하는 노동의 군인입니다. 복종과 책임, 우리에게 이것이 다시 스며들어야 합니다. 한 사람은 여기 서 있고, 다른 사람은 저기 서 있어야 합니다. 우리 모두가 명령의 탑 위에 서 있을 수는 없습니다. 그렇게 되면 돛을 올리고 줄을 당길 사람은 한 사람도 없게 됩니다. 안 됩니다. 우리 모두가 그럴 수는 없습니다. 우리는 이것을 납득해야 합니다." 물론 "정의로운 임금이 지불되어야 합니다." "저임금 노동자를 가지려는 기업가는 없는 법입니다." 이 연설에는 중의적인 표현과 균형을 중요시하는 라이의 연설 방식이 잘 나타나 있다. 이 연설은 1933년 11월 1일자 『노동자』에 게재되었다.

선을 신분적 사회질서를 떠받치는 거대한 통일 노동조직으로 격상시키고자 했다. 라이의 법안은 나치즘 일각에서 오래전부터 논의되어왔던 신분적 사회질서의 구축에 부응하던 것이었으나, 정부에 의해 무시되었다. 또한 사회개혁의 주도권도 노동부로 넘어갔다.[18]

라이는 그레고어 슈트라서와 달랐다. 그는 나치당 내부의 사회주의적·사회개혁적 부류들이 신뢰할 수 있는 인물이 아니었다. 그는 기회주의적인 인물이었고, 히틀러의 총애를 얻기 위해 부심하던 인물이었다. 노동전선과 기업세포가 단순한 선전 조직에 고착되어 사회정책에 대한 영향력을 상실한 데는 라이 탓도 컸다. 기업세포의 창설자이자 조직가였던 라인홀트 무초프가 1933년 9월 12일에 사고로 숨진 것도 기업세포의 사회혁명적 충동을 약화시킨 요인이었다. 기업세포의 조직원은 1933년 8월 초까지 110만 명으로 늘어났고,[19] 기업세포가 기업과 노동자 단체와 노동전선 내부에 자리 잡은 나치 운동의 지도적 전위라는 정체성도 유지되었다. 그러나 기업세포는 노동자 단체와 기업평의회에 영향력을 발휘하는 일조차 힘에 부치는 신세로 전락했다.

1933년 11월 기업가 단체와 사용자 단체들이 편안한 마음으로 노동전선에 가입했다. 이제 노동전선의 사회정책 권한이 대폭 삭감되어 노동전선이 진정한 신분적 자치(그렇게 될 경우 기업가는 노동자 및 사무직 단체에 대해 약자가 될 가능성이 다분했다)를 실현하기 위해 움직일 가능성이 크게 감소하였던 것이다. 1933년 11월 12일 선거 직후 이루어진 노동전선 재편 작업이 결정적이었다. 라이가 국가의 노동정책과 사회정책에 노동전선을 적극적으로 개입시킨다는 기업세포 舊지도부의 목표를 포기했던 것은 아니다. 1933년 11월 하반기에 열린 노동전선 중앙위원회 담화에서 라이는 노동전선이 "노동법, 노동질서, 기

업질서, 단체협약을 처리하도록" 해달라고 "지도자에게 부탁했다"고 설명했다.[20]

그러나 1933년 11월 12일 선거 이후 각종 공공 연설과 실제 조치에서 라이는 노동전선으로부터 노동조합적인 구조의 잔재를 없애는 방향으로 움직였다. 그리고 그는 노동전선이 일차적으로 선전 활동에 집중하게 될 것이라고 분명하게 밝혔다. 1933년 11월 21일에 뮌헨에서 열린 기업세포 전국대회에서 라이는 "사회문제는 단체협약의 문제가 아니라 교육과 훈육의 문제"라고 선언했다.[21] 6일 뒤(1933년 11월 27일)에 라이는 노동부장관(젤테), 경제부장관(슈미트), 히틀러의 나치당 경제 보좌관(케플러)과 함께 「창조하는 독일인들에게 고함」이라는 선언문에 서명했다. 이 선언문은 독자적인 노동자 단체들을 모두 해산하고 사용자와 노동자 모두를 노동전선의 일원으로 편입시킨다고 선언하는 동시에, 노동전선으로부터 물질적인 노동정책과 사회정책에 대한 일체의 관할권을 박탈했다.

"……노동전선은 노동생활에 종사하는 모든 인간을 경제적·사회적 지위와 무관하게 통합시킨 조직이다. 노동전선에서 노동자는 기업가 옆에 있을 것이고, 더 이상 특수한 경제적·사회적 계층의 이해관계를 보존하는 단체로 분열되지 않을 것이다. 독일노동전선에서 결정적인 것은 노동자인가 기업가인가가 아니라 인격의 가치이다. …… 우리의 지도자 아돌프 히틀러의 의지에 따라, 노동전선은 노동의 일상적인 물질적 문제가 결정되는 장소도 아니고 노동하는 개별적인 인간들 사이에 자연적으로 존재하는 이해관계의 차이들을 조절하는 장소도 아니다. 노동조건의 결정 문제와 관련해서는 기업의 지도자와 추종자들에게 민족사회주의 세계관에 부합하는 지위를 부여하는 방안이 조만간 마련될 것이다. 노동전선의 높은 목표는 노동생활에 종사하는 모든 독일인을 민족사회주의 국가와 민족사회주의 정신으로 교육하는 것이다. 노동전선은 특히 기업, 사회정책 기관, 노동법원, 사회보험에 막대한 영향력을 미칠 사람들을 육성하는 과제를 떠맡는다. ……"[22]

라이는 위 선언문에서 분명하게 나타난 물타기 인상을 불식시키기 위하여 이미 열흘 전인 11월 7일에 노동전선 여가 기구의 창립을 발표했다. 거대 사진이 곁들여져 보도되었지만 내용에서나 이름에서나 이탈리아 파쇼 기구("Dopo Lavoro," 노동이 끝난 뒤)의 조야한 복제품이었다. 이 기구는 시간이 좀 지난 뒤에 민족사회주의 공동체 "기쁨에 의한 힘 Kraft durch Freude"이라는 정식 명칭을 갖게 된다. 이로써 추후 노동전선이 왕성하게 활동하고 선전 효과도 컸던 정책이 정해졌다. 전선은 거대한 통합 여행사, 입장료가 가장 싼 여가 활동 조직이 된다. 기업가들은 희희낙락했다. 기존의 경제 단체들이 모두 가입했고, 회장으로 크루프 폰 볼렌 운트 할바흐가 추대된 "독일공업신분총연맹"은 1933년 11월 28일에 회원들에게 회람을 발송하여 노동전선 가입을 권고했다. 이 회람은 1933년 11월 27일의 선언문을 자구 하나 빼놓지 않고 싣고는, "노동전선의 관할이 최종적으로 정리되었으며," 이로써 독일 기업가들은 "진정한 민족공동체의 수립"이라는 "고귀한 목표"에 "기쁜 마음으로 협력"할 수 있게 되었다고 선언했다.[23]

그러는 사이 제국노동부*는 그때까지 예고되어왔던 포괄적인 사회개혁이 아니라 "민족 노동질서" 법안을, 그것도 제국경제부[24]를 참여시

---

* 담당자는 경제부국장 베르너 만스펠트였는데, 그는 탄광협회 법률 전문위원으로 일하다가 1933년 5월에 경제부장관 후겐베르크에 의해 노동법 전문가로 발탁된 인물이다.

킨 채 입안하고 있었다. 경제부장관 슈미트는 1933년 12월 1일 내각에서 다시 한 번 강조했다. "노동전선이 참여하는 방식으로 임금 문제를 다루는 것"은 불가능하다. 마찬가지로 "노동전선은 산하에 영리 기업도 보유하지 말아야 합니다." 그랬다가는 "나머지 업체들이 고사될 겁니다." 임금과 고용계약은 산업 분야 전체가 아니라 개별 기업 단위로 정해질 것이고, 결정권은 노동신탁위원이 갖게 될 것이다. 기업 내부에서는 민족사회주의의 지도자원칙에 따라 "기업의 우두머리가 …… 지도자여야 합니다." "최대 열 명"의 노동자로 구성되는 "신임위원회"는 "오직 자문" 역할만 할 것이고, 신임위원은 기업지도자와 기업세포 대표자가 합의하여 지명할 것이다. "합의(신임위원회 구성)에 실패할 경우 신탁위원이 결정합니다."[25]

"민족 노동질서" 법은 1933년 12월에 시급히 입안되어, 몇몇 장관들이 신중한 검토를 요청했음에도 불구하고 1934년 1월 12일에 내각에서 논의된 뒤 1934년 1월 20일에 공표되었다.[26] 법은 임금과 단체협약 문제에서 노동전선에게 자문 기능만을 부여했다(신탁위원이 소집하는 전문가위원회 위원 3/4 추천권). 노동자의 공동결정권은 파괴된 것이나 마찬가지였다. 과거의 기업평의회는 신임위원회로 대체되었다. 기업지도자가 기업세포 대표위원과의 합의하에 신임위원회 명단을 구성하면, 기업 "추종자(노동자)들"은 비밀투표를 통해 그에 대한 동의 여부를 표시하며, 명단이 거부될 경우 신탁위원이 직접 신임위원회를 구성할 수 있었다(9조). 이로써 과거의 기업평의회는 소극笑劇이 되었다. 노동질서법은 신탁위원을 항구적인 기구로 만들었고, 신탁위원이 제국노동부장관의 감독을 받는 중앙 공무원이라는 점을 명시했으며, 경제부장관 역시 신탁위원에게 "업무를 부과"할 수 있도록 했다.

노동자의 법적 보호 문제는 단체협상만큼 열악하게 처리되지 않았다. 예컨대 노동질서법 제20조는 기업가가 피고용인의 10퍼센트 이상을 해고할 경우 신탁위원의 허가를 얻어야 한다고 명시했다. 고용주는 또한 노동시간, 임금 지급 방식, 성과급의 조건, 해고의 조건이 명시된 사내 노동규정을 공고해야 했다. 적어도 그 측면에서 노동자들은 기업가들의 사적인 자의성으로부터 보호되었다. 나치 이데올로기가 전형적인 형태로 표출된 부분도 있었다. 노동질서법은 노동자들의 이익을 법적·물질적으로 보장하는 대신, 노동자의 사회적 의식과 명예라는 '괴로운' 개념을 내세우면서 "사회적 명예법원"을 설치했다. 이는 노동자가 사용자로부터 괴롭힘을 당하거나 거꾸로 노동자들이 기업지도자들을 "음해"하는 등 "기업공동체"를 위반할 경우 이를 재판하는 기관이었다. 이 기관은 물론 노동자들에게 압력 수단으로 이용될 수도 있었다.*

노동전선과 기업세포는 노동질서법을 입법화하는 과정에서 단체협상권과 공동결정권이라는 결정적인 문제에서 과거 노동조합의 성과를 지켜내지 못했다. 다만 그들은 사용자가 아니라 제3제국에서 멸시당한 직업집단, 즉 변호사들에 대해서는 자신의 입지를 주장할 수 있었다. 노동질서법은 기존의 노동법원법(66조)을 개정하여 노동전선 법률상담소가 노동자를 대표할 수 있도록 했다. 변호사는 법률상담소가 위탁할 경우에만 노동 법정에 설 수 있게 된 것이다.** 그러나 노동법원과

---

* 명예법원은 제국법무장관이 노동부장관과의 합의하에 임명하는 판사(재판장), 기업지도자, 신임위원(두 사람 모두 배심원)으로 구성되며 경고, 공시, 벌금 1만 마르크 이하의 형사 처벌, 기업대표 자격 및 신임위원 자격 박탈, 기업으로부터의 축출 등의 처벌을 선고할 수 있었다. 판결은 대부분 사용자들에게 유리하게 내려졌던 것으로 보인다. David Schoenbaum, *Die Braune Revolution*(Berlin, 1968), p. 128 참조.

관련하여 노사 양측의 이해관계를 조절하는 문제에서는 기업지도자와 기업추종자의 공동체라는 허구가 유지되지 못했다. 노동전선은 원래 사용자와 노동자 공통의 법률상담소를 설치하려 했다. 그러나 제국법무장관이 그럴 경우 소송 당사자는 서로 다르게 대표되어야 한다는 법규범에 어긋난다고 항의하자 노동전선이 물러났다.[27] 새로운 노동법은 기업가의 지위뿐만 아니라 권위적인 행정국가의 힘도 강화했다. 제국 내무장관의 제안에 따라 공공 노동자와 사무직 근로자는 당분간 새로운 법의 적용을 받지 않도록 한 것이다(63조).

노동질서법은 나치 사회정책의 기본법이었다. 이 법은 나치의 소위 "반자본주의적 선망"을 좌절시켰고, 노동자들의 권리를 허물고 국가를 개입시키는 한편 노사의 사회적 파트너십을 지도자-추종자의 위계적 관계로 대체했다. 새로운 노동법은 노동전선의 편제도 바꾸어놓았다. 라이는 1934년 1월 말에 이미 그 방향을 제시했다. 노동자 단체와 사무직 단체들은 독자성을 잃어버리고 소위 "제국기업집단RBG"으로 이월되었다. 그러나 그것조차 1938/39년까지 유효한 임시 조치였을 뿐(특히 기성 단체의 직원들이 일자리를 유지하도록 하기 위해서였다), 결정적인 변화는 노동전선이 나치당에 상응하게(지구, 군, 지역기초, 기업, 세포, 도로, 블록) 수직·중앙집중적으로 편제된 데 있었다. 그리고 노동전선의 결정권은 노동전선 중앙과 지역(지구, 군, 지역기초)의 전

** 노동전선은 원래 자기만이 노동자를 대표할 수 있도록 하려 했다. 그러나 1933년 12월에 "나치 독일법률가동맹"(특히 1933년 12월 12일에 라이에게 보낸 편지로)과 제국법무장관이, 그것은 법률가들을 모욕하고 차별하는 규정이라고 노동부장관에게 강력히 항의했다. 노동전선은 1933년 5월 18일의 법으로 이미 노동법원 배심원 인사에서 배타적인 추천권을 확보해놓은 상태였다. BA: R 43 II/548b; *RGBl*. I, p. 276.

문적인 국들(가장 중요한 국은 조직국, 인사국, 언론선전국, 법률자문국, 사회국, 직업교육 및 직업지도국)에게 돌아갔다.²⁸

노동전선이 자리를 잡자, 기업 내부의 투쟁 조직으로 설립되었던 나치 기업세포가 정치적 역할과 조직상의 독립성을 상실했다. 기업세포는 1934년 여름부터 독자적인 회비조차 징수할 수 없게 되었다. 비록 조직상의 연속성 때문에 그 후에도 몇 년간 기업세포가 나치당 조직편람에 기재되기는 했다. 그러나 기업세포가 담당하던 업무는 1938년에 단호하게 표현되었듯이, "독일노동전선으로 이월되었다."²⁹ 기업세포는 상공업 활동에 종사하던 모든 독일인들을 포괄하는 거대한 노동전선 내부에서 활동하는 나치 당원들의 사조직이나 진배없었다. 따라서 기업세포가 노동전선을 지휘한다는 것도 순전히 말뿐이었다.*

그러나 그 과정이 순탄했던 것은 아니다. 그것은 1934년에 느리게, 그리고 논란 속에서 진행되었다. 기업세포와 노동전선 내부에서 개편에 대한 강력한 저항이 일어났다. 나치 집권 초기에 열광적인 반응을 보였던 일부 노동자들과 사무직 근로자들도 1934년 초에는 불만을 터뜨리기 시작했다. 이는 노동질서법을 비롯하여 국가와 사회에 권위적 지배체제가 자리 잡았기 때문이다(농민을 대표하던 제국농업신분의 가격정책 때문에 식료품 가격이 인상된 것도 중요한 요인이었다).**

---

* 제국농업신분에 조직되었던 농업 부문 종사자들은 통상적으로 노동전선에 가입하지 않았다(농업 노동자 일부는 가입했다). 다만 신분주의적 체제라는 허구를 고수하기 위하여 제국농업신분이 노동전선의 단체 회원이 되었다.
** 튀링겐 제국주총감 자우켈이 히틀러에게 보낸 1934년 3월 13일의 보고서가 그 증거다. "……그리하여 저는 현재 특히 공업 인민과 공업 노동자들의 분위기가 나쁜 쪽으로 바뀌었다고 보고해야 할 것 같습니다. 저는 이러한 징후들을 매우 의미심장하고 심각한 것으로 생각합니다. 그 원인은 일부에서 식품과 의복은 물론 원자재와 건설 자재의 가격을 인상하도록 유도하고

라이 역시 기업세포 "구투사들" 가운데 여전히 강력하던 좌파 조합원들의 실망과 저항을 피부로 느끼고 있었다. 게다가 노동전선 중앙본부는 나치 중앙당과 달리 관료제적이면서도 합의제적인 구조로 편성되어 있었다. 따라서 라이는 국장회의에서 그들의 의견을 들어야 했다. 노동전선 지구장들도 무시할 수 없는 존재였다. 추후 라이는 1934년 초에서 가을 사이의 시기를 "영원한 내부 투쟁"의 시기로 부르면서, 자신은 그때 "마지막 비밀"을 종종 침묵할 수밖에 없었으며, 자신의 길에 방해가 되는 "유감스럽게도 뭘 모르던 많은 인물들"을 제거해야만 했다고 회고했다.[30]

과거 기세가 등등했던 기업세포 지도부는 1934년 여름 룀 쿠데타 직후에 제거되었다. 1934년 6월 30일과 7월 1일 돌격대 고위 인사들이 사살되었을 때 그레고어 슈트라서 역시 살해되었는데, 그 시점까지 기업세포 지도자들 중 다수는 그가 복권되고 복귀(라이 자리에)하기를 기대하고 있었다. 이는 룀 쿠데타가 돌격대만이 아니라 나치당과 기업세포 내부의 사회주의 좌파들도 겨냥한 것이었음을 드러낸다. 돌격대를 진압하고 8주일이 지난 시점(1934년 8월 24일)에 슈트라서의 오랜 지지자이자 무초프의 동료였던 유명 기업세포 지도자들(브루크너, 크뤼거, 하우엔슈타인)이 해임되었다. 1934년 9월 18일에는 기업세포를

있는 반면, 일부 기업들이 임금을 낮추자고 주장할 뿐만 아니라 그 주장을 행동으로 옮기는 데서도 찾을 수 있습니다. 이에 대하여 기업세포와 노동전선 내부의 일부 세력은 극히 강력한 비판을 가하고 있습니다. 만일 이에 대하여 즉시 강력한 대책이 마련되고 분명한 사실 설명이 이루어지지 않는다면, 노동 대중에게 악영향이 미칠 수밖에 없습니다. …… 분위기 반전은 저만이 아니라 튀링겐의 나치당 군지도자 모임에서도 한목소리로 확인되었습니다. 지금 필요한 것은 나치 지구당이, 전체가 아닌 자기만을 생각하는 여타의 당 조직들에 대하여 권위를 회복하는 일입니다."

선전하던 노동전선 언론선전국 국장(동시에 노동전선 기관지 『독일인』의 주필이었던) 카를 부슈가 된서리를 맞았다.[31]

그럼에도 불구하고 국가의 사회정책에 노동전선을 적극적으로 개입시키려는 움직임은 1934년 가을에 한 번 더 절정에 달했다. 노동전선 개편 작업은 노동전선을 중앙화하는 동시에 전선을 나치당과 보다 긴밀하게 결합시키기 위한 것이었는데, 이는 노동전선 중앙 기구들을 약화시키기보다 오히려 강화시켰다. 그러자 노동전선의 중앙 기관들이 더 많은 관할권을 요구하고 나섰다. 라이는 (슈트라서의 후계자로서) 나치당의 정치를 총괄하던 나치당 조직국장(1934년 11월부터 공식 직함이 "나치당 제국조직지도자")이었다. 그런데 히틀러가 나치당의 정치적 지휘권을 보유한 총재대리직을 신설한 뒤 이를 루돌프 헤스에게 맡기고 참모실(총재대리실)까지 설치하자, 나치당 내 라이의 역할이 미묘해졌다. 라이는 노동전선의 거대 기구와 엄청난 재정 능력을 투입하여 나치 조직국을 대폭 확대(뮌헨과 베를린 모두에 여러 국을 설치했다)함으로써 그에 대응했다.*

---

* 나치 조직국의 부장들은 동시에 노동전선 유사 직책의 수장이었고, 나치당 조직국의 지도적인 인물들의 압도적인 다수는 노동전선 지도부 소속이었다. 나치당 조직국은 뮌헨의 바러 슈트라세 15번지에 자리 잡고 있었던 반면에, 노동전선의 주요 국들은 베를린에 위치했다. 그중 가장 중요한 국들은 베를린의 포츠다머 슈트라세 180번지에 자리 잡았다. 노동전선의 조직들은 엄청난 재정 능력(회원 회비) 덕분에 강력하고 독립적이었으며, 이에 대해 제국정부의 경제장관과 재무장관과 노동장관이 우려하고 있었다. 그들은 1934년 7월 13일의 주요 부처 합동 회의에서, 노동전선이 "약 2000만 명의 회원들로부터 2600만 라이히스마르크를 거두고 있으며" 그중 무려 45퍼센트를 행정비용으로 낭비하고 있다고 비판했다. 재무장관은 그래서 노동전선의 재무를 재무부의 통제하에 두어야 한다고 요구했다. 그 요구가 지나치다고 생각했던지 히틀러는 제국총리실장을 통하여, 다음에 한 번 더 노동전선 총재 라이의 문제를 논의한다면 그때는 자신도 참여하도록 해달라고 지시했다. 실제로 노동전선의 재무는 재무장관이 아니라 (1935년부터) 나치당 재무국장의 감사를 받게 되었다. BA: R 43 II/531.

이렇게 나치 중앙당과 결합되자 노동전선이 나치 체제에서 점하는 정치적 비중도 높아졌다. 그 결과 노동전선의 지역 지도자가 나치당의 지역 지도자와 더불어 주요한 정당정치적 힘점이 되었고, 그들은 (공식 권한이 있든 없든) 중소기업가들에게 상당한 압력을 행사할 수 있었다. 대형화, 중앙화, 관료화된 노동전선이 새로운 형태의 영향력을 기업에 행사할 수 있게 되었던 것인데, 이는 노동질서법의 의도와 정면으로 배치되는 현상이었다.* 비록 라이가 노동전선 사회혁명 분파의 일부를 가차 없이 숙청하기는 했지만, 1934년 가을에 그는 노동전선을 사회정책에 적극적으로 개입시키려던 기업세포의 시도에 힘을 실어주었다. 아마도 라이에게 중요했던 것은 사회정책적 원칙이 아니라 노동전선 관할권의 확대였을 것이다. 사실 라이는 문자 그대로 관할권 광기에 사로잡혀 있기라도 한 듯, 노동전선을 모든 것을 포괄하는 나치 정권의 대중 집합체로 육성하려 했다.

한때 포메른 노동신탁위원을 지냈던 뤼디거 폰 데어 골츠는 1934년 2월 27일의 "독일 경제의 유기적 건설 준비"법에 따라 경제회의소와 기타 중소기업 단체들을 재조직하고 통합하는 역할을 떠맡았다. 그런 그가 1934년 10월 말 다음 사건에 격분하여 제국총리실에 보고를 했다. 1934년 7월 중순에만 해도 히틀러는 골츠 자신에게 노동전선은 경

---

* 그 영향력은 예컨대 튀링겐 잘펠트에 위치한 "아우구스트 라이스만 기계주식회사"가 제국주총감과 주정부와 경제회의소에 보낸 1934년 10월 27일 편지에 나타난다. "독일노동전선의 선행 조직인 노동조합들은 현재 노동전선이 보유하고 있는 수단의 극히 일부만 가지고 존재했습니다. …… 우리는 이 과잉 조직의 체계적이고 효율적인 감축을 요구합니다." 잘펠트의 노동전선 군지도자는 1934년 11월 5일에 그 편지에 분노를 터뜨리면서 그 회사 경영진이 반사회적이고 반민족사회주의적이라고 비난했다. "그 회사에 고용되어 있는 동지들과 기업세포 대표들은 그 '기업지도자'를 해치워야 한다고 생각하고 있다." 노동전선과 기업세포의 권력 의식은 전혀 약화되지 않고 있었던 것이다. BA: R 43 II/531.

제정책과 사회정책 문제와 무관하다는 점을 확인해주었다.[32] 그러나 사태는 달리 전개되었다. "1934년 9월 말에 열린 베를린 회의와 그로부터 약 4주일 전에 열린 또 다른 회의는 노동전선 지구장들의 성토장이었습니다. 그들은 노동전선이 노동자 교육만을 담당하게 됨에 따라 노동자들이 노동전선을 신뢰하지 않게 되었다고 격렬하게 비판했습니다. 그러자 라이 박사가 노동전선 쪽에 사회정책적 조정 업무가 다시 부여되었다고 선언하지 않았겠습니까. 바로 그 자리에서 한 참석자가 사회정책적 투쟁을 재개하게 된 것을 환영한다고 말하자, 라이 박사가 말을 끊으면서 '투쟁이 아니라 조정이오,' '알겠지요? 조정!'이라고 강조하더군요."

골츠의 발언은 계속된다. 라이는 결국 1934년 10월 1일에 발표된 선언에서 "기업에서 노동전선 대표들이 외부인으로 취급되어 격리되는 일이 있어서는 안 될 것"이라고 강조했다. 그러나 그것은 노동질서법의 토대와 라이가 서명했던 1933년 11월 27일의 선언문을 위반하는 것이다. 따라서 자신(골츠)은 1934년 10월 초에 노동전선 조직국장 클라우스 젤츠너에게 "라이 박사가 공공연히 탈법적인 입장을 취하고" 있으며, 이제 자신은 기업가들에게 "최소한 법과 명령이 개정된 것은 아니고 라이 박사의 선언도 이를 바꿀 수는 없다"고 설명해야 할 "곤혹스러운 상황에 처했다"고 말했다.

그로부터 약 두 주일 뒤인 1934년 10월 19일에 골츠는 젤츠너와 이야기를 나눌 기회가 있었다. 대화의 내용은 무엇보다도 "이제 노동전선이 기업에서 무엇을 해야 하고 무엇을 하지 말아야 하는가"에 대한 것이었다. "노동전선과 기업지도자들 모두가 노동전선의 업무에 대하여 분명한 생각을 갖고 있지 못한 현재 상황에서, 노동전선 대표들이 갈색 제복을 입고 아주 고압적인 태도로 기업지도자들 — 번번이 중소기업지도자들 — 에게 테러를 가하고 있습니다." 그러나 그 대화에서 젤츠너는 향후 무엇이 유효할 것인지, 기존 법률과의 관계는 어떻게 되는 것인지에 대한 확정은 회피하고 그저 샤흐트가 한때 외국 등을 핑계로 경제정책을 추진했듯이 정치적인 압력을 가하여 "긴급사태를 유도하는 것"이 필요한 때가 있다고 답했다.

"나는 그런 것은 지도자가 통과시킨 법과 어긋나는 것이라고 선언했습니다. 그러자 젤츠너는 샤흐트 박사가 경제장관 슈미트를 압박하자, 샤흐트가 강자란 걸 알아본 지도자가 자신의 법을 포기하고 도리어 샤흐트를 경제장관에 임명하지 않았냐고 대답했습니다. 그런 방법은 라이, 젤츠너, 골츠와 같은 나치에게는 어울리지 않는다고 내가 응수하자, 젤츠너는 즉각 꼬리를 내리면서, 자기 뜻은 그게 아니라고, 그런 식으로 지도자로부터 법을 얻어내서는 물론 안 된다고 말했습니다. 그러면서도 그는 법을 만드는 것은 지도자가 아니라 정부 부처이며, 정부 부처에는 나치가 아닌 자들도 많고, 지도자가 새로운 법 조항의 현실적 결과를 모두 알 수는 없는 노릇이며, 당은 그런 현실적 결과를 포착하고 드러내어 궁극적으로 일이 올바로 진행되도록 하기 위해 존재하는 것이라고 말했습니다."[33]

골츠의 보고서에 나타나는 노동전선 지도부의 저 의미심장한 행동전략은 1934년 10월 24일에 한 번 더 표출되었다. 그날 라이는 히틀러를 움직여서 자신이 입안한 "독일노동전선에 대한 지도자명령"에 서명하도록 했다. 그 법은 노동전선을 모든 "두뇌와 육체를 이용하는 창조하는 자들"의 조직으로 선언했을 뿐만 아니라, 관할 영역도 파격적으로 확대했다. 제7조에 따르면, "노동전선은 기업지도자가 추종자들의 정당한 주장에 대한 이해를 갖도록 하고, 추종자들 역시 기업의 사정과 가능성에 대한 이해를 갖도록 함으로써 기업의 평화를 보장해야 한다. 노동전선은 모든 관계자들의 정당한 이해관계를 민족사회주의적 원칙에 맞도록 조정하고, 그로써 1934년 1월 20일의 법에 따라 노동조건에 대한 결정을 국가기관이 내리는 경우를 제한시키는 과제를 떠맡는다. 이해관계를 조정하기 위하여 관련자들을 대표하는 것은 독일노동전선의 배타적인 영역이다. 여타의 조직이 그 영역에서 활동하거나 그런 기관을 설치하는 것은 허용되지 않는다."[34]

라이는 히틀러의 이 명령을 정부 부처와 총재대리를 참여시키지 않은 채 성사시켰다. 히틀러가 서명한 다음 날(1934년 10월 25일) 그 명령이 "독일통신사"를 통해 발표되자, 샤흐트(제국은행 외에 경제부까지 맡게 되었다), 젤테, 프리크, 헤스가 즉각 반발하고 나섰다.* 히틀러는 곤란한 상황에 빠졌다. 자신의 "명령"이 노동질서법과 어긋나는 데다가, 제국정부 장관들의 배서도 없이 공포되어서 『제국법공보』에 발표되지도 않는 "지도자명령 Führer-Verordnung"이 어떤 법적 성격을 갖느냐는 심각한 문제가 제기되었기 때문이다.

그러나 히틀러가 자기 자신을 부인할 수는 없는 노릇이었다. 그래서 히틀러의 명령(그리고 법적 구속력 역시)은 그대로 유지되어야 했다. 그래서 히틀러는 장관들에게 "자세한 법적 시행 규정들"을 마련하여

---

* 그로부터 3년 반이 지난 뒤 노동전선 법안에 대한 갈등이 재연되자 총재대리실장인 마르틴 보어만이 총리실장에게 보낸 편지(1938년 3월 5일)에서 1934년 10월의 일들을 회고했다. 1934년 10월 23일에 헤스가 라이에게 노동전선 법안을 발송하였는데, 그 내용은 지도자가 노동전선의 규약을 정한다는 것이었다. 그러자 라이가 다음 날인 1934년 10월 24일에 "총재대리에게 알리지도 않고 지도자를" 찾아가서, "관련 당 기관과 관련 정부 부처와 합의하지도 않은 채" 지도자에게 "그 명령에 서명하도록" 했다. BA: R 43 II/530a.

자신에게 제출하도록 했다. 히틀러는 장관들이 명령의 주요 부분을 수정할 가능성을 허락하면서 그들이 합의할 때까지 논란을 피하려 했던 것 같다.* 이 기이하기 짝이 없는 사건의 전개는 "지도자국가"의 입법 방식을 보여주는 너무도 중요한 예다!

골츠는 1934년 10월 24일의 명령을 접한 뒤 기업가들의 심각한 우려를 제국총리실에 전달했다. 히틀러의 명령이 수정되지 않고 노동전선의 노골적인 요구가 받아들여진다면, 우리는 "그것이 가공할 만한 힘을 보유한 노동조합의 출현을 의미하는 것이라고 분명하게 말해야 합니다."[35] 사실 라이가 횡령한 것이나 진배없던 1934년 10월 24일의 지도자명령은, 노동질서법에 따라 국가에 넘어간 노동정책과 임금정책을 장악하려는 노동전선의 마지막 시도였다. 그 명령은 관련 부처 장관들과 경제계는 물론 나치당(헤스와 보어만)으로부터도 단호히 거부되었다.

라이는 결국 1935년 3월에 경제장관(샤흐트) 및 노동장관과 합의해야 했다(소위 라이프치히 합의[36]). 노동전선의 기업 대표위원과 지역 대표위원은 "사회적 자기 책임"을 담당하는 기관으로 인정받았지만, 그들은 모든 중요한 경제 문제에서 지역 노동위원회 내지 노동경제평의회의 결정에 따라야 했다. 노동경제평의회는 기업지도자(혹은 경제회의소)와 노동전선의 지구대표위원(노동회의소)이 같은 수로 참여하는

---

* 1934년 10월 27일에 장관들이 히틀러에게 문제점을 브리핑한 뒤에 작성된 총리실장의 메모 (BA: R 43 II/530). 헤스는 1934년 10월 31일에 라이에게 썼다. "지도자의 1934년 10월 24일의 명령은 보충되어야 하고, 필요하다면 수정되어야 합니다. 지도자와의 합의에 따라 나는 당신이 새로운 명령이 나올 때까지 10월 24일 명령의 시행령을 공포하지 말 것을 요청드립니다. 그리고 언론에서 그 명령에 대해 논의하는 일은 가급적 없어야 합니다."(BA: R 43 II/530a)

기구로, 모든 신탁지구에 설치될 예정이었다. 이렇게 하여 노동전선의 단독 작전은 실패로 끝났다. 그리고 새로이 설치될 위원회와 평의회가 단체협상과 사회정책의 문제에 대하여 자체적으로 합의에 도달한다고 할지라도, 신탁위원의 최종 결정권은 그대로 유지되었다. 더욱이 같은 시점(1935년 3월 말)에 나치당이 노동전선에 "가맹단체" 지위를 공식적으로 부여했다. 그리하여 노동전선의 자율성은 이제 나치당에 의해서도 제한받게 되었다.[37]

노동전선의 조직은 그 후에도 계속 확대되어 라이의 야망대로 정부 및 나치당 기관들과 빈번하게 충돌할 정도의 차원에 도달하게 된다.* 그러나 기업세포와 노동전선이 스스로를 노동자의 이해관계를 대변하는 자율적인 조직으로 인식하고 활동하는 시대는 이미 끝났다. 노동전선은 나치의 경제적(군수경제적) 목표를 뒷받침하기 위하여 문화적·사회적 활동을 펼치고 전문적인 직업교육을 실시하되, 그것을 한편으로는 이데올로기적인 세뇌 작업과 결합시키고 다른 한편으로는 노동생산성과 연결시킨 거대 조직으로 발전했다. 노동전선의 그런 노력이 아무리 대단했다고 하더라도, 그리고 노동전선이 "기쁨에 의한 힘" 등의 활동을 통하여 노동자들의 주관적인 지위 의식을 드높이려 아무리 많은 노력을 기울였다고 하더라도, 노동자에 대한 전방위적인 포섭과 지도는 궁극적으로 노동자들의 자율성을 그만큼 위축시켰다.

1934/35년에 신임위원회(한때의 노동자 공동결정권의 가련한 잔재) 리스트에 대한 가부 투표가 실시되었지만, 불참자가 너무 많고 결과

---

* 정규 직원만 3만 명 내지 4만 명에 달하던 노동전선은 나치당 최대의 산하 단체였다. David Schoenbaum, *Die Braune Revolution*(Berlin, 1968), p. 120 참조.

역시 신통치 않아서 나치 정권은 그 결과를 발표조차 하지 않았다.[38] 결국 1935년 4월의 투표를 마지막으로 신임위원회 선거는 더 이상 실시되지 않았다. 히틀러의 바람대로, 신임위원들의 임기는 1936년과 1937년에 각각 투표 없이 1년씩 연장되었고, 1938년에는 무기한 연장되었다. 이 조치는 모두 법에 의해 이루어졌다.*

1934/35년 이후 노동자들의 권리가 삭감되고 그 자리에 국가가 들어선 영역들이 또 있었다. 바로 직업과 직장 선택의 자유 부문이었다. 1934년 5월 15일의 "노동력 투입 규제"에 관한 법은 노동자들이 실업률이 높은 대도시로 진입하는 것을 차단하는 동시에 농업 노동자들이 비농업 노동으로 전직하는 것을 제한했다. 더 나아가서 1935년 2월 26일의 "농업 노동 수요를 충족시키기 위한" 법은 국가기관이 이미 맺어진 노동계약에 개입하여 과거 농업에 종사했던 노동자와 사무직 근로자들을 "강제로 농업 활동으로 되돌릴 수" 있도록 했다.[39] 같은 날 (1935년 2월 26일) 모든 노동자와 사무직 근로자들에게 "노동수첩"이 의무화되었고, 이로써 고용을 포괄적으로 통제하고 조절할 기술적 조건이 마련되었다. 이는 실업이 극복되고 난 뒤 1935/36년 이후 나치

---

* 1936년 3월 31일의 법(*RGBl*. I, p. 335), 1937년 3월 9일의 법(*RGBl*. I, p. 282), 1938년 4월 1일의 법(*RGBl*. I, p. 358). 제국노동부장관이 제국총리실에 보낸 1938년 5월 24일 편지에서 알 수 있듯이, 총재대리와 경제부장관은 신임위원회 선거를 아예 폐지해버리려 했다. 그러나 노동부장관과 내무부장관 및 친위대장은 폐지에 반대했다. 그럴 경우 "민족사회주의 국가가 노동자의 지지를 확신하지 못하며," "선거 결과의 불확실성이 무서워서 선거를 회피한다"는 인상이 생길 수 있다는 것이었다. 특히 내무장관 프리크는 1937년 11월 20일의 편지에서, 법을 개정하면 노동자들이 국가가 "사회적 자치에 간섭한다"고 생각할 위험이 있다고 강조했다. "만일 신임위원들이 기업추종자들의 신임을 근본적으로 더 이상 필요로 하지 않는다면, 그들은 노동자들이 보기에 더 이상 그들의 신임위원이 아니라 기업지도자나 노동전선의 신임위원일 것이고, 어쨌든 외부로부터 강요된 기관일 것입니다. 그리고 그렇게 되면 '신임위원'이란 표현이 도대체 적절한 것이냐 하는 질문이 제기될 것입니다."

정권이 군수경제에 역점을 두면서 노동력 부족 현상이 나타난 분야(건설과 금속)에 유의미한 조치였다.*

19세기 후반 자유주의의 물결 속에서 독일 전역에서 폐지되었던 노동수첩이 다시 등장한 것은, 독일의 노동 관계가 국가가 관리하는 부자유한 제도로 회귀하였음을 보여준다. 그 방향은 이미 1933년 초에 종전까지 자율적이었던 "제국 직업소개 및 실업보험원"이 독립성을 상실하면서 정해졌다. 제국 직업소개원과 그 하위 기관인 노동사무소들은 추후(1938년) 노동부장관의 감시를 받는 제국 직속 기관으로 추락한다(제국 직업소개원의 원장 프리드리히 쥐루프는 제국노동부차관이 되었다). 그리고 국가의 고용행정은 그 후 거대한 관료 기구로 발전하고 결국은 임금정책에도 개입하게 된다. 그 행정이 제국에 직속되었다는 것은 나치 정권이 자유로운 직업 선택의 원칙보다는 고용의 통제와 조정을 선호하였음을 말해준다.**

노동정책의 전개 양상에서 우리는 1935년이 종전과의 연속성이 끊어지는 단절의 해임을 알 수 있다. 이는 종전까지 자발적이었던 노동봉사가 1935년 6월 26일에 의무제로 전환한 데서도 나타난다. 의무제가 도입됨으로써 제국노동봉사단은 청년 실업자를 흡수하던 역할로부터 이데올로기 교육, 고용 통제, 준군사 훈련을 결합시킨 새로운 국가 조직으로 발전했다. 노동전선과 "기쁨에 의한 힘"과는 다른 방식이기

---

* 특히 1936년 11월 7일과 1937년 2월 11일의 "금속산업의 노동력 수요를 만족시키기 위한" 법, 1937년 10월 6일과 1938년 5월 30일에 발동된 건설 노동자 신규 채용 허가제, 1938년 6월 22일의 의무봉사제, 1939년 2월 13일의 의무봉사의 무기한 확대가 그 예들이다.
** F. Syrup, *Hundert Jahre staatliche Sozialpolitik*(Stuttgart, 1957), p. 407 ff 참조. 1939년 8월 1일 이후 노동사무소 소장들은 노동신탁위원을 겸했다. 이는 노동사무소가 중요시하는 관점(사회정책적 관점이 아니라)이 갈수록 임금정책 전체를 지배하게 되었음을 의미한다.

는 했지만, 노동봉사단에서도 나치 사회정책의 근본 방향이 드러난다. 이데올로기와 선전으로 육체노동을 의식적으로 고평가하는 것("노동은 귀족적이다")이 그것이다. 이는 노동자들의 자의식, 특히 노동자들의 성공 의지와 노동 의지에 호소하고 그것을 자극함으로써 사회적 평화를 이끌어내고 노동 에너지를 동원하기 위해서였다.

나치 정권은 독일에 사회적 평화와 만족감이 지배하는 듯한 인상을 만들어내는 데 큰 성공을 거두었다. 그리고 노동자들이 여전히 유보적인 태도를 보이기는 했지만, 나치 정권은 한때 자유노조 조합원이었던 노동자들의 수동적·적극적 저항을 극복할 수 있었다. 이는 노동자들이 정부의 임금정책으로 인하여 1934/35년 이후 급격히 증가된 국민총생산으로부터 기업가들보다 적은 이익을 얻었다는 사실에 비추어볼 때 주목할 만한 점이다. 그러나 그것이 일차적으로 나치 세계관의 설득력 때문이었던 것은 아니다. 노동자들과 사무직 근로자들에게 근본적이고 결정적이었던 제3제국의 체험은 오히려 몇 년간의 경제위기 이후 일자리의 안전성을 다시 확보했다는 사실이었다. 어떤 수단을 사용하였든, 어떤 목적을 위한 것이었든, 히틀러는 1935년에 이미 실업을 거의 없앴고 그렇게 수백만 명의 존재를 위협하던 문제점을 극복했다. 이것이야말로 제3제국이 그토록 강제적인 고용정책과 사회정책을 실시할 수 있었던 전제조건이었다. 생존의 안전성은 사회정책적 자유와 자율의 상실에 대한 보상이었던 것이다.

국가가 '모든' 사회계층을 규제한 것도(물론 그 정도는 각각 달랐다) 심리적인 평등화 효과를 발휘했다. 그리고 그러한 심리적 평등을 사회 상층과의 격차 감소로 받아들인 사람들이 바로 사회 하층이었다. 직업 교육을 강화한 것도 똑같은 효과를 발휘했다. 특히 히틀러청소년단이 매년 개최하던 "기능경시대회"는 젊은 노동자와 사무직 근로자들에게 사회적 상승 가능성을 높여주었다. 사회적 상승이란 측면에서 나치당 (그리고 노동전선을 비롯한 무수한 나치당 기관과 산하 단체들)이 수행한 역할은 아무리 강조해도 지나치지 않다. 삶의 전 영역을 포괄하던 그 조직들은 수백만 명의 노동자들과 사무직 근로자들에게 정치적 경력의 통로였다. 그들은 바로 그 길을 통하여 (히틀러청소년단, 친위대 장교, 노동전선 대표위원, 나치당 지역 지도자가 됨으로써) 사회적 상승에 일반적으로 필요한 고단한 단계들을 우회할 수 있었다. 그렇게 그들은 직업적·사회적 출신 성분을 훨씬 넘어서서 구舊상층과 동급으로 간주될 수 있는 위신과 영향력을 확보했고, 그중 일부는 상당한 재산까지 모을 수 있었다. 그런 한에서 독일 사회 전반에 씌워져 수십만 명의 관리와 직원을 생산해낸 나치의 조직망은 새로운 엘리트를 창출하고, 또 그렇게 독일의 사회적 사실들을 변경시켰다고 말할 수 있다. 나치즘은 (폭넓고 그리 배타적이지 않은 새로운 관리 계급의 모습으로) 과거의 계급장벽에 구멍을 내고 사회적 이동성을 높였던 것이다.

3. 상업정책과 수공업정책

나치당 사회주의 좌파의 테러적·혁명적 활동이 노조를 억압하고 일체화했던 1933년 초의 몇 달은 나치당 내에서 중간신분 이익집단의 기대와 활동이 최고조에 달한 시기이기도 했다. 사실 중간신분의 이데올로기와 요구는 나치 운동의 가장 오래된 핵심이면서, 1933년 이전에는 나치당의 공식 강령과 선전은 물론 일부 도시와 주에서 나치가 펼친 정책 투쟁을 규정했다. 백화점, 체인점, 소비조합, 익명의 주식회사 등에 대한 반대 투쟁은 나치에게 일상이었다. 나치는 그것들을 근절시키겠다고 맹세했다. 중간신분이야말로 나치당이 가장 빨리 성공할 수 있으리라고 기대했던 직업집단이었다. 그러나 그 역사는 중간신분 집단의 경제적·사회정치적 비중이 대기업과 노동조합에 크게 미치지 못한다는 사실을 바꾸어놓을 수는 없었다. 중간신분 이데올로기가 나치당 강령에서 차지하던 강력한 지위와, 중간신분 집단이 사회적 권력과 국민경제에서 차지하던 상대적 취약성 사이의 간극이 가시화되는 데는 얼마 걸리지 않았다. 1933년 봄의 당 혁명 중에 나치당은 중간신분의 요구의 일부를 재빨리 실현시켰다. 그 후에도 몇 년 동안 지구당 차원에서 중간신분을 겨냥한 정책이 끈질기게 제기되었다. 그러나 권위적이고 독재적인 나치 정권 지도부는 중간신분을 기업세포 좌파만큼도 배려해주지 않았다.

1933년 2월 나치당 지역 대표들이 지도부를 장악하고 있던 전국수공업연맹은 새로운 "민족 정부"에 거듭하여 진정서를 보냈다. 그들은 중간신분의 이익을 배려해줄 것, 특히 "중간신분을 직접 대표하는 사람"을 정부의 지도적인 위치에 임명해줄 것을 요구했다.* 아드리안 폰 렌텔른이 이끌던 나치 중간신분 투쟁동맹 역시 3월 5일 선거 이전에 이미 나치 중앙당 중간신분 담당자 카를 첼레니와 함께 중간신분 단체들의 요구를 정부 정책에 반영시키라고 목소리를 높였다.**

---

* 예컨대 나치당 프로이센 주의회 의원 슈미트-노르트슈테멘은 전국수공업연맹에서 가장 강력한 지위를 차지하고 있던 북서독일 수공업연맹의 부회장이었다. 나치 의원 브루슈, 슈람, 하인케가 1933년 2월 2일에 히틀러에게 보낸 편지를 참조하라. BA: R 43 Ⅱ/277.
** 1933년 2월 17일 히틀러는 경제부장관(후겐베르크)을 배석시키지 않은 채 폰 렌텔른, 첼레

그러나 1932년 12월에 설립된 나치 중간신분 투쟁연맹은 수적으로 볼 때 아직은 상대적으로 취약했다. 그리고 이 단체에는 열렬한 선동가는 많았으나 노련하고 유능한 실무자는 적었다. 나치 투쟁동맹은 따라서 다레의 농업정책기구처럼 정상적인 방법으로 중간신분 단체들을 일체화시킬 역량이 없었다. 게다가 후겐베르크가 1933년 2월 21일에 하노버 수공업회의소에서 일하던 독일민족주의 법률가 비엔베크를 경제부 중간신분 제국위원에 임명함으로써 선수를 쳤다.⁴⁰ 이로써 투쟁동맹의 성과는 없어져버렸다. 그러자 첼레니는 후겐베르크의 "작전"을 격렬하게 비판하면서 중간신분 대표를 경제부차관에 임명하라고 요구하는 중간신분 단체들의 진정서를 총리실에 발송했다.⁴¹ 그러나 후겐베르크는 3월에 비엔베크 인사를 강행했고, 비엔베크는 1933년 4월 1일에 집무를 시작했다.

1933년 3월 5일 이후 주정부가 일체화되고 아래로부터의 당 혁명이 진행되면서 상황이 근본적으로 변했다. 나치 운동에 결정적으로 유리한 상황이었다. 나치 "투쟁동맹"은 압박과 테러를 이용하여 불과 몇 주일, 때로는 단 며칠 만에 수공업 단체와 상업 협회에 인사 조치와 조직 개편을 강요했다. 몇몇 주정부는 백화점과 체인점에 법적 조치를 취하기도 했다.* 특히 3월 둘째 주에는 "투쟁동맹"의 주도로 나치당이 독일 전역에서 유대인 점포와 백화점, 체인점, 소비조합에 대하여 보이콧

니와 더불어 전국수공업연맹 회장단을 총리실에서 접견했다. 히틀러는 중간신분 경제의 신뢰를 받는 사람을 "결정적인 자리"에 임명하겠다고 약속했다. BA: R 43 II/277.

* 예컨대 나치가 지배하던 헤센 주정부는 백화점세를 두 배로 인상하고 백화점이 체인점으로 확대되는 것을 금지했다. Heinrich Uhlig, *Die Warenhäuser im Dritten Reich*(Köln, 1956), p. 96.

운동을 펼쳤고, 이때 무수한 폭력 사태가 벌어졌다. 그 절정은 "외국의 혐오 선동"에 대한 응답으로 국가 지도부가 공식적으로 허용한 유대인 상점(유대인 의사와 변호사 포함) 보이콧이었다. 뉘른베르크 지구당 위원장 율리우스 슈트라이허의 지휘하에 벌어진 보이콧은 두 가지 움직임이 결합된 결과였다. 하나는 독일 중소 상공업자들의 눈엣가시였던 유대인 경쟁 업체와 거대 상업회사를 파멸시키려는 의도였고, 다른 하나는 협박과 테러에 의하여 중간신분 단체들을 일체화하려는 전략이었다.

나치 투쟁동맹은 1933년 3월 21일에 "독일백화점협회"의 회장단을 퇴임시키고 그 자리에 감독위원을 앉혔다(이 단체는 1933년 5월에 "독일소매업중대업체연합회"로 재조직되고 감독위원직은 백화점 전문가가 맡았다). 1933년 3월 25일에 투쟁동맹은 "독일소매업연합회"의 주요 직책을 빼앗아 투쟁동맹 관리들에게 넘겼다. 연합회 사무총장직을 차지한 투쟁동맹 부회장 파울 힐란트는 회장단에서 유대인들을 추방하고 협회에 지도자원칙을 도입했다.

수공업 직능회와 협회들도 비슷한 방식으로 일체화되었다. 투쟁동맹 베를린 대표위원은 1년 뒤에 당시를 다음과 같이 되돌아보았다. "겉으로만 보면 투쟁은 3월에 직능회와 협회의 재산을 장악하면서 종결되었지요. 그러나 일체화 작업이 표면에 그치는 경우도 많았습니다. 시간도 없고 '투쟁동맹' 회원 수도 당시에는 적어서, 적절한 사람을 적재적소에 배치할 여력이 없었습니다. 그래서 우리는 그때까지 민족사회주의에 철옹성 같은 방어막을 치고 있던 단체들을 골라서 아돌프 히틀러라는 이념을 주입하려 했어요. 그런 단체들의 지도부는 대부분 순순히 자리를 내놓았습니다만, 일부는 순응하지 않았고, 우리는 그런 무정부

주의자들을 가혹하게 처리했습니다."[42]

노동조합을 궤멸시킨 직후인 1933년 5월 3일과 4일 렌텔른과 첼레니가 수공업과 소매업 대표들을 소집하여 상공업 단체의 통폐합을 "축하"하도록 했다. 독일의 수공업과 소매업은 이제 일종의 강제 카르텔로 조직되었다. 권위적인 나치(렌텔른)가 지배하는 그 단체의 이름은 "제국수공업신분"과 "제국상업신분"이었다. 그들은 추후 독일의 경제 전체가 신분적인 질서로 재편될 것인데, 두 단체는 그 질서의 일부가 되리라 예상하고 있었다. 더욱 중요한 것은 1933년 4월과 5월에 투쟁연맹이 돌격대와 친위대의 지원을 받아서 대부분의 지역 상공회의소에 감독위원을 파견하고, 그로써 중간신분의 대표자들이 상공회의소라는 공공법인 단체에서 결정적인 지위를 확보하였다는 사실이다. 1933년 5월에는 독일 상공회의소 총연합회 회장단이 렌텔른과 힐란트에 의하여 축출되었다. 두 사람은 회장직과 사무총장직을 강탈했다. 경제부장관 후겐베르크가 이를 강하게 비판했지만(1933년 5월 19일) 소용없는 일이었다. 1933년 6월 22일에 그동안 "숙정된" 총연합회 총회에서 렌텔른이 새 회장으로 공식 선출되었던 것이다.

그러나 이 시점에 나치당 중간신분 대표들의 야심에 걸림돌이 되는 힘들이 나타났다. 우선 백화점과 소비조합에 대한 투쟁 때문에, 그리고 투쟁연맹의 권력욕 때문에(부분적으로는 같은 시기에 강력하게 추진되고 있던 농업 보호정책 때문에) 1933년 초에 일련의 소비재 가격이 인상되었다. 그러자 여타의 나치 조직들(돌격대, 기업세포)이 중간신분을 공격하기 시작했다. 나치당 중간신분 대표들은 제조업과 상인 집단이 자율적으로 "정의로운 가격"을 정하도록 하자는 순진한 신분적 경제질서만을 생각하고 있었다. 그들의 투쟁은 카오스적인 상황을 낳고 말았다. 그리하여 예컨대 1933년 5월 16일에 바이에른 정부는 "부당한 가격 인상" 문제를 논의한 끝에, "필요한 경우 가장 강력한 경찰 조치"를 동원하여 "인민에게 해악을 미치는 가격 인상"에 대응하기로 결정했다.[43] 실제로 그 후 며칠 동안 뮌헨에서만 약 200명이 체포되고 가게 문이 닫혔다. 가게 문에는 다음과 같은 공지가 붙어 있었다. "매점매석으로 인하여 경찰이 폐쇄함 — 가게 주인은 다하우 수용소에 구금되어 있음."[44]

나치 재무차관 프리츠 라인하르트가 4월 중순까지도 중간신분의 요구에 대해 공개적으로 지지를 표명하기는 했지만, 중간신분을 위한 포괄적인 경제 입법은 아주 제한적으로만 도입되었다.[45] 후겐베르크의 경제부가 주도하여 1933년 5월 12일에 공포된 "소매보호법"은 주정부나 도시정부가 새로운 소매업 점포와 새로운 백화점 및 체인점의 개점을 일시적으로 금지할 수 있도록 했다.* 이 법은 또한 지방정부가 소매업에서 사기나 불공정 경쟁이 일어날 경우, 그리고 과다한 업체가 존재할 "필요성이 적을 경우에" 영업 관련 행정명령의 개별 규정을 수정하여 영업 허가증을 취소하거나 거부할 수 있도록 했다. 그리고 1934년 7월 23일의 소매보호법 시행령은 국가 허가제를 도입하여 국가가 상업과 수공업의 발전을 통제하도록 했다. 신분경제적 자치 이념과는 달리, 국가가 중간신분 경제를 관리하게 되었던 것이다.

나치당 중간신분 집단에게 특히 실망스러웠던 것은, 당 강령에도 명확하게 표현되어 있었고 나치당 스스로가 수년 동안 외쳤던 것, 즉 백

---

* 시한은 처음에 1933년 11월 1일까지로 정해졌으나, 그 후 법 개정을 통하여 여러 차례 연장되었다.

화점을 없애거나 도시정부의 소유로 전환시키라는 요구가 수포로 돌아간 것이었다. 그러나 그들이 선포한 근대적인 합리적 경영과 기업 형태에 대한 전면전의 경제정책적·사회정책적 난센스는 너무도 분명했다. 히틀러 정부조차 마음을 바꿀 수밖에 없었던 것은 그 때문이었다. 1933년 3월과 4월의 보이콧은 백화점의 매출을 크게 떨어뜨렸다. 만일 나치가 보이콧을 지속했더라면 백화점이라는 업종 자체를 파멸시킬 수도 있었을 것이다. 그러나 실업자, 저임금 노동자, 사무직 근로자들과 가까운 나치당 기관들, 특히 기업세포는 백화점을 도산시킬 뜻이 없었다. 그것은 수만 명의 노동자와 사무직 근로자들을 실업자로 전락시켰을 것이다. 이는 또한 백화점 뒤에 있던 거대 자본회사와 은행, 그리고 백화점 납품 업체들에게 거대한 손실을 입혔을 것이다. 따라서 백화점의 도산을 피해야 한다는 데서 노동자와 대기업은 일치했다. 1933년 초여름에 고율의 백화점세를 도입하려던 계획이 수포로 돌아간 것도 노동자와 대기업의 반발 때문이었다.*

  1933년 6월 말, 직원이 1만 4000명에 달하던 유대인 소유의 독일 최대 백화점 콘체른인 헤르만-티에츠(헤르티)가 도산과 구제의 갈림길에 섰다. 신임 경제부장관 슈미트는 히틀러에게 구제책을 강력하게 개진했다. 국가 돈을 쏟아붓자는 것이었다. 헤르티 백화점이 3월과 4월 나치 보이콧 운동의 특별한 목표였기 때문에 히틀러는 격노했다. 히틀

---

* 1933년 7월 15일에 공포된 1933년 백화점세와 체인점세를 조정하기 위한 법(*RGBl*. I, p. 492)은 과세권이 주어져 있던 주정부 혹은 도시정부가 세금을 최고 두 배까지 인상할 수 있도록 했다. 프로이센은 다수의 다른 주들과 달리 괴링과 프로이센 재무장관 포피츠의 의견에 따라 이 법을 단 한 번도 적용하지 않았다. H. Uhlig, *Die Warenhäuser im Dritten Reich* (Köln, 1956), p. 100 참조.

러는 그러나 경제정책적 고려에 굴복했다. 1933년 7월 초에 헤르티 구제안이 나치 언론을 통하여 알려지자, 히틀러의 변심을 알지 못하던 투쟁연맹 부회장 힐란트가 구제책을 추진한 "무책임한" 이익집단을 "가차 없이" 공격해야 한다고 주장했다.[46] 결국 며칠 뒤인 1933년 7월 7일 총재대리 헤스가 백화점 문제의 상황 변화를 나치당에게 설명했다. "…… 민족사회주의 정부의 주된 과제가 실업에 처해 있는 민족 동지들을 가능한 한 많이 일자리와 빵으로 이끄는 데 있는 이 시기에, 민족사회주의 운동이 백화점에 근무하는 수십만 명의 노동자와 사무직 근로자들로부터, 그리고 백화점에 의존하고 있는 납품 업체들로부터 일자리를 빼앗는 일은 있을 수가 없다. 그것은 정부의 노력과 배치되는 일이다. 본인은 나치당과 산하 단체들에게 백화점과 백화 점포들에 대한 공격을 당분간 금지한다."[47]

헤스의 명령에 현장의 나치들은 할 말을 잃었다. 백화점들 중에는 업무 방해를 예방하기 위해 쇼윈도에 헤스의 명령을 내걸었다가 더 큰 반감을 산 곳도 있었다. 그러나 헤스의 명령에는 백화점 문제에 대한 당의 입장은 "근본적으로" 변한 것이 없으며, "적절한 시기에 나치당 강령에 명시된 대로" 문제를 해결할 것이라는 언급이 있었다. 헤스는 당원들을 안심시키고자 했던 것인데, 이 말을 믿은 지역의 나치들은 그 후에도 몇 년 동안 백화점에 대한 선동을 계속했고, 그러다가 보이콧으로 발전하는 경우도 적지 않았다. 그러나 장기적으로 승리한 것은 경제부장관의 입장이었다. 그는 이미 1933년 9월에 나치당의 강령과는 달리 백화점을 없앨 것이 아니라 영업 규모를 감축시켜야 한다고 주장했다. 나치는 실제로 1935년에 판매세를 인상하고 백화점 내부의 찻집, 식당, 수공업 점포(추후에는 서점도)를 폐쇄했다. 그리고 법적으로 허용된 여름과 겨울 두 차례의 3일간의 세일 기간을 제외하고는 특별 세일을 금지하고 할부 판매도 제한했다.⁴⁸ 1935년에 백화점 매출은 역사상 최대였던 1928년의 54퍼센트로 추락했다. 그러나 그 후 몇 년 동안 다시 꾸준히 회복되었다(1936년에 59퍼센트, 1937년에 63.9퍼센트, 1938년에 70.1퍼센트).⁴⁹

1938년 제국 수정의 밤*(1938년 11월 9일과 10일)으로 인하여 유대인 백화점 29개가 불타고 기타 수많은 유대인 점포가 "아리아화"되었다. 그러자 나치당의 백화점 투쟁도 크게 퇴조했다. 사실 유대인 기업가가 폭력적으로 제거됨으로써 아리아인 백화점은 오히려 강화되었다. 또한 합리화된 판매 메커니즘까지 구비하고 있었기에 백화점은 전쟁경제라는 조건 속에서 경제를 조율하는 이상적인 수단이 될 수 있었다. 그리하여 백화점에 대한 차별적인 세법은 1940년 4월 1일에 완전히 폐지되었다. 나치 정권은 1943년에 전쟁경제 조치의 일환으로 상업 부문을 줄이고자 했고, 이를 위하여 백화점과 소매업 점포 일부를 폐쇄했다. 이때 나치당 지구당 위원장들과 군지도자들은 과거의 백화점 투쟁 구호를 다시 꺼내 들기도 하였지만, 이때에도 지배적인 것은 중간신분 이데올로기가 아니라 국가 관리 경제의 합목적적 필요성이었다.

나치 중간신분 단체는 기업세포와 노동전선보다 훨씬 이른 시기에 그리고 훨씬 분명하게 독립성과 정치적 비중을 상실했다. 1933년 초에 나치 투쟁동맹의 활동이 증가함에 따라 대기업과 경제 관료들의 불안

---

* (옮긴이) 제국 수정의 밤은 1937년 11월 7일 한 유대인 청년이 파리 주재 독일 대사관에서 독일인 외교관에게 총격을 가한 것을 핑계로 하여 나치가 11월 9일 밤에 벌인 유대인에 대한 테러를 가리킨다. 이 사건으로 유대교 성전 250개가 불탔고, 7500여 개의 유대인 점포가 파괴되었으며, 91명이 살해되었고, 총 재산 피해액이 10억 마르크에 달했다.

감이 커졌고, 1933년 6월과 7월에 이미 반발이 나타났다. 1933년 6월 2일 후겐베르크와 괴링은 렌텔른에게 보낸 편지에서, "투쟁동맹"이 상공회의소에 감독위원을 파견하는 등 경제에 간섭함으로써 "상공회의소에서 중대기업의 참여"가 "후퇴하고" 소기업이 강화되고 있는 현실을 결코 묵과하지 않겠다고 경고했다. 1933년 4월 1일에 (독일민족주의자인 뮐러와 함께) 경제 특무위원에 임명된 나치당 경제정책과장 오토 바게너 역시 1933년 6월에 투쟁동맹에게 단체에 감독위원을 파견하거나 경제에 직접적으로 간섭하는 일을 중단하라고 경고했다. 1933년 7월 히틀러가 나치 혁명의 종결을 선언하고 난 뒤인 1933년 8월 8일 "투쟁동맹"이 공식적으로 해체되어 "민족사회주의 수공업, 상업, 영업기구 NS-Hago"에 통합되었다. 그러나 그 조직은 회원을 더 이상 받을 수도 없는, 투쟁동맹 회원들의 또 다른 이름뿐인 조직이었다. 투쟁동맹 역시 기업세포처럼 죽을 자리에 들어선 것이다.

 1933년 여름에 노동전선 안에 "독일 수공업자, 상인, 영업자 총연맹"이 조직되었을 때만 해도 신분적 자치경제에 대한 기대는 여전했다. 그러나 그 꿈 역시 수포로 돌아갔다. 총연맹은 공업 분야에 있던 비슷한 단체와 마찬가지로 임시 해법에 불과했다. 결정적인 주도권은 국가에게 있었다. 상업 부문의 경우 1934년에 재도입된 가격 특무위원 제도가 결정적이었다. 나치 정부는 또한 상업 부문의 도제 교육, 영업허가, 회계에 대하여 엄격한 법규를 제정했다. 수공업 부문에서 국가는 강제적인 직능회 규정을 도입했고, 수공업회의소와 경제부 관리들에게 직능회를 감독하도록 했다. 1933년 11월 29일의 "독일 수공업을 재건하기 위한" 법은 제국경제장관과 노동부장관에게 "직능회 가입 의무와 지도자원칙에 입각하여" 통일적인 강제 조직을 건설하도록 했다. "제국수공업신분"의 수장을 선임할 권리 역시 경제장관과 노동장관에게 돌아갔다.

1934년 6월 15일에 공포된 "독일 수공업을 재건하기 위한" 경제부 장관과 노동부장관의 "첫번째 명령"은 "최고장인Obermeister"이 관장하는 위계적인 수공업 직능회를 도입했다. 모든 수공업자는 지역 직능회에 의무적으로 가입해야 했다. 지역 직능회의 최고장인은 수공업회의소에 의해서 임명되었다. 지도자원칙에 따라 회원들에 대한 명령권과 처벌권은 최고장인에게 돌아갔고, 직능총회의 결의와 직능총회에서 선출되는 간사와 고문들에게는 상담 기능만이 부여되었다. 지도자원칙은 개별 직능회의 전국 조직과 다양한 직능회들이 구성하는 지역의 직능연합회(수공업회의소에서 임명한 군수공업 지도자 한 명과 최고장인들로 구성된다) 모두에 적용되었다. 수공업 전체 조직의 최상위 직책은 제국수공업장인이고, 그는 "제국수공업신분 지도자"라는 칭호를 부여받았다. 그러나 직능회가 국가의 보조기관에 불과하다는 사실이 그 칭호로 없어질 수는 없었다. 강제로 구성된 직능회를 통하여 수공업 경제를 감시하고 조절하는 것은 국가였던 것이다.

그런 조직들은 중간신분을 대표하는 정치적 기관도 아니었고, 중간신분의 이해관계를 대표하는 이익단체도 아니었다. 이는 "제국수공업신분" 스스로가 그 뒤 몇 년 동안 수공업 점포들의 업무 능력을 국민경제적 필요성에 비추어 점포별로 일일이 조사하는 데 협력했다는 사실에서도 드러난다. 국가는 그 조사를 기초로 하여 "대영업허가증"을 도입하여(1935년) "생존 능력이 없는" 점포를 제거하는 등 "직종을 정화하기 위한" 여러 조치들을 취했다. 그로 인하여 1936년부터 1939년까지 18만 개의 수공업 점포(전체의 10퍼센트)가 문을 닫았다.[50] 살아남은 점포들은 명목상으로는 독립적이었지만, 실제로는 공업을 보조하는 기능을 수행했다. 심지어 여러 수공업 점포들이 하나로 결집되어 공장 안으로 이사하는 경우도 있었고, 공동작업장으로 통폐합되는 경우도 있었다.

국가가 노동력 관리의 일환으로 "소매업 과잉을 제거하기 위하여" 도입한 조치들(1939년 3월 16일의 명령) 역시 유사한 결과를 가져왔다. "아리아인" 소매업이 거둔 최대의 성공이자 그들이 겪은 사회경제적 좌절에 대한 보상이라고 해봤자 1938년에 유대인 경쟁 업체들이 폭력적으로 제거된 것이 전부였다. 소매업에는 1934/35년의 경제성장도 별로 도움이 되지 않았다. 그저 조세정책과 인구정책(결혼융자금 제도 등)의 덕을 본 가구업만이 1938년에 가서야 1928년의 매출을 초과할 수 있었다. 그 외에 1928년 수준을 넘어선 업종은 없었다. 나치 국민경제에서 소매업이 얼마나 심하게 서자 취급을 받았는지는, 노동자 약 700만 명이 신규로 취업하거나 재취업했던 1933년에서 1939년에 이르는 시기에 영업 사무직 근로자의 수가 9퍼센트 감소하고 그 공백을 가족이 메웠다는 사실에서도 드러난다.[51]

낭만적이고 민족적인 중간신분 이데올로기가 꾸었던 꿈과 달리 제3제국은 중간신분을 배려하지 않았다. 중간신분은 공업과 대기업을 선호하던 나치의 정책 때문에 추락해야 했다. 나치 정부가 취한 정책은 그 이전 수십 년 동안의 기계화와 공업화보다 더 큰 영향력을 중간신분에게 끼쳤다. 그 원인은 부분적으로 국가가 건설업, 원료산업, 군수경제를 우선시하고 소비경제를 등한시한 데 있었다. 물론 제3제국에서 국가의 가혹한 능력주의에 중소기업이 종속됨에 따라 중소 업체의 수가 크게 감소하고 보다 합리적인 경영 방식이 채택되었다. 이는 국가

정책의 긍정적인 부수 효과라고 할 수 있다. 그러나 중간신분 이데올로기를 박살낸 것은 군수경제를 위하여 민간수요를 감축시킨 나치의 정책이었다. 그리고 군수경제의 우선성은 히틀러국가에서 활동하던 대기업의 일부도 공유하던 바였다.

4. 대기업정책

나치가 노동조합에 가한 폭력과 중간신분 단체들을 일체화한 방식은 나치가 각 직업집단에게 행사한 폭력의 차이를 드러낸다. 일체화의 타격이 가장 약했던 부문은 공업이었다. 공업은 다른 직업집단보다 훨씬 효과적으로 나치당의 개입과 강제를 막아냈다. 1933년 4월 1일 돌격대원들이 독일공업총연맹RDI 본부 건물에 들이닥쳐서 사무총장 카스틀을 비롯한 유대인 임원들의 퇴임을 강요했다. 나치 중앙당에서 경제정책을 총괄하고 있던 나치당 경제정책 특무위원 바게너도 공업총연맹 사무국에 나치당 인사인 한스 폰 루케를 파견했다.

그러나 대기업 단체를 직접 통제하려던 나치당의 시도는 대기업 대표들(크루프, 튀센, 지멘스 등)의 반발에 부딪혀서 무산되었다. 히틀러가 그들을 존중했을 뿐만 아니라 샤흐트, 후겐베르크, 슈미트 같은 관료들은 물론이고 괴링 같은 막강한 나치당 인사도 그들을 지지했던 것이다. 그것은 이미 결정되어 있던 군수정책 때문이었다. 공업총연맹 회장 크루프는 나치당 감독위원의 존재 근거를 없애기 위하여 1933년 4월에 조직 개편을 단행했다. 이는 이미 히틀러와 합의한 일이었다. 크루프는 기존의 느슨한 총괄 조직을 권위적인 중앙 기관으로 탈바꿈시켰다. 이는 비단 지도자국가의 원칙에 '적응'한다는 제스처만이 아니었다. 연맹은 경제 관료들과의 협력이 용이하도록 조직을 개편함으로써 정부의 경제정책에 더 큰 영향력을 행사하고자 했다. 기대는 현실화되는 듯이 보였다. 1933년 5월 29일 히틀러는 약 20명의 경제계 대표들(크루프, 튀센, 지멘스, 슈티네스, 슈프링고룸, 보슈, 푀글러, 폰 슈타우스 등)과 경제 부처 장관들 및 나치당 경제정책 전문위원들을 총리실로 불러 모아서 고용창출 정책에 대한 기업인들의 견해를 들었다. 1933년 7월 중순에는 그날 회의에서 오간 말들을 토대로 하여 "경제총위원회"가 조직되었다. 이 기구에는 특히 중공업 기업가들이 많이 가담했다.[52]

1933년 4/5월 이후 경제인들은 히틀러의 엄호 속에서 나치당의 개입에 단호하게 대응하기 시작했다. 특히 샤흐트는 "착취적 금융자본"을 공격하는 나치 중간신분의 이데올로기가 현실 경제정책으로 표현되지 못하도록 집요하게 개입했다. 그리하여 1933년 4월 27일에 벌써 바게너가 "전국 경제 단체들이 이미 재조직되었고" "우리의 영향력이 모든 곳에 확보된 만큼" 향후 공업경제에 대한 개입, 특히 경제에 "그 어떤 종류든 감독위원을 자의적으로 파견하는 일"을 엄단하겠다고 나치당에 경고했다.[53] 히틀러는 1933년 5월 초 드레스덴 은행의 나치당 소속 은행원이 돌격대의 도움으로 이사 자리를 차지하려 한다는 보고를 듣자 그 은행원을 즉각 출당시키라고 지시했다.[54]

똑같은 맥락에서 히틀러는 1933년 5월 31일에 제국주총감들과 프로이센 주총리에게 소위 부패한 경제 지도자들을 밀고하고 공격하는 나치 당원들의 움직임에 제동을 걸라고 명령했다. 부패 경제인에 대한 공격은 집권 이전 투쟁기 때 나치당이 끈질기게 전개한 사안이었고, 그 경향은 1933년 초에 더욱 두드러졌다. 히틀러는 5월 31일의 명령에서, 현 시점에서 가장 중요한 과제인 "경제적 재건 작업이 방해받지 않도록 하기 위해서는" "지난 몇 주일 동안 도처에 나타난 바와 같은, 과거사를 뒤져서 벌써 지난 일이 된 사건에 대하여 해당 경제인에게 책임을 지우려는 병적인 집착을 버려야 한다"고 강조했다. "지도적인 경제계 인사들을 법정에 세우려는" 시도의 배후에는 "정의에 대한 요구가 아니라" "종종 사적인 감정, 심지어 복수심이나 이기적인 목적"이 빈번하게 숨어 있다. 그러나 그런 사태 때문에 "경제 지도자들이 법의 보호를 받지 못한다는 느낌을 갖게 되었고, 이것이 기업에 대한 경제인들의 책임감을 마비시키고 있다." 게다가 과거에 일어난 "잘못들은 비열한 이기심 때문이 아니라 기업을 살리려는 벌거벗은 노력에서 발생한" 경우가 많으니만큼, "그러한 과거의 잘못은 국가기관들이 대범하게 처리해주는 것이 옳다." 나는 그에 대한 배려를 부탁하는 바이다.[55]

기업 경영의 고충에 대한 "이해심으로 가득한" 히틀러의 그 명령이 나온 지 이틀 뒤, 제국법무장관은 나치당이 부패 혐의로 고발한 사건들은 형사법 절차를 "온건하게 적용하여" 소송을 중단시키도록 하고, 민족주의 단체들에게 제출된 밀고 사건을 처리할 때 "특별한 주의"를 기울이라고 지방 법무행정에 지시했다.* 기업과 기업인들을 나치당의

---

* 법무부장관의 1933년 6월 2일 명령, BA : R 43 II/1263. 그러나 이와 같은 명령으로도 나치당에게 밉보인 기업인들이 예방구금되는 일이 완전히 없어지지는 않았다. 예컨대 나치 기업세포 기관지 『노동자』는 1933년 10월 15일 호(p. 9)에서 졸링겐의 기업가 두 명이 "독일노동전선의 해당 지역 분소의 주도로 부퍼탈-바이엔부르크의 수용소에 수감되었다"고 아주 만족스럽게 보도했다. 그들은 금속노조와 기업가들 사이에 합의되고 노동신탁위원에 의해 승인된 가격을 준수하지 않았다는 이유로 수용소로 가야 했다. 1933년 초와 여름에 나치당이나 산하 기관이 테러적으로 예방구금을 하는 경우에는 상류층 인물이나 부유한 유대인 등에 대한 증오심이 결

공격으로부터 보호하려던 움직임은 앞서 언급한 1933년 5월 29일 회의의 결과였던 것으로 보인다. 그 회의에서 나치당과 특히 가까웠던 알리안츠 보험의 대표이사 슈미트는, "오늘의 국가가 6주일 뒤에 오늘과 전혀 다른 정책을 실시할지도 몰라 우리가 전전긍긍해야 하는 그런 국가가 아니어서 천만다행"이라고 발언했다. 이어서 그는 그런 국가의 존재 덕분에 확보된 "경제 활동의 안전성"을 침해하는 일들이 아직도 발생하고 있으며, 그것은 부분적으로 "너무도 많은 전문·비전문 기관들이 경제에 개입하기 때문"인 것도 사실이라고 말했다.[56]

1933년 6월 말에 경제부장관 후겐베르크의 후임에 바게너와 같은 나치당 인사가 아니라 알리안츠 보험의 슈미트가 임명된 것도 대기업에

정적인 역할을 했다. 따라서 히틀러의 1933년 5월 31일 명령이 효과를 완벽하게 발휘하지는 못했던 것으로 보인다. 특징적이게도 (이는 순진한 솔직함에서 나온, 그것도 집권 초에나 발생할 수 있는 독특한 사건이기도 한데) 지구당 위원장 뷔르켈은 나치 라인팔츠 지구당 신문 『라인 전선』 1933년 4월 19일 호에 다음과 같은 공고를 게재했다. 이런 일은 아주 드문 경우여서 그 전문을 이곳에 글자 그대로 옮겨놓기로 한다.

"(내게) 정치적인 수감자들의 석방을 탄원한 많은 진정서들이 전달되었다. 분명히 해야 할 것은, 진정서는 대부분 유대인과 상류층 출신 수감자들을 석방시켜달라는 내용을 담고 있다는 사실이다. 이와 관련하여 나는 그들, 특히 유대인들의 수감 능력을 증명해주는 의사 진단서가 있다는 점을 분명히 하고자 한다. '그러나 수감되어 있는 불쌍한 노동자들의 석방을 탄원하는 진정서는 단 한 건도 없다!' 그래서 나는 다음과 같이 공고하는 것이 옳다고 믿는다.
 1. 아무도 탄원하지 않은 수감 노동자들을 일차적으로 석방한다.
 2. 진정서가 가장 많이 접수된 정치범을 마지막으로 석방한다. 특히 자신을 국왕상업자문관 Kommerzienräte이라고 표기한 자는 가장 늦게 석방한다.
 3. 유대인은 두 명의 탄원자와 유대인에게 수감 능력이 없다는 진단서를 작성한 의사가 그 대신 수감될 경우에 한하여 석방한다.
 노이슈타트, 1933년 4월 18일. 지구당 위원장"
 첨언하자면, 이 공고가 담긴 신문 스크랩을 보관한 (아마도 국가기관)(현재는 BA: Sammlung Schumacher Nr. 271) 문서철에는 다음과 같은, 뷔르켈의 공고만큼이나 흥미로운 촌평이 부기되어 있었다. "앞으로 얼마나 오랫동안 이런 등신(지구당 위원장 뷔르켈)이 고귀한 민족-사회주의 혁명을 웃음거리로 만들어도 되는가?"

대한 양보였다. 게다가 바게너는 7월 중순에 경제 특무위원 자리마저 잃었다. 그 효과는 같은 시점에 고트프리트 페더가 경제부차관에 임명되어 반감半減되었지만, 페더의 영향력은 실상 미미했다(이 인사는 나치당에 대한 양보였다. 히틀러는 그 인사가 불가피하다고 간주했던 것 같다. 나치당은 1933년 3월부터 경제 부처를 독일민족주의자들이 지배하고 있다면서 총공세를 펼치고 있었다). 1년 뒤에 경제부장관에 임명된 샤흐트는 페더를 해임해버린다. 나치당의 가장 오래된 경제이론가는 그렇게 정치적으로 침몰한다.

독일공업총연맹이 크루프의 주도 아래 자발적으로 "독일공업신문"으로 일체화된 것과 1933년 9월에 단 한 번 소집된 "경제총위원회"가 설치된 것은 모두, 대기업이 당시 나치당 일각에서 강력히 제기하던 (물론 매우 다양하게 해석되던) "경제의 신분적 구성" 이념에 다소 실험적이고 명목적으로 적응한 결과였다. 중공업 내부에서 그 이념을 가장 일관되게 주장하던 기업가는, 1923년부터 히틀러와 긴밀한 관계를 맺으면서 오랫동안 나치당을 후원하고 기성 엘리트들과 연결시켜주었던 프리츠 튀센이었다.

튀센은 나치 집권 이전에 이미 자비를 들여서 뒤셀도르프에 라인란트 지구당의 신분국가 지지자들과 함께 "신분경제연구소"를 만들었다. 튀센은 연구소에서 조합주의적인 신분경제 이념을 구체화시키는 한편, 당원 교육을 통하여 나치당 내에 기반을 마련하고자 했다. 노동조합이 제거되고 노동전선이 조직되고 난 뒤인 1933년 5월 19일, 그동안 괴링에 의해 프로이센 상원 종신 의원에 임명된 튀센은 히틀러로부터 신분경제 구상에 대한 동의와, 그 이념을 뒤셀도르프에서 더욱 발전시키라는 공식적인 위임을 얻어냈다. 그 후에도 몇 주일 몇 달 동안 히틀러는 다양한 기회에 튀센을 지지했고, 기업세포와 노동전선이 그를 공격할 때에도 보란 듯이 옹호했다.⁵⁷ 그래서 튀센은 라인란트에서, 그리고 1933년 여름에는 여타의 여러 지구당 위원장들로부터 미래 경제질서에 관한 특별한 권위자로 받아들여졌다. 신분경제는 경제적 자유주의와 국가 간섭주의 모두에 한계를 부과하는 조합주의적 이념이다. 얼마 지나지 않아서 히틀러는 그 이념이 정권의 여타 목표들과 충돌하지 않는 한에서만, 그리고 기업세포와 나치당 좌파의 사회주의적 열망을 억제하는 역할을 수행하는 한에서만 지지한다는 점이 백일하에 드러난다.

1933년 7월 15일에 공포된 두 개의 카르텔법은 제국경제부장관(농업 부문에서는 제국농업부장관)에게 "시장을 규제할 목적으로" 강제 카르텔(새로운 생산 설비를 가동시키기 위한 것도 포함된다)을 도입할 수 있도록 하고, 카르텔의 법적 형태와 가격은 제국경제부의 감독과 승인을 받도록 했다. 이로써 1933년 여름에 이미 나치 국가가 경제에 대한 통제력을 포기할 의사가 없다는 점이 분명해졌다. 카르텔법은 여러 측면에서 기존의 카르텔에 유리한 내용을 담고 있었다. 그 법은 예컨대 카르텔에 묶여 있지 않은 기업들에까지 카르텔의 결정이 적용되도록 규정했다. 이는 나치 정권에 들어와서 국가와 독점주의 대기업의 이해관계가 일치한 첫번째 예이기도 한데, 동시에 그것은 일종의 "조직 자본주의"이기도 했다. 카르텔 결성과 가격 결정에 대한 국가의 감독권이 제3제국 초기 몇 년 동안(가격전권위원의 관할권과 관료제적 효율성이 1936년의 4개년계획으로 인하여 강화될 때까지)은 비교적 온건하게 행사되어 실상 거의 형식에 불과했기 때문이다.⁵⁸

당시 후겐베르크의 뒤를 이어 경제부장관이 된 슈미트는 자신과 대부분의 중공업 기업가들이 불편하게 여길 정도로 국가의 통제력을 강화하려는 움직임에 직면했다. 나치당만 그랬던 것이 아니다. 군부도 히틀러가 정권을 잡은 이상 이제는 국방부장관이 참여하는 "경제독재"를 통하여 국민경제를 국방경제 쪽으로 전환시켜야 된다고 판단했다.[59] 샤흐트는 1934년 7월에 슈미트로부터 경제부장관직을 넘겨받아서 제국은행 총재와 경제부장관을 겸하게 되었고 전쟁경제 전권위원직까지 꿰찼다. 그로써 샤흐트가 '경제독재자'의 지위를 얻은 것은 실상 무엇보다도 국방부의 입장과 영향력 때문이었다. 군부가 샤흐트를 지지했던 것이다. 실제로 샤흐트는 슈미트보다 훨씬 강력하게 나치당에게 대립각을 세울 수 있었고 또 관철시킬 수 있었다.

군부의 가장 큰 관심은 육군 병참부가 이미 1930년에 제기한 대로 국산 군수원료(석유, 고무, 철광석 등)의 생산 기반을 확대하는 데 있었다. 군부의 요구는 슈미트의 지지를 얻지 못했다. 그러나 히틀러의 경제정책 보좌관인 빌헬름 케플러는 달랐다. 케플러는 1933년 8월에 바게너 대신 나치당의 공식 직책인 총재 경제특보(사무실은 총리실에 있었다!)가 되었고,[60] 추후 국산 공업원료 생산 가능성을 조사하는 특별 과제를 위임받는다. 경제계에서는 연합화학IG Farben이 국가가 보조하는 원료, 특히 액화석유 생산에 이해관계를 갖고 있었다. 연합화학은 이미 1933년 9월에 카를 크라우흐 이사가 작성한 관련 문건을 군대에 전달했다.[61] 이러한 노력의 구체적인 첫번째 결과가 1933년 12월 14일에 연합화학과 제국정부 사이에 체결된 "휘발유협약"이었다. 제국경제부가 배제된 채 진행된 협상의 결과, 제국정부는 액화석유의 가격과 구입을 보장하고 연합화학은 독점적인 브랜드의 액화석유 제조 공장을 신속하게 건설하기로 합의했다. 갈탄 회사들은 군대의 군수경제참모부의 요구를 받아들여서 새로운 갈탄 액화 공장을 짓기로 했다. 그 결과가 1934년 가을에 창립된 "갈탄휘발유주식회사"였다. 직물산업이 국가가 보조하는 카르텔로 조직된 것(라인 섬유주식회사, 남부독일섬유주식회사, 튀링겐 섬유주식회사, 슐레지엔 섬유주식회사, 작센 섬유주식회사)도 같은 논리였다.[62]

경제부와 경제인들은 대체원료 생산을 세계시장에 판매할 수 없을 정도로 확대하는 것에는 반대했다. 그래서 액화석유를 제외한 여타의 프로젝트들은 샤흐트 시대에 실현되지 않았다. 인조고무의 생산, 저질 국내산 철광석의 채굴, "기쁨에 의한 힘 자동차"(폴크스바겐) 공장의 건설 프로젝트 등은 1936년의 4개년계획을 기다려야 했다. 1934년에 개발되기 시작한 폴크스바겐 공장의 건설비는 노동전선이 담당하고, 국내산 철광석 채굴은 잘츠기터에 세워지게 되는 국영 헤르만-괴링 제철이 맡게 된다.[63]

이렇듯 몇몇 주요 프로젝트들이 실현되지 못했지만, 군수는 샤흐트의 적극적인 지원 속에서 왕성하게 추진되었고, 이는 경제에 대한 국가의 통제력을 강화했다. 군수의 가장 중요한 수단은 국가의 여신이었다. 제국은행은 1934년부터 기업의 어음을 인수해주기 위해 설립된 "메포Mefo 유한회사"의 어음을 받아주었다. 그 덕분에 군수 사업을 발주받은 대기업들(크루프, 지멘스 등)은 메포어음을 통하여 대규모 여신을 확보할 수 있었다. 메포어음은 1938년까지 120억 라이히스마르크에 달했다. 이는 정부 총지출의 62퍼센트, 국민소득의 16퍼센트에 달하는 엄청난 규모였다. 그리고 군사비는 1934년에 공공투자의 49퍼센트(1933년에 23퍼센트)를 차지했고, 1938년에는 74퍼센트에 달하게 된다.[64] 나치 국가에게는 그 외에도 경제를 조종할 주요한 수단이 두 개 더 있었다. 그중 하나는 외환관리였고, 다른 하나는 외환 부족 사태 때문에 1933년 3월에 도입된 공업원료의 수입, 소비, 저장에 대한 통제였다.[65] 그에 더하여 샤흐트는 1934년에 "신계획"을 관철시켰다. 샤흐트는 국제교역을 쌍무적인 교환 체제로 전환시켰는데, 이로 인하여 독일 국민경제는 동유럽과 남동부유럽 국가들과의 원료 및 완제품 교역에 더 많은 주의를 기울이게 되었다.

공업경제를 그처럼 국가의 통제 및 조종 메커니즘에 결부시키다 보니 튀센의 신분경제적 자치경제 이념이 설 자리가 없게 되었다. 그리고 튀센의 이념적 동지들, 예컨대 베스트팔렌의 노동신탁위원 클라인이나 신분경제연구소의 주요 인물들(발터 하인리히, 파울 카렌브로크, 도르노프)은 1933년 가을 이후 노동전선을 비롯한 나치당 기관들로부터 거센 비판을 받았다. 튀센의 동지들은 예외 없이 오스트리아 빈의 사회학자 오트마어 슈판의 제자였는데, 알프레트 로젠베르크를 비롯한 나치당 이데올로그들은 슈판의 가톨릭적 신분국가 이론을 나치즘에 배치되는 것으로 간주했다. 케플러 역시 1934년 3월 21일 제국총리실장의 질문에 짤막하게 답하는 가운데, 뒤셀도르프 연구소의 샌님들이 주장하는 슈판류의 "신분제 국가는 우리 지도자의 계획과 합치되지 않는다"고 단언했다. 케플러는 "그런 학설이 등장했다는" 점, 그리고 "너무 많은 이론은 경제에 좋지 못하다는 (사실은) 그 연구소의 설립이 그리 반가운 현상은 아니었다는 점을 드러내준다"고 말했다.[66] 나치당에 설치된 신분국가과(課)의 막스 프라우엔도르퍼도 케플러의 입장을 지지했다. 그는 나치당으로 하여금 뒤셀도르프 연구소가 설치한 강좌를 보이콧하도록 했다.[67]

비록 나치 지구당 위원장들의 의견이 분분하여 당 지도부가 1934년 6월까지 최종적인 입장을 확정하지는 못했지만,* 신분경제 구상이 포기된 것만은 분명했다. 그러자 1934년 6월 튀센이 괴링을 통하여 히틀러에게 편지를 보냈다. 튀센은 연구소의 작업을 지지한다는 히틀러의 1년 전 언급을 근거로 하여 연구소에 대한 공격들의 부당함을 주장하고 노동전선의 정책 방향을 격렬하게 비판하면서, 신분제적 경제 자치의 근본이념을 다시 한 번 상술했다. 그러나 그는 답장을 받지 못했다. 히틀러는 총리실장에게 튀센의 보고서 내용에 "전혀 동의하지 않는다"고 간단하게 말하는 것으로 끝냈다.[68] 1935년에 튀센의 연구소는 해체되었고, 히틀러는 나치당이 "신분경제 국가"에 대하여 논하는 것을 금지했다. 1936년 2월 18일에는 헤스가 나치당 신분국가과의 활동을 정지시켰고, 같은 해에 게슈타포는 뒤셀도르프 연구소의 연구원들을 나치즘의 비밀스런 적으로 규정하고, 그에 대한 "슈판 서클" 수사철을 만들었다. 그로부터 2년 뒤에 오스트리아가 병합되자, 경찰은 오스트리아와 독일의 슈판 지지자들에 대한 체포 작전을 개시했고, 튀센은 미국으로 망명했다.[69]

나치 정부는 공업 생산에 대한 조종 기능의 확대와 더불어 기업가 단체에 대한 규제적이고 통제적인 힘도 강화했다. 1934년 2월 27일의 "독일 경제를 유기적으로 구축하기 위한" 법에 의거하여 제국경제부장관이 경제 단체 전체를 재편하기로 했다. 그는 산업 분야별로 단일한 강제 단체를 조직하고, 단체의 규약을 정하며, "특히 지도자원칙을 도입하고," "경제 단체의 지도자를 임명하고 해임할" 권리를 부여받았다. 그러나 참가자들의 구상이 서로 달랐던 탓에 개편 작업은 지지부

---

* 총재대리실장 마르틴 보어만은 1934년 6월 12일 라머스에게, 헤스가 뒤셀도르프 연구소 문제로 "(라인란트의) 관련 지구당 위원장들과 대화를" 나누고 싶어 한다고 알렸다. BA: R 43 II/527b.

진하게 진행되었고, 굴곡도 많았다.

재편 작업은 샤흐트가 경제부장관 자격으로 첫번째 시행령을 발표한 1934년 말이 되어서야 완료되었다. 기존의 "제국공업신분" 대신 "제국집단공업"이 들어섰고, 그것은 다시 "경제집단"과 "전문집단"별로 구성된 하위 단체들로 편성되었으며, (노동신탁 지구에 상응하는 경제 지구에 조직된) 지역 단체는 공공법인인 상공회의소와 연계되었다.* 1934년 8월 샤흐트는 상공회의소에 대한 감독권과 의장 임명권을 확보했다.⁷⁰ 샤흐트가 "제국집단"과 "경제집단"의 회장과 "상공회의소"의 의장을 새로이 임명했지만(공업연맹 회장 크루프와 상공회의소 의장 폰 렌텔른은 퇴임했다), 경제 단체들은 대부분 새로운 조직 구조에 기민하게 적응했고, 그로써 그들이 대표하는 기업과 인물들의 영향력을 보존하는 데 성공했다. 특히 중공업이 그랬다. 과거의 "독일철강기업가협회"는 아무런 문제 없이 새로운 "경제집단 제철산업"으로, 그것도 회장도 바뀌지 않은 채(에른스트 푄스겐) 이월되었고, 새로운 지역 조직 역시 과거의 조직(북서부 지구, 남서부 지구 등)과 거의 동일했다.

"전문집단"에 과거보다 많은 동일 직종 기업들이 편입된 경우에 "콘체른 조직과 경제 단체 조직이 서로 접근했다."⁷¹ 그리고 단체의 의무적 성격, 지휘 체계의 권위적 구조, 상공회의소와 경제 관료의 긴밀한 접근이라는 세 가지 요인은, 경제 단체와 국가를 쌍둥이 같은 독특한 존재로 만들었다. 자율적인 이익정책이 멈추고 국가의 "위탁 행정"이 시작된 곳에서는 어느 것이 경제의 것이고 어느 것이 국가의 것인지 구

---

* (옮긴이) 경제집단은 광업, 제철, 금속가공과 같이 경제의 특정한 영역을 가리키고, 전문집단은 석탄, 갈탄과 같이 경제집단 내부의 특정 부문을 가리켰다. 그리고 전문집단은 다시금 지역별로 세분화되었다.

별하기가 쉽지 않았다.

　이는 거꾸로도 마찬가지였다. 새로운 국가의 통제 기구들, 예컨대 1934년에 유한회사의 형태로 설립되어 전략적으로 중요한 지역에 휘발유 저장 시설 공사를 발주하던 "경제연구공동체 Wifo"는 경제부의 산하 기관이었다. 그러나 이 기관은 외적 형태(유한회사)에서만 민간기업으로 조직되어 있었던 것이 아니라, 내부의 사업 방식과 권한에서도 국가의 관료제적인 제약으로부터 거의 완전히 면제되어 있었다. 자본주의적인 민간경제의 원칙을 손상시키지 않으면서도 생산 방향에 대해서는 강력한 영향력을 행사하고 그렇게 기업가의 자유로운 결정을 크게 제약하던 나치 정권이, 경제의 조종 문제에서는 국가 관료적인 장치를 최소화하고 국가의 통제 기관도 민간경제적인 관점에 따라 구성함으로써 공업경제의 특정 전문가와 이해 당사자들로 하여금 국가의 통제 기관에 대하여 영향력을 행사할 수 있도록 했던 것이다.

　이때 이미 추후 괴링의 4개년계획청이나 토트와 슈페어의 전쟁경제 조직에서 전형적으로 나타나는 나치 경제 통제의 특징이 식별된다. 나치 정권은 국가 관료제적인 감독과 통제와 계획도 이용했지만, 종전보다 긴밀하게 정부에 묶인 경제 단체는 물론이고 확대되고 강화된 카르텔과 독점 기업도 이용했다. 이때 민간경제는 발주 사업과 함께 제시된 정부의 지침을 따라야 했고, 그런 한에서 국가에 의해 통제되었던 셈이다. 그렇지만 그 틀 내에서만큼은 그들은 계획과 생산을 자율적으로 결정하고, 목적에 부합되는 생산 방식을 스스로 채택할 수 있는 대단히 넓은 자율적 공간을 향유했다. 그렇게 기업가들은 자기 회사의 이익에 대한 공적인 승인과 우선성을 확보할 수 있었다. 그리하여 특정 거대 기업, 예컨대 석탄산업이나 화학산업의 대기업들은 사회정책과 경제정책에서 독보적인 이익을 챙길 수 있었다. 그러나 그것은 수많은 중소기업, 특히 소비재산업의 중소기업들에게는 차별적인 할당제, 허가제, 명령경제를 의미했다.

나치 이데올로기는 "대부분 기업 이사회 회의실, 증권 거래소, 은행의 문 앞에서 멈추었다"는 평가는 대체로 옳다.[72] 그러나 나치 이데올로기는 공업경제에 몇 가지 변화를 일으켰다. 특히 "익명적 금융자본"이 그랬다. 1934/35년에 공포된 증권법은 주식회사의 수를 크게 줄였다(최소 50만 라이히스마르크의 자본을 보유한 기업만이 주식회사로 인정되었다). 법은 또한 주식의 수(최하 액면가를 1000라이히스마르크로 인상), 주주의 권리(경영진에게 유리하도록 변화), 배당금, 이사 수당도 대폭 낮추었다. 그리고 나치 정부는 법인세와 판매세를 인상하여 기업 이윤을 억제하였지만, 나치 경제정책에 부합하여 번영하던 기업에게는 상당한 이윤을 보장해주었다. 물론 나치 경제정책의 핵심이 민간기업의 이윤 확대에 있었던 것은 아니다. 제3제국에서 번영할 수 있었던 것은 자유로운 기업가가 아니었다. 선호된 것은 오히려 반쯤은 공무원이고 반쯤은 기업인인 경제인 유형이었다. 그리고 제3제국에서 특히 번영했던 기업과 산업 분야는 부자유의 강화라는 대가를 치러야 했다.

5. 농업정책

나치당이 1933년 1월 30일 집권 이전에 그 어느 경제 분야보다 확고하게 기반을 구축한 분야는 농업이었다. 그때 나치당은 농업 이익단체와 농업회의소에 깊숙이 침투했다.[73] 그 덕분에 1933년 3월 5일 선거 이후 정치적 힘 관계가 나치 지도부로 옮겨가자, 리하르트 발터 다레가 이끄는 나치당 농업기구가 전국적인 농업 단체들을 신속하게 장악할 수 있었다. 수년 전부터 농업 단체들 스스로가 이익단체들의 통합을 위해 노력해왔고, 그 노력이 결실을 맺어서 1929년에 "녹색전선"을 조직할 수 있었다는 사실, 그리고 경제위기 때문에 농업에 각별히 우호적이었던 히틀러-후겐베르크 정부가 들어선 뒤 지역 농민협회와 제국지주동맹도 조직 통합을 더욱 강력히 요구했다는 점도 농업 부문의 일체화 작업에 유리하게 작용했다.

농업 부문의 일체화 작업은, 대농업이 지배하던 제국지주동맹과의 통합에 시종일관 반대해왔고 나치당에도 매우 비판적이었던 기독교농민협회총연맹 의장 안드레아스 헤르메스가 1933년 3월 20일에 부패 혐의로 체포되면서 더욱 탄력을 받았다. 나치 운동에 우호적이었던 본 Bonn 농업회의소 의장 헤르만 폰 뤼닝크(추후 라인란트 도총감이 된다)가 헤르메스의 자리를 차지하였고, 3월 21일에 농민협회와 지주동맹의 통합 협상이 시작되었다. 협상은 나치당에게 유리하게 진행되었다. 1933년 3월 정당에 소속되어 있지 않던 칼크로이트가 임시 의장 자격으로 이끌던 지주동맹 의장단에 베르너 빌리켄스 이외에 빌헬름 마인베르크라는 다레의 측근이 진입했다. 다레는 1933년 4월 2일 나치당 기관지 『민족의 파수꾼』에 새로운 통일 조직의 의장단에 나치즘의 적을 용인할 수 없으며, 자신이 이끄는 "나치당 농업기구"가 새로운 통합 조직에서 결정적인 지위를 점해야 한다고 공개적으로 선언했다. 그로부터 이틀 뒤에 협상단은 다레에게 새로운 통합 농업 단체의 "제국지도자공동체" 의장직을 수용해달라고 "부탁"하기로 만장일치로 결정했다.

기독교농민협회 의장이었을 뿐 아니라 "독일농민조합총연맹 라이파젠"의장이기도 했던 헤르메스가 체포되면서, 발터 다레가 그동안 나치당이 침투하지 못하고 있던 농민조합Genossenschaft을 장악할 수 있는 길도 열렸다. 1933년 4월 19일 농민조합총연맹 중앙위원회가 헤르메스 체포에 대한 입장을 정리하기 위하여 모였을 때, 측근 몇 명을 대동하고 나타난 다레는 임시 의장단에게 당장 사퇴하고 나치당 농업기구 임원 세 명이 포함된 의장단을 새로이 구성하라고 요구했다. 다음 날인 "지도자 탄신일" 4월 20일에 다레는 4만 개의 농민조합으로 구성된 총연맹을 접수했다.

그 후 얼마 지나지 않아서 농업의 세번째 기둥인 "독일농업평의회"(농업회의소의 전국 조직)가 저항 없이 나치에게 복속했다. 평의회 의장인 브란데스는 1933년 1월 31일에 이미 히틀러에게 "구성과 지도력으로 보아 독일의 경제정책을 민족경제적 방향으로 이끌 것으로 기대되는" 새로운 정부를 진심으로 환영하며, 새 정부가 "내수 시장을 강화"하고 "농업의 이윤율을 항구적으로 재건"해주기를 기대한다는 결의문을 보냈다.[74] 4월 5일 히틀러는 브란데스의 초청을 받아들여 베를린에서 열리고 있던 농업평의회 총회 대회장에 몸소 나타났다. 그곳에서 히틀러는 "농민"을 독일 민족의 중추로 "유지"해야 된다는 신념을 천명하는 한편("우리는 역사를 통하여 우리 민족이 도시 없이도 존속할 수 있다는 점을 잘 알고 있습니다. 그러나 농민 없이 존속하는 것은 불가능합니다"), 농민들에게 "정부를 절대적으로 지지"하라고 촉구했다.[75] 브란데스가 1933년 4월 6일에 공지한 바에 따르면, 히틀러의 연설이 끝난 뒤 평의회 총회는 "만장일치의 결의문"을 채택하여 새 정부를 "혼연일체가 되어 무조건적으로 따르기로" 했다.[76]

같은 시기에 독일민족주의 계열의 지역 농업회의소 의장들과 임원들이 체포되었다. 나치당은 농업 단체들을 단독으로 장악함으로써, 후겐베르크가 정부 정책을 주도하고 있는 상황을 만회하고자 한 것이다. 칼크로이트와 브란데스는 그런 상황에 적절한 인물이 아니었다. 1933년 5월 초 나치 언론이 칼크로이트의 불법 축재 혐의를 대대적으로 보도하였고, 칼크로이트는 5월 5일에 의장직에서 물러나는 동시에 자신의 혐의를 공식적으로 수사해달라고 요청했다. 그 직후 칼크로이트가 갖고 있던 지주동맹 임시의장직과 농업 "제국지도자공동체" 사무총장직이 다레의 비서실장인 빌헬름 마인베르크에게 넘어갔다. 그러자 브란데스가 알아서 움직였다. 브란데스는 5월 12일 모든 농업 단체들이 "하나의 손"에 통합되어야 한다면서 농업평의회 의장단에게 사퇴를 종용했다. 그러자 다레가 감독위원 자격으로 농업평의회 의장직을 차지했다.

그 직후 폰 뤼닝크가 라인란트 도총감으로 옮겨갔고, 다레는 1933년 5월 28일의 농업 단체 "제국지도자공동체" 회의에서 자신에게 농업 부문에 대한 무제한적인 전권과 "제국농민지도자" 직함을 부여하도록 조치했다. 그렇게 하여 모든 농업 자치행정 기구 및 직업단체와 나치당 농업기구의 지휘권이 발터 다레 한 명에게 장악되었다. 다레는 욕심은 많았지만, 나치당 경력도 짧고 중앙당에서의 지위도 별로 "강력"하지 않던 인물이다. 그러나 농업이 나치당에게 보낸 지지, 유력한 경쟁자의 부재, 나치 이데올로기가 농업정책에 부여한 선명한 우선성 덕분에 다레는 라이나 폰 렌텔른이 노동자 단체들을 일체화할 때보다 훨씬 더 쉽고 확실하게 권력을 장악할 수 있었다. 더 나아가서 다레는 머지않아 국가의 농업정책도 손에 넣게 된다.

나치당이 제국정부와 프로이센 정부의 농업부장관 후겐베르크를 공격하기란 쉽지 않은 일이었다. 후겐베르크 경제정책의 본체가 농업에 대한 지원에 있었고, 장관이 된 뒤에 그는 농업부차관 폰 로어의 지원 하에서 농산품의 가격을 인상하고 농가 부채를 국가가 청산해주는 등 ("청산법"), 실제로 농업을 뒷받침하기 위하여 정력적으로 일했다. 따라서 나치가 현실 정책에서 후겐베르크를 능가할 수는 없었다. 그래서 다레와 그의 측근들은 이데올로기 비판에 집중했다. 그들은 후겐베르크의 청산 정책이 너무도 "자본주의적"이어서 대지주의 이익을 지나치게 고려하고 있으며, 이는 그에게 원민중적-인종주의적 세계관이 불분명하기 때문이라고 비판했다.

후겐베르크의 장관직 수행이 단기간에 그칠 것을 예상할 수 없던 다레는 1933년 5월 초, 나치가 다수를 장악하고 있던 프로이센 정부를 통하여 자신의 농업정책 프로그램(자영농으로 유지할 수 있는 규모의 상속 농토의 판매 금지)을 국가의 정책으로 전환시켰다. 프로이센 법무장관 케를이 프로이센 총리 괴링의 동의를 얻어서 나치당 농업기구가 입안한 "상속농장법" 법안을 제출했고, 프로이센 내각은 후겐베르크의 반대를 무릅쓰고 1933년 5월 15일에 법안을 통과시켰다.[77] 이 법은 추후 1933년 9월 29일의 제국상속농장법보다도 다레의 피와 흙 이데올로기의 영향이 강했고, 그만큼 법 형식의 차원에서 문제점과 모순을 안고 있었다.* 또한 그 법은 후겐베르크를 드러내놓고 공격하는 행위였다. 결국 후겐베르크는 몸을 낮추어 다레의 측근 중 베테랑 농민지도자인 전직 소령 베르너 빌리켄스를 프로이센 농업부차관으로 받아들

---

* 예컨대 "상속농장을 넘겨받을 수 있는 자식은 한 명이다"라는 제1조 3항은 법적으로 모호했다.

였다.* 그러나 후겐베르크에 대한 나치 언론과 일체화된 농업 단체들의 공격은 더욱 가열되었다.

1933년 6월 말 후겐베르크가 모든 공직에서 물러났다. 다레가 후임자가 된 것은 당연한 일이었고, 그렇게 다레는 괴링, 프리크, 괴벨스와 더불어 히틀러 내각의 네번째 나치 당원 장관이 되었다. 후겐베르크의 (당적이 없던) 차관 폰 로어는 그 후에 석 달 동안 직책을 유지했지만, 다레의 농업정책을 공개적으로 비판한 뒤인 1933년 9월 말에 농업 전문가이자 프로이센 주의회 의원인 헤르베르트 바케로 교체되었다. 새로이 설치된 괴벨스의 선전부를 논외로 한다면, 농업정책은 나치당의 최고위 당료가 정부 부처와 직업집단을 모두 장악한 유일한 경우였다. 그리하여 농업은 경제의 직업신분 이념을 기획하기만 한 것이 아니라 (비록 오트마어 슈판 식은 아니라고 할지라도) 법적 현실로 만들고, 그것을 포괄적인 공공 카르텔과 조종 체제의 일부로 만든 유일한 부문이었다. 1933년 7월 15일의 "농업을 신분경제적으로 재구성하기 위한 제국의 활동 영역"에 관한 법, 1933년 9월 13일의 "제국농업신분의 임시 구성과 농산품 시장과 가격을 조정하기 위한" 법, 그리고 여타의 보충적인 명령들이 농업을 포괄적으로 재조직하기 위한 법적 기반을 마련했다. 농업신분 단체의 지도부는 물론 나치당 농업기구의 인물들(제국농업신분의 참모실장에 헤르만 라이슐레, 사무총장에 빌헬름 마인베르크)의 몫이었다.[78]

---

* 1945년 이후 빌리켄스는 프로이센 농업부차관에 임명될 때 히틀러로부터 후겐베르크를 주변화시키라는 분명한 지시를 받았으며, 자신이 그 일을 제대로 해내지 못해서 "깡다구"가 부족하다는 비난을 들었다고 증언했다. 추후에도 통합된 제국 및 프로이센 농업부에서 자신은 헤르베르트 바케 다음의 제2차관이 되었으나 역할이 별반 크지 않았다는 것이다.

그리하여 위계적인 구조(제국농민지도자, 주농민지도자, 군농민지도자, 지역농민지도자)를 갖추고 지도자원칙에 따르는, 어업과 농수산물 거래와 가공 업체까지 포함시킨 포괄적인 강제 조직인 "제국농업신분"이 탄생했다. 제국농업신분은 한편으로는 제국농업부의 감독과 간섭에 무방비로 예속되었다. 그러나 다른 한편 그 조직은 수많은 농민조합과 이익단체와 직능 조직을 통합한 거대한 공공법인 신디케이트로서, 농산품의 판매, 가격과 이윤 폭의 결정, 생산의 표준화와 계획(감축 혹은 지원)에 대한 전권을 확보했다(처벌권도 행사할 수 있었다). 그러나 국민경제적으로 특히 중요한 특정한 농산품(곡물, 우유, 계란, 쇠고기, 유지)의 거래는 제국농업부가 설치한 기관이나 특무위원으로부터 직접적인 통제를 받았다. 특정 농산품의 가격을 국가가 결정하고 감독하는 것은 실상 1933년 이전에 이미 나타나 후겐베르크에 의해 강화된 것이기도 했다(1933년에는 제분용 곡물의 가격이, 1934년에는 버터의 가격이 국가에 의해 정해졌다).

제국농업신분 지도부는 그들 스스로가 인정했듯이, 1차 대전 이전에 지주동맹의 이론가 구스타프 루란트가 전개한 신중농주의적인 "정치경제체계론"에 의존했다.[79] 그들은 농업을 영업의 자유 및 자유로운 시장경제로부터 완전히 결별시킬 것이라고 공공연하게 예고했다. 그러나 제국농업신분은 실상, 근본적으로 '이데올로그'라고 할 수 있는 발터 다레 때문이 아니라 그의 참모들 덕분이기는 했지만, 농산물의 생산과 유통을 통제하고 할당하는 데서 국민경제적 의미와 그때그때의 우선순위에 따라 유연하고 즉흥적으로 움직였다. 그들은 순수 관료제적인 계획경제를 삼갔고, "시장담당관"과 각종 카르텔을 이용하여 간접적이고 탄력적인 명령경제를 실행했다. 그리고 그 체제에는 국가 외에 이익집단들과 나치당(농업경제 전문위원)도 참여했다.

제국농업신분 외에 나치가 농업 부문에 도입한 가장 큰 혁신은, 경제 논리보다는 이데올로기에 의해 추동된 1933년 9월 29일의 "제국상속농장법"이었다. 당시 독일 농장의 약 1/3에 달하던 상속농장은 독일인 피를 가진 자로서 농민으로 활동하거나 "농민다운," 그리고 경쟁력이 있는 중간 규모의 농지를 소유한 사람의 땅이었다(소토지와 125헥타르 이상의 대농장은 제외되었다). 추후 그들에게는 명예로운 호칭으로 격상된 "농민Bauer"이란 칭호(영농인Landwirt이 아니라)가 부여된다. 상속농장으로 등록된 토지는 판매하거나 분할될 수 없도록 국가가 보장하고, 담보 부채율에도 한계가 정해지며, 오직 한 명의 상속자에게만 물려줄 수 있었다. 상속농장으로 등록하는 데 문제가 생길 경우 상속농장법원이 최종적으로 결정했다. 법의 근본적인 의미는 복수의 상속권자를 한 명으로 축소시킴으로써 농민을 농토에 묶어두는 데 있었다.

농민 소유를 안정화시키고 심지어 독일을 재농업화한다는 그 법의 이데올로기적 목표가 성공하기 위해서는, 생존 능력이 있는 농가-농장이 농민 소유지의 표준으로 되어 대토지가 분할되고 소토지가 통합되어야 했다. 그러나 나치 지도부는 그런 수준의 토지개혁에 접근조차 하지 않았다. 상속농장은 통계적으로 전체 농장의 35퍼센트(1933년)를 넘어선 적이 없다.[80] 게다가 국가가 소유를 보장하는 등의 혜택을 제공했지만, 그 혜택은 국가의 간섭과 경제적 부자유라는 단점에 의해 상쇄되었다. 이미 1933년 9월 26일의 각의에서 제국법무장관 귀르트너, 경제부장관 슈미트, 부총리 파펜은 상속농장 농민이 법에 의하여 "(토지 관련) 상업과 변화에서 제외되고," 관료화된 봉토 보유자로 변모할 것이며, 이는 결국 농업 생산의 후퇴로 이어질 것이라고 비판했다. 그러나 다레와 히틀러는 인구정책적 관점이 우선되어야 한다고 주장했다.

후겐베르크 밑에서 차관으로 일했던 폰 로어는 더욱 강하게 반발했다. 그는 1934년 8월에 제국총리실에 보낸 문건에서 "공직에서 물러났지만 조국과 총리님께 봉사하기 위하여" 쓴다고 하면서 다음과 같이 주장했다. 상속농장법으로 "전혀 새롭지만 별로 반갑지 않은 유형의 배부른 농민이 창출되었다." 농민들 다수는 법이 "그들의 법 관념과 배치되고 자유의 느낌을 침해하기 때문"에 반대하고 있다. 법은 아마도 농민들의 현실이 아니라 농민주의 문건에 입각해서 씌어진 것으로 보인다. "만일 농토가 농민을 부양하지 못하는데도 불구하고 그 농토를 보존해야 한다면, 그리고 다른 직업에서 더 좋은 미래를 바라볼 수 있음에도 불구하고 자식이 농장을 상속받아야 한다면, 농장 보존은 농민을 억압하는 족쇄가 될 것이다."[81]

로어의 지적은 프로이센 도감독과 지구감독들의 여론동향 보고서에서 사실로 확인된다. 감독들은 "상속농장법이 별반 호소력을 발휘하고 있지 못하다"거나 "많은 농민들이 격렬하게 비판하고 있다"고 하며, 특히 "상속인을 지정할 농민의 권리를 법에서처럼 그렇게까지 제약하는 것이 불가피한지" 불만족스러워하는 사람이 많다고 보고했다.[82] 상속농장법은 실제로 지정 농장을 경제적으로 침체시켰고, 농민들의 금융 유동성을 악화시켰다. 특히 그 법이 대출의 여지를 축소시켰기 때문에, 제3제국에서 농업은 필요한 만큼 근대화되거나 기계화되지 못했다. 그로부터 몇 년 지나지 않아서 생산성이 농업의 가장 중요한 기준으로 부각되었고, 불황에서 회복한 공업이 힘을 발휘하면서 새로운 이농의 물결이 나타났다. 그에 따라 재농업화의 이데올로기가 실현될 가능성은 더욱 낮아졌고, 상속농장을 확대하려는 변변한 시도는 더 이상 없었다.

제국농업신분의 조직과 정책 역시 상속농장법만큼이나 논란이 분분했다. 1934년 여름에 프로이센의 도감독과 지구감독들은, 수많은 농민이 제국농업신분의 조직 과잉과 그로 인하여 나타난 군농민지도자와 지역농민지도자들의 거들먹거리는 행태를 비판하고 있다고 보고했다. 1933/34년에 후겐베르크와 다레가 농가 부채를 해결하기 위하여 취했던 조치, 즉 농업에 대한 이데올로기적인 우선성에 의거하여 농업의 부담을 여타의 국민들에게 이전시킨 정책은 농민들에게 강한 인상을 심어주었음이 틀림없다. 그러나 이런 긍정적인 인상은 그 후 몇 년간 후퇴했다. 매년 뷔케베르크에서 농민의 명예를 드높이는 축제를 개최하는 등 이데올로기적 선전 활동을 집요하게 전개했음에도 불구하고, 나치 체제에서 농업이 국민소득의 증가에 발을 맞추기는커녕 히틀러청소년단이나 노동봉사단(종종 현실적인 도움보다는 선전에 역점을 두었다)의 지원에 의존하는 등, 여전히 열악한 상태에서 벗어나지 못하였기 때문이다.[83]

농업 단체의 일체화와 제국농업신분의 탄생이 경제 법칙과 사회 모순을 제거할 수는 없었다. 그러나 그것들이 경제와 사회의 문제에 새로운 표현을 공급할 수는 있었다. 농업과 관련된 모든 부문을 하나로 통합시킨 동시에 나치당 농업기구와 결합된 제국농업신분은 국가와 당 기구 모두에서, "국가 안의 국가" 혹은 "당 안의 당"으로 인식되었다. 나치의 이데올로기적 총아였던 "제국농업신분"은 심지어 샤흐트마저 그의 영향력이 가장 막강했던 시기에조차(1934/35년) 극복할 수 없는 장벽이었다. 사실 샤흐트와 다레 간의 지속적인 갈등이야말로 1935/36년에 괴링이 처음에는 양자 사이의 중재자로, 결국에는 경제 슈퍼장관

(4개년계획 전권위원)으로 발돋움하게 되는 결정적 동인이었다. 괴링은 그러나 샤흐트는 물론 다레마저 제쳐버리고 제국농업신분을 4개년계획청의 분과 조직으로 만들어버린다.

이론적으로는 나치당 외부에 위치했지만, 인사와 조직의 현실에서는 나치당 농업기구와 긴밀히 결합되어 있었고 나치의 지도자원칙에 입각하여 조직되어 있었던 제국농업신분은, 농업이 우세한 지역에서 나치당, 돌격대, 노동전선과 격렬한 갈등을 벌였다. 그 갈등은 조직 경쟁이자 관할권 다툼이었지만, 그와 동시에 사회경제적인 의견 차이 및 이해관계 대립이기도 했다. 그 예로 동프로이센을 들 수 있는데, 동프로이센의 지구당 위원장 겸 도감독은 에리히 코흐였다. 그는 루르 지방 출신의 나치당 사회주의 계열의 인물로서, 과거부터 당의 주적은 농촌의 보수 "반동"이라고 생각하던 인물이었다. 동프로이센의 나치당 지지자 역시 대부분 소농민과 농업 노동자였다.

동프로이센의 나치당 당료들은 1933년 여름에 이미 다레가 임명한 농민지도자들과 농업 전문위원들에게 격렬히 맞섰다. 제국농업신분의 동프로이센 대표위원 겸 동프로이센 농업회의소 부의장인 한스 비트는 히틀러에게 보낸 1933년 7월 19일의 편지에서, 코흐가 지구당 당료들 앞에서 농업의 "직업신분적 구성"을 맹렬하게 비판하면서 제국농업신분을 "반동과 반혁명을 추구하는" "신종 파당"으로 표현했다고 불평했다. 그가 보기에 코흐는 "유기적으로 발전하는 국가 체제는 어떤 것이든 부정하는," "모든 영역에서 볼셰비키 유형의 절대적인 정당독재자"였다. 코흐는 비트가 "자유로운 농민"을 하찮게 여기는, "충분히 프롤레타리아적이지 못한" 인물이라고 비판했고, 이는 여타의 농민지도자들도 마찬가지라고 말했다. 더욱이 코흐는 "지도자를 둘러싸고 있는 반동의 그물망"이란 말을 입에 담았으며 "아직도 반혁명" 타령을 늘어놓고 있다는 것이었다.

다레의 동프로이센 수하가 자신을 비난하는 자료를 히틀러와 헤스에게 보낸 것을 알게 된 코흐는 1933년 여름에 지구당에서 농업 전문위원들을 출당시켰다. 코흐는 그들을 수용소로 보내버리겠다고 협박까지 했다. 다레가 이의를 제기하여 코흐의 조치가 1933년 가을에 나치당 최고법원에 의하여 무효화되었지만,[84] 양자의 대립은 그 후에도 지속되었다. 유사한 갈등은 다른 지구당 위원장은 물론 돌격대 지도부와도 있었다. 룀의 돌격대 참모장실 실장 크라우서는 다레에게 보낸 1934년 5월 24일의 편지에서, 제국농업신분이 "황무지 개간과 정착촌 건설 문제를 돌격대의 기대에 완전히 어긋나게 처리"하였다고 성토하면서, 자신이 돌격대 참모장에게 "돌격대에 적대적인 제국농업신분의 태도에 효과적으로 대처하기 위한" 명령을 발동하라고 요청하겠다고 협박했다.[85]

포메른 지구당 위원장 카르펜슈타인은 나치 포메른 지구당 정치지도자들에게 보낸 1934년 6월 12일의 회람에서 다음과 같이 선언했다. 농업신분의 포메른 농민지도자의 태도는 "포메른의 제국농업신분이 (나치당) 정치 조직과 결별하였음"을 분명히 해주었다. "제국농업신분의 관리들"은 특히 "노동전선에 대하여 심상치 않은 투쟁을 개시"했지만, 그 투쟁은 "민족사회주의 민족공동체의 명예로운 원칙들"에 반反하는 것이다. 카르펜슈타인은 제국농업신분 농민지도자들을 이기적인 계급으로 낙인찍었다.[86]

이러한 갈등이 격렬하였던 시기는 나치 집권 초기였지만, 그 후에도 없어지지 않았다. 1938년 봄에 제국농민지도자와 노동전선 간의 갈등은 상대방에 대한 비판을 제국총리실에 보낼 지경으로 지저분하게 진행되었다. 라이는 다레에게 농업 노동자들의 이농 사태에 제국농업신분의 책임도 있다고 비판했다. "농업 추종자들의 노동과 거주지의 조건이 파멸적이라는 점을 고려하면, 그들이 임금과 가격이 그리 탄력적이지도 않은 공업 분야로 이동하는 것도 무리는 아닙니다." 다레에게 보낸 편지에서 라이는 이러한 사태를 되돌리기 위해 필요한 것은 농업 노동자를 사회적으로 돌보는 것밖에 없고, 그 일은 "오로지" "이해관계를 일방적으로 대변하지 않는" 나치당과 노동전선이 담당해야 한다고 주장했다. 노동전선의 공격이 그 후에도 몇 달 동안 지속되자 다레는, 노동전선은 "제국농업신분이 지금까지 농업 추종자들을 위해서 아무 일도 하지 않은 듯한" 인상을 불러일으키고 있지만, 실상 그들은 자신의 관할권을 확대하는 데만 관심을 갖고 있을 뿐이라고 반격했다.[87]

이런 일들은 사회경제적인 이해관계의 대립이 조직의 일체화 작업에 의해서 해소되지 않았을 뿐만 아니라, 그 이해관계가 상호 경쟁하는 나치 기관들 및 그 "지도자들"과 접목됨에 따라, 사회경제적 대립을 공개적이고 공정하게 정리하는 것이 불가능해졌다는 점을 분명하게 보여준다. 나치의 이데올로기와 선전이 사회경제적인 이해관계의 다원주의적 현실을 민족공동체에 배치되는 것으로 폄하하고 금기시하였기 때문에, 이익정치는 지극히 치사하고 음모적인 형태를 띠게 되었던 것이다. 이데올로기와 현실의 일치 불가능성은 나치 농업정책에서 다른 부문보다 빨리 나타난 것일 뿐, 논리는 같았다. 역사가 데이비드 쇤봄은 제3제국의 "사회혁명"에 관한 연구에서, 민족적인 흙과 농민 이데올로기가 신분경제적인 중간신분 이데올로기와 달리 히틀러의 사고에서 확고한 자리를 차지하고 있었고, 따라서 농업에서 나타난 세계관과 현실

간의 간극은 이데올로기에 대한 냉소적 태도가 아니라 엄연한 경제적 현실에 의해 강제된 것으로 보아야 한다고 지적했다. 히틀러는 현실과의 간극이 커질수록 그 이루어지지 못한 피와 흙 이데올로기에 매달렸고, 이를 1939년의 독일 국경을 넘어서 칼로 정복하여 확보할 농업적인 거대 공간이라는 유토피아적 미래에 투사했다.

농업 부문에서 확인되는 것은 또한, 나치 권력자들이 거대한 이익집단들을 일체화할 때 지극히 기회주의적으로 움직였다는 점이다. 그들은 일체화가 가져다주는 가능성, 이익집단의 전통적인 정치적 입장, 각 사회세력이 나치의 대내정치적 상황과 군수 혹은 자급경제적 목표에 따라 갖게 된 중요성에 따라 해당 단체를 관대하게 대우하기도 하고 독재적으로 처단하기도 했다. 국가와 당, 혹은 길드처럼 조직된 새로운 통일 조직이 가하는 통제 역시 엄격할 수도 느슨할 수도 있었다. 그런 선택을 좌우한 일차적 요인은 해당 분야의 경제적 합목적성과, 해당 분야에서 나치즘에 반反하는 인물이나 정치-세계관적인 적들을 제거해야 한다는 당위였다. 그러나 그런 유의 일체화 작업에는 포괄적인 사회정치적 개혁이라는 의미에서의 건설적인 내용이 있을 수가 없었다. 따라서 일체화는 나치당 내부의 사회주의자들과 신분경제 국가 이론가들이 원하던 바대로 사회적 세력관계를 체계적으로 재편성할 수 없었다. 일체화는 국가와 당에 대한 이익집단들의 예속을 강화시켰을 뿐이다. 또한 겉으로는 이해 갈등의 완화로 보였고, 나치 또한 그렇다고 선전했던 현상들이 실제로는 이익단체들을 정치의 종속된 일부로 만들어버림으로써 이해 갈등을 정치에 묶어버린 것에 불과했다. 사회경제적 이익 갈등은 일체화에 의해 해소된 것이 아니라 변속 장치를 통하여 정치체제 내부로 이전되었던 것이다.

그리고 나치 정치체제 내부에서 일체화 작업은 권력 요구와 권력 지위, 기관과 관할권을 더욱 복수화시켰다. 사회적 다양성이 국가적·준국가적·정당정치적 기관들 및 조직들의 다양성으로 변화한 것이다. 그렇게 하여 나치 운동 내부의 경쟁 집단들과 지도자들 사이의 항구적인 투쟁 동력(나치 지도자원칙의 불가피한 반영)에 이제 금기시되었지만 없애버릴 수 없었던 사회경제적인 이익 대립이 추가적으로 부하되었고, 이는 다시금 나치의 경쟁적 투쟁 동력을 더욱 강화했다.

일체화의 다양한 형태들, 다시 말해서 이익정치를 없앤 것이 아니라 내부의 이익정치로 변모시켜버린 작업들은 또한, 나치 독재가 경제 영역에서만큼은 뚜렷한 한계에 부딪혔다는 점을 분명히 보여준다. 나치즘은 부르주아 사회의 공황 심리와 원한에서 자라난 운동이었기 때문에, 부르주아 민족주의 사회의 사경제적인 근간을 건드리고 혁명적으로 변화시킬 수도 있는 강제적 조치들(예컨대 국유화라든가 완전한 계획경제) 앞에서는 멈춰 설 수밖에 없었다. 나치가 사경제적인 이니셔티브를 전체주의적으로 제한할 수 있었던 정도는, 그 제한을 경제적인 안정성, 특정 영역에서의 생산과 판매에 대한 국가의 보장, 정치적 성공에 의하여 민족 경제의 토대를 광대하게 넓혀줄 것이란 미래적 기대에 의해 보상해줄 수 있는 정도만큼이었다. 경제인들이 명료하게 의식하고 있지 않았다고 할지라도, 미래의 영토와 국제정치적 지위에 대한 그러한 기대가 적어도 "분위기상으로는" 1935년에서 1938년까지 경제인들의 태도를 규정했던 것은 분명하다. 나치는 우선 대독일 시장을 약속했고, 마지막으로는 다른 민족들을 희생시킴으로써 이룩할 패권적 지위도 약속했다. 이 점이야말로 사경제적인 자유를 부분적으로 상실한 것에 대한 가장 중요한 보상이었을 것이다. 제국주의는 평화 시에 전시 조건으로 전환된 명령경제의 필수불가결한 통풍구였던 것이다.

제6장
제3제국 초기의 당과 국가

집권 이전에 나치당, 특히 나치 행동대(돌격대, 친위대, 히틀러청소년단)는 정적들은 물론 국가질서와 국가기관들에 대해서도 격렬하고 때로는 불법적인 투쟁을 전개했다. 히틀러 운동에는 그래서 12년간의 "투쟁기"에서 비롯된 테러주의적·아나키즘적 경향이 깊이 각인되어 있었다. 게다가 전선戰線 경험과 자유군단 전통에서 비롯된 나치 운동의 동맹적bündisch, 인신적personalistisch 구조는 국가의 통제와 어긋나는 것이었다. 이는 1919/20년에 자유군단이 독일군에 통합되는 것을 거부한 데서 이미 나타난 바 있다. 다른 한편으로 나치당은 여타의 민족 우익 세력들과 마찬가지로 "강력한 국가"를 요구했다. 예컨대 1929/30년 이래 나치는 "직업공무원을 재건하자"는 구호 아래, 민주정당에 당적을 두고 있던 공무원들을 격렬하게 비난했다.

사실 1929/30년 이래 히틀러를 지지한 수백만 명의 독일인들은 강력한 정치 지도력, 국가적 결집력, 정부와 국가기관들의 규율과 효율성을 요구하는 사람들이기도 했다. 관헌국가 전통에서 비롯된 강력한 국가에 대한 요구는 대공황을 맞이하여 한층 더 커졌다. 사실 대부분의 히틀러 지지자들은 돌격대의 혁명적 태도에서보다 그들의 군사적 규율에 매혹되었다. 그들은 권위적인 '규범국가'를 인민적 토대 위에서 복고시키기를 원했고, 불안정한 바이마르 정부들이 "총체적인 국가der totale Staat"로 대체되기를 원했다. 그리하여 나치즘과 국가의 관계는 모순적이었다. 새로운 질서에 대한 열망은 기존의 국가질서를 폭력적으로 파괴하지 않고는 실현될 수 없었다. 과거를 복원하려는 복고가 테러주의적인 혁명을 필요로 했던 것이다. 나치의 권력 장악에 합법적인 전략과 불법적인 폭력이 긴밀하게 결합되어 나타난 것도 그 때문이었다.

　나치는 히틀러 총리 임명 직후의 권력 장악 과정에서 정당정치적 다원주의, 국가권력이 제국과 주로 분할되어 있던 행정구조, 권력 행사에 대한 기본권적 제약, 법과 행정의 균형을 제거해버렸다. 나치에 의해 파괴된 그 원칙들은 히틀러 집권 이전에 이미 대통령내각에 의해 크게 손상된 상태였다. 나치의 일체화 작업은 또한 강력한 금지적 효과를 발휘했다. 나치는 특정한 인물, 특정한 기획, 특정한 조직 형태들을 절대적으로 배제했다. 그러나 일체화가 국가체제의 구성적 통일성과 동질성을 낳았던 것은 아니다. 이는 이익집단들의 일체화에서 특히 두드러졌다. 오히려 위와 아래에서 동시적으로 추진된 권력 장악은 권력지위들이 상호 적대적으로 되도록 만들었다. 나치당 인사들과 기관들 일부는 국가권력을 넘겨받았지만, 다른 일부는 '국가'에 비판적이고 적대적으로 맞서면서 통제를 거부하고 혁명의 지속을 주장했던 것이다. 더욱이 민주주의 압살의 수혜자는 나치당만이 아니었다. 보수 세력들,

특히 군부, 그리고 국가의 비정치적인 공복임을 자임하면서도 권위적인 국가를 체현하고 있던 공무원 집단 역시 나치 "집권"에서 제 몫을 챙겼다. 그리고 군대와 행정을 지배하는 전통적인 결속력과 집단정신은 처음부터 나치당의 역동성을 억제하는 힘으로 작동하고 있었다.

정치권력의 독점 이후 국가와 당의 관계를 어떻게 정립하느냐, 다시 말해서 간전기 유럽의 여타 독재 국가에서처럼 나치당이 '국가 당'의 역할을 맡아서 선전과 조직을 통하여 권위적인 국가 독재를 보조하는 하위 기구가 되느냐, 아니면 소련의 경우처럼 정부보다 우월한 전권을 획득하느냐의 문제는 처음부터 히틀러국가의 근본 문제였다. 이 문제는 결코 해결되지 못했다. 그것은 언제나 부유浮游 상태에 머물렀다. 국가와 당의 관계를 권력정치적으로, 혹은 헌법정치적으로까지 고정시키는 일이 그처럼 불발했던 것은 무엇보다도 국가와 당이 보유하고 있던 권력이 주권적인 권력이 아니라 도출된 권력, 즉 카리스마적인 지도자에게 예속된 권력이었기 때문이다. 그 무엇에도 구속되지 않는 지도자의 의지와 개인적인(즉 직책에 묶여 있지 않은) 충성에 대한 지도자의 요구는 운동 국면의 나치당이 그랬던 것처럼, 보편적 규범에 구속된 업무 처리 방식과 정부의 제도적·법인적 통일성 및 내적 완결성을 해체시켰다. 권력 장악 과정과 그 후 제3제국의 역동적 발전은 오히려 나치당 기구들이 애초부터 갖고 있던 이질성에 국가기관들의 다중지배Polykratie를 추가했고, 이는 당직과 공직이 가능한 모든 형태로 결합하고 병존하고 대립하는 양상을 초래했다.

당과 국가의 이원구조는 나치 체제의 작동 방식의 부산물이었다. 나치 체제는 당과 국가로부터 분리되어 있으면서도 그 두 가지를 교대로 이용하는 지도자권력에 의해 절대적으로 지배되는 동시에, 상황에 따라 이런저런 방향으로 수정되면서 움직였다. 그러나 그 절대적인 지도자조차 자신의 의지를 관철시킬 수 있기 위해서는 당이나 국가권력을 경유해야 했고, 그런 한에서 그는 당과 국가에 의존하는 존재였다. 따라서 우리는 당, 국가, 지도자절대주의의 삼원구조가 나치 체제의 근본 형상이었다고 말할 수도 있을 것이다. 삼원구조의 출현에 결정적이었던 것은, 나치가 단선적인 과정을 통해서가 아니라 혁명과 혁명의 중단이 연속되는 동시에 서로 맞물리는 과정 속에서 권력을 장악하였다는 점이다.

1. 1933년 봄 나치 혁명의 성공과 한계

히틀러는 1933년 1월 30일에 총리에 임명되었지만, 나치당의 권력 장악은 1933년 3월 5일의 제국의회 선거 직후에 시작되었다. 선거는 히틀러의 성공만이 아니라 나치당의 성공이기도 했다. 선거 직후 주州 권력을 일체화할 때도 나치당의 혁명적이고 테러주의적인 힘이 불가결했다. 따라서 히틀러는 선거일까지 겨우 억제할 수 있었던 나치당의 혁명적 힘을 더 이상은 막을 수도 막을 필요도 없었다. 아래로부터의 혁명이야말로, 히틀러가 독일민족주의 우익과 연립한 내각의 총리로 임명되었을 때 씌워졌던 족쇄를 깨버리고 나치당 일당독재로의 길을 개척한 힘이었다. 아래로부터의 혁명의 제도적 형태는 무엇보다도 돌격대와 친위대의 보조경찰과 1933년 3월 이후에 도입된 특무위원 및 감독위원 체제였다.

나치당 당료가 주의 제국감독위원에 임명되면, 그는 믿을 만한 또 다른 나치에게 특별 권한을 부여하여 주의 행정 부처와 중하급 관청들을 일체화하도록 했다. 그렇게 하여 나치당, 돌격대, 친위대, 기업세포의 지방 및 지역 지도자들이 주와 도시 행정, 심지어 공기업과 사기업의 감독위원 자리까지 차지했다. 그때 그들에게 결정적인 힘이 된 것은, 그들이 돌격대와 친위대 보조경찰이라는 형태로 독자적인 혁명 권력을 보유하게 된 상황이었다. 그리고 돌격대와 친위대는 명목상으로는 "보조" 기능만을 행사했지만, 현실은 정반대였다. 행동을 결정하고 작전을 지휘한 사람은 경찰장교가 아니라 돌격대와 친위대 부대장들이었다. 정규 경찰은 새로운 나치 명령권에 위축되어 합법성을 입증해주는 장식 역할만을 수행했다. 돌격대 참모장 룀은 1933년 5월 30일의 훈령에서 스스로가 주권자라도 되는 양 다음과 같이 선언했다. 돌격대 감독위원들은 "(돌격대 소속의) 경찰청장과 마찬가지로 일차적으로는 돌격대 부대장이고 이차적으로만 국가행정기관이다." 분명히 해야 할 것은 "보조경찰관도 일차적으로 돌격대 대원이고 친위대 대원이라는 점이다. 나는 이를 보조경찰로 차출된 돌격대와 친위대의 부대장들과 대원들에게 아주 분명하게 환기시키고자 한다."[1]

당시의 정치적 숙청 작업에서 행정기관과 기업에서 근무하고 있던 나치 당원과 친나치 인사들이 특별한 역할을 수행했다. 그들은 그들의—대부분 인사 관련—요구를 해당 관청이나 기업의 수장에게 직접 제기하거나, 밀고자 혹은 스파이로 활동하면서 나치당 혹은 나치 부처 장관이 "숙청" 요구를 현장에 하달하도록 움직였다. 그들 중에는 나치 감독위원 자리를 직접 차지하는 경우도 있었다. 이 과정을 거쳐서 1933년 3월과 4월에 거의 모든 제국과 주의 중앙 부처와 하위 기관에 감독위원들이 배치되었다. 그들은 수사와 심문을 주도했고, 정치적으로 바람직하지 않은 공무원이나 직원 혹은 유대인을 퇴직시켰다. 현재까지 남아 있는 감독위원 관련 사료는, 당시의 밀고 대부분이 정치적·세계관적 동기가 아니라 관직 사냥과 자리다툼에 의해 추동되었다는 점을 생생하게 보여준다.*

그 감독위원들이 자신의 직책을 나치당이나 나치 거물 덕분에 차지했다고 하더라도, 어쨌거나 그들은 해당 기관의 총책임자에 의하여 임명된 자들이었고, 그런 한에서 국가의 '공식' 공무원들이었다. 그러나 그들 외에도 나치당과 나치당 산하 기관들, 특히 돌격대가 공기업, 노동조합, 사기업, 지방행정에 자의적으로 파견한 수많은 감독위원들이 있었다. 그들은 분노의 대상이었다. 경제인들과 히틀러의 독일민족주의 연정 파트너들만이 그들을 공격했던 것이 아니다. 국가기관의 수장직을 차지한 뒤에 그곳에 지도자원칙을 적용하려던 나치들, 자신 옆에 나치당 지구당 위원장이나 군지도자들 혹은 돌격대 감독위원이 있는 것을 견디지 못하던 수많은 나치도 마찬가지였다.

3월 선거가 끝나자마자 나치당과 돌격대와 친위대가 지배권을 주장하고 나선 곳은 특히 나치당 중앙 당사가 자리하고 있던 나치 운동의 탄생지 바이에른이었다. 돌격대 감독위원들의 혁명권력이 국가의 행정기구에 맞서는 힘으로 불편하게 자리 잡고 있던 곳도 바이에른이었다. 룀은 바이에른 국가특무위원 자격으로 1933년 3월 12일과 14일에 바이에른의 여섯 개 지구청과 산하 관청에 돌격대 감독위원을 파견하고

---

* 제국총리실 자료철(BA: R 43 II/1157e)에는 이에 대한 아주 생생한 예를 담은 자료가 있다. 제국통계청 내부의 나치 측 인사의 요구로 "제국통계청 인사조직 담당 경제부 감독위원"이 임명되고 얼마 지나지 않은 1933년 3월 17일에 통계청장 바게만 교수와 몇몇 고위 공무원이 해임되었다.

보조경찰 지휘권까지 부여하였다.[2] 친위대장 하인리히 힘러(당시까지는 아직 돌격대 참모장에게 예속되어 있었지만 곧 돌격대를 추월하게 된다)는 당시 바이에른 정치경찰에 대한 명령권, 즉 협소하기는 하지만 구체적인 정규 '국가' 명령권을 조직과 인사 차원에서 확대하고, 그렇게 경찰행정의 가장 중요한 부분을 친위대의 관할 영역으로 만드는 데 집중하고 있었다. 반면에 룀은 돌격대의 주된 역할이 혁명적 동력을 '바깥'으로부터 국가기관 안으로 들여보내는 데 있다고 생각했다.

룀은 국가 외적인 돌격대 감독위원들을 나치의 권력 장악을 완성시키기 위한 실체적인 수단으로 간주했다. 룀이 공식적이고 명목적인 국가 감독위원이 된 곳은 바이에른 하나였지만, 그는 그 권한을 독일 전체를 관장하는 최고위 감독위원으로 이해했다. 그는 자신의 과업이 돌격대라는 투쟁 조직을 이용하여 혁명 동력을 유지하고, 그렇게 나치 혁명이 조기에 좌초하는 것을 막는 데 있다고 생각했다. 룀이 내무행정의 모든 층위에 감독위원을 파견하여 감독위원 체계를 전면화하는 데 성공한 곳은 바이에른 한 곳뿐이었지만, 1933년 3월에 비非바이에른 지역에도 돌격대 대장과 상장上將을 임명함으로써(예컨대 베를린의 에른스트와 브레슬라우의 하이네스) 룀은 돌격대가 독일 전체에 대한 권력을 주장하고 있다는 점을 분명히 했다.

나치 지구당 위원장들도 권력 욕망을 강력하게 표출하고 있었다. 그들은 자기 지역에서 독자적으로 나치 혁명을 추동하고 권력을 장악하려 했다. 뉘른베르크의 슈트라이허는 그 수단을 반유대주의 작전에서 찾았고, 라인팔츠의 뷔르켈은 (슈트라이허보다는 부드러웠지만 법적 안정성을 침해한다는 면에서는 마찬가지였던) "원민중적 사회주의" 실험에서 동일한 목적을 추구했다. 돌격대와 지구당 위원장들의 혁명적 권력의지는, 히틀러가 아래로부터의 테러주의적인 협박을 집권의 한 수단으로 인식하는 한 억제할 수 없었다. 히틀러는 1933년 3월 10일의 선언에서 "당 동지들과 돌격대 및 친위대 대원들"에게 규율을 명령하고, 특히 "경제 활동의 교란"을 금지했다. 그러나 그 선언문에서 히틀러는 또한 나치 국가 지도부의 지시가 방해받는 곳에서는 어디나 "그 저항을 즉각적이고 근본적으로 분쇄"해야 하며, 당은 "마르크스주의의 절멸"이라는 목표 앞에서 "단 1초도" 머뭇거리지 말아야 한다고 강조했다.[3]

히틀러의 선언문에 나타나는 이 이중성은, 히틀러의 위임을 받은 나치당 조직국장 로베르트 라이가 1933년 3월 14일에 공무원정책과 관련하여 "지구당 위원장 귀하"에게 발송한 명령에서도 드러난다.[4] 라이는 한편으로 "나치당 지역기초 지도자, 군지도자, 돌격대 부대장"과 기타 하위 조직이 국가기관에 특정 공직자의 교체를 직접적으로 요구하는 것이 "부적절"하다고 비판했지만, 다른 한편으로는 그런 "바람"을 표현할 권리가 오직 지구당 위원장에게만 있으며, 단지 그때 지구당 위원장들은 적절한 전문가를 대안으로 내세워야 한다고 강조했다. 라이는 국가 행정에 대한 나치당의 통제권을 원칙적으로 승인했던 것이다.

1933년 3월만 해도 국가의 인사권이 통째로 나치당에게 탈취되고, 국가의 행정기구가 완전히 해체될 가능성이 있었다. 괴링과 프리크가 1933년 4월 7일에 통과된 "직업공무원 재건법"의 신속한 공포를 주장한 것은 바로 그 때문이었다. 그 법은 공무원 숙청 작업을 다소 분명한 법적 기준에 묶어두는 한편, 숙청의 실행 작업을 국가기관에 맡겼다.[5] 주로 유대인 공무원과 공산당 및 사민당 소속 공무원들을 해고하는 데 쓰인 그 법은 분명히 나치 권력 장악의 실체적인 토대로서 작용했다.

그러나 법의 탄생 배경을 보면 그 법이 국가행정에 대한 나치당의 혁명적 개입을 제약하고 보수적인 연정 파트너들을 안심시키기 위한 수단이기도 했다는 점이 드러난다.

실제로 보수주의자들(특히 프로이센 재무장관 포피츠)은 그 법의 성안成案에 적극적으로 참여했다. "공무원 숙청이 과도하면 사태의 흐름이 역전될 수 있다는 우려도 팽배했다. 1933년 4월 초에 나치는 (숙청에 직면한) 공무원들이 '새로운 국가'에 절대적인 충성을 지킬지 불안해하고 있었다."⁶ 그래서 프리크는 1933년 4월 25일의 장관회의에서 법의 시행 기간을 가능한 한 짧게 하여 공무원들의 법적 불확실성을 덜어주자고 제안했고, 괴링 역시 히틀러의 지시임을 강조하면서 "대통령 각하"의 심중을 고려하여 법을 집행할 때 공무원들을 보호해주는 방향으로 대범하게 처리해야 한다고 주장했다.⁷

그렇듯 중앙의 공무원정책은 1933년 봄이라는 그 이른 시기에 이미 나치당 혁명을 억제하려는 방향으로 움직이고 있었다. 그러나 이는 주와 도와 도시에 자리 잡고 있던 나치 거물들의 과격한 혁명 충동과 권력 욕망에 크게 어긋나는 것이었다. 권력의지로 가득 찬 나치당 지역 대표들은 현장, 특히 나치 중앙당이 자리한 뮌헨으로부터 "3월 혁명"을 강력하게 밀어붙이려 했다. 그들 중 일부는 이 혁명이야말로 베를린에서 이루어진 나치와 보수-독일민족주의자들 간의 타협을 대신할 본래적인 나치 혁명이라는 분명한 의식을 갖고 있었다. 예컨대 바이에른 정부의 내무장관이자 바이에른 지구당 위원장인 아돌프 바그너는 당과 국가의 관계를 논한 1933년 3월 24일의 문건에서 다음과 같이 주장했다. "지금까지는 베를린 중앙이 바이에른을 규정했다면, 이제는 우리가 바이에른에서 시작하여 중앙과 전국을 민족사회주의적으로 이끌어야 한다. 따라서 바이에른의 나치 운동이 곧 국가가 되는 순간까지 혁명은 견지되고 추진되어야 한다."[8]

돌격대 내부로부터 터져 나온 비판은 더욱 날카롭고 공격적이었다. 그들은 부르주아-보수주의 세력이 나치 운동에 명목적으로 적응한 것만으로 마치 혁명과 투쟁이 종결되었다는 듯이 승리의 축제와 대중 집회가 개최되고 있는 현실을 비웃었다. 그들은 1933년 이전에 유행하던 구분법을 동원하여, 돌격대와 친위대의 군인적인 "투쟁Kampf"과 나치당 정치기구의 "사리사욕Bonzentum"을 대비시켰다. 돌격대 참모장 에른스트 룀이 1933년 5월 30일에 회람시킨 명령의 내용도 마찬가지였다. "축제는 끝났다. 돌격대와 친위대는 이제 축제를 멀리하고, 그들에게만 맡겨진 고유한 과제에 헌신해야 한다. 한편에는 승리를 쟁취하는 이들이 있다. 그들은 군인이다. 다른 한편에는 축제를 개최하고 즐기는 부류들이 있다. 그들은 타자이다. 돌격대와 친위대는 과거에 그 누구도 기대하지 못했던 자랑스러워할 만한 승리를 쟁취했다. 그러나 우리 앞에는 민족사회주의 혁명을 완수하고 민족사회주의 제국을 건설하는 과제가 놓여 있다. 우리는 격렬한 투쟁과 힘겨운 노동의 날을 맞이하게 될 것이다. 따라서 지금 우리가 해야 할 일은 투쟁을 준비하고 힘을 축적하는 것이다. 매일같이 '일체화된' 무슨무슨 양봉협회와 볼링협회가 충성의 맹세를 발표하거나, 어떤어떤 도시의 길 이름이 바뀌는 것은 하등 중요한 게 아니다."[*]

---

[*] Epp-Material, IfZ: MA-1236. 흥미롭게도 룀의 지시에 깔린 음조는, 비슷한 시기에 발표된 「결정의 해」라는 글에서 오스발트 슈펭글러가 나치 집권을 비판한 것과 일치한다. "지금은 승리에 도취할 때도 아니고 그럴 이유도 없다. 동원을 승리로 착각하는 자들에게 화 있을지니! 나치의 집권은 강약이 혼란스럽게 교차되면서 이루어졌을 뿐이다. 그런 승리를 매일같이 그토

그러나 전술적 고려(군부, 관료제, 재계, 교회에 대한 배려) 때문에 나치 집권이 아무리 불충분하게 끝났다고 믿는다고 할지라도, 룀이 요구하던 더 많은 혁명의 목표 역시 지극히 불투명하고 모호했다. 뮌헨에서 돌격대의 야망을 몸으로 체험하고 있던 바이에른 제국주총감 폰 에프는 1933년 6월 13일에 다음과 같은 수기 手記 메모를 남겼다. "돌격대는 혁명을 계속하고 있다. 그러나 그 혁명은 도대체 누구에게 대항하는 혁명이고, 무엇을 목표로 하는 혁명인가? 혁명의 권리는 불만족 하나만으로 얻을 수 있는 것이 아니다. …… 당에는 리더십이 없다. 아무도 당이 무엇을 해야 하는지 모르고 있다. 과거의 목표는 더 이상 존재하지 않는다. 상황이 이러한데도 불구하고 아직 자리를 차지하지 못한 자들은 혁명을 외치고 있다."9

2. 나치 당원의 규모

집권 초에는 아직 나치당이 제3제국에서 어떤 역할을 수행할 것인지, 그들이 나치 체제의 엄선된 간부 정당이자 엘리트 정당이 될 것인지, 아니면 나치당이 대단히 넓은 토대 위에 구축된 탈정치화된 대중 정당이 될 것인지 정해지지 않았다. 그 문제는 우선 당원 수에 의하여 규정되었다. 1933년 1월 30일의 집권과 동시에 나치당에 신규 당원들이 밀려왔다. 아래로부터의 나치당 혁명이 강렬한 인상을 주었던 1933년 3월, 새로운 당원들, 즉 나치가 "3월의 전사자들 Märzgefallenen"이라

록 소란스럽게 축하하는 것은 우려스러운 일이다."

고 냉소했던 사람들의 입당 행렬은 당을 삼켜버릴 듯했다. 그리하여 1933년 4월 19일 나치당 재무국장은 1933년 5월 1일부로 신규 입당을 금지한다고 선언했다(이는 돌격대, 친위대, 히틀러청소년단에는 해당되지 않았다).

입당 금지는 원칙적으로 1939년 5월 1일까지 유효했다. 그러나 1935년 말에 철모단 단원들에게 입당이 허용되었고, 1937년 봄에는 "예비당원" 자격을 얻은 나치당 산하 단체 회원들에게도 입당이 허용되었다. 게다가 1933년 1월 30일에서 1933년 5월 1일 사이에 이미 160만 명이 입당하여 구舊당원 85만 명(1933년 1월 30일 이전의 입당자)이 전체 당원의 1/3에 불과하게 되었다. 따라서 간부 정당이란 원칙은 이미 손상된 뒤였다. 그럼에도 불구하고 나치당은 간부 정당의 원칙을 고수했다. 총재대리 헤스가 1933년 6월 26일의 훈령으로 신입 당원에게 2년의 유예기간 동안 당원증만 지급하고, 당원수첩은 주지 않으며 갈색 당원복도 착용하지 못하도록 한 것은 그 원칙 때문이었다.

이 시점에는 히틀러도 엘리트 정당의 원칙을 고수하고 있었다. 1933년 9월 3일 뉘른베르크 전당대회에서 히틀러는 선언했다. "성인 남녀 4500만 명 가운데 300만 명의 투사가 민족의 정치적 지휘를 맡도록 조직되었습니다." 히틀러는 그 기간基幹 당원들을 고수할 것이며 당원 선발 기준을 강화하겠다고 강조했다.[10] 그러나 현실은 히틀러의 선언과 달랐다. 1935년 이후 간부 당원의 원칙에 몇 차례나 구멍을 낸 사람도 히틀러였고, 1937/38년 이후에 국가와 공공 분야에 종사하는 모든 사람이 나치당에 입당하거나 — 스스로 입당 원서를 제출하지 않은 상태에서도 — 나치당의 명예당원이나 돌격대와 친위대의 명예대원에 임명되도록 몰고 간 사람도 히틀러였다. 히틀러는 이미 나치당을 정치적 엘리트를 양성하는 선별 기관(나치당 내부 교육의 질적 수준에 비추어 이는 가능한 일이 아니었다)이 아니라 인민, 특히 정치적으로 중요한 집단을 포섭하고 통제하고 규율하는 단체로 간주하고 있었던 것이다. 1939년에는 결국 입당 금지령이 완전히 폐지되었고, 히틀러는 국민의 약 1/10을 당원으로 가입시키라고 지시했다. 1942년에는 나치 지구당 위원장과 군위원장들에게 신청자의 입당 여부를 결정할 권리를 부여했지만, 그 조치도 선별 효과를 발휘하지 못했다. 나치 당원은 전쟁 말까지 약 600만 명으로 증가한다.

1933년의 대규모 입당 사태는 나치당의 구조를 현저하게 바꾸어놓았다. 그때부터 나치당은 더 이상 비타협적인 "구투사들"의 정당일 수 없었다. 1933년 이전에 나치당이 견고하게 뿌리내리지 못했던 지역의 경우, 나치 집권 직후 몰려든 신규 입당자들이 전체 당원의 80퍼센트를 넘었다. 코블렌츠-트리어, 쾰른-아헨, 마인프랑켄 지구당이 그랬다. 집권 직후의 입당 행렬에는 모든 직업집단이 참여했다(1933년 1월 30일 이전에 나치당에 26만 7000명의 노동자가 소속되어 있었는데, 집권 직후 48만 8000명의 노동자가 새로 입당했다). 따라서 전체적으로 보아 당의 사회적 성분이 1932년에 비해 중간신분 쪽으로 약간 더 이동했다고 말할 수 있을 것이다.

입당 비율이 가장 높았던 직업집단은 공무원과 교사였다(1933년 1월 30일 이전에 나치당에 소속된 공무원은 4만 4000명, 교사는 1만 3000명이었는데, 나치 집권 몇 달 동안 공무원 17만 9000명과 교사 7만 1000명이 새로 입당했다). 나치당의 공식 통계에 따르면, 1935년 1월 1일 기준으로 모든 직업인의 7.3퍼센트(노동자의 5.1퍼센트, 농민의 3.8퍼센트)가 나치 당원이었다. 그에 비하여 1933/34년에 공무원은 무려 20퍼센트가, 교사는 30퍼센트가 나치 당원이었다(사무직 근로자는 12퍼센트, 자영업자는 15퍼센트였다).* 공직자들의 입당 동기는 자리 보전이었다. 그러나 동기가 무엇이었든, 공무원들의 입당은 나치당을 국가를 견지하는 정당으로 변모시켰다. 이는 나치당에 대한 충성심(국가에 대한 충성심과 경쟁 관계에 있는 충성심)을 공무원 집단 내부로 틈입시키기도 했지만, 역으로 나치당을 국가에 순응하는 조직으로 만들었다. 이는 당과 국가의 병존 및 대립 현상이 해소되지도 않은 상태에서 벌어진 일이다.

3. 히틀러, 나치당, 돌격대

1933년 봄만 하더라도 히틀러는 나치당과 국가를 분리시키려 했다. 그러나 집권 2기(1933년 여름 이후)에 그는 나치당을 국가에 묶어놓으려는 방향으로 선회했고, 이는 기존의 관계, 즉 당이 절반은 국가에 예속되고 절반은 국가를 통제하는 어중간한 상태를 강화했다. 국가와 당을 분리한다는 원칙은, 집권 후에도 나치 중앙당은 뮌헨에 두고 베를린의 제국총리실에는 소규모의 "나치당 연락팀"을 설치하기로 한 결정(히틀러는 1933년 9월 초 뉘른베르크 전당대회에서 그 결정을 다시 한 번 강조했다)으로 예고되었다. 이는 히틀러의 설명대로, 세상은 두 개의 눈으로 보아야 하듯 나치당은 베를린의 제국정부로부터 떨어진 뮌헨에

---

* Reichsorganisationsleiter der NSDAP, ed., *Parteistatistik*, Bd. 1(München). "공무원과 교사들 대부분이 입당하고 있는 것은 분명해 보인다. …… 당 고위 기관이 공무원과 교사들을 면밀하게 관찰하고 점검해야 할 것으로 보인다."(p. 75)

서 인민 계도에 집중해야 하기 때문만은 아니었다. 그 결정은 오히려 나치당이 중앙정부에 직접적인 영향력을 행사하는 것을 차단하려는 히틀러의 의지 때문에 내려졌다. 히틀러의 그 뜻은 나치당 "중앙정치위원회" 의장 루돌프 헤스를 총재대리에 임명하고, 그에게 "당 지도와 관련된 모든 문제에 대하여 나(히틀러)의 이름으로 결정하는" 전권을 부여한 1933년 4월 21일의 명령으로 더욱 분명하게 표현되었다.[11]

히틀러가 헤스를 총재대리로 임명한 것은 또한, 그가 나치당의 지위를 높이기는커녕 자신의 지도자권력 아래에서 당이 독자적인 권력을 구축하는 것을 막으려 하였기 때문이다. 그 최선의 방법은 나치당에 독자적인 기반을 갖고 있지도 않고, 성격적으로도 강하지 못하며, 자신의 개인비서 출신으로, "나의 지도자"에게 철저히 예종적인 헤스에게 전권을 부여함으로써, 언제나 충성스런 자기 하인이 나치당 최고위 인물이 되도록 하는 것이었다. 게다가 1933년 봄에 시급했던 일은 나치 거물들과 당 기관들의 독자성을 제약하는 것이었다. 히틀러는 총재대리 헤스와 총재대리실(실장 마르틴 보어만)이 그 역할을 해주기를 기대했던 것이다. 히틀러는 1933년 6월 말에 헤스에게 제국정부 각의에 참석할 권리를 부여했다. 그렇듯 헤스는 히틀러와 나치 거물들 사이의 완충지대였고, 그 덕분에 양자 간의 곤란할 수도 있는 직접 대면의 기회가 실제로 크게 감소했다.[12] 그런 대면을 가급적 피하고 배후에 머무는 것은 히틀러의 주요 통치술 중의 하나였다. 그 때문에 히틀러는 수많은 갈등에 직접 개입하지 않아도 되었다(물론 이는 타인을 희생시키는 행위였다). 최종적인 결정권은 그에게 속했지만, 그는 그 덕분에 모든 당사자들에게 선량한 중개인으로 남아 있을 수 있었다.

고위 당직과 공직이 결합되면서 나치당은 1933년 봄에 이미 정부 정책에 대하여 침묵하는 한편, 독자적인 야심과 활동을 억제하기 시작했다. 그러나 바로 그 정도만큼 돌격대는 혁명의 깃발을 더욱 높이 들고자 했다. 돌격대는 집권 이후 200만 명으로 불어난 상태였다. 룀은 앞서 언급한 1933년 5월 30일의 명령에 첨부한 편지에서, 혁명이 침체 국면에 접어듦에 따라 돌격대와 친위대가 단순한 선동대로 전락할지도 모른다는 우려를 분명하게 표현했다. 룀은 그에 대처할 수 있는 유일한 방법은, "군인적인 원칙"을 부활시키고 원대한 목표에 "혁명의 대오"를 언제라도 투입할 수 있도록 준비하는 것뿐이라고 강조했다. "돌격대 지휘관 여러분! 우리는 우리 자신을 위해서는 아무것도 원하지 않습니다. 우리는 그런 것을 원해서도 안 됩니다. 직책과 명예는 다른 자들이 갖도록 하십시오. 공직을 맡은 몇 안 되는 우리 지휘관들은, 공직을 맡았기 때문에 어려워진 것은 돌격대 지휘관으로서의 과제 수행 하나뿐이라는 사실을 잘 알 겁니다. 그런 지휘관들은 공직을 되돌려주고 갈색 군대의 일원이라는 사실 하나에 자부심을 갖기 바랍니다. 왜냐하면 독일의 운명을 바꾸어놓은 것은 그것 하나뿐이었고, 앞으로도 그것만이 왜곡되지 않은 순수한 민족주의와 사회주의의 승리를 쟁취하고 견지할 것이기 때문입니다."[13]

룀은 괴벨스, 힘러, 다레와 그 외의 수많은 나치 지구당 위원장들처럼 공직과 당직을 한꺼번에 장악함으로써 항구적인 권력 지위를 구축하려 하지 않았다. 룀은 돌격대라는 무장 대중조직을 국가로부터 분리시키고, 그들의 교육과 장비를 개선하고 힘을 축적함으로써, 돌격대를 막강한 독립적인 권력 수단으로 육성하려 했다. 그는 제3제국의 미래가 돌격대를 경유하지 않고는 아무것도 이루어질 수 없도록 돌격대의 힘을 키우고자 했다. 히틀러가 군부에게 건넨 약속과 달리, 룀은 돌격대 지휘관들(대부분 전역 장교 혹은 자유군단 장교들)이 독일군에 막대한 영향력을 행사하게 되고 그 자신은 육군장관 내지 전쟁장관이 되는 미래를 꿈꾸고 있었다. 룀은 히틀러와 자신의 구상이 다르다는 점을 암시조차 하지 않았다. 그러나 그는 돌격대에 대한 히틀러의 의존도를 높이려 했다. 어떤 면에서 보면, 룀은 혁명 충동에 구체적인 목표가 결여되어 있는 돌격대의 근본 문제를 돌격대의 타격력과 조직을 강화함으로써, 다시 말해서 군 조직가인 룀 자신의 장기長技를 발휘하는 방법으로 우회하고 있었다. 그러나 가시적인 정치적 목표가 부재한 가운데, 기존의 권력 상황에 대하여 불분명한 비판을 가하는 동시에 돌격대의 규모를 키우고 군사 훈련을 강화한 그 점이 군대의 의혹을 키웠다.

  룀의 일차적인 목표는 돌격대가 나치 "투쟁기"에 점하던 비중을 그 어떤 형태로든 유지하는 데 있었다. 그러나 돌격대가 관료제적·국가적 지배체제에 편입되는 길을 외면함에 따라 국가에 대한 돌격대의 불만이 혁명적 소요의 형태를 띠게 되었고, 이는 내용이 빈약하기 짝이 없는, 역동성 그 자체를 위한 맹목적인 역동성을 낳았다. 1933년 6월에 룀은 『민족사회주의 월보月報』에 "돌격대와 독일혁명"에 대하여 공개적인 입장을 밝혔다. 룀은 돌격대와 친위대가 이제 도대체 무엇을 하려고 하는 것이냐고 묻는 "속물들과 푸념꾼들"을 강하게 비난했다. "일체화된 수많은 인사들과 심지어 스스로 나치라고 칭하는 고위직 인사들"은 우리가 입 다물고 조용히 있는 것이 국민으로서의 첫번째 의무라고 생각할 것이다. 그러나 그것은 혁명에 대한 배신이다. "우리는 그들 마음에 들든 안 들든 우리의 투쟁을 계속할 것이다. 진정으로 중요한 것이 무엇인지 그들이 끝내 깨닫는다면, 그들과 함께! 그들이 원하지 않는다면, 그들 없이! 그래야만 한다면, 그들에 대항하여!" 돌격대 참모장의 이 언어는 그러지 않아도 괴링과 프리크 등으로부터 돌격대의 혁명 충동에 대한 비판을 듣던 히틀러를 불안하게 했다.

　괴링은 직업공무원법 시행과 관련하여 열린 1933년 4월 25일의 장관회의에서 이미 "감독위원 체제가 갈수록 새로운 국가의 권위를 흔들고 허물어뜨리고 있다"고 경고했다.[14] 그는 1933년 5월 5일의 명령으로 프로이센 지역에서 활동하고 있는 감독위원들을 처음으로 해임할 수 있도록 했다. 그 명령에 의거하여 나치당과 기업세포가 국가기관과 경제기관에 파견했던 감독위원들이 소환되었다.[15] 괴링은 돌격대와 친위대가 파견한 감독위원들은 아직 손을 대지 못하고 있었다. 프로이센 내무장관 자격으로 하달한 1933년 6월 7일의 경찰 내부 훈령으로 괴링은 오히려, (바이에른 모델에 따라) 질서경찰의 보조경찰 인력은 오직 돌격대에서, 정치경찰의 보조경찰 인력은 오직 친위대에서 차출하도록 조치했다. 괴링은 그렇게 룀과 힘러에게 우호적인 자세를 취했다. 그러나 그와 동시에 그는 룀과 힘러를 프로이센 정부의 보조경찰 담당 "감독위원"에 임명함으로써, 보조경찰에 대한 그들의 독립적인 명령권을 형식화하고 "국가화"했다.[16]

4. "아래로부터의 혁명"의 종결

　돌격대의 혁명 충동에 대한 명료한 반대 전선은 1933년 7월에 형성되었다. 그때 돌격대는 정당의 해체에 대한 테러적 지원이라는 마지막 봉사를 수행한 뒤였고, 일부 돌격대 지휘관이 자의적인 테러를 자행함으로써 국가의 권위를 심각하게 손상시키던 시점이었다.* 약 50만 명에 달하던 철모단 단원이 돌격대에 가입하자(1933년 7월 3일) 사태를 정리해야 할 필요성은 더욱 긴박해졌다. 1933년 7월 6일 히틀러는 제국주총감들에게 행한 연설에서 "혁명을 종결시키기 위한" 조치들을 예고했다. 그는 마치 룀에 대한 반대 입장을 분명히 밝히기라도 하는 듯, "외적外的인 권력을 장악한 지금" 인민에 대한 "내적인 교육"이야말로 나치당이 수행해야 할 당면 과제라고 강조했다. "(역사적으로) 최초의 공격으로 혁명을 성공시킨 경우보다 성공한 혁명을 차단하고 멈춘 경우가 적었습니다. 혁명은 영원한 상태가 아닙니다. …… 우리는 혁명Revolution이 분출시킨 격랑을 진화Evolution라는 안전한 물길로 이끌어야 합니다. 이때 가장 중요한 것은 인간 교육입니다. …… 우리 강령의 이념은 우리에게, 바보처럼 모든 것을 쓰러뜨릴 것이 아니라 우리의 구상을 지혜롭고 조심스럽게 실현시키라고 요구합니다. …… 이제 당은 국가가 되었고, 모든 권력은 제국이 장악했습니다. 국가적 삶의 중심이 개별 지역이나 심지어 개별 조직으로 옮겨가는 일이 다시는 일어나지 말아야 합니다. 권위는 더 이상 개별 지역에서 나오지 않습니

---

* 예컨대 돌격대가 오버바이에른 지구청에 감독위원으로 파견한 슈미트는 바이에른 총리 지베르트에게 보낸 1933년 7월 1일의 편지에 다음과 같이 썼다. "정상적인 행정에 대한 정치적 관리들의 전방위적이고 부당한 개입 때문에 국가의 권위가 위험에 처해 있습니다. 기업세포 관리, 기업세포 지역지도자, 기업세포 군지도자 등 …… 나치당 거점 지도자, 지역기초 지도자, 군지도자들이 정부 부처의 하위 명령 체계, 즉 군청과 지구청으로부터 전투경찰 분소에 이르기까지 모든 관청의 업무에 개입하는 명령을 남발하고 있습니다. 모든 사람이 모든 사람을 체포하고 …… 모든 사람이 모든 사람을 다하우 수용소에 보내버리겠다고 협박하고 있습니다. 기업은 아무나 해고하고 그 자리에 자격도 없는 특정한 인물을 채용하라는 압력을 받고 있습니다. …… 그리하여 전투경찰 분소에 이르기까지 가장 신뢰할 수 있고 가장 유능한 공무원들 사이에 직책에 대한 불안감이 퍼지고 있습니다. 그 영향은 가공할 만할 것이고, 국가에 절대적으로 파괴적일 것입니다."(Epp-Material, IfZ: MA-1236)

다. 유일한 권위의 원천은 독일 인민입니다."[17]

그 후 며칠 동안 프리크는 법규로, 괴벨스는 연설로 히틀러의 뒤를 이었다. 괴벨스는 "(나치로) 위장(한) 볼셰비키들"이란 표현을 써가면서, 이제는 그들에 대한 경계가 필요한 때라고 강조했다. 구체적인 조치로 앞장선 곳은 이번에도 프로이센이었다. 1933년 8월 15일에 괴링은 프로이센의 보조경찰을 해산했다.[18] 프로이센 법무부는 1933년 7월 25일에 "나치 혁명의 종결"을 계기로 하여, 권력 장악의 열기 속에 범죄를 저지른 당원들을 사면한다고 발표했지만, 1주일 뒤인 1933년 8월 1일에 "중앙검찰국"을 설치하였다.[19] 검찰국은 일종의 기동 기소 기관으로, 돌격대와 친위대 대원의 범죄를 현장에서 수사하고, 필요한 경우 체포하여 사법 처리할 권한을 부여받았다. 이 기관은 흥미롭게도 나치 당원인 신임 법무차관 롤란트 프라이슬러가 특별 담당관 자격으로 개입하여 설치되었다.

프로이센 내무부는 이미 1933년 6월에 프로이센 재무부와 협력하여 돌격대와 친위대 보조경찰에 할당된 예산을 삭감했다. 그로써 그들은 돌격대와 친위대가 자의적으로 설치한 수많은 수용소들을 해체하거나 국가의 승인을 받은 수용소(오라니엔부르크, 리히텐부르크, 엠슬란트의 습지 수용소)에 통합시키고자 했다. 실제로 프로이센 정부는 1933년 7월 31일에 약 1만 5000명에 달하던 수용소 수감자들을 추후 최대 1만 명까지 줄이고, 수용소를 감시하는 데도 가능한 한 정규 경찰을 투입할 작정이었다.[20] 당시 괴링과 긴밀하게 협조하고 있던 게슈타포의 수장 딜스도 수용소 수감의 전제가 되는 예방구금에 대한 엄격한 지침을 하달했다. 이 역시 돌격대와 친위대의 테러를 억제하기 위한 조치였다. 예방구금 건수와 수용소 수감자 수는 실제로 1933년 여름부터 크게 감소했다. 프로이센 게슈타포는 예컨대 1934년 2월에 중앙검찰국과 협력하여 슈테틴 불칸 조선소의 불법 수용소를 폐쇄했다. 그곳은 가혹행위로 악명이 높던 수용소였다. 그 수용소에서 활동한 친위대 간부 몇 명이 1934년 4월에 주범으로 기소되어 다년간의 노동형과 감옥형을 선고받았다.[21]

그러나 다른 주의 상황은 프로이센과 달랐다. 예를 들어서 바이에른에서 전권全權을 장악하고 있는 자들은 여전히 정당정치적 권력자들이었다. 1933년 초여름 바이에른 법무장관 한스 프랑크는 검사들을 동원하여 다하우 수용소의 친위대 지도부를 수사하려 했다. 그곳에서 일련의 수감자 피살 사건이 발생하였기 때문이다. 프랑크의 시도는 그러나 힘러와 룀의 협력 방어에 부딪혀 무위로 돌아갔다. 1934년 초에 제국내무부와 바이에른 제국주총감(폰 에프)이 바이에른 내무장관 바그너에게 바이에른에서 예방구금이 과도하게 사용되고 있고, 또 오용되고 있다고 비판했다. 그러자 바그너는 (힘러와 하이드리히가 개입한 것이 틀림없어 보이는데) 에프가 보기에, "그 내용이 그릇된 것임을 입증할 수 있는 문장들로만" 이루어져 있고 "은폐, 왜곡, 날조, 거짓으로 가득 찬" 답변서를 보냈다.[22]

1933년 여름에 혁명을 종결한다는 선언과 관련 명령이 거듭해서 공표되었지만, 룀은 제3제국의 건설에서 돌격대가 담당하고자 하는 포괄적인 감시 및 통제 역할을 포기할 의향이 전혀 없었다. 보조경찰의 역할이 점차 소멸되고 "감독위원"이 불신의 대상이 되자, 룀은 1933년 9월 1일에 기존의 돌격대 감독위원을 "특무전권위원"(군청)과 "특별위임관"(지구청)으로 개칭하고, 특무위원의 과제는 "국가가 민족사회주의 운동과 혁명에 걸맞게 발전하도록" 감시하는 데 있다고 강조했다.[23]

이 조치는 바이에른에서 돌격대와 정치경찰(그동안 힘러와 친위대가 장악했다)이 국가에 대한 (나치당과 별도의) 독립적인 통제권을 갖는다는 의미였다. 따라서 바이에른 내무장관 바그너가 격렬하게 반발했고, 이 과정에서 룀과 힘러의 대립도 강화되었다.

룀이 그렇듯 독자적인 행보를 할 수 있었던 것은 히틀러 때문이었다. "돌격대 최고지도자"라는 공식 직함을 보유하고 있었음에도 불구하고, 히틀러는 룀의 의지에 반(反)하는 분명한 지시를 내리지 않고 있었다(이는 히틀러의 회피적이고 음모적인 통치 스타일을 전형적으로 보여주는 예다). 룀을 접견한 자리에서 히틀러는 오히려, (룀이 1933년 10월 20일의 바이에른 내각회의에서 보고했듯이) "공무원들은 그저 만사가 과거처럼 흘러가기를 원하고 있을 뿐"이라는 룀의 발언에 동의하는 듯한 태도를 보였다.[24] 히틀러의 이중성은 다른 기회에서도 나타났다. 히틀러는 한편으로는 (1933년 9월 28일의 제국주총감 회의와 같은) 비밀회의에서 돌격대에 대적하도록 주총감들을 선동하면서, "제2의 혁명을 옹호하는 자들"은 자신의 적이며 언젠가 그들을 갑자기 타격할 것이라고 암시했다.*

다른 한편으로 히틀러는 룀이 1933년 10월 30일에 프로이센의 도감독청, 지구감독청, 군청에 기존의 돌격대 보조경찰-감독위원 대신 돌

---

* Protokoll der Besprechung, BA: R 43 II/1392. 이 초록은 히틀러의 발언을 다음과 같이 기록해놓았다. "…… 현재의 당면 과제는 혁명 현상을 발본색원하는 것이다. 현재 독일에는 혁명적으로 쟁취해야 할 나치즘의 목표가 더 이상 없다. 상황이 그러함에도 불구하고 혁명적 목표를 계속해서 외치는 세력은 사실 이미 극복된 과거의 정치 세계 속에 사는 자들이다. 그런 세력은 나의 적의 하수인들이다. 이는 제국정부와 모든 주정부들이 민족사회주의적으로 되었음을 생각해보면 아주 분명해진다. 나는 욕심을 채우지 못한 많은 불만 세력이 있다는 점을 정확하게 알고 있다. 물론 그들을 배려하는 일은 있을 수 없다. 그리고 나는 그런 자들의 충동을 그리 오랫동안 방관하지 않을 것이다. 나는 돌연히 개입할 것이다."

격대 최고지도자(히틀러) 특별위임관을 파견하도록 허용했다. 이 때문에 괴링은 돌격대와 친위대 감독위원들에게 하달한 6월 7일의 명령을 변경해야 했다. 새로운 명령에서 괴링은 돌격대 최고지도자 특별위임관의 과제가, "정당제의 소멸 이후 모든 정치적 반대의 가능성을 없앤 뒤에도," 국가행정이 무사안일에 빠지지 않도록 행정 부처에 "자극"을 주고 행정 부처를 "개선"하는 데 있다고 밝혔다. 문장만으로는 그 명령이 특별위임관의 과제가 국가와의 건설적인 협력에 있다고 규정한 것으로 해석될 수도 있다.[25] 그러나 그 명령은 돌격대 감독위원들의 존재와 활동을 인정해줌으로써 국가와 나치당의 대립을 연장한 것에 불과했다.

돌격대와 나치당 거물들을 국가에 "건설적으로" 통합하는 일은, 1933년 여름 이후에도 계속해서 논의되었다. 히틀러 자신이 1933년 9월 28일에 제국주총감들에게 선언했다. "나는 나치당을 점차 제국권력 안으로 통합시키려 합니다. 제국정부에 돌격대부部를 신설하는 것이 적절할 수도 있고, 나치 운동의 상원을 설치하는 것도 생각해볼 만한 일입니다."[26] 그러나 구체적인 계획은 제출되지 않았고, 상원과 같이 국가 업무에 대한 명확하게 규정된 참여권을 보유한 최고위 당 기관을 설치하는 것은, 히틀러의 개인적인 권력 욕망과 배치되는 일이었다. "나치당 상원Senat"(이탈리아 파쇼당의 "파쇼 대위원회"를 모델로 하는 기구) 아이디어는 수년 전부터 여러 나치당 지도자들의 단골 구상이었고, 뮌헨의 중앙당 당사에는 1931년에 이미 미래를 대비한 "상원 회의실"이 설치되었다.

그러나 1938년의 나치당 백서에서까지 나치당의 미래 계획으로 적시되어 있던 상원은 끝내 설치되지 않았다.[27] 다른 사람이 아니라 바로 히틀러가 꺼렸다. 심지어 그는 1933년에 베를린에서 몇 차례 개최되었던 나치당, 돌격대, 친위대의 유명 지도자들의 대규모 회의 자체를 두려워했다. 히틀러는 나치 고위직 인사들을 진정한 지도자사단으로 탈바꿈시키려 한 나치당 법원 원장 발터 부흐의 노력도 불신했고 경원시했다.[28] 나치당 총재대리실장 보어만은 1933년 10월 13일에 발송된 회람에서, 당내 여러 인사들이 제안한 "구당원들의 특별 조직"과 관련하여 "지도자께서는 명확한 이유 때문에" 그런 모임을 "실행 불가능한 것으로 간주하고 금지했다"고 통고했다.[29] 그리하여 당과 국가를 결합시키기 위한 대안으로 제시된 것이 제국내무부가 성안한 1933년 12월 1일의 "당과 국가의 통합을 보장하기 위한 법"이었다.

법은 다음과 같이 선언했다. "민족사회주의 혁명이 승리한 지금," 추후 공공법인의 지위를 얻게 될 나치당은 "독일 국가사상의 담지자로서 분리 불가능하게 국가와 결합되었다." "국가기관과 당 및 돌격대 기구들 사이의 긴밀한 협력을 보장하기 위하여 총재대리와 돌격대 참모장은 제국정부의 일원이 된다." 그 법은 또한 "지도자, 인민, 국가"에 대한 나치당 당원들과 돌격대 대원들의 "고양된 의무"를 담보하기 위하여, 당 직무 차원의 처벌을 넘어서서 "체포와 구금"을 선고할 수 있는 당 특별법원과 돌격대 특별법원을 설치한다고 선언했다. 그러나 특별법원 구상은 현실화되지 않았다. 나치당 법원은 추후에도 자유와 생명에 대한 국가고권적인 처벌권을 보유하지 못한 명예법원으로 머물렀다.

그 법은 또한 법리적으로 문제점투성이였고, 이중적이었으며, 선언적이기만 했다. 법은 예컨대 나치당을 "국가의 담지자"가 아니라 "국가사상의 담지자"로 선언했다. 다시 말해서 국가에 대한 나치당의 우위가 '제도적이고 헌법적으로' 정초된 것이 아니라, 모호하기 짝이 없는 당의 '이념적인' 우위만이 선언되었던 것이다. 1935년 3월 29일의 명령*으로 나치당이 공공법인의 지위를 획득하게 된 것도 당에는 골칫거리였다. 그 명령이 "등록 협회"에 불과했던 나치당의 법적 지위를 격상시킨 것만은 분명했다. 그러나 국가에 대한 당의 우위를 주장하던 자들은 만족할 수 없었다. 원칙적으로 공공법인은 정부의 감시를 받는 단체였다. 따라서 나치당의 새로운 법적 지위는 당의 우위가 아니라 당의 예속을 의미했다. 그러한 "불가능한 요구"에 대하여 나치당 지도부는 오랫동안 저항했다. 그러나 다른 대안들, 예컨대 나치당을 '공공'법인이 아닌 '특수'법인으로 선언하자는 제안은 아무런 결과를 얻지 못했다. 아무도 나치당의 지위를 공공법인, 즉 '국가'법인의 개념이 아닌 다른 개념으로는 정의할 수 없었던 것이다.

공공법인이 되자 나치당에게 독자적인 수입(특히 당비) 이외에 새로운 재원이 마련되었다. 돈을 국가로부터 지원받게 된 것이다. 형식에 불과했지만 이는 나치당이 제국재무장관에게 종속된다는 것을 의미했다. 물론 재무장관 슈베린-크로지크가 이끄는 재무부 관리들이 나치당의 금전 요구를 거부하거나 삭감하는 일은 매우 드물었다. 나치당 재무국장도 제국재무부에 근거가 첨부된 개별적인 자금 지원서를 제출하

---

* 이 명령은 "국가와 당의 통일을 위한 두번째 법"으로 알려지기도 했다(*RGBl.*, 1935 I, p. 502). 이 명령은 나치당에서 협회의 지위를 벗겨냈고, 나치당 산하 기구와 가맹단체들을 정밀하게 구분했다. 산하 기구는 독립적인 법인의 지위와 독자적인 재산을 보유하지 못하는 단체로서 돌격대, 친위대, 나치 자동차단, 히틀러청소년단, 나치 대학생연맹, 나치 부녀회가 그에 속했다. 가맹단체는 독립적인 법인의 지위와 독자적인 재산을 보유할 수 있는 단체(물론 나치당 재무국장의 감시를 받는다)로서 나치 의사회, 나치 법률가연맹, 나치 교사회, 나치 인민복지회, 나치 전쟁희생자보호회, 독일공무원연맹, 나치 기술자협회, 독일노동전선이 그에 속했다.

지 않고 일괄적인 지원 요청만을 했다.* 1935년 3월 29일 이후 나치당의 재정 지출(국가 보조금 포함)에 대한 심사권을 쥔 유일한 사람은 재무장관이나 감사원장이 아니라 나치당 재무국장이었다. 따라서 나치당은 재무행정에서 대단히 자율적이었다. 이는 나치당 재무국장이 중앙당에서 강력한 지위를 차지하게 된 이유이기도 했다. 그는 당의 재무 문제에서 중앙집권적 명령권을 보유한 유일한 인물이었고, 따라서 1935년 이후 재무 문제에서만큼은 개별 지구당의 독자적인 힘을 분쇄할 수 있었다.

당과 국가 통합법의 '정치적' 함축은 나치당에게 대단히 불리했다. 헤스와 룀을 무임소 장관으로 임명한 것이, 나치당과 돌격대에게 정부 입법과 관리 임명에 대한 발언권을 부여하는 조치이기는 했다. 그러나 그 두 사람에게는 그 어떤 행정적 시행 수단도 갖추어져 있지 않았다.

---

* 재무부과장 파울 슈미트-슈바르첸베르크의 1948년 6월 10일의 선서 증언에 따르면, 1933/34년에 돌격대 최고위 지도부는 "재무부에 계속해서 새로이 돈을 요구"하면서 "그에 대한 충분한 근거를 제시하지 않았고, 사용처를 알려달라고 해도 거부했기 때문에," "지속적으로 갈등"이 유발되었다. 1933/34년에 "나치당의 재정 문제"를 꿰뚫어본 나치당 재무국장 슈바르츠가 "자신의 대리인 이외에 그 어느 당 산하 기관도 재무장관과 협상하는 것"을 묵과하지 않겠다고 선언했지만, 정작 그 자신은 "나치당과 산하 기관의 회원 수, 구성, 업무, 장비 등에 대한 정보"를 제공하지 않았다. 그는 다만, "나치당과 그 산하 기관은 국가 업무를 수행하고 있으며, 특정 조치의 적법성과 경제성에 대한 심사는 자신의 소관이라고 답했을 뿐이다." 슈바르츠의 직속 당직자인 담존은 그래서 주로 구투사이자 나치당 고위인사로 당에 대한 많은 기밀을 알고 있었을 재무차관(라인하르트)과 협상했다. 슈미트-슈바르첸베르크는 회계연도 1934년과 1935년에 나치당과 산하 기관에 대한 정부의 연간 지원액(수용소, 친위대 경비대, 돌격대 군사훈련 비용, 오스트리아 외인부대 등의 특별 예산을 제외하고)이 약 5000만 라이히스마르크에 달했고, 1936년에는 7000만 마르크, 1937년에는 1억 마르크, 그다음 시기에는 (특히 당 건축, 당조직 확대, 나치당 경제, 법률, 노동, 문화 자문위원들 사무실 설치 등 때문에) 더욱 상승하였다고 보고했다(1938년에 1억 4500만 마르크, 1939년에 2억 4500만 마르크, 1940년에 2억 7000만 마르크, 1941년에 3억 2000만 마르크, 1942년에 4억 마르크, 1943년에 4억 5000만 마르크, 1944년에 5억 마르크). IfZ: ZS 511.

따라서 그 권리는 국가에 대한 나치 운동의 우위를 이끌어낼 수 없었다. 그 규정은 오히려 — 이것이야말로 프리크의 의도였다 — 국가에 대한 당의 영향력이 정부 부처를 통해서 행사되도록 유도하는 동시에, 그 두 사람을 관료제적 작동 방식에 묶어두는 수단이었다. 당직자들의 직급을 가시적으로 높이고 당을 위로하는 온갖 조치에도 불구하고, 그 법은 당과 국가의 "분리 불가능한" 결합을 창출하기는커녕 권위적이고 중앙집권적인 국가를 위한 장치였다. 당시의 상황에 비추어볼 때 그 법의 기능은 나치당 혁명을 정지시키는 데 있었다. 법이 공포되고 며칠이 지난 시점(1933년 11월 8일)에 괴벨스가 베를린 스포츠궁전에서 나치 운동은 "언제나 총체적인 국가를 향하여 노력해왔다"고 선언했던 것은 우연이 아니다.[30]

그 국면의 히틀러는 당을 국가에 확실하게 종속시키고 — 아래로부터 역동성을 발휘하는 것이 아니라 — 선전과 조직 활동을 통하여 국가권력과 정부 정책을 지원하고 보충하는, 그리고 절대적인 지도자에게 순종하는 대중 기관으로 나치당을 변모시키는 것이야말로 "당과 국가의 통합"이라고 이해하고 있었다. 이는 히틀러가 1934년 2월 2일에 베를린에 모인 지구당 위원장들에게 행한 연설에서 특히 두드러졌다. 서명이 없는(보어만이 작성한 것으로 보이는) 연설 초록은 다음과 같았다.[31]

"지도자는 당의 주요 과제를 다음과 같이 강조했다.
1. 정부가 계획하고 있는 조치를 받아들이도록 인민을 준비시키는 것.
2. 정부가 지시한 조치가 인민 속에 관철되도록 돕는 것.
3. 정부를 모든 수단을 다하여 돕는 것.

지도자는 또한 혁명이 아직 끝나지 않았다고 주장하는 사람들은 멍청이라고 지적했다. …… 우리에게 필요한 것은 민족사회주의 사상을 즉각 실현시켜줄 모든 분야의 행정기구들이다. 우리는 더 이상 행정기구의 소화 능력을 넘어서는 명령과 계획을 하달하고 논의하지 말아야 한다. …… 시급한 일은 정부의 조치를 관철시킬 능력과 맹목적인 충성심을 갖춘 사람을 육성하는 것이다. 당은 독일의 미래에 안정성을 가져다주는 기사단이다. 안정성을 확보하는 일은 군주정이 할 수 있는 것이 아니다. 첫번째 지도자는 운명에 의하여 선택되었다. 두번째 지도자는 애초부터 충성스런 서약공동체를 보유한 채 출발할 수 있어야 된다. 종파적인 자기 세력을 가진 자가 선발되는 일이 발생해서는 결코 안 된다. ……

우리는 우리끼리 싸워서는 안 된다. 우리 내부의 차이를 외부인들에게 드러내는 일이 벌어져서는 절대로 안 된다. …… 어떤 잘못된 결정이 내려지고 그 결과가 나타나더라도, 그 역시 절대적인 내부 결속을 통해서 상쇄시켜야 한다. …… 그러므로 과도한 토론을 하지 말라! 지도부 내부에서 분명한 해법을 갖지 못한 문제를 공개적으로 논의하는 일도 없어야 한다. 그것은 결정을 인민 대중에게 미루는 행위다. 그것은 민주주의가 저지르는 가소로운 미친 짓이다. 사람은 그런 식으로 지도력의 가치를 갉아먹는 법이다. 결정은 결정을 내려야 하는 사람이 내리고, 나머지는 모두 그 결정을 지지해야 한다. ……

더불어, 우리는 언제나 오직 '하나의' 싸움만을 해야 한다. 우리는 하나의 싸움이 끝난 뒤에야 다른 싸움을 시작해야 한다. '적이 많으면 명예도 많다'는 잘못된 금언이다. '적이 많으면 우둔함도 많다'여야 한다. 인민은 열두 개의 싸움을 동시에 치를 수도 이해할 수도 없다. 우리는 인민을 언제나 단 '하나의' 생각으로 채우고, 단 '하나의' 생각에 집중시켜야 한다. 특히 대외정책 문제에 대해서는 인민 전체를 맞춰시키고, 그렇게 일체화된 지지를 확보해야 한다. 우리는 민족 전체를 스포츠 정신과 스포츠인의 정열로 무장시켜 대외정책 투쟁에 관심을 집중시키도록 유도해야 한다. 민족 전체가 투쟁에 참여하면, 실패해도 민족이 실패하는 것이다. 그들이 관심을 잃으면, 실패하는 것은 지도부다. 민족 전체가 관심을 쏟으면 민족의 분노는 적에게 집중되고, 민족이 관심을 갖지 않으면 분노가 지도자에게 집중된다."

나치당에 대한 히틀러의 생각을 위 연설보다 더 명쾌하게 정식화할 수는 없을 것이다. 히틀러에게 나치당은 대중 선전을 통하여 지도자권력을 강화할 뿐인, 지도자권력에 "맹목적으로" 예속된 기관이었다. 그 연설은 특히 나치의 전체주의적 선전의 본질이 (이는 명료한 이데올로기와 강령의 결여에서 비롯된 것이기도 한데) 합리적인 정치 교육이 아니라 "마취"와 "스포츠인의 정열"에 있었다는 점을 적나라하게 드러낸다. 당에 전달한 행동 지침, 즉 언제나 그때그때 단 '하나의' 투쟁에 집중하라는 그 지침은 대외정책에서만이 아니라, 몇 달 지나지 않아서 대내정책에서도 마키아벨리적인 거장의 솜씨로 실천되었다.

5. 돌격대의 거세

늦어도 1934년 3월 이후 히틀러는 우호적인 방법으로 돌격대 지도부가 권력정치적 야망을 포기하도록 하려는 노력을 중단했다. 히틀러는 이제 폭력적인 대결을 향해 움직였다. 1934년 6월 30일에 유혈의 작전이 펼쳐지기 전 몇 달 동안 나치당과 정부는 체계적으로 돌격대를 고립시키고 마녀화했다. 게다가 돌격대 지도부의 오만하고 무례한 행동거지가 좋은 핑계가 되어주었다. 베를린의 괴링과 괴벨스는 논외로 하면, 친위대와 군부가 히틀러의 동맹자였다.

히틀러는 제국주총감, 지구당 위원장, 헤스, 그리고 개별 장관들을 내세워서 돌격대의 야망에 제동을 걸 뿐, 자신은 언제나 배후에 머물렀다.* 그가 돌격대에 독자적인 명령을 내리는 일도 없었다.** 히틀러가 행동을 결심한 1933/34년 겨울과 봄에 힘러와 하이드리히는 바이에른에서부터 시작하여 전국 모든 주의 정치경찰을 장악했다. 특히 1934년 4월에 괴링의 수하인 딜스가 프로이센 게슈타포 국장직에서 물러난 뒤 그 자리를 힘러가 차지했다. 친위대장 힘러는 명목상으로는 괴링의 대리직인 게슈타포 "감찰관"이란 칭호만을 가졌지만, 프로이센 정치경찰의 실제 명령권자는 그였다. 힘러는 게슈타포 국장실 실장에 하이드리히를 임명했다.³²

나치당의 산하 기관인 친위대의 수장이 정치경찰이라는 정부기관의

---

* 헤스는 1934년 1월 22일『민족의 파수꾼』에 다음과 같이 썼다. "돌격대와 여타의 부분 기관들이 독자적으로 존립할 필요성은 전혀 없다. …… 그런 기관들이 당 전체의 목적에 앞서 이기적인 욕심을 추구하는 것은 전체를 손상시킨다. 지도자가 그런 행위를 승인하는 일은 결코 없을 것이다." 재무장관 슈베린-크로지크는 1952년 8월 7일, 룀이 돌격대의 무장과 확대에 필요하다고 요구하는 돈(매월 3000만 라이히스마르크)을 거부하라고 히틀러가 자신에게 거듭해서 지시했다고 증언했다. 룀 면전에서 재정 지원을 거부하지 않았던 히틀러는 슈베린-크로지크에게 중앙의 재정난을 핑계로 대라고 조언하기도 했다. IfZ: ZS 145.
** 날짜 미상이긴 하지만 1934년 4월이나 5월에 작성된 것으로 보이는 메모에서, 제국주총감 에프는 "권위적인 법치국가의 확립"이야말로 "대내적인 회복의 전제"라고 강조하면서, 혁명을 종결짓기 위하여 제국내무장관이 제국주총감들에게 하달한 1933년 7월 10일의 명령이 "기대했던 성과를 거두지 못한 이유"는 무엇보다도, "그 명령에 예고되었던 (히틀러의) 지시가 돌격대에 전달되지 않았기 때문"이라고 설명했다.

기관장이 된 것은, (주의 주권이 해체된 이후) 행정권과 집행권을 일원화하던 당대의 일반적인 흐름에 부합하는 것이기는 했다. 그러나 우리는 정치경찰이 상급 기관인 내무장관이 아니라 힘러에게 접수되어 정치경찰의 활동(예컨대 예방구금)을 통일시키려던 내무장관의 노력이 봉쇄되었다는 점에 주목해야 한다. 그리고 힘러는 모든 주의 경찰권을 "중앙화"하는 것이 아니라 그것들을 덧붙이는 방식으로 자신의 권력을 확대해갔다. 이는 힘러의 직함이 늘어간 것(바이에른 정치경찰 사령관, 프로이센 게슈타포 감찰관, 그리고 바덴, 뷔르템베르크, 브라운슈바이크, 헤센, 작센, 튀링겐 등의 정치경찰 사령관)으로도 나타났다. 힘러가 독일경찰청장에 임명되는 1936년까지 정치경찰이란 '중앙' 기관은 없었다. 있었던 것은 각 주州에 존재하면서 힘러의 개인적인 명령에 종속된 주 정치경찰이었다. 그리고 힘러가 베를린에 있었기에 그 기관들은 이제 프로이센 정치경찰의 명칭인 게슈타포로 불렸다. 조직 차원에서 보자면, 정치경찰은 통일적인 국가행정에 통합되었다기보다 내무행정으로부터 분리되었다. 다시 말해서 친위대는 1933년 3월에 바이에른에서 처음으로 그랬듯이, 정치경찰을 혁명적으로 전유함으로써 그 기관을 제도적으로 독립시킨 것이다. 하이드리히 역시 게슈타포 직책과 친위대 보안국 직책을 한 손에 장악함으로써 국가기관인 정치경찰과 나치당 기관인 보안국SD을 결합시켰다.

히틀러가 정치경찰을 내무부 관리들, 즉 관료제적인 국가행정의 규칙에 묶어두지 않은 것은, 체제에 불가결한 권력기관을 자신이 직접 행사하거나 그에게 사적인 충성을 바치는 예종적인 수하(힘러)에게 맡기려 하였기 때문이다. 사적인 지도자-추종자 관계가 권력기관의 구조적 요소가 된 것이야말로 당과 국가의 외부에 존재하는 "지도자권력"

이 현실화된 모습이라고 할 것인데, 나치즘의 그 특징적인 작동 방식이 바로 정치경찰에서 가장 뚜렷하게 나타난 것이다.³³ 그러나 이 시기(1934년 봄)에 나치 지도부는 당의 특수 권력에 대하여 중앙정부의 권위를 강화하는 중이었다. 상황이 그러했음에도 불구하고 나치당의 산하 기관인 친위대가 그토록 신속하고 효과적으로 정치경찰을 장악하고 일반 행정으로부터 독립시킨 것은, 그들에게 구체적인 목표가 있었기 때문이다. 돌격대의 거세가 바로 그것이다.

1934년 봄에 돌격대에 대한 마녀사냥식 공격이 가해진 배경은 아직 상세하게 연구되지 않고 있다. 그러나 분명한 것은, 돌격대 내부의 정보를 캐내고 그것을 교묘히 퍼뜨림으로써 돌격대에 대한 적대감을 확산시킨 인물이 다름 아닌 힘러와 하이드리히였다는 사실, 그리고 1934년 6월 30일에 벌어진 나치판 바르톨로메오의 밤의 집행자 역시 무장 친위 부대였다는 사실, 그리고 돌격대 숙청에서 가장 큰 이득을 본 세력 또한 그들이었다는 점이다. 추후 제3제국의 전개에 치명적인 영향을 미치게 되는 사항으로서, 그 작전에서 군대와 친위대가 긴밀하게 협력했다는 점 역시 주목해야 할 사항이다.

군부와 룀의 입장 차이는 1934년 초에 너무도 분명해졌다. 군부는 군대의 명령권에 철저하게 예속된 자유군단으로서만 돌격대를 받아들이려 했고, 룀은 군대라는 "회색빛 바위"를 돌격대라는 "갈색의 노도怒濤"로 침몰시킬 작정이었다.³⁴ 히틀러는 군대 편이었다. 돌격대 지휘관들은 대부분 군 장교들을 반동적이고 비정치적인 존재로 경멸하면서 그들의 명령권에 코웃음을 쳤고, 군 장교들과 돌격대 지휘관들 사이의 몸싸움도 이곳저곳에서 벌어졌다. 그런 상황에서 돌격대가 군사 훈련을 강화하자 군대의 불신이 더욱 커졌다. 1934년 봄에 군부의 주요 인사들(특히 국방부 정무국장 폰 라이헤나우)은 돌격대와의 갈등을 어떻게든 정치적으로 해소하기보다 폭력적으로 처리하는 쪽으로 방향을 잡았다.

결국 히틀러가 1934년 6월에 뮌헨과 바트비스제에 집결해 있던 돌격대 지도부에 대한 공격 명령을 내렸다. 친위대 경호대(제프 디트리히 휘하의 "아돌프 히틀러 경호대") 등의 친위 부대가 뮌헨으로 출동했다. 그들에게 무기와 차량을 제공한 것은 군대였다. 게다가 군대는 돌격대가 친위 부대에게 예상보다 강력히 저항할 경우 직접 개입할 예정이었다. 국방장관 블롬베르크와 정무국장 라이헤나우는 물론, 육군 총사령관 폰 프리치 장군과 참모총장 루트비히 베크 중장(1944년 7월 20일에 벌어진 히틀러 암살 음모의 수장)을 비롯한 주요 군 지휘관들도 작전(암살이라는 내용은 몰랐어도 작전 자체만은)을 인지하였고 적극 지지했다. 역사가들 중에는 돌격대와 군부 간의 대립이 "군대의 지원 없이" 히틀러, 힘러, 괴링 등에 의해서 폭력적으로 해결되었다고 주장하는 사람도 있으나, 그 해석은 문서 증거로 판단할 때 근거가 부족하다.[35]

1934년 6월 30일 룀을 비롯한 10여 명의 돌격대 수뇌들이 뮌헨의 슈타델하임 감옥과 다하우 수용소에서 친위대의 총에 사살되었고, 그날부터 며칠 동안 베를린과 브레슬라우 등지에서 유사한 일이 발생했다. 여기서 그 과정의 세부 사항을 묘사할 필요는 없을 것이다. 피살자가 수백 명에 달한 것은 분명하지만, 정확한 수는 아직 밝혀지지 않고 있다. 그러나 분명히 해야 할 것은, 룀과 그의 측근들 및 과거의 "배신자"(그레고어 슈트라서)가 제거되고 구원舊怨이 있는 돌격대 지역 지휘관들이 처리되고 있던 그 시각에, 히틀러의 과거 정적들(폰 카프, 폰 슐라이허)과 지난 몇달 몇주 동안 히틀러를 비판했던 부르주아 및 보수 진영의 유명 인사들(에트가어 융, 에리히 클라우제너) 역시 살해되었다는 사실이다.

보수 세력은 권력 지향적인 룀이 제거됨으로써 그들의 가장 위험한 정적이 없어졌다고 믿었다. 그러나 히틀러의 작전이 비판적 우익 세력도 함께 짓밟았다는 사실(파펜은 부총리직을 잃고 추후 특별외교사절로 빈에서 근무하게 된다)은, "국가를 견지하는" 보수 세력의 승리가 장기적으로는 피루스의 승리에 불과하였다는 점을 보여준다. 유혈의 선제적 예방 공격에 무너진 돌격대는 룀의 후임자인 빅토르 루체의 휘하에서 그 엄청난 규모에도 불구하고 군사스포츠 단체로 전락하고, 그 후 권력 요소로서는 더 이상 별다른 역할을 수행하지 못하게 된다. 따라서 돌격대 숙청의 의미는 우선적으로 그리고 무엇보다도, 아래로부터의 당 혁명이 결정적으로 종식되었다는 데서 찾아야 한다. 이제부터, 즉 1934년 6월 30일 이후에야 비로소 프로이센과 바이에른 등의 돌격대 특무위원들이 해임되었고, 수용소의 운영과 통제권이 친위대로 넘어갔으며, 제국정부에서는 "총재대리"만이 나치 운동을 대표하게 되었다.

이제 드디어 독일이 "권위적인 국가"로 발전하는 길이 열린 듯이 보였다. 실제로 공적인 삶에서 자의적 행위가 크게 감소하였고, 법적 확실성이 뚜렷하게 회복되고 예외상태가 축소되었다(없어진 것은 물론 아니다!). 그로부터 1936/37년까지 히틀러국가는 나치 운동의 역동성 못지않게 보수적인 국가 세력과 보수적인 질서관에 의해 각인되었다. 게다가 나치당은 그 국면에 크게 관료화되었다.*

---

* 괴링은 1934년 8월 31일에 헤스에게 편지를 보내, 프로이센 도감독과 지구감독의 정세 보고서를 읽어보았는데, 여전히 좋지 않은 경제의 "분위기를 살리기 위해서는" 돌격대만이 아니라 나치당 기구에서도 "인민이 정당하게도 역겨워하는 부류들을" 숙청해야 된다고 강조했다.

히틀러는 그렇게 전복과 자의성의 온상이었던 일부 나치와 보수 세력 간의 갈등에서 의식적으로 보수 세력의 편을 들었다. 히틀러가 실제로 가장 유의했던 것은 대통령과 그 주변 인물들이었다. 그들이야말로 파펜과 군 지도부 못지않게 돌격대를 비판하고 있었다.* 게다가 힌덴부르크 대통령의 노환이 심각하여 1934년 봄과 초여름에 이미 대통령의 후임 문제가 제기되고 있었다. 히틀러가 대통령직(그와 함께 독일군에 대한 헌법적인 최고 명령권)을 무리 없이 승계하기 위해서는 군대의 지지가 필수적이었다. 군부가 대통령 주변 세력들과 긴밀히 연결되어 있었기 때문이다. 룀 숙청 5주일 뒤에 힌덴부르크가 사망하자 그 관계의 중요성은 더욱 커졌다.

룀의 숙청과 힌덴부르크의 사망은 지도자절대주의가 성립하게 된 이상적인 배경이었다. 1933/34년에 히틀러에 예종하지 않은 유일한 유의미한 세력이었던 돌격대가 정치적으로 거세된 터에 1934년 8월 2일에 제국대통령직까지 승계하자, 히틀러는 유일한 정당의 총재이자 중앙정부의 총리요 국가수반이 되었고, 그렇게 권력의 모든 휘장을 한 손에 쥐었다. 모든 군인과 공무원들(제국정부 장관 포함)은 이제 "독일 제국과 인민의 지도자" 아돌프 히틀러에게 사적인 충성을 선서해야 했다. 그들은 헌법이 아니라 히틀러 개인에게 선서를 했던 것이다. 사적인 선서가 이루어짐으로써 군주정이 복원된 듯이 보이기도 했다. 그러

BA: R 43 II/1263.

* 이는 이름을 밝히지 않은 한 고위 인사가 대통령에게 보낸 편지에서도 드러난다. 총리실에도 전달된 이 편지에는, 인민을 통합할 수 있는 유일한 길은 "지도자라는 명칭을 붙이기에 무가치하고 부적절한 인사들을 가차 없이 처단하는 것밖에 없습니다"라고 적혀 있다. BA: R 43 II/193.

나 지도자로서의 히틀러의 전권은 군주의 권한을 훨씬 능가했다. 지도자는 인민의 구세주이자 표명되지 않은 인민 의지의 표현 수단이자 구현이라는 주장은, 왕권신수설을 넘어서는 것이었다.

히틀러가 완벽한 지도자절대주의의 길을 가게 된 것은 그렇듯 아래로부터의 당 혁명을 중단시킨 덕분이었다. 그런데 혁명의 중단은 과거부터 대단한 독립성을 누리고 있던 세력들(돌격대와 나치당 지구당 위원장)을 거세하거나 억제하는 것으로 완성될 수 없었다. 혁명의 중단은 그동안 수많은 당원들을 이념적으로 통합시키고 그들에게 희망을 주던, 혁신을 지향하는(아무리 유토피아적인 것이라고 할지라도) 강령과 충동들이 기각棄却되는 과정이기도 했다. 민족적 사회주의자들, 신분국가 지지자들, 중간신분주의자들, 제국개혁 추진자들의 좌절과 돌격대의 숙청이 같은 시기에 발생한 것은 우연이 아니다. 나치 구투사들 일부는 혁명의 중단을 나치당의 "이상理想"에 대한 히틀러의 배신으로 받아들였다. 그러나 그 배신은 그 "이상"의 특성에 따라 나치 운동의 탈교조주의화를 의미할 수도 있었고, 실천 영역과 "권력 운영"에서 스스로를 관철시키지 못한 이데올로그, 광신자, 다혈질적인 인물들의 탈락을 의미할 수도 있었다. 특히 히틀러는 권력 장악의 과정을 나치 운동의 적출 과정, 다시 말해서 히틀러 자신이 누구와, 어느 쪽으로, 어디까지 함께 갈 것이냐는 문제가 해결되는 과정으로 이해했다. 이런 면에서 히틀러에게 중요했던 것은, 1933/34년에 나치당이 정부에 압박을 가함으로써 정부 정책이 좌절되기도 하고 정부가 곤혹스러운 상황에 처하기도 했다는 사실이다. 우리는 그 대표적인 예를 외교정책과 교회정책에서 찾아볼 수 있다.

6. 혁명적 외교의 실패

나치 정부는 국내정치적으로 1934년 여름까지 여러모로 불안정했다. 사실 대외정치적 상황도 국내정치만큼이나 불안정했다. 대외 부채의 지불 중단이나 지불 제한 등 히틀러 정부가 발표한 부적절한 선언들은 논외로 하더라도, 1933년 초에 외국, 특히 서구 민주주의 국가들의 독일에 대한 태도가 재앙에 가까운 수준으로 악화되었다. 이는 독일 정부의 공식적인 외교정책에도 직간접적인 영향을 미쳤다. 원인은 무엇보다도 국내에서 벌어진 사건들이었다. 유대인, 공산주의자, 사민주의자, 민주주의자에 대한 테러적인 마녀사냥, 대량 체포, 폭력, 수용소 수감, 유대인 상점의 보이콧, 나치판 분서갱유, 정치범과 유대인들의 독일 탈출(1933년 여름까지 독일에서 도망친 사람이 5만여 명에 달했다)[36] 등은 외국의 여러 나라들에게 엄청난 충격을 주었다. 그런 일들이 하필이면 유럽 중앙의 문명화된 나라에서 벌어졌고, 그 나라에서 권력을 장악한 민족주의적인 광신과 비합리주의가 이웃한 나라들에게 심각한 위협이 될 수도 있기 때문이었다.

히틀러는 외국의 그러한 "악선전"에 대응하느라 부심했다. 몇 번의 연설에서 그가 독일의 새로운 민족 정부는 평화를 추구한다고 누누이 강조한 것(1933년 5월 17일의 제국의회 연설은 특히 인상적이었다)도 그랬고, 우호적인 외국 언론 대표를 선별하여 인터뷰한 것도 그랬다. 히틀러는 특히 보수적인 런던의 일간지 『데일리 메일』의 특파원 워드 프라이스와 몇 차례나 인터뷰를 했는데, 그 신문사의 사주社主 로더미어 경은 영국의 몇 안 되는 히틀러 지지자였다. 로더미어는 나치 독일에 대한 영국의 여론을 반전시키기 위하여 히틀러와 인터뷰를 주선하기도 했고, 인터뷰에서 다룰 주제를 제안하기도 했다.*

그렇듯 히틀러가 말로 외국을 안심시키려고 노력하고 있던 시기에, 나치즘의 과격성과 공격성을 만천하에 드러내는 발언들과 행동들이 돌출했다. 제3제국 초기의 대외정책적 목표에는 일관성이 결여되어 있었을 뿐만 아니라, 외교적 딜레마들조차 나치 스스로 유발한 것들뿐이었다. 이는 국내의 권력관계와 역할 분담이 명료하지 못했고, 정부의 공식적인 정책과 나치당의 정책이 때때로 적대적으로 병존하고 있었기 때문이다. 히틀러 역시 확신이 없었고, 태도도 불투명했다. 추후 자신만만한 히틀러와 달리 이 시기의 히틀러는, 당과 국가의 여러 세력들을 능숙하게 조종하거나 다양한 대외정책 노선들을 자유자재로 이용하고 조작하지 못하고 있었다. 히틀러는 국제정치를 규정하던 여러 요인들을 모두 고려해야 하는 처지였다. 대외정책에서 히틀러가 주도권을 행사하는 시기는 느리게 다가왔다.

---

* 1933년 10월, 1934년 2월 중순, 1934년 6월 초에 워드 프라이스가 히틀러와 인터뷰하게 된 과정과 그 내용을 보여주는 자료는 BA: R 43 II/474에 있다. 그 인터뷰가 히틀러 정부를 무해한 것으로 보이도록 의도적으로 노력한 기법의 예는, 1934년 1월 26일의 독일·폴란드 불가침 조약 체결 이후 3주일이 지난 시점인 1934년 2월 16일 인터뷰에서 잘 나타난다. 프라이스는 다음과 같이 적었다. "나는 총리에게 폴란드와의 평화조약은 외부 세계에게 놀라운 일이었으며, 일부는 그것을 독일과 폴란드가 러시아를 협공하여 영토를 빼앗기 위한 발판으로 해석하고 있다고 말했다." 프라이스는 히틀러의 반응을, "그는 믿을 수 없다는 듯이 웃었다. '뭐라고요? 우리가 러시아로부터 영토를 빼앗으려 한다고? 말도 안 되는 일이지요.'"라고 기록했다. 그러면서도 그는, 그렇다면 『나의 투쟁』에 나오는 정반대의 주장은 어떻게 보아야 할 것인지, 그 당연한 질문은 던지지 않았다. 그 대신 프라이스는 영국의 독자들을 안심시키려 했다. "나는 나 자신의 설명을 덧붙이고자 한다. 히틀러 씨는 10년 전에 쓴 『나의 투쟁』에서 러시아의 땅을 얻어 미래의 독일인 정착자들에게 제공하자고 제안했지만, 그 후 독일에서 두드러지게 나타난 출산율 저하 현상이 인구 증가에 제동을 걸었고, 그에 따라 영토 확대는 더 이상 긴박한 문제가 될 수 없었다."

총리 히틀러는 외무부를 독일민족주의 계열의 직업외교관인 폰 노이라트 남작에게 맡겼다. 연정 협상에서 히틀러는 나치당을 외교에서 배제하겠다고 약속했다. 실제로 외무부는 (경제정책에서의 후겐베르크처럼) 기존의 외교노선을 별반 변경하지 않았다. 그러나 나치당은 독자적인 입장에서 외무부의 공식 노선에 개입하고자 했고, 히틀러 역시 외교 문제에서는 제국정부 총리로서의 역할보다 나치당 총재로서의 역할에 충실하려 했다.

히틀러는 1933년 4월 1일에 나치당에 대외정책국을 설치하고, 그 자리에 그동안 그에게 외교관계에 대한 자문을 해주었던 나치의 '공식' 이데올로그 알프레트 로젠베르크를 앉혔다. 로젠베르크는 히틀러의 반볼셰비키적인 입장을 강화하는 한편 영국 및 이탈리아와 반공주의 협력 관계를 구축하라고 조언했다. 대외정책국이 설치되자 로젠베르크는 스스로를 일종의 대항외무부장관으로 인식했다. 그는 외국의 파쇼 및 반反파쇼 정당 및 집단들과 접촉하는 한편 독일을 찾아온 반공주의 망명객들과 연계하는 등, 독일의 대외정책을 나치당 고유의 이데올로기적 색깔로 물들이려고 노력했다. 1933년 5월에는 히틀러의 전폭적인 지지를 받아 영국을 방문했다. 그곳에서 로젠베르크는 영국인 이념 동지들의 지원 속에서 만나는 사람들에게 이데올로기적인 설득을 시도했다. 그러나 영국 여론과 영국 정부의 반反나치 분위기를 반전시키고자 했던 로젠베르크는 망신만 당했다.*

---

* 로젠베르크의 영국 방문에 대한 영국 언론과 하원의 분노가 너무도 커서, 맥도널드 총리는 로젠베르크의 예방을 거부했다. 그러자 주영 독일 대사 폰 회슈는 아주 만족한 듯이, 로젠베르크의 영국 방문이 극히 모양 사납게 전개되었으며 "이곳의 분위기를 전혀 개선시키지 못했다"고 독일 외무부에 보고했다(Documents on German Foreign Policy, Serie C, vol. I, Nr. 237).

그러나 로젠베르크의 대외정책국은 존속했고, 때때로 거대 정치에 개입하기도 했다. 그러나 로젠베르크는 결코 외무부에 대한 대항 세력이 되지 못했다. 로젠베르크가 1934년에 쓴 일기는 그의 위치가 얼마나 취약했는지 잘 보여준다.[37] 로젠베르크는 그럴수록 주어진 모든 기회를 이용하여 외무부를 "음모 파당"으로 낙인찍고 외무부에 대한 히틀러의 적대감을 강화하려 했다. 그러나 그가 외무부장관 폰 노이라트의 후임이 될 가능성은 1934년에 이미 전무했다. 그 역할은 오히려 세련된 무역상인인 요아힘 폰 리벤트로프에게 돌아갔다. 리벤트로프는 나치가 집권하기 얼마 전에 나치당에 입당했지만, 폭넓은 국내외적인 인맥으로 히틀러에게 강한 인상을 준 인물이다. 그 덕분에 그는 1933/34년에 영국과의 협력 관계를 구축하는 임무를 맡았고, 이를 위해서 그는 1934년에 베를린에 "리벤트로프 특무위원실"을 설치했다. 이 기관의 재정은 나치 중앙당이 맡았고, 히틀러는 1934년 4월에 리벤트로프를 군축문제 특별 대사에 임명했다. 1935년에 그는 주영駐英 대사가 되었다.

나치당의 부적절한 처신으로 인하여 독일 외교가 크나큰 손실을 입은 정책 영역은, 정작 나치당이 자신들의 고유 영역으로 간주하여왔고 또 신속한 성공을 기대했던 오스트리아 정책, 그리고 독일과 이웃한 지역에 살고 있던 재외독일인들과의 관계 문제였다. 이 지역들은 나치당의 공식 하부 조직이나 나치당의 영향하에 있는 민족사회주의 "개혁

나치당 고위 인사들이 외교관계에 어긋나는 처신으로 도마에 오른 경우는 빈번했다. 나치당 제국지도부에 속해 있던 바이에른 법무장관 한스 프랑크가 오스트리아를 방문했을 때도 마찬가지였다(Aufzeichnung des Leiters der Pol. Abt. II im Auswärtigen Amtes, Min.-Dir. Köpke vom 19. 5. 1933, DGFP, Serie C, vol. I, Nr. 249).

운동"이 활동하고 있던 곳이었다. 나치가 집권을 하자 그들도 자기 지역에서 지배권을 장악하기 위해 움직였다. 히틀러가 보기에도, 그리고 나치당의 판단으로도, 그곳은 국가와 국가 사이의 관계라는 의미에서의 외교정책이 적용될 대상이 아니었다. 그 지역은 민족사회주의 이데올로기를 관철시킨다는 의미에서의 정책적 대상이었고, 따라서 나치의 권력을 확대하거나 독일에 '일체화'시켜야 할 지역이었다.

그 지역들 중에서 독립적인 국가가 존재하거나 자치권이 인정된 곳(오스트리아, 자르, 단치히, 메멜)에서는, 그곳 나치가 내부로부터 권력을 장악하는 것이 유리해 보였다. 그러나 그 전략은 가장 중요한 지역에서 실패하고 말았다. 오직 단치히 자유시에서만 지구당 위원장 알베르트 포르스터가 이끄는 나치당이 1933년 5월 28일 선거에서 (1933년 3월 5일 독일 선거에서 동프로이센 나치가 그랬던 것처럼!) 51퍼센트를 득표하여 의회의 절대 다수를 차지했고, 그로써 합법적으로 시정부를 장악했다(헤르만 라우슈닝이 시장이 되었다. 1934년 가을에 그는 아르투어 그라이저로 교체된다). 단치히 나치당만큼 강력하지 못했던 자르 지역의 나치당은 조심스럽게 움직여야 했다. 1935년 2월로 예정된 주민투표를 위해서는 독일과 자르의 통합에 찬성하는 정당들과의 연대를 깨뜨리지 않아야 했다. 그래서 나치당 자르 전권위원인 라인팔츠 지구당 위원장 요제프 뷔르켈은 1933년 7월에 "독일전선"을 구축하는 것으로 만족했다. 독일전선에는 가톨릭중앙당에서 나치당에 이르는 독일 부르주아 정당들이 모두 참여했고, 1935년까지 전선을 주도한 세력은 나치 외에 가톨릭 정치가들이었다.

나치의 집권 방식을 수출할 실험 무대는 오스트리아였다.[38] 당시 국제정치적인 사실관계들을 객관적으로 검토해본 사람이라면, 주변국들 중에 오스트리아 나치당의 집권을 독일과 오스트리아의 합병으로 간주하고 그에 결단코 반대하는 나라들이 존재하고 있다는 것을 알 수 있었을 것이다. 특히 오스트리아의 이웃 나라인 이탈리아의 파쇼 정부가 그랬다. 상황이 그랬음에도 불구하고, 히틀러는 1933년 6월까지 독일 나치당이 나치 오스트리아 지구당을 부추기는 것을 전폭적으로 지지했다. 그들은 프로이센 이외의 독일 지역에서처럼 오스트리아에서도 신속하게 권력을 장악할 수 있을 것이라고 확신했다. 그리하여 오스트리아 나치는 히틀러가 1931년에 파견한 테오 하비히트의 지휘하에서 슈타이어 민병대와 대독일주의자들의 동맹을 구축하여 대중 기반을 확충했고,* 이를 토대로 하여 대중적 분위기 조성과 선전 공세에 돌입했다.

당시 엥겔베르트 돌푸스 총리 휘하의 오스트리아 정부는 강력한 반사회주의 노선을 추구하고 있었고, 기독교사회당과 반半파쇼적인 자유군단에 기반하고 있었다. 나치의 공세와 도발에 직면하자 돌푸스는 대통령 긴급명령권에 입각한 대통령내각으로 이행했다. 당시의 오스트리아 역시 의회의 다수파 형성이 불가능했던 것이다. 다시 말해서 당시 오스트리아는 1932년 파펜과 슐라이허 총리 시절의 독일과 유사한 상황에 놓여 있었다. 정치적 성향만으로 보자면 돌푸스는 히틀러의 적절한 파트너였다. 이 점은 무솔리니의 파쇼 정부와 헝가리의 굄베슈 우익 정부에게도 중요했다. 따라서 그들이 공동의 우익동맹을 맺는 것도 생각해볼 만했다. 그러나 오스트리아 나치당은 돌푸스 정부를 쓰러뜨

---

* (옮긴이) 1차 대전 직후 오스트리아에는 지방마다 정치적으로 우익에 속하되 특정 정당에 소속되지는 않은 "민병대Heimwehr"라는 준군사 단체들이 출현했다. 슈타이어 민병대는 슈타이어마르크 지방의 민병대로, 1933년 4월에 오스트리아 나치당과 동맹을 맺었고, 1934년 5월에 나치당에 단체 입당했다.

리기 위한 작전에 돌입했다. 흥미롭게도 그들은 독일 나치당의 집권 전술, 즉 기존 정부가 인민의 의지를 반영하지 못하기 때문에 새로운 선거를 실시해야 된다는 주장을 내세웠다. 히틀러 역시 1933년 3월에 이미 그 전략에 동의했다.

이 과정에서 '독일'의 오스트리아 정책은 '나치당'의 정책 기조에 끌려들어갔다. 그리고 양국 나치의 최고지도자는 히틀러이고, 그는 독일 정부의 총리였기에, 오스트리아 나치가 돌푸스에게 제기한 요구에 무게가 실릴 수밖에 없었다. 돌푸스가 나치의 요구를 거부하자, 오스트리아 나치와 돌격대는 선전전과 테러를 강화했고, 히틀러는 오스트리아에 대한 외교적 보이콧(예컨대 오스트리아로 여행하려는 독일인은 1000마르크의 수수료를 납부해야 했다)으로 이를 뒷받침했다. 독일의 외무부는 그러한 압박과 전복 전술이 심각한 대외정책적인 위험성을 내포하고 있다는 점을 인식하고 있었다. 그러나 외무부는 그 점에 대하여 조심스럽게 주의를 환기시키는 것 이상으로 나아가지 않았다. 소극적인 외무부는 결국 오스트리아 정책 결정 과정에서 배제되었다. 1933년 여름까지 히틀러의 오스트리아 정책은 테오 하비히트에 의해서만 대표되었다.

1933년 6월과 7월, 독일과 오스트리아의 갈등이 첨예해지고 국제정치적 분위기가 독일에 극히 부정적인 방향으로 반전되었다. 1933년 6월 초에 나치당의 압박과 소요는 위험 수위에 도달했다. 주요 정치인에 대한 암살 기도도 있었다. 그러자 돌푸스 내각은 이탈리아 정부의 엄호 속에서 하비히트를 추방하고 오스트리아 나치 수뇌들을 체포했다. 돌푸스는 돌격대에 해산 명령을 내렸고, 나치당의 활동도 금지했다(1933년 6월 19일). 그러자 독일 정부는 독일 주재 오스트리아 공사관의 홍보과장을 체포하고 독일로 도피한 오스트리아 돌격대와 친위대 원들로 외인부대를 구성하여 오스트리아 국경에 배치했다. 뮌헨으로 자리를 옮긴 오스트리아 나치는 비행기를 오스트리아 영공에 불법으로 투입하여 전단을 뿌리고 라디오 방송을 통해 돌푸스 정부를 공격하는 등, 가열찬 선전전에 돌입했다.

독일의 그러한 대응은 이웃 나라들에게 경각심을 일으켰다. 이탈리아와 서구 국가들이 공식 개입할 가능성도 높았다. 1933년 7월 말 독일 주재 이탈리아 대사는 이탈리아가 군사적으로 개입할 수 있음을 의심할 여지 없이 분명하게 전달했다. 그러자 외무부장관 노이라트가 수동적인 자세에서 벗어나 단호한 태도를 취하기 시작했고, 히틀러는 이제 원하든 원치 않든 뒷걸음칠 수밖에 없었다. 하비히트는 침묵을 강요당했고, 외무부의 힘이 강화되었다. 나치당이 인정하든 안 하든, 나치 혁명을 오스트리아로 수출하려는 시도는 이미 실패로 돌아갔다.

같은 시기에 다른 나라에서도 비슷한 일들이 반복되었다. 체코의 주데텐 지역에도 나치 운동이 존재했다. 그리고 그들 "독일 민족사회주의 노동당"의 정치적 전망은 1933년 봄에 무척 밝았다. 그 지역 독일인 주민들이 주데텐 나치당으로 쇄도했기 때문이다. 그러나 체코 당국은 반국가행위 재판("인민스포츠 재판")*을 강행하였고, 그 직후인 1933년 10월 초에 주데텐 나치당을 금지해버렸다. 폴란드에서도 나치 외교는 실패했다. 독일 나치당이 폴란드에 거주하는 독일인들을 부추기는 선전과 활동을 전개하자, 1933년 3월과 4월 폴란드 정부는 프랑

---

* (옮긴이) 독일 민족사회주의 노동당이 나치당의 돌격대를 본떠 만든 조직이 "인민스포츠 동맹"이었다. 체코 정부는 그 조직이 체코 국가의 전복을 기도한다고 판단하여 지도부를 재판에 회부했다.

스와 함께 독일에 예방공격을 가해야 할지 진지하게 고려하고 있었다. 그들은 독일이 군사적으로 강화되기 전에 서둘러 공격해야 한다고 생각한 것이다.

국제회의에서도 나치 정부는 심각한 실패를 경험했다. 1933년 6월 런던에서 열린 세계경제회의에서 후겐베르크는 장관 자리를 내놓을 정도로 과도하게 처신했고, 1933년 5월과 6월에 국제연맹 상임이사회는 오버슐레지엔 유대인들에 대한 독일 정부의 박해가 오버슐레지엔 협정을 위반한 것인지 논의했다(베른하임 진정서).* 제네바에서 열린 국제노동회의에서 로베르트 라이는 회의장을 박차고 나올 정도로, 다른 나라 대표들로부터 격렬한 비난을 받았다.

1933년 6월과 7월, 독일의 외교적 고립은 더 악화될 수 없을 정도로 심각했다. 히틀러 역시 이를 의식하고 있었다. 그는 할 수 없이 외국의 반응을 신경 쓰지 않고 사면팔방으로 동시에 압박해가는 나치당에게 브레이크를 걸고 대외정책에 우선순위를 정했다. 나치당의 이데올로기적인 '단기적인' 목표들과 오스트리아 문제가 후순위로 밀려났다. 그런 목표들은 나치 정부의 무능력으로 인하여 실현 불가능했다. 그 대신 장기적 목표에 필요한 조치들이 실시되었다. 1933년 초여름에 독일 정부는 폴란드와의 협상에 나섰고, 그 결과 1934년 1월 26일에 독일·폴

---

* (옮긴이) 히틀러 집권 이후 독일과 폴란드는, 1922년 국제연맹에 의하여 독일과 폴란드에 귀속된 서부 오버슐레지엔과 동부 오버슐레지엔에 거주하는 타종족 주민을 차별하지 않는다는 협정을 체결했다. 그런 상태에서 독일에 속하는 서부 오버슐레지엔에서 유대인에 대한 차별 조치가 도입되고 폭력 사태가 발생하자, 오버슐레지엔에 거주하는 독일인인 프란츠 베른하임이 국제연맹에 진정서를 제출하여 독일 정부로 하여금 차별금지 약속을 지키게 해달라고 호소했다. 국제연맹이 이를 받아들이자, 독일 정부는 오버슐레지엔 지방에 취해졌던 유대인에 대한 차별 조치들을 취소했다.

란드 불가침조약이 성사되었다. 1933년 여름까지 유지되었던 소련과의 전통적인 선린 정책도 포기되어, 독일군과 소련군 사이의 협력 관계가 중단되었다. 독일 정부는 특히 이탈리아와의 관계 개선에 역점을 두었다. 이를 위해 괴링은 1933년 11월 초에 무솔리니를 방문했다.

독일이 제네바 군축협상을 떠나고 이어서 국제연맹으로부터 탈퇴한 것(1933년 10월 14일)도 어떤 면에서 보면 나치당의 입장과 배치되는 것으로 평가할 수도 있다. 9월 말까지만 해도 그 결정을 피해보려고 했던 히틀러는, 나치당이 아닌 독일군 지도부와 논의한 끝에 입장을 변경했다. 히틀러는 국제적인 통제하에 각국의 군수軍需 수준을 단계적으로 접근시키자는 영국의 제의가 논의에 부쳐질 경우, 군수를 가속화하려는 나치 정부의 뜻이 폭로될 수도 있다고 생각했다. 어쨌거나 국제연맹을 탈퇴하기로 한 히틀러의 결정은 당시의 외교적인 상황에 비추어볼 때 대단히 모험적인 것이었고, 실제로 외국의 불신에 불을 지피는 행동이었다. 따라서 여타의 외교 문제에서 나치 정부는 더더욱 조심스럽고 온건하게 처신해야 했다.

이는 오스트리아 정책에서 두드러졌다. 하비히트는 오스트리아 나치를 오스트리아 정부에 참여시키기 위하여, 1933년 가을과 겨울에 돌푸스와 개인 면담을 추진했지만 실패했다. 1934년 1월 말 하비히트는 오스트리아 돌격대장과 함께 돌푸스 정부에 대한 투쟁을 선포했지만, 히틀러는 생각이 달랐다. 그러나 히틀러(그는 나치당과 돌격대가 다른 문제 때문에 자신의 정책노선에 강력히 반발하고 있다는 것을 알고 있었다)는 하비히트를 공공연하게 버리는 대신, 모든 가능성을 열어놓은 듯이 처신했다. 그러나 그러한 이중성은 무솔리니와의 관계에 부담이 되었다. 히틀러가 빈 정부에 대한 오스트리아 나치의 압력을 강력히 제지하지 않자, 무솔리니는 1934년 3월 17일 오스트리아 및 헝가리와 경제 자문조약(로마 프로토콜)*을 체결함으로써 응수했다. 이어서 무솔리니는 프랑스에 더 가까이 접근할 수도 있다고 위협했다. 베를린 정부는 뒷걸음쳤지만, 히틀러는 명쾌하게 행동하지 않았다. 결국 오스트리아 나치(하비히트)는 막다른 골목에 도달한 듯이 느꼈고, 그 질곡으로부터 벗어나기 위하여 그들은 "앞으로 도망"치는 선택을 했다.

히틀러가 베네치아에서 무솔리니를 개인적으로 만난 뒤인 1934년 6월, 이탈리아와 독일의 관계가 우여곡절 끝에 회복된 듯이 보였다. 그러나 오스트리아 나치는 그 만남을 돌푸스에 대한 이탈리아의 지원이 종식된 것으로 오해했다. 그들은 쿠데타 준비에 돌입했다. 그들은 새로운 인물이 돌푸스를 대체하여 오스트리아 총리가 되고, 그가 지휘하는 정부에 오스트리아 나치당이 참여하며, 그 과정에서 감투를 얻게 되기를 기대했다. 그러나 1934년 7월 24일에 감행된 쿠데타는 돌푸스를 살해하는 것으로 끝나버렸다.

돌푸스 살해는 독일 외교의 참사였다. 히틀러는 하비히트를 즉각 해임하고 쿠데타를 지지하지 않는다는 공식 입장을 발표했다. 그러나 그것으로 독일의 국제적 지위가 최악의 상태로 곤두박질치는 것을 막을 수는 없었다. 특히 이탈리아는 군대를 오스트리아 접경의 브레너로 급파함으로써 오스트리아의 독립을 수호하겠다는 의지를 만천하에 과시

---

* (옮긴이) 로마 프로토콜은 1934년 3월 17일에 이탈리아, 오스트리아, 헝가리가 체결한 경제협력조약으로서 목표는 다중적이었다. 한편으로 그것은 오스트리아에 대한 나치 독일의 압력을 막아내기 위한 것이었지만, 다른 한편으로는 남동부 유럽에 대한 프랑스의 영향력을 상쇄시키는 동시에 장기적으로 유고슬라비아의 분할까지 염두에 두고 있었다. 로마 프로토콜은 나치의 오스트리아 점령으로 무화되어버린다.

했다. 이탈리아와의 선린 관계가 파괴된다는 것은 프랑스의 대외적 입장이 강화된다는 것을 함축했다. 프랑스 외교는 그동안 독일이 국제연맹을 탈퇴하고 프랑스·폴란드 관계가 평가절하되자(독일·폴란드 불가침조약 때문에) 동유럽 "소삼국협상"(특히 프라하와의 동맹 관계 강화)을 강화하기 위해 노력해왔다.* 프랑스는 특히 나치 독일을 겨냥한 안보체제에 소련을 포함시키고자 했다. 1934년 9월 16일에 소련이 국제연맹에 가입한 것은 히틀러에게는 곤혹스럽기 짝이 없는, 프랑스 외교의 첫번째 승리였다.

나치 집권 1년 반 동안의 대외정책은 압도적으로 부정적이었다. 따라서 독일 외교에 수많은 손상을 입힌 나치당의 야심은 제지되어야 했다. 오스트리아 나치의 쿠데타는 실력 행사를 통하여 권력을 장악하는 독일 모델을 독일 외부의 독일인 거주 지역으로 수출하려는 시도를 끝장냈다. 하기야 오스트리아 나치의 쿠데타 열흘 전에 메멜 지역에서 상호 경쟁하면서 활동하고 있던 두 개의 나치당이 폭력 사태로 인하여 1934년 7월 13일에 금지되지 않았는가. 재외독일인 정책에서 나치당의 다양한 기구들이 누렸던 자유("나치당 대외기구" 포함)는 이제 부분적으로는 외무부에 의하여, 부분적으로는 즉흥적으로 구성된 조정위원회("재외독일인평의회," 1935년부터는 "재외독일인지원처")에 의하여 강력하게 억제되었다. 게다가 조정위원회는 나치당 당료들보다는 재외독일인 문제 "전문가들"로 구성되었다. 하비히트를 해임하고 파펜을

---

* (옮긴이) 소삼국협상이란 체코슬로바키아, 유고슬라비아, 루마니아가 1차 대전 직후 자국에게 영토를 할양해야 했던 헝가리와 오스트리아를 집단적으로 견제하기 위하여 1921년과 1922년에 체결한 협상이다. 소삼국협상은 프랑스의 지원을 받았는데, 프랑스는 그 세 나라와 폴란드를 묶어서 독일을 견제하려 했다.

빈으로 파견함으로써 오스트리아 정책을 안정시키려 한 데서도 확인되지만, 재외독일인과의 관계에서도 혁명적 대외정책의 실패는 국내의 권력구조에까지 영향을 미친 것이다.

7. 나치와 개신교

바티칸과의 정교협약은 히틀러가 1933년에 거둔 가장 중요한 성공에 속한다. 이를 통하여 히틀러는 가톨릭교회가 나치 정권에 대하여 긍정적인 태도를 견지하도록 만들었다. 그러나 양자의 관계는 급속히 냉각되었다. 나치 정부가 영혼 문제를 넘어서는 가톨릭교회의 활동들(특히 청소년 단체, 노동조합, 언론기관, "가톨릭신도의 참여"라는 속인 운동)을 방해하고, 그 조직들을 일체화하려 하거나 억압하였기 때문이다. 가톨릭과 나치의 대립은 개신교의 경우보다 훨씬 원칙적인 문제였다. 원민중적 이데올로기에 따르면 "로마의" 가톨릭주의는 유대인과 마르크스주의 다음가는 "북방-게르만적" 세계관의 적이었다. 이는 제3제국 전 기간에 걸쳐서 게슈타포와 친위대 보안국SD의 '적의 동태 감시 및 격퇴과諜'에 (유대인과 마르크스주의 담당자 외에) "정치적 가톨릭주의" 담당자가 있었다는 사실에서도 드러난다. 가톨릭교회와 달리 개신교는 이데올기적으로 근본적인 적敵으로 분류되지 않았다.

두 종파가 겪은 정치적 박해의 정도도 전혀 달랐다. 수백 명의 가톨릭 성직자들이 박해를 받았고, 그들 일부는 수용소에 보내지기도 했다. 그러나 수용소에 장기간 동안 수감된 개신교 성직자는 극소수였다. 기독교와 나치즘이 궁극적으로 합치 불가능하다는 점 외에, 나치는 가톨릭교회의 초민족적이고 보편적인 성격, 강력한 제도적 독립성, 성직자의 우월한 지위 등을 혐오했다. 흥미롭게도 히틀러국가의 한 축인 보수 세력(일반 행정, 사법부, 군대)은 나치의 가톨릭 성직자 재판, 가톨릭 학교의 폐쇄, 가톨릭 수도원 재산의 몰수 등의 억압 조치를 별로 비판하지 않았다. 나치당과 히틀러의 독일민족주의 및 보수주의 연립 파트너들(그들은 압도적으로 개신교도였다)은, 가톨릭교회의 존재와 그들이 행사하는 공적인 영향력을 부정적으로 바라본다는 면에서도 어느 정도 일치하고 있었던 것이다.

개신교와의 관계는 처음부터 달랐다. 개신교는 독일의 국가교회적인 전통 때문에도 정부와 군대(힌덴부르크 대통령 포함)의 프로이센·보수적 지도부에 강력한 토대를 구축하고 있었다. 나치당 역시 1933년에 개신교 진영으로부터 지속적인 호의는 물론 적극적인 추종까지 기대했다. 특히 1932년에 "게르만기독교 신앙운동"으로 결집한 다양한 개신교 성직자와 속인 집단들이 그러했다. 게르만기독교는 1932년 11월에 치러진 프로이센 개신교 노회老會 선거에서 교구교회 대의원석과 노회 대의원석의 약 1/3을 차지했다.* 목사이자 나치 당원 요아힘 호센펠더가 이끌던 "게르만기독교"는 간단히 말해서 독일 개신교의 나치 분파였다. 그들은 (나치즘의 모든 하부 조직과 운동이 그러하듯) 나치 집권으로 그들의 구상이 실현되기를 기대했다. 그들은 교회를 혁신하여 게

---

* (옮긴이) 독일 개신교에서 노회는 자치 기구로서의 교회에서 입법권을 보유하고 있는 기구이고, 그런 한에서 주교에 대한 대응 권력이다. 노회는 군과 주 차원에서 성직자와 속인 유권자들에 의하여 선출되었다. 나치 집권 이전 독일에서는 영방領邦국가의 역사적 전통 속에서 최고위 노회는 주에 구성되어 있었고, 전국노회는 없었다. 전국노회는 나치 집권 이후에 비로소 구성되었고, 나치 국가와 개신교의 갈등은 바로 그 과정에서 벌어진 것이다.

르만 인종에 충실한 원민중교회를 설립하고, 교회가 영방국가 전통에서 비롯된 여러 영방교회Landeskirche들로 분립되어 있는 현실을 극복하며, 관헌적이고 가부장적인 당시의 주교 제도와 교구감독 제도를 평신도와 평목사가 주도하는 통일적이고 민족적인 제국교회로 대체하고자 했다.

나치당 내부에는 알프레트 로젠베르크와 마르틴 보어만 등의 "무신론자들"에 대립하여, 나치당 강령 24조에 적시된 "긍정적인 기독교," 즉 나치즘과 개신교를 결합시킬 수 있다고 진심으로 믿는 부류들이 있었다.* 대표적인 인물이 쿠어마르크 지구당 위원장 빌헬름 쿠베와 프로이센 의회 나치당 의원단 의장 한스 케를(1933년 초부터 프로이센 법무장관)이었다. 1933년 집권 이전의 투쟁 국면에 나치당은 "무신론적인" 마르크스주의를 맹렬하게 공격하고 원민중적·기독교적 학교 교육을 열성적으로 지지했다. 이는 게르만기독교 운동이 나치당의 공식 입장인 듯한 인상을 주었다. 게다가 그때 히틀러도 "전능한 분"과 "섭리"를 자주 공개적으로 언급했다. 그는 경건하고 겸손한 지도자의 인상을 심어주려고 했던 것인데, 개신교 지역의 돌격대와 친위대원들은 행렬을 이루어 예배에 참석함으로써 그에 호응했다. 개신교 일각에서는 나치의 유사종교적인 처신이 악마적인 우상 숭배에 불과하다는 것을 처음부터 꿰뚫어보고 있었지만, 그런 사람들은 일부에 불과했다. 개신교는 대부분 나치로부터 깊은 인상을 받았다. 이는 히틀러가 개신교 집단들로부터 폭발적인 지지를 받은 이유를 설명해준다.

---

* (옮긴이) 나치당 강령 24조: "우리는 국가의 안녕을 위협하지 않고 게르만 인종의 풍속과 도덕 감정에 위배되지 않는 한 종교의 자유가 보장되어야 한다고 요구한다."

집권 이전에 세계관 때문에 교회를 떠난 나치는 없었다. 나치 집권 이전에 교회를 떠난 사람은 사회주의 노동자들이 압도적이었고, 특히 대공황이 엄습하면서 이탈자들이 많아졌다. 그러나 1933년 나치의 집권과 함께 그 흐름이 거의 완전히 멈추었다. 나치의 집권 연도는 그야말로 "교회의 해"로 보였다.[39] 독일의 기독교도들이 나치즘에 끌렸던 것은 나치가 "신을 모르는 마르크스주의"와 "유대인 물질주의"에 대하여 투쟁했기 때문만은 아니었다. 기독교도들은 나치의 다른 선전에서도 호감을 느꼈다. 예를 들어서 "타락한 예술"에 대한 비판, "자유정신"과 "윤리적 타락"과 "사회를 파괴하는 문인들"에 대한 비판, 그리고 새로운 권위와 지도력, "유기적인 결합"과 "민족공동체의 윤리적인 혁신"에 대한 외침이 그러했다. 나치 이데올로기의 상당 부분은 바로 기독교적 신념에서 파생된 것들이었다. 그 신념은 기독교 공동체가 납득할 수는 없지만 그렇다고 해서 부인할 수도 없던 세계, 즉 근대성의 다양한 면모들과 대결하면서 발전시킨 편견들이었다.

1933년 늦봄 나치는 개신교와 갈등을 벌였고, 이는 여론의 주목을 받았다. 그러나 그 갈등은 가톨릭교회의 경우와 달리 나치 정권의 의도적이고 통일적인 교회정책 때문에 발생했던 것이 아니다. 그 갈등은 오히려 나치 운동 내부의 서로 다른 다양한 교회 운동이, 권력 장악 국면에 벌어진 나치 내부의 혁명 세력과 보수-권위 세력 간의 일반적인 투쟁과 맞물리면서 불거졌다. 1933년의 갈등은 영방교회들을 제국주교 휘하에 통일시키려던 움직임 때문에 발생했는데, 그 움직임을 지지한 세력은 게르만기독교만이 아니었다. 영방교회의 지도적인 인사들과 "독일영방교회연합회"도 원칙적으로 교회의 통일을 지지했다. 갈등은 새로운 '제국교회'의 체제와 지도부를 교회 스스로가 결정하느냐, 아니면 게르만기독교와 국가를 통하여 위로부터 강요해야 하느냐를 놓고 벌어졌다. 투쟁의 전선은 나치당의 지원을 받고 있던 게르만기독교와 압도적으로 보수적인 기존의 교회 지도부 사이에 그어졌다.

처음에 히틀러는 양측이 공개적으로 싸우는 것을 막으려 했다. 히틀러는 이교적이고 게르만적인 민족 신화를 부활시키려 했던 원민중주의 이데올로그들만큼이나, 과격한 게르만기독교도들도 가소로워했다. 그래서 1933년 3월과 4월에 일부에서 나치의 아래로부터의 권력 장악 모델을 교회로 확산시키려 시도했지만, 곧바로 제지되었다. 제국내무장관 프리크는 1933년 4월에 메클렌부르크-슈베린의 교회 담당 나치 감독위원을 무효라면서 인정하지 않았다. 그러자 메클렌부르크 영방교회 주교 렌토르프가 공개적으로 나치당에 입당함으로써 화답했다. 그는 그때 "하나님이 우리에게 보내준 아돌프 히틀러"에 대한 믿음을 공개적으로 밝혔다.[40]

그 사건 직후인 1933년 4월 25일 히틀러는 개신교 담당 전권위원에 과격한 게르만기독교 지도자가 아니라 오래전부터 알고 지내던 비교적 온건하고 보수적인 전직 쾨니히스베르크 군목軍牧 루트비히 뮐러를 임명했다(호센펠더에게는 프로이센 문화부의 교회 담당 과장직이 돌아갔다). 그렇게 하여 게르만기독교 신앙운동의 새로운 지도자가 된 뮐러는 1933년 5월에 게르만기독교의 강령이 지극히 온건하게 작성되도록 유도했고, 독일영방교회연합회 회장인 헤르만 카플러가 히틀러와의 교감 속에서 작성한 제국교회 회칙에 게르만기독교가 시비를 걸지 않도록 다독였다.

그러나 뮐러는 게르만기독교도의 압력에 못 이겨 제국주교가 되겠다고 선언하고야 말았다. 그 직후(1933년 5월 23일) 게르만기독교는 뮐러의 입후보를 공식적으로 발표했다. 그러나 영방교회 대표들은 1933년 5월 27일 약간의 표 차로 뮐러가 아니라 베텔 복지재단 이사장 프리드리히 폰 보델슈빙 목사를 지지한다고 선언했다. 그로써 싸움이 불가피해졌다. 뮐러와 게르만기독교의 압박이 없었더라면 히틀러는 아마 보델슈빙에게 동의했을 것이다. 그러나 나치당이 보델슈빙에 대해 단호하게 반대하자 히틀러 역시 보델슈빙에 대해 불편한 감정을 표명했다. 그러자 교회 통합을 주도하던 카플러가 프로이센 영방교회 평의회 의장직에서 물러났고, 그로써 국가가 개입할 공간이 열렸다. 6월 24일 프로이센 문화부장관 루스트는 아우구스트 예거를 교회 담당 특무위원에 임명하였고, 예거는 게르만기독교 인사들을 교회 행정직에 대거 투입했다. 예컨대 예거는 영방교회의 속인 사무총장직에 게르만기독교 운동에 가담한 변호사 프리드리히 베르너를 임명했다. 그러나 이 조치는 현명하지도 성공적이지도 못했다.

 교회 행정직에 국가가 개입한 시점에 나치의 폭력도 터졌다. 돌격대가 독일영방교회연합회 본부 건물을 점거한 것이다. 그러자 나치의 개신교 일체화 작업에 대한 항의 물결이 거세게 일어났다. 1933년 6월 말에는 힌덴부르크 대통령까지 나서서 히틀러에게 문제를 해결하라고 요구했다. 사태가 급박하게 돌아갔다. 1933년 7월 14일 28개의 영방교회 대표들은 카플러 위원회가 작성한 제국교회 교칙을 만장일치로 채택하여 법으로 통과시키고, 1933년 7월 23일에 노회 선거를 실시하기로 결정했다. 그날 선거로 예거의 조치가 승인되고 뮐러가 제국주교에 선출될 예정이었다. 히틀러는 나치가 또 한 번 패배하는 일을 감수할 수 없었다. 그는 선거 직전에 게르만기독교를 지지한다고 밝혔고, 게르만기독교 후보들이 결국 2/3를 득표했다. 게르만기독교가 승리한 결정적인 이유는 그때까지 노회 선거에 불참해오다가 나치당에 의해 동원된 신자들 때문이었다. 선거 직후, 득표율에 따라 프로이센 영방 노회가 재구성되었고(1933년 9월 4일과 5일), 비텐베르크에서 열린 전국노회(1933년 9월 27일)는 뮐러를 제국주교로 선출했다. 게르만기독교의 위신과 권력은 절정에 달했다. 그들은 갈색 셔츠를 입고 전국노회에 등장하여 과격한 요구를 외침으로써 외국인 참관자들을 경악시키기도 했다.

그러나 선거 이후 나치 "이념"이 독일 개신교 전체에 범람할 수 있다는 위기감이 확산되었고, 이는 반작용을 낳았다. 개신교 목사들의 반발은 1933년 9월 21일에 "목사긴급동맹"("고백교회")의 모습으로 조직화되었다. 주도자는 서부 베를린에서 활동하던 마르틴 니묄러(베를린-달렘의 유명 목사), 게르하르트 야코비(카이저-빌헬름 기억교회 목사), 아이텔-프리드리히 폰 라베나우(베를린-쇠네베르크의 사도바울교회)였다. 긴급동맹이 결성된 지 1주일밖에 지나지 않아서, 비텐베르크 전국노회에서 선출된 새로운 교회 지도부와 교칙에 반대하는 항의문에 2000명의 개신교 목사들이 서명했고, 1934년 1월까지 7000명이 넘는 목사가 긴급동맹에 가입했다.[41]

긴급동맹의 "형제평의회"는 동맹의 사무총장인 마르틴 니묄러가 이끌었다. 고백교회는 무엇보다도 아리아인 조항을 교회 내부에 적용하는 데 반대했다.* 고백교회가 그토록 빨리 기반을 확보하고 그토록 공개적으로 나설 수 있었던 이유는, 고백교회가 나치 체제를 원칙적으로

---

* (옮긴이) 아리아인 조항이란 독일인만을 교회 신도로 인정한다는, 다시 말해서 개종 유대인은 교회로부터 추방한다는 규정이다.

반대하지도 않고 1933년의 반전을 근본적으로 지지하되, 나치 운동의 특정한 과격 현상과 특정한 야심을 문제 삼았기 때문이다. 이는 긴급동맹을 창설한 니묄러가 독일제국 잠수함 함장 출신이며, 히틀러가 1933년 11월에 국제연맹에서 탈퇴하자 히틀러에게 축하 전보를 보내 그 "민족적 행위"를 찬양한 데서 전형적으로 나타난다.[42]

제국주교에 취임한 뮐러는 온건한 정책노선(아리아인 조항은 교회법으로 격상되지 않았다)을 선택함으로써 긴급동맹으로 가시화된 개신교회의 분열을 극복하고자 했다. 1933년 10월 17일에는 총재대리가 나치당에게 교회 문제에 대하여 중립을 지키라는 명령을 하달했다. 나치당은 게르만기독교로부터 거리를 두고자 했던 것이다. 그러나 1933년 11월 13일에 베를린 스포츠궁전에서 열린 나치당 대회에서 게르만기독교 인사들이 개신교의 조직과 교리를 완벽하게 나치화(지도자원칙의 도입, 아리아인 조항의 적용, 성경에서 유대적 요소의 제거 등)하라고 요구하고 그 직후 긴급동맹 목사들이 강력한 목회 선언으로 그에 반대하자, 뮐러는 게르만기독교를 떠났다. 그렇게 하여 게르만기독교는 나치당과 국가 모두의 지지를 상실했다. 이제 그들은 상호 경쟁하는 여러 집단으로 쪼개졌고, 영향력 또한 급속히 상실했다.

온건한 노선을 통하여 내부의 대립을 덮고, 비타협적인 "긴급동맹"을 고립시키며, 제국주교의 권위를 관철시키려던 시도는 1934년에 프로이센을 비롯한 다수의 지역에서 상당한 성공을 거두었다. 그러나 최종적인 승리는 없었다. 히틀러 스스로가 극단적인 길을 선택하지 않았다. 니묄러처럼 해임된 목사들이 그 엄격한 정권하에서 교구의 신임을 얻어 목사직에 복귀할 수 있었던 것은 아마 그 때문이었을 것이다.

어쨌거나 그들은 1934년 5월에 바르멘에서 고백교회 노회를 조직하였고, 그로써 제국주교 뮐러에 대항하는 공식 조직을 출범시켰다. 게다가 그들이 수용한 카를 바르트의 신학은 독일 개신교의 국가교회적 전통에서 이탈하여, 교회에 대한 국가의 개입에 불복종해야 한다고 주장했다. 프로이센 이외의 거대 영방교회의 주교들, 즉 뷔르템베르크의 주교 부름과 바이에른의 주교 마이저는 1934년 8월에 뮐러가 소집한 전국노회에서 채택한 결정을 거부했다. 뷔르템베르크와 바이에른 영방교회에서는 (하노버와 마찬가지로) 게르만기독교가 소수파의 처지를 벗어나지 못하고 있었다. 1934년 8월에 전국노회가 내린 결정 중에서 특히 중요했던 항목은, 목사와 교회 공직자들의 (힌덴부르크 사망 직후 일반 공무원들에게 의무화되었던 지도자선서와 유사한) 직무 선서였다. 이를 거부하자 게슈타포는 부름과 마이저를 가택연금에 처했다.

게슈타포의 움직임은 긴급동맹 목사들의 저항을 오히려 강화했다. 그들은 1934년 10월 19일과 20일에 달렘의 교구 사무실에서 제2차 고백교회 전국노회를 개최하고, 그곳에서 뮐러와 뮐러의 전권위원 예거에 대한 투쟁을 공공연하게 선언했다. 그들은 또한 "독일개신교평의회"라는 저항 조직을 결성했다. 그렇게 하여 권위적인 교칙을 위로부터 강요하려던 시도는 실패로 돌아가고 말았다. 예거는 해임되었고, 1934년 11월에 뮐러는 전년도에 예거가 갈아치웠던 교회 지도부의 일부를 복직시켰다. 뮐러의 권위가 완전히 망가졌다는 점은, 1934년 말에 긴급동맹의 "형제평의회"와 루터파 영방주교들이 주도하여 "독일교회 임시 지도부"(의장에는 하노버 주교 마라렌이 선임되었다)를 선출한 데서 만천하에 드러난다. 뮐러가 "임시 지도부"를 불법 단체로 규정하고 목사들과 교회 공직자들에게 그에 대한 불복종을 명령하였지만, 새 조직이 교회에 대한 지휘권을 실제로 행사하는 것을 막을 수는 없었다.

뮐러가 제국주교직에서 공식적으로 물러난 일은 없었지만, 1935년 이후 그의 존재를 의식하는 사람은 없었다. 그러나 같은 시기에 국가의 직접 감시와 후견을 통하여 교회를 국가에 묶어두려는 시도가 재개되었다. "영방교회 재산관리법"(1935년 3월 11일)과 "개신교회 법무결정 과정에 대한 법"(1935년 6월 26일)이 공포되었고, 내무부와 문화부의 교회정책과讀를 대신하여 제국교회부(장관에 한스 케를)가 설치되었던 것이다. 케를은 개별 영방교회 내부에 "교회위원회"를 설치하고, 위원회에 게르만기독교 대표와 고백교회 대표를 모두 참여시켰다. 양자 간의 갈등을 내부적으로 해소하려던 케를의 시도는 성공하는 듯이 보였다. 특히 고백교회에서 높이 존경받고 있던 개신교 총감 췰너가 제국교회위원회 의장직을 수락한 것이다. 그러나 1935년 초에 제국교회 "임시 지도부"가 정부에 대하여 지나치게 유화적인 태도를 취하였다가(자를란트의 제국 "귀환"을 경축하는 지도자 축원예배를 준수하라고 지시한 일) 비타협적인 니묄러 일파의 항의를 불러일으켰고, 제국교회위원회가 나치즘 색채의 선언문("우리는 인종과 피와 흙에 기초한 민족사회주의적 민족을 환영한다")을 발표했다가 고백교회 전체의 반발을 샀다.[43]

고백교회가 비록 제국교회위원회와의 관계에 대한 입장 차이로 내분에 휩싸이게 되었지만("제국형제평의회"는 교회위원회와의 협력을 단호히 거부했고, "복음주의 루터파 교회평의회"는 사안에 따라 협력하거나 거부하기로 했다), 케를은 1934년의 뮐러와 마찬가지로 난감한 상황에 빠졌다. 게다가 당시 나치당과 히틀러청소년단이 공공생활과 청소년 교육을 탈교회화하려는 노력을 배가함에 따라, 교회의 불만이 증폭되었다. "임시 지도부"는 1936년 6월 4일에 제국총리실에 편지를 보내,

"오직 하나님께만 바칠 수 있는 숭배가 자주" 지도자에게 헌정되고 있다고 비판했다. 히틀러를 직접 겨냥한 것이다.[44] 게다가 그 편지는 교회부장관을 경유하지 않고 히틀러에게 전달되었을 뿐만 아니라, 그 내용이 외국에도 알려졌다.

게슈타포는 편지 내용을 발설한 혐의로 "임시 지도부"의 법률 고문 바이슬러를 체포했다. 그러나 그로 인하여 전선이 더욱 경색되었다. 1937년 2월에 결국 칠너가 게슈타포의 개입에 대한 항의 표시로 제국 교회위원회 의장직에서 사퇴했다. 사태의 전개에 당황한 히틀러는 1933년 여름의 수단을 재차 동원했다. 1937년 2월 15일에 히틀러는 노회 선거를 새로이 실시하겠다고 발표했다. 아마도 그는 그로써 게르만기독교가 강화될 수 있으리라고 믿었던 것 같다. 그러나 사태는 정반대로 흘러갔다. 개신교 전체의 통일 전선이 수립되었고, 명망 높은 교회 지도자들의 공개 선언이 줄을 이었다(특히 브란덴부르크 교회 총감 오토 디벨리우스가 히틀러에게 보낸 편지의 사본이 수천 부나 인쇄되어 읽혔다). 놀란 히틀러가 물러섰다. 1937년 6월 25일 노회 선거 운동이 일절 금지되었다. 선거는 실시되지 않았다.

그렇게 히틀러는 실패했다. 제국주교와 교회부장관 모두 개신교를 일체화하는 데 성공하지 못했다. 나치 정권은 할 수 없이 교회의 제도적 일체화를 포기하고, 나치 체제에 반대하는 목사들 개개인을 억압하는 정책으로 전환했다. 그리하여 1938년에 니묄러가 게슈타포에게 체포되어(수사영장으로 체포되었다가 법원이 풀어주자마자) 수용소로 보내졌다. 히틀러는 1939년에 전쟁 기간 동안 교회 문제에 대한 "성 안의 평화"를 선언했지만, 니묄러에게는 적용되지 않았다. 개신교 회중들의 정기적인 대원代願으로 국내외에 널리 알려진 니묄러는 특별 감호 덕분에 친위대의 폭력으로부터 면제되었지만, 종전 때까지 수용소에 수감되어 있었다.

게슈타포가 직접 개입한 그 예외적인 경우에서조차, 나치 정권이 개신교에 대해서만큼은 놀라우리만치 자제했다는 점이 드러난다. 다른 반대파들(가톨릭교회 포함)에게 나치는 관용을 베풀지 않았다. 따라서 개신교와의 갈등은 나치의 힘이 어느 정도였는지 보여주는 모델이라고 할 것이다. 나치 지도부는 목사, 주교, 회중이라는 다소 거대한 집단의 반대에 직면하고, 국가(행정부, 사법부, 군부)에 자리 잡은 막강한 개신교-보수 세력들이 일치해서 나치의 정책을 거부하고 방해할 때 대단히 취약한 모습을 보였다. 보수 세력들은 실제로 (다른 문제에서와 전혀 다르게) 국가의 공격을 받던 교회 지도자들 및 그들의 동지들을 진심으로 지지하고 엄호하고 보호했다. 대통령, 군부, 장관, 고위 관리, 검사, 변호사가 나치의 공격과 이데올로기를 그토록 의식적으로 거부하던 모습은, 나치가 일체화하려던 그 어떤 다른 영역에서도 없었던 일이다. 보수 세력이 그렇게 직간접적인(도덕적인 혹은 구체적인) 지지를 보내고 있다는 사실을 알고 있었기 때문에, 니묄러를 비롯한 성직자들이 나치에게 그토록 담대하게 맞설 수 있었던 것이다. 사실 베를린의 유명한 보수 인사들은 달렘의 한 교회에서 개최되던 니묄러의 예배에 보란 듯이 참석하곤 했다.

판사들은 다른 수많은 정치 재판에서는 나치 체제에 상응하는 판결을 내렸지만, 1934년에서 1936년 사이에 개신교 문제에서만큼은 제국주교와 교회부장관에 대한 교회와 그 대표자들의 항의가 정당하다는 판결을 연이어서 내렸고, 이는 나치가 의도했던 강제적 조치들을 좌절시켰다. 그리고 다른 문제에서는 대단히 소극적이었던 보수적인 장관들도 교회와 종교교육을 보호하는 문제에서는 공공연하게 교회 편을 들었다. 1936년 12월 1일에 내각은 히틀러청소년단 가입을 의무화하고, 단장 폰 쉬라흐를 장관급으로 격상시키는 히틀러청소년단법을 논의했다. 이 회의에서 체신부장관과 교통부장관을 겸직하고 있던 폰 엘츠-뤼베나흐가 히틀러의 면전에서 말했다. 그는 "지도자께서 동의하신 바처럼 히틀러청소년단이 청소년들의 가슴속에 부모와 가정의 가치를 심어주는 종교적 가치를 파괴하지 않는다는 전제에서만" 법안에 동의한다고 밝혔다.⁴⁵ 몇 주 뒤인 1937년 1월에 장관들에게 순금의 나치당 배지를 수여하려 하자 폰 엘츠-뤼베나흐가 다시 한 번 반발했다. 그 배지가 교회에 적대적인 나치당의 태도를 승인하는 것을 의미한다면 받을 수 없다는 것이었다. 그렇게 연달아서 히틀러를 거스른 그는 결국 1937년 2월에 장관직을 사퇴했다(체신부장관에는 오네조르게가, 교통부장관에는 도르프뮐러가 임명되었다).

  1937년의 공무원법에 따르면 공무원은 "항상 무조건적으로 민족사회주의 국가를 지지해야" 했다(71조). 당시 독일 공무원들 중에는 기독교적 신념 때문에 나치의 세계관을 공개적으로 거부하다가 해임당할 위기에 봉착한 사람들도 있었다. 그리고 공무원 해임에 대한 최종적인 결정권은 히틀러에게 있었기 때문에, 사안에 대한 혼선이 있을 경우 해임 요청서가 제국총리실까지 올라오는 경우도 많았다. 총리실에서 그 문제를 처리하는 방식을 보면, 고위 공무원들이 기독교와 관련된 공무원 해임 문제에서 해당 공무원을 얼마나 호의적으로 대했는지 드러난다. 할버슈타트의 교사 발터 호봄의 해임 문제는 사안으로 보나 처리 과정으로 보나 이를 잘 보여준다. 서류철의 문서를 통해 그 과정을 살펴보자.

호봄은 할버슈타트 중등실업학교에서 역사, 불어, 영어를 담당하던 교사였다. 50세의 호봄은 1937년 6월에 나치 교사동맹에 탈퇴 신청서를 제출했다. 나치당이 "고백적인 기독교"를 공적인 삶에서 밀어내려고 거듭해서 시도하고 있기 때문에, 나치당의 세계관과 종교정책을 따를 수 없다는 것이었다. 그러자 할버슈타트-베르니게로데의 나치 군지도자 겸 나치 마크데부르크-안할트 지구의 교육 담당관이 호봄을 정치적으로 신뢰할 수 없는 인물로 평가했다. 그는 호봄이 "철두철미한 고백교회 기독교인"임에 틀림없으며, 그가 교사동맹에서 탈퇴하면 다른 교사들에게 "선례"가 될 가능성이 있다고 지적했다. 이를 알게 된 마크데부르크 도감독청 중등교육과는 제국교육부 쪽에 호봄에 대한 보고서를 제출했다.

1937년 10월 8일 교육부는 공무원법 71조를 위반한 혐의로 호봄을 해임하기 위한 절차에 착수했다. 호봄은 조사관에게, 자신은 나치 이데올로기 전체를 거부하지는 않지만 "로젠베르크가 대표하는 방향"은 "기독교의 근본 원칙들과 배치되기" 때문에 인정할 수 없다고 설명했다. "기독교적인 신념에서 저는 피와 인종 이외에 저 위에 계신 성령의 힘을 인정합니다. 그러지 않으면 인간은 일종의 인종유물론에 빠지게 될 것입니다." 공무원 문제를 담당하고 있던 총재대리 헤스는 1938년 1월 26일에 교육부장관에게 호봄이 "민족사회주의 운동과 국가의 중핵을 거부하고 있음을 분명하게 보여주었다"고 설명했다.

그러자 교육부차관 친치가 다음과 같이 평가했다. "교사 호봄은 동료들로부터 직무적으로 엄격한 의무관을 지닌 사람, 성격적으로 명예로운 심성과 신념에 대한 올곧은 충실성을 가진 사람으로 평가받고 있기는 하지만, 조사 결과 그는 고백신앙에 너무도 충실한 나머지 민족사회주의적인 자세를 가질 수 없다는 것이 드러났다. …… 나와 조사관(돌격대 중위 크니퍼*)은 호봄이 추후 나치즘을 깊이 이해하고 그에게 맡겨진 학생들이 나치즘에 환호하도록 교육하게 되는 날이 오지 않을 것으로 판단한다. …… 유대인 문제에 대한 호봄의 입장 역시 나치 공무원이 그 문제에 대하여 마땅히 지녀야 될 태도와 합치되지 않는다. 그가 밝힌 입장으로 판단하건대, 그가 나치 국가와 나치 세계관을 무조건적으로 지지하기를 기대할 수 없다. …… 따라서 공무원법 71조에 따른 해임 요건이 충족된 것으로 보인다. ……"

위에 언급된 편지와 보고서를 포함하여 호봄과 관련된 문서가 1938년 12월 13일 제국총리실에 도착했다. 1939년 1월 2일 총리실 과장 에리히는 특별한 촌평을 덧붙이지 않은 채, 교육부장관의 요구에 걸맞은 결정을 내리도록 하자고 제안했다. 그러나 총리실장 라머스는 공법 문제를 담당하는 총리실 B과課의 의견을 물었다. 그러자 그 과 소속의 킬리가 1939년 3월 15일에 사뭇 다른 의견을 제시했다.

"우리는 수차례에 걸쳐서 사안을 검토하고 의견을 교환했다. 그 결과 우리는 교육부장관의 제안을 받아들이는 것에 대해 심각한 의구심을 갖게 되었다. …… 호봄을 심문한 조사관은 호봄이 독일 공무원은 나치 국가를 언제나 무조건적으로 지지해야 된다는 조항을 준수하지 않았다는 평가를 내렸다. 그러나 조사 과정에서 드러난 사실관계는,

---

* 1939년 1월 2일에 작성된 총리실 보고서를 보면 1938년 11월 12일에 호봄을 심문한 크니퍼가 다음과 같이 평했다. "호봄은 점잖고 명예로운 성격의, 자신의 신념에 대한 강한 충실성을 지닌 인물로 알려져 있다. 그는 교육에서 높은 성과를 거두고 있고 학생들로부터도 높은 신뢰를 받고 있는 인물이다. 그러나 청소년들에 대한 바로 그 영향력 때문에 호봄은 교육자로서, 특히 역사 교사로서 위험한 인물이다."

기독교 신앙과 배치되는 한 알프레트 로젠베르크의 견해를 거부한다는 것 하나뿐이다. 단지 그 이유만으로 공무원을 해임하는 것은 적절해 보이지 않는다. 로젠베르크 스스로가 자신의 저서를 당의 공식 프로그램이 아니라 순전히 개인적인 신념 체계로 간주하고 있다는 사실을 논외로 하더라도, 호봄의 해임은 신앙의 자유에 대한 논의와 당 강령 24조와 배치된다. 지도자 역시 1939년 1월 30일의 제국의회 연설에서 엄숙하게 선언했다. '독일에서는 그 누구도 종교적 관점 때문에 박해받지 않았으며, 앞으로도 박해받지 않을 것입니다.' 우리가 보기에 호봄의 경우는 공무원법 71조에 따른 해임의 전제가 성립되지 않는다. 지도자의 선언을 고려해서라도 그를 해고할 수 없다."

총리실 B과 과장 크리칭거도 킬리에게 동조했다. 이렇듯 A과와 B과의 의견이 어긋나자 라머스는 참모인 폰 슈투터하임에게 의견을 물었다. 다섯 달 뒤인 1939년 8월 4일에 슈투터하임이 입장을 밝혔다. "로젠베르크의 입장을 거부한 것이 공무원법 71조를 위반한 것이라는 판단은 단호히 거부되어야 한다. 본인의 의견으로는 공무원이 고백교회에 다닌다는 사실 역시 71조의 근거가 될 수 없다. 호봄을 해임하기 위해서는 호봄에 대한 판단이 다음과 같아야 한다. '호봄은 당 강령과 민족사회주의의 원칙을 승인하고 있다. 그러나 그는 당과 국가의 정책이 실제로 강령과 나치즘의 원칙을 지키고 있는지, 그리고 추후에도 그 원칙들을 고수하게 될지 의심하고 있다. 내적으로 그는 오히려 국가의 정책이 궁극적으로는 독일 민족의 탈기독교화로 귀결될 것이라고 확신하고 있다. 그는 그러한 사태 전개를 재앙으로 간주하기 때문에, 그러한 사태를 견지하고 있고 또 완성하게 될 국가가 위기에 빠질 때 그 국가를 무조건적으로 지지할 수 없을 것이다.' 본인은 호봄을 그와 같이 평가할 수 있을지 확신할 수 없다. 호봄의 구두 및 서면 진술에서는 그에 대하여 단지 몇 개의 단서만이 발견될 뿐이다. 그러나 당의 관련 기관들과 교육부장관과 내무부장관이 호봄의 진술에서 그러한 판단을 내렸다는 사실도 무시할 수는 없다. 그리고 이 문제에 대하여 의견을 표명한 당과 국가기관들의 위신을 깎아내리는 것도 정치적으로 바람직하지 않다. 따라서 본인은 호봄에게 71조를 적용하자고 지도자에게 건의하는 것도 가능하다고 본다."

크리칭거가 1939년 8월 14일에 작성한 또 다른 메모는 총리실장 라머스가 슈투터하임과 의견을 함께하고 있음을 드러내준다. 그러나 전쟁이 발발한 탓에 교육부장관의 재촉에도 불구하고(조사가 진행되는 동안 호봄은 유급 휴직 상태에 있었다) 라머스는 1939년 11월까지도 히틀러에게 호봄의 해임을 건의하지 않고 있었다. 그는 오히려 그 불편한 문제를 다른 사람에게 떠넘기려 했다. 1939년 11월 14일 그는 전쟁 발발에 따른 상황 변화(인력 부족)로 인하여 해임이 바람직하지 않게 되었는지, 아니면 정반대로 "전쟁 때문에 더욱 분명하게 해임 조치를 취해야 되는지" 검토해달라고 교육부장관에게 요구했다. 전쟁 중에 교회와의 갈등은 피해야 했기에, 교육부장관은 1년 뒤(1940년 가을)에 "지구감독의 의견을 청취한 뒤 총재대리와 합의하여" 호봄에 대한 조사를 중단하기로 결정했다. 호봄은 교직으로 복귀했다. 다만 "이념 과목"인 역사는 가르칠 수 없었다.[46]

내가 의도적으로 상세하게 서술한 호봄 사건은 결코 고위 관료들의 영웅적 행위를 증언하는 것이 아니다. 이 사건은 오히려 고위 공무원들이 독자적인 판단(슈투터하임의 평가)이 있음에도 불구하고 정치의 눈치를 보는 데만 급급하였으며, 정치권력에 자발적으로 적응하려 했다는 점을 뚜렷이 보여준다. 그러나 조사에 투입된 정력과 시간, 게다가 나치당 인사들조차 독실한 한 기독교인의 용기를 인정했다는 점은, 그들이 호봄 사건과 같은 경우에 억압으로 일관할 수 없었다는 점을 잘 드러낸다. 어느 면에서 나치 세계관의 다의성은, 나치즘이 전통적인 보수적 가치 및 그 주도 세력들(관리, 장교단, 넓은 의미에서의 민족보수적인 중간신분)과 최소한의 일치점을 가져야 했다는 상황의 표현이기도 하다. 바로 그 다의성이 나치가 교회 혹은 기독교 반대파를 공격할 때 전체주의적인 극한 조치를 사용하지 못하도록 만들었던 것이다. 전쟁이 발발한 이후에도 나치당 강령의 "긍정적인 기독교"를 근거로 하여 로젠베르크와 힘러와 보어만의 정책을 거부하는 유명 나치들이 계속해서 등장했던 것은 바로 그 다의성 때문이었다.

예가 하나 있다. 1934년 2월 24일에 "나치당의 정신과 세계관 전체의 교육을 감시하는 지도자특임위원"에 임명된 알프레트 로젠베르크는 1939년 가을에 나치당과 관련된 자신의 권한을 국가기관 전체로 확대하려 했다. 로젠베르크가 라이벌인 괴벨스에 대하여 자신의 입지를 강화하려 한 것이다. 나치당의 이데올로그를 자임하던 로젠베르크는 각종 선전 기술을 유연하게 이용하고 있던 괴벨스를 무책임하게 "자유스럽다"고 비판하고 있었다. 공격 시점은 적절해 보였다. 당시 괴벨스는 체코 출신 여배우 리다 바로바와의 염문 때문에 히틀러의 눈 밖에 난 상태였다. 그러나 로젠베르크의 시도는 괴벨스의 선전부가 아닌 다른 곳의 반발에 부딪혔다. 선전부 외에 세계관 문제를 담당하고 있거나 아니면 그와 간접적으로 관련된 기관들의 수장들(교육부장관 루스트, 나치당 조직국장 라이, 총재대리 헤스, 친위대장 힘러, 1934년부터 나치당이 간행하는 공식 문건을 심사하는 역할을 맡은 지도자참모실장 필리프 보울러)이 로젠베르크의 의도를 단호하게 거부했던 것이다.

우리의 현재 논의와 관련하여 주목할 것은 로젠베르크의 권력욕에 대한 교회부장관 케를의 강경한 입장이다. 케를은 교회와 나치즘 간에 타협을 모색하려는 자신의 노력이 실패한 가장 중요한 원인은 『20세기의 신화』의 작성자인 로젠베르크에게 있다고 생각했다. 1939년 12월 23일 케를은 제국총리실에 다음과 같은 의견을 보냈다. "지난 몇 년간 로젠베르크라는 이름은 많은 국민들에게 — 그것이 옳은지 그른지 논의할 필요는 없다고 본다 — 교회와 기독교에 대한 적대감의 상징이 되었다."

케를은 1940년 2월 10일의 장관회의에서 로젠베르크의 면전에서 자신의 입장을 더욱 분명하게 밝혔다. 의사록을 보자. "로젠베르크의 권한을 확대하는 것은 위험하다. '세계관'이라는 개념의 의미가 가뜩이나 모호한 터에 로젠베르크의 지위를 격상하는 것은 기독교와 교회를 겨냥하는 조치로 간주될 수밖에 없다. 제3제국은 기독교와 교회를 반드시 필요로 한다. 기독교회와 기독교적 도덕을 대신할 수 있는 것은 이 세상에 없다. 이는 현재의 교회가 정치적으로 낡은 시대에서 유래하였다는 점을 인정한다고 해도 부인할 수 없는 일이다. 국민들은 로젠베르크를 교회와 기독교에 적대적인 부류의 대표로 간주하고 있기 때문에, 그의 영역을 강화하면 국민들이 크게 동요할 것이다. 이는 현재와 같은 전시에 반드시 피해야 할 일이다."[47]

다음 날 총리실장 라머스는 메모에 지도자에게 "오늘 상신했다"고 쓰면서 다음과 같이 기록했다. "교회부장관의 반대로 지도자의 마음이 흔들렸다. 지도자는 제출된 법안에 서명해야 할지 말지 결정하지 못했다."[48] 나치 체제에서 케를이 점하던 위치가 취약했고 추후에 더더욱 약화된다는 점을 감안하면, 케틀의 반발은 대단히 이례적이었다고 할 수 있다. 추후 하이드리히와 몇몇 나치 지구당 위원장들이 전쟁을 이용하여 교회에 대한 투쟁을 강화하려 시도했을 때에도, 그리고 1941년 6월에 보어만이 나치당 내부 회람에서 "나치즘과 기독교는 합치 불가능하다"고 단호히 선언했음에도 불구하고, 그리고 교회가 친위대의 범죄 행위를 아예 공개적으로 지적했음에도 불구하고(갈렌 주교), 히틀러는 교회에 대한 본격적인 탄압을 항상 회피했다. 그 카리스마적 지도자는 폭넓은 저항적 신앙운동의 예측 불가능성을 가장 두려워했다. 그는 또한 아마 케틀처럼 제3제국이 교회를 필요로 한다는 점을 본능적으로 느끼고 있었을 것이다. 정치적으로 조용하기만 하다면, 승전 축제에서의 타종, "지도자와 민족과 조국"을 위한 기도, 인민 대다수의 경건성이 얼마나 요긴한가.

제7장
공무원과 행정

    공무원과 나치의 관계는 나치 지배체제의 형성에서 각별한 중요성을 갖는다. 양자의 관계를 설정하는 문제에서 초기부터 두 가지 상반된 경향이 뚜렷하게 표명되었다. 제국내무장관 프리크, 나치 공무원동맹, 나치 운동에 우호적이던 관리들은 직업공무원 제도를 근본적으로 긍정하면서, 바이마르공화국 말기의 대통령내각에서 두드러졌던 권위적인 공무원국가로의 경향을 강화하려 했다. 공무원국가와 나치의 지도자원칙을 결합시킴으로써, 공무원들이 나치 국가의 엘리트가 되도록 하려한 것이다. 그들은 나치가 집권함으로써, 내각이 자주 교체되고 정치적 지향이 자주 바뀌던 바이마르공화국 시대가 종식되고 과거 프로이센과 같이 통일적인 국가의지가 지배하는 시대가 왔으며, 이제는 나치즘의 정신으로 교육된 새로운 국가 공무원들이 하위 집행자의 지위에서 벗어나 자기 결정적이고 "창조적인" 지도력을 발휘하는 "나치 국가의 진정한 주춧돌"이 되어야 한다고 생각했다.[1] 나치가 공무원 채용에 남아 있는 신분제적 잔재와 법학 교육에 치우친 일방적인 교육체제를 극복하고 실적주의 원칙과 실용적이고 정치적인 교육에 강조점을 두라고 요구하자, 그들은 그것을 "행정지도자"라는 새로운 유형의 공무원을 육성할 수 있는 기회로 간주했다. 1933년에 프로이센 법무장관 케를이 사법 공무원을 양성하기 위한 특별한 교육기관을 설립하려 한 것은 바로 그 때문이었다. 행정을 간소화하고 여러 전문 행정 영역들을 각급(제국, 주, 도, 지구, 시, 군) 내무행정 책임자에게 집중시키라고 요구한 것도 동일한 발상에서 나왔다.

위와 전혀 다른 경향도 표출되었다. 나치 구투사 다수와 나치당 당료들은 직업공무원 제도에 대한 근본적인 불신에서 출발했다. 그들은 직업공무원의 특권, 직업공무원의 전통적인 내부 결속력, 유사한 교육과 출신 성분에서 비롯된 내적 동질성, 고위직을 호선互選으로 임명하던 관행, 공무원들에게 일반적이었던 보수성 등에서 민족사회주의 리더십의 원리와 상반되는 "국가 내 국가" 현상을 보았다. 그리하여 그들은 정치적 숙정, 공무원 집단으로의 침투, 공무원 임명에 대한 발언권 등을 통하여 직업공무원을 통제하고 상시적으로 압박할 시스템을 원했다.

두 경향이 반드시 상호 배척적이었던 것은 아니다. 예컨대 프리크는 '나치적인 직업공무원'을 지향했다. 그는 또한 나치당이 1935년의 기초단체법 수준으로 공무원 임명에 영향력을 행사하는 것도 긍정했다. 그럼에도 불구하고 시간이 가면서, 공무원을 훈육하고 통제하려는 경향과 권위적인 지도자-공무원 국가를 원하는 경향은 서로 대립하게 되었다. 이는 당연한 일이었다. 나치식 엘리트 공무원 국가 지지자들이 내세우던, 나치즘에 입각한 통일적인 국가라는 이념이 허구에 불과했기 때문이다. 나치 세계관의 비합리적이고 주의주의적인 특징과 나치 지도자원칙의 결단주의적인 본성 때문에, 나치식 훈육은 결속력 있는 국가 엘리트 집단을 창출할 수 없었다. 그런 훈육은 공무원들의 전통적인 행위 규범과 관료제적이고 법적인 집행 방식과 충돌하고, 이어서 행정을 해체시킬 수밖에 없기 때문이다. 자치행정을 탈중앙화하는 동시에 통합한다는 구상 역시 중앙집중주의 및 다중지배Polykratie와 충돌할 수밖에 없었다. 다중지배는 특히 히틀러가 국가 행위를 그때그때 우선시되는 행정 조치의 효율성과 등치시키고, 행정질서와 국가 조직의 내적 일관성 문제에 극단적으로 무관심하였기 때문에 더욱 강화되었다.

상반된 그 두 경향은 집권 초기의 공무원 숙청과 후속 인사에서 나타났다. 나치는 집권 즉시 국가행정직을 향해 돌진했다. 1933년 2월에 괴링이 앞장선 공직 사냥은 한 달 뒤인 1933년 3월에 혁명적인 형태를 띠었다. 만사가 수월했다. 그때 나치는 압도적으로 '처분 가능한' 정치적 공직(차관, 도감독, 지구감독, 경찰서장, 군수 등)을 차지했다. 그런 자리를 차지하고 있던 공직자들을 전직시키거나 조기 사직시키는 것은 합법이었다. 물론 그때 이미 나치당에 그런 자리를 책임질 만한 능력을 지닌 인물이 충분치 않다는 점이 드러나기는 했다. 어쨌거나 나치당 지도부는 프로이센 도감독과 경찰서장 자리를 거의 독식했다.*

---

* 1934년 9월에 한스 폰 헬름스(1934년 가을까지 프로이센 내무부에서 고급 경찰행정 인사를 담당한 인물)가 나치당 총재대리를 위해 작성한 자료에 따르면, 40개의 프로이센 경찰서장직 중 31개를 나치 구투사가 차지했다. 그중 22개는 돌격대 고위 관리에게, 3개는 친위대 관리에게 돌아갔다. 그러나 서장 이하의 고위 경찰직에서는 상황이 달라서 나치 구투사가 차지한 직책은 아무리 높게 잡아도 10퍼센트에 불과했다. IfZ: Fa 113. 여기서 "구투사"란 1935년 나치당 공식 통계에서 사용된 분류법에 따라 1933년 1월 30일 이전에 입당한 당원을 가리킨

그러나 기초단체장의 경우에는 히틀러 총리 임명 이후에 입당한 인물들이 대규모로 기용되었다. 단체장의 교체를 힘으로 밀어붙인 도시의 경우 더욱 심했다. 1935년의 나치당 공식 통계에 따르면 총 2228개의 시장직 중에서 1049개(47퍼센트)가 구투사에게, 694개(31퍼센트)가 신입 당원에게, 485개(22퍼센트)가 비당원에게 돌아갔다. 시장직을 포함하여 총 4만 9443개에 이르던 기초단체장직의 배분은 나치에게 더욱 불리하게 이루어졌다. 9517개(19.3퍼센트)가 구투사, 2만 114개(40.6퍼센트)가 신입 당원, 1만 9812개(40.1퍼센트)가 비당원의 몫이었다. 1935년에 총 689개이던 군수직도 마찬가지였다. 구투사가 198명(28.8퍼센트), 신입 당원이 235명(34퍼센트), 비당원이 256명(37.2퍼센트)이었다.** 제국내무장관이 1941년 5월에 제시한 자료는 사태의 변화를 보여준다.² 1941년 프로이센 군수 365명 중에 66명, 즉 1/5이 1933년 이전부터 그 시점까지 군수직을 차지하고 있었다. 그들 중 다수는 나치당 당원이었다(1941년에 프로이센 군수 중에서 1933년 1월 30일 이후에 나치당에 입당한 군수는 무려 152명에 달했고, 나치 당원이 아닌 군수는 11명에 불과했다). 프로이센 군수의 절반은 전문 행정관리 출신이었고, 나머지 절반은 행정 교육을 받지 않은 자들이었다. 프로이센 이외의 지역에서도 1941년까지 304명의 군수 중에서 비당원 군

다. 이 개념은 1934년 5월 8일 나치당 총재대리의 명령으로 바뀌어서, 그때부터는 1933년 4월 1일까지 입당한 당원을 지칭하게 된다.
** 나치당 공식 통계(1935년 1월 1일 수준)를 보면 지역적 차이도 분명하게 알 수 있다. 북부와 동부 독일 나치 지구당 구역(독일민족주의 우세 지역)에서는 비당원 기초단체장이 50퍼센트를 상회하는 곳도 상당했다(포메른, 동프로이센, 하노버 동부, 베저-엠스). 코블렌츠-트리어와 같은 가톨릭 농촌 지구도 마찬가지였다. 남부 독일에서 군수직은 압도적으로 비당원의 몫이었다(슈바벤에서 90.5퍼센트, 바이에른 오스트마르크에서 84.7퍼센트, 뮌헨-오버바이에른에서 65.4퍼센트, 바덴에서 62.5퍼센트, 프랑켄에서 52.9퍼센트).

수는 11명으로 낮아졌지만, 구투사(42명)와 비행정직 출신 군수(9명)도 크게 감소했다. 이는 프로이센 이외 지역의 주총감과 나치 내무장관들이 법률 교육을 받은 공무원을 군수에 임명하는 전통을 감히 외면하지 못했기 때문에 나타난 일이다.

중앙 부처 고위직에도 구투사는 적었다. 이는 제국정부의 비당원 장관을 배려했기 때문이기도 했고, 그런 직책을 담당할 인물을 선임할 때 나치당에 대한 충성심보다 전문성을 중요시했기 때문이기도 했다. 제국정부 차관 중에서 나치 구투사로 분류될 수 있는 인물은 라인하르트(재무부), 프라이슬러*(법무부), 빌리켄스와 바케(농업부), 히에를(노동부 제국봉사단 담당), 풍크(선전부)였다. 친치(교육부), 푼트너와 슈투카르트(내무부), 라머스(총리실)는 법률가 혹은 전문 행정관리 출신으로 집권 이후에 나치당에 입당한 인물들이다. 외무부차관(집권 당시에 폰 빌로브, 1937년부터 폰 마켄젠, 1938년부터 폰 바이체커), 경제부차관(포세), 노동부차관(크론), 교통부차관(쾨니히스), 체신부차관(오네조르게), 항공부차관(밀히), 법무부 제1차관(슐레겔베르거)은 당원이 아니었다.

'처분 불가능한' 중앙 부처 고위직에는 나치 당원이 더욱 적었다. 그리하여 돌격대 장군 폰 헬름스는 1934년 5월에 작성한 "중앙 부처의 인사정책"이란 문건에서, 중앙 부처 인사 담당자들 중에 "믿을 만한 당원"이 (1933년 7월 14일의 내무장관 훈령과 달리)³ 너무나 적고, 구투사가 중앙 부처에서 수행하는 역할도 너무나 미미하기 때문에, "가까운

---

* 프라이슬러는 1933년 케를에 의해 프로이센 법무부에 영입되었고, 프로이센 법무부와 제국법무부가 통합된 뒤에 무당파였던 전문 법률가 슐레겔베르거(제1차관)와 함께 차관(제2차관)이 되었다.

장래에 나치 장관조차 진정한 나치 정신과는 전혀 무관한 관료제적 행정기관의 보필을 받을 위험성이 높다"고 불평했다.⁴ 헬름스는 그 예로 프로이센 내무부를 꼽았다. 270명의 고급, 중급, 하급 공무원 가운데 구투사는 겨우 18명에 불과하고, 29명이 신입 당원, 약 20명이 예비 당원이며 나머지 200명은 "당원이 되는 것"을 "결코 필요한 것으로 간주하지 않는 자들이다."⁵ 사정은 1938년 초에도 나아지지 않았다. 총재대리 헤스는 노동부의 인사정책에 항의하면서, 노동부의 과장급 관리 38명 중에서 당원이 5명에 불과한 데다가, 그들조차 한 명의 예외도 없이 1933년 이후에야 나치당에 입당한 인물이라고 분노했다.⁶ 다른 중앙 부처와 중앙 부처 산하에 있던 전문 행정기관의 사정도 마찬가지였다.

직업공무원법은 중앙 부처의 수장을 법 시행의 주체로 삼고, 나치당에게는 해고를 권고할 권리만을 부여했다. 공무원정책의 근본적 결정은 그 법으로 내려졌다. 프리크와 같은 나치 장관조차 공무원은 전문적 훈련을 받아야 된다는 원칙을 수용했던 것이다. 게다가 집권 초기에 행정에 투입된 나치들은 무능하기로 유명했다. 따라서 중앙 부처장들은 명료한 인사 규정, 일관된 승진 규정, 업무에 대한 내부적 감독 및 상벌체제 등을 갖춘 직업공무원 제도를 나치 국가도 수용해야 된다는 확신을 갖게 되었다. 따라서 직업공무원 재건법으로 공무원에 대한 정치적 숙청이 합법화되었음에도 불구하고, 공무원 집단에 대한 나치의 영향력은 제한적일 수밖에 없었다.

나치의 직업공무원 재건법은 정치적인 이유에서 공무원을 해고할 수 있도록 했고, 그에 따라 공산당과 사민당 당적 및 유대인 공무원들(1935년까지는 1차 대전에 투입된 유대인 공무원들은 면제되었다)이 해고되었다. 그러나 공무원법의 현실적 효과는 나치당의 기대에 미치지 못했다. 어차피 행정, 특히 전문행정에 좌파와 유대인 공무원의 수가 아주 적었기 때문이다. 공무원 150만 명 중에서 정치적·인종적인 이유에서 퇴임하거나 연금도 받지 못하고 해고된 사람(그 외에도 직업공무원 재건법은 행정의 간소화에 필요하거나 무능할 경우 해당 공무원을 조기에 퇴임시키거나 전직시킬 수 있도록 했다)은 전체의 1 내지 2퍼센트에 불과했다. 물론 정치적으로 중요한 행정 부처의 고위직 공무원들이 중하급 공무원과 전문행정직 공무원보다 훨씬 더 "정화"되었던 것은 사실이다.* 그러나 1 내지 2퍼센트라는 낮은 비율은 공무원 사회의 혁명적 재편이 허구였음을 말해준다. 숙정 작업은 "공무원 기구의 내적 결속력에 부딪혀 좌초"했던 것이다.[7]

직업공무원 재건법의 실제 운영도 대단히 온건했고 관대했다. 원래는 시한이 1933년 12월 31일까지였으나 복잡한 절차("아리아인 증명" 등) 때문에 수차례 연장되어야 했기에 좌파와 유대인을 제외한 숙정 작업은 느리게 진행되었다. 나치 혁명을 종결시키려던 정치적 분위기도 온건화에 한몫했다. 프로이센 내무부에서 경찰 인사人事 특무위원을 지낸 폰 헬름스는 1934년 5월 말에 다음과 같이 썼다. "구투사들이 행정에 들어온 이유는 기존의 낡아빠지고 믿을 수 없는 점주店主에 대한 균형추 역할을 담당하기 위해서였는데, 저들은 벌써부터 우리가 지식이 모자란다고 비난하고 행정 능력을 구비하라고 요구하는 등 구투

---

* 정치적·인종적 이유로 인하여 해고된 고위 공무원이 가장 많았던 부문은 프로이센 내무행정이었다. 사민당과 민주당 당적을 보유한 공무원이 비교적 많았기 때문이었는데, 고위 공무원 해고 비율은 그곳에서 약 12퍼센트에 달했다. Hans Mommsen, *Beamtentum im Dritten Reich*(Stuttgart, 1966), p. 56 참조.

사들을 깎아내리고 있다."⁸ 하기야 괴링과 프리크 같은 나치 장관들조차 1933년 봄과 여름에 이미 공무원의 인사에 나치당 공무원 기구가 참여하는 것을 단호하게 거부했다.

가장 나치적인 부처인 선전부에서도 장관 괴벨스가 1934년 4월 11일에 다음과 같은 훈령을 하달했다. "인민계몽선전부는 민족사회주의 부처다. 장관은 선전부를 정책에서나 인사에서나 엄격한 민족사회주의적인 관점에 입각하여 이끌어가고 있다. 주요 직책은 오로지 믿을 만한 나치 당원들로 충원되었다. …… 상황이 이러함에도 불구하고 하위 공직자가 장관이 직접 임명한 고위 공직자와 이견이 생겼다고 해서 당 기관이나 외부 인사에게 도움을 요청하는 것은 불가능한 일이다. …… 게다가 장관 자신이 베를린 지구당 위원장이고 중앙당 국장이다. 선전부에서 최고위 지위를 장악하고 있는 것은 나치당 자신인 것이다. 이 모든 이유에서 나는 일상적인 부처 내부의 문제점들을 외부로 들고 나가는 것을 절대로 금지하는 바이다. 이제부터 그런 행위는 무기한 해임 혹은 규율상의 조치로 엄벌할 것이다."*

이 훈령은 인사정책이 철저히 나치 위주로 이루어진 부처조차 해당 부처에서 나치당이 차지하는 지위가 아니라 기관의 내부 결속력과 위계를 중요시했음을 보여준다. 더 나아가서 훈령의 저 자신만만한 어조는, 히틀러국가에서 권력과 권위의 위계질서를 가장 강력하게 주장할 수 있던 곳은, 개인적으로든 제도적으로든 당직과 공직이 선전부처럼

---

* BA: R 55/19. 괴벨스가 지시한 문안의 마지막 문장은 원래 "무기한 해임한다"였다. 괴벨스는 아마 사무관과의 사전 대화 끝에, 공무원은 형식적인 규율조치를 거치지 않고는 해임될 수 없다는 공무원법적 이유 때문에 그 문장을 수정한 것 같다. 이 일은 나치당의 자기도취적인 행동방식이 행정 영역으로 수월하게 전이될 수 없었음을 보여주는 흥미로운 에피소드다.

긴밀하게 결합되어 있던 바로 그 부처였다는 점도 보여준다.

괴벨스와는 정반대로 나치당에 정치적 기반을 갖고 있지 못한 대표적인 부처장은 교육부장관 베른하르트 루스트였다. 정당권력이 없었기에 루스트는 수많은 업무 영역을 괴벨스를 비롯한 여러 기관들에게 넘겨주어야 했다. 교육부 과학국 특무위원을 지냈던 오토 바커(친위대 대령이자 바덴의 문화부장관)는 루스트의 그러한 약점을 아주 명료하게 지적했다. 1938년 11월 3일에 루스트에게 보낸 편지(이 편지의 사본은 친위대장에게도 발송되었다)에서 바커는 "다수의 세력들이 문화정책을 펼치고 있는 데다가 그들의 활동이 조율되지도 않고 있다"고 지적하면서, 이는 "당직과 행정직이 한 사람의 손에 결합되어 있는 다른 중앙부처"와 달리 "교육부 수뇌와 당 사이에 건설적인 관계가 수립되어 있지 않기 때문"이라고 설명했다. "교육부의 정치적 지위가 너무나 취약한 탓에" 정작 중요한 문제들은 교육부가 아닌 곳에서 결정되고 있다는 것이었다. "결정적인 이슈들, 특히 민족사회주의의 정신에서 새로운 과제가 제기될 때마다 교육부의 취약점이 적나라하게 드러나고 있습니다." 바커는 최소한 과학정책의 영역에서만이라도 "국장직과 나치당 기구를 결합시키자"고 제안했다. 실상 바커는 친위대장인 힘러를 염두에 두고 그 편지를 썼던 것인데, 힘러 역시 뜻이 있었는지 그 제안을 (하이드리히를 통해서) 히틀러에게 전달했다.*

거꾸로 나치당에서 세계관을 담당하던 로젠베르크나 나치당 조직국장으로서 나치당 교육을 관장하고 있던 라이처럼, '오로지 당직만 갖고

---

* BA: R 43 II/1154a. 라머스는 1938년 12월 23일에 하이드리히에게, 히틀러가 바커의 제안을 숙지했으나 "조직에 관한 그 구상을 받아들일 것인가의 문제는 교육부장관의 결정에 속한다"는 정도의 답변을 했다고 통보했다.

있던' 자들 역시 '행정직만을 보유하고 있던' 루스트만큼이나 취약했다. 여기서 직업공무원의 상대적 안정성이 개별 부처나 직책 자체의 정치적 비중과는 별반 관계가 없었다는 점이 분명하게 나타난다. 특정 기관의 정치적 중요성은 다른 요인들에 의해 결정되고 있었다. 히틀러 국가에서 개별 행정직은 정당권력(혹은 히틀러가 개인적으로 직접 부여한 전권)에 기반을 둘 때 비로소 힘을 가질 수 있었다. 이는 제3제국에서 국가적 과제는 나치 운동 및 히틀러 가신家臣들의 불안정하고 변동하는 권력구조들과 연관되어 할당되고 있었기 때문이다. 권위적 행정과 나치의 지도자원칙을 결합시킴으로써 "총체적인 국가"를 수립하려던 프리크의 구상이 실패한 것도 바로 그 때문이었다. 행정과 직업공무원들이 업무상의 자율성을 성공적으로 방어하자 정치적으로는 오히려 폄하되고 격하된 것도 똑같은 논리 때문이었다.

  1933/34년만 해도 그러한 귀결이 불가피했던 것은 아니다. 당시만 해도 프리크 같은 인물들은 공무원정책을 독점하면 권위적이고 통일적인 국가를 수립할 수 있을 것이라고 생각했다. 그들의 눈에는 1934년 여름에 거추장스럽던 돌격대 특무위원 제도를 폐지하고, 제국정부의 인사人事와 입법에 대한 나치당의 제도적 영향력을 총재대리 한 사람으로 제한시켰던 것도 권위적 국가를 향한 과정이었다. 1934년 7월 27일에 히틀러는 "제국장관 귀하"로 시작되는 명령에서, 중앙 부처에서 이루어지는 모든 법안 작업에 총대대리 헤스를 장관 자격으로 참여시키라고 지시했던 것이다.*

---

* BA: R 43 II/694. 수하 장관에 대한 히틀러의 새로운 접근 방식을 보여주는 어투 "나는 명령한다"로 시작되는 이 명령은, 히틀러가 리하르트 바그너 축제차 들른 바이로이트에서 작성되

헤스는 공무원 임명에도 관여하게 되었다. 힌덴부르크가 사망한 뒤에 대통령직을 넘겨받은 히틀러는 1935년 2월 1일, 제국과 주정부의 고위 공무원들(호봉 A2c부터)에 대한 임명권을 자신이 직접 행사할 수 있도록 법을 개정했다.[9] 그러자 헤스는 1935년 2월 7일에 총재대리인 자신도 공무원 임명에 참여해야 한다고 주장했다. 공직자에 대한 (전문적인 업무 능력에 대한 부처장의 평가 외에) 나치당의 정치적 평가가 "반드시 지도자에게" 전달되어 그의 결정을 돕고, "고위 공무원 집단이 의심의 여지 없는 나치가 되도록 해야 한다"는 것이었다.[10] 나치당 뮌헨 지구당 위원장 바그너가 참여한 기나긴 협상 끝에 1935년 9월 24일에 결정이 내려졌다. 그날 발표된 "총재 겸 총리 명령"은 히틀러가 개인적으로 행하는 모든 공직자 임명에 총재대리를 참여시켰다.[11] 그러나 도시행정의 경우와 달리 나치당에게 추천권은 허용되지 않았다. 관철된 것은 오히려 프리크의 방안이었다. 그는 부처장이 추천한 임명에 대하여 나치당 총재대리가 3주일 혹은 4주일 이내에 이의를 제기하지 않는 한 그 제안이 나치당에 의하여 승인된 것으로 간주하자고 주장했다.[12] 이에 따라 공무원 임명은 결국 행정 부처 내부의 일로 남게 되었다. 나치당은 예외적인 경우에만 개입하게 되었던 것이다. 나치당의 영향력을 오히려 축소시킨 그 구상에 헤스가 동의한 것은, 헤스가 보

었다. 히틀러는 그 문제에 대하여 헤스와 보어만 등 나치당 수뇌들과 대화를 나누었던 것 같다. 그들은 돌격대가 거세된 뒤(그리고 돌격대 참모장의 정부 참여권이 제거된 뒤) 정부에 대한 나치당의 영향력을 제도화할 수 있는 길이 절실한 상황이었다. 정부에 참여할 수 있는 당원을 헤스 한 사람으로 국한시킨 것은 그러나, 바로 그 시기에 오스트리아 정책에서 드러난 문제점(돌푸스 살해 사건), 즉 국가 정책에 대한 나치당의 자의적 간섭을 막는 방법이기도 했다. 히틀러가 오스트리아 정책에서 하비히트를 배제하고 파펜을 빈으로 보내기로 한 결정이, 같은 시기 바이로이트에서 내려졌던 것 역시 우연이 아닐 것이다.

유하고 있던 총재대리실의 힘이 취약했기 때문이었을 것이다.

앞서 말한 바처럼 1934년 7월에 총재대리가 정부 입법에 참여한다는 결정이 내려졌다. 그에 따라 헤스와 그의 참모장 보어만은 당무를 담당하는 정치과(제2과) 외에 "국법 문제"를 담당하는 과(제3과)를 설치했다. 제3과는 총재대리의 비서실 역할도 했다.* 제3과의 주된 업무가 법안 작성과 공무원 문제였기 때문에, 헤스는 법에 밝고 경험이 많은 행정 공무원들을 그 과에 배치했다. 제3과 과장인 발터 조머(1941년까지)는 나치 당원이었지만 행정법 전문가이기도 했다. 그때까지 그는 튀링겐 주행정법원장과 튀링겐 주감사원장으로 일했다. 조머 휘하에서 일하게 된 인물들 역시 모두 공무원이었다. 그들은 실상 중앙과 주의 정부 부처들이 파견한 사람들이었다. 부처들은 헤스로부터 인사 요청을 받자 공무원 전직轉職 절차에 따라 그들을 나치 중앙당에 파견했던 것이다. 제3과의 과제는 제국정부의 입법과 인사정책을 '감시'하는 데 있었다. 그래서 그 과는 입법을 담당하던 제국정부처럼 내무, 법무, 경제 등으로 구조화되었다. 그리하여 제3과는 공무원법적으로나 예산법적으로나 국가행정의 일부가 되어버렸다.

제3과에 파견되어 수년간 근무하게 된 각급 부처 공무원들은 대부분 나치 당원이었다. 그러나 집권 이전부터 당직을 맡았거나 심지어 평범한 구투사였던 인물은 단 한 명도 없었다.** 그래서인지 그들은 중앙당

---

* 제2과는 전쟁이 끝날 때까지 과거 헤센-카셀 지구당의 사무총장이었던 헬무트 프리드리히스가 맡았다.
** 추후 제3과에서 일하게 된 카를 랑은 종전 뒤에, 전시에조차 제3과의 고위 공무원들(그중에는 조머의 후임자인 게르하르트 클로퍼도 포함된다)은 1933년 혹은 그 후에야 나치당에 입당한 사람들이었다고 증언했다. 심지어 비당원이 제3과에 파견되기도 했다는 것이다. IfZ: ZS 1220. 제3과 소속 공무원들의 유사한 증언은 ZS 812, ZS 352, ZS 683 참조.

업무에서 나치당의 입장을 채택하지 않았다. 그들은 오히려 당과 정부 부처 사이에서 중개 역할을 수행했다. 더욱이 그들의 출신 부처는 통상 총재대리실에 파견한 그 공무원들이 자신의 입장을 지지해주기를 기대했다.* 그리하여 "당이 국가에게 명령한다"는 구호가 반복되었지만, 나치 중앙당 총재대리실 제3과는 그 구호를 현실화할 수 없었다. 현실은 오히려 제3과의 "행정화"였다. 그런 구조가 자리 잡았다고 하더라도, 만일 강력하게 조직된 나치당 사무국이 헤스를 뒷받침했더라면 입법과 공무원정책에 대한 나치당의 영향력이 그토록 취약해지지 않았을 것이다. 그러나 나치당의 현실은 그렇지 못했다. 당의 정치적 의지를 조율하고 통합하는 강력한 기관은 나치당에 없었기 때문이다. 따라서 정부 부처 장관들이 특정한 입법 문제에서 어느 정도만이라도 통일된 의견을 갖추게 되면, 약하기 짝이 없던 헤스와 총재대리실은 정부의 의지에 대한 균형추 역할을 수행하지 못했다.

그러나 공무원들은 나치당 총재대리가 공무원의 임용과 승진의 전제조건으로서 해당 공무원의 정치적 신뢰도를 평가하게 된 법적 현실로부터 영향을 받을 수밖에 없었다. 그들은 상관만이 아니라 나치당에게도 "잘 보여야" 했던 것이다. 따라서 공무원들의 전통적인 직무관(觀)은 침해될 수밖에 없었다. 직무에 대한 의무감과 출세욕이 충돌할 수밖에 없었기 때문에 연공에 따른 승진이라는 직업공무원의 가장 중요한 원칙이 흔들렸던 것이다. 이를 예상했던 프리크 등의 부처장들은 공무원이나 공무원 후보자에 대한 당의 부정적 평가가 부처장들에게 구속력

---

* 총재대리실 제3과에서 일한 빌리 쾰츠는 심지어, 당과 국가 사이에 "낀" 그 공무원들이 "대리실로 차출될 때 부처장의 분명한 업무 명령을 받았으며 실제로 대부분의 경우 행정 부처에 유리한 방향으로 움직였다고 증언했다. IfZ: ZS 683, Bl. 15.

을 가져야 된다는, 다시 말해서 당이 거부권을 행사해야 한다는 헤스의 입장을 받아들이지 않았다. 결국 1937/38년에야 타협이 이루어졌다. 부정적인 평가가 내려질 경우 해당 부처 장관이 총재대리실의 평가에 대한 이견異見을 히틀러에게 제출할 수 있도록 한 것이다. 그에 따라 개별적인 인사에서 당이 부정적인 평가를 내려도 장관이 그 결정을 뒤집을 수 있는 길이 열렸다.[13]

군대는 나치당의 영향력을 더욱 강력하게 차단했다. 군대는 군직軍職에 대한 군인들의 의무감이 정당정치적 충성과 충돌하는 사태를 원천적으로 봉쇄한 것이다. 국방부는 룀 쿠데타 직후 군인의 돌격대 가입을 금지했다. 일반징집제가 재도입(1935년 3월 16일)되고 한 달여가 지난 1935년 5월 21일에 국방부는 새로운 국방법을 발표했다. 그 법을 통하여 국방부는 군인들에게 일체의 정치 활동을 금지했고, 나치당과 나치당 산하 기관에 가입한 경우에도 "적극적인 병역을 수행하고 있는 기간 동안"에는 그 활동을 정지시켰다(제26조). 일반에게 공개되지 않은 법 조항 설명서에서 국방부는, 군인은 "단일한 명령 및 처벌 권력에 종속된다. 따라서 (군대와 당이라는) 상반되는 권능을 분명하게 구분해야 한다"고 해설했다.[14]

그리고 국방장관이 1935년 9월 10일에 3군 사령관에게 하달한 훈령은, 독일군에 배속된 공무원 및 피고용 노동자와 사무직 근로자들이 나치당과 나치당 산하 기관에서 직책을 맡는 것을 금지했다. 장관은 가입할 권리만을 인정했다. 훈령은 또한 군속 공무원들이 군대의 행정 라인을 절대적으로 준수하도록 지시했다. "업무는 오로지 군대의 행정 체계에 따라 처리되어야 한다. 업무상의 비밀은 나치당에 대해서도 유지되어야 한다."[15] 이러한 결정이 내려진 것은 히틀러가 군대의 입장을 고스란히 수용하였기 때문이다.[16] 1935년 10월 25일에 히틀러는 또한 공무원 임명에 총재대리가 간여할 수 있는 권리가 "독일군의 영역에서는 적용되지 않도록" 했다. 이 역시 군대의 요구를 수용한 조치였다.[17]

  1934년 하반기에 개신교와의 갈등이 격화되던 상황에서 군대와 나치당(친위대) 사이에 긴장이 첨예해졌다. 그 두 가지로 인하여 보수적인 육군 장교들 사이에 불만이 쌓여가자, 히틀러는 군 지도부를 안심시키기 위해 의식적으로 노력했다. 친위대가 과거의 돌격대처럼 무장 부대와 해골단을 보유하려 했지만, 히틀러는 육군의 요구를 수용하여 친위 부대에게 야포는 허용하지 않고 부대의 규모도 3개 연대로 제한했다. 히틀러는 1934년 8월 20일에 군부에게 한 약속, 즉 "독일군의 불가침성을 지키고" 정규군을 "민족의 유일한 무력 보유자로 정립하는 것"을 자신의 "가장 신성한 의무"로 여기겠다는 선언을, 글자 그대로는 아니더라도 대략적으로는 실천한 셈이다. 히틀러는 또한 다양한 기회, 특히 1935년 1월 3일 베를린 국립오페라극장에서 군대와 나치당 지도부에게 행한 연설에서 군대에 대한 자신의 무한한 신뢰를 극적으로 표명했다. 그 자리에서 히틀러는 자신이 나치당의 당내 갈등에 초연한 존재로서 나치 국가의 "양대 기둥"(독일군과 나치당)의 협력 관계를 위해 진솔하게 노력하고 있다는 인상을 교묘하게 각인시킨 것이다.

  그리하여 블롬베르크 장관이나 라이헤나우 정무국장은 물론 육군 총사령관 프리치 장군까지, 그러니까 많은 장교들로부터 자의적인 나치에 맞서는 보수적이고 독일민족적인 질서의 방벽으로 칭송받던 프리치 그 사람마저, 나치당에 대한 비판에서 히틀러만은 면제시켰다. 프리치는 부하들에게 나치 국가에 대하여 충성스러운 태도를 갖도록 권고했다. 사실 독일군의 보수적이고 권위적인 국가관과 나치 운동의 무분별한 지배 충동 사이에는 깊은 간극이 놓여 있었다. 그러나 힌덴부르크가 죽은 뒤에 독일군이 헌법과 인민과 조국이 아니라 히틀러 개인에게 복종의 선서를 한 사실에서 드러나듯이, 고급 장교들의 보수성은 히틀러를 절대적인 지도자로 인정하는 것으로 쉽게 전환될 수 있었다. 이는 그들의 보수성이 사적인 통치와 사적인 복종이라는 군주제적 전통에 뿌리박고 있는 것이었기 때문이기도 했다.[18]

히틀러는 행정부를 군대와 다르게 대했다. 그는 실상 시의에 따라 입장을 얼마든지 바꾸는 인간이었다. 히틀러는 돌격대 숙청 이후 행정 관리들을 배려해야 할 필요성을 그다지 느끼지 않았다. 1934년 2월에 나치 지구당 위원장들 앞에서 행한 연설에서 당이 국가에 철저하게 복종해야 된다고 강조했던 그가 몇 달 뒤 뉘른베르크 나치당 전당대회에서는, "국가가 우리에게 명령하는 것이 아니라 우리가 국가에게 명령한다"고 외쳤고, 그해 11월에 제국주총감회의에서는 공무원 집단은 정치적으로 신뢰할 수 없는 집단이라고 날을 세웠다.* 아마도 히틀러는 1933년 4월 7일의 공무원법으로 공무원 숙청을 단행한 뒤 공무원의 "특수한 권리"를 복원시키지 않으려고 했던 것 같다. 그러나 내무장관 프리크는 입장이 달랐다. 프리크는 주州의 주권이 제거되자 오히려 중앙 공무원과 지방 공무원의 권리를 일치시켜야 할 필요성을 느꼈고, 그래서 공무원의 권리를 명문화하려 했다. 프리크는 실제로 재무장관과의 협의를 거쳐 1934년에 새로운 공무원법 초안을 마련했다. 그 법

---

* 1935년 1월 24일 내각회의에서 기초단체법 법안을 논의할 때도 히틀러는 "국가와 기초단체에" "해체된 구 정당 인사들이 아직 너무 많다"고 말했다. 그는 덧붙였다. "20년 내지 30년 안으로 이러한 상황은 근본적으로 바뀔 것이다. 군대는 최근 몇 년간 과거의 정당 논리로부터 거리를 두어왔기에 새로운 국가와의 관계가 처음부터 순조로웠다."

안은 히틀러와 헤스의 반대에 부딪혀 1937년 1월이 되어서야 통과되었다.

새로운 공무원법의 통과가 그렇게 오랫동안 지연된 이유는, 법안에 공무원의 "의무" 외에 "공무원의 권리" 목록이 길게 제시되어 있었기 때문이다. 법안은 나치 국가가 "공무원국가"라는 인상을 주었던 것이다. 결국 타협이 이루어져서 공무원의 권리들이 조목조목 명시되지 않은 채, "공무원의 법적 지위의 보장"이란 문구가 삽입되었다.¹⁹ 이에 덧붙여 "나치 국가에 대한 동의가 보장되지 않는 공무원은" 언제라도 조기에 퇴직시킬 수 있다는 조항(71조)이 추가되었다. 물론 우리가 이미 보았듯이, 정치적 해직의 경우 정상적인 조사 과정이 수반되어야 하고, 해직 신청은 해당 공무원이 소속된 행정기관만이 할 수 있다는 단서 조항이 추가되었다.* 그러나 71조에 의하여 '비정치적' 공무원이라는 직업공무원 제도의 원칙이 깨진 것만은 사실이다. 히틀러와 헤스는 프리크의 법안에 공무원 연금이 명시된 것도 문제 삼았다. 그들은 직업공무원 제도의 초석인 연금 문제를 건드릴 엄두를 내지는 못했지만, 나치의 입법이 공무원의 연금 권리를 한 번 더 확인하는 것은 "정치적으로 불가능"하다고 판단했던 것이다. 그렇게 되면 나치당 "당직자"의 열등한 법적 지위가 다시 한 번 가시화될 것이기 때문이었다.

---

* 71조에 대해서는 다음과 같은 근거가 제시되었다. "민족사회주의 국가는 말, 행동, 불이행을 통해서 나치 국가가 더 이상 신뢰할 수 없음을 보여준 공무원을 해고시킬 가능성을 가져야 한다. 그러나 그런 조치는 근거 없고 악의적인 비방으로부터 공무원을 보호하기 위하여, 선서 진술이 가능한 조사에 의하여 사실관계가 확인된 후에야 취해질 수 있다. 해직 제안은 해당 공무원의 최고위 기관이 제국내무장관과의 합의 속에서 하고, 해직 결정은 당 총재 겸 제국총리가 내린다. BA: R 43 II/419a. 나치당 총재대리는 공무원이 나치당을 탈당하거나 출당될 경우에만 해직 절차에 돌입할 수 있었다. 이 규정은 당원보다 비당원 공무원들을 더욱 보호하는 효과를 가져왔기에 추후 많은 알력을 낳았다(BA: R43 II/447)."

공무원법을 둘러싼 기나긴 논의의 또 다른 쟁점은, 효율적인 행정을 도모해야 할 공무원의 의무와 당원 공무원이 나치당의 요구에 적응해야 할 필요성이 충돌할 경우였다. 협상 결과 나치당이나 당 가맹단체의 직책을 보유하고 있는 공무원(나치당 군郡지도자와 돌격대 중령 이상)에 대해서는 총재대리와 의견을 조정한 뒤에야 해직 절차에 돌입할 수 있도록 했다. 그러나 나치당 교육을 공무원 임용의 전제 조건으로 하자는 나치당의 요구는 받아들여지지 않았다. '나치당 교육'이 무엇인지를 실천 가능한 형태로 명료하게 정의하고 정식화하는 것이 불가능했기 때문이다. 그리고 상관에 대한 분할되지 않는 복종의 의무 원칙 역시 관철되었다(7조). 1937년 6월 29일의 시행령은 이를 다음과 같이 명문화했다. "나치당 당원 공무원이 상관의 지시와 반대되는 지시를 당으로부터 받았을 경우, 상관은 국가의 관심과 당의 관심을 일치시킬 방법을 신중하게 검토해야 한다. 확신이 서지 않을 경우 그는 당 기관과의 대화를 통해 차이를 해소해야 한다. …… 문제를 제기한 공무원은 최종적인 결정이 내려질 때까지 상관의 지시에 구속된다." 장관들은 또한 공무원이 공직 수행으로 인하여 나치당 법원에 기소되는 것을 단호히 반대했다.*

가장 격렬한 논란은, 나치당 당원 공무원이 나치당에 해가 될 수도 있는 행정 업무에 대하여 직무 상관 이외에 나치당 총재대리에게도 보고하도록 하자는 헤스의 제안을 놓고 벌어졌다. 괴링과 괴벨스까지 포함하여 모든 중앙 부처 장관들이 헤스의 제안에 반대했다. 그 근거는

---

* 1937년 6월 29일의 시행령은, 공무원은 해당 기관의 허가를 받아야만 법원에서 증언할 수 있다는 원칙이 나치당 법원에도 적용된다고 명기했다.

제국은행 총재와 경제부장관을 겸직하고 있던 샤흐트가 1937년 1월 7일 각의에서 명료하게 제시했다. "민족사회주의 국가에서 …… 모든 장관은 지도자의 신임을 받고 있기 때문에 당의 신임도 받는 것으로 보아야 합니다." 샤흐트는 헤스가 제안한 규정이 위험하기까지 하다고 주장했다. 그 조항은 "공무원이 총재대리에게 보고한 행정 행위가 진정 해당黨인지 아닌지를 주무 장관이 아니라 공무원 스스로가 결정한다는 것을 뜻합니다." 그 결과는 "국가와 당의 상호 적대감"일 터였다.[20] 헤스가 뜻을 굽히지 않았지만, 히틀러는 장관들의 통일된 견해에 따랐다. 히틀러는 그런 조치에 대한 보고를 직무상의 상관 외에 지도자인 히틀러 자신에게 직접 제출할 것이며, 수신자는 총리실로 하라고 결정했다. 보어만의 의견과도 배치되던 그 규정(42조)은 나치당에 대한 행정부의 승리를 뜻했다. 장관들의 일치된 압박 때문에, 특히 프리크가 직접 설득한 끝에 히틀러는 1937년 1월 26일 오전만 하더라도 42조에 대한 논란을 적시하면서 법 통과를 연기하라고 지시했지만, 바로 그날 자신의 오전 지시를 뒤집어서 통과에 "마침내 동의한다"고 선언했다.[21]

새로운 법은 1937년 1월 26일에 공포되었다. 공무원 처벌 규정도 같은 날 발표되었다. 그 두 가지 법은 1935년 1월 30일의 기초단체법과 더불어, 제국내무장관이 제국개혁 및 그와 관련된 권위적인 행정부를 구성하기 위하여 쟁취해낸 보기 드문 포괄적 입법이다. 그 법은 또한 장관들이 의견을 하나로 모으면 히틀러도 어쩔 수 없었음을 보여주는 드문 예이기도 하다. 그러나 권위적인 국가로의 법적 발전은 더 이상 없었다. 오히려 역전이 시작되었다. 공무원법이 통과된 뒤 우선 정부의 공무원정책에 대한 비판이 가열되었다. 주역은 총재대리실장 마르틴 보어만이었다.²² 총재대리실 외에 나치당 전반에서 "반동적인" 공무원에 대한 공개적인 성토가 쏟아졌다.

공무원들을 법조문을 맹신하는 "케케묵은" 정신으로 폄하하는 것은 전통적인 비난에 속한다. 그러나 근대적인 비판도 있었다. 1937년 12월 9일의 각의에서 히틀러는 공무원들에게 적용되고 있는 "경직된 봉급 체계"를 비판하면서, 행정에도 예외 규정을 두어서 성과급을 도입해야 된다고 역설했다. 단순히 "공무원이라는 명예"만으로는 "유용한 인력"이 사기업으로 "빠져나가는 것"을 더 이상 막을 수 없다는 것이었다. 이 맥락에서 히틀러가 공무원 급여의 평등 원칙을 공산주의에 비유했지만,²³ 그가 근대의 유동적인 산업사회에서 공무원의 전통적인 지위가 문제적이라는 점을 적시한 것도 분명하다. 히틀러가 사기업의 능력 및 경쟁의 원칙이 공무원 사회에도 적용되는 것을 바란 것 자체가 그릇된 일은 아니다. 히틀러가 공무원들의 급여 체제를 비판한 것은 무엇보다도, 그것이 공무원의 특수한 지위를 강조해주고 있기 때문이었다. 공무원들은 사회의 일반적인 경쟁에서 벗어나 있어서, 물질적으로는 우월하지는 않지만 '보장'은 훨씬 더 잘되어 있었다. 그것이 공무원 '신분'의 핵심이었다. 히틀러는 경쟁을 강조했다. 그러나 나치 체제에서 경쟁의 원칙은 세계관과 정치에 오염되어 있었다. 히틀러가 공무원의 특권을 제거하라는, 그 자체로 그릇되지 않은 요구를 제기한 이유는, 공무원의 신분적 성격이 약화될수록 공무원을 조종하기가 쉬워지기 때문이었다.

이는 1938/39년 새로 병합한 지역(오스트리아, 주데텐, 메멜, 서부 폴란드)의 경우에 적나라하게 나타난다. 그곳에 새로운 민간행정을 설치하게 되었을 때 히틀러는, 그 지역 공무원을 임명하면서 내무장관을 비롯한 여타 부처장들의 영향력은 최소화하고 나치당의 영향력은 극대화하도록 했다. 1938년 7월 12일에 회람된 총리실장의 직무명령은 히틀러의 공무원정책이 역전되었음을 보여준다. "개별적으로 결정을 내리기에는 너무나 많은 일들이 발생하고 있기 때문에 지도자는 공무원법 71조와 관련하여 자신의 입장을 밝히기로 했다. 지도자는 공무원이 민족사회주의 세계관을 의식적으로 거부한 경우에 한하여 71조를 적용시켜서는 안 된다고 생각한다. 공무원이 민족사회주의 세계관을 의식적으로 거부하지는 않지만, 그의 직무 수행 방식, 특히 그가 내린 결정이나 그가 직무 내외에서 보여준 리더십에서 민족사회주의 세계관에 대립한다는 것이 느껴지거나 식별될 경우에도 71조가 적용되어야 한다. ……"[24]

라머스는 사법 공무원들에게도 손을 댔다. 기존의 공무원법은 사법 공무원이 "법무 활동을 수행하는 중에 내린 결정의 사실 내용"에 대해서는 71조를 적용할 수 없도록 했다(171조). 라머스는 바로 이 점을 수정했다. "지도자의 의견에 따르면," 특별한 상황에서는 "사법적 결정에 대해서도 71조에 따른 조사에 돌입할 수 있다." 명령의 마지막 문장은 다음과 같았다. "지도자는 71조의 시행을 담당하는 최고위 부처가 71조를 종전보다 예리하게 해석하여 제3제국에서 활동해서는 안 되는 공무원들이 퇴직하기를 바라고 있다." 라머스의 명령은 이처럼 공격적인 문장으로 끝난다. 그러나 문제는 지도자의 "의사 표현"만으로는 확정 가능한 명료한 사실관계에 의존하는 행정이 움직일 수 없다는 데 있었다. 히틀러가 공무원법의 통과를 그토록 오랫동안 지연시켰던 까닭도, 법이라는 것이 한번 제정되면 되돌릴 수 없는 것이기 때문이었다.

아주 특징적인 에피소드가 있다. 방금 언급한 명령이 회람되고 7개월이 지난 시점에, 법무부 인사국장 나들러가 총리실 동료인 크리칭거에게 문의했다. 최근 자주 발생하는 일인데, 만일 총재대리가 어느 사법 공무원을 71조에 따라 해직하라고 요구하지만 법무장관은 그럴 필요성을 느끼지 못할 경우, 지도자에게 최종 결정을 요청해야 하는가? 공무원법 법문을 검토한 크리칭거는 1939년 2월 9일, "해당 공무원의 최고위 상관 스스로가 …… 강제 해직이 적절하다고 판단해야만" 해직 절차에 돌입할 수 있다고 답변했다. 그렇지 않은 경우 "장관이 지도자에게 '결정'을 요청할 필요가 전혀 없다." 지도자야 필요하면 언제라도 71조의 적용을 명령할 수 있는 존재가 아닌가.[25] 공무원법에 따르면 히틀러도 공무원을 즉각 해직할 수 없었다. 그는 단지 71조에 따른 조사를 지시할 수 있었을 뿐이다.

   1940년 봄 독재적인 지도자의지와 공무원법이 충돌한 사건이 발생했다. 그때 히틀러는 정복한 체코와 폴란드 지역에 파견된 독일 공무원들이 현지 여성들과 성관계를 맺는다는 소식을 접했다. 그러자 그는 보어만을 통하여 내무장관에게 그런 공무원들은 "즉시 그리고 연금도 없이 해고해야 한다"고 통고했다.[26] 그동안 히틀러에 대하여 대단히 굴종적으로 변신한 프리크는 히틀러의 뜻에 따르는 모범적인 나치가 되려고 했다. 오랫동안 망설이던 그는 1940년 7월 31일 총리실에 공무원들은 물론 행정법원에도 지도자의 의지를 알리자고 제안했다. 제국행정 전권위원이기도 했던 프리크는 그러나 동시에 "형평성의 원칙"을 준수하자고 제안했다. 만일 일반 공무원들에게 폴란드와 체코 여성과 성관계를 맺지 못하도록 한다면, 그 조치는 국가와 나치당과 긴밀한 관계를 맺고 있는 모든 사람(공공 부문 사무직 근로자, 군인, 당원 등)

에게도 적용되어야 하는 것이 아닌가. 프리크는 또한 정치적 파장을 고려하여 프라하의 총독(폰 노이라트)과 크라쿠프의 총독(한스 프랑크)에게도 의견을 묻는 편지를 발송했다.

그러나 총리실은 애초부터 프리크와 의견이 달랐다. 프리크가 전달한 명령과 해법은 "실천 불가능"하다는 것이었다. 법적으로 공무원은 즉각 해고할 수 없는 존재였다. 그들을 해고하기 위해서는 공식적인 형사 절차가 반드시 필요했다. 형사 절차는 "사실관계를 확정하기 위해서"도 불가피하다는 것이었다. 프리크의 질의를 받은 폴란드 총독 한스 프랑크는 자신이 이미 지도자의 의지에 따라 움직이고 있으며, "정도가 심한 경우에는 (해당 공무원을) 무기한 해직시킬" 작정이라고 답했다. 그러나 체코의 노이라트는 "지도자의 의지가 남김없이 해명되기 전까지는" 공무원들을 형사 법정에 앉히지 않겠다고 통고했다. 혼외정사는 "지저분한 밀고에 의해서만 알려질 수 있기" 때문에 "지도자의 의지를 실천하기가 매우 어렵다"는 것이었다. 게다가 성관계를 금지하는 이유가 무엇보다도 인종 혼합을 방지하는 데 있기 때문에, 우선 "체코인들이 어느 정도까지 게르만화할 수 있는 인종인지" 해명되어야 했다.

히틀러는 며칠 뒤(1940년 9월 23일)에 노이라트에게 "인종적으로 유용하고 독일에 적대적이지 않은 체코인들은 게르만화할 수 있다"고 답했다. 그렇듯 게르만화 문제가 중첩되자 지도자의 의지를 법적 구속력을 창출할 수 있도록 정의하고 구체화하는 작업이 더더욱 어려워지고 말았다. 총리실은 결국 1940년 12월 13일에 내무장관에게 통고했다. "지도자가 이번에 총재대리실장 보어만을 통하여 전달한 의지 표명으로, 지도자 자신이 성안하도록 지시했던 1937년 1월 26일의 공무원법을 무효화하려 했다고 가정할 근거는 전혀 없습니다. 지도자의 의지는, 본건과 관련된 사건이 발생할 경우 연금 없이 해직시키기 위한 공식적인 형사 절차에 신속하게 돌입하라는 것으로 해석되어야 합니다."

그러한 해석이 현실에서도 효력을 발휘한다는 것을 과시할 필요성을 느꼈던 라머스는, 공무원들에게 "직무 내외에서 품위 있는 태도를 취하도록" 촉구하고, 그 의무를 위반할 경우 심각한 직무 위반으로 처벌될 수 있다는 것, 특히 "공무원이 폴란드 인종과 성관계를 가질 경우" 처벌이 무거울 것임(체코 문제는 말없이 넘어가버렸다)을 알려주는 명령을 작성하자고 제안했다. 그런 공무원들은 즉시 형사 절차에 접어들게 될 것이며 "지도자의 분명한 의지에 따라 …… 연금 없는 해직을 각오해야 할 것"을 분명히 하자는 것이었다. 프리크가 동의했다. 그는 1941년 2월 12일 모든 관련 부처에 직무명령을 발송했다. 그렇게 하여 고양이 목에 방울을 다는 역할은 결국 행정법원으로 되돌아갔다. 그 법원이 뭔가 찜찜해진 그 문제를 어떻게 처리했는지는 알려지지 않고 있다.

위 사건의 전말은 국가행정이 스스로를 포기하지 않기 위해서는 그 어떤 정치적 자의성에도 불구하고 법적으로 규정된 절차를 준수해야 했으며, 그 때문에 많은 자의적인 지도자명령이 "변질"되거나 무화되어버렸음을 보여준다. 그와 더불어 분명해진 것은, 정부 부처들이 정치권력에 예종적인 행정 기술과 법 기술로 전락해버렸다는 사실이다. 그들은 내용과 형식 모두에서 수용 불가능한 지도자의 의지(보어만의 전문은 단 네 줄에 불과했다)를 법 형식적으로 가능한 것으로 증류해내고 있었던 것이다. 요컨대 직업공무원들은 법적 형식으로 도저히 포장할 수 없는 것은 제거해버렸지만, 가능한 것은 모두 구속력 있는 지시와 명령으로 개조하여 보편적으로 시행 가능하도록 만드는 데 최선을 다하는, 지도자권력의 필터로 작동했던 것이다.

전체적으로 보아 나치 체제에서 공무원들은 그들의 지위를 직접적으로 공동空洞화시키려는 시도는 막아낼 수 있었다. 그러나 1937/38년 이후 공무원들의 중요성과 위신은 급속히 추락했다. 엘리트적인 국가공무원을 버팀목으로 하여 권위적인 나치 국가를 수립하려던 프리크의 구상이 좌절된 이후에는, 공무원들이 독자적인 정복正服을 착용하거나 명예 당원증과 친위대 대원증으로 치장한다고 해서 잃어버린 힘을 되찾을 수는 없었다. 이는 헤스가 1939년 봄에 비당원 공무원의 승진을 과장급 이하로 제한하자고 제안한 것에서도 분명히 나타난다.[27] 공무원들이 헤스의 시도를 힘겹게 막아내긴 했지만, 그것이 사태의 본질을 가릴 수는 없었다. 보어만은 1940년 3월에 공무원 승진에서 "근무 연한" 외에 정치적 측면을 고려해야 한다고 주장했고(특정 공무원이 나치즘의 정치적 원칙에 반대하지 않았다는 것만으로는 정치적 신뢰성을 보증하지 못한다는 것이었다),[28] 개전開戰 이후 히틀러는 ─ 대부분 보어만을 통해 ─ 내무장관의 공무원정책을 더욱 강하게 비판했다. 그때 (1941년 봄) 프리크는 히틀러에게 보낸 편지에서 만사를 포기한 심경을 다음과 같이 표현했다.[29]

"나의 지도자여. 1933년 이후 나는 언제나, 당신이 위대한 국가정치적 목표를 달성하는 데 쓸 수 있도록 고도의 능력을 구비한 공무원 집단을 공급하는 것이야말로, 공무원장관으로서 내가 할 의무라고 생각했습니다. 나는 독일군과 마찬가지로 공무원들이 프로이센적인 의무와 나치적인 성격 및 태도를 결합하도록 하기 위해 노력했습니다. 그러나 지난 몇 년간 나는 나의 노력이 성공을 거두지 못하리라는 예감을 갖게 되었습니다. 나의 부처를 비롯하여 모든 정부 부처들을 보면, 직업공무원들 사이에 자신의 노력과 업적이 인정받기는커녕 부당하게 멸시당하고 있다는 쓰라린 실망감이 만연해 있음을 알 수 있습니다. 버려졌다는 그 느낌은 현재 가장 창조적인 인재들을 불구로 만들고 있습니다. …… 이제는 국가 지도자들로부터 특별한 신임을 받는 직업공무원을 육성한다는 목표는 더 이상 언급할 수조차 없는 상황입니다. …… 공무원들은 여론, 심지어 당 언론으로부터 온갖 종류의 공격을 받고 있습니다. 공격의 일부는 잘못된 정보에 근거하고 있고, 다른 일부는 사실관계에 대한 무지에서 나온 것입니다. 심지어 악의적인 왜곡도 있습니다. 모든 거대 조직이 그렇듯, 공무원들도 이따금 실수를 하기도 합니다. 그런 실수가 현재는 최악의 계급투쟁 시절을 떠올릴 정도의 무책임한 비난의 소재가 되고 있습니다. …… 공무원들은 또한 순수한 행정 업무를 공무원들이 아닌 당 조직에 맡기는 것에서도 상처를 받고 있습니다."

프리크의 불평은 공무원과 행정기관이 얼마나 무기력한 존재로 추락했는지를 잘 보여준다. 나치 체제는 보수적인 행정기구의 내적 구조를 변화시켜 지도자를 맹목적으로 추종하는 도구로 만드는 데는 분명히 실패했다. 나치당의 침투와 통제와 비난이 공무원들의 동질성과 자의식을 파훼하기는 했지만 그들을 도구화할 수는 없었다. 그러나 국가관료 기구 역시 권력을 상실하기는 마찬가지였다. 이는 히틀러에게 직속된 특별 기관들이 들어서고, 각종 행정 권한이 강력한 당 거물 몇 명에게 집중되며, 나치당 혹은 대기업과 혼융된 새로운 중앙 기관들이 등장함에 따라 중앙정부가 해체되다시피 하면서 나타난 현상이다. 형식만 보면 중앙 부처와 산하 행정기관들은 과거와 다름없었다. 그러나 정작 중요한 결정은 그들과 무관하게 내려지고 있었다. 중앙 부처 공무원들은 그 결정에 참여하지 못한 채 정치적으로 마비되어가고 있었다.

제8장

지도자권력

　나치 집권 이후 몇 년 동안 국가와 사회와 공적인 삶 전체에 나타난 전복적인 변화의 와중에, 세 개의 권력 중심이 등장하여 팽팽하고 불안정한 상호 관계 속에서 존재했다. 나치당의 일당 지배, 중앙집권적인 정부 독재, 사적인 지도자절대주의가 그것이다. 힌덴부르크 대통령의 지원을 받는 보수적인 독일민족주의 세력이 히틀러를 '통제'하려던 구상은 실패로 끝났다. 그러나 국가와 사회질서의 총체적인 전복을 목표로 하던 나치당 역시, 보수 세력은 물론 히틀러로부터 전권을 위임받은 나치 거물들에 의해 제동이 걸렸다. 나치당은 결국 거의 모든 영역에서 후퇴해야 했다. 그런 면에서 보면 통제 전략이 완전히 실패한 것은 아니라고 할 수 있다. 승자는 히틀러 한 사람이었다. 오직 히틀러만이 그가 착복한 모든 공직을 넘어서는 권력을 행사할 수 있었다. 직책과 무관한 인민적이고 카리스마적인 권력 기반을 보유하고 있던 히틀러만이, 혁명과 혁명 중단이 연속된 과정 끝에 유일한 승자로 남았던 것이다.

1934년에 권력 장악이 마무리된 뒤 몇 년(대략 1937/38년까지)은 헌정체제를 과격하게 변경시키려는 의지보다 상황을 안돈시키려는 경향이 강했다. 그러나 그것은 안정이라기보다 정체였다. 상호 경쟁하는 지배 세력들 및 권력기관들의 병존과 대립이 통일적인 지배체제 안으로 통합되지 못하였고, 병존과 대립의 모순 속에 담겨 있던 역동성은 소멸된 것이 아니라 일시적으로 동결 혹은 억제되어 있었기 때문이다. 그 상대적인 안정 국면에서 결정적이었던 것은, 지배체제를 다양한 영역(제국개혁, 행정개혁, 새로운 행정법과 형법의 제정, 당과 국가 관계의 정립, 지도자권력과 중앙정부의 관계 설정 등)에서 형식적으로 고정시키고 명문화하는 데 실패했다는 점이다. 지배체제가 고정되지 않았기에 일시적으로 막혀 있던 그 역동성은 언제라도 폭발할 수 있었다. 실제로 그 상대적인 안정 국면은 몇 년 만에 끝장났고, 그 뒤에는 즉흥적 결정들의 중첩 사태沙汰가 닥쳐왔다.

집권 초기에 나치 권력의 취약 지대는 중앙정부인 것처럼 보였다. 1933년 1월 30일 직후 히틀러가 의지할 수 있는 인물은 과거의 수하인 괴링과 프리크 두 명뿐이었다. 처음 몇 년 동안은 변화도 크지 않았다. 1935년까지 후겐베르크와 파펜이 물러나고 네 명의 나치, 즉 괴벨스, 다레, 헤스, 케를이 입각했다. 그러나 모두 열두 개의 부처에서 다섯 명의 나치 장관(괴링, 프리크, 괴벨스, 다레, 케를*)에 대하여 일곱 명의 보수적인 장관(노이라트, 블롬베르크, 샤흐트, 슈베린-크로지크, 젤

---

* 헤스는 내각에 속했으나 무임소 장관이었다. 한스 프랑크도 1934년에 무임소 장관에 임명되었다.

테, 귀르트너, 엘츠-뤼베나흐)이 맞서고 있었다. 보수적인 장관들은 수적으로만 우세했던 것이 아니다. 1937/38년까지는 그들이 지휘하던 부처들의 비중이 막강했다.* 그리고 각각의 중앙 부처를 유일하게 책임지던 독립적인 장차관들의 지위는 히틀러 정부에서도 손상되지 않았다. 1924/26년에 공포된 "제국 부처 업무 규정"은 1933년 이후에도 폐기되지 않고 있었다. 게다가 주州의 주권이 제거됨으로써 오히려 개별 부처(특히 내무, 법무, 교육, 재무, 경제, 노동) 장관들의 명령권이 강화되었다. 마지막으로 수권법은 그들에게 자율적인 입법권까지 부여해 주었다.

그러나 그때 이미 개별 부처 간의 업무가 중첩되는 현상이 나타나기 시작했다. 독립적인 나치당 재무국장을 상대해야 했던 제국재무장관은 군수軍需경제가 강화되자, 군대(포괄 예산)와 괴링의 항공부에 의해 제약받았다. 재정 상태가 열악하던 집권 초기에는 재무장관의 지위가 여전히 강력했다. 그래서 슈베린-크로지크는 선전부의 확대와 "친위대와 경찰"의 지속적인 성장에 제동을 걸 수 있었다.¹ 그러나 더욱 중요했던 것은, 1933/34년에 공적인 삶 전체가 나치로 일체화되면서, 히틀러가 긴급하다고 여기던 조치를 실시하기 위하여 중앙 부처의 장관 옆에, 혹은 형식적으로만 장관에게 종속된 특무전권위원과 제국 "지도자"들이 등장했다는 사실이다. 그들은 중앙정부로부터 독립된 히틀러의 사적인 신뢰에 의지하는 존재였고, 자기만의 조직을 설치하여 특수한 정책을 독자적으로 추진했다. 그런 한에서 그들은 제국정부의 통일성과 정부 독점을 깨뜨리고 공동空洞화시키는 존재였다.

---

* 보수 세력은 중앙정부에 소속된 프로이센 재무장관 포피츠에 의해 강화되었다.

제8장 지도자권력 369

1. 프리츠 토트

그런 종류의 포괄적인 전권全權을 확보한 최초의 인물은 프리츠 토트였다. 고속도로를 건설하기로 결심한 히틀러는 1933년 6월 30일 도로건설 전문가 토트를 "독일도로총감"에 임명했다. 히틀러의 독단적인 처사였다. 내각회의록에는 토트를 임명하기로 한 공식적인 결의가 기록되어 있지 않다. 그런 상태에서 히틀러는 1933년 7월 초 토트에게, 그가 "어느 (중앙) 부처에 부속되는" 것이 아니라 총리인 자신에게 "직속될" 것이라고 확약했다. 히틀러는 토트의 관할을 "자동차 전용도로 네트워크를 건설하기 위한 독일 도로 전체의 감독"으로 규정했는데, 그때 히틀러는 교통부장관과 사전 협의를 거치지 않았던 것으로 보인다.[2] 그렇듯 히틀러로부터 각별한 총애를 받은 토트는 1933년 9월 교통부에 자신의 업무와 직결된 관할권을 모두 넘기라고 자신만만하게 요구했다.[3] 기정사실이 되어버린 현실에 직면한 교통부장관은 1933년 10월 6일의 각의에서 교통부 K과(자동차와 국도)를 토트에게 양도했다. 토트는 "고위 제국기관"의 지위를 얻었고, 예산상으로 총리실에 부속되었다.[4]

그러나 얼마 지나지 않아서 토트는 입법권(도로건설 입법과 관련하여)이 필요하다는 판단 아래 "최고위 제국기관"의 지위를 요구하기 시작했다.[5] 총리실은 1933년 11월 1일에 토트의 입장에 상응하는 법안을 제출했다. 그러자 11월 9일 내무장관 프리크가 심각한 이의를 제기하고 나섰다. 토트의 요구가 "유사 인접 행정 영역들의 통합"과 "특수 기관의 해체"라는 자신의 목표와 정면으로 어긋났기 때문이다. 1933년

11월 24일에 히틀러가 참석한 가운데 열린 장관회의에서, 프리크는 "총리실은 인력 부족 하나 때문만으로도 총감에 대한 감독권을 행사할 수 없으므로" 토트를 교통부에 부속시켜야 된다고 주장했다.⁶ 재무차관 라인하르트 역시 "행정법상의 문제점"을 적시했다. 그는 "최고위 제국기관은 장관의 존재를 전제로" 하기 때문에 총감인 토트를 어느 한 중앙 부처에 종속시켜야 된다고 주장했다.

그러나 토트의 고속도로 건설 계획에 환호하던 히틀러는 굽히지 않았다. 그는 자신의 총신에게 무제한의 가능성을 열어주고자 했다. 기존의 행정기구는 새로운 과제를 "부차적으로 수행할 수 있을 뿐 완수할 수는 없을 것"이다. "제국 고속도로를 건설하는 차원의 새로운 과제는 새로운 기관을 요구합니다." "부처를 신설할 수는 없습니다. 새로운 기관은 부처의 성격을 보유해야" 되지만(아마도 결정권을 뜻한 것 같다), 동시에 그런 차원의 "과업을 추진하는 데 필요한 힘이 살아 움직이기 위해서는, 그 기관이 세부적인 행정 작업으로부터 면제되어야 합니다." 그런 기관에게 필요한 것은 무엇보다도 "영감"이기 때문이다. 따라서 "순수한 행정 작업과는 무관해야" 한다. 총감은 "기구 전체 위에 서 있는 조직가여야 합니다." 그의 지위는 "일반적인 행정기관의 척도로 잴 수 없습니다." 물론 "총감에 대한 급여" 역시 최대여야 한다.*

---

* 각의 회의록(BA: R 43 II/508)을 보면, 토트를 임명할 때 히틀러는 토트의 급여를 아예 토트 자신에게 맡겼다는 것을 알 수 있다. 토트의 급여는 호봉 B2(차관급)에 해당하는 연봉 2만 2000라이히스마르크였다. 1934년 1월에 토트는 제국철도 행정위원회 위원에 임명되었다. 그로부터 두 달이 지난 3월 29일 토트는 히틀러에게 연간 6000마르크에 달하는 행정위원 자문료를 총감 직책 수행을 위한 여행비로 인정해달라고 부탁했다. 히틀러는 받아들였지만, 1935년 4월 18일 재무부는 토트에게 법규가 그것을 허용하지 않는다고 통고했다. 그러자 히틀러는 같은 액수를 자기 개인에게 할당된 기금에서 지불하도록 했고, 토트는 기꺼이 받았다.

그때 이미 히틀러는 "추후의 경제정책에서도 그러한 기관을 설립할 필요성이 대두할 수 있을 것"이라고 예상하면서, "액화석유 영역"을 예로 들었다. 어쨌거나 히틀러의 특별한 요청에 따라 중앙 부처들의 "문제제기"는 "없었던 것"이 되었고, 1933년 11월 30일 "독일도로총감"에 대한 대통령명령이 공포되었다. 토트는 총리에게 직속된 최고위 제국기관의 지위를 얻었다.

토트는 제국정부 조직의 외부에, 지도자에게 직속된 중앙 기관이 들어선 첫번째 경우였다. 토트는 제국 부처 장관에게 부여된 입법권과 명령권을 보유했지만, 장관에게 부과되던 일반적인 행정 업무는 면제받았다. 그가 하는 일은 기획과 조직뿐이었던 것이다. 그리하여 그는 기존의 도로건설 행정이 갖고 있지 못한 명령권을 보유한 최고위 중앙 부처였고, 민간 건설회사들에게 그는 사업을 발주하는 국가기관인 동시에, 특정 목적에 따라 컨소시엄을 구성하도록 하거나 거대한 노동력을 공급하는 조직가이기도 했다.* 히틀러에게 직속된다는 사실 하나만으로도 그는 다른 장관들에 대하여 우선권을 주장할 수 있었고, 이례적인 조치(예컨대 도로법이나 단체협상 문제에서)를 동원할 수 있었다. "도로건설 총감"은 정상적인 국가정부와 행정 곁에 존재하던, 특별한 당면Ad-hoc 과제를 수행하기 위한 지도자-정부의 일부였다.

토트의 기관은 또한 공공기관과 민간경영의 특이한 혼합이었다. 한편으로 토트에게 종속된 수많은 건설회사, 건설 현장, 노동자 막사는

---

* 최고위 제국기관의 수장으로서 토트는 건설행정 공무원에 대한 임명권을 행사했다. 그러나 법리 문제가 발생했다. 공무원법이 공무원 임명권을 총리와 부처 장관에게만 부여했기 때문이다. 결국 토트는 임명권을 불법적으로 행사하였던 셈인데, 이는 1940년 9월 21일 특별 예외규정에 의하여 사후적으로 합법화되었다.

거대한 국영 건설회사였고, 다른 한편으로 입법권과 행정명령권을 보유한 '사장'은 자신의 과제를 가장 효율적으로 수행하는 데 필요한 모든 필요한 행정적 조건들을 스스로 창출할 수 있었다. 토트는 결국 1938년 12월에 "건설경제총감"에 임명되었다. 서부전선에 전차 방어선을 건설하는 것이 군사적인 역점 사업으로 떠오른 1937/38년에, 토트는 또 한 번 민간기업과 국가기관을 하나로 묶는 방식을 이용했다. 이 사업을 위하여 1938년 6월 22일과 23일에 "특수한 국가정책적 과업에 필요한 노동력을 확보하기 위한" 명령이 공포되었다. 그에 따라 건설행정, 민간기업, 사무직 근로자들 및 노동자들이 토트의 명령권하에서 "토트건설총국Organisation Todt"이라는 거대한 독자 조직으로 결합되었다. 특징적이게도 토트건설총국을 구상하고 이끈 사람은, 토트가 1933년 말에 뮌헨의 한 건설회사에서 발탁하여 베를린의 "총감" 본부 건설과 과장에 임명한 건설 엔지니어 크사버 도르슈였다.

1939년 6월에 히틀러로부터 10만 라이히스마르크의 특별 공로금을 받기도 한 토트는 전쟁이 발발하자 군수부장관에 임명되었다(1940년). 전쟁 중에 토트건설총국은 군수부 건설과에 편입되어 군사 시설을 건설하기 시작했고, 기동 건설대를 육군 부대에 파견하였다. 결국 독일군 공병대마저 토트건설총국에 편입되었다. 전선에 파견된 건설총국 노동자들은 유니폼을 입고 군사적 명령 체계 아래서 일했다. 건설총국은 또한 외국인 노동자, 전쟁포로, 유대인, 수용소 수감자들 수십만 명을 건설 현장에 투입했다. 토트가 보유하고 있던 세 가지 직책(도로총감, 건설경제총감, 군수장관)은 토트건설총국에 이례적으로 강력한 지위를 부여했고, 건설총국을 히틀러국가의 가장 중요한 특수 조직의 하나로 격상시켰다. 건설총국의 법적·영역적 특징은 국가적인 건설행정과 국가적인 노동력 공급 조절 체계를 건설 분야에 속하는 숱한 민간기업들과 결합시킨 데 있었다. 이러한 즉흥적인 Ad-hoc 구조는 건설총국을 수많은 법적·행정적 장애물로부터 해방시켜주었고, 고도의 유연성과 기동성과 효율성을 발휘하도록 했다. 토트건설총국은 제국정부와 그 행정 부처 곁에 존재하면서도 일반적인 국가행정이 받아야 하는 통제로부터는 벗어나 있던, 전형적인 지도자 직속 비상 특별 집행기구였다. 건설총국은 군대 및 친위경찰과 비슷한 "국가 내 국가"였던 것이다

2. 제국노동봉사단

제국노동봉사단은 나치 초기에 성립된 또 다른 특수 권력이다. 기원은 바이마르공화국으로 거슬러 올라간다. 공화국 말기인 1932년에 고용창출 정책의 일환으로 "자발적 노동봉사 감독위원"이라는 직책이 만들어졌다. 이 직책은 히틀러 정부에 와서 제국노동부장관 젤테가 맡았다. 그러나 나치 집권 두 달째인 1933년 3월 31일에 나치당 노동봉사 담당자 콘스탄틴 히에를이 봉사단장(차관급)에 임명되었다. 히에를은 그 후 몇 달 이내에 여타의 정당과 교회에 조직되어 있던 노동봉사 관련 조직들을 제거하였고, 노동봉사단을 나치당 산하 단체로 만들었다. 1934년 2월에 봉사단은 "나치 노동봉사단"이라는 정식 명칭을 획득했고, 30개의 지구 노동봉사단으로 편성되었다. 지구 노동봉사단은 분명 국가기관이었지만, 주州노동사무소와의 관계를 끊음으로써 독자적인 노동행정기관이 되었다. 중앙과 지역의 봉사단 지휘부는 주로 나치당 산하 기관과 가맹단체(히틀러청소년단, 돌격대 등)에서 충원되었고, 내

부 구조 역시 국가행정이라기보다 정당과 같은 모습이었다.

제국노동부장관 젤테는 봉사단의 변화에 아무런 영향력을 행사하지 못하였다. 그리고 젤테는 히에를과 무수히 충돌했다. 히틀러와 히에를의 압박에 굴복한 젤테는 결국 1933년 10월에 노동봉사단을 노동부로부터 분리시켜 최고위 제국기관으로 격상시키자고 스스로 제안했다. 이때 반대한 인물은 오히려 내무장관 프리크였다. 프리크는 그 결정이 "제국행정의 파편화"를 추동할 것이라고 하면서, "너무 많은 기관을 총리에게 직속시키는 것" 역시 적절치 않다고 주장했다. 토트의 경우에는 프리크가 패배했지만, 이번에는 프리크가 승리했다. 프리크는 봉사단을 처음에는 당시 구상 중이던 돌격대부Ministerium에 부속시키자고 제안했다. 그러나 돌격대의 숙청으로 그 제안이 무산되어버리자, 프리크의 동의하에 히에를은 1934년 7월 3일에 노동봉사단 제국감독위원에 임명되어 행정적으로 내무장관에 부속되었다. 그렇게 하여 프리크는 명목상으로는 새로운 최고위 제국기관이 신설되는 것을 막을 수 있었다.

실제로는 그러나 히에를과 봉사단은 독립성을 쟁취했다. 게다가 1935년 6월 26일에 마침내 노동봉사 의무제가 도입되었고, 그로써 제국노동봉사단은 군대에 버금가는 거대한 특수 조직으로 확대되었다. 봉사단은 전쟁 중(1940년)에 독자적인 법원까지 보유하게 된다.7 봉사단 단장은 직급상으로는 차관에 머물렀고, 따라서 내각의 일원이 되지 못하였다. 그러나 실제로 그는 특수한 제국기관의 독립된 수장이었다. 그리고 봉사단은 국가적인 노동 조직인 동시에 준準군사훈련 조직이었다. 게다가 봉사단은 군대와 달리 나치의 지도자원칙과 나치식 교육에 중점을 둔 군사 교육을 실시했다. 이렇듯 이중적인 측면을 고려해보면,

봉사단은 국가와 나치당이 결합된 대표적인 사례의 하나라고 할 것이다. 그리고 국가와 당의 결합은 히틀러국가에서 강력한 독립성의 전제조건이었다. 1943년 8월 힘러가 내무장관에 임명되자, 봉사단은 형식적으로도 내무부로부터 분리되었고, 히에를은 히틀러에게 직속된 최고위 제국기관의 수장이 되었다.[8]

3. 히틀러청소년단

히틀러청소년단 단장 발두어 폰 쉬라흐는 그 목표를 히에를보다 빨리 달성했다. 1933년 봄의 나치당 혁명 동안 히틀러청소년단은 "독일청소년단체 제국위원회"를 인수하여 그로부터 유대인 단체와 사회주의 단체를 비롯한 정당 소속 청소년 단체들을 제거한 뒤, 나머지 청소년 단체 회원들을 히틀러청소년단에 편입시키고 유스호스텔과 재외독일인 청소년기구도 통합시켰다. 그리하여 쉬라흐는 1933년 6월 17일에 이미 히틀러로부터 "독일제국 청소년지도자"로 임명되었다. 쉬라흐의 직책은 국가행정직이라기보다는 청소년 운동 전체를 감독하는 혁명적(혹은 "직업신분적") 직책이었고, 그 역할을 통하여 쉬라흐는 개별 청소년 단체들을 승인하고 단체장을 임명했으며, 이를 통하여 히틀러청소년단을 포괄적인 거대 조직(1934년 말에 350만 단원)으로 확대했다.

히틀러청소년단은 나치당 산하 기구였으나, 청소년단 지도부는 그에 만족하지 않았다. 1935년에 일반징집제가 도입되고 노동봉사가 의무화되자, 지도부는 청소년단이 노동봉사단과 교육부에 밀려나지 않으려면 준準군사훈련이란 국가적 과제를 떠맡을 필요가 있다고 판단했다.

히틀러는 1935년 말에 청소년단이 국가 조직이 되는 것에 기본적으로 동의했다. 그러나 교육부장관 루스트가 교육 분야에 또 하나의 중앙 기관이 경쟁자로 등장하는 것에 극렬하게 반대하였고, 재무부장관 역시 쉬라흐가 제출한 제국청소년단 지도부의 직급 체계에 이의를 제기했다. 결국 쉬라흐의 구상은 1936년 말까지 실현되지 못했다.[9] 1936년 말에도 쉬라흐가 제출한 제국청소년단 법안은 내무부장관의 반대에 부딪혔다. 프리크는 이번에도 "일반 행정에서 분리된 독자적인 특수 제국행정"의 출현을 거부하면서,[10] 적어도 지구와 도 수준에서는 다른 행정기구와 연계되도록 청소년단을 일반 행정에 부속시켜야 된다고 주장했다.

히틀러는 그러나 청소년단을 "최고위 제국기관"으로 자신에게 "직속"시키고자 했다. 그는 라머스를 통하여 교육부장관에게 "반대 입장을 철회하고 (1936년) 12월 1일 내각회의에서 반대 의견을 피력하지 말라"고 요구했다.[11] 히틀러는 또한 청소년법 시행령의 성안 작업에 참여하게 해달라는 국방부장관 블롬베르크의 요청(청소년단 문제는 "군에 입대하게 될 후속 세대의 문제이기도 하기 때문에")을 일축했다.* 히틀러는 노동봉사단과 청소년단 모두를 교육과 군사 훈련에서 비정치적 군대에 대치하는 나치의 힘으로 간주하였던 것이다.

1936년 12월 1일 내각은 "히틀러청소년단법"을 통과시켰다. 법은 히틀러청소년단을 10세에서 18세 사이의 모든 남녀 청소년들의 의무 조직으로 만들었고, 제국 청소년지도자에게 "최고위 제국기관"의 지위

---

* 라머스는 1936년 11월 30일에 (같은 날 전달된 블롬베르크의 편지에 대하여) 수기로 메모했다. "지도자께서 원하지 않는다."

를 부여했으며 "지도자에게 직속"시켰다. 쉬라흐는 애초에 청소년단 지도부 대부분을 공무원으로 만들고 그들에 대한 급여를 정부로부터 받아내려고 했다. 그러나 재무장관은 물론, 청소년단의 재정적 독립성을 우려한 나치당 재무국장이 단호하게 반대했다. 그리하여 쉬라흐가 차관 직급을 부여받고 그의 수하 세 명에게 과장직을 주는 것으로 정리되었다. 그들의 급여는 재무장관이 나치당 재무국장에게 승인한 포괄예산으로부터 지급되었다.* 쉬라흐가 이끄는 최고위 중앙 부처는 그렇게 재무적으로 나치당에 종속되었고, 차관에 불과한 쉬라흐에게는 독자적인 명령권이 부여되지 않았다.** 청소년단을 최고위 제국기관으로 격상시킨 것은 결국, 여타의 국가기관(교육부장관)에 대하여 제국 청소년지도자를 정치적으로 강화하고 청소년과 관련된 교육부의 입법 작업에 참여토록 하는 조치였다.***

---

* 이 비정상적인 규정은 기이한 후일담을 낳았다. 그때까지 히틀러청소년단의 재무를 맡아온 게오르크 베르거가 과장에 임명되고 나서 청소년단 업무를 거부하더니, 1939년에 일반 기업으로 전직해버렸다. 그러면서도 그는 과장직을 유지하겠다고 고집했다. 공무원 임용은 종신으로 이루어지는 것이었기 때문에 나치당 재무국장은 어쩔 도리가 없었다. 그는 베르거를 자신의 아랫사람으로 간주했지만, 나치당 재무국장은 공무원이 아니었기 때문에 베르거를 공직에서 제거할 방법이 없었다. 1941년이 되어서야 베르거는 공무원 지위를 스스로 포기하라는 주변의 의견에 동의했다. BA: R 43 II/515a.
** 기존의 『나치당 제국 청소년지도부의 명령보報』가 1936년 12월 1일에 『독일제국 최고위 중앙 부처 청소년지도자 및 나치당 제국 청소년지도부의 명령보』로 명칭을 변경한 것은, 쉬라흐가 국가적인 행정명령권을 기정사실화하려던 것이었는데, 총리실과 내무장관의 반발에 부딪혀서 1937년 여름부터 다시 『독일제국 청소년지도자 및 나치당 제국 청소년지도부의 공보』로 바꿔야 했다. BA: R 43 II/468.
*** 쉬라흐의 부탁을 받은 라머스는 1939년 10월 4일 장관들에게, "청소년과 관련된 법안에 대해서는 결정 이전에 통고해달라는 제국 청소년지도자의 바람에 가급적 부응해달라"고 요청했다. BA: R 43 II/515.

4. 친위경찰

 중앙권력의 일부가 일반 행정으로부터 독립하는 동시에 당직과 행정직이 지도자 직속 특수 조직으로 결합되는 과정이 가장 치명적이었던 경우는 친위대와 경찰이었다. 그 결정적인 전제조건은 모든 주의 정치경찰이 힘러와 하이드리히의 손에 집중되면서 마련되었다. 그때 친위대 지도부가 정치경찰의 최고위 직책을 독차지하였고, 친위대 정보기관(보안국)과 정치경찰이 결합되었다. 게다가 돌격대가 거세된 뒤에 친위대는 (보조경찰 기능도 은밀히 지속하면서) 돌격대가 맡아왔던 수용소의 관리와 감시 기능을 인수했다. 그리하여 베를린 근처의 오라니엔부르크 수용소를 포함하여 1934년 6월 30일까지 존속했던 수용소들은 해체되거나 친위대에게 인수되었다. 수용소 경비를 담당하던 경찰관들도 친위대 경비 병력으로 교체되었다. 그들은 주 예산에서 급여를 받았다. 친위대 해골단(1934년 말에 병력은 총 2000명에 달했다)은 수용소 경비 병력에서 발전한 조직이다.
 하이드리히가 힘러의 지시에 따라 모든 주의 정치경찰을 장악한 바로 그 시기(1934년 여름)에, 그때까지 다하우 수용소 소장직을 맡고 있던 테오도어 아이케가 "수용소 총감 겸 친위대 경비대장"에 임명되었다(1934년 7월 4일). 그 역시 친위대장 힘러에게 직속되었다. 힘러가 뮌헨부터 시작하여(바이에른 정치경찰 사령관) 모든 주의 정치경찰을 장악했던 것처럼, 아이케 역시 1934년 이후 독일의 모든 수용소를 다하우 수용소를 모델로 하여 통일시켰다(경비와 처벌에 관한 일반 규정의 도입, 경비대 훈련 체계의 수립, 수용소의 위계화, 즉 소장, 정치과,

부관, 행정과, 막사장, 보고 담당자, 블록장, 수감자 카포Kapo 분류 체계의 도입).* 수용소(1934년 이후 크게 감소)의 재정은 1936년까지 친위대 해골단 및 정치경찰과 마찬가지로 주정부가 책임졌고,** 1937년에 이르러서야 중앙정부의 몫이 되었다. 그때 기존의 작은 수용소들이 세 개의 거대 수용소로 통합되었으니, 뮌헨 인근의 다하우 수용소와 베를린 근처의 작센하우젠 수용소 그리고 바이마르 주변의 부헨발트 수용소가 그것이다. 그곳에서 약 4000명의 경비대원이 약 1만 명의 수감자를 통제하고 있었다.

힘러의 세번째 권력 기반은 1933년에 일종의 혁명 특공대(1933/34년에 비슷한 목적으로 투입되었던 돌격대 야전대와 더불어)로 조직되었던 무장 친위 부대였다. 그중 가장 중요하고 규모가 컸던 조직이 1933년 여름에 베를린에 설치된 "아돌프 히틀러 경호대"로서, 창설 당시 대원 수는 120명이었다. 제프 디트리히가 지휘하던 아돌프 히틀러 경호대는 이미 1933년 11월 9일에 히틀러 개인에게 선서를 했다. 히틀러가 대통령직을 인수하기 훨씬 전에 벌어진 이 사건은, "독일의 공적인 삶에 지도자권력을 기입한 최초의 행위 중의 하나"로 규정될 수 있다.[12] 경호대는 히틀러가 1934년 6월 30일에 룀을 공격할 때 투입되어 결정적인 역할을 했고, 그 공로를 인정한 히틀러는 그 조직을 근대적인 무장 부대로 확대하도록 허용했다. 아돌프 히틀러 경호대 외에도 친위대에는 무장 부대가 두 개 더 있었고(뮌헨과 함부르크), "친위대 융커학교"도 두 개(바트퇼츠와 브라운슈바이크)나 되었다. 1938년까지 친위

---

* (옮긴이) 카포는 나치 수용소 수감자 중에서 행정 업무와 조장 업무를 맡은 사람을 말한다.
** 중앙정부는 수용소에 수감된 재소자의 수에 따라 보조금을 지급했다.

대의 무장 단체는 그 세 개(각각 연대 규모)로 제한되었다. 군부의 압력 때문이었다.

무장 친위대의 재정은 중앙정부가 담당했다. 그리고 무장 친위대 근무는 군 복무에 대한 대체 복무로 인정되었다. 그 대가로 군대는 무장 친위대의 예산에 대한 감사권을 확보했다. 블롬베르크와 프리치가 퇴직한 1938년에야 비로소 친위대가 군부의 압력으로부터 벗어났다. 히틀러는 1938년 8월 17일의 명령(명분은 체코 위기였다)으로 기존의 무장 친위대 규모 이상으로 일반 친위대원들을 무장 친위대에 편입시킬 수 있도록 허용했다.[13] 친위대는 일반 대원을 모집할 때도 1938년 10월 15일에 공포된 긴급징용법을 적용시켜, 15세 이상의 남자들 중에서 원하는 자를 선발할 수 있게 되었다. 1938년 말에 무장 친위대와 해골단의 대원 수는 총 2만 명에 달했다.

무장 친위대는 나치당과 국가에 기반하면서도 양자로부터 벗어나 있는 특수 권력의 특징적인 예다. 무장 친위대는 당의 행정 및 재정 감독권(재무국장)에 종속되지 않았다. 그렇다고 해서 그 기관이 국가 경찰의 일부였던 것도 아니고, 중앙과 주의 내무부에 종속되었던 것도 아니다. 무장 친위대는 오직 친위대장에 종속되었다. 따라서 무장 친위대는 직접적인 지도자권력의 대표적인 예라고 할 수 있다. 1935년에 힘러가 제국총리실 "제국보안처" 처장에 임명되고 베를린에 위치한 모든 공공건물의 보안을 책임지게 됨에 따라(그 일은 친위대 보안국 분소와 "아돌프 히틀러 경호대" 대원들 외에 특별히 선임된 형사경찰관들이 수행했다), 친위대장이 위계적으로 나치당 총재 겸 제국총리인 히틀러에게 직속된다는 점이 공식화되었다.*

경찰 일반이 내무행정으로부터 벗어나는 과정은 훨씬 더 복잡했고,

논란도 분분했다. 힘러는 주의 정치경찰들을 장악하면서 1934/35년에 이미 독자적인 국가보안부의 설립을 꿈꾸었다. 그러나 그에 대립하는 흐름이 처음부터 있었다. 내무장관이 경찰 전체의 "제국화"를 추진했던 것이다. 이를 통하여 그는 정치경찰에게도 확고한 행동 규범을 부과하고, 그로써 정치경찰의 비균질적인 행동 방식을 극복하고자 했다 (1934년 4월 12일과 26일에 공포된 예방구금 명령이 그 예다).[14] 그러나 주 정치경찰은 모든 주에서 최고위 주州 부처가 되었고, 결국 힘러와 하이드리히에게 접수되었다. 그러자 제국내무장관은 정치경찰에 대하여 명령권을 행사하기는커녕, 그들이 어떻게 움직이는지 알 수도 없었다. 그리하여 1934/35년에 이미 정치경찰의 책임자가 제국내무장관인지 아니면 모든 주의 정치경찰의 명령권자인 친위대장인지가 결정되어야 했다.[15]

힘러와 프리크 간의 갈등과 관련된 문서를 보면, 힘러가 당시 이미 히틀러의 지지를 받고 있었다는 점이 드러난다. 힘러는 프리크의 명령에 반하여 행동했고,** 프리크는 힘러가 경찰 관련 사건을 자신에게 알리지도 않은 채 직접 "총재 겸 총리에게 제출"하고 있다고 불평했다.[16]

---

* 1935년 10월 22일 총리실장이 친위대장에게 전달한 내용을 보자. "당 총재 겸 총리의 위임에 따라 본인은 예산 V(제국내무부) 제4장에 명시된 '제국보안처'가 귀하에게 종속된다는 점을 통고합니다. 귀하는 제국보안처 구성원들에 대한 완전한 명령권을 보유하며, 그 직책에 의거하여 총재 겸 총리에게 직속됩니다. 귀하는 제국보안처의 유일한 책임자입니다." BA: R 43 II/1103.

** 예컨대 제국내무부는 1935년 1월 30일에 다하우 수용소의 수감자 수가 (프로이센과 비교하여) 왜 그렇게 많은지 즉각 조사하라고 지시했다. 수감자들의 일부를 석방하기 위해서였다. 바이에른 정치경찰의 명령권자로서 수용소 문제에 책임이 있던 힘러는 히틀러에게 편지의 사본을 보여준 뒤에 한 줄만 부기했다. "지도자에게 보여줌. 1935년 2월 20일. 수감자들은 계속 머문다." 친위대장 비서실 문서, IfZ: MA 302, B. 7001/02.

프리크가 프로이센 내무부로부터 넘겨받은 친위대 장군 달뤼게 역시 정치경찰을 일반 경찰로부터 분리하는 것이 부적절하다고 생각했다. 달뤼게는 제국과 프로이센의 통합내무부에서 정치경찰을 맡고 있었는데, 1935년 11월에 히틀러에게 제출한 정책 제안서에서 정치경찰을 일반 경찰에 편입하고 경찰행정 전체를 통합해야 한다고 주장했다.[17] 달뤼게는 경찰관을 친위대에서 충원하고 "친위대를 긴밀하든 소원하든 경찰과 결합시키는 것"이 옳다고 여겼지만, 경찰의 "제국화"만큼은 제국과 프로이센의 내무부 차원에서 실시해야 한다고 주장했다. 사태가 실제로 그렇게 전개되었더라면 경찰에 대한 중앙의 명령권은 달뤼게에게 귀속되었을 것이다.

반대로 게슈타포가 프로이센 내무부가 아니라 프로이센 정부에 속하게 되면 하이드리히가 유리했다. 게다가 통일적인 경찰행정을 구축하는 일은 궁극적으로 내무행정 전체의 재편을 의미하던 제국개혁의 일부로서만 추진될 수 있었다. 반면에 정치경찰만을 중앙화하는 일은 훨씬 쉬운 일이었다. 따라서 유리한 건 하이드리히였다. 이 논란에서 힘러는 뜻하지 않은 원군을 만났다. 군부가 그를 지원하고 나섰던 것이다. 군대는 1935년 여름에 이미 "정치경찰의 통일적 조직화와 운영"을 강력하게 요구했다. 그렇게 해야만 군 보안기관(1934년부터 카나리스 대령이 책임지고 있었다)과 보안경찰의 협력이 합리적이고 효율적으로 이루어질 수 있다고 판단했던 것이다.[18] 그러나 프로이센의 도감독들 다수, 예를 들어 동프로이센 도감독 에리히 코흐는 도내에서 활동 중인 게슈타포가 그들에게 종속되지 않고 오직 힘러와 하이드리히의 명령에 따르는 것을 불만스러워했다. 그들은 게슈타포의 독립이 "국가의 권위를 극도로 침해하는" 것이라면서 프리크의 입장을 지지했다.[19]

게슈타포의 지위를 둘러싼 줄다리기는 1934년부터 1936년 2월까지 계속되었다. 1936년 2월 10일에 공포된 프로이센 게슈타포법은 무승부였고 타협이었다.[20] 베를린의 게슈타포는 한편으로 "최고위 주정부 부처"로 규정되어 조직상의 독립성을 확보했다. 다른 한편 게슈타포 분소는 "동시에 지구감독에 종속되어 감독의 지시에 따라야 하고," "모든 정치-경찰 업무에 대하여 지구감독에게 보고"해야 했다. 조직상의 독립성은 게슈타포가 인적·제도적으로 친위대 및 보안국과 제도적으로 결합된다는 것을 의미했다. 따라서 친위대에 발달되어 있던 상명하복의 구조와 특수한 세계관 및 주적 개념이 게슈타포까지 규정하게 되었다. 그러므로 게슈타포와 일반적인 내무행정의 차이는 두드러질 수밖에 없었다. 게다가 게슈타포의 독립 문제에서 히틀러는 힘러와 하이드리히를 전폭적으로 지지했다. 따라서 "정상적인 사법 영역은 그대로 유지된다"는 게슈타포법의 조항은 포장에 불과했다. 같은 법에 게슈타포가 처리하는 사건은 "행정법원의 재심"을 받지 않는다고 규정되어 있기 때문이다. 게슈타포의 특수한 지위는 그로써 명료하게 확립되었다. 이는 하이드리히의 법률가 베르너 베스트의 법조문 설명으로도 입증된다. "특수한 원칙과 필요성에 따라 움직이는 게슈타포와 보편적이고 균질적인 법질서에 따라 작업하는 행정의 불가피한 구분이 그로써 확립되었다."[21]

그로부터 얼마 지나지 않아서 힘러가 결정적인 승리를 거두었다. 그 승리는 경찰 전체를 장악하고 그것을 친위대와 결합시키려는 궁극적 목표의 첫번째 단계였다. 힘러가 제국정부에 경찰부를 설치하지는 못했지만, 히틀러는 1936년 6월 17일의 명령을 통하여 힘러에게 "제국의 경찰 업무를 통일"시키는 과제를 맡겼고, 또한 "친위대 제국지도자 겸 제국내무부 독일경찰총장"이라는 직명職名을 부여했다. 이 직명은 격렬한 갈등을 유발했다. 그 직명에 게슈타포법과 마찬가지로 상반되는 두 개의 요소가 포함되어 있었기 때문이다. 프리크는 "친위대 제국지도자 겸 독일경찰총장"이라는 직명에 반대했다. 그 직명은 힘러 한 사람이 친위대 수장직과 독일경찰 수장직을 겸한다는 것을 넘어서, 친위대 지도부와 경찰 지도부의 결합을 '제도화'하는 것을 뜻하였기 때문이다. 다른 한편으로 "제국내무부"라는 직명의 일부와, 독일경찰총장이 "제국내무장관 겸 프로이센 내무장관에게 직접적으로 종속된다"는 조항은 경찰과 내무행정의 관계를 유지하려던 프리크에 대한 양보였다. 힘러가 장관이 아니라 차관 자격을 얻고, "그의 업무와 관계되는 한에서" 내각회의에 참석하도록 한 것도 타협의 산물이었다. 그러나 친위대 제국지도자와 독일경찰총장이 "자신의 업무 영역에서 장관의 상임 대표"라는 시행령 규정은,²² 프리크에 대한 힘러의 종속이 명목에 불과했다는 사실을 가리킨다.*

힘러는 또한 친위대 제국지도자 자격으로 지도자에게 직속되었다(돌격대 대장에의 종속 관계는 1934년 6월 30일에 해제되었다). 따라서 힘러는 현실적으로 제국내무장관에 대한 종속을 피해버리거나 그 우열관계를 심지어 역전시킬 수도 있었다. 실제로 힘러는 1936년 6월 17일에 자신에게 부여된 장관대리라는 지위를 폭넓게 해석하여, 일반적인 내

---

* 프리크는 초기에 자신과 힘러의 상하관계를 보존하기 위하여 고투했다. 예컨대 1937년 1월 25일 제국내무부 친위대 과장, 서기관, 분소에게 보낸 직무명령에서 프리크는, 자신의 지시와는 어긋나게 (경찰총장이 마련한) 법안이 장관인 자신도 모르는 사이에 내무부 바깥으로 알려지는 데 대해 이렇게 썼다. "이는 불가능한 일이다. 그것은 외부를 향하여 절대적으로 보존되어야 할 내무부의 통일성을 파괴하는 것일 뿐만 아니라, 그렇게 행동하게 되면 내가 그 법안의 일부 혹은 전부를 승인하지 않을 가능성도 있다." IfZ: MA-435.

무행정에서도 장관을 대리한다고 주장하기 시작했다. 이 주장은 1939년에 현실이 된다. 힘러는 내무장관 대리 자격으로 "제국행정 전권위원"이 되었던 것이다. 전쟁이 발발한 뒤 프리크의 지위가 갈수록 약화되고, 앞서 서술한 바처럼 병합되거나 점령된 지역에 임명된 민간행정의 수장들이 지도자에게 직속된 독립적 지위를 주장하고 쟁취하자, 내무행정과 경찰의 상하관계가 역전되기 시작했다. 힘러는 병합되거나 점령된 지역을 기본적으로 정치-경찰적 업무 영역으로 간주하여, (제국내무장관을 대신하여) 그 지역 행정 수장들에 대한 명령권을 주장하였던 것이다.[23] 히틀러는 1942년 말에 내무부의 위계를 변경하기로 결심했고, 1943년 3월에 라머스와 힘러는 "추후 어떻게 경찰을 내무부로부터 독립시켜 경찰(보안) 장관인 친위대 제국지도자에게 종속시킬 것인지" "계획을 세우기"로 비밀리에 약속했다.[24] 1943년 8월 마침내 경찰총장 힘러가 제국내무부를 넘겨받고 프리크는 보헤미아와 모라비아 총독으로 밀려났다.

제국내무장관과 경찰총장의 관계가 역전된 것은 1936년에 시작된 발전의 극단적 귀결이다. 그때 그 결말은 예측될 수 없었고, 불가피한 것도 아니었다. 친위대장과 경찰총장의 결합이 제도화되고, 하이드리히 휘하에 보안경찰청(게슈타포와 형사경찰)이, 달뤼게 휘하에 질서경찰청(질서경찰과 전투경찰)이 설치되면서, 경찰의 "제국화" 및 친위대와의 결합이 경찰 지휘부 차원에서 완결되었다. 게슈타포 외에 경찰의 중앙화와 친위대와의 결합이 가장 일관되게 이루어진 부문은 형사경찰이었다(프로이센 질서경찰청은 1937년 7월 16일에 제국질서경찰청으로 확대되었다). 그러나 지역 분소를 통하여 독자적인 하부구조를 갖춘 게슈타포와 달리, 형사경찰의 하부구조는 일반적인 경찰행정(경찰서장)의 일부로 남았다. "보안경찰 및 보안국 감찰"이라는 추가적인 수직적 명령 체계가 도입되어 주와 도와 지구 차원의 형사경찰을 종전보다 더 중앙에 종속시키긴 하였지만, 경찰행정의 일부라는 성격은 유지되었다.

1939년 9월 27일에 제국보안청이 설립되었다. 제국보안청에 편입된 국가와 경찰기구들(게슈타포, 형사경찰, 친위대 보안국)의 독자성은 파괴되지는 않았지만, 하이드리히가 제국보안청장에 임명됨에 따라 경찰과 친위대의 제도적 결합은 더욱 공고해졌고, 특히 형사경찰 내에 친위대적인 요소가 강화되었다. 그러나 질서경찰의 경우, 주와 도시의 일반 행정과 경찰 사이의 위계적, 조직적, 공무원법적 관련성을 해체하기란 거의 불가능한 일이었다. 그래서 질서경찰과 친위대의 관계(경찰관에게 친위대 계급을 수여하는 등)는 명목적인 것에 머물렀고, 질서경찰의 국가기관으로서의 성격 역시 보존되었다.

1936년 말에 게슈타포의 특수한 성격이 원칙적으로 관철되고, 예방구금권을 무제한으로 행사할 수 있는 법적 권리가 주어졌지만, 그때만 하더라도 게슈타포의 행위는 논란의 대상이었다. 하이드리히가 게슈타포 분소에 회람시킨 1936년 12월 17일의 명령에서 "예방구금권의 과도한 사용"에 대하여 경고했던 것은 바로 그 때문이었다. 하이드리히는 그런 경우에 게슈타포의 "가장 날카로운 무기"가 "불신을 받고, 예방구금을 폐지하자는 각처의 노력이 지지를 받게 될 것"이라고 지적했다.[25]

같은 시기에 제국내무부 보안경찰실 실장 베르너 베스트는 수용소 감찰을 힘러 직속으로부터 떼어내는 한편, 수용소 행정을 친위대가 아니라 게슈타포에 종속시키려 공작하고 있었다. 베스트는 과도하게 자기중심적으로 운영되고 있던 수용소를 보다 강력하게 통제하고 규율화하려 했던 것이다.[26] 그러나 베스트는 게슈타포를 일반 내무행정에 묶으려 했던 프리크와 마찬가지로 성공하지 못했다. 여기서 근본적인 면이 드러난다. 나치의 지도자-추종자 구조는 자체적으로 세포분열을 하는 경향을 지녔다. 다시 말해서 지도자 직속 기구의 한 내부 요소가 독립하여 그 스스로 히틀러에게 직속된 기관으로 독립하려는 경향이 내포되어 있었던 것이다. 관할권이 갈수록 늘어난 친위대가 대표적인 경우였다. 친위대는 "국가 안의 국가"로서 국가행정의 통일성을 파괴하였으나, 그들에게는 고정된 법인체적·관료제적 완결성과 통일성이 결여되어 있었다. 친위대의 명령권 영역은, 나치 체제 전체가 그랬듯이, 하위 기구들과 지체肢體들과 지도자권력들의 번성과 난립으로 점철되었고, 최상위 지도부는 그 작은 권력들을 겨우겨우 묶어내고 있었다.

경찰의 결정적인 영역, 특히 보안경찰(당과 국가의 관계에서 여타의 경우와 달리 당의 우위가 두드러진 영역)이 광신적이었던 친위대 리더십으로 관통되자, 1933년 이전 시기 나치를 특징짓던 "운동" 원칙이 그 속으로 침투했다. 혁명적이었던 돌격대는 1934년에 거세되고 순치되었지만, 친위대는 1933년에 찬탈한 혁명적 예외권력에 기반을 둔 특수 집단으로 계속해서 남아 있었다. 그 때문에 실제 혹은 가상의 적에 대한 투쟁은 제도화되고 지속되었다. 그 투쟁이 친위대의 절대화된 지도자 개념("그대의 명예는 그대의 충성이다") 및 힘러가 주입해놓은 "기사단"이라는 특수 엘리트 이념과 결합되자, 친위대의 상하 지도자들에게서 이례적인 열정이 분출했다. 그들은 "단호함"과 "결단력"과 "에너지"를 발휘하여 적을 격퇴하고 유토피아적인 목표를 추구함으로써, 각자의 방식으로 "우리의 제국지도자"와 히틀러국가에 봉사하고자 했다. 힘러는 힘러대로 그들에게 독립성을 부여함으로써 그들의 "투쟁심"을 자극했고, 그들은 그들대로 불가능하다고 여겨지던 어려운 과제를 이의 없이 수행하는 데서 자부심을 느꼈으며, 그런 문제의 "전문가임"을 자처했다. 제3제국의 지배 기관으로서 친위대는 합법성의 바깥에서 비상 "특공대"로 활동하면서 나치 엘리트를 자임했지만, 그 엘리트 의식은 실상 과거 자유군단 및 투쟁동맹 시기의 범죄적 "도덕"의 연속이었다.

다른 한편으로 국가 경찰기관으로서의 친위대는 나치 선전에 등장하는, 정형화되어 있지만 모호하기 짝이 없는 적의 이미지를 관료제적으로 계획되고 조직화된 작전의 피어린 진정성으로 전환시켰다. 나치 세계관에 등장하는 "유대인 문제," "프리메이슨 문제" 등은 친위대와 경찰이 결합되면서 비로소 "문자 그대로" 받아들여졌고, 관료제적으로 체계화되었으며, 분업화된 작업 과정으로 나누어졌고, 예종적이고 열성적으로 움직이는 범죄적 경찰과학 및 경찰기술의 대상이 되었다. "유대인 문제"를 어떤 방식으로든 최종적으로 "해결"해야 된다는 것은, 1933년 이전에 이미 서양 모든 나라의 과격 반유대주의자들의 구호인 동시에 구속력 없는 공통 의식이었다. 유대인 문제의 최종해결이라는 구호가 중앙에서 계획되고 치밀하게 조직된 비밀 작전의 기술용어가 된 것은, 친위대와 경찰이 결합함으로써 나치 이데올로기가 경찰적 관료화의 내용이 되면서 비로소 가능해진 것이다.

5. 헤르만 괴링

관할권과 직책과 관료 조직이 축적되고 난립하는 양상은 괴링의 권력 영역에도 나타났다. 괴링의 권력이 정부 및 국가의 외부에 존재하지는 않았지만, 괴링의 직책 제국주의는 합의제 내각의 균형을 깨뜨렸다. 프로이센의 총리 겸 내무장관이었던 괴링은 1933년 5월에 새로운 중앙 부처인 항공부를 설치했다.[27] 1934년에 괴링은 프로이센 내무부를 프리크에게 양도해야 했지만, 같은 해 7월에 제국산림총감과 제국사냥총감이 됨으로써 최고위 중앙 부처를 추가했고, 독일군의 규모가 확대되던 1935년에는 원수 계급장을 달고 공군 총사령관이 되었다. 공군은 새로운 군대였고, 히틀러의 군수軍需에서 특별한 지위를 점했다. 그리하여 괴링은 항공부장관 겸 공군 총사령관이라는 직책을 기반으로 하여 군수경제와 자급경제 전체에 대한 영향력을 늘려갔다. 때마침 1935년 가을에 농업부장관 다레와 경제부장관 샤흐트가 가용 외환을 어떻게 배분하여 흉작에 따른 식량 수입의 필요성과 군수에 이용될 공업원료 수입의 필요성을 충족시킬 것이냐를 놓고 갈등을 벌였다. 이때 히틀러는 괴링에게 문제 해결을 위임했다.[28] 이어서 샤흐트와 국방부장관 블롬베르크가 국가가 공군에게 막대한 의미를 지닌 휘발유 생산에 어떻게 개입하고 통제할 것이냐를 놓고 충돌하자, 히틀러는 1936년 4월에 괴링에게 외환정책과 원료정책 전체를 검토하라고 지시했다. 괴링은 결국 1936년 9월에 자급경제적인 "4개년계획"의 지휘와 실행을 위임받았다.

더욱이 괴링은 어느 때건 자기 직책에 법적으로 부여된 권리를 넘어서는 권력과 권한을 행사할 수 있었다. 히틀러로부터 각별한 신임을 받았기 때문이다. 외교정책에서도 마찬가지였다. 집권 이전에도 그랬지만, 괴링은 히틀러의 위임을 받아서 외무부장관을 배제한 채 외교협상을 진행하기도 했고, 여러 차례의 외국 방문(이탈리아, 유고슬라비아, 폴란드)을 통하여 동맹정책을 추진하기도 했다. 1933년부터 1936년에 이르는 시기에 이미 히틀러는 중요한 국가 원수들과의 접촉을 공식 외무부가 아니라 괴링을 통해서 추진하는 경향을 보였다.* 게다가 히틀러는 그런 외교 미션과 그때 맺어진 외교적 약속에 대하여 통상적으로 외무부에 제대로 알려주지 않았다. 그에 따라 외교정책이 중첩되고 헝클어지는 때가 한두 번이 아니었다.

괴링이 "두번째 지도자"로서 누리던 지위는, 그가 정부의 공식 정보기관과 별도로 자신만의 정보기구를 설치한 데서도 나타난다. 1933년 봄에 항공부에 만들어진 "연구청"이 그것인데, 연구청은 항공부와도 "연구"와도 아무런 관련이 없었다. 프로이센 총리실의 감시를 받던 그 기관은 수백 명의 암호해독 전문가, 번역가, 기술자들로 이루어진 순전한 정보 수집 기관으로서, 특히 국내 전화 도청, 외국 방송 청취, 외교 및 군사 비밀 방송 청취에 특화되어 있었다. 연구청은 그렇게 수집한 정보 중에서 중요한 것들만 골라서 비밀 보고서("갈색 정보")를 만들었고, 이를 나치 최고위층에 발송했다. 몇몇 사건, 예컨대 1938년 체코 위기 같은 경우, 연구청이 도청하고 해독한 정보가 나치의 결정에 중요한 역할을 했다. 추후 인력이 3000명 넘게 증가하기도 했지만, 연구청이 제공하는 정보의 가치가 낮다는 것이 입증되면서 연구청의 중요성도 추락했다.[29] 그러나 독자적인 정보기관을 보유했다는 사실 자체가 괴링의 권력을 동료 장관들과 구분시켜주던 표식이었다. 연구처는 다른 면에서도 괴링에게 중요했다. 그것은 괴링이 게슈타포를 힘러

---

* 1934년 여름에 빈의 공사로 파견된 전직 부총리 파펜은 외무부가 아니라 히틀러에게 직속되었다.

에게 넘겨주면서 안게 된 심리적 상실감을 어느 정도 메워주었고, 외교 활동을 도와주었으며, 비밀 정보를 중시하던 히틀러에게 쉽게 접근할 수 있도록 해주었다.

괴링의 권력은 그가 4개년계획청장을 맡으면서 정점에 달했다. 그 직책 덕분에 괴링은 경제정책과 노동정책 전반을 아우르는 슈퍼 장관이 되었다. 그는 "4개년계획 총위원회"라는 사실상의 경제내각을 설치했고, 샤흐트를 1937년 11월에는 경제장관 자리에서, 1939년에는 제국은행 총재직에서 물러나도록 했다(그 두 자리는 제국정부 홍보실장 겸 선전부차관이었던 발터 풍크에게 돌아갔다). 곧 상술하겠지만, 괴링은 또한 그 직책을 기반으로 하여 정부의 의사 결정이 여타의 부처와 장관들에게 불리하게 이루어지도록 유도했다. 내각 의사 결정 메커니즘의 변화는 시기적으로 주요 부처(군부와 외무부)의 수장과 조직이 바뀐 것과 일치했다. 그 연속선상에서 협의제 내각 체제도 종말을 맞았다. 1933/34년에 발생했던 나치 혁명의 종결에 버금가는 의미를 지니는 그 과정을 설명하기에 앞서, 내각의 지위와 정부 입법의 형태들을 알아보자.

6. 협의제 내각의 종식

바이마르공화국의 헌법 규정(52조에서 58조까지)에 따르면, 제국정부는 총리의 주재하에 개별 장관들이 제출한 법안과 "복수의 장관들의 업무와 관련되는" 문제들을 공동으로 논의하고 다수결에 의해 결정하는 협의제 위원회였다(헌법은 공식적으로 폐지되지 않았다). 총리는 가부可否 동수일 경우에만 결정권을 행사하도록 되어 있었다. 제국정부가 연립정부의 성격을 보유하고 있던 초기에 히틀러는 정규적인 내각회의 절차를 준수했다. 1933년 2월과 3월에 각의는 평균 이틀에 한 번 꼴로 소집되었다(총 31회). 1933년 4월과 5월에 각의의 빈도수는 그 절반으로 감소했고(총 16회), 그 후에는 더욱 감소했다(1933년 6월에서 1934년 3월 사이에 29회, 1934년 4월에서 12월 사이에 13회). 1935년 이후에는 내각이 한 달에 한 번 혹은 두 번은 모인다는 일말의 규칙성마저 사라졌다. 장관들은 몇 달에 한 번 모여 그동안 다른 곳에서 논의되어 제출된 법안들을 한꺼번에 통과시켰다(1935년 12회, 1936년 4회, 1937년 6회). 제3제국의 마지막 내각회의는 1938년 2월 5일에 마지막으로 열렸다.*

히틀러 내각에서 다수결의 원칙은 처음부터 무시되었다. 나치와 연립한 독일민족주의 장관들 역시 민주적 절차를 무시했다. 따라서 애초부터 그에 대한 논란조차 벌어지지 않았다. 그러나 1933년 2월의 내각회의 회의록은, 그때만 하더라도 히틀러가 장관들 다수와 대립하지 않기 위해 노력하고 있었음을 보여준다. 히틀러는 때로 자신의 의견을 포기하기도 했고, 다른 나치 장관들의 의견을 무시하기도 했다. 그리고 그때 내각은 개별적 결정 사안과 입법 자료들을 사실적으로 논의하는, 말 그대로 '위원회'였다. 그런 내각의 모습은 1933년 4월에 변화하기 시작한다. 그때 나치당이 정치권력을 독점했고, 수권법이 통과되면서 대통령의 긴급명령권이 불필요해졌으며, 대통령에 의존하던 비非나

---

* 이 수치는 내각회의 의사록에서 추출한 것으로, 중앙 부처 장관들만 참여하는 "장관회의"와 차관과 무임소 장관까지 참여하는 "내각회의" 모두 포함시켰다. IfZ: Fa 203.

치 장관들의 입지가 축소되었다. 그런 사태를 예측했던 후겐베르크는 1933년 3월 15일 내각회의에서, 새로운 체제의 권위적인 성격을 부각시키기 위하여 수권법 반포 이후에도 헌법과 어긋나는 입법을 행할 때는 대통령을 참여시키자고 제안했다. 그러나 그 구상은 힌덴부르크 대통령의 대통령실장 마이스너조차, "대통령의 참여는 불필요"하며 힌덴부르크 자신이 "원하지 않는다"고 거부했다.

1933년 3월 24일 반포된 수권법은 "제국정부가 결정한 제국 법률은 제국총리에 의해 완성된다ausfertigt"고 명시함으로써 총리의 지위를 결정적으로 강화했다. 그때까지 총리는 대통령이 '완성'하게 될 법률(바이마르 헌법 70조)에 서명을 하고, 그렇게 대통령과 의회에 대하여 정치적 책임을 지던 존재였다. 그러나 이제는 입법과 법에 대한 정치적 책임과 법의 집행이 총리 한 사람에게 집중되었다. 더불어 총리가 가이드라인 설정권을 보유하게 됨에 따라, 총리는 입법에 더욱 결정적인 영향력을 행사할 수 있게 되었다. 그에 못지않게 중요했던 것은, 수권법이 "법"에서 법의 본래적인 의미를 박탈해버렸다는 사실이다. 바이마르 헌법에 규정된 입법 '절차'(의회의 독회와 통과)는 특정한 법을 진정한 '법'으로 만들어주는 실체적 조건이었다. 법은 그 덕분에 형식의 측면에서 '명령'(대통령명령 포함)과 구분되었다. 수권법은 입법 절차에 대한 바로 그 헌법 규정(68조에서 77조까지)을 삭제해버렸다. 따라서 수권법에 의거하여 제국정부가 공포하는 법은 여전히 '법'으로 불렸지만, 법 형식 측면에서는 명령과 구분될 수 없었다.

제국정부가 (법안 등에 대하여) 협의제적으로 결정해야 된다는 헌법 규정 역시, 내각에 지도자원칙이 관철되면서 무력해졌다. 이미 1933년 4월 22일에 괴벨스는 일기에 적었다. "이제 내각에서 지도자의 권위가 완전히 관철되었다. 결정은 지도자가 내린다."³⁰ 그리하여 수권법이 손상시키지 않은 유일한 입법 형식은, 제국 법률은 "제국법령공보公報로 공포된다"는, 즉 공개된다는 것 하나뿐이었다. 이는 공개된 법률(과 명령)만이 유효한 법의 지위를 주장할 수 있게 되었다는 뜻이다.

제국 부총리 파펜은 1933년 11월 12일의 국민투표 직후 히틀러를 인민과 정부의 천재적인 지도자로 칭송하는 동시에 장관들을 "조력자"로 폄하했다. 파펜의 예종적 제스처는 내각에서 히틀러가 점하는 지위가 얼마나 변화했는지를 극적으로 표현해준다.³¹ 정부 수반으로서 히틀러의 집무 방식도 이 시기에 변화하기 시작했다. 히틀러의 홍보실장 오토 디트리히는 나치가 몰락한 뒤 다음과 같이 회고했다. "1933년에 빌헬름슈트라세에 입성한 히틀러는 열의와 정확성을 가지고 직무에 임했다. 히틀러는 힌덴부르크와 외무부 건물 하나만으로 분리되어 있던 정부청사 총리실 책상에 오전 10시에 정확하게 출근했다. 그곳에서 그는 내키지 않는 각의를 정기적으로 주재했고, 의회에서 다수를 점하고 있지 못하였기 때문에 이를 악물면서 타협에 임했다. 그러나 시간이 가면서 각의를 소집하는 빈도가 갈수록 줄어들었고, 1937년 이후에는 각의를 아예 열지 않았다. …… 1933년 말에 힌덴부르크가 건강 때문에 동프로이센에 칩거하게 되자, 히틀러는 출근과 집무의 규칙성을 포기해버렸다. 그는 과거의 버릇대로 정오가 될 때까지 출근하지 않았고, 가장 중요한 접견이 있을 때만 집무실에 나타났다. 다른 모든 것은 그의 사저에서 '날아다니는 방식'으로 결정되었다. 가다 서면서, 방과 문 사이에서."³²

7. 지도자와 정부

제국정부와 지도자권력의 관계는 히틀러가 대통령직을 인수하면서 전환점을 맞았다. 1934년 8월 19일 국민투표로 승인된 1934년 8월 1일의 "독일제국 국가원수"에 관한 법은 히틀러에게 새로운 직명("지도자 겸 제국총리" 혹은 "지도자 겸 독일군 최고명령권자")을 부여함으로써 지도자 개념을 공식화했다.* 1933년 10월 17일에 공포된 제국장관의 선서에 관한 법은 1930년 3월 27일의 바이마르 제국장관법과의 연속성 속에서, 장관들이 "헌법과 법"에 선서하도록 규정해놓았다. 그러나 1934년 8월 1일의 법은 장관들에게 "독일제국과 인민의 지도자 아돌프 히틀러" 개인에게 충성과 복종의 선서를 하도록 규정했다. 헌법이란 단어는 사라지고 없었다.[33] 그 후 제3제국의 공법학자들은 관헌적 권력이 오로지 지도자 한 명에게 속한다는 데 의견의 일치를 보았다. 제국내무부가 1935년 11월에 작성한 문건은, 법인으로서의 국가의 자리에 "여러 개의 의지"가 아닌 "오직 하나의 의지," 즉 "지도자"가 들어섰다고 해설했다.[34] 총리실 부실장 빈슈타인 역시 1936년 12월 15일에 본Bonn 행정대학에서 행한 강연에서 설명했다. "제국정부는 더 이상 모든 결정이 다수결에 의하여 성립되던 과거의 내각이 아닙니다. 제국정부는 특정한 결정을 내리는 지도자 겸 총리를 위해 자문에 응하고 지원하는 지도자 자문위원회입니다."[35]

---

* 히틀러의 분명한 의지 표명에 따라 1939년 봄부터 공식 문건에는 그저 "지도자"만이 사용되었다. 1939년 8월 5일의 문서 메모 및 그와 관련하여 1942년에 벌어진 여러 가지 일에 대해서는 BA: R 43 II/583a 참조.

법 이론의 차원에서 지도자의 사적인 의지가 국가권력을 대체했다고 해서, 정부 행정의 현실에서 지도자가 종전보다 치밀하게 정부 업무를 이끌었다는 것은 결코 아니다. 오히려 정반대였다. 내각이 지도자의지의 집행 "기구"로 전락한 것과 히틀러가 일상적인 정부 행정으로부터 거리를 둔 것은 하나의 흐름에 속했다. 지도자 "절대주의Absolutismus"는 원래의 단어 뜻처럼(absolvere, 분리하다), 지도자권력이 내각으로부터 "분리"되는 것으로 출현했다. 이는 특히 라머스의 직급 변경에서 잘 나타난다. 히틀러는 국가수반인 자신에게 주어진 "제국대통령 사무실Büro des Reichspräsidenten"을 "대통령실Präsidialkanzlei"이라는 명칭으로 변경하고 그것을 최고위 제국기구로 격상시켰다. 그와 함께 총리실장 라머스를, 강조하거니와 히틀러가 아니라 라머스를, 총리실의 기관장으로 승격시켰다(차관급이었던 라머스는 1937년 11월 26일에 장관급으로 격상되었다). 그로써 라머스는 제국정부의 사무총장이 되었다.*

장관직의 정치적 성격이 약화될수록, 고위 공직자에게 장관 직급을 부여하거나(예컨대 1936년에 육군 총사령관 폰 프리치 대장과 해군 총사령관 레더 제독이 장관급이 되었다)[36] 최고위 제국기관을 신설하는 일에 부담이 없어졌다. 1935년 3월 25일의 "공공기관의 토지 수요를 조정하기 위한 법"에 의거하여 한스 케를 휘하에 "제국공간질서처"라는 최고위 제국기관을 만든 것이 그 예다. 정치적인 성격의 장관과 비정치적인 성격의 차관 사이에 직무상의 구분이 소멸한 것도 같은 논리 때문

---

* 빈슈타인(총리실 과장)이 메디쿠스(내무부과장)에게 보낸 1934년 8월 21일의 편지를 참조하라. BA: R 43 II/1036. 라머스의 이중적 지위는 그의 호칭이 "제국총리실 차관"과 "제국정부 차관" 두 개였던 것으로도 표현되었다. *Handbuch für das Deutsche Reich 1936*, p. 12.

제8장 지도자권력 397

이었다. 1935년 3월 20일에 제국정부 업무 처리 절차가 변경되어, 차관이 장관을 대신하여 법에 부서副署를 할 수 있게 되었다. 종전에는 특정 장관이 서명할 수 없을 경우 다른 장관이 그를 대신하여 부서하도록 되어 있었다.[37]

위 상황에서 논리적으로 추출할 수 있는 것은, 지도자국가 구조가 입법권과 명령권을 타인에게 위임하도록 하는 경향을 갖고 있었다는 점이다. 따라서 총리실장 라머스가 1938년 9월에 나치 기관지 『민족의 파수꾼』에 게재한 「제3제국의 리더십」이란 글에서 펼친 주장이 대단히 적절하다. "관헌적 권력이 지도자 개인에게 총체적으로 집중되었다고 해서 행정이 지도자에게 과도하고 불필요하게 집중된 것은 아니다." 나치의 관점에서 보면 "하위 지도자가 그 아래에 대하여 행사하는 권위"는 존중되어야 한다. 따라서 상관이 하위 지도자의 행위와 조치 하나하나에 대하여 특정한 명령을 내리는 것은 금지된다. "지도자 스스로가 이 원칙에 충실히 따르고 있다. 그래서 지도자는 장관들의 직무 범위 전체에 대하여 무제한의 명령권을 보유하고 있지만, 장관들의 지위는 과거보다 훨씬 독립적이다."[38]

지도자국가의 법 이론에 따르면, 장관에 의한 입법권과 명령권의 행사는 이미 정해지고 알려진 지도자의지의 집행에 불과했다. 그러나 현실에서 히틀러가 — 여기서 이론과 실제의 간극이 나타난다 — 장관들의 입법과 행정에 대한 정기적이고 치밀한 통제와 조종을 멀리했기 때문에, 히틀러가 비판하지 않았다고 해서 특정한 조치가 법적으로나 정치적으로 아무런 문제가 없는, 그저 지도자의지의 "행정기술적인" 수행에 불과하게 되는 것은 결코 아니었다. 히틀러는 장관들과의 정기적인 사실 논의를 갈수록 회피했다. 히틀러는 또한 자신의 집무 및 지도

스타일 때문에라도, 새로운 질서를 구축하는 등의 주요 문제에 대해서 '법'으로는 기본적인 방향만을 정하는 것으로 그쳤다. 히틀러는 분명치 않거나 논란이 있는 구체적인 문제들은 부처 차원의 '시행령'으로 처리하도록 했다. 따라서 법적으로 중요한 결정들이 갈수록 개별 부처에 맡겨지는 현상이 나타났다.* 이러한 현실이 — 지도자국가의 관점에서 볼 때 — 더욱 문제적이었던 것은, 나치당 총재대리가 '정부'의 입법에만 영향력을 행사할 수 있었을 뿐, 개별 부처와 각종의 지도자 직속 기관이 발동하는 명령에 대해서는 무기력했기 때문이다.

지도자국가의 현실은 지도자국가의 이념과 그렇게 달랐다. 지도자와 정부의 분리, 지도자의 "부재," 지도자에 대한 접근성의 대폭적인 감소(히틀러가 베르히테스가덴 오버잘츠베르크에서 머물던 여름에 특히 심했다)는 제국정부와 지도자권력이 조율되지 않은 채 병존하도록 했다. 명령하는 지도자의지는 비정기적이고, 비체계적이고, 산만하게 표현되었다. 물론 1933년 7월 14일의 "유전병 환자 단종법"과 1935년 6월 26일에 공포된 보충법(유전병에 따른 낙태 관련), 그리고 1935년 9월 15일의 "뉘른베르크법"처럼 히틀러와 그의 나치 수하들이 주도권을 행사한 법도 있었다.[39] 그 법은 히틀러에 의해 일부 장관이 반대하는 가운데 내각에 강요되다시피 했다.** 그러나 히틀러는 1935년에 이미 성안

---

* 이에 대한 가장 극단적인 예가 "독일제국 재건법"(*RGBl.*, 1934 I, p. 75)이다. 근본 의도만을 아주 일반적인 문장들로 표현한 이 법은 상징적인 이유 때문에 1934년 1월 30일(집권 1주년)에 법의 형태로 공포되었다. 그러나 제국행정과 관련된 거의 모든 구체적인 법적 문제들은 법이 공포되던 시점에 전혀 해결되지 않고 있었다. 제5조의 규정("제국내무장관은 법의 시행에 필요한 행정명령과 규정을 선포한다")은 헌법적 성격의 입법과 국가조직법의 제정이라는, 국가수반이 책임져야 할 사항을 내무장관에게 위임한다는 것을 뜻했다.
** 유전병 환자 단종법은 1933년 7월 14일의 내각회의에서 파펜의 단호한 반대에도 불구하고 통

되어 있던 형법전의 경우처럼, 제국정부나 개별 장관이 필요하다고 생

과되었다. 파펜이 단종에 대한 가톨릭교회의 교리 차원의 비판을 적시하자, 히틀러는 "민족을 유지하는 데 필요한 모든 조치는 정당"하다고 반박했다. "건강한 어린이 수백만 명이 태어나지 않은 반면에 유전병 환자가 자식을 낳고 있는 현실을 생각하면," 정부의 조치는 "도덕적으로 흠잡을 것이 없다." 아직 태어나지도 않은 존재를 내세워서 적극적인 출산 방지 조치를 정당화하는 '논리'는 히틀러의 전형적인 이데올로기적 사유 방식이다. 법의 현실적 효과는 1935년 7월 4일 제국내무부가 히틀러에게 제출한 통계에서 대략 드러난다(BA: R 43 II/720). 1934년 한 해에 8만 4525건의 단종 신청(신청자는 유전병 환자, 그의 법적 대리인, 공공의, 복지원 원장 등이었다)이 접수되었고, 유전건강법원은 5만 6244건에 대하여 단종을 명령했다. 1934년에 3만 1002건의 단종 수술이 실시되었고, 그 와중에 89명이 사망했다.

이 법은 1935년 6월 26일에 개정되었는데, 그때 히틀러의 역할이 막중했다. 나치당 제국의 사지도자 바그너는 1934년 1월 8일 프리크에게, 1933년 7월 14일의 법을 개정하여 부부 중 한 명이 유전병 환자인 경우 낙태 수술을 할 수 있도록 하자고 제안했다. 바그너의 구상은 나치당 당원인 제국내무부 보건과 과장인 귀트의 반대로 인하여 성사되지 못했다. 그러나 바그너는 포기하지 않았다. 1934년 9월 초에 열린 뉘른베르크 나치당 전당대회에서 바그너는 히틀러에게 그 문제를 설명하면서, 자신이 나치 의사동맹 의장 자격으로 인민복지청 지회장들과 건강보험 지회에 비밀 회람을 발송하여, 관련 법이 없는 상태이긴 하지만 "우생학적인 근거"가 있는 경우 의사들은 임신을 중단시키도록 촉구하겠다고 밝혔다.

바그너가 1934년 9월 13일에 제국내무부에 통고한 바에 따르면, 히틀러는 바그너에게 "문자 그대로" 다음과 같이 말했다. "독일 최고위 판사로서 나는 우생학적인 이유에서 임신을 중단시킨 그 어떤 의사도 처벌받지 않도록 조치할 것이다. 민족의 복지는 그 어떤 법조문에도 앞선다." 같은 날 발송한 비밀 회람에서 바그너는 선언했다. "그런 경우 …… 비록 법적 근거가 없기는 하지만, 임신은 중단되어야 한다. …… 나는 우생학적인 이유에서 임신을 중단시킨 의사가 처벌받는 일은 결코 없을 것임을 완전히 보장한다." 그 직후 그에 상응하는 법안을 마련하라는 압력이 제국내무부에 가해졌다.

그러나 귀트가 완강히 반대했다(반대 이유는 임신 상태에서 태아가 유전병에 걸렸는지 확정할 방법이 없다는 것이었다). 1934년 10월 5일 귀트는 총리실 부실장 빈슈타인에게, "자기가 보기에는 지도자께서 한 편의 일방적인 이야기만을 들은 것" 같으므로, 자신이 내무장관 프리크와 함께 지도자께 설명을 하고 싶다는 의사를 전달했다. 그러나 히틀러는 1934년 10월 11일 총리실에, 자신은 바그너의 조치를 전폭적으로 승인하며 그 문제 때문에 귀트와 프리크를 접견할 필요를 느끼지 못한다고 통고했다. 그렇게 하여 1935년 6월 26일에 새로운 법이 공포되었다. 새로운 법은 부부 중 한 사람이 유전병 환자일 경우가 아니라, 임산부가 유전병 환자일 경우에 한하여 낙태 수술을 명령함으로써 귀트의 의견을 부분적으로 반영했다. 이 과정에 대해서는 BA: R 43 II/720 참조. 1935년 뉘른베르크법의 기원과 그와 관련된 히틀러의 입장에 대해서는 Bernhard Lösener, "Das Reichsinnenministerium und die Judengesetzgebung," *Vierteljahrshefte für Zeitgeschichte*, 9. Jg. 1961, H. 3 참조.

각하는 법의 통과를 미룬다거나, 아예 회의 자체를 지속적으로 순연시 킴으로써 봉쇄하기도 했다.

히틀러가 "보수적인 부처들"의 격렬한 반대를 무릅쓰고 통과시키려 하던 나치 장관의 법안이, 또 다른 나치의 방해 때문에 실패하는 경우도 있었다. 1936년 가을에 괴벨스가 제출한 언론법이 그 예다.* 정반대로, 1937년의 공무원법처럼 히틀러가 근본적으로 반대 의견을 갖고 있었지만 사전 작업의 기간이 무척 길고 관련 부처 회의가 많아서 차마 반대하지 못하고 통과시킨 법도 있었다. 히틀러가 추후에야 공무원법 171조를 비판한 것을 보면, 법안이 통과되기 전에 그가 중앙 부처 공무원들이 짜낸 세부 법조문들의 법적·정치적 함축을 전혀 인식하지 못했음을 알 수 있다. 어떤 경우에 그는 심지어 자신의 "지도자의지"가 법적으로 실현 불가능하다는 것을, 혹은 자신의 의지를 수정해야 한다는 것을 사후적으로 인정하기도 했다.**

위에 제시한 몇 개의 예는, 정부의 입법 활동이 지도자의지의 단순한 수행이 아니라 갈등으로 점철된 대립과 병존의 과정이었음을 보여준다. 나치 이론가들은 지도자의지가 제3제국 최상위 법이라고 지치지 않고 선언하였지만, 지도자의지는 그 자체로 법일 수가 없었다. 그것은 보편

---

* 1936년 11월에 괴벨스가 제출한 언론법 법안이 내무장관의 반대에 부딪히자, 총리실의 아만은 지도자께서 이미 법안에 동의하면서 "부처들의 반발은 무시해버려도 좋다"고 했다고 통고했다(1936년 11월 24일 총리실 문서 메모). 며칠 뒤에 이번에는 제국전쟁부장관이 괴벨스의 법안을 비판했을 때에도 히틀러는 (라머스의 1936년 11월 28일 문서 메모에 따르면) "장관들은 반대 입장을 철회해야 한다"는 입장을 고수했다. 그러나 법안이 통과되면 자신들의 신문금지권이 위협받을 것이라고 염려한 게슈타포가 반대하고 나서자, 1936년 11월 말에 법안을 의사일정에서 제외하였고, 1937년 2월에는 결국 무기한 연기했다. BA: R 43 II/467.
** 노동전선에 대한 1934년 10월 15일의 지도자명령이 추후 수정된 것이 그 예다. Bernhard Lösener, "Das Reichsinnenministerium," p. 201.

적인 구속력을 갖는 법의 형태로 공식화되어야 했고, 많은 경우 정부의 법률가들에 의해 수정되어야 하는 '의지'였다. 따라서 입법의 협의제적 절차를 완전히 폐지하는 것은 애초부터 불가능한 일이었다.

그러나 히틀러는 대립하는 장관들의 주장에 자신을 노출시키고, 내각이란 집체 앞에서 어느 한 편을 들어야 하는 내각회의를 가급적 피하고자 했다. 각의가 열리기 전에 히틀러가 장관들 개개인에게 그들의 의구심이나 반대 의견을 각의에서 말하지 말아달라고 자주 부탁한 것은 바로 그 때문이었다. 정반대로, 특정 장관이나 나치당 거물의 요청으로 기존의 법과 명령에 어긋나는 명령을 내려야 했던 창피스러운 경우, 히틀러는 관련 부처 장관들의 동의를 하나도 빠짐없이 확보하여 언제라도 통과시키고 서명할 수 있는 형태로 법안을 제출하라고 지시했다. 그 일을 책임지는 사람이 총리실장이었고, 그래서 그는 부처의 업무 영역을 재조정하거나 새로운 정부기관을 설치하는 등의 지도자명령에 보통 히틀러와 함께 서명했다. 히틀러가 내각에서의 논의를 완전히 중단해버리고 심지어 장관들과 일반적인 의논조차 하지 않게 되자, 내각회의는 아무런 기능도 행사할 수 없게 되었다. 그리하여 1935/36년 이후 법이 내각회의에서 논의 없이 통과되는 횟수가 증가했고, 내각에서의 논의가 점차 부처들 사이의 문서 교환으로 대체되었으며, 논란이 되는 문제점들은 관련 부처 장관회의나 관련 부처 서기관들 간의 의사 교환에 의해 처리되었다.

히틀러의 입장에서는 그러한 현실에 장점이 있었다. 논란의 여지도 없고 정치적 의미도 작은 법안은 아예 상관하지 않아도 되었고, 의견이 분분하고 정치적 함축도 큰 법안에 대해서는 논란에 뛰어들지 않고 라머스, 헤스, 보어만 등을 통하여 자신의 입장을 알려주거나, 혹은 장관 개인과의 사전 논의를 통하여 협의제 내각회의에서보다 훨씬 용이하게 자신의 뜻을 관철시킬 수 있었다. 그러나 그 과정에서 입법과 법 성안 작업의 주도권이 내각으로부터 중앙 부처 관리들에게로 넘어갔고, 그들은 정치적 의미가 작은 수많은 문제들에 대해서만큼은 장관과 히틀러의 존재와 무관하게 법과 시행령을 생산해낼 수 있었다. 나치 체제에 들어서『제국법령공보』의 두께가 갈수록 늘어난 것에서 가시화되듯, 중앙 부처 공무원들은 그야말로 기계처럼 법을 만들어냈다.

내각에서의 정기적인 정치적 논의는 실종되고, 지도자의지가 내각 구성원들에게 일관되고 믿을 수 있게 전달되기는커녕 단속적이고 갑작스럽게 통고될 뿐만 아니라 그 의미와 파급 효과가 빈번히 불투명했다. 또한 지도자의지의 전달자가 특정 사안의 원래 담당자가 아닐 뿐만 아니라 교체되는 일도 빈번했기 때문에, 정치적 의미가 막대한 법안들이 불확실성에 휩싸이곤 했다. 내각도 정보에 밝은 장관과 어두운 장관, 지도자를 자주 만나는 장관과 그렇지 못한 장관으로 나누어졌다. 결국 정부는 가속해서 특수 부처들의 다중지배로 해체되어갔다. 공동체적인 정부는 부처 정치와 부처 행정명령으로 대체되었고, 히틀러가 원체 간단한 기본적인 법조문을 선호하던 탓에 늘어난 부처명령은, 지도자에게 직속되었거나 사실상 직속된 중앙 부처들이 증가함에 따라 더욱 증가했다.

8. 정부 입법에 관한 법

제3제국 헌법장관을 자임하던 제국내무부장관은 이미 1935년에 그러한 상황에 대하여 심각하게 우려하기 시작했다. 그러나 그때만 하더라도 내무장관 프리크와 내무차관 푼트너 및 슈투카르트는 입법 및 행정명령의 무규칙성을 "포획하고," 정부 입법을 새로이 도입될 규칙에 종속시킬 수 있으리라고 믿었다. 이를 위해서 내무부는 1935년 11월에 "법 규정의 선포에 관한" 법안을 중앙 부처에 회람시켰다. 그 법안은 "법의 형태를 취하지 않은" 명령도 정규적인 공보公報를 통해서 공개되어야만 효력을 발생하도록 명문화해놓았다. "의심할 여지 없는 법적 규정을 담고 있는 명령이 정규 공보가 아니라 다른 곳에 발표되는" 경우가 빈번하다. 그 결과는 "유감스러운 법적 불확실성"이다. "각종의 공보가 마구잡이로 늘어나다 보니" 법 규정이 정규 공보를 통하여 공포되어야 한다는 인식조차 희석되어버렸고, 헌정 상태가 변화하다 보니 법, 법적 명령, 행정명령 간의 법 형식적인 구분조차 흐려졌다. 프리크는 그 구분을 새로이 정의해야만 법적 혼란을 제거할 수 있다고 믿었다.

프리크에 따르면, 지시 대상과의 관련성이 파괴된 법률 용어들이 마치 법 현실을 여전히 규제하고 있는 듯이 통용되고 있는 한편, 장관들은 단순한 시행령 속에 법적 규정, 심지어 "기존의 법 규정과 배치되는" 규정을 포함시킴으로써, 단순한 명령을 통하여 『제국법령공보』에 공포된 기존의 "공식적인 법"을 변경하거나 폐지하는 경우가 비일비재했다. 법의 특별한 지위를 회복시키기 위해서는, 제3제국에서 지도자 명령을 제외하고는 "지도자위원회"(내각)의 참여하에 성립되어 『제국법령공보』에 공포된 명령만이 정치 지도부의 직접적인 의지 행위로 간주되어야 한다. 나머지 모든 명령은 정치 지도부의 직접적인 의지 표명이 아닌, 그 의지의 구체화로 간주되어야 하고, 따라서 『제국법령공보』가 아닌 다른 곳에 발표되어야 한다는 것이었다.

그 제안[40]이 실현되었더라면 "지도자위원회"로서의 내각을 "지도자권력"에 참여시키고, 정부 입법을 지도자국가 이론에 합당하도록 격상시키며, 그 절차를 보다 더 분명하게 고정시키는 일이 나타났을 것이다. 그러나 그 제안은 여러 측면에서 모순적이고 인위적이었다. 따라서 설득력이 없었다. 그래서 1936년 상반기에 여러 부처에서 이의를 제기하자, 프리크는 1936년 9월 7일에 그 문제를 "더 이상 추진하지 않겠다"고 선언했다.[41] 그러나 그는 그때 새로운 계획을 갖고 있었다. 1937년 3월 31일에 효력이 정지되는 수권법을 대신할 "입법에 대한 법"을 제정하여 동일한 목표를 달성하려 한 것이다. 프리크는 새로운 법안의 내용을 1937년 1월 26일의 내각회의에서 설명했다(이 회의에서 앞서 설명한 공무원법이 통과되었다. 이 회의는 또한 히틀러가 주재한 마지막 내각회의다. 프리크의 법안은 문서로 남아 있지 않다). 히틀러는 사전 논의에서는 프리크에게 동의했던 것 같지만, 정작 각의에서는 단호하게 반대했다. "현 상태에서 그런 법을 통과시키는 것이 옳을지 의심스럽습니다." 오히려 "수권법을 연장하는 것이 적절합니다. 우선 새로운 국가기본법을 제정하고, 그다음에 입법 절차 전체를 정비하는 것이 옳습니다. 국가기본법은 최대한 간단하게 정식화하여, 학동學童들도 배울 수 있어야 합니다."[42]

히틀러의 그 말은 나치당 상원을 나치 국가의 최고위 회의체로 설립하자는 구상과 마찬가지로, 머나먼 미래를 가리키는 구속력 없는 위로에 불과했다. 히틀러는 그 어떤 방식으로든 새로운 절차법과 헌법적 제약에 구속되기를 원치 않았다. 따라서 그러한 구속을 시도했던 프리크와 내무부 관리들이야말로, 지도자권력이 권위적인 정부 원칙에 종속되거나 그 원칙과 합치될 수 있으리라는 헛된 가정에 사로잡혀 있었다고 평가할 수 있을 것이다.

제9장
1938년 이후의 지도자절대주의와 다중지배

1938/39년에 제국정부의 인적 구성과 조직이 크게 변화하고, 그동안 반쯤이나마 보존되어왔던 제국 부처의 권위와 제국정부의 내적 통합력이 붕괴되었다. 그 변화가 대내적으로는 나치즘에 대한 보수 세력의 억제와 순화 메커니즘이 붕괴된 때(1938년 11월 8일과 9일에 발생한 제국 수정의 밤의 테러가 대표적인 예다), 그리고 대외적으로는 적극적인 팽창정책이 개시된 때와 시기적으로 일치하므로, 우리는 1938년을 히틀러국가의 결정적 단절로 파악할 수 있다. 1938년 1/2월 독일군 지도부의 퇴진 및 해임(국방장관 블롬베르크, 육군 총사령관 프리치, 참모장 베크), 외무장관의 교체(노이라트에서 리벤트로프로), 샤흐트를 경제정책과 통화정책에서 배제한 조치 등은 나치 체제에 나타난 헌정적 변화의 성격을 보여준다. 퇴진한 사람들은 하나같이 각각의 영역에서 보수적인 전문가로서 권위를 누리고 있던 인물들이다. 그들은 나치당의 영향력을 막는 강력한 방벽이었고(이는 특히 프리치와 샤흐트에 해

당된다), 제3제국의 정치적 온건화와 법치국가적 성격의 보루로 간주되고 있었다. 그들의 교체는 따라서 단지 히틀러에게 가장 큰 영향력을 행사하던 자문 집단의 인적 구성이 변화했다는 것만을 뜻하지 않았다(그들이 해임된 뒤에 괴링 외에 힘러, 하이드리히, 보어만이 약진했다). 그들의 퇴진은 그들이 이끌던, 그동안 상대적으로 통일적으로 운영되어온 기구와 부처들의 파편화를 심화시켰다.

1. 군대

1936년 3월에 라인란트로 진군한 히틀러는 1937년 11월 5일에 독일군 수뇌들 앞에서 대외정책에 대한 자신의 미래 구상을 밝혔다.* 그 자리에서 히틀러는 프리치와 베크가 그의 모험적인 태도에 반대하는 것을 지켜보았고, 그것을 마음속 깊이 새겨두었다. 그러던 차에 약하고 유순한 블롬베르크가 화류계 여성과 결혼식을 올렸다는 사실이 알려졌다. 이 사건으로 블롬베르크는 독일군 장교단의 명예를 대표할 수 없는 존재가 되어버리는 동시에, 결혼식에 참석했던 히틀러까지 스캔들의 일부로 만들어놓았다. 이는 히틀러에게 군부에 대한 장악력을 높일

---

* (옮긴이) 라인란트는 라인강 좌안의 독일 영토로서, 프랑스는 1차 대전 직후 그곳에 군대를 주둔시켜놓았다. 프랑스가 그 지역을 군사적으로 장악하면 독일은 서부 방어에 구멍이 뚫리는 것이나 마찬가지였다. 게다가 라인란트는 독일 경제 중심지 중 하나였기 때문에, 그 지역을 나머지 독일과 분리시키면 독일 경제는 심각한 타격을 받을 수밖에 없었다. 프랑스는 1930년에 라인란트에서 군대를 철수시켰지만, 유사시에 프랑스가 재차 점령할 수 있도록 독일이 군대를 주둔시키지 못하도록 했다. 나치 독일의 라인란트 진군은 프랑스에 대한 독일의 군사적 입지가 크게 강화된다는 것을 의미했다.

수 있는 기회였다. 히틀러는 작전에 돌입했다. "나의 블롬베르크"를 위해 복수한다면서 히틀러는 괴링과 하이드리히가 만들어낸 자료를 이용하여 프리치에게 동성애 혐의를 씌웠다. 그러자 히틀러에게 불편한 존재였던 그 육군 총사령관이 사퇴했다. 베크도 사임했다. 프리치와 베크가 그렇듯 근거 없는 더러운 모함에 대하여 공적으로 맞서지 않고 퇴임해버린 것은 물론, 육군의 독립성이 군사기구로서의 독립성이었을 뿐, 권력정치에서는 이미 배제되어 있었다는 점, 그리고 군부가 나치당과 친위대와 게슈타포는 적대시했어도 그 때문에 지도자에 대한 복종에 의구심을 갖지는 않았다는 점을 보여준다. 게다가 히틀러가 육군 지도부의 반대를 무릅쓰고 강행한 "오스트마르크(오스트리아)" 병합은 민족적 열광을 불러일으켰고, 이는 장교들이 갖고 있었던 국내 사태로 인한 "불편한 느낌"을 상쇄시켜주었다.

 히틀러는 블롬베르크-프리치 위기를 이용하여 1938년 2월 4일에 독일군 지도부를 전격적으로 개편했다.[1] 그는 블롬베르크가 보유하고 있던 "전쟁부장관" 및 "독일군 총사령관" 직위를 없애버리고, 힌덴부르크로부터 넘겨받았던 다소 명목적인 "독일군 통수권자"의 지위에 덧붙여서 그동안 전쟁부장관에게 위임되어 있던 독일군에 대한 직접적인 명령권을 인수했다. 히틀러는 전쟁부도 없애버렸고, 전쟁부 정무국을 자신에게 직속된 "독일군 총참모부"로 교체한 뒤에 참모총장에 예종적 성격의 카이텔을 임명했다(그로써 종전에 육군과 해군에 각각 부속되어 있던 참모부의 상위에 총참모부가 들어섰다). 히틀러는 육군 총사령관에 유약한 폰 브라우히치 대장(육군 참모총장에는 할더 장군)을 임명했고, 그와 카이텔 모두에게 장관 직급을 부여했다. 그렇게 하여 육군 총사령관과 독일군 참모총장이 동급의 지위를 갖게 되었고, 이는 두 기관

사이에 항구적인 경쟁을 유발하는 동시에 괴링의 영향력을 강화시켰다. 괴링은 1938년 2월 4일에 "독일군 원수"에 임명되어 3군을 통틀어서 가장 높은 계급장을 달았다.

괴링 다음으로 영향력이 커진 사람은 친위대장 힘러였다. 그는 오래 전부터 프리치를 비롯한 육군 수뇌부에 대한 음모를 꾸민 끝에, 하이드리히의 지원을 받아서 프리치 위기를 성사시켰다. 프리치 제거 작전의 승자는 히틀러 외에 바로 힘러였다. 새로운 독일군과 육군 지휘부는 이제 힘러가 친위대의 무력을 증강시키는 것을 막을 수 없었고, 친위경찰의 독자적인 법원을 설치하는 것도 저지할 수 없었다. 친위대 법원은 바로 이 시기에 구상되어 1939년 10월에 설치된다. 프리치 위기는 히틀러에 대한 '개별' 장교들의 저항이 탄생하는 순간이기도 했다. 여기서 유의해야 할 점은, 독일군과 육군 지휘부가 프리치 위기에서 안정된 국내정치적 권력 요소로서 기능하지 못했기 때문에, 다시 말해서 군부가 법과 질서를 해체시키는 지도자절대주의의 역동성에 대하여 효과적인 방어벽 역할을 수행하지 못했기 때문에 그 저항이 탄생하였다는 점이다.

2. 외무부

외무부도 군대만큼 심각했다. 1937년 11월에 히틀러가 비밀리에 통고한 공격적이고 모험적인 대외정책을 주도하는 데서 외무장관 노이라트는 프리치와 베크만큼이나 '부적절'해 보였다. 히틀러가 독일군 수뇌의 재편과 동시에 외무장관 노이라트를 리벤트로프로 교체한 것은 두 인사 조치의 연관성과 성격을 잘 보여준다(노이라트는 한 번도 활동한 적이 없는 "비밀내각위원회" 의장으로 전직되었다).[2] 노이라트 휘하에서 외무부는 나치당의 노골적인 영향력은 막아낼 수 있었지만, 중대 사안에서 배제되고 일상적인 외교 업무만을 수행하는 기관으로 전락해가고 있었다. 히틀러는 외교적으로 결정적인 사안(예컨대 일반징집제의 도입, 라인란트 점령 등)에서 노이라트와 무관하게 행동했고, 여타 중요한 문제에서도 공식 외무부 라인이 아닌 특사를 이용했다. 그 특사들 중에서 두드러진 사람이 리벤트로프였다. 1934년에 히틀러의 "외교 문제 특무위원"에 임명된 리벤트로프는 영국과의 해군협정(1935년)과 일본과의 반코민테른조약(1936년)에서 중요한 역할을 담당했고, 1936년 7월에 주영 대사에 임명되었다.

리벤트로프는 로젠베르크 같은 외교 분야의 나치당 라이벌들과 달리, 구투사도 아니고 나치당 당직자로서의 경력도 변변치 않던 인물이다. 그의 정치적 기반은 오로지, 무역업을 하던 그가 집권 이전 베를린에서 히틀러를 외국인들과 연결해준 것, 그리고 외국 경험이 많고 외국어에 능통했기에 히틀러에게 다양한 조언을 해줄 수 있었다는 것뿐이었다. 리벤트로프는 총재대리실에 "리벤트로프 특무위원실"을 부속시키고 직원을 무려 60여 명[3]이나 채용함으로써, 로젠베르크가 이끌던 나치당 대외정책과를 추월했다. 그러나 나치당 내부에 입지가 없었기에 그의 사무실이 국으로 승격되지도 않았고, 리벤트로프도 나치 중앙당 지휘부에 올라서지 못했다. 리벤트로프 특무위원실은 재외독일인 출신의 학자와 언론인, 원민중적·지정학적 경향이 강하던 베를린 정치대학 교수들과 졸업생들(알브레히트 하우스호퍼, 에버하르트 폰 타덴, 페터 클라이스트), 리벤트로프 개인의 막역한 친구들(마르틴 루터, 루돌프 리쿠스, 호르스트 바그너), 몇몇 유명 인사(예컨대 이탈리아 국왕 비토리오 에마누엘레 3세의 사위 필리프 폰 헤센 공작) 등으로 구성되어 있었고, 국가별로 업무를 분담하고 있었다.

리벤트로프는 나치당 거물들과 가까워지려고 노력했다. 특히 힘러와는 좋은 관계를 맺었다(힘러는 1936년에 리벤트로프에게 친위대 대장 계급을 수여했다). 리벤트로프가 외무부장관직을 노린다는 것은 비밀이 아니었다. 그는 히틀러에게도 자신의 야심을 숨기지 않았다. 그런 그가 1937년에 외무부 개편안을 마련했다.[4] 외무부를 독일군 총참모부 작전과諜처럼 조직하여, 공격적인 나치 외교정책의 도구로 만들자는 것이었다.

히틀러는 리벤트로프의 야심을 애써 외면했다. 그랬던 히틀러가 하필이면 군 수뇌부의 개편과 동시에 리벤트로프를 외무장관에 임명한 것은, 보수적이고 귀족적인 외무부의 "독립계급"— 폰 노이라트, 폰 뷜로브, 폰 하셀, 폰 디르크센 등 — 을 격파하기 위해서였던 것 같다. 잘난 체하기를 좋아하던 졸부형 인간인 동시에 피상적이면서도 병적인 야심가였던 리벤트로프와 노련한 외무부 관리들 사이에는 처음부터 적대감이 강했다. 그렇지만 리벤트로프는 몇몇 주요 관리들, 그중 외무부에서 불가결한 존재로 꼽히던 "노회한" 법무과장 프리드리히 가우스 같은 인물들을 자파로 만들었다.* 반면에 신임 차관 에른스트 폰 바이

---

* 외국정보과 과장 발터 셸렌베르크는 1947년 4월 30일의 심문에서 리벤트로프와 가우스를 "외무부의 창녀들"이라고 표현했다(IfZ: ZS 291/IV). 가우스는 리벤트로프가 자신을 중용한 것은 자신의 경력과 경험 때문만이 아니었다고 증언했다. 리벤트로프는 자신을 "90퍼센트, 아니 98퍼센트" "개인적인 문제, 특히 리벤트로프 업무의 대부분을 차지하던 나치 거물들과의 관할권 싸움에 "편지 대필자"로 이용했다는 것이다. IfZ: ZS 705.

체커와는 몇 달 만에 냉랭해졌다.

이러저러한 문제점에도 불구하고 외무부 내에 리벤트로프에 반反하는 통일적인 전선이 형성되는 일은 없었다. 리벤트로프의 장관직 임명이 외무부의 격상과 관할권 확대를 의미하였기 때문이다. 외무부의 젊은 관리들은 나치 집권 이후 외무부의 위상이 추락한 것에 불만이 많았는데, 리벤트로프는 나치당 기관들과의 관계를 개선하고 ― 괴벨스와의 끈질긴 관할권 싸움 속에서 ― 외무부의 대외정보 업무와 선전 활동을 활성화시켰으며, 잃어버린 영역들을 되찾아왔다. 그러나 이러한 성공은 외무부 내부의 심각한 구조 변동을 대가로 했다. 그중에서 리벤트로프가 외무부 공무원들에게 정복을 입히고 친위대 명예장교직을 수여하도록 주선한 것, 그리고 나치당 입당을 강요함으로써 외무부가 나치즘에 적응하는 면모를 갖추도록 한 것은 그리 중요한 문제가 아니었다. 중요한 것은 외무부 수뇌의 인적 재편과 새로운 부처의 등장이었다.

리벤트로프는 "리벤트로프 특무위원실"의 인물들 상당수를 외무부에 특채했고(루터, 리쿠스, 헤벨, 폰 타덴, 존라이트너, 고트프리트젠, 아베츠 등), 개인적으로 친밀한 외무부 관리들(예컨대 주영 독일대사관의 에른스트 뵈어만)과 노이라트 시절 친나치적 태도 때문에 한직으로 밀려났던 외교관들(예를 들어 카를 리터)에게 의도적으로 중책을 맡겼으며, 나치당의 아마추어 외교관들(케플러, 베젠마이어 등)에게 특수 임무를 맡겼다. 그 아마추어들은 그 후 몇달 몇년 동안 공격적인 나치 "외교"의 간첩이자 "돌격대"로 활동하면서, 나치 독일이 외국 정부를 쓰러뜨리고 군대를 진군시키거나 외국 보호령을 설치하기 위하여 펼쳤던 거의 모든 작전(1938/39년의 오스트리아의 "가담Anschluß"과 슬로바키아의

"독립" 선언, 1941년 크로아티아 "우스타샤국가"의 수립, 1944년의 헝가리 점령)을 준비했다.

외무부에 신설된 "외무부장관 특무실"과 리벤트로프의 친구인 제2차관 루터에게 맡겨진 "독일과"는 "리벤트로프 특무위원실"이 외무부에 맞게 탈바꿈한 조직으로서, 외무부에서 이질적인 존재인 동시에 외무부를 이끄는 기관이었다. 특히 공간적으로 외무부 청사 외부에 위치한 독일과는 리벤트로프가 원하는 나치당 기관, 특히 친위대와의 접촉을 맡았다. 추후 외무부는 바로 그 독일과를 통하여, 친위대가 점령지와 동맹국에서 재외독일인과 유사게르만족 출신의 친위대 부대원을 모집하는 일과 유대인을 강제 이송하는 일에 협력하게 된다. 재외공사관에 "경찰부관"이란 직책이 신설되고 그 자리에 친위대 관리가 임명되어 1941년 이후 동남부 유럽에 파견된 것도, 독일과를 통해 이루어지던 외무부와 친위대의 협력 관계가 제도적으로 표현된 것이기도 했다.

과거의 외무부와 리벤트로프 외무부의 차이는 현저했다. 과거 외무부는 외무차관이 기관장 자격으로 이끌었으나, 새로운 외무부는 리벤트로프와 사적으로 연결된 수많은 특무위원, 특수 분과, 참모들에 의해 주도되었다. 그 간극은 전쟁 발발 이후 더욱 깊어졌다. 이는 특히 개전 이후 리벤트로프와 그의 측근들이 베를린이 아닌 히틀러의 "지도자 야전사령부"에 머무는 때가 많아지고, 소련 침공 이후에는 리벤트로프가 히틀러 근처에 이동 야전사령부(처음에는 힘러의 특별 열차 "하인리히," 그 후에는 자신만의 특별 열차 "베스트팔렌")를 설치했기 때문이다. 그리하여 외교정책의 중심이 베를린으로부터 야전사령부로 옮아갔다. 리벤트로프는 해외의 공사 및 대사들에게 보내는 지시를 야전사령부에서 직접 하달했고, 그들의 보고서를 야전사령부로 보내도록 하는 일도 빈번했다. 외교 상황에 대해서도 리벤트로프는 베를린의 외무차관들보다는 자신의 측근들(참모장인 헤벨과 개인 보좌관인 폰 린텔렌과 존라이트너)과 더 많은 정보를 공유했다. 따라서 직업외교관들과 리벤트로프 측근들 사이의 간극과 경쟁은 심해질 수밖에 없었다.

전쟁 중에 외무부는 중소 동맹국들에게 자주 직업외교관이 아닌 나치당 대표를 파견했다. 그때는 리벤트로프가 외교 영역에 대한 친위대의 간섭을 막아내던 시기여서 친위대가 아니라 돌격대가 중용되었다. 1940/41년에 돌격대의 전직 고관 네 명(루딘, 폰 야고프, 폰 킬링거, 카셰)이 브라티슬라바, 부다페스트, 부쿠레슈티, 자그레브에 공사로 파견되었고, 과거 리벤트로프 특무위원실 관리들도 중용되었다(비시 프랑스에 공사로 파견된 오토 아베츠). 1941년에 리벤트로프는 정규 외교사절 외에 외무부만의 특수 "정보국"을 설치하여, 정보 영역에서도 친위대 보안국과 경쟁하려 했다. 전쟁 말기에는 또한 강력한 추진력으로 유명하던 아웃사이더 나치들(노이바허, 베젠마이어, 란)에게 전권을 부여하여 약소국들에 파견했다. 약소국들이 독일과의 동맹 관계를 유지하도록 하는 것이 그들의 임무였다.

히틀러가 개인적으로 파견한 특사들과 외무부 '독일과' 관리들은 명목상으로만 외무부의 대표였을 뿐, 실질적으로는 리벤트로프와 히틀러의 사적인 대리인들이었다. 그들이 비밀리에 수행하던 업무와 그들이 행사하던 특무전권은 외무부의 일반적인 행동 규칙, 공적인 업무상의 책임 영역과 교차되고 중복되는 것이었다. 전쟁이 발발하면서 외무부의 정규적인 업무 영역은 더욱 황폐해졌고, 외무부는 당면한 긴급 Ad-hoc 조치를 수행하기 위한 특무전권과 특별 조직들로 뒤덮였다.[5]

3. 4개년계획

괴링이 4개년계획의 실행을 맡은 뒤에 경제정책에도 비슷한 일이 벌어졌다. 완전고용이 이루어진 뒤 샤흐트는 괴링과 달리, 군수를 강화하고 공업원료를 자급 생산하기 위하여 세계시장에서 경쟁력이 떨어지는 기업들을 국가가 지원하는 것을 완강하게 반대했다. 1937/38년이 되자, 통화를 안정시키고 독일 경제의 수출 경쟁력을 보존하려고 끈질기게 노력하던 샤흐트와 군수에 중요한 산업원료 생산의 지원을 확대하려고 결심한 히틀러는 더 이상 양립할 수 없었다.* 전쟁이 발발할 경우 전쟁경제 전권위원을 맡기로 되어 있던 샤흐트가 1939년 초에 제국은행 총재직에서 물러난 것은, 나치 경제정책의 시장경제적 국면이 끝났다는 신호였다. 샤흐트의 퇴진은 인물 교체를 넘어서서 경제정책적 관할과 결정권이 새로운 기구로 이관되었다는 것을 의미했다. 그리고 그 변화에서 신임 경제부장관 겸 제국은행 총재 발터 풍크도 샤흐트 못지않은 타격을 입었다.

4개년계획이 목표로 하던 군수 확충과 자급경제를 실현시키기 위해서는 경제를 계획하고 조종해야 했고, 이를 위해서는 새로운 기관이 설치되어야 했다. 그것이 4개년계획청이다. 그러나 4개년계획은 완전한 계획경제가 아니었다. 4개년계획의 의미는 민간경제와 시장경제의 골조를 유지하는 가운데 역점 사업 분야에서 국가적 생산 프로그램을

---

* 샤흐트가 제국은행 총재직에서 물러나기 직전인 1939년 1월 7일에 제국은행 이사회는 히틀러에게 정책안을 발송했다. 그 문건은 샤흐트의 입장을 대변하여 정부의 무분별하고 인플레이션적인 재정정책을 강력하게 비판했다. BA: R 43 II/234.

계획하고, 그것의 정책적 우선성을 절대적으로 고수하는 데 있었다. 따라서 나치 정부는 경제 전체를 포괄하는 체계적인 국가행정을 구축하지 않았다. 오히려 기존의 경제 관료기구와 경제 단체 곁에 국가가 관리하는 새로운 "영역"(특히 가격 통제, 외환 및 원료 분배, 노동력 동원)을 지정하고 역점 사업(제철, 화학, 건설, 자동차 등)별로 "전권위원"을 임명했다. 괴링은 "영역"지도자와 전권위원의 선임에서 목적합리성을 가장 중요한 기준으로 삼았다. 그리하여 4개년계획청에서는 나치당 당직자들(예를 들어 가격 감시위원에 임명된 슐레지엔 지구당 위원장 요제프 바그너)과 중앙 부처 차관들, 공군과 육군 경제참모부의 장교들과 유력한 경영인들이 어깨를 맞대고 일하는 풍경이 벌어졌다. 그 모든 기관의 최상위 조정기관은 4개년계획 총평의회였고, 평의회는 괴링, 혹은 괴링을 대신하여 괴링의 차관인 쾨르너(프로이센 총리실)가 맡았다.

괴링은 제국정부를 4개년계획청에 이용하기 위하여 경제부, 농업부, 노동부, 교통부의 차관들을 영역지도자나 총평의회 의원으로 임명했다. 이를 통하여 괴링은 해당 중앙 부처 내부에 마음대로 간여할 수 있었고, 이 과정에서 부처장의 권위를 실추시켰다. 1938년 이후 농업부 장관 다레의 영향력이 급격히 약화되고 괴링의 전권위원인 농업부차관 바케가 농업부의 강자로 떠오른 것은 바로 그 때문이었다. 노동부의 사정도 비슷해서, 장관인 젤테의 힘이 쇠퇴하고 차관인 쥐루프가 주도권을 잡았다. 제국 부처 차관과 4개년계획 영역지도자라는 그들의 이중 지위 중에서 결정적인 것은 물론 괴링과의 관계였고, 괴링의 힘은 다시금 히틀러와의 관계에서 나왔다. 샤흐트가 경제부장관에서 사퇴한 직후 괴링은 임시 경제부장관을 맡기도 했다. 괴링은 그때 경제부 조직을 4개년계획에 맞도록 개편하여, 제국경제부를 사실상 "4개년계획 총감의 집행 기관"으로 전락시켰다.⁶ 그런 식으로 4개년계획청은 경제 부처들로부터 정책 결정권을 빼앗아 괴링의 특무위원들에게 넘겨주었다. 그렇게 형성된 4개년계획청의 사적인personalistisch 구조는 대단한 유연성을 발휘했다. 그러나 그 구조는 관할권이 명료하게 구획된 국가 행정과는 거리가 멀었다. 이는 괴링의 업무 처리 방식*으로도 나타났고, 영역지도자와 전권위원의 직제 및 인사人事로도 표출되었다. 대표적인 예가 카를 크라우흐를 화학 전권위원(1938년) 및 (제국경제부장관에 부속된) "제국경제확대국" 국장에 임명한 것이다.

크라우흐는 1926년 이래 연합화학주식회사IG-Farben 이사회Vorstand 임원으로 활동하던 엔지니어 출신 경영인이었다. 연합화학 로이나 공장에서 액화석유(피셔-트로프슈 공정)의 개발과 생산을 주도한 사람이 바로 그였다. 크라우흐는 이미 1933년에 제국항공부 자문위원에 위촉되었고, 샤흐트 시대의 제국정부가 구입을 보장한 '중부독일 갈탄 휘발유주식회사Brabag'의 설립을 주도하기도 했다. 4개년계획청이 출범하자 크라우흐는 뢰프 대령(항공부)이 이끌던 원료소재국 연구개발과 과장에 임명되었다. 그 직책을 수행하면서 크라우흐는 연합화학 이

---

* 프로이센 총리이기도 했던 괴링은 프로이센 총리실을 4개년계획을 이끄는 행정 부처로 사용했다. 총리실 관리 한 명(과장 프리드리히 그람슈)이 추후 증언한 바에 따르면, 괴링은 유감스럽게도 "통상적인 부처 행정의 절차를 따르지 않았다." 사실상 4개년계획시행청의 사무총장 노릇을 하고 있던 프로이센 총리실장 쾨르너가 괴링으로부터 업무 연락을 받지 못하는 일도 빈번했다. 괴링이 종종 "충동적으로" 명령을 내렸기 때문이다. "여행 중인 괴링이 갑자기 지시를 하면, 어떤 사람이 쾨르너의 집무실에 나타나서, 자신이 괴링과 함께 있었는데 그가 이러저러한 명령을 내렸다고 말하는 일이 흔했다." 그리고 "괴링의 부관이 전달하는 명령도 많았다." 이는 괴링이 자주 야전에 나가 있던 전쟁 중에는 더욱 심했다. IfZ: ZS 717.

사회(대표이사는 카를 보슈)의 전폭적인 지원을 받았고, 연합화학 기획실을 자신의 업무에 이용했으며, 연합화학 직원 몇 명을 4개년계획청에 투입했다. 효율적으로 작동하던 크라우흐의 기구가 뢰프 대령의 둔중한 군대식 기획 관료들을 압도해버리는 데는 많은 시간이 필요하지 않았다.

1938년 크라우흐가 뢰프의 계산 착오를 설득력 있게 지적하였고, 괴링은 이를 빌미로 하여 크라우흐를 4개년계획청 화학 전권위원에 임명했다. 그로써 크라우흐에게 나치 자급경제에서 가장 중요한 영역에 대한 전권이 부여되었다. 제국항공부와 제국경제부는 크라우흐가 연합화학에서 퇴직하여 완전한 행정 공무원이 되어야 한다고 주장했다. 괴링 또한 그에게 차관직을 수여하려 했다. 그러나 크라우흐는 카를 보슈와 면담한 끝에 그 제안을 뿌리쳤다.[7] 그는 연합화학 이사 신분을 유지했을 뿐만 아니라 1940년에는 보슈의 뒤를 이어 연합화학 대표이사가 되었고, 심지어 감사회 의장이 되었다. 크라우흐는 화학제품 생산을 통제하는 가장 중요한 국가기관의 책임자인 동시에 독일 화학산업의 최대 독점 기업의 최고위 경영자였다.

과학자이자 경제인으로서 크라우흐가 액화석유와 인조고무 등의 화학제품 생산에 적임자였다는 점에는 의문의 여지가 없다. 연합화학을 비롯하여 4개년계획청에 경영 노하우와 전문지식을 무료로 제공하던 다른 화학 기업들과의 관계에서 보더라도, 크라우흐는 기획과 생산 효율성의 제고에 가장 적합한 인물이었다. 그토록 중요한 국가행정직을 크라우흐가 '명예직'으로 수행하였다는 사실, 그리고 공식적인 공무원 직급을 수여받지 않아서 정부 재정 목록에 크라우흐가 등록조차 되어 있지 않았다는 사실은, 공사公私의 엄격한 구분에 익숙한 경제 관리들과 연합화학 이외의 기업인들에게 심각한 우려를 자아냈다. 크라우흐는 독립적인 회계사를 투입하여 그가 연합화학에 부당한 특혜를 주었다는 비난을 불식시킬 수는 있었다. 그러나 크라우흐와 그의 참모들이 공사의 직책을 한 몸에 결합시키고 있었던 것은 원칙적인 문제였다. 바로 그 점이야말로 제3제국 경제행정의 특징이었다. 크라우흐 자신은 그런 구조를 민간의 자치행정이 국가의 기능을 인수한 것으로 평가했고, 일부 이론가들은 새로운 형태의 "위탁 행정"이라고 설명하기도 했다.

이 구조는 전쟁 중에 신임 군수부장관 토트에 의하여, 그리고 특히 토트의 후임자 알베르트 슈페어(1942년부터)에 의하여 군수 생산 전반에 적용되었다.[8] 그 구조가 효율적이라는 데는 반론의 여지가 없다. 그러나 그에 못지않게 자명한 것은, 그로 인하여 경제에 대한 국가의 조종과 지원이 신뢰할 수 있는 국가-행정의 통제 체제로부터 이탈해버렸다는 점이다. 국가의 최고 결정권(우선순위의 설정, 생산계획의 수립, 원료 및 노동력의 배분)이 괴링과 4개년계획 총평의회와 슈페어의 "중앙기획국"에 부여되었지만, 기실 그들이 내리는 결정은 "전권위원들"에 의해 선先 결정되었다. 슈페어 시대에 그 일은 관련 산업 분야의 지도적인 기업인들로 구성된 군수부 산하의 "위원회"와 "환Ring, 環"이라는 자치기구가 수행했다. 총평의회와 중앙기획국은 최종적인 결정권을 보유하고 있었지만, 기업 경영인들의 기술적이고 전문적인 주장에 맞설 능력이 없었다.

그렇듯 반쯤은 국가적이고 반쯤은 사경제적인 기획기구와 조정기구들("전권위원" "위원회")은, 전통적인 국가기관에 부과된 지도자국가의 원리와 대기업의 경영기구들이 결합되어 나타난, 공사의 요소들을 더 이상 구분할 수 없는 독특한 기관이었다. 앞서 상술한 바처럼, 일반 행정과 그 규칙에 얽매이지 않고 특정 목표를 강력하게 추진하려 할 때, 나치 지도부는 그 국가 업무를 독특한 지도자구조에 따라 작동하는 나치당 특수 조직이나 나치당 특무전권위원들에게 맡겼다. 그런 인물들은 단기적인 생산 효율성을 위하여 민간경제의 경영기구를 거리낌 없이 투입했고, 그 와중에 통일적인 관료제적 국가행정이 손상되는 것은 전혀 개의치 않았다.

4. 전쟁경제

지도자국가의 조직 원리가 관철된 다른 분야와 마찬가지로, 4개년계획에서도 과제 할당의 방식이 과제의 내용과 목표, 혹은 특무위원 개인의 에너지와 야심에 따라 거의 항구적으로 변했다. 그리하여 크라우흐의 경우처럼 하위 특무위원이 상위 기관으로부터 독립하기도 했고, 기존의 기관이 입지를 상실하고 새로운 기관이 나타나기도 했다. '헤르만-괴링 제철'이라는 기업의 예를 보자. 이 기업은 1937년에 브라운슈바이크의 잘츠기터에 설립되었다. 그 회사는 국내의 저질 철광석을 채굴하기 위한 기업으로서, 국가가 지분의 50퍼센트 이상을 소유했다. 괴링 제철의 대표이사는 괴링과 친분이 있던 베스트팔렌 출신 기업가 파울 플라이거였다. 괴링 제철은 플라이거 휘하에서 오스트리아 기업들을 강탈하기도 하고 다른 기업에 참여하거나 다른 기업을 합병한 끝에, 철광석 채굴을 넘어서서 기계산업은 물론 심지어 해운업으로까지 확대되었고, 궁극적으로 4개년계획의 수행이라는 원래의 목적과 전혀 무관해졌다.

1939년 10월의 폴란드 점령 이후에는 4개년계획청에 "신탁청 동부"라는 새로운 기관이 추가되었다. 이 기관의 업무는 폴란드에서 압수한 유대인 기업과 폴란드 기업들의 신탁 관리였다. 그러나 신탁청(청장은 과거 독일에서 유대인 언론 기업의 "아리아화"를 담당하던 막스 빙클러였다)은 결국 독자적인 명령권을 보유한 제국기관으로 독립했다. 토트가 1940년에 군수장관에 임명된 것 역시 그가 4개년계획청의 건설 전권위원을 맡았기 때문이다. 토트의 손에 누적된 직책들(추후 슈페어로 승계되고 확대된다)은 1941/42년 이후 전쟁경제 전체를 통괄하는 직책으로 조합되었고, 결국은 괴링마저 추월하여 4개년계획청을 허울로 만들어버린다. 토트는 또한 과거 괴링이 제국정부의 경제 부처들을 구석에 몰아넣을 때 사용했던 바로 그 방법을 이용하여, 경제 부처 차관들을 군수부의 영역지도자로 임명했다.

1942년 이후 슈페어 역시 괴링의 항공부차관 밀히 장군과 독일군 총참모부 군수경제국(토마스 장군)을 군수부의 "중앙기획국"에 통합시킴으로써 괴링을 배제해버렸다. 그러나 전쟁 말기에 슈페어의 군수부 내에서도 개별적인 직책과 권한들이 독립하는 경향이 만연했고, 때로 슈페어의 지위마저도 위협받았다. 토트의 막역한 친구이자 참모였던 군수부 중앙기획국 기술실장 카를 오토 자우어가 1944년에 히틀러로부터 "예거플랜"(연합군 공군기와 대적할 전투기 생산 계획) 특무위원에 임명되어, 슈페어가 히틀러의 신임을 잃기 시작한 바로 그 시점에 히틀러에게서 전권을 부여받은 것이다.

4개년계획 발표 이후 형성된 경제행정 구조는 관료제적 국가행정의 범주로는 정의定義할 수 없다. 명목적인 편제와 기능은 아무것도 말해주지 않는다. 정말 중요한 것은 실제 결정 과정이었는데, 그것은 항구적으로 변화하고 있었다. 그것은 나치 지도부의 인적 관계와 형세, 괴링, 토트, 슈페어 같은 핵심 인물들이 누리던 권위의 변화(최후의 원천은 물론 히틀러다), 특무위원의 사적인 충성 관계와 개인적인 야심에 따라 좌우되었다. 게다가 각각의 결정 기관에 참여하고 있던 기업기구와 경영인들의 이해관계 역시 중요한 역할을 했다.*

제3제국의 전쟁경제는 나치의 반反관료제적인 지도자원칙과 경제적 효율성(이것은 사기업의 존립 근거와 운영 방식에서 가장 잘 구현되어 있다)이 결합되어 운영되었다. 전쟁이라는 조건에서 지배적인 목표는 당연히 경제적 효율성에 있었지만, 나치당은 경제에 기여할 무엇을 갖고 있지 못했다. 수용소(수감자들을 이용한 건설자재 생산)에서 발전한 친위대 기업들은 물론, 괴링 제철도 경쟁력이 떨어지기는 마찬가지였다.⁹

경제 분야에서 나치의 작동 원리와 가장 가까운 것은 오히려 민간기업이었다. 그때그때의 목표에 절대적인 우선권을 부여하고, 가능한 최대의 유연성을 발휘하도록 조직하며, 지도부의 신임을 받는 특무위원에게 최대한의 자율성을 부여하고, 엄격하게 고정된 직책 의무가 아니라 포괄적인 대표 전권prokura에 따라 행동하는 것은, 나치당과 민간기업의 공통점이다. 따라서 양자는 총력전에서 서로를 이상적으로 보충해주었다. 당과 결합된 지도자국가의 특수 기관들, 구체적으로 제국방어위원, 노동력 전권위원 자우켈(1942년), 총력전 전권위원 괴벨스

---

* 전쟁이 끝난 뒤 자우켈(노동력 전권위원)은 미국인 심문 장교에게 군수부의 면모를 적절하게 표현해주었다. "슈페어의 부처는 …… 안을 들여다볼 수 없는, 당시 표현대로 '가게Laden'였습니다. 관료제적인 의미에서의 행정적인 업무는 찾아볼 수 없었지요. …… 군수부는 이른바 경제 자치 기구들이 위원회와 환의 형태로 각각 독립적으로 존재하는 것으로 보였지만 실제로는 혼융되어 존재하던 거대한 복합체였습니다. 그것이 국가행정 기구인지 아니면 자유로운 자치 기구인지 판정하는 것은 불가능합니다." IfZ: ZS 434.

(1943년), 게슈타포, 수용소 감찰총감 등은 모두 비상 전권과 강제 수단을 투입하여 전쟁경제를 기업적 이성에 따라 운영하였고, 그렇게 생산성을 최고로 끌어올렸다. 슈페어가 연합군의 공습에도 불구하고 군수를 1941년 대비 세 배나 증가시킨 것은, 그러한 요인들을 떠나서는 생각할 수 없는 일이다. 그 이전 시기에 4개년계획청이 거둔 성과도 마찬가지다.

슈페어가 군수 생산에 사기업적 역동성을 이용한 것은, 슈페어와 동시에 임명된 노동력 전권위원이 "노동력 창출" 문제에 "기업가적"으로 접근한 것과 긴밀히 연관된다. 슈페어의 "중앙기획국"이 산하의 개별 생산위원회가 책정한 긴급 우선순위에 따라 노동력 수요를 확정하면, 기획국 노동과장은 그 수치를 그때까지 노동력 문제를 담당해오던 기존의 행정기구가 아니라 노동력 전권위원 자우켈에게 전달했다. 자우켈은 자우켈대로 노동사무소 직원들을 노동력징발 특공대로 편성하여 점령 지역에 파견했고, 징용 특공대는 경찰의 지원하에서 수백만 명의 "외국인 노동자들"을 포획하여 군수 공장으로 보냈다. 1942년 이전만 하더라도 노동력은 긴급명령에 따라 작성된 보편적 구속력을 갖는 징용제도에 의거하여 동원되고 공급되었지만, 이제는 경찰 작전과 "날아다니는" 징용 특공대에 의해 노동력을 "압수"하는 방법이 일상화되었다. 균질적이고 질서정연한 행정 행위가 아니라 비상 임시 Ad-hoc 조치와 역점 사업 작전이야말로 그때그때의 효율성만을 중요시하던 나치 경제정책의 골간이었다.

독일 국내의 노동력을 남김없이 이용하는 대신(2차 대전에서 독일의 여성 노동 이용은 영국에 한참 못 미쳤다) 외국인 강제노동을 투입하고 확대한 것은 수용소와 연관되는 문제다. 수용소 수감자는 1942년에 약

10만 명으로 증가했고(1939년에 2만 5000명), 전쟁 말까지 50만 명으로 늘어난다(그들 중 95퍼센트가 비독일인이었다. 가장 많은 수감자는 러시아인, 폴란드인, 유대인 순이었다). 힘러는 수용소 수감자들을 언제라도 처치 가능하고 이송 가능한 "열등한" 존재로 간주했다. 힘러는 따라서 군수 생산의 새로운 역점 사업을 "그 어떤 손실과 무관하게" 성사시켜야 한다면 마땅히 수감자들을 투입(경우에 따라 "노동을 통해 학살")해야 된다고 생각했다. 그리하여 예컨대 영국 공군의 페네뮌데 공습 이후 1943년 가을에 V 로켓 생산 시설을 쥐트하르츠의 지하로 이전한다는 결정이 내려지자, 친위경찰은 수용소 수감자 3만 명을 화급하게 쥐트하르츠로 이동시켰다. 그곳에서 그들은 극히 열악한 조건 속에서 숙식을 하고 지하에서 노동을 해야 했다. 따라서 인명 손실이 엄청났다. 히틀러가 전쟁을 결판내줄 것이라고 기대한 "긴급군수계획"이 '용이하게' 실천된 것은, 친위경찰이 그 "통제구역"에 실시한 조치들(토지 수용 등)과 수감자들에 대한 감시 덕분이었다.

  이 모든 것에서 한 가지가 분명해진다. 통일적인 국가행정이 히틀러 치하에서 특수 조직과 특무 기관으로 해체되는 경향은, 나치의 경제 및 노동력 관리에 의해 더욱 강화되었다는 점이다. 이러한 해체 과정이 특정한 수준에 도달하자, 나치 지도부가 독자적으로 행동할 여지, 다시 말해서 공개적이고 합법적인 권력 행사 장치의 외부에서, 그리고 일반적인 국가행정에는 부분적이고 부차적인 정보만을 주거나 혹은 국가행정을 완전히 배제해버린 상태에서, 그동안 형성된 특수한 지휘 기관들과 조직들에 비밀명령을 하달하여 특정한 목적에 이용할 가능성은 더욱 커졌다.

5. 전쟁

개전開戰은 나치즘에게 결정적인 전환점이었다. 나치즘의 폭력화와 과격화가 전쟁이라는 외부적 요인에 의해 촉발되었다는 것이 아니다. 오히려 정반대로, 나치 운동의 중심 세력은 대내적인 원인 때문에 전쟁에 고착되어 있었다. 민족 간 투쟁의 "철칙"이라는 나치의 도그마가 그렇듯, 히틀러청소년단과 '아돌프 히틀러 중등학교'의 교육은 전쟁 정신을 영원성으로 고양시켰다. 집권 직후부터 나치 대내정책에서 가장 중요한 목표 역시 독일 민족을 전쟁에 대비시키는 데 있었다. 기실 나치는 민족적 투쟁 정신을 점화하고, 당과 국가와 사회를 총체적인 투쟁공동체로 재편하는 데서 자신의 역량을 최대로 발휘했다. 총체적 전쟁 정신이 얼마나 가공할 만한 에너지를 분출시킬 수 있고, 또한 그로부터 얼마만큼의 사회적·정신적·도덕적 혁신 망상이 추가적으로 산출될 수 있는지는, 1차 대전이 똑똑히 보여주었다. 히틀러는 1차 대전의 그 "체험"에 의존했다. 히틀러의 복음은 1918년의 "치욕"으로부터 독일을 구원하여 "고양"시키겠다는 의지, 독일의 세계 패권과 혁신을 위한 투쟁에 1차 대전보다 훨씬 더 결연하게 임하겠다는 광적인 의지였다. 목표는 "거대한 생활공간"의 확보였다.

총리에 임명된 직후인 1933년 2월 초에 행한 연설에서 독일군 주요 지휘관들에게도 밝혔지만, 히틀러는 4개년계획의 필요성을 설명한 1936년 8월의 문건에서도 가까운 장래에 본격적인 작전에 돌입할 것이라고 분명하게 강조했다. 1937년 11월 5일 독일군 장군들과의 대화에서도 마찬가지였다. 1937/38년 직후 히틀러가 대외정책에서 조바심을 보인 것, 그리고 같은 시점에 그가 결정적인 전쟁을 치러야 할 순간에 자신의 생물학적인 힘이 더 이상 절정에 있지 않을지도 모른다고 거듭해서 우려했다는 사실 또한, 그를 항상적으로 지배하고 있던 것은 전쟁이었다는 점을 가리킨다.

히틀러에게 전쟁은 합목적적 수단을 넘어서는 것이었다. 전쟁은 나치즘을 자기 자신, 자신의 본래적인 중핵으로 되돌려주는 것이었다. 히틀러가 외교 전략가로서 당면 목표를 얼마나 합리적으로 추구하였든, 그의 궁극적 목표는 비합리적이었다. 그의 목표는 원민중적 생활공간을 위한 거대한 투쟁이었다. 특징적이게도 그 투쟁에는 일관되고 합리적인 대외정책적 계획이 부재했다. 그럴수록 더욱 분명하게 히틀러는 그 목표를 향하여 본능적으로 움직였다. 1939년에 그는 전쟁을 막을 수 있다고 믿었음에도 불구하고 전쟁을 감행했다. 1940/41년에도 그는 서부에서의 전쟁을 중단하고 끝내 소련에 대한 '그의 전쟁'으로 나아갔다.

이미 우리는 나치가 1937/38년에 공격적이고 폭력적인 대외정책으로 이행한 것과, 국내정책에서 교회와 유대인은 물론 그동안 존중해주었던 보수적인 군부, 관료제, 사법부에 대한 투쟁의 수위를 높인 것이 상호 연관된다는 점을 암시하거나 지적한 바 있다. 그러나 1939년 1월 30일에 행한 히틀러의 집권 6주년 기념 연설은 과거와 차원이 달랐다. 1933년부터 그때까지 그가 그토록 광적으로 "간교한 겁쟁이들"과 "죽어가는 계급들"을 공격하고 인민의 "삶의 법칙"을 강조한 적은 없었다. 그는 유대인들에게 예언했다. 세계 대전이 한 번 더 벌어진다면 "결과는 유대인의 승리가 아니라 …… 유럽 유대 인종의 절멸일 것입니다."[10]

개전 직후 히틀러의 개인적인 명령에 따라 습관적 범죄자와 반사회 분자Asoziale 같은 "인민의 기생충"을 더욱 가혹하게 단속하고 법적 절차 없이 살해한 것, "치유 불가능한 정신병자들"을 학살한 것, 독일에 합병된 서부 폴란드 지역에서 "독일 민족의 공고화"를 위한 "청소" 작전(폴란드인과 유대인을 추방하고 독일인을 정착시키는 작업)에 돌입한 것 등은, 나치의 전쟁 목표가 군사적인 것 이상이었다는 점을 분명하게 드러낸다. 전쟁은 국내적으로도 치러야 하는 "원민중적 전쟁"이요, 나치 혁명의 두번째 단계였던 것이다. 앞서 설명했듯이, 지도자로부터 직접 하달되는 명령, 특무위원, 비상 행정권력도 개전과 함께 대폭 증가했다. 정치 '내용'의 과격화와 정부 행정의 통일적·공적·규칙적 '형식'의 점진적 해체는 동시에 진행되면서, 서로가 서로에게 조건이 되고 있었던 것이다.*

6. 제국방어위원회

히틀러는 전쟁 중에 "야전 군복"을 착용하기로 결심했고, 처음에는 "지도자 야전사령부"에 일시적으로 머물렀지만 1941년 이후에는 베를린에서 멀리 떨어져 있는 그곳에서 아예 살다시피 했다. 이는 지도자

---

* 히틀러의 주치의였던 카를 브란트가 전후에 증언한 바에 따르면, 히틀러는 이미 1933년에서 1935년 사이에 안락사를 법적으로 허용하려고 했다가 교회의 반대로 취소했다. 그러나 그는 1935년에 나치 의사지도자인 바그너에게, 그 조치는 전쟁 중에 "더욱 깔끔하고 쉽게 실행할 수 있다"고 설명했다. A. Mitscherlich und F. Mielke, ed., *Medizin ohne Menschlichkeit. Dokumente des Nürnberger Ärzteprozesses*(Frankfurt/M., 1960), p. 184.

가 이제는 공간적으로도 제국정부로부터 "분리"되었음을 의미한다. 개전과 함께 히틀러는 실상 제국정부의 총리임을 멈추었다. 1939년 8월 30일에 "제국방어 장관위원회"를 설치하고 후계자인 괴링을 위원장에 임명한 것도, 정부 업무를 종전보다 더 위임하겠다는 선언이나 진배없었다. 제국방어위원회는 1938년에 전쟁에 대비해 마련해놓은 규정에 따라 여섯 명의 상임위원, 즉 괴링(위원장), 내무장관 프리크("제국행정 전권위원"), 경제장관 풍크("경제 전권위원"), 참모총장 카이텔, 총리실장 라머스, 총재대리 헤스로 구성되었다. 방어위원회는 전쟁내각이었고, 그 내각은 이론적으로는 괴링을 수장으로 하는 협의제 정부기관이 될 수도 있었다. 그러나 괴링은 그 가능성을 이용할 생각이 전혀 없었다. 그는 오히려 히틀러처럼 포괄적인 법 처리는 전쟁 동안 모두 유보하자고 주장했다. 실제로 1940년 6월 5일에 "제국방어와 무관한 법과 행정명령은 특별한 지시가 있을 때까지 모두 보류"하라는 지도자 명령이 하달되었다."

그 명령은 부처장들의 입법을 증가시키는 결과를 가져왔다. 방어위원회는 (제국정부의 입법과 달리) 히틀러의 서명이 아니라 괴링의 서명이 첨부된(부서는 대부분 프리크와 라머스가 했다) 명령을 공포했고, 의심스러운 경우에 한해서 히틀러의 동의를 구했다. 법안도 보통 부처 간의 문서 교환에 의해 작성되었다. 더 간단한 절차도 개발되었다. 프리크, 풍크, 참모총장의 소위 "3인협의회"의 입법이 그것으로, 이를 주도하고 서명하던 프리크는 경제를 제외한 입법에서 괴링에 버금가는 명령권을 행사했다.

프리크는 입법 방식의 난립 사태를 1940년 3월 1일의 회람을 통하여 정리하고자 했다. 그러나 그도 결국 "입법의 다양한 방법들을 …… 깨

꾿하게 구분하는 것은 불가능하다"고 인정하면서,[12] 사안의 긴급성과 합목적성에 따라 개별적으로 처리하는 수밖에 없다고 밝혔다. 실제로 입법은 갈수록 무규칙해졌다. 명목적인 관할권과 실제적인 정치적 권력관계 사이의 간극이 전쟁 중에 더욱 벌어졌기 때문이다. 그리하여 특정한 법안의 내용에 대하여 관련 부처가 아무런 통고를 받지 못하는 일이 빈번하게 발생했다. 1941년 5월에 헤스가 영국으로 날아간 뒤 나치당 총재대리직을 승계한 보어만조차 라머스에게 보낸 1941년 10월 29일의 편지에서, 프리크와 라이(사회주택건설 제국위원 자격)가 서명하고 『제국법령공보』에 발표된 "주택건설 이주청" 설치 법안이 보어만 자신은 물론 노동부장관에게도 제출되지 않았으며, 이는 "분명하게 표현된 지도자의지와 어긋나는 일"이라고 불평했다. 보어만은 첨언했다. "과거에는 입법 활동이 지나치게 둔중했고 또 과다한 형식 규정에 얽매여 있었다면, 최근 몇 년 동안에는 지나치게 풀어진 것 같습니다. 우리가 그 결과를 제때에 인식하지 않으면, 국가 지도부에 심각한 위험이 발생할 수도 있습니다."[13]

총리실 역시 입법 행위가 "갈수록 개별 부처의 명령을 통해서" 이루어지고 있으며, 부처의 "시행령에 과거처럼 기술적이고 부차적인 규정뿐 아니라 실체적인 규정"이 포함되고 있다는 점을 인정했다. 게다가 "의견이 엇갈릴 때 결정권을 행사하는 상위 기관이 존재하지 않는 것이나 마찬가지 상황이어서," 특별한 임무를 부여받은 부처들일수록 타 부처를 참여시키지 않으려고 했다. "타 부처들로부터 '정치적으로' 강력한 저항이 일어나지 않으리라고 예상할 때"는 더욱 그랬다. 게다가 부처장들은 다른 부처의 반대를 배제하기 위하여 "지도자의 결정을 이미 받아내곤" 했다. 이는 "개별 부처의 권위뿐만 아니라 지도자의 권위까지 손상시킬 위험성이 있다." 총리실은 "입법 내용의 실행 불가능성이 사후적으로 드러날 경우" 그 위험성은 더욱 클 것이라고 경고했다.[14]

1941년 5월 바르테란트에서 열린 결사법에 대한 관계 부처 회의에 참가한 총리실 부실장은 다음과 같이 평했다. "회의는 그동안 제국 부처와 여타의 중앙 기관들 사이에서 관할권이 어떻게 이동했는지를 보여주었다. 새로운 도(바르테란트)에 제국법을 어떻게 적용할 것인지 논의한 이날 회의에서 발언한 기관은 다음과 같다. 4개년계획청, 신탁청 동부, 독일민족 공고화청, 총재대리실, 제국보안청. 내무장관과 재무장관도 그 자리에 있었지만 그들은 발언하지 않았다. 법무부 대표도 법안의 문구에 대해서만 발언했다."[15]

점령 지역의 법 문제는 실상 대단히 복잡했는데, 가뜩이나 복잡한 그 사태를 더욱 복잡하게 만든 사람은 히틀러 자신이었다. 1942년 10월 히틀러의 명확한 의지 표명에 따라, 제국방어위원회의 입법권이 "독일제국 영토"로 한정되었다. 다시 말해서 방어위원회의 명령이 독일 바깥의 권력 영역에 자리 잡은 수많은 행정 수장들에게 적용되지 않게 된 것이다. 그 사태를 막기 위하여 괴링에게 편지를 쓰기도 했던 라머스는 "참을 수 없는 사태"를 다음과 같이 정리했다. "어떤 조치가 대독일제국의 전체 권력 영역에 적용되어야 할 경우," 방어위원회는 "동부 점령지역부 장관, 두 명의 제국위원(노르웨이, 네덜란드), 여섯 명의 민간행정 수장(운터슈타이어마르크, 쥐트케른텐, 알자스, 로렌, 룩셈부르크, 오이펜-말메디), 각 지역의 군사령관들"과 개별적인 협상을 벌여서, "그들 개인이 자기가 담당하는 지역에 동일한 명령을 공포해야 할지" 문의해야 한다.[16]

괴링의 영향력은 그동안 크게 감소한 상태였다. 그래서 괴링은 히틀러에게 직속되어 있던 제국위원들과 행정 수장들에 대하여 제국방어위원회의 명령권을 관철시키기 위하여 특별히 노력하지 않았다. 그러자 라머스도 좌절했다. 1941/42년 이후 라머스가 비당파적인 조정자 역할을 포기한 것이다. 오히려 그는 히틀러에게 특정한 문제를 상신하거나 이러저러한 방향으로 처리하기 전에, 정치적 동맹자를 물색하고 정치적 타협에 도달해야 한다고 믿게 되었다.

1942년 초 알자스와 로렌을 담당하는 민간행정 수장의 독립성 문제를 놓고 프리크와 라머스 간에 격렬한 갈등이 벌어졌다. 당시 그 지역 민간행정 수장들이 독자적인 예산 고권高權을 요구했는데, 이에 반대하던 프리크가 라머스에게 그 문제를 지도자에게 상신해달라고 요청했다. 라머스는 그동안 히틀러가 민간행정을 맡고 있는 지구당 위원장들의 손을 들어주는 것을 종종 경험한 바 있었다. 따라서 라머스는 그런 일을 히틀러에게 보고해서 공연히 눈 밖에 나고 싶지도 않았고, 그렇지 않아도 대폭 줄어든 상신 기회를 소진해버리고 싶지도 않았다. 그래서 라머스는 히틀러가 그런 기술적인 조직 문제로 채근당하는 것을 원하지 않는다면서 프리크의 요청을 거부했다. 그러자 프리크가 1942년 2월 27일 격렬한 어조의 항의 서한을 발송했다. 그 문제는 기술적인 하급 문제가 아니라 "본질적으로" "제3제국의 헌법 조직의 토대"의 문제이며, 바로 그 때문에 지도자의 결정이 필요하다는 것이었다. 프리크는 지도자의 결정을 요청하지 않아서 "발생할지 모를 치명적인 사태에 대한 책임은 오로지" 라머스가 져야 한다고 경고했다.[17]

장관들 사이의 대화에서 너무도 이례적인 프리크의 어조는, 지도자 국가의 권력구조가 강화되면서 제국정부가 어떤 상태로 추락했는지를 단적으로 보여준다. 이는 친위대장 힘러의 공무원 임명을 놓고 벌어진 갈등에서도 드러났다. 당시 힘러는 히틀러의 허락을 받아서 친위대 장교들을 고위 경찰직에 임명하거나 승진시켰다. 그때마다 힘러가 재무장관 슈베린-크로지크에게 사전 동의를 구하지 않자, 1942년 2월에 슈베린-크로지크가 격렬한 항의 서한을 보냈다("예산에 잡혀 있는 직책과 무관하게 고위 공무원 임용을 지도자에게 요청한 뒤, 그에 상응하는 예산은 사후적으로 재무부에 요청하는 일이 빈발하고 있습니다. 예산을 전혀 고려하지 않는 그런 방식으로 고위 공무원의 수가 계속해서 늘어난다면 장관회의는 아무런 의미가 없게 됩니다"). 1942년 7월 힘러가 재무부 일은 "일단락되었다"고 라머스에게 알렸다. 그러나 유사한 일이 거듭되자 슈베린-크로지크는 1943년 1월에 총리실장에게 다시 한 번 문제를 제기했다. 1943년 3월에 라머스와 힘러가 그 문제에 대해 논의하게 되었는데, 이때 라머스는 총리실장으로서 마땅히 해야 되는 역할을 외면했다. 힘러가 자신의 부처에는 재무부장관과 접촉할 틈도 없이 바로 공무원을 임명해야 하는 일들이 빈번하다고 설명하자, 라머스는 추후 그런 경우에는 친위대장이 임명뿐만이 아니라 그 직책에 대한 예산상의 보장까지도 지도자로부터 직접 받아내면 될 것이라고 화답했다.[18]

그 결정으로 인하여 라머스는 자기 부처 공무원들로부터 쓰라린 비판을 받아야 했다. 예컨대 총리실 과장 킬리는 1943년 3월 20일의 메모에서 라머스의 일 처리를 "진보적인 것으로 간주할 수 없다"고 적으면서 다음과 같이 평했다. 자기가 보기에 "친위대장 겸 독일경찰총장은 전쟁으로 인하여 발생한 비상 상황으로부터 조직상의 항구적인 조치를 이끌어내고 있다." 킬리는 힘러가 재무부의 개별적인 동의를 불필요하게 만드는 (군대와 유사한) 총괄적인 전권을 겨냥하고 있다고 판단했다. 그래서 그는 라머스에게 힘러와 한 번 더 대화를 하라고 권고했다. 그러나 라머스는 그런 대화에서 "얻을 것이 전혀 없다"고 답했다.¹⁹ 그렇듯 제국정부의 관할권과 조직은 허울이 되어버리고, 지도자의 직접적인 위임과 지도자에 대한 접근의 어려움 두 가지가 권력 행사의 지배적 요인이 되고 있었다.

7. 슈페어와 괴벨스

제국정부의 장관들은 대부분 히틀러에게 직접 접근할 수 없었다. "태양 아래의 자리"를 확보한 부처장은 일부에 불과했다. 지도자 야전사령부 근처에 독자적인 야전사령부를 설치할 수 있었던 힘러와 리벤트로프가 대표적이었지만, 그들 외에도 전쟁 상반기에는 괴링이, 하반기에는 슈페어가 히틀러의 개인적인 신뢰와 그들이 보유한 전권 덕분에 히틀러를 비교적 쉽게 만날 수 있었다. 슈페어는 과거 "지도자건물의 건축사"로서, 그리고 나치당 뉘른베르크 전당대회의 건축 감독으로서 히틀러로부터 각별한 총애를 받았고, 군수장관으로도 뛰어난 솜씨를 발휘했다. 히틀러로부터 지도자명령을 얻어내는 슈페어의 재주를 보어만이 질투할 지경이었다. 슈페어의 힘은 현실적 효과가 엄청났던 "전쟁경제를 집중시키기 위한" 지도자명령(1943년 9월 2일)을 번개같이 관철시킨 데서 드러난다. 슈페어는 그때 보어만을 가혹하게 몰아붙였다.*

---

* 슈페어가 보어만의 반대에 직면하여 보낸 편지의 어조는 거침없고 단호했다. 당시 보어만에게

전쟁 하반기에는 괴벨스의 영향력도 강화되어 힘러, 보어만, 슈페어와 함께 히틀러의 가장 중요한 장관이 되었다. 전황이 독일에 불리하게 돌아간 1942년 이후 히틀러가 대중 연설과 집회를 꺼리고 동프로이센의 "볼프스샨체" 벙커에 칩거하자, 선전에 대한 책임 전체가 괴벨스에게 돌아갔다. 선전에 관한 한 본능적인 통찰력을 가지고 있던 괴벨스는, 승전에 따른 민족적인 열광의 국면이 지나가버린 시점이야말로 선전의 새로운, 심지어 더 큰 기회의 시점이라고 판단했다. 괴벨스는 고난의 시기에 희생과 헌신을 호소하는 것과 그렇게 동원된 고집스러운 민족적 연대감이 열광적 도취보다 오히려 더 큰 효과를 발휘한다는 점을 알았던 사람이다. 그래서 그는 1943년 2월 18일(스탈린그라드 전투 패배 직후) 스포츠궁전에서 열린 악명 높은 집회에서 참석자들이 무조건적인 희생 의지를 광적으로 표출하도록 유도했다. 그 희생 의지는 신경증적인 대중적 광기였지만, 괴벨스의 선전이 독일인들의 심리를 성공적으로 조작한 것을 고려하지 않으면 전쟁 하반기에 독일인들이 보인 태도를 이해할 수 없다.

물론 그 시점에 독일 도처에서 체제에 대한 의문과 비판의 소리가 나오기 시작했다. 독일인들은 1945년까지 약 200만 명의 생명을 앗아가

그 누구도 슈페어처럼 말하고 행동할 수 없었다. 1943년 8월 18일 슈페어는 보어만에게 다음과 같이 통고했다. "나는 귀하의 편지로 인하여 지도자명령의 통과가 오랫동안 연기될 수도 있고, 아마도 실제로 연기되는 것은 아닌지 염려하고 있습니다." 전쟁 상황을 고려하면 나는 "명령이 더 이상 연기되는 것"에 동의할 수 없다. 그래서 나는 "(1943년) 8월 20일 금요일에 나와 귀하가 명령의 내용을 최종적으로 정리하게 되기를" 요청한다(BA: R 43 II/610). 슈페어는 1943년 9월 2일의 지도자명령을 보충하는 히틀러의 지시(1943년 9월 5일)에 의하여, 여타의 장관들과 달리 독일 이외 지역의 민간행정 수장들에 대한 명령권도 확보했다(BA: R 43 II/610a). 앞서 인용한 보어만에게 보내는 편지 한 구절이 슈페어의 스타일을 보여준다. "나는 행정기술적 고려로 인해 방해받지 않기를 원합니다."

고 수많은 사람들의 집과 재산을 파괴한 전쟁에 고통스러워하고 있었다. 그러나 그 고통의 진정한 책임자를 가려내는 일은, 수년 동안 만사를 히틀러에게 걸고 박수를 쳤던 사람일수록 불가능했다. 독일인들은 자신이 오판했다는 것을 시인하지 않으려 했다. 그들은 오히려 지금이야말로 충성의 시간이요, 고통을 견뎌야 하는 시간이라고 스스로를 설득했다. 그들은 "최후의 승리"를 더 이상 믿지는 않았지만, 그러나 그만큼 패배를 생각하지도 않으려 했다. 더욱이 사태를 보아하니, 나치 독일의 패배는 소련 체제의 승리요 지배가 아닌가. 그렇듯 공포와 충성과 자기 연민과 자기 기만이 혼합되자, 사람들은 나치 체제가 유대인, 폴란드인, 동유럽 강제노동자 등에게 가하던 폭력에 눈을 감아버렸다. 괴벨스는 그러한 심리 상태를 너무도 능숙하게 이용했다. 그렇게 대내적인 총력전을 선전하는 데 없어서는 안 될 존재로 자리매김한 괴벨스는 자신의 관할을 확대하고 입지를 강화했다. 히틀러가 정치 유언의 말미에 괴벨스를 장래의 제국총리로 지정한 것은, 그의 지도자가 그때 괴벨스를 얼마나 신뢰했는지 보여준다.

8. 참모실

히틀러가 공적 무대로부터 물러나 자폐적으로 된 시기에, 나치 내부에서의 경쟁은 더욱 격화되고 관할권 중첩도 심화되고 있었다. 경쟁과 중첩은 지도자가 어느 한편의 손을 들어줘야 한다는 것을 뜻하였기에, 지도자에게 상신하고 지도자명령을 이끌어내는 일이 그만큼 중요했다. 그리고 이는 그런 역할을 담당하는 히틀러 주변 인물들의 비중을 높였다. 그런 중개인들은 적지 않았다. 모든 가능성을 열어놓고 그때그때의 상황에 따라 결정을 내리는, 집권 이전의 "투쟁기"에서 연원한 히틀러의 통치 스타일은 다양한 참모, 비서, 부관을 병존시켰다.

우선 제국정부 장관들과 히틀러 사이에 "정규" 중개 기관인 제국총리실이 있었다. 그 곁에 대통령실(사면, 훈장, 포상, 축하 등 의전을 담당하고, 국가수반에게 주어진 공무원 임명과 해고를 집행하는 기관)이 있었는데, 히틀러는 애초부터 대통령실에 정치적 비중을 두지 않았다. 히틀러는 제국대통령직을 인수한 뒤에 1934년 11월 17일의 명령을 통하여, 나치 중앙당 사무국장 총무 필리프 보울러 휘하에 "나치당 지도자실"을 설치했다. 추후 "지도자참모실 Kanzlei des Führers"로 불리게 되는 이 기관은, 히틀러가 제국총리, 국가수반, 나치당 총재로서의 지위 이외에 인민의 지도자 역할도 수행하고 있음을 보여주는 기구였다.* 참모실은 일차적으로 일반 국민들이 지도자에게 보낸 개인적인 진정서들을 처리했다. 참모실의 관리들은 보울러와 마찬가지로 대부분 나치당 당직자 출신이었다.

지도자참모실은 여러 개의 과課로 구성되어 있었는데, 그중에서 마르틴 보어만의 동생인 알베르트 보어만이 과장으로 있던 과가 히틀러의 "개인참모실 Privatkanzlei"이었다(알베르트 보어만은 그 직책 이외에 히틀러의 개인 부관 역할도 했다). 지도자참모실의 직명이 오락가락했던 것("나치당 지도자실" "지도자참모실"), 그리고 지도자참모실 인력을 나치 당원들로 채운 것, 지도자참모실이 나치당에서 히틀러에게 보낸 진정서들도 처리한 것 등은 지도자참모실과 대통령실의 업무 차이

---

* 앞서 인용한 빈슈타인의 1936년 강연도 참조하라.

를 모호하게 만들었다. 심지어 총재대리실과의 업무 차이도 불분명했다. 그런 상태에서 자의식이 강한 마르틴 보어만이 총재대리실의 실력자로 부상하고 헤스의 후임자가 되자, 지도자참모실의 권한이 크게 약화되었다. 1942년 보어만은 보울러를 압박한 끝에 "지도자참모실"은 "개별적인 진정"을, 총재대리실은 "근본적인 사안"을 취급하기로 합의했다.[20]

히틀러를 가장 가까이에서 보좌했던 기관은 "지도자부관실Adjutantur des Führers"이다. 개인적으로 히틀러에게 가장 충성하는 소수의 인물들로 구성된 부관실(그들은 브뤼크너, 샤우프, 비데만, 알브레히트, 슐체[21]와 같이 대부분 돌격대, 친위대, 나치당 출신이었다. 1938년부터는 친위대 장교들이 대종을 차지한 것 같다)의 주 업무는 히틀러의 일과를 확정짓고 실행을 돕는 것이었다. 1935/36년 이후 히틀러가 정기적인 제국정부 업무를 등한시하자, 부관실이 지도자 상신에서 차지하는 역할이 커졌다. 1939년 여름에 생산된 문건들은, 총리실장이 부관실에 정중하다 못해 거의 굴종적인 편지로 상신 날짜를 잡아달라고 읍소하는 모습을 보여준다.[22] 그 시점에 히틀러는 히틀러대로 부관 개개인, 그중에서도 특히 친위대 장군 율리우스 샤우프를 통하여 자신의 의지와 지시를 제국정부 부처장들에게 전화로 통고하도록 시켰다. 이는 히틀러가 해당 장관을 얼마나 하찮게 여겼는지를 보여주는데, 의도적으로 그렇게 처신한 것 같다. 예를 들어서 법원의 특정 판결이 마음에 들지 않거나 그 판결을 심지어 뒤집고자 할 때, 히틀러는 자신의 뜻을 샤우프를 통하여 법무장관에게 알렸다.[23]

히틀러에게는 군대 관련 참모실도 있었다. 1934년에 독일군 최고명령권자로서의 히틀러를 위하여 설치된 "군 부관실"이 그것이다. 부관실은 히틀러를 보좌하는 기관이기도 했지만, 다른 한편으로는 히틀러에게 제국전쟁부장관(혹은 육군사령부, 공군사령부, 해군사령부)을 대표하는 기관이기도 했다. 군대는 이 기관을 통하여 히틀러에게 접근할 수 있었고, 히틀러와 군대가 충돌하는 경우에 부관실은 군대의 입장을 우선시했다. 프리치 위기에서 부관 호스바흐가 보인 태도가 대표적인 예다. 1938/39년까지는 그 많은 참모실과 부관실이 병존하면서 경쟁하고 있었다. 그러나 그때부터 상황은 또 달라진다. 마르틴 보어만이 지도자 접견 대기실의 주인으로 등장한 것이다.

9. 마르틴 보어만

보어만은 자유군단에서 활동하다가 1920년대 초에 나치당에 입당했다. 집권 전에 이미 그는 나치당 사고보험 Hilfskasse 담당자로서 중앙당 사무국의 일원이 되었고, 이를 통하여 히틀러에게 접근했다. 또한 그는 한편으로는 동생 알베르트 보어만을 통하여, 다른 한편으로는 나치당 법원장(발터 부흐)의 딸과 결혼함으로써 히틀러를 비롯한 나치당 수뇌들과 돈독한 관계를 맺었다. 그가 1932년 10월에 헤스에게 보낸 편지를 보면, 그때 이미 보어만이 히틀러에게 나치당의 입장을 치밀하고 열정적으로 대변하고 있었음을 알 수 있다. 보어만이 히틀러에게 룀 주변의 "돼지새끼들"과 관계를 끊으라고 재촉한 것이 그 예다.[24] 보어만은 나치당 재무행정에 속하는 당직자 자격으로, 다양한 출처(예컨대 기업가들의 사례비)에서 히틀러 개인에게 제공된 자금의 관리자로 일했고, 이를 통하여 총재대리실 실장 자리를 꿰찼다.

1934년에 나치당 국장 직급을 확보한 보어만은 오버잘츠베르크에 있는 농가("Haus Wachenfeld")와 인근의 땅들을 사들이고 증개축하여 히틀러에게 여름 별장 "베르크호프"를 제공했다. 히틀러가 진심으로 좋아했던 그 일 덕분에 보어만은 1934/35년부터 히틀러와 상시적으로 접촉할 수 있었다. 히틀러가 여러 국내정치적 쟁점에서 나치당에 과격한 입장을 강요하고 그에 따라 선의善意에서 절충적 입장을 취하던 헤스가 히틀러와 어긋나게 된 1938년경부터, 보어만은 헤스로부터 독립한 강자로 떠올랐다. 보어만은 주로 총재대리실(뮌헨 소재) 베를린 분소에 머물면서 업무를 처리했고, 그렇게 베를린 분소를 과거의 종속적 지위("나치당 연락사무소")에서 벗어나도록 했다. 전쟁이 발발한 뒤에 히틀러가 지도자 야전사령부("지도자 특별열차")를 설치하자, 보어만도 히틀러를 따라나섰다.* 보어만의 권력은 그의 이중적 지위에서 나왔다. 한편으로 그는 나치당의 정치적 조정 기관(총재대리실)을 이끌었고, 다른 한편으로 히틀러와 동행하면서 그의 개인적인 문제를 처리했다. 따라서 보어만의 권력은 나치당 지도부의 권력과 등치될 수 있는 게 아니었다.

 나치 중앙당의 내부 편제는 거의 변하지 않았다. 보어만은 총재대리로서의 역할을 헤스보다 훨씬 강력하게 주장했다. 그러나 그 역시 나치 지구당 위원장들과 중앙당 국장들의 개별적인 "지도자 직속 관계"를 깨뜨릴 수 없었고, 그들 간의 경쟁과 차이를 해소할 수도 없었다. 보어만은 "나치당 총재실 비밀 통신"을 간행함으로써 나치 세계관을

---

* 1939년 9월 1일 보어만은 총리실장에게 다음과 같이 통고했다. "나는 이제 지도자를 따라갑니다. 그래서 지도자가 베를린을 떠난 뒤에는 제국방어위원회에서 총재대리를 대표할 수 없습니다." BA: R 43 II/605.

보다 교조적으로 해석하고, 이를 통하여 나치당의 통일성을 확립하려고 했다. 그리고 그는 당직과 공직을 분리하고, 나치당 지구를 분할하여 젊은 지구당 위원장을 임명함으로써, 나치당 내부의 특수 권력에 구멍을 내고 총재실의 권위를 신장시킬 계획안도 마련했다. 그러나 그는 성공하지 못했다. 올덴부르크 지구당 위원장 뢰버는 1942년의 포괄적인 보고서에서, "통합되고 통일된 당 지도부는 없다"는 결론을 내렸다. 모두가 "많든 적든 자기 힘에 의존하고 있다." "중앙당의 권위"는 국장들 간의 갈등으로 "큰 상처를 입었다."[25] 나치당 총재실은 보어만 휘하에서도 공산당 정치국과 너무도 달랐다. 개별주의적인 나치의 지도자원칙은 그에 내재한 직책 보유자들과 하위 지도자들의 독립화 경향 때문에, 전능한 관료제적 중앙 지도부를 성립시킬 수 없었다. 하기야 보어만의 특수한 지위조차 지도자원칙과 개인적인(직책과 무관한) 전권 덕분이었다.

이는 보어만의 직위에서 뚜렷하게 나타난다. 헤스가 영국으로 날아간 직후인 1941년 5월 12일에 히틀러는 "총재대리실"은 "지금부터 '당 총재실 Parteikanzlei'"이라는 직명을 보유하고 그 수장직은 "종전처럼" 마르틴 보어만이 맡으며 자신(히틀러)에게 "개인적으로 직속된다"고 규정했다.[26] 1941년 5월 29일에 히틀러는 "당 총재실장의 지위"에 관한 지도자명령을 통하여 보어만에게 장관 직급을 부여하고, 그를 정부의 입법 전체에 참여시켰다. 1943년 4월 12일에 히틀러는 보어만에게 "지도자비서 Sekretär des Führers"란 직명을 추가함으로써, 보어만이 히틀러 자신의 "개인 사무관"이란 점을 제도적으로 표현했다.[27] 그리하여 히틀러 측근들이 오래전부터 알고 있던 사실, 즉 당 총재실장이 어느덧 지도자 야전사령부의 강자가 되었으며, 누구도 그를 지나칠 수 없고, 그가 개입하지 않고는 그 어떤 지도자명령도 나올 수 없다는 것이 만천하에 알려졌다. 그 지위에서 보어만은 지도자의 "의지"를 들먹이며 교묘하게 다른 부처들을 농락했다.

　전쟁 말기에 보어만은 (당 총재실장의 직책이 아니라) 지도자 야전사령부의 강자라는 지위에서 제국정부의 슈퍼 장관 및 통제 장관이 되었고, 총리실장 라머스는 보어만의 연락관으로 강등되었다. 1942년 8월 12일에 히틀러는 "(나치당) 국장, 지구당 위원장, 단체장, 독립적인 중앙당 사무소들"이 나치당과 관련하여 작성한 문건들은, 히틀러 자신에게 직접 가져오라고 지시하지 않는 이상 "오직 당 총재실장에게 제출"하라고 명령했다. 1943년 6월에 보어만은 총리실장 라머스에게, 지도자가 "부재해서" 직접 제출할 수 없는 모든 긴급한 정부 문건은 "군부관실이나 (지도자) 개인 부관에게" 제출하지 말고 지도자의 비서(!)인 자기 자신에게만 제출하라고 요청했다.[28]

　보어만의 호의 없이는 제국정부 총무로서의 역할을 전혀 수행할 수 없었던 라머스는, 당시 반말 지기知己가 된 그 "지도자비서"의 요청에 응해야 된다고 생각했다. 결국 1943년 6월 17일에 라머스와 보어만이 협약을 맺었다. 두 사람은 궁전 시종이 되기라도 한 듯 지도자 상신에 관해 합의했다. 그들은 예외적인 경우를 제외하고, 그리고 두 사람이 "(어떤 장관이 요청한) 상신이 불필요하다"고 합의하지 않는 이상, 정부 안건은 함께 지도자에게 상신하기로 약속했다.[29] 그러나 그 합의는 보어만에게 일방적으로 유리하게 작동했다. 그 후 2년간 라머스는 히틀러와 면담할 기회를 거의 갖지 못했고, 보어만은 라머스의 굴종적인 묵인하에서 총리실장의 조정 권한을 자기가 행사했다. 지도자비서가 제국정부를 인수한 것이다.

10. 지도자비밀명령

정부의 의사 결정이 궁정 독재의 형태로 타락한 것과, 전쟁 중에 지도자명령 Führererlaß과 지도자지시 Führerbefehl가 남발된 것은 함수 관계에 있다. 지도자명령은 제국정부 및 최상위 제국 부처의 조직을 규정하고 변경할 수 있는 대통령의 권한에서 나온 것으로, 1939년까지만 해도 대부분 "조직에 관한 명령"이었다. 그러나 개전과 함께 지도자명령에 실체적인 권리의 제정 및 변경, 혹은 입법권 위임이 포함되었다. 게다가 히틀러에 의해 문서로 공식 성안된 지도자명령이 공표되지 않은 채 참모 라인을 통하여 최상위 제국 부처들에 통고되면서 문제는 더욱 심각해졌다.

그 대표적인 예가 친위대장 겸 독일경찰총장을 "독일민족 공고화 제국위원"에 임명한 1939년 10월 7일의 지도자명령이다.[30] 이 명령은 힘러에게 "제국과 독일 민족공동체에게 위험이 되는 이질적인 주민 집단의 해로운 영향력을 배제"할 권리를 부여했다. 또한 그 명령은 독일에 병합된 폴란드 땅에서 유대인과 폴란드인들을 폭력적으로 추방하고 그 자리에 독일인들을 이주시키라는 히틀러의 구두 명령을, 부드럽게 순화하여 문서화한 것이었다. 법적 성격이 의심스러운 비밀명령에 의하여 공고화청이라는 새로운 제국 부처가 탄생한 것이다(공고화청 청장은 친위대 소장 울리히 그라이펠트).

공고화청의 수많은 사무실과 참모실은 "병합된 동부 지역"에서 (추후에는 여타의 점령 지역에서도) 정규 민간행정으로부터 독립한 별도의 행정기구를 구성했다. 예컨대 공고화청의 토지사무국은 폴란드인과 유대인 토지 재산을 압수하여 관리하는, 원래 신탁청 동부에 부여되어 있던 권리를 행사했다.[31] 힘러는 이미 그곳 보안경찰의 권력을 대폭 확대시키고, "고위 친위경찰지도자"를 친위경찰의 지역 명령권자로서 그 지역에 투입한 바 있다. 여기에 공고화 업무가 첨가되자 힘러가 자신의 명령에 종속된 독자적인 행정기관을 보유하게 된 것이다. 또한 힘러는 공고화청의 업무와 관련된 명령을 그 지역 민간행정에도 하달할 권리가 있었다.* 따라서 정규 국가행정으로부터 독립된 친위대만의 조직망을 통하여 예외상태로 통치하게 되자, 그 지역의 통치 현실이 독일 국내보다 훨씬 가혹할 수밖에 없었다.

수용소도 마찬가지였다. 독일에서는 수용소에 필요한 부지를 확보하기 위해 재무부가 포함된 지루한 협상이 필요했다.[32] 하지만 "병합된 동부 지역"에서는 달랐다. 1940년에 과거 폴란드 카토비체 지구에 소재한 아우슈비츠에 거대한 수용소를 건립하기 시작한 것도 그 덕분이었다. 공고화청 토지사무국은 힘러의 지시와 수용소 총감(힘러에 종속된 직책)의 요청에 따라 40평방킬로미터에 달하는 대지를 압수했고, 힘러 휘하의 보안경찰이 그곳에 있던 일곱 개의 촌락(주민은 대부분 폴란드인과 유대인)을 소개疏開시켰다. 친위대 제국지도부는 그곳에서 독재 기관으로 군림했다. 아우슈비츠가 폴란드에 소재한 다른 수용소들(헤움노, 베우제츠, 트레블링카, 마이다네크, 소비부르)과 함께 유대인 학살의 주 무대로 선택된 것은 우연이 아니었던 것이다. 그리고 결국 1941년에 "유대인 문제의 최종해결"을 계획하고 수행할 권한이 힘러와

---

* 제국공고화 지역전권위원에는 새로운 지역의 제국주총감(바르테란트의 나치 지구당 위원장 겸 제국주총감인 그라이저처럼)이나 도감독 혹은 고위 친위경찰지도자가 임명되었다.

보안경찰청장에게 넘어갔다.[33]

지도자비밀명령이 어떤 효과를 발휘하는지 보여주는 예가 있다. 1942년에 티롤과 케른텐의 제국주총감 겸 나치 지구당 위원장이 재외 독일인 이주자들에게 토지를 제공하기 위하여 공고화청 지역전권위원 자격으로 교회 재산을 압수했다. 그러자 교회 당국이 빈의 제국행정법원에 제소했다. 1939년 10월 7일의 지도자비밀명령이 알려지지 않았기 때문에, 그들은 압류가 불법이라고 생각했던 것이다. 법원은 난처한 상황에 빠졌다. (행정법원 원장이 제국내무장관에게 썼듯이) 교회 당국이 "불법 행위를 거론하며 해당 관청을 비난한 것은 지극히 정당한 것"이지만, 관청 역시 지도자비밀명령에 의거하여 합법적으로 행동한 것인데, 법원이 불법성 여부를 가려내야 했던 것이다. 제국행정법원 원장은 (1939년 10월 7일의 지도자명령처럼) 법을 실체적으로 변경시키는 명령*이 "오직 내부 규칙으로" 하달되어 "공개되지는 않지만" "외부적으로 구속력을 갖게 되면," "행정 당국이 불가능한 현실"에 부딪힐 수밖에 없다고 불만을 토로했다. 결국 법원은 심리를 연기했다. 주무 제국 관청에 "사후적인 공포"를 통하여 "지도자명령의 집행 문제를 정리"할 기회를 주려 했던 것이다.[34] 그러나 법을 실체적으로 개정하는 지도자비밀명령은 계속해서 하달되었다. 예컨대 1943년 1월 15일의 노동력동원 명령의 경우, 최상위 제국 부처들은 이 명령을 이행할 때 명령과 "대립되는 법적 규정들을 무시해도 좋다"는 지시를 받았다. 그러나 이는 공고화청이 맞이했던 것과 비슷한 문제를 낳고 말았다.[35]**

---

* 법적으로 공고화청의 압수권은 "독일군이 가용 대지를 확보하도록 하기 위해" 제정된 1935년 3월 29일의 법을 공고화 제국위원에게 확대한 것이다.

11. 학살

독일민족 공고화 전권위원이 이질적인 주민 집단을 "배제"하기 위하여 특정하지 않은 조치들을 취하도록 위임한 지도자명령은 '조직'과 관련된 명령이 아니다. 그것은 투쟁과 절멸의 명령이다. 개전 이후 히틀러가 특정 인간 집단을 제거하라고 내린 악명 높은 다른 명령들도 마찬가지였다. 소위 "안락사 명령"과 "정치위원 명령," 그리고 "유대인 문제의 최종해결" 명령이 그것이다. 정규 행정기관들에게 비밀로 하거나 은폐되었던 그런 명령들을 수행한 기관은, 그 자체로 치밀하게 조직되어 있어서 정규 국가기관을 참여시키거나 알리지 않고도 과제를 실행할 수 있던 지도자 직속 기구들이었다. 친위경찰이 대표적이었는데, 그중에서도 독일의 친위경찰보다 점령 지역에서 활동하던 친위경찰이 더욱 알맞았다. 독일에서는 지역적 폭력 작전을 비밀로 하거나 그에 대한 정보 전달을 억압하기가 대단히 힘들었던 반면에, 폴란드는 경찰의 폭압적 통제가 일상화되어 있는 지역이었다. 바로 그 때문에 히틀러는 공고화 명령과 동시에 발령했던, '독일' 요양소에 있는 정신병자들을 살해하는 작전에는 친위경찰을 부차적으로만 참여시켰던 것이다.

그러나 안락사 작전의 결정적인 지렛대 역시 지도자에게 직속된 인

** 내무부장관은 독일민족 공고화 업무를 위임한 지도자명령을 법적으로 실천 가능하도록 만들기 위하여 제국행정 전권위원(내무장관) 명령을 발령하자고 제안했다. 이를 통하여 독일민족 공고화 전권위원에게 "독일인과 재외독일인들의 정착"에 필요한 땅을 압수할 수 있는 권한을 부여하고, 그 명령이 소급적으로 적용되도록 하자는 것이었다. 총리실과 공고화청은 동의했지만 그 제안은 현실화되지 않았다. 아마 보어만이 반대했던 것 같다. 라머스의 1943년 6월 18일 문서 메모. BA: R 43 II/695.

물들 및 기관이었다. 히틀러가 1939년 9월 1일자로 소급 서명한 서면 "명령"의 이행 책임자는 히틀러의 주치의인 카를 브란트와 지도자참모실 실장 필리프 보울러였고,[36] 작전을 실행한 실제 책임자는 지도자참모실 부실장 빅토르 브라크였다. 브라크의 사무실은 전쟁 발발 이전에 불치병 환자들을 "안락사"시키게 해달라는 진정서가 접수되던 곳이었다. 그때 히틀러의 허락을 받은 브란트와 브라크, 브라크의 수하 헤펠만을 비롯하여 안락사를 긍정적으로 생각하던 몇몇 의사들이 라이프치히 요양원에서 불치병 어린이 한 명을 죽였다. 이 사건은 전쟁이 발발한 뒤에 본격화되는 안락사 작전의 출발점이었다. 개전 직후 히틀러가 '본래적인 의미의' 안락사와 무관한 '일괄적인' 작전을 지시하자, 브란트와 보울러의 참모실이 안락사에 적극적인 의사들 몇 명을 지도자참모실로 불렀다. 그 자리에서 브란트는 히틀러의 비밀명령에 따라 형사상의 소추가 면제된다는 점을 분명히 하면서, 의사들에게 "제국요양원공동체"라는 위장 단체의 "전문가Gutachter"로서 죽일 대상을 선발할 "권한을 부여하고," 비밀 엄수를 의무화했다.[37]

독일 전역에 산재한 요양원에서 환자들을 "포획"하는 일은 제국내무부 보건과(과장은 제국보건지도자 레온하르트 콘티) 요양원담당관 린덴에게 돌아갔다. 린덴의 방법은 단순했다. 그는 평범한 질의서를 각 요양원에 보내서 답하도록 하고, 그 답변을 통하여 학살 대상자를 선별했다. 그러면 친위대 차량으로 구성된 "환자이송 유한회사"라는 또 하나의 위장 조직이 환자들을 안락사 센터로 지정된 요양원(헤센의 하다마르, 린츠 인근의 하르트하임, 뷔르템베르크의 그라페네크, 작센의 조넨슈타인)으로 "이송"했다. 제국형사경찰청의 형사기술연구소의 화학자들은 일산화탄소로 가스 학살 실험을 했고,[38] 지도자참모실이 조직한 또 다른 위장 기관("공공요양재단")이 작전 전체의 재정을 책임졌다. 약 7만 명이 죽임을 당한(불치병 환자만 살해되었던 것이 아니다)* 이 작전의 전모는 의사와 기술자 등 50여 명만이 알고 있었다. 요양원 원장들도 선별된 환자들이 특별한 관찰과 치료를 위하여 "이송"된다는 이야기만을 들었다. 장관들 중에서도 라머스 한 사람만 히틀러로부터 직접, 그것도 진짜 "안락사"라는 설명을 들었던 것 같다.

유전병 환자의 불임과 임신 중절을 명령했던 1933년과 1935년의 결혼보건법과 안락사 작전 사이의 정치적·세계관적 관련성은 명확하다. 그러나 양자는 시행 절차에서 현저한 차이를 보였다. 유전보건법은 수술을 담당하는 행정기관과 사법기관(유전보건법원)을 지정했고, 그 기관들이 준수해야 하는 법적인 신청 절차와 결정 절차를 명시했다. 그러나 안락사 작전에 이용된 비밀명령과 위장 조직은 명백히 법외法外적인 것들이었고, 그 기관들은 심지어 나치 정부가 설치한 국가기관들조차 우회해서 활동했다. 유의해야 할 점은, 법적으로 규정된 불임 수술 및 임신 중절의 절차가 공공의公共醫와 유전보건법원에 대단히 넓은 자율적 공간을 부여했다는 점이다. 그리고 그 여지는 법이 법과 법적 보호의 원칙을 스스로 무너뜨렸다고 할 수 있을 정도로 컸다.

그런 면에서 보면, 나치의 법이 추후의 무법을 준비한 것으로 평가할 수도 있다. 행정 및 부처 통일성의 파괴(안락사 작전의 경우 특히 이미 1934년에 성립된 보건행정의 독립,[39] 콘티와 그의 나치 관리들에 의해 개인적으로 추진된 내무부 보건과의 지도자 직속화), 지도자 직속 전권

---

* (옮긴이) 희생자 수는 추후 연구에서 9만 명 내지 10만 명으로 상향 조절되었다. 안락사 작전도 1941년 9월에 중단된 뒤 1942년 8월 이후 비밀리에 재개되었다.

기관(히틀러 주치의 브란트, 지도자참모실, 친위대 형사경찰)의 투입, 그 이전 시기에 이미 지도자 위임의 관행에 의하여 입법의 규범적 절차가 파괴된 것이 안락사 작전의 전제였던 것이다. 그럼에도 불구하고 안락사 작전에 대한 여론, 사법부, 일반 행정의 불만은 끊이지 않았고, 장관들 일부(법무장관 귀르트너와 총리실장 라머스)도 히틀러에게 법적 규범을 강조했다. 그리하여 안락사 작전은 1941년에 중단되었다. 우리는 이를 독일 국내에서는 지도자국가적인 헌정체제가 그런 작전을 '마찰 없이' 수행할 만큼 발전하지 못했기 때문으로 평가할 수도 있을 것이다. 독일 국내에서 지도자권력의 비상 기관들은 은폐와 위장에도 불구하고, 빠르든 늦든 법에 묶여 있던 행정 및 사법의 조직망과 부딪치고 갈등할 수밖에 없었던 것이다.

안락사 작전의 경험은 유대인 학살을 독일에서 멀리 떨어진 폴란드와 소련 지역으로, 그리고 "친위대장의 관할"로 이전시키도록 했을 것이다. 안락사 작전 때 빅토르 브라크가 구성했던 "가스 기술자"들은 유대인 학살에도 참여했다. 절차도 비슷했다. 소수의 친위대 장교들이 임박한 작전에 대한 상세한 설명을 들은 뒤에 비밀 엄수의 의무가 부과되었고, "법을 제정하는" 지도자의지를 근거로 하는 학살의 "권한을 부여"받았다.* 그동안 정부, 행정, 부처의 통일성이 해체된 것(예를 들어 외무부 독일과)은 유대인 학살에서도 효과를 발휘했다. 정보의 확보

---

* Rudolf Höß, *Kommandant in Auschwitz. Autobiographische Aufzeichnungen*(Stuttgart, 1958), p. 153. 헤스는 힘러가 명령을 내리는 장면을 다음과 같이 썼다. "1941년 여름 ...... 나는 갑자기 베를린 친위대장에게 오라는 명령을 친위대장의 부관으로부터 직접 받았다. 그(힘러)는 평소와 달리 부관을 배석시키지 않은 채 대략 다음과 같이 말했다. '지도자께서 유대인 문제의 최종해결을 명령하셨다. 우리 친위대가 그 명령을 수행해야 한다. ...... 당신은 이 명령에 대한 비밀을 당신의 상관에 대해서까지 무조건 지켜야 한다.'"

와 참여의 정도에서 편차가 컸지만 친위경찰 외에 그런 일반 행정기관들도 유대인 학살에서 일정한 역할을 수행한 것은 바로 그 때문이었다. 보안경찰과 친위대라는 지도자 직속 예외기구는 대량 학살을 본격적이고 독자적으로 수행할 수 있을 정도로 컸고, 또한 독립적이었다. 다른 한편으로 법적 규범에 묶여 있던 다른 기관들의 파편화, 지도자 직속 기관들 간의 경쟁의 항구적인 효과, 나치 당원들의 개인적인 침투, 세계관 교육 등은 정규 행정기관들로부터 안전성과 자의식을 빼앗고, 그것들을 조작 가능한 기관으로 만들었다. 그 기관들은 어느덧 "유대인 문제의 최종해결"의 전 과정을 실행하는 데 필요한 행정기술적 조치(나치 지도부의 의도를 완전히 파악하지 못한 채)들을 부분적으로 실행할 수 있는 도구가 되어 있었던 것이다.

유대인 학살은 간단하게 1933년 이후 진행된 유대인에 대한 법적 차별의 연속성 속에서 이해될 수 없다. 절차의 측면에서 그것은 그 이전에 이루어진 조치들과 단절된 것이었고, 그런 한에서 그것들과 질적으로 다른 것이었다. 그러나 그 이전에 공포된 법과 명령들은 독일 유대인들에 대한 차별을 단계별로 심화시켰고, 유대인들을 예외법 아래 두었으며, 유대인들을 사회적인 게토로 추방하였고, 그렇게 "최종해결"의 길을 닦았다. 법적 형태를 띤 조치들에 의한 법 원칙의 누적적 해체는 전적으로 무형적이고 무법적인 범죄 작전을 낳았던 것이다.

제10장

사법

앞에서 우리는 법적 형식성과 제국행정의 통일성이 해체된 것과 나치 체제가 범죄를 저지른 것이 상관적인 것임을 밝혔다. 그러나 제3제국의 내부 체제를 기술하는 작업을 끝내기 위해서는, 사법부의 지위와 조직 그리고 법의 내용과 절차의 변화를 간단하게나마 그려보는 것이 필요할 것이다. 히틀러가 집권한 독일은 민주주의의 역사는 짧았지만 법치국가적 전통만큼은 견고한 나라였다. 행정의 적법성과 사법의 독립성은 프로이센을 비롯한 독일의 모든 나라에서 18세기 말 이래 원칙적으로 인정되었고, 19세기가 경과하는 가운데 확고하게 자리 잡았다. 나치즘은 법의 지배하의 입헌적 정부라는 자유주의적 개념을 원칙적으로 적대했다. 그렇다고 해서 나치즘이 자유주의적이고 법치국가적인 공법과 민법의 요소들을 모조리 말소하고 간단하게 17세기와 18세기 초의 경찰국가로 되돌아갈 수 있었던 것은 결코 아니다. 근대적 경제와 사회와 행정의 복잡한 구조가 작동하고 효과를 발휘하기 위해서는,

일정한 법적 확실성이 보장되어야 했다. 그것 없이 나치 체제는 존재할 수도, 뭔가를 수행할 수도 없었다.

나치즘은 소련 공산주의와 달리, 자유주의적인 법적 원칙과 그와 연관된 사법의 지위와 절차를 과격하고 체계적으로 변혁할 의지도, 능력도 없었다. 그런 변혁은 원래 사회질서의 혁명적인 변화 없이는 단행할 수 없는 법이다. 전통적인 사법부의 독립성과 기존의 자유주의적 법에 대하여 나치는 부정적이면서도 기회주의적인 태도를 취했다. 몇몇 개별적인 개혁 및 혁신을 제외하고, 나치는 기존의 사법에 대하여 전통적인 관료제와 군대에 대해서처럼 타협적으로 접근했다. 그러나 동시에 나치는 기존의 법이 지도자의 목표와 의지 혹은 나치 행정과 특수 권력의 걸림돌이 되고 있다고 여길 때에는, 사안별로 법과 사법 체계를 변경하고 그 관할 영역을 축소시키거나 수정했다.

곧 서술하겠지만, 흥미롭게도 그 과정에서 초래된 법의 부분적인 폐지와 동공洞空화와 왜곡은 민법의 영역에서는 가장 적게 나타났다. 나치는 사적 소유의 원칙과 그와 연관된 법규에는 거의 손을 대지 않았던 것이다. 나치당과 그 기관들도 민법상의 분규에서 1933년 이후에도 법원으로부터 특별한 대접을 받지 못했다.¹ 나치는 공법, 그중에서도 특히 형법을 문제 삼았다. 그리하여 히틀러가 총리에 임명된 지 몇 주일 만에 벌써, 제3제국의 특징이었던 "자의적 국가와 규범적 국가의 이중 구조"(에른스트 프렝켈)가 출현했다.* 1933년 3월의 사태가 이를 잘

---

* (옮긴이) 프렝켈은 바이마르공화국에서 노동법 법학자이자 노조 측 전문위원으로 활동하다가 1938년에 미국으로 망명한 유대인이다. 그는 몸소 체험한 나치즘을 자신의 학문적 통찰과 결합시켜 1941년에 『이중국가』라는 저서를 출간했다. 브로샤트의 나치즘 파악에 전범이 된 이 저서에서 프렝켈은, 나치 국가가 "규범적 국가Normenstaat"인 동시에 "자의적 국가Maßnah-

보여준다.

1933년 3월 독일은 의사당 화재 긴급명령(1933년 2월 28일)으로 예외상태에 놓였다. 경찰과 돌격대 및 친위대의 보조경찰은 사법부의 통제를 벗어나서 체제의 적들을 공격(예방구금)했고, 그 맥락에서 창출된 기회를 이용하여 나치 지도부는 폭력과 테러로 나치당의 권력 독점을 관철시키려 했다. 이런 상황에서 히틀러와 괴링은 긴급명령의 근거가 된 의사당 화재가 제국법원에서 심리되는 것을 달가워하지 않았다. 히틀러는 법원의 심리가 의사당 화재는 공산당 봉기의 신호탄이었다는 정부의 설명을 완벽하게 입증해내지 못하고, 그것이 나치 정권에 비판적인 외국 언론에게 좋은 먹잇감이 되지 않을까 우려했다. 그래서 히틀러는 1933년 3월 2일의 내각회의에서, "범인을 목매달아버리면" "언론이 아우성칠 수 없을 것"이라고 말했다.

1933년 3월 7일의 내각회의에서 히틀러와 프리크는 한 번 더, 제국법원에서 방화범인 판 데어 루베에 대한 재판이 이루어지는 것을 막고 신속 재판을 통하여 루베를 공개적으로 교수시키자고 주장했다. 그러나 기존의 형법에 따르면 방화범은 기껏해야 감옥형에 처할 수 있었을 뿐이고, 의사당 화재 긴급명령을 적용하여 사형을 선고할 수는 있었지

---

menstaat"였다고 파악했다. 규범적 국가는 법적 규범과 일관성에 입각한 법치주의적 국가로서 나치 체제가 자본주의적으로 작동하기 위해서는 불가결한 국가이고, 자의적 국가는 나치에 반대하는 세력을 법외적 수단으로 억압하는 국가다. 프렝켈은 나치 국가의 독특성이 양자의 면모가 동시에 작동했다는 데 있다고 파악했다. 이 책에서 브로샤트는 프렝켈의 입론을 이어받는 동시에 확대하여, 한편으로는 나치즘이 권위적 질서를 추구하는 독일민족주의 세력과 유토피아적 세계를 폭력적으로 달성하려는 나치라는 두 집단으로 구성되어 있었고, 다른 한편으로는 양자의 착종과 대립은 나치 체제가 다중지배와 즉흥적 결정의 연속으로 점철되는 결과를 빚었다고 파악했다. 참고로, 프렝켈은 1945년에 미군 자문관으로 한국에 왔다가 미군의 점령정책이 한국인의 열망에 어긋나는 데 실망하여 돌아가버렸다.

만 루베의 방화는 긴급명령이 공포되기 전에 발생한 행위였다. 그래서 프리크는 "판 데어 루베법"을 제정하여 소급해서 사형을 선고할 수 있도록 하자고 제안했다. 법무차관 슐레겔베르거는 모든 문명국가에서 인정되고 있는 "법이 없으면 처벌도 없다"는 원칙(죄형법정주의)을 그토록 공공연하게 깨뜨릴 수는 없다고 프리크의 제안에 강력하게 반대하면서도, 가능한 방법을 찾아보겠다고 약속했다. 그로부터 3주일 뒤인 1933년 3월 29일에 실제로 소급 적용되는 "판 데어 루베법"이 제정되었고, 루베는 사형을 선고받고 처형되었다. 그러나 히틀러는 제국법원에서 심리가 이루어지는 것을 막을 수는 없었다. 힌덴부르크 대통령과 법무장관 귀르트너가 히틀러의 주장을 수용하지 않았기 때문이다. 사건이 종결되고 나서 법무부의 한 관리가 사법부의 입장을 평가했다. 법의 '원칙'은 중지되었지만 사법부의 '권한'은 성공적으로 방어했다는 것이었다. 그 후 사법부의 수많은 '적응들'이 그 예를 뒤따르게 된다.

그 시점에 독일의 법질서를 항구적으로 변화시킨 세 개의 명령이 공포되었다. 1933년 3월 21일("포츠담의 날")에 대통령 긴급명령권에 입각하여 제정된 명령 중 첫번째 명령은 "독일 인민의 민족적 궐기를 위한 투쟁"에서 벌어진 모든 범죄 행위를 사면 및 말소시켰다.[2] 두번째 법이 소위 모함법이고,[3] 세번째가 특별법원 설치 명령이다. 사면법은 그동안 나치가 범한 모든 정치적 위법 행위를 무차별적으로 사면했고 (포템과 살인자도 포함되었다), 모함법은 나치 체제에 대한 구두 비판 행위도 처벌했다(감옥형, 심한 경우에는 노역형).

"독일 민족에 대한 음모와 국가전복행위"에 대한 긴급명령은 1933년 2월 28일에 의사당 화재 긴급명령과 함께 공포되었다. 그 법은 "국가전복기도Hochverrat" 및 "반국가행위Landesverrat"의 개념을 독일 형법전의 규정을 훌쩍 뛰어넘어서 확대시켰고,* 형량을 강화하였으며, 사법부의 형사 절차에 대한 제국정부의 영향력을 심화시켰다. 개별적인 법조문도 비정상적으로 포괄적이었다. 예컨대 3조는 외국에 이미 알려진 정보도, 그것이 외국 '정부'에게 알려지지 않았거나 공적으로 통고되지 않은 상태에서 공공연하게 논의하여 "제국의 복리를 위태롭게 하는" 경우는 "반국가행위"로 규정했다(3개월 이하의 감옥형). 나치 지도부의 의도는 뻔했다. 정부가 원하지 않는 정보가 외국에 알려지는 것을 막을 수는 없지만, 국내에서 유통되는 것만큼은 막겠다는 것이었다. 그렇게 하여 반국가행위의 의미가 역전되었다. 1933년 3월 21일의 모함법은 그보다 한 걸음 더 나아갔다. 그 자체로 무해하지만 나치 지도부의 총체적인total 주장과 합치되지 않는 비판도 처벌하겠다는 것이었기 때문이다.

형법의 실체적 변화와 동시에 형법 집행의 절차와 조직도 변화했다. 정치적 형사 사건을 다루기 위한 특수한 사법기구가 설치된 것이다. 대통령명령은 모든 고등지방법원에 의사당 화재 긴급명령 및 모함법 위반자를 심리하기 위한 "특별법원"을 설치하도록 했다. 추후 수와 관할 영역이 크게 늘어나게 되는 그 법원의 심리는 기존의 정규 형사법원보다 훨씬 간단했다. 국가전복죄와 반국가행위를 심리하기 위하여 1934년에 설치된 "인민법원"의 심리도 마찬가지였다. 새로운 법은 판사들 간의 협의제 원칙보다 재판장의 지위를 앞세웠다. 재판장은 배석판사 두 명과 함께 판결을 내렸고 재판의 개시와 증거 제출에 대하여

---

* (옮긴이) 국가전복기도는 말 그대로 국가를 무너뜨리려는 음모 및 행위를 의미하고, 반국가행위는 국가의 대외적인 안전을 해치는 행위, 특히 간첩 행위를 뜻한다.

막대한 영향력을 행사할 수 있었다. 사법행정도 법원에서의 증거 제출에 영향을 미칠 수 있었다. 법원이 검찰과 별도로 실시하는 사전조사 제도가 없어졌고, 항소도 불가능했다. 그야말로 "신속 재판"이 가능해진 것이다.

제국법무부가 모함법과 특별법원 법안을 제출한 이유는 사실 나치 지도부의 압력 때문이었다. 법무부는 히틀러와 괴링과 프리크가 의사당 화재 사건과 관련하여 법무부를 격렬하게 공격하자 그것을 피하고자 했던 것이다.* 나치 정치 형법의 기원은 다른 곳에서도 찾을 수 있다. 1933년 3월 5일 이후 돌격대와 친위대의 보조경찰은 예방구금을 수단으로 하여 무법적인 정치 박해를 개시했다. 그러자 법무부는 "판데어 루베법"과 마찬가지로, 새롭고 비상한 정치 형법 및 집행 절차를 도입함으로써 새로운 정부로부터 신뢰를 얻고자 했다. 그들은 법과 헌법을 부분적으로 중단시킴으로써 나치 지도부를 적법성과 법치국가로 견인할 수 있으며, 나치의 혁명적·자의적 폭력에 최소한 한계를 설정할 수 있으리라고 믿었다. 그들이 정치적 형법안들을 제출한 것은 바로 그 때문이었다. 그러나 오판이었다. 그들은 오히려 히틀러를 위해 움직인 꼴이었다. 사법부는 새로운 명령들을 통하여 히틀러에게 허구적 합법성을 제공했고, 히틀러는 그 합법성을 이용하여 모든 주요한 권력 지점을 장악했다. 그 '위장 합법성'이야말로 히틀러가 당시의 대

---

* 회의록에 따르면 법무차관 슐레겔베르거는 1933년 3월 21일에 모함법 법안을 내각에 제출하면서 다음과 같이 말했다. "제국법무부, 특히 현재 법무부를 이끌고 있는 자신(법무장관 귀르트너는 와병 중이었다)은 일부 장관이 사법부에 대하여 제기한 공격을 대단히 아프게 받아들이고 있다. 사법부는 당연히 현재의 민족 궐기 정부가 반역 행위에 맞서 국가를 지키기 위하여, 혹은 그와 비슷한 목적을 위하여 경주하는 모든 노력을 최선을 다하여 지지한다."

내적·대외적 이유에서 절박하게 필요로 하던 것이었고, 그것이야말로 나치의 권력 장악을 비로소 가능하게 해준 무기였을 것이다.

추후에는 비밀에 부쳐지지만 1933년만 하더라도 정치적 형사 범죄의 수가 통계연감에 발표되었다. 그 통계는 나치가 도입한 새로운 정치 형법의 영향을 보여준다. 1932년에 독일에서 반국가사범으로 기소된 사람이 총 268명이었고, 그중 230명이 유죄판결을 받았다(이전 시기에는 훨씬 적었다). 1933년의 통계는 다음과 같다.

1933년의 정치범죄 통계

범법행위	재판	유죄판결
형법 83~86조(반국가행위) 위반	2,000	1,698
1933년 2월 28일의 의사당 화재 긴급명령 위반	3,584	3,133
1933년 2월 28일의 독일 인민에 대한 반국가행위 및 국가전복행위에 대한 대통령 긴급명령 위반	1,106	954
1933년 3월 21일의 민족 궐기 정부에 대한 모함을 막기 위한 대통령명령 위반	4,466	3,744
합계	11,156	9,529

출처: *Statistisches Jahrbuch für das Deutsche Reich*, 54. Jg.(Berlin, 1935), p. 530 f.[*]

1933년 여름 이후 나치 혁명을 종식시키기 위한 노력이 진행되는 가운데 테러적 폭력도 '양적으로' 감소했다. 이는 주로 히틀러, 괴링, 프

---

[*] 이 자료(p. 329)에 따르면, 1933년 특별법원의 기소 건수는 총 5365건이었다. 그중에서 571건이 범법행위Verbrechen, 4794건이 단순위반행위Vergehen였는데, 특별법원은 3853건에 대해 판결을 내렸다. 1934년의 기소 건수는 4021건이었고, 그중에서 범법이 1077건, 위반이 2944건이었으며, 2767건에 대해 판결이 내려졌다. 추후의 통계연감에는 그런 통계가 실리지 않았다.

리크 등이 군부, 대통령, 경제계, 관료제와 동맹을 맺고 돌격대에 맞섰기 때문이었지만, 사법을 중앙으로 일원화한 것도 한몫을 했다. 사법이 "제국화"됨으로써 주정부와 나치당의 영향력으로부터 상당히 벗어날 수 있었고, 권력 장악 기간에 각 주에서 공포된 주 형법들과 그로 인하여 발생한 비균질적인 법 상황을 정리할 수 있었던 것이다.* 같은 시기(1934/35년)에 정치범에 대한 가혹 행위로 인하여 돌격대원들과 친위대원들이 법정에 서는 일이 잦아지자, 법무부 관리들은 예방구금과 수용소 수감으로 인한 법적인 예외상태를 종식시킬 수 있게 되리라고 기대했다. 그들은 그 일이 정치범 재판에서보다 강력하고 또 나치의 구상에도 접근하는 판결을 내리고, 형법과 사법 체계 일반을 민족사회주의적이고 권위적으로 개혁한다면 가능할 것이라고 생각했다.

실제로 1934년에서 1937년까지 사법부(특별법원과 인민법원)에 의해 유죄판결을 선고받은 사람의 수가 수용소에 수감된 사람(평균 5000명 내지 8000명)보다 많았다. 인민법원 하나만 하더라도 1934년에서 1937년까지 약 450건의 국가전복행위와 약 575건의 반국가행위를 "처리했다."⁴ 법무부가 그렇게 나치의 비위를 맞추었지만 무법적인 예외상태를 종식시킬 수는 없었다. 1936년 2월 10일의 게슈타포법과 수용소의 제도화(수용소 수는 크게 감소했다)는 법적 예외상태를 제3제국의 정상상태로 만들었다. 게슈타포의 활동은 행정법원의 통제를 받지 않는다는 원칙이 관철되면서, 게슈타포는 어떤 행위가 "정치적인 행위"인지, 그중 어떤 것이 정치경찰(형사법원이 아니라)의 관할에 속하는지

---

* 예를 들어서 바이에른 주정부는 1933년 4월 26일 부패와 뇌물을 근절시키기 위한 법을 공포했다. 이 법은 명백하게 제국의 관할 영역을 침범한 것으로서 1933년 5월 24일에 폐지되었다.

를 스스로 결정할 수 있게 되었던 것이다. 그럼에도 불구하고 법무부는 경찰의 예방구금을 새로운 형법 규정에 해당되지 않는 경우로 제한시키려 노력하였고, 그 노력은 이 시기(1934년에서 1937년까지)에 일정한 성공을 거두었다.* 그러나 법무부는 양자를 명쾌하고 구속력 있게 구분하는 데는 실패했다.**

그리하여 게슈타포의 조치(예를 들어서 수용소 수감)는 1934/35년 이후 정규적인 사법 판결을 보충하거나 교정하는 성격을 띠게 되었다. 검찰은 최소한 "통상적인 영역"에서만큼은 사법부의 권능을 보존하고자 했다. 그래서 검찰은 정치적 사건의 경우 "예방" 개념을 대단히 넓게 해석하여, 정치범이 사법 형사기관에서 석방되자마자 게슈타포가 예방구금 조치를 취하기로 사전에 약속을 하기도 했다.***

"사법을 교정"하는 게슈타포의 행위가 격렬한 갈등을 유발하기도 했다. 형사를 담당하는 법무부차관(롤란트 프라이슬러)이 광신적인 나치

---

* 나는 이 판단을 1936년 3월 30일에서 1936년 11월 2일까지 바이에른 정치경찰이 작성한 보고서 전체를 분석한 끝에 도출했다. 그 기간 동안 바이에른 정치경찰은 총 1791명을 체포하였는데, 그중 상당수는 형사법적 처벌에 미치지 못하는 사소한 행위(예를 들어 "국가에 해로운 태도," "지도자 모독," "갈고리십자가 모독" 등) 때문이었다. 다음의 글도 참고하라. Martin Broszat, "Nationalsozialistische Konzentrationslager 1934~1945," *Anatomie des SS-Staates*, Bd. 2, p. 46 ff.
** 예를 들어 법무장관 귀르트너는 1936년 8월 22일의 편지를 통하여 힘러에게 양자를 분명하게 구분할 것을 요구했다. 1936년 10월 7일 힘러는 친위대 장군 베스트를 통하여, 개별적인 경우에는 "처벌 가능한 행위가 확인되는 경우에도 예방구금 조치가 가능하다"고 답했다. BA: R 22/1467.
*** Akten des Reichsjustizministeriums, BA: R 22/1467. 예컨대 1936년 6월 26일 드레스덴 주최고법원의 검찰은 검찰과 정치경찰이 정치적 형사 사건에서 "긴밀하고" "유익한 협력"을 하기로 작센 게슈타포 소장과 약속했다고 제국법무장관에게 보고했다. 그러나 제국법무부에서 정치적 형사 사건을 담당하던 크로네 박사는 1938년 4월 13일 게슈타포에게, "국가전복죄에 따른 예방수감 조치"가 "당사자와 그 가족들에 의해 추가적인 처벌로 받아들여질 경우, 게슈타포가 보기에는 불가피한 예방 조치인지" "진지하게 검토해달라"고 요청했다.

였지만, 그조차 나치즘에 걸맞게 리모델링을 한 사법부의 관할이 경찰에게 잘려 나가는 것을 용납하지 않으려 했다. 그러한 갈등은 상이한 나치 기관이 각자의 방식으로 민족사회주의적인 원칙들을 관철시키기 위하여 똑같이 히틀러의 의지를 내세우는, 전형적인 나치 내부의 갈등이기도 했다. 게슈타포는 심지어 인민법원의 판결마저 서슴지 않고 교정하려 했다. 그러나 인민법원(법원장은 작센 주 법무부장관을 지냈던 티라크)은 1934년에 히틀러의 특별 지시에 따라 (제국법원을 대신하여) 정치적 형사 사건을 담당하는 최상위 사법기관으로 설치되어, 나치가 신뢰할 만한 판사들로 채워진 법원이었다. 1937년 3월에 발생한 다음 사건은 양자 간의 갈등을 드러내주는 대표적인 사건이다.

전직 공산당 당원 여성 한 명이 과거에 공산당이나 사민당을 지지했던 사람들의 불법적인 모임에 참석했다는 이유로 경찰에게 체포되어 국가전복죄로 기소되었다. 인민법원 제2법정은 증거 불충분을 이유로 하여 그녀에게 무죄판결을 내렸다. 그러자 게슈타포가 법정에 파견한 경찰관 두 명이 판결 직후 법정에서 그녀를 체포하려 했고, 이는 판사들과의 격한 언쟁으로 이어졌다. 재판장은 "법원에서 무죄를 선고받은 사람을 예방구금하는 것은 있을 수 없는 일"이라고 목소리를 높이면서, 인민법원은 "총재 겸 제국총리에 의해 설치된, 독일제국의 최고위 법원으로 완전히 주권적인 기관"이라고 선언했다. 인민법원 판사의 판결이 "행정기관의 비판"에 직면하는 것을 "참을 수 없다"는 것이었다.[5] 법원의 비판에 직면한 게슈타포는 그녀를 놓아주었다. 그러나 이틀 뒤에 그녀는 자택에서 게슈타포에게 연행되었다.

전체적으로 볼 때 사법부와 정치경찰은 1938/39년까지 서로 "협조" 하려는 경향이 강했다. 정치경찰도 법외 조치를 가급적 자제했다. 물론 경찰이 사법부에 압력을 가하려고 의도적으로 공격적인 방식으로 "사법을 교정"하는 경우도 있었다. 제국법무장관은 1939년 1월 23/24일에 검찰 및 지방고등법원 법원장들과 그 문제를 특별히 논의하기도 했다.[6] 그러나 그 논의는 그 최고위 사법 관리들이 경찰의 "예방 조치들"을 전혀 반대하지 않았으며, 법적 판결이 불충분한 경우 검찰이 게슈타포에게 예방구금 처분을 요청하는 경우도 있었다는 점을 보여준다. 그들은 "교정"의 일부만을 사법부의 위신에 "해가 되는" 것으로 간주하고 있었던 것이다.[7]

인민법원도 결국 게슈타포에게 적응했다. 1939년 1월 21일까지만 해도 법원장 티라크는 제국법무장관에게, "명예 판사를 포함하여 인민법원 구성원 전원"이 "무죄판결 이후에 경찰이 예방구금 조치를 취하는 것을 참을 수 없는 일"로 생각하고 있다고 썼다.[8] 그로부터 1년 반이 지난 1940년 7월 29일, 인민법원에 부속된 제국검사가 제국법무부장관에게 다음과 같이 보고했다. "저는 반국가 혐의로 법정 구속되었다가 석방된 사람을 게슈타포에게 넘기는 것이 적절한가라는 물음을 놓고 인민법원장과 의논했습니다. 우리의 논의는 인민법원이 석방한 경우로 한정해서 이루어졌습니다. …… 앞으로 저는 별도의 지시가 없는 한 다음과 같이 처리할 것입니다. '인민법원장과의 합의에 따라, 무죄 혹은 재판 종료가 선언되거나 그때까지의 구속 기간으로 형 집행이 완료되었다고 선언될 경우, 게슈타포가 분명하게 거부 의사를 밝히지 않는 한 해당 인물을 게슈타포에게 넘긴다. 명백한 증거에 의해 무죄가 선언된 경우, 게슈타포에게 그 점을 명시하면서 그럼에도 불구하고 예방구금이 불가피한지 문의한다. 그때 게슈타포가 예방구금이 불가피하다고 선언하면 해당 인물을 즉각 게슈타포에게 넘긴다.' ……"[9]

위 보고서는 인민법원이 모든 정치적 형사 사건에서 게슈타포에게 무조건 항복했음을 보여준다. 경찰의 예방구금에 영향력을 행사하고, 검찰 개입 등을 통하여 예방구금을 정규적인 법체계 안으로 통합하려던 사법부의 시도는 정반대의 결과를 낳고 말았던 것이다. 원민중적인 지도자국가가 게르만적인 법 관념과 게르만적인 독립 기사도 정신을 부활시킬 것이라는, "민족사회주의 독일법률가동맹" 의장 겸 독일법 아카데미 회장 한스 프랑크가 품고 있던 낭만주의적 발상도 마찬가지 운명이었다. 한스 프랑크의 수하인 법률가동맹 부의장은 1935년 8월 22일에, 게슈타포가 "예방구금 문제에서 사법부의 지원을 거부하는 것"은 "법적 확실성에 대한 민족사회주의의 개념과 전혀 합치되지 않으며," "북방 민족의 자연적인 법 감수성에도 배치되는 것"이라고 선언했다. 자신의 그 선언이 "독일의 법적 확실성의 상태에 대한 심각한 우려"에서 나온 것이라고 설명한 그는 또한, 게슈타포의 태도가 "게슈타포의 활동이 — 러시아의 비밀경찰(체카)과 마찬가지로 — 법 바깥에 존재하는 순수한 자의恣意에 불과하다"는 모함을 부추기고 있다고 비난했다.[10]

당시(1935년) 성안되었지만 결코 통과되지 못했던 새로운 형법전에 깔려 있던 발상도 민족사회주의 버전의 원민중적·권위적 법치국가였다. 그러나 그 꿈은 전쟁이 발발하면서 완전히 묻혀버렸다. 사법부는 법을 유지하기 위한다는 믿음 속에서 나치 체제에 더욱 적응했고, 그렇게 법의 몰락에 기여했다. 사법부는 사실 바이마르공화국 시절부터 소위 "민족적인 비상사태"에 직면하여 민족적인 목표에 도움이 되는 것이라면 불법도 합법으로 전도시키는 데 익숙해져 있었다. 그래서 독일민족주의 법무장관 귀르트너가 1934년 7월 3일 룀 사건에서 유혈 사태가 발생하자, 그 학살을 국가적 긴급사태를 해결하기 위한 조치로 사후적으로 정당화하는 법에 서명했던 것이다. 법과 법치국가에 대한 의식이 매우 강했던 귀르트너에게 그것은 쉽지 않은 일이었다. 그런 그가 그렇게 행동한 것은, 그 역시 군대와 관료제 내부의 보수적인 세력들과 마찬가지로 돌격대가 거세되면 독일이 보다 확실한 법적 상태로 복귀할 것이라고 믿었기 때문이다. 그러나 얼마 지나지 않아서 사법부는 또 "타협"해야 했다. 공공연한 테러는 크게 감소했지만, 감옥과 수용소에서는 무법의 폭력이 지배하고 있었다. 수용소에 근무하는 친위대원들은 수감자들이 저항이나 탈출의 낌새만 보여도 사살해야 했다. 그들에게 하달된 행동 지침은 그런 사살을 '의무'로 명시해놓았다. 1934년 이후 검찰에는 "탈출 중 사살"이라는 보고가 끊이지 않고 전달된다.[11]

1935년 초 베를린 소재 콜룸비아하우스 수용소에서 수감자 두 명이 "저항"을 이유로 사살되었다. 이 사건에 대하여 베를린 검찰은 다음과 같이 보고했다. 경비 경찰에게 하달된 "행동 지침이 피의자들을 면죄시켜줄 수 있는 것은 아니다. 지침은 법적 규정이 아니기 때문에 위법성을 …… 제거해줄 수는 없다. 본건은 직무 지시와 법적 허용 사이의 유감스러운 간극이 가시화된 사건이다."[12] 그러나 사법부는 "위에서" (히틀러가) 덮어줄 게슈타포와 친위대의 행위에 공공연히 이의를 제기하고 싶지 않았다. 사법부는 결국 (게슈타포 경찰관이나 친위대원이 "지침에 따라" 행동했다는 점이 절반만이라도 분명해 보이면) 검찰의 기소를 "면제"하고, 정치적으로 미묘한 경우에는 상부 사법행정기관(최종적으로 법무부)에 보고하라는 치명적인 해법을 선택했다. 검찰은 자신의 관할 구역에서 벌어진 모든 불법을 외부의 압력이 없는 상태에서 불편부당하게 소추할 의무가 있다는 법치국가의 원칙은 그렇게 말소되었다. 콜룸비아하우스 사건은 권위적인 국가가 어떤 식으로 무법 국가를 강화했는지 보여주는 주목할 만한 예다.

1937년 사법부와 게슈타포는 수감자들에게 가혹 행위(경찰의 가혹 행위는 재판 과정에 이따금 흘러나오거나 수사 판사의 보고를 통하여 사법부에 알려졌다)를 한 경찰관의 소추 문제에 대하여 신사협정을 맺었다. 그런 경우 게슈타포가 해당 경찰관이 자의적이 아니라 (게슈타포의 관점에서 불가피한) 소위 "수사 강화"라는 내부 지침에 따라 행동한 것이라고 확인해줄 경우, 소추를 면제하기로 약속했다.[13] 그러나 현실은 복잡했다. 경찰이 "심문"에서 피의자에게 자백을 강요했을 경우, 그것을 근거로 하여 피의자의 무죄를 주장하는 용기 있는 판사와 검사는 제3제국에도 있었다.[14] 게다가 사법부의 특정한 재판 방식, 예컨대 "비공개" 심리(이는 게슈타포의 참석을 차단하기도 했다)는 법이 제 역할을 하도록 만들 수도 있었다. 그리고 정치적 형사 사건에서 "단순명쾌하게" 무죄판결이 내려지면 게슈타포가 곧장 예방구금 처분을 내리는 것이 상례였기 때문에, 판사와 검사가 (그 자체로 위법적인 행위인데) 고의적으로 감옥형을 선고하기로 "약속"하는 경우도 있었다. 피의자로부터 게슈타포를 당분간이나마 떼어놓기 위해서였다. 위법적인 자유 박탈이 수용소 수감을 막는 보호 장치로 작동한 것이다. 그러한 왜곡조차 자의적 국가와 규범적 국가의 이중구조가 낳은 결과물이기도 하다. 그러나 그 이중구조는 대부분 정반대의 효과를 낳았다. 그 이중구조 때문에 사법부와 실정법이 결단주의적인 지도자의지에 스스로 적응한 것이다.

이러한 경향은 사법부의 인사人事와 조직에 의해서도 촉진되었다. 우선 사법부도 직업공무원 재건법에 따른 "숙청"을 피해갈 수 없었다. 게다가 공무원법과 같은 날(1933년 4월 7일) 공포된 변호사법이 상당수의 유대인 변호사를 축출했다. 사법부의 구성이 원체 "부르주아적"이었기 때문에, 정치적인 이유에서 해직된 판사와 검사의 비율은 낮았다. 그리고 사법 공무원 중에서 유대인이 차지하는 비율은 변호사들 중에서 유대인이 차지하는 비율보다 훨씬 낮았다.* 그렇지만 판사의 불가침성의 원칙이 그 법들에 의해 훼손된 것만큼은 분명했다.

다른 한편 수많은 판사들과 사법 공무원들이 나치당에 입당하고, "독일판사동맹" 역시 "민족사회주의 독일법률가동맹"이라는 통일 조직으로 일체화했지만,[15] 사법행정 전체는 물론이려니와, 고위직조차 나치당 "구투사"로 채울 수가 없었다. 나치당에 적절한 인력이 없었기 때문이다. 그렇지만 다른 부처에서와 마찬가지로 사법부에서도 나치당과 나치즘의 원칙들에 대한 판사 개인의 입장은 장기적으로 판사들의 승진과 경력에 영향을 미쳤다. 특히 지방에는 판사들을 비판적으로 보는 나치 고위 당직자가 많았다. 법원 간 업무 할당 방식이 바뀐 것도 판사들의 경력에 영향을 미쳤다. 법원의 업무 분담은 그동안 독립적인 판사 위원회에서 자율적으로 수행해왔는데, 자율성이 제한된 끝에 그 일

---

* 예컨대 함부르크 지방고등법원 구역에 근무하는 판사와 검사 중에서 총 31명이 해직되었고(대부분 유대인이 아니었다), 44명의 유대인 변호사가 변호사협회에서 축출되었다. Werner Johe, *Die gleichgeschaltete Justiz. Organisation des Rechtswesens und Politisierung der Rechtsprechung 1933~1945, dargestellt am Beispiel des Oberlandesgerichtsbezirks Hamburg*(Frankfurt/M., 1967), p. 66 ff. 지방고등법원 함Hamm 지구에서는 그때 유대인 판사 18명이 해직되었고, 1935년의 뉘른베르크법으로 다시 유대인 판사 13명이 해직되었다. 정치적 이유에서 조치(해직 혹은 하급 법원으로의 전직)를 당한 판사는 13명이었다. Hermann Weinkauff, "Die deutsche Justiz und der Nationalsozialismus," *Die deutsche Justiz und der Nationalsozialismus*. Teil. I(Stuttgart, 1968), p. 102.

이 결국은 완전히 법무행정으로 넘어갔다.[16]

그러나 재판의 협의제 원칙은 특별법원에서조차 제거되지 않았다(개전 이후의 "단순화 개혁"으로 손상되었지만, 특별법원에서도 재판장은 두 명의 배석판사와 함께 판결을 내렸다).[17] 협의제 원칙은 나치의 지도자 원칙에 근본적으로 배치되는 것이었지만, 사법의 혁명적 개편이 이루어지지 않고는 폐기될 수 없었고, 그것은 히틀러에게 내내 두통거리였다. 그러나 또 다른 한편으로 사법의 정치적 지휘권이 제국법무부로 일원화되고 통일화됨으로써 검찰의 종속성이 강화되었다. 이는 물론 사법부의 일체화에 중요한 의미를 지녔다. 일체화는 다른 식으로도 촉진되었다. 1937년의 공무원법은 종전과 달리 반국가사법을 전담하는 고급 검사만 아니라 일반 검사들에게도 정치 공무원의 신분을 부여했다. 그로써 검사는 언제라도 해직되거나 면직될 수 있는 존재로 강등되었다. 게다가 피의자에 대한 검찰의 권리와 관할(그에 따라 사법행정의 영향력)도 강화되었다. 이는 특별법원에서 아주 심했지만, 개전 이후 형사법 절차가 간소화되면서 일반 법원도 마찬가지가 되었다.[18]

나치는 사법부의 인사와 조직, 법원의 체계와 사법 절차를 완전히 전복시키지 못했지만 가능한 모든 곳에 구멍을 냈던 셈인데, 이는 판결 내용에서도 마찬가지였다. 예를 들어서 포괄적인 형사법 개혁이 계획되었지만, 개혁은 진행되지 않고 형량을 강화시키는 개별적인 조치들이 도입되었다. 1933년 11월 24일의 "위험한 습관적 범죄자에 관한" 법은 반복 범죄자에게 유기 징역형 외에 무기 "예방구금"을 선고할 수 있도록 했다. 이때도 사법부의 의도는 가혹한 법을 통하여 친위경찰의 무법적 조치를 "불필요"하게 만드는 데 있었다. 그러나 사법부의 그러한 '적응' 노력에도 불구하고, 예컨대 바이에른 정치경찰은 1933

년에 이미 소위 반사회적 분자들(작업장 이탈 노동자, 술꾼, 동성애자)을 강제수용소에 수감하는 단계로 넘어갔다. 그러나 그것이 끝이 아니었다. 1937년, 힘러에 의해 일체화되고 친위대와 결합된 형사경찰은 (정치적인 예방구금 외에) 법 외적인 또 하나의 강제조치로서 "예비구금Vorbeugungshaft"* 제도를 일반화했고, 이를 제국내무부장관의 "범죄예방" 명령(1937년 12월 14일)을 통하여 사후적으로 합법화했다.[19]

나치는 또한 사법부의 판결을 엄격한 법실증주의적 소추의 원칙으로부터 자유롭게 하고, 법을 나치의 세계관과 "인민의 건전한 감수성"에 합치되도록 해석하려 했다. 이는 특히 1935년 6월 28일의 형법전 개정을 위한 법에 의해 시도되었다. 그 법은 장래의 포괄적인 형사법 개혁을 선취하여 소위 "유추Analogie"를 판결의 토대로 삼고자 했다. 새로운 규정에 따르면, 향후 판사는 법조문의 축자적 해석에 의거하여 어떤 행위가 처벌 가능한지 판단해야 할 뿐만 아니라, 하나의 행위가 "형법의 근본정신 혹은 인민의 건전한 감수성에 의거하여 처벌받아 마땅한지" 판단해야 했다. 그로써 나치 판사에게 법 해석의 드넓은 여지가 마련되었고, "법이 없으면 처벌도 없다"는 원칙이 전반적으로 약화되는 길이 열렸다.

그러나 그 유추 조항은 실증주의적 법 개념으로 교육받은 독일의 법률가들에게, 그 조항을 열성적으로 선전한 지도적인 나치 법률가들(프랑크, 프라이슬러, 로텐베르거)이 기대한 만큼의 효과를 발휘하지 못했다. 법 해석의 근거가 되어야 할 "인민의 건전한 감수성"과 "나치의 세

---

* (옮긴이) 게슈타포의 예방구금에 상응하는 형사경찰의 조치. 주로 습관적 범죄자, 노동기피자, 노숙자, 동성애자 등 비정치적 주변인을 구금하는 수단으로 이용되었다.

계관," 혹은 "지도자의 의지"가 어느 정도만이라도 구체화할 수 있어야 했는데, 그것이 도대체 불가능했기 때문이다. 법과대학 학생들과 법률가들에게 나치 세계관 교육을 시키는 것이 도움이 되지 못했던 것도 동일한 이유 때문이었다. "법조문의 정신"을 떠벌릴 수는 있었다. 그러나 교조적인 신념으로 법조문을 대신할 수는 없었다. 따라서 그들이 할 수 있었던 일은 새로운 나치 법의 제정이 아니었다. 그들이 할 수 있었던 것은 기존의 법을 부분적으로 해체하는 일이었다.

해체 작업에는 히틀러도 참여했다. 그는 이따금씩 특정 판결을 형량이 불충분하다고 비판했다. 1938년에는 진기한 장면이 벌어졌다. 그해에 승용차를 공격하여 금품을 갈취하는 등 일련의 강도 사건이 일어났고, 그 때문에 한동안 사회적 불안이 조성되었다. 히틀러는 1938년 6월 22일 몸소, 1938년 1월 1일로 소급 적용되는 법을 공포했다. 그 법은 단 한 문장으로 이루어졌다. "범죄를 목적으로 자동차를 공격한 자는 사형에 처한다." 1938년 11월 20일의 명령은 특별재판소의 관할에 정치적 형사 사건만이 아니라 비정치적 사건도 포함시켰다. 히틀러는 또한 자기가 아끼는 수하를 위하여 판결에 직접 개입하는 일도 서슴지 않았다. 예컨대 1938년 말 나치 구투사 헤르만 에서가 이혼 소송에 휘말리자, 히틀러는 총리실장 라머스와 법무장관 귀르트너를 통하여 베를린 지방법원에 자신이 이혼법을 어떻게 해석하는지 통고했다.*

1938/39년에 나치 기관지들, 특히 친위대 주간신문 『흑색군단』은 사

---

* 이 사건과 관련하여 라머스는 1938년 11월 23일에 귀르트너에게 보낸 편지에서, 자신은 "총재 겸 제국총리가 제3제국의 최종적으로 유일한 입법자로서 자신이 공포한 법에 대하여 내린 해석이 특별히 중요하다고 여기기 때문에" 지도자의 입장을 통고한다고 썼다. BA: R 43 II/11506.

법부에 적대적인 언사를 쏟아내고 개별적인 판결을 체계적으로 비난했다.* 그러나 법과 사법에 대한 공격의 본격화는 개전과 더불어 시작되었다. 우선 1938년의 자동차강도법에 내재된 경향이 강화되었다. 일련의 전시戰時 형법이 공포되어 사형 선고가 가능한 범죄가 전례 없이 확대되었다. 전쟁으로 인하여 병사들이 죽어가고 있다는 것이 이유였다. 그리하여 개전일인 1939년 9월 1일에 라디오 명령이, 1939년 9월 4일에 전쟁경제 명령이, 1939년 9월 5일에 인민해충 명령이 공포되었다. 1939년 11월 25일에는 방어력을 해체한 범죄자의 형량이 극도로 강화되었고, 1939년 12월 5일에는 폭력범 명령이 공포되었다.** 이에 따라 사형에 처할 수 있는 범죄의 수가 세 배로 증가했다.

이러한 경향은 그 후에도 지속되었다. 종전 이후 열린 뉘른베르크 법률가 재판에서 미군 검찰이 밝힌 바에 따르면, 사형에 처할 수 있는 범법 행위가 나치 집권 이전에는 3개였던 반면에, 1943/44년에는 무려 46개였다.[20] 나치 형법에 담긴 가혹성은 형법 절차의 개정에 의해 더욱

---

* 이때만 하더라도 제국법무부는 비판의 내용을 사실적으로 반박하려 애썼다. 예를 들어 법무부는 1939년 1월 27일의 『독일 법률가』지에서 1937/38년에 『흑색군단』에 실린 총 13건의 공격에 응답했다. 1939년 2월에 귀르트너는 힘러에게 친위대의 사법부 공격을 막아달라고 개인적으로 부탁하기까지 했다. IfZ: Himmler-files, folder 47.
** (옮긴이) 라디오 명령은 의도적인 외국 방송 청취와 그 내용의 유포를 금지하면서 청취자에게는 최대 무기징역을, 유포자에게는 사형을 선고할 수 있도록 했다. 전쟁경제 명령은 전시의 과세, 가격, 임금을 동결하고 상여금을 제거한다는 것 외에 매점매석, 암거래, 식권 사기 등에 대하여 사형을 선고할 수 있도록 했다. 인민해충 명령은 전쟁 수행에 해가 될 수 있는 국내적 행위를 포괄적으로 금지하고, 경미한 행위에 대해서도 사형을 선고할 수 있도록 했다. 예컨대 "공공장소에서의 약탈," "적국 공습하에서의 범죄," "공공에 해가 되는 범죄"는 사형의 대상이었다. 방어력 약화방지 명령은 기존의 군사법정에서 사용되던 "방어력 약화"라는 개념을 확대하여 민간에게 적용한 것으로, 예컨대 최후 승리에 대한 의심을 표명하는 행위, 독일의 정치 군사 지도자에 대한 비방, 징집 거부 및 회피 등에 대해 사형을 선고할 수 있도록 했다.

강화되었다. 개전일(1939년 9월 1일)에 효력을 발생한 형법 "간소화 명령"21은 특별법원의 관할 영역을 확대하고 새로운 특수 법원의 설치를 허용했으며, 피고에 대한 변호를 제한하고 심리 기간을 단축시켰다. 1939년 9월 16일에는 일반 형사법 절차, 군대형법 절차, 형법전의 법규를 개정하는 법이 공포되었다. 이 법에 의하여 사법행정은 이제 적법한 판결이더라도 형량이 불충분할 경우, 제국법원의 고등제국검사가 그 사건을 제국법원 특별 형사법정에 재차 기소할 수 있게 되었다.

전쟁 중에 독일의 형법은 전쟁의 조건하에서 범죄 예방에 필요한 수준을 훨씬 뛰어넘었다. 독일민족주의 법무장관 귀르트너 역시 엄격한 형법을 지지하기는 마찬가지였다. 그러나 그가 형법의 강화에 동의한 것은, 일차적으로 전시의 법적 안전성에 대한 염려와 여론을 보호할 필요성 때문이 아니었다. 사법부는 오히려 범죄에 대한 전쟁을 히틀러가 원하고 힘러가 자기 영역에서 실천하고 있던 그 형태로 수행함으로써, 나치가 사법부에 가하던 비판에 김을 빼버리려 했다. 그들은 자기들이 "가혹"할 수 있다는 것을 입증함으로써 사법부의 유효성을 보존할 수 있다고 믿었던 것이다.

추후의 특별처벌 명령들, 예를 들어서 악명 높은 1941년 12월 4일의 "병합된 동부 지역의 폴란드인과 유대인에 대한 형사소송 명령"*은 기존의 형법을 더욱 강화했고, 사법을 영토 점령으로 늘어난 원치 않는

---

* (옮긴이) 법법의 내용을 극히 일반적으로 규정하는 동시에 소송 기간과 형 집행 시점까지의 시간을 극단적으로 단축한 법. 법문의 분량조차 세 쪽에 불과했다. 예컨대 단순한 신체 손상이나 위협도 폭행으로 간주할 수 있도록 했고, 폴란드 남성이 독일 여성과 성관계를 맺으면 인종 손상범으로 처벌하도록 했다. 법무차관 프라이슬러는 이 법을 "폴란드인의 복종"을 명령한 법으로 규정했다.

민족 집단에 대한 투쟁 수단으로 만들었다. 그에 따라 민간 법정에서 선고된 사형 건수가 급속히 증가했다. 1938년부터 1944년 8월까지의 제국법무부 해당 자료에서 검출한 통계에 따르면, 독일제국 영토(체코 보호령 제외, 독일에 병합된 지역 포함)에서 선고된 사형 건수는 다음과 같았다.[22]

1938년	23
1939년	220
1940년	926
1941년	1,109
1942년	3,002
1943년	4,438
1944년(1월~8월)	2,015
합계	11,733

법 정신을 극단적으로 왜곡한 1941년 12월 4일 명령의 탄생 과정을 살펴보면, 사법의 과격화에서 우리가 발견한 논리가 여기서도 똑같이 작동했음을 분명하게 확인할 수 있다.[23] 보안경찰은 그때까지 비교적 제한된 공간 내에서 무법의 예외상태를 창출하고 통치했다. 독일 내부에서도 그랬지만, 특히 병합된 지역에서 전쟁은 보안경찰에게 예외상태의 공간을 대폭 확대시켰다.* 그러나 사법부는 최대한의 노력을 기

---

* 전쟁이 발발하면서 힘러와 하이드리히(보안경찰청장)는 독일에서도 비상조치를 취할 권한을 위임받았다. 하이드리히는 1939년 9월 3일의 위임을 근거로 하는 회람명령을 보안경찰에게 하

울인 끝에, 나치 당직자들로 채워진 지도자 직속 민간행정 수장들의 지배기관과 보안경찰 외에 자기들도 병합 지역의 사법에 활동할 수 있도록 겨우 허락받을 수 있었다. 1941년 12월 4일의 명령은 그렇게 탄생했고, 이로써 사법부는 '지배인종의 방식'으로 통치되던 지역에 사법의 원칙이 적용되도록 하는 데 성공했다. 그러나 그들은 법적 절차와 법적 보호가 거의 완전히 소멸되는 대가를 치러야 했다. 종전에도 그랬듯이, 사법은 사태의 전개를 약간 늦출 수 있었을 뿐, 정지시킬 수는 없었다.

1941년 1월 29일 귀르트너가 사망했다. 전쟁 발발 이후 그때까지 히틀러는 예컨대 지도자 야전사령부의 "식탁 대화"에서 법률가들을 극단적으로 비판했고, 가끔씩 그들을 "해충"이나 "범죄자"로 표현했다.[24] 귀르트너가 죽자 히틀러는 사법부를 공공연하게 모독할 시간이 왔다고 여겼던 것 같다. 그는 1942년 4월 26일 제국의회에서, 지도자인 자신이 "틀림없이 지금 중요한 것이 무엇인지 모르는 판사들"을 "소위 전래의 소중한 권리를 전혀 고려하지도, 기존의 절차를 거치지도 않은 채 해직시킬" "법적 권리"를 갖고 있음을, 그곳에 모인 의원들의 박수로

달하여, 인민과 국가에 적대적인 범죄를 가차 없이 단속하라고 지시하는 동시에, "그런 부류들은 고위층의 지시에 따라 가혹하게 제거해도 된다"고 통고했다. BA: Slg. Schumacher, Nr. 271. 그 위임명령에 근거하여 친위대원들이 1939년 가을에 독일 소재 강제수용소에서 범죄자들과 사보타주 행위자 등을 재판 없이 사살하는 사건이 몇 건 발생했다. 이 일에 놀란 법무장관 귀르트너는 1939년 9월 말 히틀러에게, "비점령지역(독일)의 범죄를 전시법에 따라 처벌해야 하는지, 아니면 재판과 판결 없이 경찰이 처벌해도 되는 것인지" 명료하게 해달라고 긴급히 요청했다. 히틀러는 1939년 10월 14일에 라머스를 통하여, "법원(군사법원과 민간법원)이 전쟁이라는 특별한 조건에 대응할 수 없다는 것이 드러났기 때문에," "개별적인 경우"에는 보안경찰에게 그런 지시를 하달하는 것을 포기할 수 없다고 대답했다. Nürnberger Dokumente NG-190.

공식 확인하도록 했다.²⁵ 판사들은 물론 법무장관 직무대리 슐레겔베르거 역시 히틀러의 행동을 "난폭한 공격"으로 받아들였다. 1942년 8월 20일 보어만과 나치당 총재실의 막대한 압력 속에서 "구당원"이자 인민법원 원장인 티라크가 제국법무부장관에 임명되었다. 그와 동시에 프라이슬러가 인민법원 원장에 임명되었다. 티라크와 프라이슬러 취임으로 사법부 떨이판매의 최악의 마지막 국면이 시작되었다.

프라이슬러 휘하의 인민법원, 특히 1944년 7월 20일의 음모자 재판에서 인민법원은 스탈린 전시展示재판을 모범으로 삼은 정치 사법의 극단적인 예를 선보였다. 티라크는 히틀러가 사법부를 신임하도록 하기 위하여, 그때까지 친위경찰의 간섭에 맞서 성공적으로 방어해온 사법부의 관할을 자발적으로 포기했다. 티라크는 힘러와 합의하여, 사법부 산하의 행형기관에 수감된 범죄자들 수천 명을 강제수용소(특히 마우트하우젠 수용소)로 보냈다. 그곳에서 그들은 "노동에 의한 절멸"에 처했다. 티라크는 또한 독일에 있는 폴란드와 소련 민간인 노동자들에 대한 형사상의 조치를, 사법부의 간섭 없이 경찰이 단독으로 주관하도록 해주었다.

하이드리히가 암살된 뒤 보안경찰의 수장으로 임명된 칼텐브루너는 1943년 6월 30일에 휘하의 경찰부처들에 다음과 같이 통고했다. "사법적 형사 절차"는 "경찰이 원할 때에 한하여," "여론의 동향으로 보아 바람직할 경우에," 그리고 "사전 접촉으로 법원이 사형을 선고한다는 것이 확실해진 뒤에야 비로소" 개시될 것이다.²⁶ 경찰과 사법의 관계가 역전된 것이다. 비슷한 시기에 힘러는 보어만에게, "동부 지역의 사법 세력들"이 그들의 과제가 "그 지역에서 독일 민족의 이익을 관철하는 것이 아니라 '법'을 선고하는 것"인 양 착각하고 있다고, 사법부의 "그릇된 근본 입장"을 비판했다. 그러면서 힘러는 보어만에게 "폴란드인을 비롯한 동부 인종에 대한 형법 처리는 오로지 경찰이 수행하도록" "분명하게 선을 긋자"고 제안했다.[27]

　전쟁 중에 한편으로는 법으로부터 자유로운 친위경찰의 관할이 갈수록 확대된 것과, 다른 한편으로 나치 지도부의 인종정책이 과격화된 것의 관련성은 여기에서 다시 한 번 분명해진다. 그리고 이로 인하여 분출된 파괴적인 자의성은, 전쟁 하반기에 급속히 증가한 지도자 직속의 특별권력과 특무전권위원들과 함께, 나치의 정치 및 헌정체제 자체에 영향을 미칠 수밖에 없었다. 예외상태의 지배가 제국의 주변으로부터 제국의 중심으로 들어왔고, 그것은 제국 중심의 법적 안정성을 더욱 해체시켰다. 전쟁 마지막 국면에 나타난 과격하고 비합리적인 폭력사태는 결국은 나치 체제의 지배이성 자체와도 모순되는 것이었다. 그것은 폭력을 사용하려는 절망적인 "에너지"에 의해서만 존립을 연장시키려던 체제의 괴로운 모습을 반영하고 있었을 뿐이다.

제11장

결어

나치 정권의 복합적인 내부 구조, 나치 정권의 짧았지만 전복적이었던 힘, 나치 이데올로기의 선동적 성격, 나치 정권이 유발한 장기적인 사회적·사회심리적 탈구, 나치 지배의 무정형적 모습과 그 권력의 이례적인 팽창 사이의 모순. 이 모든 것을 설명해줄 단순한 틀은 없다. 이 책 역시 그런 명제적 설명을 제시할 수 없다. 그러나 서술을 끝내야 하는 지금, 앞선 서술에서 얻고 암시했던 통찰들을 고정시키고 좀더 일반화된 형태로 정식화할 수는 있을 것 같다. 여기서 중요한 것은 나치 정치의 영향과 발전을 체제의 구조적 특징과 그 변화와 함께 보는 것, 그리고 양자 간의 상호 관련성을 명료히 하는 것이다.

바이마르공화국의 전복과 히틀러 정권의 수립은 무엇보다도 민주주의를 반대하는 보수 세력과 나치 대중운동의 협력에 의해서 가능했다. 1933년 1월 30일 히틀러 총리 임명의 전사前史는, 바이마르공화국의 정치사회적 체제가 직면했던 격심한 위기와 당시의 권력관계하에서는 (인민적인 운동의 사회 통합 요소가 부재한) 구식의 권위적인 관헌국가로 복귀하는 것도, (국가와 사회의 보수적인 중추 세력이 부재한) 나치 혼자 집권하는 것도 불가능했음을 보여준다. 그런 한에서 1933년 1월 30일의 동맹이 당대의 반민주주의 이데올로기들과 합치되는 것으로 파악할 수도 있다. 그 이데올로기들은 1차 대전 이후 다소 모호한 슬로건("보수혁명," "우익으로부터의 혁명" 등)을 이용하여, 총체적인total 민족 혁명의 길을 통한 엘리트적이고 권위적인 질서의 복고를 선언하고 예언했다. 나치 운동에도 기술적으로 근대적인 행동 방식과 복고적인 세계관 사이의 적대와 모순, 다시 말해서 전래의 국가사회질서에 대하여 절반은 혁명적이고 절반은 반동적인 관계가 애초부터 내재해 있었다.

  권위적인 경향과 전체주의적인totalitär 경향의 혼융 현상은 나치당이 1930년 이후 전국적인 대중정당으로 대두하면서 더욱 강화되었다. 1930년에 중간신분의 항의 투표자들이 나치당으로 물밀듯이 유입됨에 따라, 갈고리십자가와 흑백적 깃발 간의 동맹은 나치당 내부의 특징이 되었다. 다시 말해서 그 동맹이 1933년 1월 30일에 히틀러 정부의 토대로 작동하기 이전에 이미 나치당에 내적으로 구조화되었던 것이다. 그리고 그 비균질적인 요소 및 파트너들 간의 상호 적대는 빠르게 가시화되었다. 따라서 권위적인 지배와 전체주의적인 지배를 이념형적으로 구분하는 것은 나치 지배체제에도 적용할 수 있다. 그럼에도 불구하고 권위적이고 규범국가적인 안정화 요소와 전체주의적인 나치 운동 세력 사이의, 1937/38까지 유지된 그 균형은 제3제국을 비로소 성립시키고 히틀러국가를 비로소 공고화시켰다. 다시 말해서 그런 안정화를 토대로 하여 추후의 권력 팽창과 과격화가 가능해졌고, 그 덕분에 전체주의적인 요소가 우위를 점할 수 있게 되었던 것이다.

제3제국 초기 몇 년은 '운동'과 정부 독재의 이중구조의 작동 방식을 대단히 명료하게 보여준다. 그때는 그 이중구조가 향후 어떻게 발전할지 아직 분명치 않았다. 그러나 히틀러 정권의 모순적인 조직구조, 법 구조, 권력구조의 근본적인 특징들은, 그 이중구조에서 바라보아야만 제대로 이해할 수 있다. 예컨대 1933/34년의 소위 "권력 장악"이 혁명과 혁명 중단 간의 진자 운동 형태로 진행되었던 것은 바로 그 때문이었다. 폭풍 같은 집권 초기 국면에 불거져 나온 권력구조와 관할권 구조는 명확한 기획과 통일적인 작전의 결과가 아니다. 그것은 오히려 부분적으로 서로 내입하고 중첩되지만, 조율되지 않은 채 빈번하게 서로 대립하는 수많은 개별적인 과정의 산물이었다. 그 과정들은 아래로부터의 당 혁명, 위로부터의 중앙집권적인 국가 독재, 비국가적인 공적 영역과 사회에서 벌어진, 어느 정도까지는 스스로도 참여한 일체화와 적응에 의해서 야기되었다.

그 초기 국면은 1934년 여름에 절대적인 지도자권력이 확립되면서 종결되었다. 그때 체제의 내적 구조를 둘러싼, 아직 결판나지도, 정리되지도 않은 갈등이 우선 중단되었고, 나치당 내의 혁명 세력과 1933년 여름 이후 다시 강화된 권위적 규범국가 세력 모두가 입을 다물어야 했다. 그에 따라 그때의 권력 배분 상태와 모순 관계와 적대 관계가 고스란히 동결되었다. 그 대표적인 예는 1933/34년에 공적·국가적 삶의 다양한 층위에 나타났고 추후에도 지속되는, 혼란스럽기 짝이 없던 당과 국가 관계의 형태들이다. 지역기초와 군郡 그리고 특정 정치 부처에 나타난 상호 경쟁하거나 보충하는 국가기관과 당 기구의 병존, 주와 도 그리고 개별적인 제국 부처와 나치 중앙당에서 두드러졌던 공직과 당직의 겸직 현상, 친위경찰과 제국선전부 같은 기관이 관철시킨 당과 국가의 제도적 결합, 공무원정책과 정부입법과 같은 국가에 대한 당의 법제화된 간섭권 등이 그것이다.

기관별로 상이했던 당과 국가의 그러한 관계는 국가의 권위와 국가권력을 통제하면서도 공동空洞화시키고, 보충하면서도 증식시켰다. 그러나 그 관계만이 "권력 장악" 국면에서 불거진 나치 지배의 독특한 틀을 규정했던 것은 아니다. 정부와 행정의 조직적 틀은 다른 식으로도 변형되었다. 히틀러 정부의 특수한 정치적 의도 때문에 새로이 출현한 중앙 기관들(선전부, 항공부, 도로건설총국, 제국노동봉사단 지도자), 행정부와 사법부에 새로이 창설된 기관들(노동신탁위원, 특별법원, 상속농가법원, 유전보건법원), 종전까지 상위 기관에 종속되어 있다가 독립을 쟁취한 행정기관들(정치경찰과 보건소의 내무부로부터의 독립), 일체화 작업의 결과로 통치 기능과 자치 기능을 결합시키게 된 공공법인들(제국농업신분, 제국문화원 등)도 나치 지배체제를 규정했다.

국가적·반半국가적·정당정치적 제도와 관할권의 그러한 혼합, 그리고 그 현상에서 비롯된 국가-관료제적 조직 및 민간경제 단체들과 나치 지도자원칙의 결합은, 국가 및 사회와 나치당의 경계를 유동적으로 만드는 동시에 그 세 영역을 전체주의적으로 통합시켰다. 1933/34년에 불거진 나치 체제의 그 복잡한 제도적 틀은, 그 국면에 영향력과 권력 지분을 확보하려고 하였으면서도 그들의 특수 이익뿐만 아니라 새 체제의 본질 및 목표에 대한 자신의 구상을 관철시키려고 부심하던 세력과 거점이 하나가 아니라 여러 개였다는 점을 반영한다. 나치 대중운동은 이미 1930년에서 1933년 사이에 수많은 특수한 당 기구와 단체들을 조직하는 한편, 의회와 주정부와 도시정부에 진입함으로써 사회와 공적 영역으로 침투하기 시작했다.

1933년에 진행된 일체화는 국가와 사회에 뿌리박은 보수적인 지도 세력과 나치 운동 사이의 대립 및 결합이 새로이, 그것도 과거보다 더 격심한 형태로 나타나도록 만들었다. 일체화는 나치가 제시한 특정한 "핵심" 요구들(민주적 절차의 폐지, 유대인과 마르크스주의자와 자유주의 좌파 지도부의 숙청)이 받아들여지고 실행되는 한, 대단히 빠르고 부드럽게 진행되었다. 이는 일체화가 혁명적 전복이라기보다는 적응에 불과했다는 점을 드러낸다. 그리고 그때 나치 운동의 상당 부분은 명목상으로 일체화된 새로운 통합 단체로 흡수되었다. 나치는 일체화를 통해서 사회 세력들을 자신에게 포섭했지만, 나치 운동이 엷어지고 유순해지고 분절되는 대가를 치러야 했다.

　이러한 사태 전개에 깔려 있던 논리는, 유능한 전문가들 및 노련한 구舊지도층과의 대면과 협력만이 선동 운동에 불과했던 나치즘을 지배 조직으로 전환시킬 수 있었다는 것이다. 중앙 부처와 국가행정에서 특히 두드러졌던 협력의 불가피성은 나치와 보수 세력 모두에게서 작동했다. 일체화는 명목상으로만 일체화되었을 뿐 "충성스럽게 협력할" 용의가 있던 기성의 지배 세력과 전문가들에게, 그들의 특별한 능력과 활동을 통하여 새로운 권력자들에게 스스로를 천거할 기회를 제공했다. 더 나아가서 그들은 자신의 구상으로 나치 강령의 공백 상태를 채우거나, 혹은 나치의 도움을 받아서 자신의 개혁 구상을 관철시키고자 했다. 양자의 협력은 동시에 나치 개개인을 능력에 따라 선별 및 교체하고, 나치 세계관을 실천 가능성에 따라 필터링하는 효과를 발휘했다.

　히틀러도 가세했다. 1933년 이전에 이미 히틀러는 수하들의 주도권과 자발성을 격발시키기 위하여, 실험하고 주도하고 승리한 자의 손을 들어주는 전술을 성공적으로 사용했다. 집권 이후에도 히틀러는 그 전술을 사용했다. 다만 적용의 영역이 이제는 실천적 정부 조치들 및 기술적·경제적 과제와 조직이었다. 나치가 국가와 사회에 자리 잡고 있던 부르주아, 중간신분, 보수 집단에 대한 일체화를 상대적으로 온건하게 추진한 것은, 그것이 성공의 조건이었기 때문이다. "일체화된 자들"의 도움이 있어야만 나치는 단순 선동을 실천적 수행 능력으로 전환시킬 수 있었다. 나치는 정치적 권력 야망을 똑똑히 드러내기 위하여 테러적인 공포 분위기를 조성하는 한편, 혁명을 중단시킴으로써 "구투사"를 희생시키더라도 효과적인 실천적 정부 활동을 펼치겠다는 의지를 보여주었다. 히틀러 체제는 그렇듯 서로가 서로의 조건이었던 혁명과 혁명의 중단 사이를 오가면서 관철되었다.

권위적인 정부체제와 나치 대중운동의 결합은 수많은 마찰에도 불구하고 본질적인 측면에서 성공한 듯이 보였다. 그 결합으로 인하여 관헌국가 체제의 문제점들도 극복된 듯이 보였다. 국가는 다양한 나치당 기구들과 일체화로 출현한 보조 기관들의 도움을 받아서, 공공 영역과 사회 영역으로 침투할 수 있었다. 해당 영역들을 완전히 획일화하거나 관료화시키지 않으면서 진행된 그 과정 덕분에, 나치 체제는 국가와 사회 세력들의 힘을 극대화하고, 그것들을 정치적으로 바람직한 특정한 역점 사업에 집중시킬 수 있었다. 그렇게 해서 이미 1934년에 국민경제가 활성화되고 실업이 감소했으며, 이는 다시금 정권 초기에 그토록 중요한 인민의 신뢰라는 자본을 확보해주었다.

그와 동시에 나치 체제는 비록 그 "긍정적인" 내용은 모호하기 짝이 없었지만, 민족공동체적인 자기 표상과 선전을 강화함으로써 인민 개개인을 민족의 광장으로 불러냈고, 그렇게 기성의 사회적·가족적·종파적 조건들을 약화시켰다. 그리고 나치 정권은 의도적으로 실적 경쟁을 부추겼을 뿐만 아니라, 포괄적인 당 기구 조직망 하나만으로도 사회집단들 사이에 가로놓여 있던 기존의 구분선을 삼투 가능하도록 만들었다. 그렇게 하여 "민족의 동지들"은 자신과 민족 전체를 감정적으로 동일시하기 시작했다. 이는 바이마르공화국이 "국가시민"으로서의 개개인에게 이성적으로 권유하였으나 성공하지 못하던 과제였다. 나치 체제가 일관되게 추진하고 심리학 대가大家의 솜씨로 발동시킨, 민족에 대한 동일시와 "희생정신"(원민중적·민족적 상징을 대량으로 공급하여 사회적 지위 결핍을 보충해주고 민족 감정에 열렬히 호소함으로써 이룩한 정치화)은 체제의 통합력과 호소력을 강화했고, 이를 토대로 하여 나치 지도부는 인민에게 더 많은 희생을 요구할 수 있었다. 또한 히틀러의 지도자절대주의를 나치당으로부터 정부, 국가, 민족으로 전이시킨 것 자체가 비상한 통합적 계기이기도 했다. 히틀러가 나치당의 지도자임을 멈출수록("총재대리" 제도를 설치한 것은 그것을 가시화한 것이다), 지도자에 대한 카리스마적 "믿음"이 자라났고, 이는 수많은 관리들과 장교들이 (군주 개인의 통치하의) 과거의 권위적 국가와 나치 지도자 국가 간의 괴리를 극복하게 해주었다.

권력 장악이 끝난 시점인 1934년 여름, 나치당은 실무 업적을 지원하는 정당으로 변형되어 있었다. 국가적 직무를 넘겨받은 유능한 당원들은 국가의 권위를 옹호하는 행정인으로 변신했다. 정치적으로나 조직적으로나 여전히 취약한 중앙당(중앙당 국장, 총재대리, 제국조직국장)은 제국정부에 대하여 간섭할 수 없었다. 혁명적인 감독위원 제도는 폐지되었고, 돌격대의 정치적 힘은 난폭하게 진압되었으며, 혁명적인 기업세포 역시 사회정책적 결정의 영역에서 물러나서 선전과 상담만을 담당하게 되었다.

지구당 위원장들은 1933년에 주와 도 차원에서 각종의 공직(제국주총감, 도감독, 지구감독, 주장관, 주총리)을 겸직함으로써 크게 강화되었으나, 주의 주권이 폐지되고 주요한 부처들이 "제국화"되고 중앙화됨에 따라 정치적 비중이 낮아졌다. 대외정책과 경제정책에서도 나치당의 혁명적 기획이 봉쇄되었고, 이에 몇몇 중심인물의 아마추어리즘이 겹치면서 혁명적 기획은 좌초해버렸다. 경쟁하는 나치당 기구들(대외정책 분야 하나만 꼽아보자면, 로젠베르크의 대외정책과, 빌헬름 볼레의 나치당 해외국, 리벤트로프 특무위원실, 재외독일인지원처, 괴링의 "연구청" 등)이 존속하기는 했지만, 그 기관들은 부분적으로 서로를 중립화시켰고, 정치적 영향력도 미미했다. 법 외적인 권력 행사(예방구금, 수용소)는 억제되었고, 유대인 문제에서조차 직접 행동에서 법적 조치로의 이행이 실감 날 정도였다(유대인의 국외 이주는 1934년에서 1937년 사이에 크게 감소했다).*

나치당과 국가 간의 갈등, 경쟁하는 거물들과 기관들 사이의 갈등은 여전했다. 그러나 그 경쟁이 가져온 성과는 그것이 미친 부정적 영향과 최소한 엇비슷했다. 히틀러가 (의식적인 계산 때문이든, 결과의 예측 불가능성 때문이든) 결판을 내지 않고 방치한, 관할권과 권력을 놓고 벌어지던 경쟁은 파괴적으로도, 건설적으로도 작동할 수 있었다. 엇비슷한 기관들의 조율되지 않은 병존과 대립은 권력 행사의 통일성과 균질성을 깨뜨렸지만, 경쟁하는 인물과 기관과 발상들이 서로를 통제하

---

* 독일 유대인의 연간 이민자 수는 1933년 6만 3400명, 1934년 4만 5000명, 1935년 3만 5500명, 1936년 3만 4000명, 1937년 2만 5000명, 1938년 4만 9000명, 1939년 6만 8000명이었다 (제국독일유대인총연합회의 자료, Deutsches Zentralarchiv Potsdam, Rep. 97).

도록 했고, 상호 간의 타협과 접근을 촉진시키기도 했으며, 이는 다시금 지배체제 전체와 지도자절대주의를 안정시켰다. 형법 분야에 나타난 규범적 국가와 자의적 국가의 이중구조가 대표적인 예다. 정적을 타도하기 위한 무법적 테러와 예외상태는 1933년 여름 이후 보수적이고 권위적인 세력의 압력으로 인하여 크게 감소했다. 그러나 소멸되지는 않았다. 예방구금과 수용소를 완전히 없애려는 시도는 '테러의 규율화'(친위대와 게슈타포가 내부의 직무 지침을 보다 엄격하게 적용하도록 한 것)를 가져왔을 뿐이다. 그리고 그 시도의 또 다른 결과는 형사 사법의 가혹화였다.

그러나 1934년부터 1938년까지만 해도, 법적으로 움직이는 사법과 자의적으로 폭력을 휘두르는 게슈타포 사이의 경쟁을 협상을 통해 "견딜 만하게" 만들려는 시도는 두 진영 모두에게 득이 되는 일이었고, 따라서 그러한 시도가 전적으로 망상이었던 것만은 아니다. 다른 영역에서와 마찬가지로 형법에서도 1938년까지는 규범적 국가와 자의적 국가를 중재하려는 시도와 얼마간이나마 정규화된 권력 행사가 우세했다. 요컨대 한편으로는 나치당 기구 ― 나치당은 그들대로 무엇보다도 나치당 재무국장이 주도한 관료화 작업에 의하여 변형되고 규율화되었다 ― 는 정치적 폭발력을 잃어버리고 국가의 보조 기관으로 변신해가는 듯이 보였고, 다른 한편으로는 보수 세력들, 특히 군수 확대와 징병제에서 힘을 얻은 군대와 중앙 부처 관리들은 그들의 제도적 관할권만으로도 여전히 강력했다.

1934년에서 1937년에 이르는 시기에는 그렇듯 새로운 "권위적이고 총체적인 지도자국가"(라머스는 1934년의 한 강연에서 이렇게 표현했다)*의 주요 영역을 법적·헌정적으로 고정시키려던 노력들이 다양하게 경주되었다. 그 국면에서는 히틀러의 수많은 나치당 동지들조차 권위적인 요소들과 전체주의적인 요소들의 조화를 가능한 것으로 간주하고 또 그것을 지향했다. 나치의 대내정책과 대외정책의 실체적인 내용 역시, 전통적인 독일민족주의 및 민족보수적인 발상과 기대의 한계 내에 머물렀다. 교회정책에서처럼 그 경계를 넘어설 경우, 나치 극단주의자들과 제국교회부장관은 엄청난 위신 추락을 감내해야 했다.

히틀러도 그러한 상황에 유의했다. 1937/38년까지 그는 체제 내의 권위적 세력과 전체주의적 세력 사이에서 "공정한 중개인"으로 처신했다. 그는 외부를 향해서만이 아니라 내부에서도 과격한 이데올로기적 목표를 선포하기를 자제했다. 1933년 집권 이전에 히틀러는 너무나 분명한 언어로 독일민족주의적인 수정주의 외교노선을 전혀 불충분하고 완전히 그릇된 것으로 비판했다. 그러나 집권 이후 1938년까지 그는 전통적인 수정주의 외교노선을 고수했다. 심지어 스탈린과의 불가침조약, 폴란드 침공, 서구 세력과의 전쟁조차 전통적인 틀 안에 있는 것으로 파악할 수 있다.

그런 정책이 전혀 다른 차원의 최종 목표로 가는 "단계들"에 불과했다는 점은 1937년까지는 인지하기가 무척 어려웠고, 추후 시기에도 은폐되었다. 우리는 나치 체제를 배후에서 추동하는 힘이 히틀러 개인에게 구현되어 있던 이데올로기였고, 그것은 시종일관 변하지 않은 채 동일하게 머물러 있었으며, 변한 것은 전술과 겉모습뿐이었다고 생각할 수도 있다. 그러나 그렇게 생각하는 것은, 그때그때의 국가 현실에 결정적인 의미를 갖는 것은 바로 그 전술과 겉모습이라는 점을 간과한

---

* "Die Staatsführung im Dritten Reich," *Deutsche Justiz*, Jg. 1934, p. 1290 ff.

다. 국가 현실은 우선 당장 그리고 무엇보다도 정치와 정부와 입법의 그때그때의 구체적인 대상에 의해 규정된다. 장기 목표들과 비밀스런 미래의 의도는 국가 현실을 규정하지 못하거나, 규정하더라도 이차적으로만 규정한다.

이는 히틀러에게도 적용된다. 히틀러는 유토피아적이고 비합리적인 장기 목표들을 대부분, 매우 현실주의적이고 종종 냉소적이기까지 한 단기적인 정치적 목적합리성에 종속시켰다. 헌정 문제만 하더라도, 히틀러는 극단적으로 거의 오로지 지금 당장의 유용성에 비추어 생각했다. 그 때문에 제3제국의 지배와 국가는 그때그때의 당면 목표에 맞추어 언제나 새로이 재조직되어야 했다. 결정적인 것은, 그저 전술적이고 일시적이기만 했던 조치들로부터 지배구조의 제도적 현실이 창출되고, 이어서 기계적으로 발전한다는 점이다. 히틀러가 군대와 관리들에게, 혹은 거꾸로 친위대와 보어만과 특무전권위원에게 이러저러한 양보와 특혜를 준 이유가 오직 특정한 현실 목표 때문이었을 수도 있다. 그러나 그러한 양보들을 단칼에 거둬들일 수는 없는 법이다. 오직 전술적이기만 했던 지도자명령의 조직적·법적 결과들은 당면한 현실을 넘어서서 유지되는 경향이 있었다.

여기서 고려해야 될 것은, 선전에 의한 은폐가 그저 거짓이고 비현실이지만은 않았다는 점이다. 제3제국의 외교적 선전이 평화적인 수정주의 정책에 맞춰지고 이웃 국가들과 그들의 이해관계에 대한 존중을 열심히 강조하는 한, 그것은 독일 국민의 의식과 나치 체제의 내적 현실에 영향을 주었다. 선전은 그것이 믿어지는 정도로, 그리고 믿는 자의 생각과 행동을 규정하는 정도로, 실제 현실이 된다. 1938년 11월에 히틀러는 자기가 한 선전의 원치 않던 효과를 원망했다: 수년 동안 나는 평화에 대해 말하도록 강제되었다. 그로부터 전쟁을 염두에 두지 않는 인민 여론이 출현했다. 따라서 "독일 민족을 심리적으로 바꿔놓는 것"이 절실히 필요하다. 이제는 인민들에게 "폭력을 수단으로 하여 관철되어야 하는 …… 것들이 있다는 것"을 분명히 해야 할 때다.*

히틀러 체제가 팽창적인 외교정책 및 전쟁정책으로 이행하면서, 상대적으로 온건했던 보수권위적인 순치와 안정의 내부 국면도 끝났다. 히틀러는 전통적인 민족주의적 목표 및 방법과 나치의 목표 및 방법 간의 타협과 완전히 결별했다. 이제 정치적 공격성과 과격화의 가속화 국면이 시작되었다. 그리고 그것은 내적인 권력 및 관할권 관계에 격변을 가져왔고, 보수권위적인 국가 세력을 크게 약화시켰다. 1937/38년에 히틀러는 거의 공황이나 진배없는 공포에 시달렸다. 상대적인 온건화의 몇 년이 지난 지금, 장기적인 위대한 목표로 돌진할 시기를 놓친 것은 아닐까. 히틀러의 공포는 대외정책과 관련된 것만이 아니었다. 히틀러는 "운동"이 모래밭에 처박히고 지도자절대주의가 관료제적인 정부기관들과 규범들에 의해 구석에 몰리지 않기 위해서는, 내부 지배체제를 뒤흔들고 그것을 정부와 조직이 아니라 투쟁적 목표에 맞추어 재조직해야 한다고 생각했다. 히틀러는 1937년 11월 5일에 군대와 외무부 고관들에게 비밀 연설을 했다. 그때 그는 전쟁과 과격한 장기 목표들에 대한 자신의 의지를 드러내는 동시에, 그때까지 비교적 온건하게 대했던 보수적인 파트너들이 어느 정도로 자신을 추종할 것인지 시험했다.

---

* 독일 언론인들에게 행한 히틀러의 비밀 연설(1938년 11월 10일), VJHZ. 6. Jg. 1958, H. 2, p. 182.

그러나 그 연설은 시작에 불과했다. 그 후 새로운 과격 노선과 결부된 의도적인 도발과 시험들이 쏟아졌다. 군부와 외무부 수뇌들이 교체되었고, 4개년계획으로 시작된 경제정책 통제 기구의 재편 작업이 심화되었으며(샤흐트의 퇴진), 협의제적 내각이 영구히 소멸했고(1938년 2월), 수용소와 무장 친위대가 급증하였으며, 사법부와 행정부에 대한 막대한 공격이 개시되었고, 점령 오스트리아에 제국 부처 관리들이 아닌 지도자에게 직속된 주총감들이 중용되었으며, 1938년 11월에 제국 수정의 밤이 연출되었다. 이 모든 것이 권력 장악의 결과로 나타나 몇 년 동안 비교적 안정되게 유지된 체제에 수많은 구멍을 냈다. 히틀러가 그동안 잠재워놓았던 돌격대의 테러적 동력을 제국 수정의 밤에 재활성화시킨 것은, 그동안 이룩해놓은 권력의 조직화 단계에서 바라보면 시대착오적인 것임이 분명하다. 그러나 그것은 체제의 관료적·법적 공고화의 껍질을 폭력으로 제거하려는 의지를 드러낸 것이다. 권력을 안정시키고 확대시킨 지 몇 년, 이제야말로 나치 혁명의 2막으로 가는 길이 활짝 열렸다.

바로 이 맥락에서 전체주의적인 세력과 권위적인 세력의 아말감에서 비롯된 특정한 메커니즘의 극단적 결과가 가시화되었다. 그 메커니즘은 유토피아적인 신질서에 대한 나치의 열망을 억제하고, 그런 한에서 보수 세력의 일체화와 적응을 도왔다. 그러나 그것은 나치 세계관에서 부정적인 요소들을 적출하는 동시에, 그것을 합리화고 관료제적으로 완벽하게 만들었다. 나치 이데올로기의 특징은, 부정 否定(유대인에 반 反하는 투쟁, 마르크스주의에 반하는 투쟁, 평화주의에 반하는 투쟁, 민주주의 "체제"에 반하는 투쟁 등)은 구체적이고 분명하게 고정되어 있는 반면, 신질서에 대한 구상은 대단히 불특정하고 모순적이었다는 점이다. 원한과 두려움과 불확실성과 증오의 감정을 먹고 자란 나치 운동은, 1933년 이전에는 그들의 힘을 적과 기성 질서에 대한 광적인 비난과 투쟁에 분출시켰다. 그 부정적이고 파괴적인 경향은, 당시만 해도 분명히 실재하던 부당한 현실을 변화시키려는 열정적인 의지로 긍정적으로 내세울 수 있었고, 또 그렇게 받아들여질 수 있었다. 게다가 그 열정은 국가와 사회 전반에 대한 가능한 모든 개혁 구상 및 신질서 상상과 결합될 수 있었다. 그런 한에서 1933년 이전 나치 투쟁운동은, 모든 혁명운동의 특징인 '순수성'과 '개방성'을 보유하고 있었다고 말할 수 있다.

그러나 이 모든 것이 나치 지배체제의 수립과 함께 달라졌다. 이제 국가와 사회와 관련된 신질서 구상의 비합리성이 백일하에 드러났다. 1933/34년에 나치 기관과 산하 단체들이 어느 정도 구체적인 목표를 실현하기 위해 노력할 때마다, 그들은 반대의 힘에 부딪혀 실패했다. 신분제국가, 새로운 농업질서와 재농업화, 군대와 관료 조직과 사법을 혁명적으로 개편하려는 개혁 구상은 모조리 실패했다. 나치 운동은 기성의 모든 것을 문제시할 수만 있었고, 기껏해야 부분적으로 파괴할 수만 있었다. 국가와 사회의 특정 영역에 나치식 신질서를 관철하려는 모든 시도는, 나치의 구상 자체가 모순되고 현실과 맞지 않는다는 점을 명명백백하게 보여주었다. 따라서 그들의 구상은 "민족 궐기 정부"가 파트너십을 맺고 지원을 받았던 보수 세력에게는 물론, 나치당 내부에서조차 격렬한 반대에 부딪혔다. 그 결과가 중요하다. 나치의 세계관정책이 긍정적인 신질서를 목표로 하지 않으면 않을수록, 나치는 부정적인 내용과 목표에만 집중하게 되었던 것이다. 그리고 그런 목표들은 일차적으로 법적·인도주의적·도덕적 원칙을 침해하는 것인 동시에, 사회정책과 권력정책에서는 사소해 보이는 그런 것이었다.

전통적인 시민사회의 근본 구조를 온존시키는 한, 원민중적 혁신을 위한 재농업화 및 토지개혁은 불가능했다. 인구정책과 "인종위생"정책이 펼쳐질 수 있는 공간 역시 지극히 협소했다. 그것이 분명해질수록 나치는, 그렇지 않아도 사회적인 경멸의 대상이었던 유전병 환자들과 유대인을 겨냥한 부정적인 인구정책과 인종정책에 집중했다. 히틀러와 나치당의 개입으로 1933/34년에 겨우 통과된 유전보건법은 유전병 환자와 정신병자들에게 강제로 불임 수술을 실시했고, 1935년의 뉘른베르크 혈통보호법은 독일인과 유대인 간의 통혼과 성관계를 금지하고 처벌했다. 나치는 그런 '부정적인' 조치들로써 혁명적 성과의 부재를 보충했다. 체제의 보수 세력과 부르주아 민족주의 사회가 그런 조치에 까다롭게 굴지 않고 동의한 것은 나치의 광신에 대한 값싼 양보였다.

개전 직후 독일에 병합된 동부 지역에서 전개된 인구정책에서도 그러한 모습이 반복되었다. 다만 규모가 훨씬 컸다. 나치는 "귀중한 북방 인종의 피"를 보유한 현지인을 보존하는 동시에 재외독일인들을 들여옴으로써, 그 광대한 지역을 게르만화하려 하였다. 그러나 그 '긍정적인' 기획은 실시된 폭도 좁았고 현실적인 성과도 미미했다. 현실의 무게, 종류가 다른 주의와 주장, 대립되는 이해관계, 실천상의 문제점 등이 매 단계마다 발목을 잡았고, 종종 순수한 피를 적출한다는 이데올로기 자체가 방해물로 작용하기도 했다. 그에 비하여 "독일 민족 공고화"의 부정적 측면들은 별다른 어려움에 부딪히지 않은 채 대단히 포괄적으로 실시할 수 있었다. "열등한" 폴란드 민족의 강제 이주, 재산 몰수, 인종적 차별이 그것이었다. 이는 돌격대의 혁명적 힘이 1934년에 거세되었지만, 친위대가 이미 1933년에 탈취한 정치경찰을 계속 보유하고 또 확대시킬 수 있었던 것과 같은 논리다. 친위대는 이미 불구가 된 "국가와 인민의 적들"에 대한 테러에 특화된 기관이었다. 그리고 적어도 그 시점의 친위대는 포괄적인 권력을 주장하던 룀의 돌격대와 달리, 수용소를 관리하면서 세계관 정치를 주도하려 하지 않았다. 세계관 정치는 제3제국의 국가권력과 사회권력을 분점하고 있던 특정 세력을 건드릴 수 있는 민감한 사안이었다. 친위대는 오히려 정치사회적 틀 밖으로 이미 추방된 사람들, 즉 마르크스주의자, 유대인, 여호와의 증인, 반사회분자, 동성애자, 습관적 범죄자 등에 집중했다.

그렇게 나치 세계관 중에서 부정적인 요소들이 선별되었다는 것(그런 요소들만이 실천되고 나머지 긍정적인 요소들은 선전과 유토피아의 대상으로 머문다)은 또한, 종전까지만 해도 선동적인 수준에 머물러 있던 반反감정과 반反이데올로기들이 제도화되었다는 것, 즉 체계화되고 완벽해졌다는 것을 의미한다. 그것은 나치 세계관 운동과 권위적인 관헌 국가적-관료제적 조직의 구조원리가 혼합되어 나타난 결과물이었다. 친위대 및 친위대 보안국과 정치경찰의 결합이 그 대표적인 예다. 이로써 나치 세계관이 선전과 심리적인 필요성 때문에 만들어냈던 적들(유대인에서 프리메이슨까지)이 정규적인 행정 조치의 대상, 즉 객관적인 문제가 되었다. 1933년의 돌격대 테러는 아직도 포그롬적이고, 행동주의적이고, 즉흥적이었다.* 그러나 그런 면모는 차츰 제거되었고, 체제는 "유대인 문제"라는 환영幻影과 여타의 해충 콤플렉스에 기술합리적이고 관료제적으로 접근했다. 나치 세계관 운동의 실천적(선동적

---

* (옮긴이) 포그롬 pogrom이란 소수자에게 갑자기 분출되는 대중적이고 폭력적이고 집단적인 가학 행위를 뜻한다.

이지만은 않은) 활동이 그렇듯 부정적인 목표로 고정되자, 추후의 운동은 그 적들에 대한 투쟁을 과격화하는 방향으로만 전개될 수 있었다.

그리고 차별에는 끝이 있을 수 없었기에, "운동"은 적의 물리적 절멸로 끝날 수밖에 없었다. 유대인에 대한 법적 차별이 갈수록 과격화되었던 것과 마찬가지로, 유대인 학살은 처음부터 계획되었던 것이 아니었다. 생활공간이라는 비합리적인 최종 목표를 추구할 때와 마찬가지로, 나치는 유대인정책에서도 그 정책이 발휘하는 역동성이 어떤 결과를 낳을지 알 수 없었다. 그들은 오히려 "유대인 문제"라는 세계관적 구조물을 항상 새로이 필요로 했고, 항상 새로운 부분적인 "해결들"을 실시하였으며, 그것이 지속된 끝에, 할 수 있는 것이라고는 오로지 "최종해결"밖에 없는 상태에 도달했다. 그러나 세계관 운동이 그토록 극단적으로 왜곡되기 위해서는, 적에 대한 투쟁 도그마가 친위경찰에서처럼 제도화되어야 했다. 필요한 것은 더 나아가서 기관, 즉 선전을 하기 위해 필요했던 적을 '야음夜陰을 틈타,' 기술적으로 완성된 해충 제거 수단을 투입하여 완벽하고도 무감동하게 근절시킬 기관이었다. 유대인 학살은 인기 있는 선전 수단으로 작동하던 반유대주의의 역설적인 피어린 결과였다.

나치의 외교정책이 볼셰비즘이라는 구적仇敵에 집중한 것은 나치 투쟁운동이 대내적으로 유대인 및 여타의 "인민기생충들"로 좁혀진 것과 상관적이다. 대외정책에서도 나치 세계관의 적은 기존의 강대국 클럽에 속하지 못하는 나라였다. 대내적으로 유대인이 값싼 공격 목표요, 포괄적인 민족주의적 격발과 동원의 자극제가 되었던 것처럼, 유럽 강대국의 협상 테이블에 끼지 못하는 이물질인 소련은, 생활공간을 제국주의적으로 확대하는 과정에서 리스크 없이 안전하게 공격할 수 있는 목표물이었다. 나치 지도부는 권력을 장악하고 체제를 안정시키느라 '운동'을 상실할 수밖에 없었다. 그러나 그 상실은 나치가 몇 안 되는 적들로 항상 새로이 되돌아가도록 만들었다. 반유대주의 조치에서도 그랬듯이, 생활공간 기획으로의 끊임없는 복귀는 공격적인 대외정책 및 전쟁정책의 확대를 결과했고, 그 정책은 초기의 정책적 합리성으로부터 분리되어 비합리적인 세계관 광신주의 속으로 미끄러져 들어갔다. 그러나 이때에도 체제의 제도적·구조적 변화가 중요한 요인으로 작동했다.

나치 체제를 구성하고 있던 여러 분지分枝들의 내적인 전체 연관성이 조직 차원에서 어느 정도 유지되는 한, 그리고 지도자의지가 국가와 정부를 완전히 등지지 않은 이상, 그리고 경쟁하는 기관과 지배 집단과 기구들 사이에 협력 및 타협 의지의 최소치가 존재하는 한, 나치 체제의 정치적 결정에는 여전히 어느 정도의 합리성과 통제 가능성과 자기성찰의 여지가 있었다. 그러나 체제의 국가적 성격이 소실되고, 체제가 항상 새롭게 추가되는 행동 중심들로 파편화되며, 그 중심들이 지도자 원칙의 운동법칙에 따라 이웃 기관들의 영역을 흡수하는 동시에 독립성을 주장하자, 나치 지배 전체의 조직적 합리성이 파괴되고 개별 기관의 특수 목적과 이데올로기에 집중하는 자기중심주의가 강화되었다.

목적합리성의 지배는 1938년 이후 제3제국의 제도적 덤불을 더욱 무성하게 만들었다. 특정 시점에 중요하게 부각된 특정 과제를 담당하는 전권위원들과 그 조직들이 생겨나서는, 그 시점의 목적합리성이 소멸된 뒤에도 존립하였다. 그리고 시간이 갈수록 그런 기관의 수는 많아졌다. 그러자 즉흥Improvisation이 복수Nemesis해왔다. 상호 갈등하는 세력들에 직면하여 히틀러는, 설혹 속마음은 달랐다손 치더라도, 일관성 없이 그리고 갑작스럽게 그때그때의 상황과 경우에 따라 이 방향 저 방향에 힘을 실어줄 수 있었을 뿐, 그러한 즉흥적 결정이 낳은 새로운 조직과 권능과 야망을 조망할 수도, 억제할 수도 없었다. 그럴수록 즉흥적인 지도자명령의 제도적·법적 결과는 가늠하기 힘들었고, 추후의 지도자 위임들과 모순되었으며, 정치적으로 속이 빈 껍데기로 존재하면서 권력 행사와 지배 조직의 통일성과 규칙성을 침식했다. 따라서 1938년 이후 나치 체제의 조직 일람표를 도표 형태로 만드는 것은 불가능한 망상이다. 시시각각 변화하는 진정한 권력 및 결정들의 흐름을 명목적인 제도들의 도형으로 나타낼 수 있다면 모를까, 도형화는 불가능하다.

  나치 체제의 조직 정글이 무성해질수록, 합리적으로 조직된 통일적이고 일관된 정치와 정부를 재건할 가능성은 줄어들었다. 각종의 기관과 특수 전권과 특수 법질서의 남발은 한편으로는 보호와 특권을 향한 경쟁을 격화시키는 동시에 정치 전반에서 결정과 관할권 분할의 합리성을 파괴했고, 다른 한편으로는 개별적인 조직-기능의 독재를 낳았으며, 양자는 다시금 '운동'의 가속화와 실천의 과격화를 격발했다. 나치 정치가 본질적으로 이미 마련되어 있던 이데올로기적 장기 목표들을 향하여 시의적절하게 조금씩조금씩 단계적으로 나아갔다고 파악하는 것은 단견이다. 1933년 봄과 초여름의 테러 물결에서도 그랬듯이, 전쟁 발발 이후 누적된 무법과 폭력은 권력을 총체적으로 집중시킨 체제의 산물이 아니다. 그것은 오히려 전체적인 조절과 규칙성으로부터 벗어나 독립성을 쟁취한 특수한 기관들로 분할되고 원자화된 체제의 산물이다. 통일적인 관료제적 국가질서의 파괴, 입법과 의사 형성과 전달 등의 무정형성과 자의성의 증대는 체제의 과격화에, 세계관적인 일관성에 최소한 버금가는 역할을 수행했다.

히틀러가 특정한 세계관적·정치적 근본 발상으로 집요하게 되돌아간 것도 물론 나치 정치의 결정적인 동력으로 작동했다. 그러나 특정 조치를 과연, 언제, 어떻게 실시할지는 지도자가 결코 주권적으로 결정할 수 없었다. 지도자의 '즉흥적인' 결심은 언제나 체제의 내적인 헌정 상태와 대외적 지위의 반영이자 결과이기도 했다. 특정한 권력관계와 관할권 관계들이 변화하면서 비로소, 종전까지 그저 매우 일반적으로 유지되던 세계관적 목표들의 실천 여부가 결정되고 그 목표들의 구체적인 의미가 수립되었던 것이다.

히틀러국가가 누적적 과격화의 궤도에 들어선 것, 그 가련한 종말의 모습이 가련한 시작의 모습과 기이하게도 유사해 보이기도 하는 투쟁운동으로 퇴행한 것, 그것은 불가피하지 않았다. 히틀러국가의 자기 파괴적인 누적적 과격화에 대한 대안은 있었다. 과거 유형의 보수적인 권위적 체제로의 복귀가 그것이다. 1937년에 도달한 헌정 상태가 비교적 안정된 형태로 보다 오래 유지되었더라면, 체제는 공고화되고 관료화되고 규범화되었을 것이다. 그러나 그렇게 되었더라면 나치 운동과 카리스마적 지도자의 지위는 근본적으로 문제시되었을 것이다. 히틀러는 그 논리를 본능적으로 정확하게 꿰뚫어보았다. 권위적인 질서국가로 돌아가는 것과 1937/38년의 지위를 고수하는 것은, 체제의 불연속이 결정된 1938년에 탄생한 군 장교들과 외교관들의 보수 저항이 염두에 두던 목표였다. 권위적인 국가의 부활은 기실 비합리적인 폭력 사용의 끔찍한 도착을 방지하고, 인도주의적인 원칙과 법치국가를 재건하며, 그렇게 독일 민족을 최악의 상황으로부터 보존해줄 수 있었을 것이다. 그러나 당대 현실에서 그런 체제가 장기적으로 유지될 가능성은 없었다.

히틀러에 반대하던 보수 저항은 '도덕적으로' 모든 영광을 누릴 자격이 있다. 그러나 '정치적으로' 그것은 1933년에 히틀러의 보수적인 파트너들이 그랬던 것만큼이나 불구였다. 당시는 독일 사회의 권위적이고 관헌국가적인 구조의 극복이 당연하고도 너무 지체되었다고 여겨지던 때였다. 그리고 그 구조를 민주적으로 극복하려는 시도는 충분한 지지를 얻지도 못했고 성공하지도 못했다. 히틀러 운동에게 맹목적인 만큼이나 역동적인 사회적 추동력을 부여해준 것은 바로 그 두 가지 사실이었다. 나치즘의 단호하고 광적인 전복 의지에 그토록 뜨거운 대중적 지지가 쏟아졌다는 사실은, 사회의 드넓은 저변이 전통적인 결속과의 결별, 보다 높은 사회적 이동성과 평등을 염원하고 있었다는 점을 분명하게 드러내주지 않는가. 독일의 전통적인 사회구조는 산업화와는 반대로 제2제정에서 공고화되었고, 바이마르공화국에서도 거의 침식되지 않았다. 나치즘이 막강한 사회심리적인 암시 능력을 발휘하고 기술적으로 근대적인 권력 행사의 방법을 투입할 수 있었던 것은, 그 전통적인 구조를 극복하고자 하던 열망 덕분이었다.

이 지점에 나치 지배의 가장 중요한 결과 중의 하나, 처음에는 부정적이기만 했으나 그 효과는 장기적이었던 결과가 자리한다. 히틀러 집권 초기에 제3제국을 안정시켰던, 국가와 사회의 보수적인 관헌국가적 세력과 제도와 규범이 나치 체제에 의해 해체되어가고, 1944년 7월 20일 이후에는 가혹한 폭력에 의해 그 일부가 물리적으로 제거된 것이 그것이다.* 나치 체제는 그들이 염두에 두던 유토피아적인 사회를 실현

---

* (옮긴이) 1944년 7월 20일에 독일군 장교단 일부와 보수 정치가들이 히틀러를 암살하려 했

할 능력은 없었다. 나치 운동의 역동성은 그러나 낡은 구조들을 어느 것 하나 그대로 놔두지 않았다. 군대도 그랬고, 관료제도 그랬으며, 교회도 그랬다. 심지어 권위적이던 전통적인 유형의 교사와 기업가들도 마찬가지였다. 히틀러는 법치국가와 민주주의의 틀만이 아니라, 근대성과 자유에 대한 전통적인 저항의 토대마저 파괴했다. 그래서 독일의 정치사회적인 삶에 민주적인 자기 결정을 실현시키려던 두번째 시도[**]에 대한 장애물은 첫번째 시도보다 적게 나타나게 된다. 그러나 나치즘이 유발한 사회혁명은 눈 먼 상태로 미래로 던져진 것이었다. 권위적인 낡은 저항 세력은 심각하게 약화되었지만, 전통으로부터 벗어난 사회 세력들이 히틀러국가의 종말 이후 의존할 새로운 정치적·사회적 형태는 발전되지 않았다. 전후의 독일인들이 바이마르공화국을 다시 붙잡거나 외국 모델을 바라볼 수밖에 없도록 만들었던 그 연속성과 지향성의 부재는, 나치즘이 남긴 무거운 유산이다. 그리고 그 유산은 현재의 우리에게도 민족적·정치적 자의식의 혼란을 드러내는 무수한 발언 속에서 매일같이 현존하고 있다.

　던 일을 가리킨다. 히틀러는 그 사건 직후 귀족과 고위 장교들 다수를 처형하도록 하는데, 일부 역사가들은 히틀러의 그 숙청 작업이 독일의 보수 세력을 약화시켰고, 결과적으로 서독의 민주화에 도움이 되었다고 평가한다.
[**] (옮긴이) 첫번째 시도는 바이마르공화국이다.

옮긴이 해설

지도자국가의 내부 구조와 나치 운동의 파괴적 역동성

옮긴이의 판단으로는, 1969년에 처음 간행된 이 책은 1945년 이후 '독일'에서 생산된 가장 위대한 나치즘 연구서이다. 지은이 마르틴 브로샤트는 주요한 나치 개개인의 의도를 중심으로 나치즘을 설명하는 "의도주의" 연구와 사뭇 다르게, 나치즘의 작동 방식에 주목하는 "기능주의" 연구를 이 책으로 개시했다. 그래서 이 책을 모르면 나치즘의 '연구사'를 모른다. 이 책 이후 발표된 거의 모든 주요 나치즘 연구가 지은이의 주장에 동의하든 동의하지 않든 이 책과 씨름해왔기 때문이다.

우선 2004년에 미국에서 출간되자마자 우리말로 번역된 로버트 C. 팩스턴의 『파시즘 — 열정과 광기의 정치혁명』을 예로 들어보자. 팩스턴은 나치가 프랑스를 점령한 직후 남부 프랑스에 세워진 "비시 프랑스"에 대한 획기적인 연구로 세계적인 학명을 떨친 미국의 역사가다. 2차 대전이 발발하기 전에 태어난 파시즘 연구 1세대에 속하는 그 대가가 40여 년의 파시즘 연구를 결산했다는 이 책은, 실상 이름값에 턱없이 모자란다. 밑줄을 그어가며 읽을 것도, 남는 것도 별로 없다. 새로운 이론이 제시되어 있지도 않고, 새로운 통찰력도 보이지 않으며, 내용도 풍부하지 않다. 소득은 그저 그 거장 역사가가 파시즘에 대하여 어떤 입장을 취하고 있는지를 알아내는 것이 거의 전부다.

그러나 어떤 입장이란 말인가? 팩스턴은 파시즘을 전통적인 폭정과 군부 독재 및 권위적인 체제와 구분해주는 기준점은 '대중'의 존재라고 강조한다. 이는 파시즘 내지 전체주의 서적을 웬만큼 읽으면 알게 되는 일반적인 사항이다. 좀더 전문적인 팩스턴의 입장은, 단일한 지배가 아닌 다중多重적인 지배인 "폴리크라시polycracy"야말로 독일 나치즘과 이탈리아 파시즘의 특징이며, 바로 그 측면이 스페인의 프랑코 체제를 비롯한 유사 파시즘에 부재했다는 그의 진술에서 발견된다. 폴리크라시? 그것은 바로 브로샤트가 나치즘을 설명하기 위하여 이 책에서 처음으로 사용한 용어이자 입론이다. 그러나 팩스턴은 브로샤트의 입론을 파시즘에 대한 보편적 서술의 중핵으로 사용했으면서도 브로샤트를 비판한다. "다중지배"는 독일의 나치즘과 이탈리아 파시즘의 급진화의 정도가 달랐다는 사실을 설명하지 못한다는 것이다. 이는 오류다. 다중지배와 히틀러의 카리스마적 지배와 나치 이데올로기의 삼각관계가 나치 체제를 전쟁과 홀로코스트로 이끌었다는 것이야말로 브로샤트가 이 책에서 제시한 나치즘 설명의 핵심이기 때문이다. 결국 팩스턴의 파시즘 개설서는 브로샤트에 의거하면서도 브로샤트를 넘어서려다 실패한 시도다.

두번째 예는 2004년에 미국과 영국에서 발간되어 2008년에 우리말로 번역된 영국의 역사가 리처드 오버리의 『독재자들 — 히틀러 대 스탈린, 권력 작동의 비밀』이다. 오버리는 2차 대전 직후에 태어난 파시즘 연구 2세대에 속하는, 아주 성실한 다작多作 역사가다. 나치 군수軍需정책 연구로 학계에 데뷔한 그가 연구의 폭을 스탈린주의로까지 확대한 지는 이미 10여 년이 흘렀다. 그리고 그의 책은 지은이의 이름값을 훨씬 넘어선다. 새로운 입론도 없고 새로운 통찰력도 없을뿐더러 견강부회하는 서술이 자주 나타나지만, 내용만큼은 놀랄 만큼 풍부하다. 전공자든 전공자가 아니든, 학자든 일반 독자든 얻을 것이 참 많다. 게다가 오버리는 매 항목마다 나치즘과 스탈린주의를 비교하고 있다.

흥미로운 항목이 많지만, 여기서는 국가와 당의 관계를 논한 장면만을 보도록 한다. 당과 국가의 관계는 소위 전체주의론의 핵심 측면이다. 전체주의란 국가가 사회를 장악함으로써 국가와 사회의 분리라는 자유주의의 원칙을 전도시키는 동시에, 그 국가를 이데올로기 정당이 장악함으로써 궁극적으로 국가와 사회를 하나의 정치 이데올로기 아래 통합시킨 체제를 가리킨다. 오버리는 여느 역사가처럼 나치당과 공산당의 당원 규모, 당원의 사회적 성분, 당원의 젠더적 차원, 당과 당 하위 기관들의 활동을 분석한 뒤 당과 국가의 위계를 제시한다. 나치 독일과 스탈린의 소련 모두 당이 국가에게 명령했다는 것이다. 이는 전체주의론자들의 일반적인 주장이다.

그러나 오버리는 전체주의론의 일반적 진술에서 멈추지 않는다. 지방 정치와 구체적인 정책 영역에서 당과 국가의 관계를 살펴본 그는, "깔끔한 조직도의 이면에 지속적인 제도적 다툼, 관할권과 의견을 둘러싼 논쟁, 책임의 혼동과 불명료한 관할권이 자리하고 있었다"고 강조한다. 그리하여 당이 국가를 지배했다기보다, 나치즘과 스탈린주의 모두 당과 국가의 "혼합체제"였다고 평가한다. 이어서 오버리는 두 체제 간의 중요한 차이점을 지적한다. 소비에트 국가는 스탈린주의가 완성되는 1940년대에 당의 영향력이 크게 위축되어 "규범적인 국가," 즉 보통의 국가가 되었던 반면, 독일 국가는 1930년대 중반 이후 나치당에 의해 지속적으로 "파괴"되어 결국 "변형"되고 "해체"되었다는 것이다. 따라서 전체주의론은 "오류"라는 것이다.

오버리의 평가는 적절하다. 다만 오버리의 진술은 브로샤트가 이 책에서 개진한 것을 반복한 것일 뿐이다. 브로샤트는 바로 이 책에서 나치당이 독일 국가를 파괴하고 변형시킨 끝에 체제를 "미친개"로 만든 과정을 세세히 드러냈던 것이다. 오버리의 서술에는 우리가 주목해야 할 또 다른 측면이 있다. 스탈린의 국가가 "혼합국가"를 거쳐서 끝내 정상 국가가 되었다는 오버리의 통찰은, 실상 브로샤트가 그려낸 나치 국가의 모습을 스탈린주의 국가에 투영해서 얻어진 것이다. 그리고 이런 연구 방식은 오버리 개인으로 한정되지 않는다. 1980년대부터 스탈린주의 연구의 상당 부분이 나치즘에 대한 기능주의적 시각을 소련 체제에 투영하는 것이었기 때문이다. 이는 브로샤트를 알아야 스탈린주의 연구사도 알 수 있음을 의미한다. 참고로, 1990년대 이후 스탈린주의 연구는 일상사에 집중하고 있는데, 이 역시 방법론과 문제 제기에서는 나치즘 연구의 반복이다. 그리고 브로샤트는 1970년대 말에 자신이 지휘한 나치즘 연구 프로젝트에서 후학들을 일상사 연구로 이끈 사람이기도 하다.

이제 이 책을 살펴보자. 책의 내용은 나치즘에 대한 상식을 파괴하는 것으로 일관되어 있는데, "히틀러국가"라는 제목부터 그렇다. 실상 옮긴이는 2010년 가을 학기에 옮긴이가 재직하고 있는 동아대학교 사학과 3학년 수업에서 이 책의 초역初譯본을 교재의 하나로 사용했다. 그 첫 시간에 김태우 학생이 내게 질문했다. "히틀러국가의 뜻이 무엇인가요? 독재에 관한 책은 꽤 많이 보았지만, 이런 이상한 제목은 처음입니다. 저는 '박정희국가' '김일성국가' '스탈린국가'라는 표현을 본 적이 없습니다." 옮긴이는 그 학생을 칭찬하면서 기다리라고 했다. 그로부터 2주일이 지난 시점에 옮긴이가 그 학생에게 물었다. "이제 알겠나요?" 그는 환하게 웃으면서 "네"라고 대답했다.

이 책에서 브로샤트가 던진 질문은 제3제국의 정치조직과 권력 행사의 형태 및 그 변화였고, 그가 발견한 것은 권력 행사의 즉흥성과 무체계성이었으며, 그의 독특한 해석에 따르면 바로 그러한 무정부적인 체제와 나치 운동의 비상한 역동성이 인과적으로 결합되어 있었으며, 그 결합을 보장한 것이 카리스마적 지도자로서의 히틀러의 존재였다는 것이다. 나치즘의 그러한 특징은 이미 집권 전에 확연하게 드러나는데, 브로샤트는 그 실마리를 나치 세계관에서 찾는다. 세계관 운동으로서 나치즘의 핵심은 원민중적völkisch 민족주의로, 원민중은 역사에 앞서 존재하되 미래에 완성될 것으로서, 그 미래완료의 시점에 자연과 인간, 농촌과 도시, 개인과 사회, 사회와 국가의 분열이 극복된다는 것이다. 그것은 본질적으로 종말론이고, 유토피아적인 기대이며, 정치 은유다. 다만 현실에서 그것은 극단적으로 모호하다. 따라서 각자는 그 속에 구체적인 현실적 열망과 원한을 투사하고 또 그에 따라 행동할 수 있다. 그러므로 나치 이데올로기의 내용들은 상황에 따라 상호 교환될 수 있고, 또 "행동Aktion"에 의해 대체될 수 있다. 나치가 행동 우위의 선동 및 투쟁 정당으로 일관한 것은 이로써 쉽게 설명된다.

세계관의 모호성 때문에 나치당에는 슈트라서 형제처럼 나치즘의 공동체적 평등성을 중시하면서 스스로를 사회 혁명가로 자처하는 자들과, 프리크처럼 권위적인 국가체제의 수립을 목표로 하는 자들이 병존할 수 있었다. 이러한 이데올로기적인 분화에 걸맞게 나치당 조직 역시 분권적이었다. 나치즘의 확대는 각 지역 중소 보스들이 지역 사정에 부합하는 운동 방법을 스스로 개발하여 세력을 쌓으면, 당 중앙이 이를 사후적으로 승인하는 방식으로 이루어졌다. 그리하여 지구당 위원장들은 해당 지역에 자기만의 권력 기반을 가진 작은 히틀러였다. 따라서 그들이 당 중앙의 명령을 우습게 여겼음은 너무도 지당한 일이다. 브로샤트가 나치당 조직의 난맥상을 명료히 하기 위하여 든 예가 나치 언론이다. 중앙당은 나치당의 선동 작업에 통일성을 부여하기 위하여 당 중앙지 『민족의 파수꾼』을 키우려 했는데, 이 당연한 일이 지구당들이 독자적인 신문을 고집하는 바람에 실패하고 말았다. 그리하여 집권 1년 전인 1932년에 나치 신문은 총 59개에 달했고, 그 모두를 합하여 겨우 78만 부가 발간되고 있었다. 나치당은 통일적인 거대 조직이 아니라, 지방 중소 조직들을 누덕누덕 기워놓은 것과 같았다.

나치당 조직의 난맥상은 지리적 분권성에 기능별 분산성이 더해지면서 심화된다. 예를 들어 "농업정책기구"는 형식적으로 중앙당 조직국에 소속되어 있었지만, 농업정책기구의 위원장 발터 다레는 조직국장 슈트라서와 동급이었다. 그리고 나치당의 핵심 운동 조직이었던 돌격대는 당으로부터 사실상 독립되어 있었고, 대원들은 1920년대 중반까지 나치당 당원일 필요조차 없었다. 나치즘은 조직의 매 단계에 자리한 우두머리와 추종자 간의 개인적인 붕당적 결합과 그 우두머리들 사이의 개인적인 유대에 의해 짜인 운동이었던 것이다. 브로샤트는 이를 한마디로 특징짓는다. 조직적인 난맥상이 시간이 갈수록 심화된 끝에 1940년대 초가 되면 나치 조직을 도표를 통해 나타내기가 아예 불가능하였다는 것이다.

조직의 혼란은 정책의 혼란을 야기한다. 나치 조직은 따라서 실행 가능한 정책의 개발과 실천에 지극히 부적합했다. 그러나 그것은 또한 조직원들이 상황에 따라 독자적인 이니셔티브를 발휘하여 위기에 빠진 사회적 파편들을 끌어들이고 동원하는 데는 대단히 탁월하였다. 그러나 그런 나치즘에 강한 원심력이 작용하리라는 것은 또한 자명하다 할 것이다. 그럼에도 불구하고 나치즘이 별반 분열 조짐을 보이지 않았던 이유를 브로샤트는 나치즘의 또 다른 특징인 지도자원칙 Führerprinzip에서 찾는다. 히틀러는 대중의 노이로제 속에서 자신의 노이로제를 발견하여 이 공통의 위기의식을 상승적으로 강화시키고, 유토피아적인 미래를 향한 광적인 의지를 선지자적인 제스처로 표출하던 자였다. 따라서 브로샤트가 보기에 히틀러는 대중의 원망이 표출되는 통로인 동시에, 나치 세계관이 오로지 그를 통해서만 비로소 정치적 현실로 되는, 이데올로기와 현실 사이의 유일한 번역자였다.

나치당 조직은 히틀러의 이러한 위치를 그대로 반영했다. 히틀러는 조정 장치가 결여된 채 사방으로 퍼져나가는 운동을 개인적인 충성 관계로 통합하는 카리스마적인 구심점이었다. 즉 그는 계서적인 조직의 정점에 위치한 당 총재가 아니라 당과 이데올로기를 초월해 있는 "지도자 Führer"이고, 그의 지배는 관료제적인 것이 아니라 개인적인 personal 것이었다. 나치당의 권력 배분 역시 히틀러의 그러한 개인적인 지배권을 위임받느냐에 달려 있었다. 문제는 히틀러가 권력을 당의 역동성을 유지하는 방향으로만 위임하였다는 데 있었다. 그의 초월적 지위가 그런 방식으로만 유지되고 강화될 수 있었기 때문이다. 나치즘의 탈조직적 역동성과 지도자의 초월적 지위는 그렇듯 상호 의존하고 있었던 것이다.

나치즘의 무체계성은 집권으로 나치가 행정과 정치를 전담하게 되었음에도 불구하고 변치 않았다. 오히려 지도자에 의존하는 체제의 원리가 기존의 관료제에 덧씌워져, 결국 나치에 의한 국가기구의 탈구와 해체가 진행되었다. 이는 지방행정에서 적나라하게 나타난다. 나치는 집권 직후 제국, 즉 중앙정부가 지방, 즉 주州의 주권主權을 인수하도록 조치했다. 이 조치는 흔히 나치가 지방을 전체주의적으로 장악한 증거로 제시된다. 그러나 현실은 전혀 달랐다. 주의 수반인 제국주총감직이 신설되고 이를 중앙정부가 임명하였으나, 주총감은 제국내무부 장관의 통제를 받지 않았다. 제국주총감은 또한 주에서 중앙정부를 대표하도록 규정되었고 그에 따라 주총리에 대한 임면권을 보유했지만, 주총리는 주총감의 통제를 받지 않았다. 양자의 관계는 불명료했고, 따라서 주의 수장은 하나가 아니라 둘이었다. 게다가 그들이 강자라는 보장도 전혀 없었다.

바이에른의 경우를 보자. 바이에른 주총감에는 나치당에 권력 기반이 없던 에프가, 주총리에는 바이에른 주의회 의원인 지베르트가 임명되었다. 그러나 바이에른의 실권은 그들에게 있지 않았다. 바이에른 주 법무장관에 임명된 한스 프랑크가 더욱 강력했고, "바이에른 국가특무위원"이란 괴상한 직책을 스스로 만들어 차지한 돌격대 참모장 룀은 프랑크보다 강력했다. 룀의 실제 경쟁자는 바이에른 주내무부 소속 정치경찰을 장악한 친위대장 힘러였다. 이는 룀과 힘러가 돌격대와 친위대라는 나치당 권력을 장악하고 있었기 때문으로 치부할 수도 있을 것이다. 그러나 실상은 그리 간단치 않았다. 나치 지구당은 바이에른에만 여섯 개였다. 그들 중 두 명만이 주정부의 장관직을 차지했고, 나머지는 도시에 대한 주내무부의 통제 기관인 지구감독 자리를 차지했는데, 그들은 내무장관은 물론 주총감과 주총리를 무시하기 일쑤였다. 심지어 당시 바이에른에 속해 있던 라인팔츠의 지구당 위원장 뷔르켈은 지구감독 자리가 성에 차지 않아 직책을 포기한 뒤, 라인팔츠 지역을 바이에른으로부터 분리시키는 운동을 전개했다. 그 뒤 그에게 무슨 일이 닥쳤을까? 징벌? 아니다. 히틀러와 긴밀했던 그는 1935년 주민 투표를 통해 독일에 합병된 자르 지방의 최고 수장이 되었고, 1938년 오스트리아가 독일에 병합되자 오스트리아를 통괄하는 직책에 올랐다.

특정 나치는 나치당 지구당 위원장인 동시에 주총감이나 주총리일 때 가장 강력했다. 문제는 그렇다고 해서 정부에 대한 나치당의 통제권력이 제도화되지는 않았다는 데 있었다. 도시정부를 제외하고 나치당이 주정부와 중앙정부에 영향력을 행사할 수 있는 제도적 장치는 없었다. 나치 국가에 대한 특정 공무원의 충성심이 의심받을 경우에도 진실 여부를 판정하는 권한은 당이 아니라 그 공무원의 상급자 공무원에게 있었고, 특정 행정 업무가 나치당에게 해를 끼칠 우려가 있는 경우 당 기관에 보고해야 했는데, 보고의 수신인은 나치당의 특정 기관이 아니라 당 총재 히틀러였다. 따라서 중요한 것은 히틀러와의 '개인적인' 관계였지 나치당과의 관계가 아니었다. 나치당에게 '제도적' 실권은 없었던 것이다.

당이 그렇게 무기력했다고 해서 정부가 온존된 것도 아니었다. 히틀러는 자신에게 직속되는 새로운 행정기관을 만들어서 정부를 우회하고 파괴했다. 그 첫번째 예가 1933년 6월에 토트를 도로건설총감에 임명한 것이다. 이 기관은 내각의 한 부처가 아니면서도 입법권을 행사하는 히틀러 직속의 최고위 중앙 부처였고, 일반 행정 업무로부터 벗어나 특수 분야, 즉 도로건설에만 전념했다. 따라서 업무에 필요한 법을 만들면서도 관료주의적 제약을 받지 않았고, 공사公私의 분리라는 근대 국가의 원칙을 유유히 위반하면서 스스로 거대한 건설회사가 되어 도로를 직접 건설하기도 하고 민간기업에게 하도급을 주기도 했다. 따라서 토트의 기관은 도로건설에서는 비상한 유연성과 효율성을 보여주었고 그렇게 아우토반을 만들어냈지만, 건설행정 전체는 탈구시켜버렸다.

도로건설총감과 비슷한 기관은 계속 만들어진다. 제국노동봉사단도 그렇고 히틀러청소년단도 마찬가지였지만, 더 중요한 것은 괴링의 권력 영역이었다. 나치당에 별다른 기반이 없었던 괴링은 보수적인 상류층과 가깝다는 이유로 히틀러의 신임을 얻었고, 그 덕분에 집권 직전에 제국의회 의장을 지냈다. 집권 이후 프로이센 내무장관, 프로이센 총리, 프로이센 제국주총감 대리(총감은 히틀러 자신), 신설 항공부장관, 신설 공군의 원수직을 모두 겸직한 그는 제국삼림청장직도 차지했고, 제국사냥청장직도 스스로 만들어서 취임했다. 그러나 뭐니 뭐니 해도 가장 중요한 직책은 1936년에 전쟁 준비를 위하여 지도자 직속 기관으로 설치된 4개년계획청장직이었다. 이 자리를 통하여 괴링은 경제부와 재무부를 완전한 허울로 만들었을 뿐만 아니라, 외교 문제에도 간섭했다. 그리고 그는 헤르만-괴링 제철이라는 기업까지 설립하여 독일 최대의 중공업 회사로 키웠는데, 그 회사는 괴링의 개인 회사가 아니라 국가의 소유였지만, 그 회사를 감독할 수 있는 정부기관은 어디에도 없었다. 그저 괴링이라는 공인公人이 주인이자 경영자이자 감독기관이었다. 그러나 그 괴링조차 히틀러의 건축기사였던 슈페어가 1943년에 군수장관에 취임하면서 내리막길을 걷기 시작한다. 슈페어는 괴링의 방법을 그대로 적용하여 4개년계획청을 허수아비로 만들었다. 그리고 슈페어 역시 1944년에는 전투기특별팀에 의하여 밀리기 시작한다.

친위대 대장 힘러의 권력도 마찬가지 양상으로 확대되고 작동했다. 힘러는 모든 주의 정치경찰을 하나하나 장악한 끝에 게슈타포라는 이름을 붙인 뒤 일반 경찰로부터 분리시켰고, 일반 경찰까지 차지한 뒤에는 경찰 전체를 제국내무부로부터 분리시켰다. 그 과정에서 힘러는 또한 친위대 대원들을 경찰에 투입하거나 역으로 경찰관들을 친위대 대원으로 임명함으로써 국가기관인 경찰과 나치당 기관인 친위대를 결합시켰다. 그리고 힘러는 친위대가 나치당의 세계관을 담당한다는 대의를 내세워서 동유럽 정복 지역에 경찰을 투입하고, 그렇게 중앙정부에 신설된 정복지역부를 무력화시키는 동시에, 유대인 문제의 해결을 경찰의 업무 영역으로 만들었다. 그리고 그는 끝내 내무부장관직을 차지했다. 그러나 힘러도 온전치 못했다. 유대인 문제를 전담하게 된 친위대 보안국장 하이드리히가 힘러로부터 두드러지게 독립해갔던 것이다.

이런 나치 국가를 뭐라고 칭할 수 있을까? 브로샤트는 그것을 "히틀러국가" 혹은 "지도자국가"라고 칭했다. 이는 물론 보통의 국가 분류법이 아니다. 그러나 나치 국가를 독점자본주의로는 물론 전체주의로도 포착할 수 없다는 것만은 분명하다. 이는 사회에 대한 국가의 장악 양상에서도 나타난다. 나치가 사회를 국가화한 것만은 분명하다. "일체화Gleichschaltung"라는 구호 및 실천으로 진행된 그 과정을 통하여 나치는, 그때까지 정당, 지역, 종파, 업종 등으로 나누어져 있던 공업, 수공업, 상업, 농업, 노동, 여성, 청소년 사회 및 직업 단체들을 하나의 단체로 통폐합시키고, 이를 나치당의 산하 단체로 만들었다. 그러나 그로써 나치당이 사회를 일사불란하게 통제하기에 이른 것은 결코 아니었다. 사회의 특정 부문은 나치당의 어떤 인물과 결합되느냐에 따라, 거꾸로 특정 나치는 어떤 사회 세력과 손을 잡느냐에 따라 힘을 키울 수도 쇠퇴의 길을 걸을 수도 있었다.

경제부장관 샤흐트와 내무장관 프리크에게 턱없이 밀리던 라이는 독일노동전선이란 조직으로 독일의 노동자 전체를 통합한 뒤 이를 나치 중앙당 조직국과 연결시킴으로써 최상급 실력자로 올라설 수 있었다. 정치사회적인 영향력에서 중공업에 뒤처지던 화학산업은 괴링과 연결됨으로써 경제를 좌우하는 힘을 얻게 되었다. 농업 단체들을 모조리 장악하고 나치당 농업기구는 물론 제국농업부장관직까지 꿰찬 다레는 괴링조차 어쩔 수 없는 실력자였다. 나치의 일체화 작업에 권력의지 외에 아무런 동기가 없었던 것은 아니다. 실상 나치는 사회를 국가화함으로써 특정 사회 부문 내부 갈등과 사회 부문들 사이의 갈등을 해소할 수 있으리라고 기대했다. 그러나 히틀러국가는 원래의 의도와는 정반대되는 결과를 맞이했다. 사회의 갈등이 해소된 것이 아니라 단지 국가 내부로 이전되었던 것이다. 그런데 그 국가는 그렇지 않아도 다양한 힘점으로 분산되고 서로 갈등하는 국가가 아니었던가. 이에 사회적 갈등마저 겹쳤으니, 그 체제가 안정을 기할 수 없으리라는 점은 너무도 분명했다. 히틀러국가의 그러한 작동 방식을 브로샤트는 "다중多重지배Polykratie"라고 칭했다.

오해를 피하기 위하여 강조하자면, 이 모든 양상이 비효율만을 의미했던 것은 아니다. 근대국가의 '보편적인' 작동 방식이 해체된 상태에서 히틀러로부터 전권을 얻어내기만 하면 그 어떤 제약도 받지 않고 국가와 사회의 자원을 특정 부문에 투입할 수 있었기 때문에, 히틀러국가는 특정한 부문에서는 단기적이기는 해도 비상한 능력을 발휘했다. 아우토반 건설, 액화석유 생산, 인조고무 생산이 대표적인 예다. 게다가 그런 체제는 그때까지 발제의 기회조차 얻지 못하던 발상들이 현실화될 듯한 전망을 제공했다. 한마디로, 전권을 얻기만 하면 모든 것이 가능할 것처럼 보였다. 나치 사회야말로 '하면 된다'는 의지의 사회였던 것이다. 그래서 사람들은 열광했고, 모두가 자신의 구상을 드디어 실현시키고자 했다. 그리하여 각종의 희한한 발상들이 쏟아져 나오고 시도되었다. 괴링 제철이 저질 철광석을 개발한 것까지는 그렇다고 쳐도 — 브로샤트가 적시한 것은 아니지만 — 지질학적으로 석유 한 방울 매장되어 있지 않은 독일에서 석유 탐사 작업이 벌어지고, 하필이면 학살수용소에서 약초를 재배하면서 민간의학을 부활시키려 하였으며, 암에 대한 전쟁을 선포하였고, 회춘약을 개발했다.

그렇듯 개별적인 영역에서 나치즘은 효율적이었다. 그러나 그 효율성은 체제 전체의 탈구와 해체를 배경으로 하고, 또한 그것을 심화시키는 것이었다. 따라서 체제 전체의 효율성은 극히 낮았다. 이는 군수에 집중함으로써 대공황을 극복하는 데는 성공하였지만, 정부 투자의 국민경제적인 승수효과는 같은 시기 영국보다 훨씬 낮았다는 사실에서 드러난다. 그러나 경제만이 아니었다. 브로샤트가 보기에 나치즘은 본질적으로 "즉흥적인 ad hoc" 조치에서는 능란했으나 장기적인 계획은 세울 수도 실천할 수도 없는 운동이었다. 유토피아적 종말론에 입각한 지도자국가에서 현실적이고 제도적인 개선이 나타날 수는 없었기 때문이다. 그렇다고 해서 '하면 된다'고 외치는 사람들의 열광을 외면할 수도 없는 노릇이었다.

따라서 나치는 '부정적으로' 나아가야 했다. 히틀러는 1차 대전이라는 "대전 Great War" 트라우마를 앓고 있던 승전국들을 겁박하여 외교적 성공을 거두었고, 그 트라우마 때문에 전쟁을 꺼리던 적수를 기습하여 때려눕혔으며, 정복한 땅을 무차별 착취함으로써 독일 인민의 일상에 정상화의 외피를 씌웠다. 체제의 작동 원리에서 비롯된 그 부정적인 작전은 그러나 외부만을 겨냥하지 않았다. 천년왕국이 아직 도래하지 않은 책임은 외부의 적에게만 있는 것이 아니었기 때문이다. 내부의 적은 처음에는 공산당과 사민당, 그다음은 가톨릭, 그다음은 정신병자와 남성 동성애자와 떠돌이, 그다음은 유대인이었다. 사회주의자들은 외국으로 도망치거나 지하에서 숨죽이며 있었고, 가톨릭은 거대 세력이었기에 겁박하는 데 한계가 있었지만, 약자들은 전혀 다른 문제였다. 그들은 하나같이 공민권을 박탈당하고 빼앗기고 수감되었다. 그리고 그 작업이 완료되는 시점은 하필이면 전쟁이 발발하는 시점이요, 다중지배의 양상이 더더욱 심화되는 시점이었다. 그리하여 그 약자들에게 남은 것은 죽음뿐이었다.

옮긴이는 브로샤트의 설명만이 나치즘에 대한 유일하게 타당한 해석이라고 주장하고 싶지는 않다. 브로샤트와는 정반대 각도에서 나치즘에 접근하는 의도주의 해석에서도 얻을 것이 적지 않다. 의도주의와 기능주의를 뒤섞을 수도 있다. 예컨대 앞서 소개한 오버리의 연구 역시 실상 의도주의의 입장에서 나치즘을 조망하되, 브로샤트를 끌어들인 것이다. 옮긴이는 다만 브로샤트를 도외시한 채 나치즘에 대하여 내리는 평가는 반쪽이라는 점을 강조하고 싶을 뿐이다. 물론 이론적으로 브로샤트에게도 문제는 있다. 그는 근대국가에는 무릇 일정한 규범이 있고, 그 규범이 홀로코스트와 같은 과도한 일탈을 자체적으로 방지한다고 전제한다. 그러나 홀로코스트 연구에서 불후의 업적을 남긴 역사가인 라울 힐베르크는 거꾸로, 근대국가는 본성상 다중지배로 흐를 수밖에 없다고 강조한다. 근대국가의 성격은 어떤 것일까? 유감스럽게도 옮긴이에게는 분명한 대답이 없다. 과연 우리가 근대국가를 이해하고 있는가라는 질문에 옮긴이 스스로 자신이 없기 때문이다. 다만 브로샤트를 편들기 위해 한마디 한다면, 예컨대 소비에트 국가에서는 정치경찰이 내무부에 소속되어 있었고, 소련의 수용소는 절멸이 아니라 교정을 목표로 하면서 수감자들의 노동력을 이용하려 했다. 그 점에서 소비에트 국가는 규범적이었다고 평가할 수 있다. 최소한의 '국가이성'이 견지되고 있었기 때문이다. 나치는 그렇지 않았다. 정부로부터 벗어난 친위경찰은 노동력이 너무도 절실한 시점에 수감자들을 절멸시켜버렸다. 그 원인을 이데올로기에서 찾으면 의도주의 해석이고, 나치즘의 내부 구조와 작동 방식에서 찾으면 기능주의 해석이다.

독자들에게 부탁하고 싶은 것이 있다. 이 책은 딱딱하고 어렵다. 그러나 고통을 감내하고 읽고 나면 나치즘에 대한 새로운 안목을 얻을 수 있다. 게다가 그 성취는 또 다른 성취로 이어질 것이다. 이 책을 읽음으로써 다른 책들을 이해하게 될 것이기 때문이다. 부디 인내하며 읽어주기를 바란다. 옮긴이가 보기에, 현재 한국에 출간되어 있는 수많은 나치즘 관련 서적 가운데 '세계적인' 명성을 얻은 책은 딱 여섯 권뿐이다: 이 책 『히틀러국가』, 티모시 메이슨의 『나치스 민족공동체와 노동계급』, 데틀레프 포이케르트의 『나치 시대의 일상사』, 라울 힐베르크의 『홀로코스트 — 유럽 유대인의 파괴』, 이언 커쇼의 『히틀러』, 크리스토퍼 R. 브라우닝의 『아주 평범한 사람들』.

유의해야 할 것은 이 책들을 읽는 순서가 있다는 점이다. 맨 먼저 읽어야 할 책이 바로 이 책 『히틀러국가』이다. 그다음은 티모시 메이슨의 책, 포이케르트의 책, 힐베르크의 책, 브라우닝의 책, 커쇼의 책 순이다. 메이슨의 연구는 이 책의 테제를 노동 부문에 창조적으로 적용시킨 것이고, 포이케르트는 브로샤트의 학문적 동지인 한스 몸젠의 제자로서 브로샤트가 이끌던 일상사 프로젝트에 참여한 뒤에 브로샤트의 테제를 일상사적으로 수정한 사람이며, 커쇼는 브로샤트의 영국인 제자로서 브로샤트 테제를 히틀러 숭배 현상에 대입한 역사가이고, 힐베르크는 학문적으로 브로샤트와 무관하지만 그의 스승인 프란츠 노이만과 한스 로젠베르크는 브로샤트의 지적인 선배이며, 브라우닝은 힐베르크의 학문적 제자다. 시기적으로도 브로샤트와 힐베르크는 1960년대, 메이슨은 1970년대, 포이케르트는 1980년대, 브라우닝은 1990년대, 커쇼는 2000년대다. 이 여섯 권을 읽은 독자가 다른 책들을 읽으면, 그 책이 무엇과 대결하고 있는지, 그 대결이 성공했는지, 브로샤트가 어떻게 공격받는지, 현재 브로샤트는 어느 정도 수정되고 있는지 쉽게 식별할 수 있을 것이다.

  옮긴이는 이 책과 인연이 깊다. 유학 시절 옮긴이는 브로샤트와 함께 기능주의 학파를 이끌던 한스 몸젠 밑에서 공부했다. 그렇지만 옮긴이의 마음은 몸젠이 아니라 몸젠의 학형인 브로샤트에게 가 있었다. 나치즘의 거의 모든 문제에서 브로샤트가 몸젠보다 한발 앞서 의견을 표명하였고, 훨씬 명료했다. 그러나 무엇보다도 몸젠은 투사였지만 브로샤트는 은자였다. 그리고 시골 면사무소에 앉아 있을 법한 외모를 가진 브로샤트의 글은 따스했다. 옮긴이는 그의 글은 모조리 찾아서 줄을 쳐가면서 읽었다. 브로샤트는 옮긴이의 마음속 스승이다. 그의 책을 우리나라의 독자들에게 전달할 수 있게 된 것이 기쁘고 벅차다. 그리고 그 일을 비로소 가능하게 해준 분들에게 감사한다.

  우선 이 책의 출간을 허락해준 문학과지성사의 홍정선 사장님께 감사한다. 옮긴이가 무심코 범한 적지 않은 오류들을 바로잡아준 문학과지성사 편집부에게도 고마움을 표한다. 그리고 옮긴이와 함께 이 책을 문학과지성사에 소개해준 인하대학교 사학과의 윤승준 형이 너무너무 고맙다.

2011년 5월
김학이

미주

제1장 히틀러의 집권

1 Thilo Vogelsang, *Reichswehr, Staat und NSDAP*(Stuttgart, 1963), p. 95.
2 Erich Eyck, *Geschichte der Weimarer Republik*(Zürich, 1956), Bd. 2, p. 394.
3 Dieter Petzina, "Hauptprobleme der deutschen Wirtschaftspolitik 1932 bis 1933," *Vierteljahrshefte für Zeitgeschichte*(VJHZ) 15. Jg. 1967, H. 4, p. 24.
4 Wilhelm Treue, "Die deutschen Unternehmer in der Weltwirtschaftskrise 1928~1933," W. Conze, ed., *Staats- und Wirtschaftskrise des Deutschen Reiches* (Stuttgart, 1966), p. 109.

제2장 집권 이전의 히틀러 운동

1 Werner Maser, *Die Frühgeschichte der NSDAP. Hitlers Weg bis 1924*(Bonn, 1965), p. 256 f.
2 E. Eyck, *Geschichte*, Bd. 2, p. 443.
3 Reichsorganisationsleiter der NSDAP, ed., *Parteistatistik*(München, 1935), Bd. 1, p. 16; Bd. 2, p. 175.
4 앞의 책, Bd. 1, p. 155 ff; *Statistik des Deutschen Reiches*, Bd. 382, III, p. 11;

David Schoenbaum, *Die Braune Revolution*(Köln, 1968), p. 68 ff.
5 1933년 1월 30일 이전 독일의 주와 프로이센 도의 노동자 수(*Statistisches Jahrbuch des Deutschen Reiches*)와 나치 당원인 노동자 수(*Parteistatistik*, Bd. 1, p. 84)를 비교해서 얻은 통계다.
6 슐레스비히 홀슈타인에 대하여 루돌프 하베를레는 중소농이 지배적인 농촌 지역에서 나치당이 부분적으로 80퍼센트를 넘는 득표율을 기록했다는 것을 보여주었다. Rudolf Haberle, *Landbevölkerung und Nationalsozialismus*(Stuttgart, 1963).
7 Erwin Reitmann, *Horst Wessel. Leben und Sterben*(Berlin, 1933); Julius Karl v. Engelbrechten, *Eine braune Armee entsteht. Die Geschichte der Berlin-Brandenburger SA*(München, 1937).
8 Hans-Gerd Schumann, *Nationalsozialismus und Gewerkschaftsbewegung* (Hannover, 1958), p. 38 ff.
9 Oron J. Hale, *Presse in der Zwangsjacke 1933~1945*(Düsseldorf, 1965), p. 66.
10 히틀러의 1932년 9월 22일 연설. *NS-Jahrbuch 1933*, p. 350.

제3장 정치권력의 독점(1933)
1 *Ministerialblatt für die Preußische innere Verwaltung*(MBliV), 1933 I, pp. 160~64.
2 1933년 1월 30일의 내각회의 회의록. IfZ: Fa 203/1.
3 1933년 2월 4일의 "기초단체 및 기초단체 연맹 대의체의 해체"에 관한 명령과 "기초단체 선거일 확정"에 관한 명령. *Preußische Gesetzsammlung*(GS) 1933, p. 21 f. 그에 대한 제국내무장관의 1933년 7월 7일 시행령, *MBliV* 1933 I, p. 127 ff.
4 1933년 2월 4일의 프로이센 내각회의 회의록. IfZ: MA 156/2; *Frankfurter Zeitung*(1933년 2월 9일). 1933년 2월 24일의 신문 보도에 따르면 프로이센 정부는 1933년 2월 23일에 그 명령에 대하여 소송을 제기하기로 결정했다.
5 *MBliV*, 1933 I, p. 169.
6 "정치적 소요에 대한 언론 보도"에 관한 프로이센 내무장관의 1933년 2월 17일 직무명령, *MBliV*, 1933 I, p. 170.
7 *Frankfurter Zeitung*(1933년 2월 25일).
8 Bracher, Sauer, Schulz, *Die nationalsozialistische Machtergreifung. Studien*

zur Errichtung des totalitären Herrschaftssystems in Deutschland 1933~34 (Köln, 1960), p. 69 ff.

9 1933년 2월 3일의 내각회의 회의록. 프로이센 내무부령은 이미 1933년 2월 1일에 제국향토봉사원에게 히틀러의 연설문을 "모든 지역," 특히 "공공건물"에 "가급적 잘 보이도록" 부착하라는 직무명령을 하달했다. *MBliV*, 1933 I, p. 218.

10 *Frankfurter Zeitung*(1933년 2월 21일).

11 Fritz Tobias, *Der Reichstagsbrand. Legende und Wirklichkeit*(Rastatt, 1962). Hans Mommsen, "Der Reichstagsbrand und seine politischen Folgen," VJHZ, 12. Jg. 1964, H. 4.

12 *Reichsgesetzblatt*(RGBl.), 1933 I, p. 83.

13 *Akten des Preußischen Ministeriums des Innern, Politische Polizei*, IfZ: MA 198/2, Bl. 83 f.

14 *Frankfurter Zeitung*(1933년 3월 4일).

15 *MBliV*, 1933 I, p. 233.

16 *MBliV*, 1933 I, p. 731.

17 *Daily Express*(1933년 3월 3일); *Frankfurter Zeitung*(1933년 3월 4일).

18 *Statistisches Jahrbuch des Deutschen Reiches*, 1933, p. 540.

19 Rudolf Diels, *Lucifer ante portas*(Stuttgart, 1950).

20 Martin Broszat, "Nationalsozialistische Konzentrationslager 1933~1945," *Anatomie des SS-Staates*(Olten, 1965), Bd. 2, p. 19 f.

21 Akten der Reichskanzlei, Bundesarchiv(BA) Koblenz, R 43 II/1263. Hiller von Gaertringen, "Die Deutschnationale Volkspartei," E. Matthias, ed., *Das Ende der Parteien 1933*(Düsseldorf, 1960), p. 590.

22 뮌헨 현대사연구소에 사본이 보관되어 있다.

23 IfZ: Fa 203/1.

24 Guenther Lewy, *Die katholische Kirche und das Dritte Reich*(München, 1965), p. 44 f.

25 IfZ: Fa 203/1.

26 Lewy, *Die katholische Kirche*, p. 53 ff; Rudolf Morsey, "Die deutsche Zentrumspartei," *Das Ende der Parteien*, p. 368 ff.

27 Karl Rohe, *Das Reichsbanner Schwarz-Rot-Gold*(Düsseldorf, 1966), p. 461 ff.

28 *MBliV*, 1933 I, p. 749.
29 *Das Ende der Parteien*, p. 652.
30 R. Morsey, "Die deutsche Zentrumspartei," *Das Ende der Parteien*, p. 395 ff. ; K. D. Bracher, *Nationalsozialistische Machtergreifung und Reichskonkordat* (Wiesbaden, 1956).
31 Karl Schwend, "Die Bayerische Volkspartei," *Das Ende der Parteien*, p. 507.
32 1933년 7월 14일의 내각회의 회의록. IfZ: Fa 203/3, Bl. 477.
33 *MBliV*, 1933 I, p. 859.

제4장 주의 제국 통합과 새로운 분권주의

1 *Frankfurter Zeitung*(1933년 2월 18일과 23일).
2 *Frankfurter Zeitung*(1933년 2월 23일과 25일).
3 1933년 2월 27일 내각회의 회의록. IfZ: Fa 203/1.
4 Henning Timpke, ed., *Dokumente zur Gleichschaltung des Landes Hamburg* (Frankfurt/M., 1964).
5 Herbert Schwarzwälder, *Die Machtergreifung der NSDAP in Bremen 1933* (Bremen, 1966).
6 뮐러는 슈프렝거의 오른팔로, 공무원 문제 담당자였다. Heinrich Müller, *Beamtentum und Nationalsozialismus*(München, 1931). 이 책은 당시 "나치 총서"로 출판되었다.
7 *Frankfurter Zeitung*(1933년 3월 8일); *Wolff Telegraphen-Büro*(WTB)(1933년 3월 7일); BA: R 43 II/1345.
8 독일민족인민당 지도부는 1933년 3월 27일의 회람에서 "나치가 그 당 당수의 선언과 달리 도감독에 전문적인 교육을 받은 공무원들을 임명하지 않은 것"에 대한 유감을 표명했다. Peter Thiele, *NSDAP und allgemeine innere Staatsverwaltung. Untersuchungen zum Verhältnis von Partei und Staat im Dritten Reich*. Phil. Diss. München, 1967, p. 145 f(사료: Akten der Preuß. Innenmin. DZA Merseburg, Rep. 77/2).
9 *GS* 1933, p. 643.
10 1933년 3월 25일의 시행명령, *MBliV*, 1933 I, p. 327.
11 *MBliV*, 1933 I, p. 649.

12 *GS* 1933, p. 241.
13 1933년 3월 31일의 주를 제국에 일체화시키기 위한 임시법. *RGBl.* I, p. 153.
14 Akten der Reichskanzlei, BA: R 43 II/1309. Carl Schmitt, *Das Reichsstatthaltergesetz*(Berlin, 1933).
15 제국주총감 인사 자료와 민족인민당의 반대제안. BA: R 43 II/1376.
16 에프의 수기 메모. Epp-Material, IfZ: MA-1236.
17 앞의 자료.
18 *Deutschen Juristenzeitung*(1934년 2월 15일).
19 Epp-Material.
20 Peter Thiele, p. 92 f.
21 Akten der Reichskanzlei, BA: R 43 II/1376.
22 총리실 차관이 제국내무부장관에게 보낸 1934년 6월 27일 편지(이는 1934년 6월 4일 내무장관의 편지에 대한 답신이었다). BA: R 43 II/495.
23 IfZ: ZS 145.
24 *RGBl.* I, p. 91. 1934년 12월 5일과 1935년 1월 24일의 "사법 업무를 제국으로 이월하기 위한 두번째 법과 세번째 법"(*RGBl.* I, pp. 68, 1214).
25 1935년 2월 1일의 "지도자 및 제국총리의 사면권 행사에 대한 명령." *RGBl.* I, p. 74.
26 1933년 9월 22일의 제국문화원법. *RGBl.* I, p. 661.
27 1934년 2월 16일의 영화법. *RGBl.* I, p. 95. 이 법은 선전부 산하의 베를린 중앙 영화검열소에 영화 상연 허가와 감독을 맡겼다. 1934년 5월 15일의 연극법(*RGBl.* I, p. 411)은 독일의 모든 공립 및 사설 극장을 제국선전부장관의 지도와 지시에 종속시켰다.
28 1934년 7월 3일의 "삼림과 사냥 행정을 제국으로 이전시키기 위한 법." *RGBl.* I, p. 534.
29 1935년 3월 14일의 제국내무부장관 겸 프로이센 내무장관의 직무명령과 1935년 12월 27일의 제국내무장관 겸 프로이센 내무장관의 또 다른 직무명령. *RMBLiV*, I, p. 20. 그에 상응하는 지시가 총재대리를 통하여 나치당에도 하달되었다.
30 1947년 7월 15일의 그람슈에 대한 심문. IfZ: ZS 717.
31 BA: R 43 II/1365a.
32 *Völkischen Beobachter*(1934년 9월 8일).
33 BA: R 43 II/1392.

34 *RGBl.* I, p. 66.
35 1937년 1월 26일의 대함부르크와 여타의 영토 조정에 관한 법. *RGBl.* I, p. 91; 1937년 12월 9일의 한자도시 함부르크의 헌법과 행정에 관한 법. *RGBl.* I, p. 1327.
36 이주정책에 대한 1937년 뷔르켈과 노동부장관 젤테의 갈등은 BA: R 43 II/208 참조.
37 히틀러에게 상신한 뒤 작성한 총리실장의 1938년 4월 30일 메모. BA: R 43 II/1357c.
38 제국내무부장관 겸 프로이센 내무장관이 제국총리실장에게 보낸 1938년 5월 17일 편지. BA: R 43 II/1356.
39 오스트리아와 독일의 재통일 제국위원이 제국총리실장에게 보낸 1938년 5월 30일 편지. BA: R 43 II/1357c.
40 앞의 자료.
41 제국내무부장관 겸 프로이센 내무부장관이 제국총리실장에게 보낸 1938년 6월 13일 편지와 1938년 6월 15일 메모. BA: R 43 II/1357.
42 앞의 자료.
43 제국내무장관이 제국총리실장에게 보낸 1938년 8월 11일 편지. BA: R 43 II/1310b.
44 Martin Broszat, *Nationalsozialistische Polenpolitik 1939~1945*(Frankfurt/M., 1965), p. 59.
45 BA: R 43 II/170.
46 BA: R 43 II/581.
47 총리실 사무관 피커의 1941년 10월 8일 메모. BA: R 43 II/1581.

제5장 사회권력의 장악

1 *RGBl.* I, p. 233. 1933년 6월 28일의 시행령(*RGBl.* I, p. 425)과 1933년 9월 21일의 "실업자 수를 줄이기 위한 두번째 법."(*RGBl.* I, p. 651) 1933년 4월 이후 제국재무부차관으로 재직하게 된 나치 재무 전문가 프리츠 라인하르트가 이 프로그램을 기획한 인물이다.
2 1933년 6월 27일에 독일 제국철도 주식회사가 국영 "제국고속도로"를 건설하도록 하기 위한 법이 공포되었고(*RGBl.* II, p. 509), 이 사업의 추진자인 프리츠 토트가 프로젝트의 기획과 실행을 담당하게 되었다. 토트는 1933년 11월 30일에 "독일도로

총감"에 공식적으로 임명되었다(*RBGl.* I, p. 1016).

3 1933년 4월 10일의 자동차세법 개정(*RGBl.* I, p. 192)과 1933년 5월 31일의 자동차세 폐지에 대한 법(*RGBl.* I, p. 315).

4 1933년 6월 9일의 대외 부채에 관한 법(*RGBl.* I, p. 349). 이 법은 보유 외환과 해외 재산 신고 의무를 강화한 법(1933년 6월 12일의 독일 국민경제 매판을 막기 위한 법: *RGBl.* I, p. 360)에 의하여 보충되었다.

5 Documents on German Foreign Policy, Serie C(1933∼1937), Bd. 1 und 2.

6 1933년 12월 7일의 법. *RGBl.* I, p. 1045.

7 *RGBl.* I, p. 1079.

8 *RGBl.* I, p. 161. 1933년 9월 29일의 법(*RGBl.* I, p. 667)에 의하여 기업평의회 선거의 보류 기간이 1933년 12월 31일까지 연장되었다.

9 1933년 4월 10일의 법. *RGBl.* I, p. 191.

10 베를린, 쾰른, 함부르크, 하노버, 프랑크푸르트 등 개별 도시에서의 사태 전개는 *WTB*에 보도되었고 아래 서류철에 보관되어 있다. BA: R 43 II/531.

11 *Arbeitertum*(1933년 5월 15일).

12 *RGBl.* I, p. 285. 1933년 6월 13일의 시행령. *RGBl.* I, p. 368.

13 1933년 11월 7일의 제국총리실 메모. BA: R 43 II/532.

14 1933년 11월 8일의 제국총리실 메모. BA: R 43 II/532.

15 앞의 자료.

16 나치 당원 후트마허가 1934년 3월 23일 제국총리에게 보낸 편지와 첨부된 자료들. BA: R 43 II/532. 편지의 계기는 클라인 박사를 브레멘으로 전직시키려던 계획(1934년 3월에 실행됨)이었다. 클라인은 브레멘 신탁위원 마르케르트의 자리를 넘겨 받을 예정이었다.

17 *Artbeitertum*(1933년 9월 1일)에 게재된 베른하르트 쾰러의 기고「우리는 고용 창출 정책이 약화되는 것을 허용하지 않는다!」(p. 12) 참조.

18 BA: R 43 II/531.

19 1933년 5월 1일에 더 이상의 나치당 입당이 봉쇄된 뒤인 1933년 8월 5일에 기업 세포 가입도 금지되었다.

20 *Arbeitertum*(1933년 12월 1일), p. 14.

21 *WTB*(1933년 11월 21일). BA: R 43 II/531.

22 BA: R 43 II/531.

23 독일공업신분총연맹 사무총장 야코프 헨레의 회람과 그에 첨부된, 총리실 차관에

게 발송한 편지. BA: R 43 II/531.

24 1934년 1월 12일 내각회의에는 노동부장관이 아닌 경제부장관이 참석했다. IfZ: Fa 203/4, Bl. 631 ff.

25 1933년 12월 1일의 관계장관회의 회의록. IfZ: Fa 203/3, Bl. 601 f.

26 *RGBl.* 1934 I, p. 45.

27 제국법무부장관이 제국노동부장관에게 보낸 1933년 12월 12일 편지. BA: R 43 II/548b.

28 *Organisationsbuch der NSDAP*(München, 1938), pp. 185~232.

29 앞의 책, p. 185.

30 1935년 12월 노동전선 라이프치히 회의에서 라이가 한 연설. H.-G. Schumann, *Nationalsozialismus und Gewerkschaftsbewegung*(Hannover, 1958), p. 101.

31 H.-G. Schumann, *Nationalsozialismus*, p. 104 f.

32 총리실 차관에게 전달된 골츠의 1934년 10월 26일 메모. BA: R 43 II/530.

33 앞의 사료.

34 라이가 발간한 *Organisationsbuch der NSDAP*(München, 1938), p. 185 ff.

35 BA: R 43 II/530.

36 *Organisationsbuch der NSDAP*, p. 473 ff.

37 당과 국가를 통합하기 위한 법의 시행령(1935년 3월 29일). *RGBl.* I, p. 502.

38 H.-G. Schumann, p. 128 ff.

39 Friedrich Syrup, *Hundert Jahre staatliche Sozialpolitik*(Stuttgart, 1957), p. 418; D. Schoenbaum, *Die braune Revolution*, p. 129.

40 1933년 3월 21일의 내각회의 회의록. IfZ: Fa 203/1.

41 첼레니가 제국총리실에 보낸 1933년 3월 6일과 8일 편지. BA: R 43 II/277.

42 H. Uhlig, *Die Warenhäuser*, p. 72.

43 *Völkischer Beobachter*(1933년 5월 20일).

44 H. Uhlig, *Die Warenhäuser*, p. 106.

45 *Völkischer Beobachter*(1933년 4월 15일).

46 H. Uhlig, *Die Warenhäuser*, p. 116.

47 *Völkischer Beobachter*(1933년 7월 10일).

48 H. Uhlig, *Die Warenhäuser*, p. 152 ff.

49 앞의 책, p. 224.

50 Paul Meier-Benneckenstein, ed., *Das Dritte Reich im Aufbau*. Bd. 6, Teil 5:

Wirtschaft und Arbeit(Berlin, 1942), p. 122 f; D. Schoenbaum, *Die braune Revolution*, p. 171 ff.

51 D. Schoenbaum, *Die braune Revolution*, p. 185 f.

52 1933년 5월 29일에 열린 기업가들과의 회의 초록, "경제총위원회"에 대한 자료, 1933년 9월 20일 총위원회 첫번째 회의 회의록. BA: R 43 II/536, R 43 II/320 f.

53 *WTB*(1933년 4월 27일).

54 총리실의 1933년 5월 5일 메모. BA: R 43 II/1195.

55 BA: R 43 II/1263.

56 1933년 5월 29일에 열린 히틀러와 경제계 대표들의 면담 초록. BA: R 43 II/536.

57 Fritz Thyssen, *I paid Hitler*(New York, 1941), pp. 119~28.

58 Arthur Schweitzer, "Organisierter Kapitalismus und Parteidiktatur 1933~1936," *Schmollers Jahrbuch für Gesetzgebung, Verwaltung und Volkswirtschaft*, 79, 1959, H. 1, p. 57 ff.

59 앞의 논문, p. 41 ff.

60 케플러의 발언. IfZ: ZS 1091.

61 Dieter Petzina, *Autarkiepolitik im Dritten Reich. Der nationalsozialistische Vierjahresplan*(Stuttgart, 1968), p. 27 ff.

62 앞의 책, pp. 37, 100.

63 Paul Kluke, *Hitler und das Volkswagenprojekt*, VJHZ, 8. Jg. 1960, H. 4; R 43 II/753.

64 René Erbe, *Die nationalsozialistische Wirtschaftspolitik im Lichte der modernen Theorie*(Zürich, 1958), pp. 25, 34.

65 "산업원자재와 반제품 거래"에 관한 법. *RGBl.* I, p. 212.

66 케플러가 라머스를 위해 작성한 1933년 3월 21일 메모. BA: R 43 II/527b.

67 도르노프가 라머스에게 보낸 1934년 5월 15일 편지. 앞의 출처.

68 총리실 차관의 1934년 7월 7일 메모. 앞의 출처.

69 발터 하인리히의 증언. IfZ: ZS 244.

70 1934년 8월 20일의 상공회의소에 관한 명령. *RGBl.* I, p. 790.

71 Bracher, Sauer, Schulz, *Die nationalsozialistische Machtergreifung*, p. 652.

72 D. Schoenbaum, *Die braune Revolution*, p. 155.

73 Horst Gies, *Walter Darré und die nationalsozialistische Bauernpolitik 1930 bis 1933*. Phil. Diss. der Universität Frankfurt/M., 1966.

74 BA: R 43 II/203.
75 *WTB*(1933년 4월 5일).
76 앞의 자료.
77 GS 1933, p. 165. Bracher, Sauer, Schulz, *Die nationalsozialistische Machtergreifung*, p. 572 f.
78 Hermann Reischle, *Aufgaben und Aufbau des Reichsnährstandes*(Berlin, 1934). 라이슐레는 제국농업신분총회의 창설에 적극적으로 참여하고, 그 단체의 참모실장으로 일한 사람이다.
79 앞의 책, p. 89. 다레가 서술한 그 책 서문(p. 6).
80 D. Schoenbaum, *Die braune Revolution*, p. 201.
81 1934년 8월 22일의 제국총리실 메모. BA: R 43 II/193.
82 1934년 8월 도감독과 지구감독들의 여론 보고서 일부. BA: R 43 II/193.
83 D. Schoenbaum, *Die braune Revolution*, p. 208 ff.
84 Document Center, Berlin; IfZ: Fa 508.
85 BA: R 43 II/207.
86 BA: R 43 II/203.
87 라이가 다레에게 보낸 1938년 5월 25일 편지, 다레가 1938년 5월 30일과 9월 16일에 노동전선에게 가했던 비판에 대한 제국총리실 메모. BA: R 43 II/194.

· 제6장 제3제국 초기의 당과 국가
1 1933년 5월 30일의 돌격대 대장 명령. Epp-Material, IfZ: MA-1236.
2 IfZ: Fa 115.
3 *Frankfurter Zeitung*(1933년 3월 12일).
4 *MBliV*, 1933, p. 282.
5 Hans Seel, *Gesetz zur Wiederherstellung des Berufsbeamtentums vom 7. 4. 1933 in der Fassung der Äderungsgesetze vom 23. 6., 20. 7. und 22. 9. 1933 und verwandte Gesetze nebst den neuesten Durchführungsverordnungen*(Berlin, 1933).
6 Hans Mommsen, *Beamtentum im Dritten Reich*(Stuttgart, 1966), p. 45.
7 앞의 책, pp. 159 f, 163.
8 Peter Thiele, *NSDAP und allgemeine Staatsverwaltung. Untersuchungen zum*

Verhältnis von Partei und Staat im Dritten Reich. Phil. Diss., München 1967, p. 105.

9 1933년 6월 13일의 에프의 수기 메모. Epp-Material, IfZ: MA-1236.

10 Ulf Lükemann, *Der Reichsschatzmeister der NSDAP. Ein Beitrag zur inneren Parteistruktur*. Phil. Diss., FU Berlin 1964, p. 30 ff.

11 Akten des Parteiarchivs der NSDAP, Hoover-Institution(Stanford/USA), Reel 50, folder 1182.

12 1933년 6월 30일의 내각회의 회의록. IfZ: Fa 203/2.

13 Andreas Werner, *SA und NSDAP. SA: "Wehrverband," "Parteitruppe" oder "Revolutionsarmee." Studien zur Geschichte der SA und der NSDAP 1920 bis 1933*. Phil. Diss., Erlangen 1964, p. 593 f.

14 H. Mommsen, *Beamtentum*, p. 162.

15 *MBliV*, 1933, p. 553.

16 Shlomo Aronson, *Heydrich und die Anfänge des SD und der Gestapo* (1931~1935). Phil. Diss., FU Berlin 1967, p. 100. 날짜가 명기되어 있지 않지만 그것은 1933년 10월 30일의 명령에 관한 것이다(*MBliV*, 1933, p. 1304).

17 *Völkischer Beobachter*(1933년 7월 7일).

18 프로이센 내무장관의 1933년 8월 2일 직무명령, *MBliV*, p. 932a.

19 *JMBl*. 1933, pp. 235, 249. Rudolf Diels, *Lucifer ante portas*(Stuttgart, 1950), p. 311. Nürnberger "Juristenprozeß"(III), Prot. (d), p. 4437. 중앙검찰국은 1934년에 제국법무부에 이관되었다가 나치당의 공작으로 1937년에 해체되었다.

20 M. Broszat, "Nationalsozialistische Konzentrationslager," p. 24 ff.

21 Diels, *Lucifer*, p. 394 ff.

22 M. Broszat, "Nationalsozialistische Konzentrationslager," p. 34.

23 P. Thiele, *NSDAP*, p. 316.

24 앞의 책, p. 118.

25 프로이센 총리의 1933년 10월 30일 직무명령. *MBliV*, p. 1304.

26 BA: R 43 II/1392.

27 라이가 발행한 나치당 조직 안내서에는 다음과 같이 적혀 있다. "추후 설치되는 상원이 당과 국가를 더욱 긴밀하게 결합시킬 것이다. 상원은 순수한 당 기관인 동시에 최고의 국가기관이 될 것이다." *Organisationsbuch der NSDAP*, p. 487.

28 1947년 5월 16일 심문에서 발터 부호가 한 증언. IfZ: ZS 855.

29 Zusammenstellung der bis zum 31. 3. 1937 erlassenen und noch gültigen Anordnungen des Stellvertreters des Führers(München, 1937). 이 책은 직무용으로만 사용되도록 규정되었다.

30 Völkischer Beobachter(1933년 11월 9일).

31 Akten des Hauptarchivs der NSDAP, Hoover-Institution(Stanford/USA), Reel 54, folder 1290.

32 Hans Buchheim, "Die organisatorische Entwicklung der politischen Polizei in Deutschland in den Jahren 1933 und 1934," Gutachten des Instituts für Zeitgeschichte(München, 1958), p. 294 ff.

33 H. Buchheim, "Die SS - das Herrschaftsinstrument," Anatomie des SS-Staates (Olten, 1965), Bd. 1, p. 13 ff.

34 Helmut Krausnick, "Der 30. Juni 1934. Bedeutung - Hintergründe - Verlauf," Aus Politik und Zeitgeschichte, Beilage zur Wochenzeitung 'Das Parlament' (30. 6. 1954).

35 Klaus-Jürgen Müller, "Reichswehr und 'Röhm-Affäre.' Aus des Wehrkreiskommandos VII," Militärgeschichtliche Mitteilungen, Nr. 1/1968, p. 117.

36 이는 외무부의 판단이었다. Documents on German Foreign Policy(DGFP), Serie C, Bd. I, Nr. 456.

37 Hans-Günther Seraphim, Das politische Tagebuch Alfred Rosenbergs 1934/35 und 1939/40(Göttingen, 1956).

38 Dieter Ross, Hitler und Dollfuß. Die deutsche Österreich-Politik 1933~ 1934(Hamburg, 1966). 로스는 돌푸스 살해 사건에 이르게 된 외교정책과 혼란을 당시 다양한 세력들과 목표들을 중심으로 서술했다.

39 Friedrich Zipfel, Kirchenkampf in Deutschland 1933~1945(Berlin, 1965), p. 18 ff.

40 Hans Buchheim, Glaubenskrise im Dritten Reich(Stuttgart, 1953), p. 89 f.

41 Friedrich Zipfel, Kirchenkampf, p. 40.

42 "Ein NS-Funktionär zum Niemöller-Prozeß," VJHZ, 4. Jg. 1956, p. 313.

43 Friedrich Zipfel, Kirchenkampf, p. 91.

44 Friedrich Zipfel, Kirchenkampf, p. 94.

45 BA: R 43 II/525.

46 BA: R 43 II/447.

47 BA: R 43 II/1200/1200a. 이 사료철에는 로젠베르크가 열망했던 "나치 세계관을 관철시키기 위한" 전권위원과 관련된 사건들이 담겨 있다.
48 BA: R 43 II/1200a.

제7장 공무원과 행정

1 프리츠 디틀로프 폰 슐렌부르크의 1937년 9월의 정책안과 1933년 4월의 정책안. H. Mommsen, *Beamtentum*, p. 149.
2 BA: R 43 II/1136b.
3 H. Mommsen, *Beamtentum*, p. 166.
4 앞의 책, p. 173.
5 IfZ: Fa 113; H. Mommsen, p. 171 ff.
6 BA: R 43 II/1138b.
7 H. Mommsen, *Beamtentum*, p. 59.
8 앞의 책, p. 172.
9 *RGBl*. I, p. 73/74.
10 총재대리가 총리실장에게 보낸 1935년 2월 7일 편지. BA: R 43 II/421.
11 *RGBl*. I, p. 1203.
12 제국내무장관 겸 프로이센 내무장관이 최고위 제국 부처, 프로이센 총리, 제국주총감에게 1935년 10월 9일에 하달한 직무명령. BA: R 43 II/421.
13 제국내무장관, 총재대리, 총리실이 1937년 말과 1938년 초에 주고받은 편지들. BA: R 43 II/421.
14 BA: R 43 II/426.
15 BA: R 43 II/426.
16 제국총리실장의 1935년 9월 24일 메모. BA: R 43 II/426.
17 제국전쟁부장관이 히틀러에게 보낸 1935년 10월 24일 편지와 히틀러 군대 부관 호스바흐의 1935년 10월 25일 메모. BA: R 43 II/426.
18 H. Krausnick, "Vorgeschichte und Beginn des militärischen Widerstandes gegen Hitler," *Vollmacht des Gewissens*(München, 1956).
19 H. Mommsen, *Beamtentum*, p. 93.
20 제국경제부장관 겸 프로이센 경제부장관이 제국내무장관에게 보낸 1937년 1월 7일 편지. BA: R 43 II/4209.

21 이에 관한 제국총리실장의 메모. BA: R 43 II/420a.
22 BA: R 43 II/447, 1138b, 421a, 423a, 424.
23 1937년 12월 9일 내각회의 회의록. IfZ: Fa 203/5.
24 BA: R 43 II/447.
25 앞의 사료.
26 마르틴 보어만이 프리크에게 보낸 1940년 4월 4일의 편지는 "존경하는 당 동지 프리크 박사"로 시작된다. BA: R 43 II/423a.
27 BA: R 43 II/421a.
28 보어만이 총리실장에게 보낸 1940년 3월 6일 편지. 앞의 사료철.
29 BA: R 43 II/424.

제8장 지도자권력
1 재무장관이 공무원 지위를 거부한 탓에 선전부장관이 부딪힌 어려움에 대해서는 레오폴트 구터러의 1948년 7월 6일 선서 증언 참조. IfZ: ZS 490. 친위경찰 법원 설치를 놓고 벌어진 1938/39년 협상에서 재무부 관리들이 친위경찰의 확대에 제동을 건 일에 대해서는 BA: R 2/12 참조.
2 토트가 제국총리에게 보낸 1933년 7월 6일 편지. BA: R 43 II/508. 이 편지에서 히틀러가 토트에게 관용차를 고르라고 권고했다는 사실도 드러난다.
3 총리실장과의 1933년 9월 20일 대화를 위해 마련한 토트의 자료들. BA: R 43 II/508.
4 1933년 10월 6일 총리실의 초록. 앞의 사료철.
5 총리실의 1933년 10월의 어느 메모. 앞의 사료철.
6 1933년 11월 24일 총리실에서 열린 장관회의 회의록. 앞의 사료철.
7 Wolfgang Benz, "Vom Freiwilligen Arbeitsdienst zum Arbeitsdienstpflichtgesetz," *VJHZ*, 16. Jg. 1968, H. 4.
8 BA: R 43 II/516, 517.
9 BA: R 43 II/525.
10 제국재무장관의 1936년 5월 6일 회람과 제국내무장관의 1936년 6월 8일 회람. 앞의 사료철.
11 총리실장이 제국교육장관에게 보낸 1936년 11월 28일 편지. 앞의 사료철.
12 H. Buchheim, "Die SS," p. 191.

13 앞의 책, p. 208 ff.
14 M. Broszat, "Nationalsozialistische Konzentrationslager," p. 35 ff.
15 제국내무장관 겸 프로이센 내무장관이 작성한 1935년 초의 정책안, 앞의 책, p. 39 f.
16 제국내무장관 겸 프로이센 내무장관이 게슈타포의 상부 기관인 프로이센 총리에게 보낸 1935년 1월 10일 편지. IfZ: MA 302, Bl. 7699 f.
17 독일 경찰에 대한 달뤼게의 정책안은 무려 22페이지에 달한다. BA: R 43 II/391.
18 제국전쟁부장관 겸 독일군 명령권자가 지도자 겸 독일군 최고명령권자에게 보낸 1935년 7월 1일 편지. BA: R 43 II/391.
19 H. Buchheim, "Die SS," p. 49 f.
20 GS 1936, p. 21.
21 Werner Best, "Die Geheime Staatspolizei," Deutsches Recht, Jg. 1936, p. 125 ff.
22 H. Buchheim, "Die SS," p. 59.
23 보안경찰청장(하이드리히)이 총리실장에게 보낸 1941년 9월 18일의 편지로 인하여 발생한 사건에 대해서는 BA: R 43 II/396 참조.
24 라머스의 1942년 3월 11일 메모. BA: R 43 II/393a.
25 RSHA, ed., Allgemeine Erlaß-Sammlung, SF VIIIa, p. 2.
26 M. Broszat, "Nationalsozialistische Konzentrationslager," p. 75 f.
27 항공부장관의 1933년 5월 5일 부령, RGBl. I, p. 241.
28 D. Petzina, Autarkiepolitik, p. 32 f.
29 셸렌베르크(제국보안청 외국정보과 과장)와 연구청 실장 샤퍼의 증언. IfZ: ZS 291, 1409. 울리히 티텔이 작성한 83페이지에 달하는 연구청 분석도 존재한다(ZS 1734).
30 Joseph Goebbels, Vom Kaiserhof zur Reichskanzlei. Eine historische Darstellung in Tagebuchblättern, 38. Aufl. (München, 1942), p. 302.
31 1933년 11월 14일의 내각회의 회의록. IfZ: Fa 203/3.
32 Otto Dietrich, 12 Jahre mit Hitler(München, 1955), pp. 249~51.
33 제국장관과 주장관들의 선서에 대한 1934년 10월 16일의 법. RGBl. I, p. 973.
34 제국내무장관이 1935년 11월 14일에 발송한, 제국 법률의 공포에 관한 법안에 대한 설명. BA: R 43 II/694.
35 BA: R 43 II/1036.

36 총재 겸 제국총리의 1936년 4월 20일 명령과 그에 대한 총리실 과장 빈슈타인의 1936년 12월 15일 해설. 앞의 사료철.
37 제국정부의 직무 변경에 대한 총재 겸 제국총리의 1935년 3월 20일 명령: Reichsministerialblatt 1935, p. 433.
38 Völkischer Beobachter(뮌헨판, 1938년 9월 3일).
39 1935년 9월 15일의 "제국국적법"과 "독일 혈통과 명예 보호법." RGBl. I, p. 1146.
40 BA: R 43 II/694.
41 앞의 사료철.
42 1937년 1월 26일의 내각회의 회의록. IfZ: Fa 203/5.

제9장 1938년 이후의 지도자절대주의와 다중지배
1 1938년 2월 4일의 독일군 지휘에 관한 명령. RGBl. I, p. 111.
2 비밀내각위원회 설치에 관한 1938년 2월 4일 명령. RGBl. I, p. 412.
3 에버하르트 폰 타덴의 증언. IfZ: ZS 359.
4 Hans-Adolf Jacobsen, Nationalsozialistische Außenpolitik 1933~1938 (Frankfurt/M., 1968), p. 313 ff.
5 Paul Seabury, Die Wilhelmstraße. Die Geschichte der deutschen Diplomatie 1930 bis 1945(Frankfurt/M., 1956), p. 167 f.
6 Dieter Petzina, Autarkiepolitik, p. 67.
7 크라우흐의 증언(IfZ: ZS 981)과 1939년에 경제부의 재조직을 위하여 파견되었던 프로이센 재무차관 프리드리히 란트프리트의 증언(IfZ: ZS 1122).
8 A. S. Milward, Die deutsche Kriegswirtschaft 1939~1945(Stuttgart, 1966); Gregor Janssen, Das Ministerium Speer. Deutschlands Rüstung im Krieg(Berlin, 1968).
9 Enno Georg, Die wirtschaftlichen Unternehmungen der SS(Stuttgart, 1963).
10 Max Domarus, Hitler. Reden und Proklamationen 1932~1945(München, 1965), Bd. 2, p. 1058.
11 BA: R 43 II/694a.
12 BA: R 43 II/695.
13 BA: R 43 II/694a.

14 보어만의 1941년 10월 29일 편지에 대한 크리칭거의 1941년 11월 10일 메모. BA: R 43 II/694a. 1942년 2월 17일 라머스는 보어만과 협의한 뒤 지도자 야전사령부에서 제국 부처에 직무명령을 발송하였다. 여기서 제국 부처들이 직무 규칙(타 부처를 참여시키는 것)을 엄격히 준수하라고 요청했다. BA: R 43 II/694a.

15 크리칭거의 1941년 5월 2일 메모. BA: R 43 II/170.

16 제국총리실장이 제국방어위원회 의장에게 보낸 1942년 9월 10일 편지와 히틀러의 1942년 10월 23일의 결정에 대한 메모. BA: R 43 II/695.

17 Hauptarchiv Berlin-Dahlem: Rep. 320/132.

18 제국총리실장의 1943년 3월 11일 메모. BA: R 43 II/393a.

19 앞의 서류철.

20 보어만이 보울러에게 보낸 1942년 3월 8일 편지. BA: R 43 II/1213a. 헤스의 참모실에 밀린 보울러는 1940년 초여름에 히틀러에게 전직("식민지에서의 더욱 중요한 업무")을 요청했지만 거부되었다. 보어만이 라머스에게 보낸 1940년 6월 24일 편지. BA: R 43 II/694.

21 율리우스 샤우프의 증언(IfZ: ZS 137); Fritz Wiedemann, *Der Mann der Feldherr werden wollte*(Kettwig, 1964).

22 총리실장이 지도자 부관실에 보낸 1939년 8월 16일 편지. 라머스는 "신속하게 처리해야 되는" 긴급 사항을 언급하면서 다음과 같이 썼다. "저는 귀하께서 이 일에 대하여 지도자에게 보고해주시고, 지도자께서 언제 저의 상신을 들을 수 있는지 여쭈어 주시기를 겸손하게 부탁드립니다." BA: R 43 II/587a.

23 M. Broszat, "Zur Perversion der Strafjustiz im Dritten Reich," *VJHZ*, 6. Jg. 1958, H. 4.

24 다섯 페이지나 되는 1932년 10월 5일의 편지는 Akten des Parteiarchivs, Hoover-Institution, Reel 17, folder 319 참조.

25 IfZ: Fa 204, p. 72 f.

26 BA: R 43 II/1213, 1213a.

27 보어만은 라머스에게 보낸 1943년 5월 1일의 편지에서 "수년 동안" 지도자로부터 받은 "특별위임"을 언급했다. BA: R 43 II/1154.

28 보어만이 제국총리실에 보낸 1943년 6월 15일 전보. BA: R 43 II/583.

29 라머스의 1943년 6월 18일 메모. BA: R 43 II/583.

30 BA: R 49/1; Nürnberger Dokument NG-962; M. Broszat, *Nationalsozialistische Polenpolitik 1939~1945*, p. 18 ff.

31 "친위대 제국지도부와 신탁청 동부의 협조"에 관한 1939년 11월 10일 힘러의 직무 명령. Haupttreuhandstelle Ost, *Materialsammlung zum internen Dienstgebrauch*, p. 8 ff(Nürnberger Dokumente 2207-PS).
32 엠슬란트 수용소에 대한 제국재무부의 자료가 그 예다. BA: R 2 Zg 1955 ff./24006.
33 Raoul Hilberg, *The destruction of European Jews*(Chicago, 1961).
34 제국행정법원 빈 지청 법원장이 제국내무장관에게 보낸 1943년 2월 19일 편지. BA: R 43 II/695.
35 제국내무장관이 제국총리실장에게 보낸 1943년 4월 2일 편지. BA: R 43 II/695.
36 *Medizin ohne Menschlichkeit*, p. 184.
37 본부는 베를린 티어가르텐슈트라세 4번지에 있었다. 그래서 작전의 암호가 "T4"였다.
38 Bert Honolka, *Die Kreuzelschreiber. Ärzte ohne Gewissen. Euthanasie im Dritten Reich*(Hamburg, 1961), p. 15 f.
39 법적 근거는 보건행정 통일을 위한 1934년 7월 3일의 법(*RGBl.* I, p. 531)과 1935년 2월 6일 및 2월 22일의 시행령(*RGBl.* I, pp. 177, 215).

제10장 사법

1 Ernst Fraenkel, *The Dual State*(New York, 1940).
2 처벌 면제에 대한 1933년 3월 21일 대통령명령(*RGBl.* I, p. 134).
3 민족 궐기 정부에 대한 모함을 막기 위한 1933년 3월 21일 대통령명령(*RGBl.* I, p. 135).
4 이 수치는 발터 바그너 Walter Wagner의 인민법원 판결에 대한 연구에서 도출된 것이다. 바그너의 연구는 곧 출판된다.
5 게슈타포가 제국법무장관에게 보낸 1937년 3월 7일 보고서. BA: R 22/1467.
6 함부르크 주최고법원 원장의 증언. 그는 룀 쿠데타 이후 함부르크에서 나치당과 게슈타포가 사법에 더 이상 간섭하지 않았고, 전쟁 발발과 함께 사법부의 판결을 게슈타포가 뒤집는 일이 벌어졌다고 증언했다. BA: 7 S 477.
7 BA: R 22/1467.
8 앞의 사료철.
9 앞의 사료철.

10 제국법률협회 부회장이 제국법무장관에게 보낸 1935년 8월 22일 편지. BA: R 22/1467.
11 제국법무장관 귀르트너의 직무수첩. Nürnberger Dokument PS 3751.
12 앞의 출처(1935년 5월 29일).
13 Ilse Staff, *Justiz im Dritten Reich*(Frankfurt/M., 1964), p. 118 ff.
14 앞의 책, p. 122 ff.
15 H. Weinkauff, "Die deutsche Justiz und der Nationalsozialismus. Ein Überblick," *Die deutsche Justiz und der Nationalsozialismus*. Teil. 1(Stuttgart, 1968), p. 102 ff.
16 A. Wagner, "Die Umgestaltung der Gerichtverfassung und des Verfahrens- und Richterrechts im nationalsozialistischen Staat," *Die deutsche Justiz und der Nationalsozialismus*. Teil. 1(Stuttgart, 1968), p. 207 f.
17 앞의 논문, p. 228 ff.
18 앞의 논문, p. 281.
19 *Vorbeugende Verbrechensbekämpfung*, Dez. 1941, Bl. 41. 이 책자는 제국형사경찰청이 직무용으로 발간한 법규집이다.
20 Nürnberger Juristenprozeß, III, Protokoll(d) p. 4460.
21 사법행정 조치들에 대한 명령(*RGBl*. I, p. 1758). 형법, 특히 특별법원의 관할은 1940년 2월 21일의 소위 "관할명령"(*RGBl*. I, p. 405)에 의해 정밀하게 규정되었다.
22 IfZ: Fa 103.
23 M. Broszat, *Nationalsozialistische Polenpolitik*, p. 137 ff.
24 1942년 7월 22일의 식탁 대화. Henry Picker, *Hitlers Tischgespräche im Führerhauptquatier 1941~42*(Bonn, 1951), p. 259 f.
25 *Völkischer Beobachter*(1942년 4월 27일).
26 *Allgemeine Erlaß-Sammlung des RSHA*, 2 A III f, p. 131.
27 1943년 7월 8일의 편지임. Nürnberger Dokument NO-2718.

찾아보기

ㄱ

『게르마니아』 107
가우스, 프리드리히 Gaus, Friedrich 412
가톨릭중앙당 13, 23~24, 36, 53, 98, 104, 107~108, 161, 312
갈렌, 클레멘스 아우구스트 폰 Galen, Clemens August von 339
갈탄휘발유주식회사 251, 418
강철전선 26
개신교 평의회 328
게르만기독교 321~30
게슈타포 104, 212, 253, 291~92, 301~302, 320, 328, 330~31, 383~88, 391, 409, 424, 458~64, 483, 507
고백교회 326~29, 333, 335
고속도로 198~99, 370~71
고용창출 정책 89, 213, 245, 374
공동결정권 204, 217~18, 228
공무원법 104~105, 179, 332~35, 345~46, 351, 355~58, 360~62, 387, 401, 405, 465~66
공화국보호법 20
괴링, 헤르만 Göring, Hermann 90, 92~93, 96, 100~101, 103~10, 113~14, 116~19, 137, 147~48, 151, 159~60, 164~65, 176~77, 179, 183, 241, 244, 248, 253, 255, 260~61, 265~66, 279~80, 289, 291, 294, 301, 304, 317, 342, 347, 357, 368~69, 389~92, 408~10, 416~23, 429, 431~32, 434, 453, 456~57, 482, 506, 508~509
괴벨스, 파울 요제프 Goebbels, Paul Josef 40, 42~44, 47, 52, 62~64, 67, 73~74, 78, 80, 83~85, 88, 111~13, 117, 127~28, 204, 261, 287, 291, 298, 301, 337, 347~48, 357, 368, 394, 401, 413, 423, 434~36

국기대 106, 129~30, 135
국민청원 16
귀르트너, 프란츠Gürtner, Franz 96, 175, 263, 369, 449, 454, 462~63, 468, 470, 472
귀트, 아르투어Gütt, Arthur 87
그라우에르트, 루트비히Grauert, Ludwig 105
그람슈, 프리드리히Gramsch, Friedrich 179, 181
그뢰너, 빌헬름Groener, Wilhelm 18, 20, 23~24, 27~29
그르제진스키, 알베르트Grzesinski, Albert 17
기독교 노동조합총연맹 141, 203
기독교 민족농민인민당 54, 72
기쁨에 의한 힘 216, 228, 230, 251
기업세포 55, 73~75, 84, 89, 91, 135, 170, 196, 202~203, 205~15, 217~18, 220~21, 223, 228, 233, 236, 238, 240~41, 249, 276, 289, 481
기업평의회Betriebsrat 74, 203~204, 212, 214, 217
기초단체법 178, 341, 358
긴급명령 23~24, 32~33, 51, 95, 100~103, 106, 109, 112, 114~16, 118~20, 124~25, 129, 134, 139, 148~52, 154, 156, 313, 393, 424, 453~55

ㄴ

『나의 투쟁』 309
나치당 정치기구 61, 65~66, 72, 84, 281
나치 공무원동맹 340
나치 교사동맹 71, 87, 333
나치 대학생연맹 71
나치 독일법률가동맹 71, 462, 465
나치 부녀회 87
나치 의사동맹 71, 86
나치 인민복지회 298
노동법원 216, 218
노동봉사단 205, 230~31, 265, 374~77, 478, 506
노동신탁위원 208, 211~13, 217, 223, 252
『노동자Arbeitertum』 74~75
노동전선 205~28, 230, 232, 240~41, 248~49, 251~53, 266~68, 508

노동질서법 217~20, 223~24, 226~27
노동총연맹ADGB 206
노이라트, 콘스탄틴 폰Neurath, Konstantin von 96, 117, 139, 310~11, 315, 362, 368, 407, 410~13
농업평의회 258~59
뉘른베르크 전당대회 180, 283, 285, 434
뉘른베르크법 399
니묄러, 마르틴Niemöller, Martin 326~27, 329~31
니콜라이, 헬무트Nicolai, Helmuth 87, 171~72, 178
닐란트, 한스Nieland, Hans 85

ㄷ

다레, 리하르트 발터Darré, Richard Walter 54, 70, 72, 84, 91, 139, 182, 234, 257~62, 264~68, 287, 368, 390, 417, 502, 508
다하우 128, 237, 292, 304, 379~80
단치히 85, 188, 192, 206, 312
달뤼게, 쿠르트Daluege, Kurt 68, 105, 383, 386
대독일 182~83, 270, 313, 431
대외정책과(나치당) Außenpolitisches Amt der NSDAP 411, 482, 486
대외정책국(나치당) Auslandsorganisation der NSDAP 310~11
『데일리 메일Daily Mail』 308
『데일리 익스프레스Daily Express』 119
도르슈, 크사버Dorsch, Xaver 373
도르프뮐러, 율리우스Dorpmüller, Julius 332
독소 불가침조약 484
독일 사무직총연맹 206
독일공산당 20, 74, 113, 116
독일과(외무부) 414~15, 449
독일농민조합총연맹 257~58
독일문화 투쟁동맹 71, 88
독일민족 공고화 431, 443, 446, 489
독일민족주의 사무직연합 205
『독일법Deutsche Justiz』 71

독일소매업중대업체연합회 235
독일수공업연맹 233
돌격대 14, 18, 26, 28~29, 40~42, 50~51, 61~62, 65~71, 75~77, 83~84, 86, 88, 92, 104, 106, 108, 119, 125~28, 130, 135, 152~55, 157~58, 160, 163~64, 167~70, 177, 180, 196, 198, 202, 205, 211, 221, 236, 244~45, 266~67, 272~73, 275~79, 281~83, 285, 287~95, 297, 300~301, 303~307, 314~15, 317, 322, 325, 334, 344, 349, 353~55, 357, 374~75, 379~80, 385, 388, 413, 415, 438, 453, 456, 458, 463, 481, 487, 489~90, 502, 504
돌푸스, 엥겔베르트 Dollfuß, Engelbert 313~15, 317~18
뒤스터베르크, 테오도어 Duesterberg, Theodor 97, 138
드레스덴 은행 245
디벨리우스, 오토 Dibelius, Otto 330
디트리히, 오토 Dietrich, Otto 82~83, 395
디트리히, 제프 Dietrich, Sepp 304, 380
딜스, 루돌프 Diels, Rudolf 104, 126, 291, 301
딩겔다이, 에두아르트 Dingeldey, Eduard 137

ㄹ

라머스, 하인리히 Lammers, Heinrich 97, 172~73, 181, 334~36, 338, 344, 360, 363, 377, 386, 397~98, 402, 429~34, 442, 448~49, 468, 483
라우슈닝, 헤르만 Rauschning, Hermann 312
라이파르트, 테오도어 Leipart, Theodor 202, 205~206
라이, 로베르트 Ley, Robert 62, 80, 91, 203~208, 210, 213~16, 219, 221~28, 268, 279, 316, 337, 348, 430, 508
라이헤나우, 발터 폰 Reichenau, Walter von 29, 97, 304, 354
라인란트 60, 80, 159, 248~49, 257, 259, 408, 411
라인하르트 계획 198~99
레더, 에리히 Raeder, Erich 397
레베초프, 폰 Levetzow, von 104
렌텔른, 테오도어 아드리안 폰 Renteln, Theodor Adrian von 75, 89, 233, 236, 241, 254, 259
로렌 185, 189, 431~32
로마 프로토콜 318

로젠베르크, 알프레트Rosenberg, Alfred 53, 71, 88, 252, 310~11, 322, 333, 335, 337~38
로어, 한스요아힘 폰Rohr, Hansjoachim von 260~61, 264
로이나 418
로이슈너, 빌헬름Leuschner, Wilhelm 149, 154
로제, 하인리히Lohse, Heinrich 62, 65, 80, 158
뢰베, 파울Löbe, Paul 100, 136
뢰퍼, 프리드리히 빌헬름Löper, Friedrich Wilhelm 62, 80, 167, 172~73
룀, 에른스트Röhm, Ernst 15, 28, 65, 67~68, 83, 155, 157, 169, 177, 267, 276~78, 281~82, 287~90, 292~93, 297, 303~306, 380, 439, 490, 504
룀 쿠데타 177, 221, 353, 462
루덴도르프, 에리히Ludendorff, Erich 15
루르 지방 11, 21, 73, 266
루스트, 베른하르트Rust, Bernhard 62, 80, 87~88, 102, 178, 325, 337, 348~49, 377
루베, 마리누스 판 데어Lube, Marinus van der 112~14, 453~54, 456
루체, 빅토르Lutze, Viktor 104, 158, 305
루터, 한스Luther, Hans 413~14
룩셈부르크 431
뤼닝크, 헤르만 폰Lüninck, Hermann von 159, 257, 259
리벤트로프, 요아힘 폰Ribbentrop, Joachim von 311, 407, 410~15, 434
리벤트로프 특무위원실 311, 411, 413~15, 482
리쿠스, 루돌프Likus, Rudolf 411~13
리히터, 알프레트Richter, Alfred 152

◻

마르케르트, 리하르트Markert, Richard 152, 157
마르크스, 빌헬름Marx, Wilhelm 107
마르크스주의 39~40, 53, 55, 73, 75, 94, 119, 125, 127, 129, 134, 138, 143, 154~55, 204~205, 210, 279, 320, 322~23, 479, 487, 490
마이스너, 오토Meißner, Otto 394
마이어, 알프레트Meyer, Alfred 62, 167
마이저, 한스Meiser, Hans 328
마인베르크, 빌헬름Meinberg, Wilhelm 257, 259, 261

마켄젠, 아우구스트 폰Mackensen, August von 344
만, 토마스Mann, Thomas 107
만스펠트, 베르너Mansfeld, Werner 216
맥도널드, 램지McDonald, Ramsay 310
메멜 312, 319, 359
메포어음 200, 251
명예법원 218, 295
모츠, 카를Motz, Karl 85
모함법 454~56
무르, 빌헬름Murr, Wilhelm 156, 167
무솔리니, 베니토Mussolini, Benito 92, 313, 317~18
무초프, 라인홀트Muchow, Reinhold 73~74, 84, 204, 214, 221
무치만, 마르틴Mutschmann, Martin 62, 80, 166~67, 177
뮈잠, 에리히Mühsam, Erich 117
뮌첸베르크, 빌리Münzenberg, Willi 114, 116
뮐러, 루트비히Müller, Ludwig 324~29
뮐러, 하인리히Müller, Heinrich 154, 156
뮐러, 헤르만Müller, Hermann 23
민병대 313
민족 노동의 날 204
민족인민당 16, 22, 24~25, 31~32, 35~36, 42, 53~54, 72, 97, 102, 105, 108~109, 121, 126, 134, 137~40, 142~43, 145, 153, 156, 159
민족저항 16~17, 19, 24, 32, 50, 159
밀히, 에르하르트Milch, Erhard 344, 422

ㅂ

바게너, 오토Wagener, Otto 88~89, 241, 244~45, 247~48, 250
바게만, 에른스트Wagemann, Ernst 277
바그너, 게르하르트Wagner, Gerhard 71, 86
바그너, 로베르트Wagner, Robert 62, 155, 157, 167
바그너, 아돌프Wagner, Adolf 155, 157, 168, 179, 184, 280, 292~93
바그너, 요제프Wagner, Josef 62, 158, 417
바덴 60, 131, 149~51, 155, 157, 165, 167, 177, 302, 348

바로바, 리다 Baarova, Lida 337
바르멘 고백교회 327
바르트, 카를 Barth, Karl 328
바이에른 11, 13~16, 40, 63, 71, 79, 86~87, 90, 119, 122, 127, 131, 135, 142, 149~51, 155, 157, 163~69, 175, 180, 184, 237, 277~78, 280~82, 289, 292~93, 301~302, 305, 328, 379, 466, 504~505
바이에른 인민당 122, 127, 131, 141~42, 150~51
바이체커, 에른스트 폰 Weizsäcker, Ernst von 344, 412~13
바케, 헤르베르트 Backe, Herbert 261, 344, 417
바트하르츠부르크 55
바티칸 92, 131~32, 140~43, 320
반사회적 분자 Aosoziale 467
밤베르크 대회(나치당) 43~44
방, 파울 Bang, Paul 97
베르너, 페르디난트 Werner, Ferdinand 156, 177
베르닝, 빌헬름 Berning, Wilhelm 141, 143
베르트람, 아돌프 Bertram, Adolf 131, 140
베를린 31, 40~41, 43, 52, 60, 64, 73~75, 78, 84, 88, 90, 92, 104~107, 112, 116, 122, 124, 126, 128, 136, 138, 152, 164, 169, 171, 180, 185~86, 189, 199, 202, 204, 206, 209, 222, 224, 235, 258, 278, 280, 285, 295, 298, 301~302, 304, 311, 318, 326~27, 331, 347, 354, 373, 379~81, 384, 411, 414~15, 428, 440, 463, 468
베를린 돌격대의 봉기 67~69
베버, 막스 Weber, Max 46
베스트, 베르너 Best, Werner 154, 384, 387~88
베크, 루트비히 Beck, Ludwig 304, 407~10
벨스, 오토 Wels, Otto 133, 136
보델슈빙, 프리드리히 폰 Bodelschwingh, Friedrich von 325
보슈, 카를 Bosch, Carl 245, 419
보안경찰 383, 386~88, 444~45, 450, 471~73
보어만, 마르틴 Bormann, Martin 68, 83, 191~92, 227, 286, 295, 298, 322, 337, 339, 358~59, 361~64, 402, 408, 430, 434~35, 437~42, 473~74, 485
보어만, 알베르트 Bormann, Albert 83, 351, 437, 439
보울러, 필리프 Bouhler, Phillipp 76, 83, 337~38, 437~38, 447

보이콧 100, 126, 128, 234~35, 238~39, 252, 308, 314
볼레, 에른스트 빌헬름 Bohle, Ernst Wilhelm 85, 482
볼츠, 오이겐 Bolz, Eugen 133, 150, 157
뵈르거, 빌헬름 Börger, Wilhelm 212
뵈어만, 에른스트 Woermann, Ernst 413
부름, 테오필 Wurm, Theophil 328
부슈, 카를 Busch, Karl 222
부트만, 루돌프 Buttmann, Rudolf 87~88
부헨발트 380
부흐, 발터 Buch, Walter 83, 295, 439
불가침조약 316~17, 319, 484
뷔르켈, 요제프 Bürckel, Josef 62, 65, 168, 185~88, 278, 312, 505
뷜로브, 베른하르트 빌헬름 폰 Bülow, Bernhard Wilhelm von 97, 344, 412
브라우히치, 발터 폰 Brauchitsch, Walther von 409
브라운, 오토 Braun, Otto 101~103, 148
브라운슈바이크 25, 106, 135, 138, 148, 165~66, 172, 179, 302, 380, 421
브라크, 빅토르 Brack, Viktor 447, 449
브라흐트, 프란츠 Bracht, Franz 103
브란트, 카를 Brandt, Karl 447, 449
브레도브, 쿠르트 폰 Bredow, Kurt von 97
브뤼닝, 하인리히 Brüning, Heinrich 17~18, 23~24, 28, 31~35, 133, 141, 143
브뤼크너, 헬무트 Brückner, Helmut 80, 158
블롬베르크, 베르너 폰 Blomberg, Werner von 29, 97, 304, 354, 368, 377, 381, 390, 407~409
비르트, 요제프 Wirth, Josef 24
비토리오 에마누엘레 3세 Viktor Emanuel III 412
빈트호르스트 연맹 141
빌리켄스, 베르너 Willikens, Werner 72, 257, 260, 344
빌헬름 2세 46
빌헬름, 아우구스트 Wilhelm, August 159
빙클러, 막스 Winkler, Max 422

ㅅ

3월의 전사자들 130, 282
4개년계획 183, 249, 251, 255, 266, 390, 416~22, 424, 426, 431, 487, 506
사민당(독일) 17~26, 31, 35, 40, 53, 58, 74, 94~95, 98, 100, 103, 106~107, 113~14, 117~18, 121~22, 129~31, 133, 135~37, 143, 149~56, 279, 345, 460, 510
사회주의 문화동맹 107
『삽화로 보는 파수꾼』 81
상공회의소 90, 212, 236, 241, 254
상속농가법원 478
샤우프, 율리우스 Schaub, Julius 77, 438
샤흐트, 얄마르 Schacht, Hjalmar 16, 34, 90, 110, 182, 197, 200~201, 207, 225~27, 244~45, 248, 250~52, 254, 265~66, 358, 368, 390, 392, 407, 416~18, 487, 508
서부 방어 408
세계대공황 16~17, 41, 54~55, 73, 273, 323, 509
셸렌베르크, 발터 Schellenberg, Walter 528
솀, 한스 Schemm, Hans 62, 71, 87, 157, 168
소매보호법 237
쇤봄, 데이비드 Schoenbaum, David 268
쉬라흐, 발두어 폰 Schirach, Baldur von 71, 83, 332, 376~78
슈미트, 카를 Schmitt, Carl 162, 172
슈미트, 쿠르트 Schmitt, Kurt 90, 199, 213, 215, 217, 225, 238, 244, 247, 249~50, 263
슈바르츠, 프란츠 크사버 Schwarz, Franz Xaver 76, 80~81, 83
슈베린 폰 크로지크, 루츠 Schwerin von Krosigk, Lutz 96, 110, 165, 174, 296, 368~69, 433
슈타이어 민병대 313
슈탐퍼, 프리드리히 Stampfer, Friedrich 136
슈테거발트, 아담 Stegerwald, Adam 24, 108, 131, 133
슈테네스, 발터 Stennes, Walter 61, 67~68
슈투카르트, 빌헬름 Stuckart, Wilhelm 178, 344, 404
슈트라서, 그레고어 Strasser, Gregor 29, 36, 42~44, 74~75, 78, 83~85, 91~92, 203, 214, 221~22, 304, 501~502
슈트라서, 오토 Strasser, Otto 42, 57, 88, 106, 501

슈트라이허, 율리우스Streicher, Julius 47, 62, 168~69, 235, 278
슈트레제만, 구스타프Stresemann, Gustav 22~23
슈티네스, 후고Stinnes, Hugo 245
슈판, 마르틴Spahn, Martin 139
슈판, 오트마어Spann, Othmar 212, 252~53, 261
슈페어, 알베르트Speer, Albert 183, 255, 420, 422~24, 434~35, 506
슈펭글러, 오스발트Spengler, Oswald 281
슈프렝거, 야코프Sprenger, Jakob 80, 85, 154, 166, 172, 177
슐라이허, 쿠르트 폰Schleicher, Kurt von 18, 23, 27~29, 33~36, 72, 97, 197~98, 304, 313
슐레겔베르거, 프란츠Schlegelberger, Franz 97, 344, 454, 473
슐츠, 파울Schulz, Paul 79
스탈린그라드 435
스파르타쿠스단 119
습관적 범죄자에 관한 법 428, 466, 490
시몬, 구스타프Simon, Gustav 62
신분국가과 252~53
신탁청 동부 422, 431, 444

ㅇ

아데나워, 콘라트Adenauer, Konrad 102
아돌프 히틀러 중등학교Adolf-Hitler-Schule 426
아만, 막스Amann, Max 76, 82~83
아베츠, 오토Abetz, Otto 413, 415
아부슈, 알렉산더Abusch, Alexander 116
아에게AEG 73
아이케, 테오도어Eicke, Theodor 379
안락사 45, 446~49
안할트Anhalt 25, 135, 148, 165, 172
알리안츠 보험 90, 199, 247
알브레히트, 에리히Albrecht, Erich 411, 438
알자스 431~32
알자스-로렌 189

야고프, 디트리히 폰Agow, Dietrich von 155, 415
야코비, 게르하르트Jacobi, Gerhard 326
에베르트, 프리드리히Ebert, Friedrich 20, 119
에서, 헤르만Esser, Hermann 47, 468
에어 출판사 76, 82
에카르트, 디트리히Eckart, Dietrich 15, 89
에프, 프란츠 크사버 폰Epp, Franz Xaver von 88, 155, 157, 164~65, 168~69, 282, 292, 504
여호와의 증인 490
연합화학 90, 110, 250, 418~20
영Young 배상안 반대 투쟁 16, 53
영업중간신분 투쟁동맹 75, 89
예거, 아우구스트Jäger, August 325, 328
예방구금 119, 126, 128, 131, 291~92, 302, 382, 387, 453, 456, 458~62, 464, 466~67, 482~83
예외상태 114, 119~20, 125, 190, 193, 305, 444, 453, 458, 471, 474, 483
오네조르게, 빌헬름Ohnesorge, Wilhelm 332, 344
오버슐레지엔 51, 60, 209, 316
오버포렌, 에른스트Oberfohren, Ernst 97, 138
오스트리아 67, 77, 80, 85, 185~89, 252~53, 311~20, 359, 409, 413, 421, 487, 505
오시에츠키, 카를 폰Ossietzky, Karl von 117
외국인 노동자 183, 373, 424
요르단, 루돌프Jordan, Rudolf 62
울리히, 발터Ulrich, Walter 68
울리히, 쿠르트 폰Ulrich, Curt von 158
유전병 환자 399, 448, 489
융, 에트가어Jung, Edgar 305
인민법원 455, 458, 460~62, 473
인민스포츠 재판 315

ㅈ

자급적 경제정책 200
자동차강도법 469

자르 168, 185, 187, 205, 312, 505
자우어, 카를 오토Sauer, Karl Otto 422
자우켈, 프리츠Sauckel, Fritz 148, 167, 173, 179, 423~24
자유군단 14, 40, 42, 61, 66, 88, 155, 272, 288, 303, 313, 389, 439
자유노조 74~75, 106, 135, 205, 231
자이서, 한스 폰Seißer, Hans von 15
자이스-인크바르트, 아르투어Seyß-Inquart, Arthur 186~87
잘로몬, 프란츠 페퍼 폰Salomon, Franz Pfeffer von 65~67, 69
재외독일인지원처 319, 482
전국경제인연합회 34
『전진』(사민당 기관지) 106, 136
전투기 생산 계획 422
정교협약 131, 140~43, 205, 320
정치경찰 104, 116, 126, 142, 157, 169, 278, 289, 293, 301~303, 379~80, 382~83, 458, 460, 466, 478, 489~90, 504, 507, 511
정치대학(베를린) 411
정치위원 명령 446
제국 수정의 밤 240, 407, 487
제국공간질서처 176, 397
제국교회 322~25, 329
제국노동봉사단 230, 374~75, 478, 506
제국농업신분 220, 261~63, 265~68, 478
제국문화원 175, 478
제국보안청 387, 431
제국수공업신분 236, 241~42
제국은행 16~17, 197, 202, 226, 250~51, 358, 392, 416
제국재건법 171
제국지주동맹 33, 55, 72~73, 257, 259, 262
제국집단공업 254
세베링, 카를Severing, Carl 101, 104, 148
제크트, 한스 폰Seeckt, Hans von 20, 27
젤츠너, 클라우스Selzner, Claus 224~45
젤테, 프란츠Seldte, Franz 16, 96, 109, 111, 138, 140, 215, 226, 368~69, 374~75, 417
조머, 발터Sommer, Walter 351

주데텐 지방 315, 359
쥐루프, 프리드리히 Syrup, Friedrich 230, 417
지멘스 73, 251
지베르트, 루트비히 Siebert, Ludwig 157, 168~69, 504
직업공무원재건법 170, 186, 279, 345~46, 465
질서경찰 289, 386~87

ㅊ

창당 금지법 143
철모단 16, 24, 41~42, 96~97, 104, 106, 108, 130, 134, 137~38, 140, 283, 290
첼레니, 카를 Zeleny, Karl 233~34, 236
최종해결 389, 444, 446, 450, 491
치안경찰 125
친위경찰 65, 190~91, 374, 379, 410, 425, 444, 446, 450, 466, 473~74, 477, 491, 511
친위대 보안국 302, 320, 381, 387, 415, 490, 507
친위대 해골단 379~80

ㅋ

카나리스, 빌헬름 Canaris, Wilhelm 383
카렌브로크, 파울 Karrenbrock, Paul 212, 252
카르텔법 249
카스, 루트비히 Kass, Ludwig 23, 98, 131, 141, 143, 244
카어, 구스타프 폰 Kahr, Gustav von 15
카우프만, 카를 Kaufmann, Karl 42, 156, 166, 185
카이텔, 빌헬름 Keitel, Wilhelm 409, 429
카토비체 188, 444
카프 쿠데타 14, 19, 27
카프, 볼프강 폰 Kapp, Wolfgang von 14, 19, 27, 304
카플러, 헤르만 Kapler, Hermann 324~25
칼텐브루너, 에른스트 Kaltenbrunner, Ernst 473
케를, 한스 Kerrl, Hans 87~88, 102, 164, 175~76, 260, 322, 329, 338~39, 341, 368, 397

케플러, 빌헬름Keppler, Wilhelm 90, 186, 210, 215, 250, 252, 413

코흐, 에리히Koch, Erich 42, 65, 158, 182, 190, 192, 266~67, 383

콘티, 레온하르트Conti, Leonhard 447~48

쿠베, 빌헬름Kube, Wilhelm 142, 158, 322

퀴스트린 쿠데타 19

크라우흐, 카를Krauch, Carl 250, 418~21

크루프 폰 볼렌 운트 할바흐, 알프리트Krupp von Bohlen und Halbach, Alfried 110, 216, 244~45, 248, 251, 254

킬링거, 만프레트 폰Killinger, Manfred von 61, 155, 157, 167, 177, 415

ㅌ

타덴, 에버하르트 폰Thadden, Eberhard von 411, 413

테르보펜, 요제프Terboven, Josef 42, 62, 65, 159

텔만, 에른스트Thälmann, Ernst 116

텔쇼, 오토Telschow, Otto 62

토마스, 게오르크Thomas, Georg 422

토트, 프리츠Todt, Fritz 86, 255, 370~73, 375, 420, 422~23, 505~506

토트건설총국 373~74

튀센, 프리츠Thyssen, Fritz 34, 90, 212, 244~45, 248~49, 252~53

트레비라누스, 고트프리트Treviranus, Gottfried 31

특별법원 454~56, 458, 466, 470, 478

티라크, 오토 게오르크Thierack, Otto Georg 175, 460~61, 473

ㅍ

파울하버, 미하엘 폰Faulhaber, Michael von 131, 140

파첼리, 에우제니오Pacelli, Eugenio 141

파펜, 프란츠 폰Papen, Franz von 16, 18~19, 25~26, 29, 33~36, 94~97, 99~104, 108~109, 111, 126~27, 131, 141, 147~48, 158, 162, 164~65, 177, 198, 263, 305~306, 313, 319, 368, 395

판 데어 루베법 454, 456

페네뮌데Peenemünde 425

페더, 고트프리트Feder, Gottfried 43, 88~90, 197, 248

페터젠, 카를Petersen, Carl 152
평의회공화국 14, 38
포르스터, 알베르트Forster, Albert 62, 65, 188, 190, 192, 206, 312
포츠담의 날 128~29, 204, 454
포피츠, 요하네스Popitz, Johannes 101, 162, 165, 280
푀너, 에른스트Pöhner, Ernst 15
푄스겐, 에른스트Poensgen, Ernst 254
푼트너, 한스Pfundtner, Hans 86, 97, 344, 404
풀다 주교회의 132, 140
풍크, 발터Funk, Walter 89~90, 97, 344, 392, 416, 429
프라우엔도르퍼, 막스Frauendorfer, Max 89, 252
프라이베르크, 알프레트Freyberg, Alfred 148
프라이슬러, 롤란트Freisler, Roland 291, 344, 459, 467, 473
프랑크, 한스Frank, Hans 71, 83, 100, 157, 175, 292, 362, 462, 467, 504
『프랑크푸르터 차이퉁』 105, 107, 112~13
프렝켈, 에른스트Fraenkel, Ernst 452
프리드리히, 카를Friedrich, Carl 6
프리드리히스, 헬무트Friedrichs, Helmut 351
프리메이슨 182, 197, 389, 490
프리치, 베르너 폰Fritsch, Werner von 304, 354, 381, 397, 407~10, 439
프리크, 빌헬름Frick, Wilhelm 86~87, 96, 109~11, 113, 131, 136, 142~44, 148~56, 162~63, 171~74, 176~81, 183, 186~87, 190, 193, 226, 261, 279~80, 289, 291, 298, 324, 340~41, 345, 347, 349~50, 352, 355~56, 358, 361~65, 368, 370~71, 375, 377, 382~83, 385~86, 388, 390, 404~405, 429~30, 432, 453~54, 456~58, 501, 508
플라이거, 파울Pleiger, Paul 421
피에취, 알베르트Pietzsch, Albert 90
피우스 11세 141
피크, 빌헬름Pieck, Wilhelm 116

ㅎ
『흑색군단』 468
하다마르 447

하르츠부르크 전선 16, 42

하르트하임 447

하비히트, 테오도어Habicht, Theodor 62, 80, 313~15, 317~19

하셀, 울리히 폰Hassel, Ulrich von 412

하이네스, 에드문트Heines, Edmund 61, 278

하이드리히, 라인하르트Heidrich, Reinhard 70, 157, 292, 301~303, 339, 348, 379, 382~84, 386~87, 408~10, 473, 507

하인리히, 발터Heinrich, Walter 252

한프슈텡글, 푸치Hanfstaengl, Putzi 77

할더, 프란츠Halder, Franz 409

해군협정 411

헌법재판소 25

헤르만-괴링 제철 251, 421, 423, 506, 509

헤르만-티에츠(헤르티) 콘체른 238

헤르메스, 안드레아스Hermes, Andreas 257~58

헤센, 프린츠 필리프 폰Hessen, Prinz Phillip von 159, 412

헤스, 루돌프Höß, Rudolf 76, 83, 92, 222, 226~27, 239, 253, 267, 283, 286, 297, 301, 333, 337, 345, 349~53, 356~58, 364, 368, 402, 429~30, 438~41

헨라인, 콘라트Henlein, Konrad 188

헬도르프, 볼프 폰Helldorff, Wolf von 61, 104

헬름스, 한스 폰Helms, Hans von 344~46

헬트, 하인리히Held, Heinrich 150, 155, 157

형법 143, 368, 400, 452~59, 462, 467, 469~70, 474, 483

형법전 개정을 위한 법 467

형사경찰 381, 386~87, 447, 449, 467

호봄, 발터Hobohm, Walter 332~37

호센펠더, 요아힘Hossenfelder, Joachim 321, 324

호스바흐, 프리드리히Hoßbach, Friedrich 439

호이스, 테오도어Heuss, Theodor 133

후겐베르크, 알프레트Hugenberg, Alfred 16, 22, 55, 86, 96~99, 101, 108~11, 127, 137~41, 165, 197, 199, 234, 236~37, 241, 244, 247, 249, 257, 259~62, 264~65, 310, 316, 368, 394

휘발유협약 250

횐라인, 아돌프Hühnlein, Adolf 68

흑백적 투쟁전선 109, 120~22
히르슈-둥커 노동조합 205
히에를, 콘스탄틴Hierl, Konstantin 88, 97, 344, 374~76
히틀러 경호대 70, 304, 380~81
히틀러청소년단 26, 71, 75, 83, 231~32, 265, 272, 283, 329, 332, 374, 376~78, 426, 506
힌덴부르크, 파울 폰Hindenburg, Paul von 16, 18, 21, 23~24, 27, 29, 33~36, 72, 93, 96, 98~99, 111, 115, 128, 140, 155, 175, 180, 306, 321, 325, 328, 350, 355, 367, 394~95, 409, 454
힐데브란트, 프리드리히Hildebrandt, Friedrich 167
힘러, 하인리히Himmler, Heinrich 65, 69~70, 142, 155, 157, 169, 191~92, 278, 287, 289, 292~93, 301~304, 337, 348, 376, 379~89, 391, 408, 410, 412, 414, 425, 433~35, 443~44, 467, 470, 473~74, 504, 507
힝켈, 한스Hinkel, Hans 88